KB148396

북극의 눈물과 미소:
지정, 지경, 지문화 및 환경생태 연구

북극의 눈물과 미소:
지정, 지경, 지문화 및 환경생태 연구

2016년 10월 25일 초판 1쇄 인쇄
2016년 10월 28일 초판 1쇄 발행

엮은이 배재대학교 북극연구단
글쓴이 한종만, 김정훈, 계용택, 박종관, 배규성,
　　　　서승현, 양정훈, 예병환, 이재혁, 백영준
펴낸이 권혁재

편집 권이지 · 김경희
출력 CMYK
인쇄 한일프린테크

펴낸곳 학연문화사
등록 1988년 2월 26일 제2-501호
주소 서울시 금천구 가산동 371-28 우림라이온스밸리 B동 712호
전화 02-2026-0541~4
팩스 02-2026-0547
E-mail hak7891@chol.net

책값은 뒷표지에 있습니다.
잘못된 책은 바꾸어 드립니다.

ISBN 978-89-5508-351-4 93970

이 논문 또는 저서는 2014년 정부(교육부)의 재원으로 한국연구재단의 지원을 받아 수행
된 연구임(NRF-2014S1A5A2A03065456)

This work was supported by the National Research Foundation of Korea Grant funded by the Korean

Government(NRF-2014S1A5A2A03065456)

북극의 눈물과 미소 :

지정, 지경, 지문화 및
환경생태 연구

배재대학교 북극연구단

학연문화사

발간사

　북극은 20세기 초까지 소수의 탐험가를 제외하면 지구상에서 거의 알려지지 않은 지역이었다. 이전부터 북극 지역에 원주민이 거주했으며, 그 후 바이킹 족과 러시아인과 앵글로 색슨 족이 어업활동과 모피 등의 수렵과 광산개발을 강화하면서 북극권 지역을 식민화했다. 냉전 시대 북극은 폐쇄된 공간으로 미국 주도의 NATO와 소련의 첨예한 군사적 대치 공간으로만 작용됐다.

　1987년 10월 1일에 러시아 무르만스크의 북극지역 개발 구상은 북극에서 냉전 상황을 종식시키고 북극을 '평화지대'로 선언한 미하일 고르바초프의 '무르만스크 선언'에서 비롯됐다. 이 선언은 북유럽 지대의 핵탄두가 없는 지대의 설립, 북극해에서 해군활동의 제한, 해상교통의 이용과 자원개발과 과학탐사, 북극주민의 문제 해결 등의 초국경적 협력을 포함하고 있다. 소연방 해체 이후 북동항로의 국제적 개방에도 불구하고 1990년대 러시아의 경제난으로 이 선언은 큰 반응을 얻지 못했다. 그러나 북극에서 발생하는 빠른 기후변화와 지구온난화로 야기되는 해빙현상으로 북극권의 이용 가능성이 높아지면서 북극권 국가뿐만 아니라 글로벌 차원에서 북극의 중요성이 부상됐다.

　최근 북극에 대한 국내외적 관심을 반영하여 국내에서도 북극권에 대한 연구들이 다양하게 이루어지고 있으나, 국내의 북극 또는 북극권에 대한 연구는 아직 초기단계로 주제별로 단편적 형태의 성격을 보이고 있으며, 기후변화, 생태 및 자원과 물류부문의 북극항로에 대한 연구가 주를 이루고 있다.

단편적 성격의 연구는 구체적 사안에 대한 접근을 용이하게 해 주고 종합적인 이해의 토대가 될 수 있는 장점이 있으나, 이전까지의 이러한 단편적 연구 경향을 너머 종합적 분석의 근간을 형성할 필요성이 있다.

북극의 공간적 의미는 크게 세 가지로 분류할 수 있다: 첫째, 거버넌스와 레짐을 비롯한 안보 및 해양경계의 차원으로서의 지정학적 의미; 둘째, 자원, 에너지, 물류와 개발과 관련된 지경학적 의미; 마지막으로 소수민족, 생태와 환경 등 인류의 미래에 관련된 공간으로서의 지문화적 의미. 상기 세 가지 공간적 의미는 상호 밀접하게 연계되어 있기 때문에 북극권에 대한 종합적인 이해는 독립적이고 개별적인 해석이 아니라, 학제간 공동의 복합적 지역 연구로 실현될 수 있다.

한국 사회에서도 북극의 관심은 2007년부터 급속도로 올라갔으며, 2013년 5월 한국의 북극이사회 영구옵서버 가입 이후 북극 붐(Arctic boom)이 일어나면서 자원개발과 북극항로가 조만간에 활성화될 것처럼 예상했다.

2014년 북동항로의 경유 선박 수는 2013년까지 지속적으로 증가하여 71척을 기록했지만 2014년 31척으로 대폭적인 감소를 기록했다. 또한 북극권에서 석유 / 가스개발은 지연되거나 혹은 유보되고 있다. 비전통적 석유 / 가스, 예를 들면 셰일가스 혁명과 서방의 내러시아 경제제재 조처, 국제유가의 대폭적인 하락 등으로 인해 북극의 석유 / 가스개발은 중장기 차원에서 가능하다. 그러나 이와 같은 현상을 북극 버블(Arctic bubble)이라고 까지는 말할 수는 없을 것이다.

북극공간은 지구상에 남은 마지막 남은 처녀지이며 육해공의 지경학적 잠재력과 자원의 보고지역이며 생태적으로 민감한 지역이다. 또한 북극공간은 자연, 공학, 인문, 사회 등 전 학문 연구의 보고지역이며, 과학연구의 실험장 역할을 담당하고 있다. 북극은 우리 세대뿐만 아니라 차세대를 위한 미래공간이기도 하다.

한국의 대 북극 연구는 북극국가와 EU에 비해 양과 질 면에서 아직 미천한 상황이다. 미래공간은 현재 우리가 어떻게 준비하느냐에 따라 달라지기 때문에 수동적 자세보다는 능동적으로 준비해야할 것이다.

북극권 국가들이 북극과 북방을 유사한 개념으로 사용하고 있는데 한국에서 자주 언급되는 북방 개념과의 어떤 차이가 있을까? 88 올림픽 이후 한국의 북방정책은 대 사회주의권과의 협력과 교류에 초점을 맞추었으며, 정권이 교체될 때마다 북방 혹은 신북방 등의 용어개념을 통해 북한, 동북아, 유라시아 공간으로 확대되어 왔다. 현 정부의 유라시아 이니셔티브 정책 구상도 대륙세력과의 협력 강화를 전제로 하고 있어 전체 북극공간을 포함하지 못하고 있다.

이러한 관점에서 본 연구단은 미래 한국의 성장공간과 비전을 위해 유라시아를 포함해서 북극의 전초기지로 나아갈 해양공간인 한국의 동해, 오호츠크

해, 알류산 열도를 포함한 베링 해와 알래스카와 캐나다 북극권까지 포함하는 '유람시아(Euramsia)' 어젠다로 확대할 필요성이 있다고 생각한다. 이를 통해 한국은 대륙세력뿐만 아니라 해양세력과의 협력을 강화할 수 있는 계기를 조성할 수 있을 것이다.

이러한 맥락에서 북극연구단(KARC : Korea Arctic Research Group)은 2014년 12월부터 2016년 11월까지 한국연구재단 일반공동연구지원사업(한국사회의 미래 성장동력 차원으로써 북극권 종합연구 : A Comprehensive Study on Arctic Space as a Dynamics for Future Growth of Korean Society)의 일환으로 온라인 계간지 '북극연구(The Journal of Arctic)'를 출간하고 있다.

온라인 잡지 '북극연구' 창간호 발간사에서 지적한 것처럼 offline의 결과물을 위해 북극연구단은 1-6호에서 발간된 내용물을 수합하여 '북극의 눈물과 미소 : 지정, 지경, 지문화 및 환경생태 연구'라는 책을 출판하게 됐다.

끝으로 이 책과 관련된 모든 책임은 당연히 저자에게 있다는 것을 밝히며, 이 책이 학계와 사회 관련 기관에 유익한 자료가 되었으면 하는 마음을 담아 본다.

북극연구단 단장 **한 종 만**

목 차

발 간 사

Chapter 1. 들어가는 말

Chapter 2. 한국 내 북극연구 현황

Chapter 3. 북극, 지정학적 공간

부록

Chapter 1.
들어가는 말

한국사회의 미래 성장동력 차원으로써 북극권 종합 연구*

한종만 / 김정훈

▶ 연구필요성과 목표

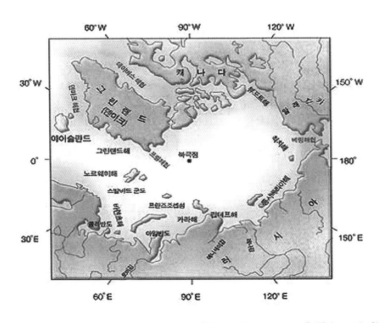

(출처: http://www.kopri.re.kr/(검색일: 2014년 8월 20일)

---

* 본 글은 2014년 한국연구재단 공동연구사업(NRF-2014 B0153, 사업기간 : 2014년 12월 1일
 - 2016년 11월 30일)에 선정된 제안서 내용을 바탕으로 정리되었으며, 전자저널 '북극연
 구'의 발간 목표, 방향과 내용을 제시한다.

전 지구적 차원의 기후변화가 가져오는 북극지역 얼음의 해빙현상으로 인해 자연생태적 환경이 급격히 변화함에 따라 북극지역의 지정학(geopolitical) 및 지전략적(geostrategic) 가치가 새롭게 평가되고 그에 수반되어 북극 문제 역시 국제정치의 주요 관심사로 급격히 부상하고 있다.

북극의 공간은 특정의 한 국가 또는 연안의 소수국가에 한정된 전유물이 아니라 인류 공동의 유산이며, 평화적 공간이 되어야 한다. 이 지역은 지구 환경과 생태계에 민감한 곳으로 현존하고 있는 우리 세대뿐 아니라 미래의 후손에게도 아주 중요한 공간으로써의 역할을 수행할 지역이기 때문이다. 그렇기 때문에 북극지역은 기후변화와 온난화 현상연구를 위한 학문 및 과학적 공간이 되어야 하며, 북극권의 이용, 개발, 항행은 지속가능한 친환경적 개발과 전인류적 관심 하에 이루어져야 할 것이다. 즉 '새로운 북극' 환경의 출현은 20세기 냉전구조 상황 하에서 주로 안보문제에 주된 초점을 맞추던 것과는 확연히 구별되는 '새로운 북극' 환경에 대한 새로운 연구 패러다임을 요구하고 있다.

지금까지 자연과학자들은 오랫동안 북극을 하나의 특정지역으로 다루어왔고, 북극권(the Arctic Circle)의 물리적 생물학적 시스템에 대한 우리들의 이해를 넓히고 깊게 해 주려고 애써왔다. 그러나 이제 북극은 정치학이나 경제학 또는 인문 사회과학의 전문가들에게 제공할 것이 아주 많은 지역이 되었다. 북극지역 연구가 일반적으로 사회과학적 입장에게 매력적으로 수용될 수 있는 이유는 이 지역 고유의 특징들보다는 오히려 북극권 쟁점의 내용과 일반적 관심사간의 쌍방향 생각의 흐름이 가능할 것이라는 점이다.

2001년 BRICs를 고안했던 국제투자기관인 골드만삭스의 국제사회의 미래에 대한 예측은 한국사회에 '장밋빛 청사진'을 안겨주었다. 골드만삭스에 의하면 2050년 한국의 1인당 GDP는 약 9만 달러로 미국에 이어 세계 제2위의 자리를 점유할 것이라고 내다보았다. 국제투자기관들은 한국이 단시간 내에 압축성장을 성공한 경험과 세계 제2위의 높은 교육열(고등교육 졸업자수의 인구수 대비 싱가포르 68.3%에 이어 한국은 58.0%) 그리고 저출산 추세(2050년 한국 인구는 4,500만 명으로 예측)에 의한 인구감소로 1인당 GDP 상승 등을 그 근거로 거론하고 있다. 또한 예측의 현실화에 대한 전제조건으로 북한 변수(지정학적 리스크), 물가 상승(자원, 에너지, 식량문제에 의한)의 관리를 제시했다. 이외에도 미래 성장동력의 긍정적 발전을 가로막는 현실적인 장애요소로 에너지의 높은 수입 의존도, 자원의 높은 수입 의존도, 물류비용의 증가 및 동북아 물류 허브 경쟁, 인구감소 추세에 반해 좁은 영토로 인한 상대적으로 높은 수준의 인구밀도, 복지, 양극화(개인/기업/산업/지역별)문제, OECD국가 중 낮은 행복지수, 식량문제(농/목/수산업), 생태 및 안보(북한의 지정학적 리스크) 등이 존재한다.

국제사회와 우리의 기대에 부합하는 미래의 한국사회를 건설하기 위해서는 이러한 장애요소를 제거해야만 할 것이다. 이를 해결하기 위해 한국사회는 국제사회의 관심이 집중되고 있는 북극 공간에 대한 관심을 지금보다 더욱 기울여야 할 필요성이 있다. 북극 공간은 한국사회에 에너지·자원 확보 / 수입원 / 공급처의 다변화, 물류유통, 해양세력과 대륙세력으로의 확장, 생활공간의 확대, 해외 식량 기지의 확보(수산업 등), 환경과 생태에 대한 글로벌 이슈의 충족, 녹색성장의 토대, 남북한 통합 촉진과 북한경제의 연착륙유도 등을 제공할 수 있는 미래 한국사회의 '기회의 공간'으로 작용할 수 있기 때문이다.

현재 '새로운 북극'과 관련해 떠오르고 있는 중요 사안으로 전통적 이슈인 북극 원유와 가스 등 자원개발과 북극 거버넌스 그리고 새롭게 부상하고 있는 북극해 해운 잠재성, 북극해 환경보호 및 생물자원 및 비공식적 거버넌스 기제 등으로 종합해 볼 수 있을 것이다. 이에 따라 본 연구는 상기한 내용을 중심으로 현재 북극에서 진행 중인 개발의 환경 및 사회적인 측면을 조명하고, 또한 이들 간의 상호관계를 지정학적, 지경학적, 지문화적 측면에서 분석하고 종합함으로써 현재의 북극에 대한 새로운 학술적 접근법과 종합적 지식의 틀을 제공하고자 한다. 이는 북극 개발과 이용에 있어 국제 사회에서의 불확실성을 밝히고 이해의 간극을 좁혀 북극문제 관련한 혁신적인 정책이 나올 수 있는 근간을 제공해 줄 것이라 생각하며, 궁극적으로는 미래 한국사회 성장동력의 공간으로써의 가능성과 활용성을 파악할 수 있는 토대가 될 수 있을 것이라고 생각하기 때문이다.

▶ 연구내용

• 북극의 지정학적 접근 : 국제현상의 변화와 거버넌스에 대한 제고	
연구 내용	– 북극 지역의 영유권과 해양분할권의 정당성 : UN해양법협약과 북극의 국제법상 지위 연구 – 북극권의 영유권 분쟁과 북극권의 군사기지 의미 분석 – 북극의 군사화, 북극의 무기통제(Arms Control) 및 군사화의 정치경제적 함의 – 북극 개발과 국제환경의 변화 : '신성장'또는 '신냉전'? – 북극 공동체 연구 : 내부적 식민주의(internal colonialism)의 경제적 의존 대 자립(self-sufficiency)의 문제, 지방 정치제도(political institutions), 공동체 위기와 반응/대응 – 북극 이사회의 가능성과 한계점 – 한중일을 포함한 '동아시아북극포럼'창설 시도의 의미와 가능성 – 북극 거버넌스 제고를 위한 보완전략으로써의 '북극해포럼'

• 북극의 원유, 가스 및 자원개발과 수송루트에 대한 연구	
연구 내용	– 북극 자원개발에 대한 러시아를 비롯한 관련국가의 개발프로그램과 정책분석 – 북극 자원개발에 따른 갈등의 범위, 심각성 및 시장에 의한 해결 가능성 – 북극 자원개발 문제의 사적 협상(private bargaining)과 소송 및 입법 – 북극권 자원갈등의 실질적 해결과 북극자원이사회(Artic Resources Council) – 북극 원유와 가스개발 과정에서 나타날 효용성과 문제점의 분석 및 예측 : 자원기반, 자원 개발비와 시장운송비 등 – 북극 자원 개발의 효율성과 가격경쟁력을 향상시킬 수 있는 방안에 대한 연구 : 북극항로와 러시아 내륙의 시베리아횡단열차(TSR)와의 연계, 베링터널의 건설 필요성 및 가능성 – 북극 자원개발과 이용에 관련한 한국의 정책과 경쟁 및 협력의 입장에서의 중국과 일본의 정책 비교

연구 내용	– 북동항로 개설 가능성 평가 및 한국의 참여 방안 연구 – 베링해 해저터널 구상과 환경분석 그리고 한국의 참여 방안 연구 – 북극항로의 항만 건설을 포함한 인프라 개발 전략에 대한 분석: 시베리아와 알래스카 지역의 항만 분석, 러시아 북극해 – 베링 해 – 알래스카의 해상물류연구 – 북극항로의 요금 체계, 쇄빙비용을 포함한 기타 서비스 비용에 대한 분석 – 북극항로의 이용에 있어 동아시아와 EU 간 물동량의 불균형 해소에 대한 분석 – 북극항로에 관한 데이터베이스 구축 및 국제적 규범에 대한 분석 – 북극항로의 환경과 안전조치에 관한 국제적 협력 방안 모색 – 북극항로 개발과 운영과정에 있어서의 한국의 참여 방법 모색: 항만, 쇄빙선 건설 및 인적자원의 활용

• 북극 지역의 환경보호와 생태계에 대한 연구

연구 내용	– 북극해의 자연지리와 인문지리 연구 – 북극의 생물종 다양성 – 북극권의 NGO를 비롯한 초국가적 환경정책 – 북극해 어장의 상업적 이용과 원주민들의 자급적 어업활동에 대한 분석 – 북극해 어장 및 생태환경에 대한 현황 분석 및 보존 방법에 대한 모색 – 북극항로의 이용 시 환경과 안전기준에 대한 국제적 합의 – 북극해 중앙 지역의 수산관리에 관한 기구의 설립이나 관련 국제적 협의 – 북극 생태계와 원주민 보호를 위한 특별보호구역 및 지정해로 설정에 관한 타당성 분석 – 북극 환경과 생태계 연구 및 보호 정책에 있어서의 한국의 참여 방법 모색

• 북극 지역의 소수민족

연구 내용	– 북극지역 자연과 인문지리의 용어 정리 – 북극 지역 원주민의 민속, 문화 및 언어 연구 – 러시아 북극, 베링해협, 알래스카 개발에 대한 역사적 배경과 전략적 중요성 분석 – 루스카야 아메리카, 알래스카의 과거 현재와 미래: 점령, 양도 그리고 현재 – 북극 지역 원주민에 대한 해당국의 정책 비교분석 – 북극 지역의 원주민의 지리적, 민족적 특성의 비교분석 – 북극 개발이 원주민에게 미치는 사회문화적 영향 – 북극개발과 관련한 북동시베리아/알래스카 지역의 소수민족의 현재와 미래

　　지역연구는 특정지역의 특수성과 보편성을 도출해 내는 학제 간 연구에 기초된다. 북극 공간을 연구대상으로 하는 본 연구는 공간의 정치, 경제 및 사회문화 등 개별 영역에 만족하는 수준이 아니라, 상호 관련성에 대한 연구로 이어짐으로써 보다 정확한 지역연구를 가능하게 하고자 한다. 지역연구에서 중요한 것은 하나의 현상으로 분리된 정치나 경제 그리고 사회 및 문화에 대한

분석이 아니라, 이들 요소 상호관계에 대한 분석에 기초된 개별적 분석과 종합적 분석이 진행되어야 한다는 점이다.

이에 따라 연구진은 연구 공간에 접하고 있는 주변국의 정책과 전략 그리고 인류 공동의 자산으로써의 북극 공간을 정치, 경제, 환경 및 사회 분야 등 각 전공에 해당하는 분야의 특성을 파악하고 문제점을 분석하고 해석하는 작업을 시도하고 이를 통해 얻어진 결과물의 상호관계 및 작용을 파악하여 종합적 결과물을 도출하여 잠재적인 한국의 성장동력 공간으로써의 활용가치와 그에 따른 정책 수립 등의 토대를 제공하고자 한다.

연구과정은 인문학 및 사회과학의 학문적 융합을 통해 이루어 질 수 있을 것이다. 북극 공간 연구는 자연지리적 요소(지형, 기후, 식생 등), 정치·경제 공간적 요소(정치체제, 군사력, 경제상황, 지하자원 등), 문화 공간적 요소(지역별 원주민과 그들의 사회문화 요소 등) 등을 분석하여, 공통점, 유사성, 일반성, 특수성을 탐색하게 된다. 그리고 다수의 사실 및 현상으로부터 개념이나 법칙 그리고 이론을 추정해 보고자 한다.

연구의 방법론으로는 이상주의, 현실주의, 자유주의 및 구조주의 등 국제관계와 질서를 이해할 수 있는 연구패러다임을 적용하고자 한다.

'자유주의적 이상주의'라 불리는 이상주의 패러다임은 국제정치 및 관계에 관한 경험적인 분석보다는 평화로운 세계질서의 수립을 위한 이상과 비전을 제시하는데 주안을 두며 국제사회가 협력하여 부당한 침략 및 갈등을 해결하기 위한 집단안전보장제도(collective security system)의 수립을 희망한다. 이러한 주장은 북극공간의 개발과 활용에 있어 국제적 협의와 협력에 의한 가능성을 타진할 수 있는 기제가 될 수 있을 것이다.

국제질서의 근원적인 무정부적 성격과 그 안에서 생존해야 하는 국가들의 '자조'의 원칙하에 논리의 출발점을 두고 있는 현실주의 패러다임의 특징은 권력개념에 주목을 하고 모든 국제정치의 중심적 위치는 권력행사의 주체인 국가가 차지하며, 국가는 자신의 안보와 이익을 현실 속에서 추구한다는 점이다. 이에 따르면 북극 공간 및 '북극 이사회'에서 주도권을 행사하고 있는 북극 주변국과의 관계, 그로 인한 북극공간의 개발 및 활용에 대한 미래는 어떠할 것인가에 대한 연구의 필요성이 제기된다.

이와 구별되어 인간 사이의 거래(human transaction)에 주목하여 상호의존론을 강조하는 자유주의 패러다임은 국가의 중심성을 부인하고 국가 이외의 다양한 행위자에 관심을 가진다. 즉 현실주의가 국제정치에 관심을 두었다면, 자유주의는 국가의 통제를 벗어난 초국가적 행위(international relations)라는 국가 간의 정치를 포함하는 보다 포괄적인 국가들 간의 관계에 관심을 둔다. 이에 따라 자유주의 패러다임은 경제적 힘과 기술적 힘은 점증하는 국가 간의 상호의존을 가져오는 중요한 역할을 하며, 국제체계에서 경제력과 기술력을 가장 중요한 힘의 형태로 간주한다는 점이다. 이와 같은 관점이 북극공간의 개발과 활용과정에서 과연 어느 정도의 효과를 나타낼 수 있는 지에 대한 점검과 검토가 필요하다.

구조주의는 국가들의 행동을 개별국가의 특성에서 설명하지 않고, 그 국가가 속해있는 체제의 구조적 특성에 주목하고 있다. 따라서 구조주의는 국제관계의 행동분석 수준에 대한 분석의 출발점을 국제체제의 전반적인 구조에 두고 있으며, 특정국가의 발전과 저발전은 국제체제의 구조적 결과물이라 주장한다. 이와 동시에 이 패러다임은 역사적 분석의 중요성을 강조하며 현재의 국제체제의 구조적 특성은 세계자본주의이며, 국제질서에는 지배와 종속 그리고 착취와 피착취의 계급직 구소가 존재하며 그 주된 요인은 경제적 변수라고 한다. 구조주의를 통해 북극 공간에서 발생하고 있는 영유권 분쟁, 자원개발 및 원주민 문제를 비롯한 국제관계를 설명할 수 있는 요소를 추출해 보고자 한다.

상기한 연구패러다임은 국제관계를 설명함에 있어 장단점을 보유하고 있기 하지만, 이들 패러다임의 중요부분을 현대 국제사회의 관계와 질서를 옮겨다 놓은 또 하나의 작은 국제관계의 장으로써의 북극공간을 설명함에 있어 매우 유용할 것이라는 판단 하에 연구공간의 종합분석의 결과물을 도출해 내는 기제로 사용하고자 한다.

▶ 연구의 기대효과

지역연구는 특정지역의 특수성과 보편성을 도출해 내는 학제 간 연구에 기초된다. 북극 공간을 연구대상으로 하는 본 연구는 공간의 정치, 경제 및 사회 문화 등 개별 영역에 만족하는 수준이 아니라, 상호 관련성에 대한 연구로 이어짐으로써 기존의 연구경향과는 보다 폭넓고 정확한 지역연구를 가능하게 토대를 형성하고자 한다. 즉 지역연구에서 중요한 것은 하나의 현상으로 분리된 정치나 경제 그리고 사회 및 문화에 대한 분석이 아니라, 이들 요소 상호관계에 대한 분석에 기초된 개별적 분석과 종합적 분석이 진행되어야 한다는 점이다. 그러므로 본 연구는 북극지역의 지경학, 지정학 및 지문화와 생태학적 접근을 통해 개별 영역을 연구한 후 이를 종합하는 과정으로 이루어 질 것이다.

이에 따라 우선적으로 연구진은 연구 공간에 접하고 있는 주변국의 정책과 전략 그리고 인류 공동의 자산으로써의 북극 공간을 정치, 경제, 환경 및 사회 분야 등 각 전공에 해당하는 분야의 특성을 파악하고 문제점을 분석하고 해석하는 작업을 이상주의, 현실주의, 자유주의와 구조주의적 패러다임 속에서 우선적으로 시도하고 이를 통해 얻어진 결과물의 상호관계 및 작용을 파악하여 종합적 결과물을 도출하여 잠재적인 한국의 성장동력 공간으로써의 활용가치와 그에 따른 정책 수립 등의 토대를 제공하고자 한다. 이러한 북극 공간에 대한 접근은 국내외 학계에 공간에 대한 새로운 시각과 연구방향을 제공해 줄 수 있을 것으로 기대한다.

한반도 환경변화에 직간접적인 영향을 미치는 북극공간 연구가 중요한 의미를 지니게 되었다. 그러나 이와 같이 북극공간에 대한 중요성이 고조되고 있음에도 불구하고, 한국에서의 북극공간 전문가는 자연과학을 제외하고는 거의 없는 실정이다. 북극공간의 개발을 위해서는 자연과학뿐만 아니라, 사회과학과 인문과학적 시각을 가진 전문가들이 절대적으로 필요하다. 따라서 북극공간의 종합적 분석을 추구하는 본 연구는 해당 연구공간의 전문가 양성을 위한 중요한 기반이 될 수 있을 것이라 생각한다.

이와 함께 북극공간에 대한 고조되고 있는 동북아 지역의 관심에 집중할 필요가 있다. 현재 러시아를 포함한 동북아 국가들의 지속적인 역내 경제교류의 증가 추이에도 불구하고 정치·안보적 불안을 지니고 있는 '아시아 패러덕스' 현상이 벌어지고 있으며, 이 현상을 해소하기 위해 신기능주의 특면에서 역내 국가들은 각각 새로운 전략 · 정책 · 구상 등을 제시하고 있다. 러시아는 '유라시아공동체'에서 '유라시아연합'과 '신동방정책', 중국은 '신실크로드(육상, 해상)'구상하고 있으며, 일본은 '아베노믹스 성장전략', 북한은 '강성대국', '병진정책(핵과 경제발전)', 나선 자유경제구역을 지정하고 있다.

한국은 2013년 10월 박근혜 대통령이 제안한 '유라시아 이니셔티브'는 한반도와 유라시아의 철도를 연결하는 '실크로드 익스프레스(SRX)사업', 유라시아 에너지네트워크(전력망, 가스관, 송유관 연계) 구축, 유라시아 단일 교통 · 물류 · 에너지 인프라 구축을 위한 거대 단일시장 형성의 실행계획을 담고 있다. 이와 같은 현 정부의 한반도 신뢰프로세스와 동북아 평화협력의 구축을 위한 '유라시아 이니셔티브' 정책은 푸틴 정부의 '유라시아연합'을 포함한 '신동방정책'은 물론 중국의 '신실크로드 구상'과 밀접한 교집합을 이루고 있다.

한국(중국, 일본 등)은 2013년 5월에 스웨덴 키루나에서 개최된 북극이사회 회의에서 상임 옵서버 지위 획득하면서 우리나라의 대북극 진출에 청신호를 달았다. 북극이사회의 상임옵서버가 된 한중일은 북극항로의 허브 경쟁, 북극권 자원/물류 진출에서 경쟁적 관계이다. 한국은 북극비연안국으로서 바렌츠유럽이사회처럼 가칭 '한중일' 혹은 '동아시아북극이사회'(새로 가입한 인도와 싱가포르 포함)를 주도적으로 창설하여 대북극권 협력을 주도하는 것도 바람직하다.

이에 따라 본 연구는 현재 북극에서 진행 중인 개발의 환경 및 사회적인 측면을 조명하고, 또한 이들 간의 상호관계를 지정학적, 지경학적, 지문화적 측면에서 분석하고 종합함으로써 현재의 북극에 대한 새로운 학술적 접근법과 종합적 지식의 틀을 제공하고자 한다. 이는 북극 개발과 이용에 있어 국제 사회에서의 불확실성을 밝히고 이해의 간극을 좁혀 북극문제 관련한 혁신적인 정책이 나올 수 있는 근간을 제공해 줄 것이라 생각하며, 궁극적으로는 미래 한국사회 성장동력의 공간으로써의 가능성과 활용성을 파악할 수 있는 토대가 될 수 있을 것이라고 생각하기 때문이다.

북극공간의 개념 정의* : 자연구분과 인문구분

한종만

I. 머리말

북극은 열악한 자연환경으로 인해 인간이 거주하기 힘든 지역으로 냉전 시대 때까지 소련과 미국의 군사적 이용 가능성(핵잠수함과 핵미사일, 노바야 제믈랴 섬에서 소련의 핵실험 장 등)을 제외하면 폐쇄적이며 고립된 공간이었으며, 글로벌 차원에서 정치경제적으로 중요한 지역은 아니었다.

1987년 10월 고르바초프는 무르만스크 선언을 통해 냉전을 종식시키고 북극의 '평화지대'의 설립과 북극 공간의 개방을 강조했다. 1990년대 소련 붕괴 이후 이념체제갈등이 종식되면서 실리를 바탕으로 지구촌은 더욱더 세계화와 지역블록화 현상이 가속화됐으며, 북극도 이러한 조류에 궤를 같이 하고 있다. 이러한 현상은 지구온난화와 기후 변화로 인해 빙하가 녹으면서 인간의 접근 가능성이 높아지면서 북극공간은 글로벌 차원에서 지정 / 지경학적 중요성이 부각됐다. 실제로 북극권 국가는 물론 비 북극권 국가들도 경쟁적적으로 개발과 이용 가능성을 타진하고 있다.

북극은 육해공의 교통 잠재력 이외에도 자원의 보고 지역으로 지구상에 남

---

* 이 글은 2015년 2월 24-25일 연세대학교 대우관 본관에서 2015년 경제학공동학술대회 비교경제학회 세션에서 발표된 것임.

은 마지막 처녀지이다. 북극 항로의 개방과 공항과 활주로 건설, 송유관, 가스관 개발, 광케이블, 도로 건설 이외에도 북극항로(북동항로, 북서항로, 북극점 경유 항로, 북극 랜드브리지)의 이용가능성이 높아지고 있다. 또한 북극은 모든 형태의 연료자원(석유, 가스, 석탄, 풍력, 조력, 수력 등)뿐만 아니라 고부가가치의 원료자원(금, 다이아몬드, 희토류, 니켈, 구리 등)의 보고지역이다. 그 이외에도 북극은 영구동토지대에서 풍부한 수자원, 수산자원, 크루즈 관광을 비롯한 생태관광의 보고지역이다.

높은 잠재력과 기회에 불구하고 북극은 지구상에서 독특하고 유일한 생태공간으로 환경적으로 제일 민감하게 반응하면서 빠르게 변화가 이루어지는 지역이다. 남극과는 달리 북극에는 원주민을 포함한 인간들이 거주하고 있다. 특히 북극 원주민의 문화와 언어는 이질적이고 복합적인 특징을 지니고 있다.

2007년 여름 러시아 미르 잠수정의 북극점 근처에서 티타늄 국기 게양사건과 같은 해 여름철 북서항로의 개통 등으로 북극은 국내외 정치, 언론, 학계, 국제기구, NGO 등에서 자주 회자되고 있으며, 대량의 북극 관련 정책보고서와 연구논문들이 생산되고 있다.

북극 관련 모든 보고서와 논문의 초기부분에서 북극 개념정의나 구획을 서술하고 있지만 제 각각 연구목적에 따라 상이하게 기술되고 있다. 공식적으로 북극 공간의 개념정의는 아직까지 존재하지는 않고 있다.[1] 이러한 맥락에서 이 글의 제2장에서는 다양하게 사용되고 있는 북극의 용어 개념을 정리한 후

---

[1] 북극의 지정, 지경, 지문화 공간에 대해서는 다음의 글 참조. 한종만, "북극지역의 지정학적, 지경학적, 지문화적 역동성에 관한 연구," 2015년 2월 5-6일에 인천 송도 POSCO R&D 센터에서 대한조선학회와 극지기술연구회 주최로 개최된 2015년 극지기술연구회 동계연구발표회, pp.1-41.

제3장에서는 북극의 자연 지리적 구분, 특히 천문학적, 기후학적, 수목한계선의 정의와 북극이사회의 실무그룹들이 정의한 북극을 분석한다. 제4장에서는 정치, 행정, 경제, 사회문화와 관련된 북극의 인문 지리적 구분을 분석한다. 이 글의 핵심은 북극의 북부경계선의 문제가 아니라 남부경계선이 어디까지인가가 가장 중요한 분석내용이다.

Ⅱ. 북극 공간의 개념 정의

북극은 지구의 최북단 지역에 위치하고 있다. 일반적으로 북극은 계절적으로 변화하는 얼음이 덥힌 광대한 북극양과 영구동토를 포함한다. 북극(Arctic)의 어원은 그리스어 'Arktikós(곰을 의미함)'에서 유래됐으며, 북극의 위치가 큰곰별자리와 유사한데 기인한다. 고대 그리스 학자들은 세계를 열대, 온대, 한대로 구분했다. 한대는 보통 북위 60도 이상의 지역을 의미한다. 북극은 지구 생태계에서 독특한 지역이며, 북극원주민은 춥고 극단적 자연조건에 적응하고 있다. 북극지역에서의 동물플랑크톤, 식물플랑크톤, 어류, 해양 동물, 육지 동물과 식물이 서식하고 있을 뿐만 아니라 인간들도 거주하고 있다.

북극(Arctic)은 '북방(North)' '고북방(high North)', 고북극(high Arctic), '저북극(low Arctic)', '아북극(subarctic)' '극(Polar)' 등의 용어와 같이 국제적으로 종종 유사한 개념으로 사용되고 있다. 2013년 5월 키루나 북극이사회 회의에서 중국은 북극이사회의 영구옵서버로 가입하면서 천문학적으로 정의된 북극공간으로부터 900마일이나 떨어져 있음에도 불구하고 '근접북극(Near Arctic)' 국

그림 1 북극권 개념 정의 전도

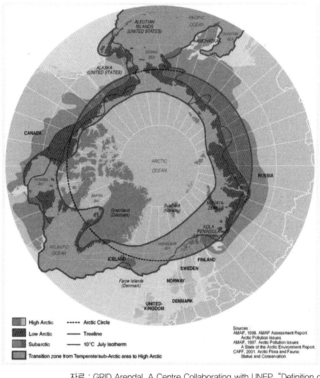

자료 : GRID Arendal, A Centre Collaborating with UNEP, "Definition of the Arctic,"
http://www.grida.no/graphicslib/detail/definitions-of-the-arctic_12ba (검색일 : 2014년 1월 15일).

가라고 천명하고 있다.[2]

극 지역의 용어는 남극까지 포함한 개념이며, 북극과 북방의 용어는 엄밀한
의미에서 동의어는 아니지만 북극권 국가들과 국제 포럼과 정책보고서에서
일반적으로 함께 사용되고 있다. 북방의 용어는 주로 유럽연합과 북극권 국가
들의 전략차원에서의 정책적 개념을 포함하고 있다.[3]

---

2)   Gwynn Guilford, "What is China's Arctic Game Plan?," The Atlantic, May 16, 2013.
3)   Elana Wilson Rowe, "Russia's Northern Policy: Balancing an 'Open' and 'Closed'

고북방의 개념은 정확하게 정의되지 않고 있지만 노르웨이 선적협회는 고북방을 천문학적 정의에 의한 북극 공간과 바렌츠 지역과 바렌츠 해를 포함한 지역이라고 정의하고 있다.[4] 일반적으로 고북극의 개념은 북극의 추운지역을 의미하며, 북극점에서 멀리 떨어지는 정도에 따라 고북극, 저북극, 아북극으로 묘사되고 있다(그림 1 참조).[5] 일반적으로 고북극은 세계의 최북단에서 식물이 자라지 못하는 사막과 같은 거대한 저지를 형성하고 있는 반면에 저북극은 고북극 지역보다 더 많은 동식물이 서식하고 있다. 고북극에 소재하는 북극사막 지대는 북위 75도에 위치하고 있으며, 연간 강우량도 10인치에 불과한 편이다. 북극툰드라는 평균 기온이 영하 6-12도이며, 여름철에 50-60일의 백야현상이 나타난다. 북극 툰드라지역에서 북극곰, 북극여우, 회색 여우, 사향소, 스노우 거위, 순록 등이 서식하고 있다. 저북극보다 아래 지역에 위치한 아북극 혹은 삼림 툰드라는 수목한계선과 타이가 지대의 중간 지대로 한대지대의 일부를 구성하고 있다. 아열대가 열대가 아닌 것처럼 아북극도 북극 지대는 아니다.[6]

북극은 계절적으로 발생하는 유빙(drift ice) 한계선과 지속적인 유빙괴(pack ice)한계선으로 구획할 수 있지만 지구온난화로 대체로 올라가는 상황을 보이고 있지만 미시적으로 높은 편차를 보이고 있다(그림 2 참조). 유빙한계선은 서북극권 지역은 멕시코 난류로 북쪽으로 올라가지만 태평양 북극권 지역에

North," Russian Analytical Digest, No.96, 12 May, 2011, p.2.

4)   Norwegian Shipowner's Association, High North – High Stakes, Maritime Opportunities in the Arctic, p.3.

5)   Ronald O'Rourke, Changes in the Arctic : Background and Issues for Congress, CSR Report for Congress, Congress Research Service 7-5700, August 4, 2014, pp.4-5.

6)   CAFF, "Introduction," http://www.arcticbiodiversity.is/the-report/chapters/introduction (검색일: 2015년 1월 29일).

서는 베링 해와 오호츠크 해까지 남쪽으로 펼쳐져 있다.

북극과 관련해서 자주 사용되는 용어로 '북극전선(Arctic front)', '한대(frigid zone)', '툰드라(tundra)', '영구동토(permafrost)' 등이 자주 언급되고 있다.

북극전선의 용어는 차가운 북극기단과 극 세포(polar cell)의 따뜻한 대기 사이에서 발생하는 반(半)영구적이며, 반(半)지속적인 날씨 전선을 의미한다. 이 전선은 2014년 초에 미국 북동부에서 발생한 한파와 폭설에 지대한 영향을 미쳤다.[7] 한대는 고대 그리스 학자들이 세계를 3개 기후대(열대, 온대, 한대)로 구분한 내용에서 나온 용어이다.

툰드라 용어는 사미 어 혹은 핀란드 어에서 유래됐으며, 남극 지역에서는 존재하지 않으며 유라시아와 북아메리카 지역에서 북극 식생의 형태로 나무가 없는 지역으로 정의된다. 북극권이 아닌 고산악 지대와 아프리카지역에서도 일부 툰드라지대를 형성하고 있다.[8]

북극은 단일 공간으로 간주될 수도 있지만 다양한 방법에 따라 구획될 수 있다. 남극의 정의는 간단명료한 반면에 달리 북극은 자연 및 인문지리(문화, 원주민, 언어 등)의 이질성과 복합성 때문에 정확한 북극의 정의는 공식적으로 존재하지 않는다. 실제로 북극권의 정의는 북극권 국가들도 상이하게 정의하고 있으며, 연구목적에 따라 다양하게 정의하고 있다. 북극 공간은 다양한 북극이사회의 실무그룹과 프로젝트 상황과 연구목적에 따라 정의되고 있다. 북극의 정의에서 북극의 북부 한계선, 즉 북극점은 문제가 없으나 북극의 남

---

7) Jenna Abate, "Not Your Average Chill : What Does 'Polar Vortex' Mean?," AccuWeather, January 24, 2014.
8) 툰드라의 기후, 지형, 형태, 생태계, 생물, 생물다양성, 지질 및 생물의 역사, 주민, 가치, 미래에 대해서는 다음의 책을 참조. Peter D. Moore, Ecosystem Tundra(New York: Infobase Publishing, 2008).

그림 2 북극의 유빙 한계선과 지속적인 유빙괴 한계선 전도

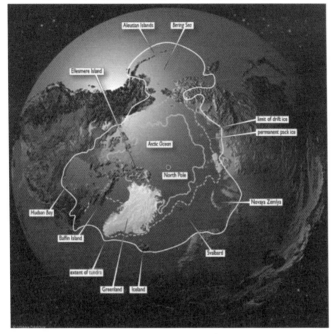

자료 : Peter D. Moore, Ecosystem Tundra (New York : Infobase Publishing, 2008), p.3.

부 경계선은 기후와 식생과 영구동토층 등의 자연환경의 변화와 인문환경의
변화 등으로 유동적으로 변모할 수 있다는 것이다.

그림 3 동토지대 및 여름 / 겨울 빙하 전도

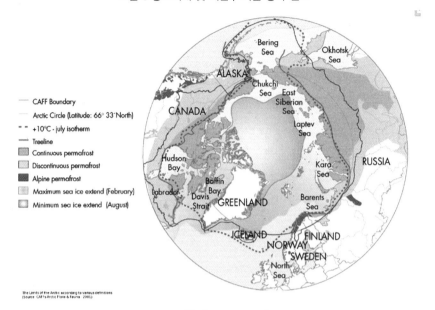

자료 : "Arctic Definition," library.arcticportal.org; CAFF Map No.46
https://www.google.co.kr/search?q=arctic+definition&newwindow=1&hl=ko&rlz=1T4MXGB_koKR572KR574&tbm
=isch&tbo=u&source=univ&sa=X&ei=qNzBVlKANoWY8QWDxYKIDA&ved=0CEsQsAQ&biw=1920&bih=953
(검색일 : 2014년 1월 30일).

Ⅲ. 북극 공간의 자연구분

일반적으로 북극권의 자연 지리적 개념정의는 다음과 같은 3가지 방식(천문학적 정의, 기후 지리적 정의, 수목한계선)으로 구분된다.

① 천문학적 정의에 따르면 북극선(Arctic Circle)은 위도 66도 32분 51(혹은 66도 34분)부터 북극점까지 펼쳐진 지역을 의미한다. 북극은 24시간의 시간대를 가지고 있으며, 북극점까지 거리는 2,606km(1,619마일)에 이르고 있다. 이 정의에 따른 북극 공간은 여름 하지(6월 21일 경) 때 해가지지 않는 백야, 겨울

동지(12월 21일 경) 해가 뜨지 않는 극야 현상이 나타나고 있다. 백야와 극야 현상은 북극점으로 갈수록 더욱 심화된다.

천문학적 정의에 따른 북극권 면적은 지중해 면적의 4배에 해당하는 2,120 만km²이다. 북극의 대륙면적은 1,000만km²이며 해양면적은 1,100만km²로 구성되어 있다. 북극양은 원형의 분지를 구성하고 있으며, 그 면적은 1,405만 6,000km²에 달하고 있다. 북극양은 일반적으로 배핀 만, 바렌츠 해, 보퍼트 해, 축치 해, 동시베리아 해, 그린란드 해, 허드슨 만, 허드슨 해협, 카라 해, 랍테프 해, 백해 등으로 이루어지고 있으며, 베링 해를 통해 태평양과 연결되며, 그린란드 해와 래브라도 해를 통해 대서양과 연계되어 있다.[9]

천문학적 북극 공간의 정의는 아이슬란드, 캐나다 래브라도 해, 알래스카의 약 3분의 2, 베링 해의 상당부분과 알류산 열도는 포함되지 않는다. 아이슬란드는 천문학적 및 수목한계선 정의에 따르면 북극공간은 아니지만 등온선 정의에 의하면 북극국가이다. 또한 아이슬란드 북쪽 북위 66도 33분에 소재한 작은 그림시(Grimsey)섬과 200마일 배타적 경제수역을 갖고 있어 북극국가라고 주장하고 있다.

북극의 천문학적 정의는 따뜻하고 차가운 해양조류를 고려하지 않았기 때문에 기후적 및 식생적 특징, 즉 동식물의 생활공간을 표현하지 못하고 있다.

② 기후 지리적 정의는 연중 가장 따뜻한 7월 평균기온이 10도 이하(화씨 50도) 등온선 지역으로 이론적 의미를 제공하고 있다. 이 정의는 북극의 해양과 육지에 적용할 수 있기 때문에 이론적으로 유용하다.

---

9) Vladimir Jares, "The Continental Shelf Beyond 200 Nautical Miles : The Work of the Commission on the Limits of the Continental Shelf and the Arctic," Vanderbilt Journal of Transnational Law, Vol.42, 2009, pp.1281-1282.

③ 지형생태학적 정의는 북극점부터 지속적인 영구동토지대 남방한계선까지, 즉 수목한계선부터 북극점까지로 아시아, 북아메리카, 유럽의 툰드라와 영구동토지대와 북극해를 의미한다.[10] 수목한계선 지역은 열악한 환경조건, 예를 들면 추위, 불충분한 기압, 습기 부족 등으로 수목이 성장할 수 없는 지역이다. 이 지역에서도 종종 산발적으로 키가 작고 헝클어진 관목 등이 자라고 있다. 바람의 영향으로 '고산굴곡림(Krumholz)'이 자라고 있다.[11] 툰드라 지대는 낮은 기온 때문에 지표면 얼어 있는 상태이다. 알래스카의 약 4분의 1은 툰드라 지대를 형성하고 있다. 툰드라는 다른 지역, 예를 들면 고산 지대에서도 존재하고 있다. 수목한계선의 정의는 식물 성장의 장애를 확실하게 인식할 수 있다는 장점이 있으나, 육지에서만 가능하다는 단점을 지니고 있다.[12]

자연과학적 의미에서 등온선과 수목한계선을 결합한 북극 정의에 따르면 북극은 스발바르, 프란츠 요세프 제도, 화산으로 이루어진 얀 마옌 제도, 남부 지역을 제외한 그린란드의 대부분, 모든 러시아 북극 섬들과 러시아 콜라 반도 북부부터 베링 해까지 펼쳐진 북부지역, 알래스카 북부지역, 캐나다 북부 제도, 캐나다 유콘 북부와 북서지역, 퀘벡 북부지역(누나빅)과 최북단의 마니토바(Manitoba), 허드슨 만를 포함한다. 이 정의에 따르면 스칸디나비아는 적은 부분만을 포함하고 있다. 노르웨이 바드쇠(Vadsø)지역은 포함되지만 마게뢰위(Magerøy) 섬과 관광지인 노스 케이프(North Cape)는 수목한계선 이하

---

10) Volker Steinbach, Erdöl und Erdgas der Arktis – Chancen und Herausforderungen, Bundesanstalt für Geowissenschaft und Rohstoffe (BGR), Hannover 2010, p.2.

11) The Arctic Portlet, "Boundary Line," http://portlets.arcticportal.org/boundary-lines(검색일 : 2015년 1월 28일).

12) Andreas Umbreit, "What is the Definition of Arctic?," Bradt Travel Guides, March 28, 2014, http://www.bradtguides.com/articles/definition-arctic/ (검색일 : 2015년 1월 16일).

그림 4 북극권개념 정의 전도

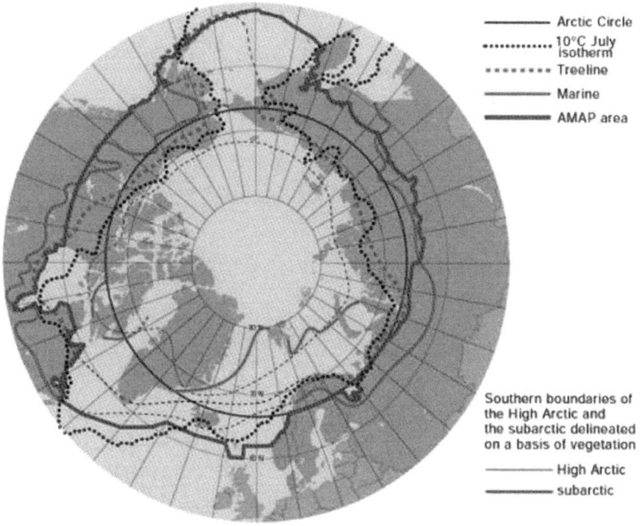

Legend:
- Arctic Circle
- 10°C July isotherm
- Treeline
- Marine
- AMAP area

Southern boundaries of the High Arctic and the subarctic delineated on a basis of vegetation
- High Arctic
- subarctic

자료 : "Arctic Definition,"
https://www.google.co.kr/search?q=arctic+definition&newwindow=1&hl=ko&rlz=1T4MXGB_koKR572KR574&tbm
=isch&tbo=u&source=univ&sa=X&ei=qNzBVIKANoWY8QWDxYKIDA&ved=0CEsQsAQ&biw=1920&bih=953
(검색일 : 2015년 1월 3일).

에 위치하고 있다.[13]

　3가지 정의에 따라 북극 지역면적은 편차를 보이고 있다. ② 기후 지리적 정의와 ③ 지형생태학적 정의, 즉 수목한계선의 북극권 면적은 거의 유사하며, 지구 면적의 5%로 2,640만㎢에 이르고 있다.[14]

　기후학적 북극 정의에 의거한 북극 공간은 북극 서북부지역의 해양과 육지

---

13)　Ibid.

14)　Markus Mainka, Wie groß ist das territoriale Konfliktpotential in der Arktis im Zuge des Klimawandels und des Rohstoffsmangels? Das Beispiel des Lomonosov - Rückens, Bonn, 2012, p.7.

의 일부가 배제되며, 북극권 동남부지역의 해양과 육지가 포함된다. 이 정의에 따르면 핀란드, 스웨덴, 노르웨이, 알래스카 등이 북극공간이 상당히 줄어드는 반면에 베링 해와 알래스카 알류산도 열도가 포함된다.

수목한계선의 북극권 정의에서 의거한 툰드라 혹은 영구동토 지대는 그림 5에서 보는 것처럼 천문학적 북극권 정의와 높은 편차를 보이고 있다.

지구온난화로 인해 2080년경에 북반구에 위치한 영구동토의 면적이 20~35%로 감소할 것으로 예측되고 있다. 실제로 지난 30년 동안 등온선은 100마일 이상이나 북쪽으로 이동됐다. 지속적인 영구동토와 비(非)지속적 영구동토 지대의 한계선이 수백 킬로미터 북쪽으로 올라갈 것으로 예상되고 있다. 지구 온난화가 지속되면 현재 비지속적 영구동토 지대는 얼음이 없는 지대로 변할 것으로 예상된다. 2050년경 대부분의 영구동토지대에서 해동 층이 30-50%에 이를 것으로 예측하고 있다. 2004년 '북극기후영향평가(ACIA : Arctic Climate Impact Assessment)'의 조사에 따르면 2100년경 현재의 비지속적 영구동토는 완전히 융해될 것으로 예측하고 있으며, 알래스카 북쪽 지역에서 여름철에 빙하융해가 1미터에 이를 것으로 예측하고 있다.[15]

북극이사회의 실무그룹들도 그 그룹의 설립목적과 기능을 위해 북극공간을 다양하게 정의하고 있다. 북극이사회의 실무그룹인 '북극 모니터링 / 평가 프로그램(AMAP : Arctic Monitoring and Assessment Programme)'은 '북극환경보호전략(Arctic Environmental Protection Strategy)' 하에서 환경 모니터링을 수행할 수 있는 지역을 설정했다. AMAP는 다양한 북극 정의를 포함한 절충안에 기초해서 북극 범위를 구획했다. AMAP는 북극을 다음과 같이 정의하고 있다:

---

15)   Ibid., p.8.

그림 5 동토지대의 전도

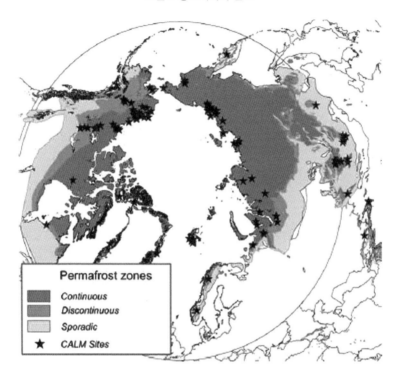

Permafrost zones
Continuous
Discontinuous
Sporadic
★ CALM Sites

자료 : Jerry Brown, "The International Permafrost Association's Contribution to the International Polar Year,"
Finisterra, Vol.87, 2009, p.131.

"북위 66도 32분부터 북극점까지 그리고 아시아 지역에서는 북위 62도부터 북극점, 북아메리카 지역에서는 북위 60도부터 북극점까지이며, 이 정의에 따르면 알래스카 알류산 열도(북위 51-55도), 허드슨 만, 북 대성양의 일부, 래브라도(Labrador) 해를 포함한다."

AMAP는 조정되며 효율적 모니터링과 연구 활동을 위해 10개의 핵심지역을 포힘시겠나: 배핀 섬, 서부 그린란드, 캐나다 북극 제도, 북극 제도, 저(低) 매킨지 강과 삼각주 지역, 북부 알래스카, 노스 슬로프(North Slope)지역, 추코트카(축치) 반도, 레나 강 하구, 타이미르 반도, 노릴스크 지역, 노바야 제믈랴 섬, 카라 해와 페초라 해, 콜라 반도, 핀란드스칸디나비아 북부, 스발바르 섬, 동부 그린란드 지역 등이다(그림 6 참조).

AMAP 정의에 따른 북극공간의 면적은 아프리카 혹은 아시아보다 큰 3,300 만㎢에 이르고 있다.[16] AMAP의 정의는 기후-수목한계선이 아닌 북부 스웨덴 과 북부 핀란드지역과 일부 북부 노르웨이 지역을 포함하고 있다. 노르딕 국 가들은 북극권 관광지역을 홍보하고 있다. 예를 들면 연간 20만 여명이나 찾 는 노르웨이 노르드캅(Nordkap)과 트롬소, 핀란드 북부 산타 마을 로바니에미

그림 6 AMAP의 북극 공간의 정의

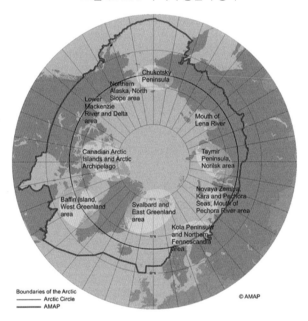

자료 : AMAP, "Geographical Coverage," http://www.amap.no/about/geographical-coverage
(검색일 : 2015년 1월 12일).

---

16) Olav Orheim, "Protecting the environment of the Arctic ecosystem," United Nations Open - ended Informal Consultative Process on Oceans and the Law of the Sea, 4th Meeting, 2 - 6 June, 2003, p.1.

등을 들 수 있다.[17] 러시아 바렌츠 해의 무르만스크와 백해의 아르한겔스크도 같은 상황이다.

아이슬란드 아큐레이리(Akureyri)에 소재한 북극이사회의 실무그룹인 '북극 동식물보존(CAFF : Conservation Arctic Flora and Fauna)'은 생물종 다양성의 관점, 특히 지속적인 생물자원의 보존 차원에서 북극 공간의 정의를 내리고 있다. 이 정의에 의거한 북극 공간의 정의는 수목한계선과 거의 일치하며 그린란드 전 지역과 알래스카 해안지역과 알류산 열도와 캐나다 북부지역 그리

그림 7 CAFF의 북극 정의

자료 : CAFF, "About CAFF," http://www.caff.is/about-caff(2015년 1월 12일).

<hr />

17) 북유럽 관광에 대해서는 다음의 책들을 참조. 김태환, 이용욱, 『북유럽에 반하다』(서울, 혜지원, 2014), 최명애, 『북극여행자, 북위 66.5도에서 시작된 십 년간의 여행』(서울, 작가정신, 2012).

고 러시아 추코트카 지역과 캄차트카 북부지역을 포함하고 있다.

국제해사기구(IMO : International Maritime Organization)는 북극의 선적활동의 부정적 결과를 방지하기 위한 보호조처인 극 코드(Polar Code)에서 북극을 그림 8과 같이 정의하고 있다. 이 정의에 따르면 북극은 베링 해의 북위 60도와 멕시코 난류로 기온이 높은 서북극권 지역은 더욱 북쪽으로 올라가는 상황이다.

2011년 그린란드 누크(Nuuk) 회담에서 북극이사회는 '수색 / 조난조약(Search and Rescue Treaty)' 체결되면서 북극이사회의 실무그룹인 '긴급사고 방지, 준비, 대응 그룹(EPPR : Emergency Prevention, Preparedness and Response)'은 법적구속력 있는 북극의 구획을 정했다(그림 9 참조).

북극의 자연 지리적 정의는 해저면, 바람, 지진, 빙하, 기후 변화와 동식물의

그림 8 IMO의 극 가이드라인(Polar Guideline)에 따른 북극 정의

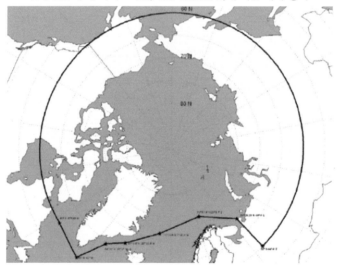

자료 : FOEI, IFAW, WWF, Pacific Environment, "Development of a Mandatory Code for Ships Operating in Polar Water, Polar Code Boundaries for the Arctic and Antarctic," Sub-Committee on ship Design & Equipment 55th Session, 14 January, 2011, p.2.

그림 9 EPPR의 북극 구획

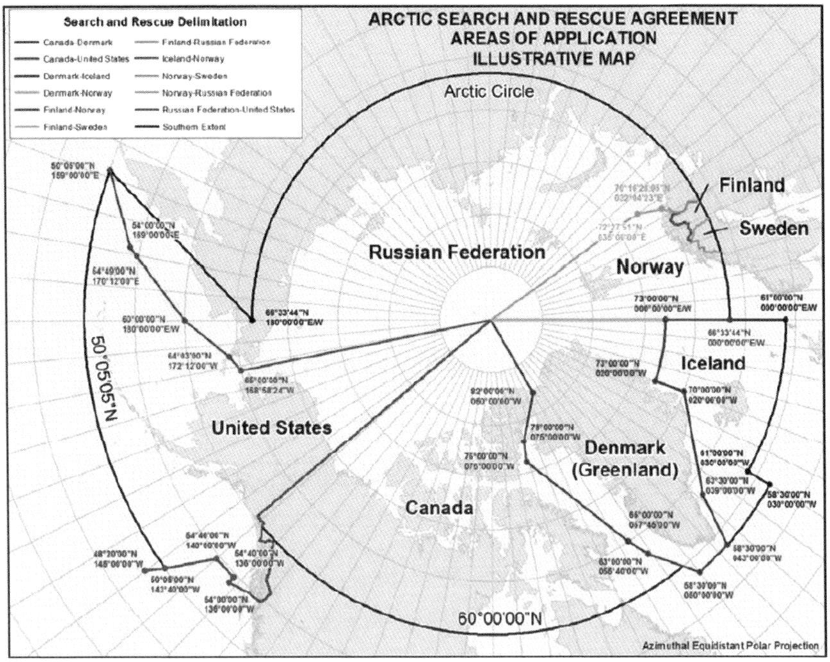

ARCTIC SEARCH AND RESCUE AGREEMENT
AREAS OF APPLICATION
ILLUSTRATIVE MAP

자료 : EPPR, Report from EPPR Workshop on Emergency, Prevention,
Preparedness and Response (EPPR) in Kirkenes, Norway, June 5–7, 2012, p.7.

서식 환경의 변화 등에 따라 북극 공간은 유동적으로 변화될 수 있을 뿐만 아
니라 연구자에 따라 북극 정의는 새롭게 변천될 수 있다고 생각된다. 실제로
동식물의 서식환경, 조류와 북극곰이나 고래 혹은 어류를 중심으로 개별적인
혹은 미시 / 거시적 북극공간의 정의가 이루어질 수 있다.

IV. 북극공간의 인문구분

북극 공간의 자연 지리적 정의 개념은 북극의 정치, 경제, 사회, 문화, 언어적 분석 접근에는 많은 애로사항, 특히 자료 수집과 분석에서 많은 한계점을 지니고 있다. AMAP의 북극 정의는 물리적 및 지리적 경계에 의거해서 일반적 환경 상황에 초점을 맞추고 있으며, CAFF의 정의는 생태시스템 관점에서 초점을 맞추고 있다. 이러한 문제를 극복하기 위해 2004년에 발표된 '북극인간개발보고서(AHDR : Arctic Human Development Report)'는 북극을 UNDP에서 개발한 '인간개발지수'에 의거해서 새롭게 정의하고 있다.[18]

AHDR에 의거한 북극 정의는 정치적 및 생태적 과정과 연관되어 사회경제적 조건들과 문화적 특성에 근거를 두고 있다. 이 정의는 '북극지역발전의 정치경제(POENOR : Political Economy of Northern Regional Development)' 프로젝트와 비교분석할 수 있으며, 북극 자료 편집과 관련한 실무적 이슈에 역할을 담당할 수 있다.

ADHR의 북극 정의에 따르면 전체 알래스카와 덴마크 령 페로제도를 북극 공간으로 간주하고 있다. 아이슬란드를 제외한 모든 북극 경제권은 정치, 경제, 문화적으로 남부지역의 '모경제권'의 일부를 구성하는 지역경제로 구성되어 있다. 대부분의 북극 경제권은 이전소득과 관련해 '모경제권'의 종속된 형태를 지니고 있다.[19]

---

18) AHDR Task Force는 2001년 11월에 '지속적인 발전 실무그룹(SDWG : Sustainable Development Working Group)' 회의와 '북극지역 의회 상설위원회(SCPAR : Standing Committee of Parliamentarians of the Arctic Region)'의 요구에 의거하여 북극이사회의 '시니어 북극관료모임(Senior Arctic Officials)에서 비준되면서 창설됐다.

19) Gorm Winther, "Introduction to the Project and the First Volume of The Political

ADHR의 정의에 따른 북극공간에는 약 363만 여명의 북극원주민과 비 북극주민이 거주하고 있다. 북극 원주민은 40여개의 상이한 민족그룹을 구성하고 있으며, 전체인구의 10%인 약 40만 여명으로 추산하고 있다. 러시아연방에 198만 여명으로 전체 북극주민의 반 이상을 차지하고 있으며, 그 뒤를 이어 미국 알래스카에 65만 9,000여명, 노르웨이 38만 여명, 스웨덴 26만 4,000명, 아이슬란드 28만 8,000명, 핀란드 20만 1,000명, 캐나다 13만 여명, 덴마크 그린란드와 페로제도에 각각 5만 7,700명과 4만 7,700명 순이다.

행정구분상으로 북극권은 29개의 행정지역을 구성하고 있다. 북극권 행정지역으로는 알래스카, 북부 캐나다[유콘(Yukon), 북서, 나누부트(Nunavut) 지역, 누나빅(Nunavik), 래브라도(Labrador)], 덴마크 령 그린란드와 페로(Faroe)제도, 아이슬란드, 노르웨이 북부지역[핀마르크(Finnmark), 노를란(Nordland), 트롬스(Troms), 스발바르(Svalbard)], 스웨덴[노르보텐((Norrbotten), 베스테르보텐(Vasterbotten)], 핀란드[라플란드(Lapland), 오울루(Oulu)], 러시아연방의 북부지역[카렐리야 공화국, 코미공화국, 아르한겔스크 주, 무르만스크 주, 한티-만시 자치구, 야말로-네네츠 자치구, 네네츠 자치구, 타이미르(돌가노 - 네네츠) 자치구, 에벤크 자치구, 사하공화국, 추코트카 자치구, 마가단 주, 코랴크 자치구] 등으로 구성되어 있다.[20] 행정재편으로 러시아연방에 속해 있는 북극권 연방주체 중 타이미르(돌가노 - 네네츠) 자치구와 에벤크 자치구는 크라스노야르스크 변강주 그리고 코랴크 자치구도 캄차트카 변강주로 편입됐

Economy of Northern Regional Development(POENOR)," Nordic Council, The Political Economy of Northern Regional Development, Nordic Council of Ministers, Copenhagen, 2010, pp.14~16.

20) Gérard Duhaime and Andrée Caron, "Economic and Social Conditions of Arctic Regions," in : Glomsrød, Aslaksen(Ed.), The Economy of the North 2008, Oslo, 2009, p.11.

다.[21] 그 결과 북극권 행정지역은 28개로 축소됐다.

2006년 기준으로 러시아 북극권 행정구역에 712만 2,700명이 거주하고 있다. 러시아 연방주체 중 한티 - 만시 자치구 148만 8,300명, 아르한겔스크 주 128만 200명, 코미 공화국 97만 4,600명, 사하(야쿠티야)공화국 95만 명, 무르만스크 주 85만 7,000명, 카렐리야 공화국 69만 3,100명, 야말로-네네츠 자치구 53만 2,600명, 마간단 주 16만 8,500명, 추코트카(축치)자치구 5만 500명, 네네츠 자치구 4만 2,000명, 타이미르(돌간 - 네네츠)자치구 3만 8,400명 코랴크 자치구 2만 2,600명, 에벤크 자치구 1만 7,000명 순으로 거주하고 있다.

2006년 기준으로 미국 알래스카 주에 67만 53명이 거주하고 있다. 캐나다 북극권에 13만 8,594명이 거주하고 있다. 그 중 래브라도 2만 6,464명, 북서지역 4만 1,465명, 누나빅 1만 815명, 누나부트 2만 9,475명, 유콘 3만 375명이 거주하고 있다.

덴마크 그린란드와 페로제도에 각각 5만 6,901명과 4만 8,183명이 거주하고 있다. 노르웨이 북극권에 46만 2,7779명이 거주하고 있다. 그 중 핀마르크 7만 2,937명, 노를란 23만 6,257명, 트롬스 15만 3,585명이 거주하고 있다. 아이슬란드의 인구수는 29만 9,891명으로 집계됐다.

핀란드 북극권 인구수는 64만 9,953명으로 그 중 라플란드 18만 4,935명, 오울루 46만 5,018명이다. 스웨덴 북극권의 인구수는 50만 9,467명으로 그중 노르보텐 25만 1,886명, 베스테르보텐 26만 7,581명이다.

---

21) 2003년 12월 7일 지역주민투표를 통해 타이미르와 에벤크 자치구는 크라스노야르스크 변강주 그리고 코랴크 자치구도 2005년 10월 23일 지역주민투표를 통해 2007년 7월 1일부터 캄차트카 주로 편입되면서 캄차트카 변강주로 변경됐다. 한종만, "러시아연방 83개 연방주체 해부 : 9개 변강주를 중심으로," 『러시아지역정보지』(한국외국어대학교 러시아연구소), No.1, 2010, p.27.

그림 10 ADHR의 북극 정의

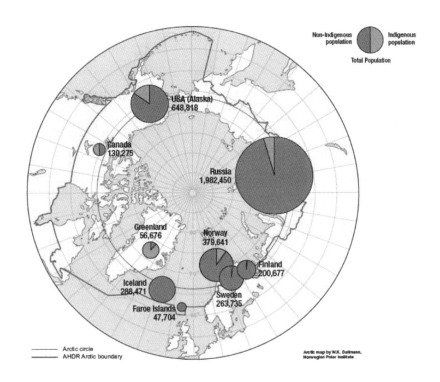

자료 : ADHR, Arctic Human Development Report(Akureyr i: Stefannson Arctic Institute, 2004), p.19.

러시아를 제외한 북극주민의 수는 현상유지를 하고 있는 반면에 스칸디나비아와 캐나다 북극권과 알래스카의 인구는 증가할 것으로 예측하고 있다.[22]

북극에 거주하는 '제4세계 민족'으로 원주민의 수는 약 50만 명으로 그린란

---

22)   석유 / 가스 생산지역인 한티-만시와 야말 반도의 인구수는 2030년까지 22% 승가할 것으로 예측하고 있다. 북극권의 인구변동에 대해서는 다음의 글을 참조. 한종만, "북극지역의 지정학적, 지경학적, 지문화적 역동성에 관한 연구," 대한조선학회, 극지기술연구회 주최 2015년도 극지기술연구회 동계 연구회발표논문, 인천 송도 포스코 글로벌 R&D센터, 2015년 2월 5-6일, pp.32~34.

그림 11 북극권의 행정구분

자료 : Arctic Centre, University of Lapland.
Prime Minister's Office, Finland, Finland's Strategy for the Arctic Region 2013,
Government resolution on 23 August 2013, p.43.

드 80%, 캐나다 50%, 알래스카 25%, 북극 노르웨이 15%, 러시아 북극권 주민
의 3-4%를 구성하고 있다.[23] 그린란드와 캐나다 북극권 지역은 원주민 비율

---

23)   Heidi Bruce, "Arctic Fourth World Nations in a Geopolitical Dance," Fourth World
Journal, Summer 2012, p.10. '제4세계 민족'은 제1세계 서방선진국, 제2 세계 공산권, 제

이 높은 반면에 기타 북극 주민의 대부분은 비원주민이 다수를 이루고 있다. 아이슬란드와 덴마크 페로제도에는 원주민이 없으며, 스칸디나비아 북극권에서도 원주민의 비율은 상대적으로 미미하다. 북극권 원주민의 인구수는 연간 1.5% 증가하는 것으로 추정하고 있다.[24]

표 1 북극권 지역의 주요 사회경제 지표(2006년 기준)

북극권(행정구역)	총인구	원주민 비율	여성 인구 비율	0-14세 인구 비율	평균 수명 (세)	유아 사망 률*	대학 졸업 률	가처분 소득 (**)	종속 률	복합 지수 (***)
알래스카	670053	13.1%	48.5	21.5%	76.7	6.7	24.7	32811	0.6	9
캐나다 래브라도(Labrador)	26464	37.8%	49.3	20.6%	76.1	4.4	9.4	19044	1.3	6
캐나다 북서지역	41465	49.8%	48.8	23.9%	79.1	4.2	19.4	30339	0.7	8
캐나다 누나빅(Nunavik)	10815	89.2%	49.1	36.3%	63.5	17.3	9.6	19532	1.9	4
캐나다 누나부트(Nunavut)	29475	84.5%	48.7	33.9	70.4	10.0	11.9	24495	1.6	5
캐나다 유콘(Yukon)	30375	25.0%	49.7	18.8%	76.4	11.0	23.4	29761	1.0	8
덴마크 페로(Faroe) 제도	48183	0.0%	48.1	22.8%	78.9	4.4	23.0	15275	0.7	7
그린란드	56901	88.6%	47.0	24.8%	68.3	15.4	n.a.	15237	0.9	5
라플란드(Lapland)	184935	0.8%	49.9	16.3%	78.6	5.9	20.7	14000	1.5	7
핀란드 오울루(Oulu)	465018	–	49.7	19.8%	79.0	4.2	22.7	13847	1.4	7
노르웨이 핀마르크(Finnmark)	72937	9.2%	49.2	20.5%	77.6	4.3	21.4	18687	1.1	7
노르웨이 노를란(Nordland)	236257	–	50.0	19.3%	79.4	3.3	19.8	18700	1.2	7
노르웨이 트롬스(Troms)	153585	–	49.6	19.7%	79.0	3.7	25.1	18850	1.0	8
아이슬란드	299891	0.0%	49.6	21.8%	81.2	1.4	23.5	17957	0.8	8
스웨덴 노르보텐(Norrbotten)	251886	3.6%	49.3	15.6%	79.5	5.1	13.6	14721	1.3	6
스웨덴 베스테르보텐(Vasterbotten)	257581	–	50.0	16.1%	80.4	3.1	19.4	14139	1.2	7
아르한겔스크 주	1280200	0.5%	53.3	16.3%	64.8	10.2	12.1	7465	1.1	3

3세계 비동맹국가에 대응하는 개념이다.

24) D. Bogoyavlenskiy, and A. Siggner, "Arctic Demography," in : Emmerson, N., Larsen, J. N., Young, O. R.(Eds.), Arctic Human Development Report, Steffanson Arctic Institute, Akureyri, Iceland, 2004, p.14.

북극권(행정구역)	총인구	원주민 비율	여성 인구 비율	0~14세 인구 비율	평균 수명 (세)	유아 사망 률*	대학 졸업 률	가처분 소득 (**)	종속 률	복합 지수 (***)
추코트카 자치구	50500	20.9%	47.9	21.7%	58.9	23.2	14.6	19267	0.3	5
에벤크 자치구	17000	19.3%	50.0	24.2%	59.1	21.3	11.5	9765	0.5	4
카렐리야 공화국	693100	0.0%	54.2	15.5%	63.8	7.6	13.7	6734	1.0	3
한티-만시 자치구	1488300	1.4%	50.8	19.9%	68.8	7.5	15.9	16851	0.7	6
코미 공화국	974600	1.0%	52.5	17.5%	64.2	7.0	12.2	10710	1.1	4
코랴크 자치구	22600	34.2%	50.0	22.0%	56.0	33.0	9.9	12389	0.6	3
마가단 주	168500	8.7%	51.6	17.0%	63.4	14.2	15.4	10682	0.8	4
무르만스크 주	857000	0.2%	51.6	15.7%	65.2	10.3	15.5	9853	0.9	4
네네츠 자치구	42000	14.3%	51.2	22.3%	62.2	15.2	9.9	–	0.5	4
사하 공화국	950000	2.4%	51.5	23.6%	65.6	10.6	14.6	10733	1.0	5
타이미르 자치구	38400	19.0%	51.8	22.9%	63.8	7.4	13.3	11641	0.7	5
야말로-네네츠 자치구	532600	5.9%	50.7	21.3%	68.9	13.0	16.8	20447	0.5	6

주 : * 유아 1,000명 당; ** 미국 달러(PPP 기준);
*** 복합지수는 6개 지표(여성인구비율, 유아사망률, 대학졸업률, 가처분소득, 종속률)에서 추출한 것임
자료 : Gérard Duhaime and Andrée Caron, "Economic and Social Conditions of Arctic Regions,"
in: S. Glomsrød and I. Aslaksen(Eds.), The Economy of the North 2008, Oslo, 2009, p.11.

스칸디나비아 북극권에 사미 족이 거주하고 있으며, 그린란드와 북부 캐나다와 알래스카지역에서 이누이트 족이 거주하고 있다. 러시아 북극권에 네네츠 족, 축치 족 등 수많은 소수민족이 거주하고 있다. 북극권 소수민족은 다양한 문화와 자체 언어를 사용하고 있으며, 오랫동안 전수했던 전통적 생활방식을 통해 넓은 북극공간에서 수렵과 어업에 종사하고 있다.

알류산도 열도에 알루우트 족, 알래스카 북부지역에 북부 알래스카 이누이트 족, 태평양 유피크 족, 중앙 알래스카 유피크 족, 세인트루이스 제도에 섬 유피크 족이 거주하고 있으며, 원주민의 비율은 13.1%이다.

캐나다 북극권 지역에 맥킨지 이누이트 족, 쿠퍼 이누이트 족, 카리보 이누이트 족, 이굴리크 이누이트 족, 네츠실리크 이누이트 족, 버핀랜드 이누이트 족, 래브라도 이누이트 족이 거주하고 있다. 캐나다 북극권 북서지역에 거주하는 이누이트 족의 비율은 49.8%, 누나빅 지역에서 89.2%, 누나부트 지역에서

그림 12 북극 원주민 분포도

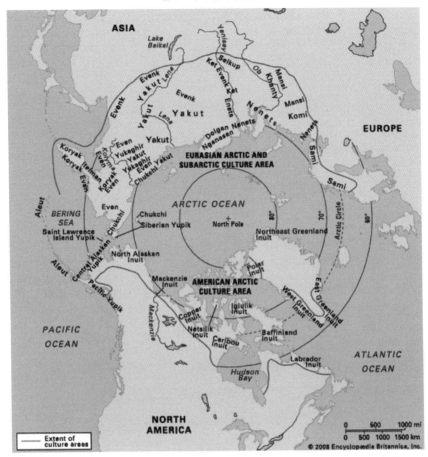

자료 : Bernadette Wurm, *Die EU-Arktispolitik im internationalen Kontext –
Eine Analyse der europäischen und kanadischen Positionen,* Diplomarbeit, Universität Wien, Mai 2010, p.20.

84.5%이다.

그린란드 북서지역에서 북극이누이트 족, 동북 그린란드 이누이트 족, 서부
그린란드 이누이트 족, 동부 그린란드 이누이트 족이 거주하고 있다. 그린란드
에서 이누이트 족의 비율은 88.6%이다.

북극 소수민족의 언어는 다음과 같은 5개의 어족으로 구분된다 : 나데네 어

족, 인도유럽 어족, 에스키모-알루우트 어족, 우랄-유카키르 어족, 알타이 어족. 축치-캄차트카 어족. 나데네 어족은 4개의 어군으로 구분된다: 아타파스카 어군, 이야크 어군, 틸기트 어군, 하이다 어군. 인도유럽 어족은 게르만 어군이며, 에스키모 - 알루우트 어족은 에스키모 어군의 이누이트 그룹, 유피크 그룹, 알루우트 그룹으로 구분된다. 우랄 - 유카키르 어족은 핀란드-헝가리 어군, 사미 어군, 유카기르 어군으로 구분된다. 알타이 어족은 터키 어군, 몽골 어군, 퉁구스-만주 어군으로 구분된다. 축치 - 캄차트카 어족은 케트 어군, 니브흐 어군, 침시안 어군으로 구분된다.

지구온난화와 빙하가 녹으면서 북극 원주민의 생활공간의 위기를 가속화 시키는 것은 물론 다양한 문화와 언어의 존속을 위협받고 있다. 실제로 북극 원주

그림 13 북극 원주민과 언어 전도

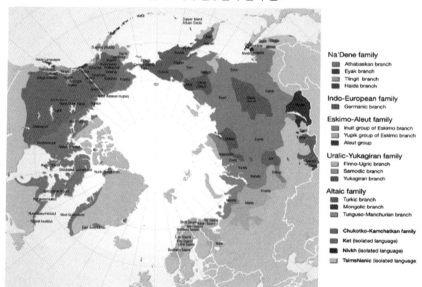

자료 : Magdalena A. K. Muir, Future of the Changing Arctic: Economic, Environmental and Legal Implications, Enter for Climate Change Law, Columbia Climate Center, and Environmental Law Society, February 17, 2014, p.19.

민의 소멸 가능성, 특히 식량, 교육, 의료부문에서 열악한 환경에 처해 있다. 북극 원주민은 문화와 언어보존 문제뿐만 아니라 자치권과 독립을 원하고 있다.

북극 원주민은 1996년 북극이사회의 창설 초기부터 영구회원(6개 원주민 그룹)으로 가입했다. 6개 원주민 그룹으로는 '북극아타파스카위원회(AAC : Arctic Athabaskan Council)', '알루우트국제협회(AIA : Aleut International Association)', '그히힌국제위원회(GCI : Gwich'in Council International)', '이누이트북극권위원회(ICC : Inuit Circumpolar Council)', '러시아북극소수민족협회

그림 14 북극이사회 6개 원주민단체 거주 지역 전도

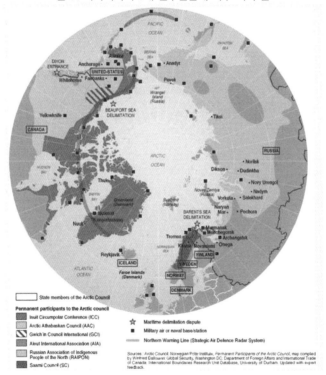

자료 : Philippe Rekacewicz, "States, Organization and Stategical Issues in the Arctic : People across Boders,"
2005, GRID Arendal, A Centre Collaborating with UNEP, 2005,
http://www.grida.no/graphicslib/detail/definitions-of-the-arctic_12ba(검색일 : 2015년 1월 15일).

(RAIPON : Russian Association of Indigenous Peoples of the North)', '사미위원회(SC : Saami Council)'이다. 북극원주민 그룹들은 북극이사회나 중앙 및 지방 정부와의 협상을 통해 그들의 권익보호와 다양한 문화와 언어 보존을 위해 노력하고 있지만 개별 북극권 국가의 정치, 경제, 사회문화적 상황에 따라 상이한 실적을 올리고 있을 뿐이다.

V. 맺음말

북극권 공간의 개념정의는 연구자 혹은 연구기관에 따라 다양하게 사용되고 있다. 이 글에서는 자연구분과 인문구분으로 북극공간의 개념을 분석했다.

앞으로도 북극권 개념정의는 개별 연구목적에 따라 '모델화(ceteris paribus)'된 개념 정의나 혹은 '필요에 따라 수정 가능한(mutatis mutandis)' 구획분석으로 전개될 것이다. 분명한 사실은 북극의 남부한계선은 자연현상(기후, 식생 등)과 인문현상(원주민의 유출입 현황, 행정재편 등)의 변화로 유동적으로 달라질 수 있다는 것이다.

한국 사회에서도 북극의 관심은 2007년부터 급속도로 올라갔으며, 2013년 5월 한국의 북극이사회 영구옵서버 가입 이후 북극 붐(Arctic boom)이 일어나면서 자원개발과 북극항로가 조만간에 활성화될 것처럼 예상했다. 2014년 북동항로의 경유 선박 수는 2013년까지 지속적으로 증가하여 71척을 기록했지만 2014년 31척으로 대폭적인 감소를 기록했다. 또한 북극권에서 석유/가스개발은 지연되거나 혹은 유보되고 있다. 비전통적 석유 / 가스, 예를 들면 세일가스 혁명과 서방의 대러시아 경제제재 조처, 국제유가의 대폭적인 하락 등으로 인해 북극의 석유/가스개발은 중장기 차원에서 가능하다고 볼 수 있다. 그러나 이와 같은 현상을 북극 버블(Arctic bubble)이라고 까지는 말할 수는 없다고 생각된다.

북극공간은 지구상에 남은 마지막 남은 처녀지이며 육해공의 지경학적 잠재력과 자원의 보고지역이며 생태적으로 민감한 지역이다. 또한 북극공간은 자연, 인문, 사회 등 전 학문 연구의 보고지역이며, 과학연구의 실험장 역할을 담당하고 있다. 북극은 우리 세대뿐만 아니라 차세대를 위한 미래공간이다. 한국의 대 북극 연구는 북극국가와 EU에 비해 양과 질 면에서 아직 미천한 상황이다. 미래공간은 현재 우리가 어떻게 준비하느냐에 따라 달라지기 때문에 수동적 자세보다는 능동적으로 준비해야할 것이다.

북극권 국가들이 북극과 북방을 유사한 개념으로 사용하고 있는데 한국에서 자주 사용되는 북방 개념과의 어떤 차이가 있을까? 88 올림픽 이후 한국의 북방정책은 대 사회주의권과의 협력과 교류에 초점을 맞추었으며, 정권이 교체될 때마다 북방 혹은 신북방 등의 용어개념을 통해 북한, 동북아, 유라시아 공간으로 확대됐다. 현 정부의 유라시아 이니셔티브 정책 구상도 대륙세력과의 협력 강화를 전제로 하고 있어 전체 북극공간을 포함하지 못하고 있다.

이러한 관점에서 필자는 미래 한국의 성장공간과 비전을 위해 유라시아를 포함해서 북극의 전초기지로 나아갈 해양공간인 한국의 동해, 오호츠크 해, 알류산 열도를 포함한 베링 해와 알래스카와 캐나다 북극권까지 포함하는 '유람시아(Euramsia)' 어젠다로 확대할 필요성이 있다고 생각된다. 이를 통해 한국은 대륙세력뿐만 아니라 해양세력과의 협력을 강화할 수 있는 계기를 조성할 수 있을 것이다.

참고문헌

김태환, 이용욱, 『북유럽에 반하다』(서울 : 혜지원, 2014년).

최명애, 『북극여행자, 북위 66.5도에서 시작된 십 년간의 여행』(서울 : 작가정신, 2012년).

한종만, "러시아연방 83개 연방주체 해부 : 9개 변강주를 중심으로," 『러시아지역정보지』 (한국외국어대학교 러시아연구소), No.1, 2010, pp.24~29.

한종만, "북극지역의 지정학적, 지경학적, 지문화적 역동성에 관한 연구," 대한조선학회, 극지기술연구회 주최 2015년도 극지기술연구회 동계 연구회발표, 발표논문, 인천 송도 포스코 글로벌 R&D센터, 2015년 2월 5-6일, pp.1~41.

Abate, Jenna, "Not Your Average Chill: What Does 'Polar Vortex' Mean?," AccuWeather, January 24, 2014.

AMAP, "Geographical Coverage," http://www.amap.no/about/geographical-coverage(검색일 : 2015년 1월 12일).

Bogoyavlenskiy, D. and A. Siggner, "Arctic Demography," in : Emmerson, N., Larsen, J. N., Young, O. R.(Eds.), Arctic Human Development Report, Steffanson Arctic Institute, Akureyri, Iceland, 2004.

Brown, Jerry, "The International Permafrost Association's Contribution to the International Polar Year," Finisterra, Vol.87, 2009, pp.129~133.

Bruce, Heidi, "Arctic Fourth World Nations in a Geopolitical Dance," Fourth World Journal, Summer 2012, pp.5~22.

CAFF, "About CAFF," http://www.caff.is/about-caff(검색일 : 2015년 1월 12일).

CAFF, "Introduction," http://www.arcticbiodiversity.is/the-report/chapters/introduction(검색일 : 2015년 1월 29일).

Duhaime, Gérard and Andrée Caron, "Economic and Social Conditions of Arctic Regions," in : Glomsrød, Aslaksen(Ed.), The Economy of the North 2008, Oslo, 2009, pp.11~23.

EPPR, Report from EPPR Workshop on Emergency, Prevention, Preparedness and Response (EPPR) in Kirkenes, Norway, June 5~7, 2012.

FOEI, IFAW, WWF, Pacific Environment, "Development of a Mandatory Code for Ships Operating in Polar Water, Polar Code Boundaries for the Arctic and Antarctic," Sub - Committee on ship Design & Equipment 55th Session, 14 January, 2011.

Guilford, Gwynn, "What is China's Arctic Game Plan?," The Atlantic, May 16, 2013.

Jares, Vladimir, "The Continental Shelf Beyond 200 Nautical Miles : The Work of the Commission on the Limits of the Continental Shelf and the Arctic," Vanderbilt Journal of Transnational Law, Vol.42, 2009, pp.1265~1305.

Moore, Peter D., Ecosystem Tundra(New York : Infobase Publishing, 2008).

Muir, Magdalena A. K., Future of the Changing Arctic: Economic, Environmental and Legal Implications, Enter for Climate Change Law, Columbia Climate Center, and Environmental Law Society, February 17,

2014.

Norwegian Shipowner's Association, High North – High Stakes, Maritime Opportunities in the Arctic, Oslo, 2012, pp.1~34.

Orheim, Olav, "Protecting the environment of the Arctic ecosystem," United Nations Open-ended Informal Consultative Process on Oceans and the Law of the Sea, 4th Meeting, 2-6 June, 2003, pp.1~7.

O'Rourke, Ronald, Changes in the Arctic: Background and Issues for Congress, CSR Report for Congress, Congress Research Service 7-5700, August 4, 2014.

Rekacewicz, Philippe, "States, Organization and Strategical Issues in the Arctic: People across Boders," 2005. GRID Arendal, A Centre Collaborating with UNEP, 2005.

 http://www.grida.no/graphicslib/detail/definitions-of-the-arctic_12ba (검색일 : 2015년 1월 15일).

Rowe, Elana Wilson, "Russia's Northern Policy : Balancing an 'Open' and 'Closed' North," Russian Analytical Digest, No.96, 12 May, 2011, pp.2~5.

Steinbach, Volker, Erdöl und Erdgas der Arktis – Chancen und Herausforderungen, Bundesanstalt für Geowissenschaft und Rohstoffe (BGR), Hannover 2010.

The Arctic Portlet, "Boundary Line," http://portlets.arcticportal.org/boundary-lines(검색일 : 2015년 1월 28일).

Umbreit, Andreas, "What is the Definition of Arctic?," Bradt Travel Guides, March 28, 2014. http://www.bradtguides.com/articles/definition-arctic/(검색일 : 2015년 1월 16일).

Umweltbundesamt, Klimagefahr durch tauenden Permafrost?, Dessau, 2006.

Winther, Gorm, "Introduction to the Project and the First Volume of The Political Economy of Northern Regional Development(POENOR)," Nordic Council, The Political Economy of Northern Regional Development, Nordic Council of Ministers, Copenhagen, 2010.

Wurm, Bernadette, Die EU – Arktispolitik im internationalen Kontext – Eine Analyse der europäischen und kanadischen Positionen, Diplomarbeit, Universität Wien, Mai 2010.

Госкомстат России, Россия в цифрах. Официальное издание 1998(Москва: Госкомстат России, 1998).

Chapter 2.
한국 내 북극
연구 현황

한국 내 북극연구 현황과 과제*

한종만

I. 머리말

지구온난화와 북극해 해빙의 가속화와 과학기술의 발달로 인해 인간과 생물의 생활공간이 북쪽으로 올라가야만 상황으로 바뀌어 가면서 북극의 가치는 급상승하고 있다. 2007년 여름 캐나다 북극해의 빙하가 녹으면서 처음으로 북서항로가 개통되었으며, 2007년 8월 초 북극점 인근해역에 티타늄 러시아국기 게양 사건, 2007-2008년 제4차 '국제극지의 해', 2008년 미국지질조사국(US Geological Survey)의 북극의 이산화탄소 자원매장량의 발표[1], 2009년 처음으로 시베리아 북극해 경유 북동항로의 외국선박 운항허가 이후 해외선박의 이용이 증가하면서 정치계, 국제기구, 학계, 기업계, 비정부단체(NGO), 매스미디어에서 북극이 주요 글로벌 이슈로 부상하고 있다. 실제로 북극권 국가뿐만 아니라 비북극권 국가들도 북극전략 / 정책을 정립 혹은 재정립하고 있으며,

---

* 이 글은 극지연구소 2016년 Polar Brief, No.12(제12호)에서 게재된 "국내 북극 관련 인문 사회과학 연구 현황 및 과제"를 수정 보완한 것임.

1) 북극권 내에 석유 900억 배럴, 천연가스 1,670조 입방피트 그리고 440억 배럴의 액화가스가 부존되어 있을 것으로 발표했다. 이는 세계 미 발견 석유의 13%, 천연가스의 경우 30%, 액화가스의 20%에 해당하는 막대한 양이다. 이 자원의 84%는 북극 대륙붕에 매장된 것으로 추정했다.

수많은 북극연구기관의 창설과 확대와 세미나 / 컨퍼런스와 정책보고서와 논문들이 대량생산되고 있다.

한국 내 북극연구는 2000년 중반까지 북극권국가와 EU, 중국, 일본에 비해 양과 질적으로 미천한 수준이었으며, 연구의 대부분은 이공분야의 연구가 대부분을 차지하고 있다. 2000년 중반까지 한국 내 북극에 관한 인문사회과학 연구는 태동단계 수준으로 평가된다. 2007년부터 북극이사회의 임시(ad hoc) 옵서버 활동 이후 2013년 영구 옵서버 지위 획득, 2008년 방영된 MBC '북극의 눈물' 다큐의 높은 시청률, 2009년 처음으로 취항한 연구쇄빙선 아라온호의 극지 탐사 활동, 2012년 9월 이명박 대통령의 노르웨이와 그린란드 방문, 박근혜 정부 140개 국정과제 중 13번째로 '북극항로와 북극해 개발 참여'가 선정,[2] 2013년 12월 관계부처합동으로 '북극정책 기본계획(안)'을 수립[3]되면서 매스미디어와 민관산학연의 개최하는 세미나 / 컨퍼런스는 물론 북극 정책보고서와 연구논문 등의 출판 건수가 지속적으로 증가하고 있다.

그러나 이러한 북극연구의 외적이며, 양적인 풍요함에 대해 우리는 차분하고 면밀한 고민을 해 보아야 할 필요성이 있다. '우리가 북극권에 대해 알고 있는 정도의 깊이는 어떠한가?', 아니, 한 발 더 나아가 '북극권의 개발 및 보존 그리고 잠재가능성을 이해하고 연구하는 방향과 경향은 어떻게 진행되고 있는 것인가?'

이데올로기 대립의 시대를 넘어 자원과 에너지 확보 및 경제 활동 공간의 확

---

2) 2013년 5월 28일 140개 국정과제 최종 확정안에서 이 과제는 누락했지만 11번 '해양수산업의 미래산업화 및 체계적 해양영토 관리' 95번 '해양환경 보전과 개발의 조화'에 내재적으로 포함된다고 볼 수 있다. 국무조정실 국정과제관리관실, 『정책브리핑』(2013년 5월 28일).

3) 한국의 관계부처는 6개부(미래창조과학부, 외교부, 산업통상자원부, 환경부, 국토교통부, 해양수산부)와 기상청이다. 요약본은 웹사이트 참조. http://www.arctic.or.kr/files/pdf/m4/korea.pdf(2015년 5월 25일).

장을 추구하는 21세기 국제사회의 분위기 속에서 북극권과 관련된 이와 같은 문제는 인류 공생과 한반도의 미래에 직관되는 사항이라고 생각한다. 이러한 문제에 대한 첫 걸음은 현재 우리의 연구경향과 현황 및 성격을 파악하는 작업으로부터 시작될 수 있을 것이다. 큰 숲을 조성하기 위해서는 지금 식재하고 있는 좁은 공간의 작업들이 그 목적에 부합한 지 등의 점검이 필요하다. 다시 말해, 현재 국내의 북극권 연구현황과 경향은 어떠한 가에 대한 국내의 연구 경향과 방향성에 대한 정확하고 종합적인 이해가 필요한 시점이라고 생각한다.

본고에서는 한국 내 북극관련 학술 연구와 북극 관련 연구기관의 연구과제 등을 취합하여 연구경향과 특성을 분석하여 국내 연구의 수준을 파악하고 필요한 연구 방향성을 제시하고자 한다. 이와 같은 연구 목적을 달성하기 위해 구글, 한국국회전자도서관, 한국학술정보센터의 웹사이트에서 검색단어 '북극'과 관련된 연구결과물과 북극 관련 연구기관의 연구과제 의 자료를 중심으로 연구물의 성격과 특성을 분석했다.[4]

II. 국내 북극 관련 연구 현황

1. 구글 웹사이트 자료

세계 최대 검색사이트인 구글 사이트의 학술검색 코너를 통하여 검색어를

---

4) 이 아이디어는 다음의 논문에서 발췌했음. 김정훈, "'한 · 러 수교' 이후 한국 내 시베리아 지역연구 현황," 『한국시베리아연구』(배재대학교 한국 - 시베리아센터) 제15권 1호, 2011, pp.1~43.

'북극'으로 한정하고 '논문 / 자료전체'에서 '북극' 검색 건수와 '논문 / 자료제목'에서 '북극' 검색 총수를 계수했다. 이는 북극 관련 연구물에 대한 대략적인 총 건수와 연도별 증가추이를 파악하는 데 도움을 주고 있다. 2016년 4월 5일 기준으로 '논문 / 자료전체'에서 '북극' 검색 건수는 총 4,510건, '논문 / 자료제목'에서 '북극' 검색 건수는 총 257건의 연구물이 검색되었다.

표 1 1930~2016년 구글 학술검색 '북극'에서 논문 / 자료 전체 및 제목 검색현황

자료구분	2006	2007	2008	2009	2010	2011	2012	2013	2014	2015
논문/자료전체에서 '북극' 검색 (총 4,510건)*	199	199	198	268	290	317	331	349	370	185
논문/자료제목에서 '북극' 검색 (총 257건)**	6	22	23	19	28	20	18	28	21	10

주 : * 2016년 8건, 1930~1990년 111건, 2001~2005년 662건;
** 1930~1990년 7건, 1991~2000년 11건, 2001~2005년 39건.
자료 : 구글 학술검색 https://scholar.google.co.kr/(검색일 : 2016년 4월 5일).

표 1에서 보는 것처럼 '논문 / 자료전체'에서 '북극' 검색 건수는 2005년까지 총 773건으로 전체 건수의 17% 수준에 불과했다. '논문 / 자료제목'에서 '북극' 검색 건수도 2005년까지 57건으로 전체 건수의 22%로 유사한 비율을 보이고 있다. 북극 관련 연구는 2000년 중반부터 본격적으로 증가하는 추이를 보였지만 2014-2015년 기간 감소하는 추이를 보이고 있다.

2. 국회도서관 웹사이트 자료

한국에서 가장 큰 국회전자도서관 웹사이트에서 2016년 3월 31일 기준으로 '북극' 검색 결과 2015년까지 총 769건으로 집계됐다. 그중 학술기사 364건, 도서자료 171건, 인터넷자료 109건, 학위논문 61건 순위였으며, 구글 사이트와 유사하게 2000년 중반부터 북극관련 자료건수는 630건으로 전체건수의 82%

를 점유하고 있다. KCI 등재(후보)학술지 113건 중 인문사회 건수는 58건으로 집계됐다. 인터넷자료 109건의 대부분은 인문사회과학 중에서 물류, 특히 북극항로와 관련된 물류 현황과 정책에 기반을 두고 있어 한국의 대북극 진출의 관심을 반영하고 있다고 판단된다.

표 2 1916-2015년 국회도서관 웹사이트에서 '북극' 주제 자료 현황

자료구분			2011/15년	2006/10년	2001/05년	1996/00년	1991/95년	1986/90년	1981/85년	1971/80년	1916/70년
전체		건수/769건	417	213	62	14	13	19	7	16	17
도서자료	총	171	84	42	17	6	6	2	0	6	8
	일반도서	164	78	41	17	6	6	2	0	6	8
	세미나자료	7	6	1	—	—	—	—	—	—	—
학위논문		61	39	14	6	0	1	0	1	—	—
학술기사	총	364	196	94	32	5	5	8	6	9	9
일반학술지	165	90	30	9	4	4	8	6	5	9	
등재(후보)학술지	113	66	33	14	—	—	—	—	—	—	
기타정기 간행물	86	40	31	9	1	1	0	0	4	—	
연속간행물 학술지(권호)(1)		1	1	북극정책포럼 : 부산발전을 선도하는 정책정보지, 부산발전연구원 2015년							
인터넷자료		109	67	38	4	—	—	—	—	—	—
전자자료(23)		23	17	4	1	1	—	—	—	—	—
e-Book(23)		23	17	4	1	1	—	—	—	—	—
전자저널(0)		0	0	0	0	0	—	—	—	—	—
비도서자료(35)		35	10	19	2	2	1	0	0	1	—
멀티미디어자료(34)		34	10	19	2	2	1	—	—	—	—
지도/기타자료(1)		1	—	—	—	—	—	—	—	1	—
참고데이터(5)		5	3	2	—	—	—	—	—	—	—

자료 : 국회전자도서관, 통합검색(초록 / 목차 제외) http://dl.nanet.go.kr/SearchList.do#pd(검색일 : 2016년 3월 31일).

3. 한국학술정보 웹사이트 자료

국회전자도서관에 검색한 사료 건수는 구글 사이트보다 현저히 작아 '한국학술정보' 사이틀 통해 '북극'을 검색한 결과 2016년 4월 4일 기준으로 총 3,041

건으로 단행본 2,295건, 국내학술지 484건, 학위논문 228건 순위였다.

표 3 1900~2016년 RISS 통합검색 '북극'에서 학위논문 현황

자료구분 총(3,041건)*	2016	2015	2014	2013	2012	2011	2010	2009	2008	1900/2007
학위논문 (228건)	11	30	26	29	23	15	19	11	13	71
국내학술지논문(484건)	1	55	59	67	51	52	43	23	16	117
단행본 (2,295건)	3	35	102	84	138	94	96	94	57	1,592

주 : * 공개강의 4건, 연구보고서 등 30건을 포함한 수치임.
자료 : http://www.riss.kr/index.do(2016년 4월 4일 검색)

단행본, 학위논문, 국내학술지 건수 중 중복 건수도 10% 이상으로 높게 나타나고 있다.

단행본 중 한국어는 1,916건, 일본어 221건, 영어 88건, 중국어 33건, 프랑스어 17건, 자료유형으로 단행본 1,979건, 비도서 314건, 고서 4건, 연도별 출판 현황도 2008-16년까지 703건을 기록했다. KBS, MBC, SBS, EBS와 일본 NHK, BBC 등 북극 관련 다큐 필름이 적지 않은 수치를 보이고 있다. 수많은 단행본의 발간에 불구하고 2000년 중반까지 한국에서 북극 관련 단행본은 생물도감이나 자연과학 위주로 북극을 간접적으로 인용한 출간물이며, 역사 분야도 한국사에 나타난 북극이나 북극성이 주를 이루고 있으며, 문학 분야에서도 동화와 시집이 대부분으로 북극을 직접 체험하지 않은 간접적 출간물이 대다수였다.

학위논문은 2008년부터 급증하여 2016년까지 157건으로 이공(기술과학과 자연과학) 114건, 인문과학 45건(문학 5건, 문화 40건), 사회과학 39건(국제법 3건, 물류 / 경제 26건, 정치 / 정책 10건) 순위였다. 학위논문을 가장 많이 배출한 대학교는 부산대학교 16건, 한국해양대학교 16건, 인하대학교 16건, 이화여자대학교 12건, 건국대학교 11건 순위였다. 학위 유형으로 국내 석사논문

176건, 국내 박사논문 50건, 해외박사논문 2건이었다.

국내학술지 논문 건수는 484건으로 KCI 등재지(후보) 232건(등재지 202건, 등재후보지 30건)이며, 주제별로는 기술과학 99건, 자연과학 89건, 사회과학 86건, 역사 42건, 문학 23건 순위였다. 2008~2016년 논문건수는 367건으로 전체 76%를 점유하고 있다. 주요 학술지명은 월간 해양한국 (31), 해양환경안전학회 학술발표대회 논문집 (21), 한국항해항만학회 학술대회논문집 (17), 대한조선학회 학술대회자료집 (16), 한국지구과학회지 (15), 한국기상학회 학술대회 논문집 (15), Ocean and Polar Research (14), 한국시베리아연구 (12), 대기 (8), 한국해양공학회지 (8), 지질학회지 (8), 과학동아 (7), 대한지리학회지 (7), 대한지질학회 학술대회 (6), 한국해양환경공학회 학술대회논문집 (6), Russia & Russian Federation (5) 순위였다.[5]

---

5) 그 뒤를 이어 大韓造船學會誌 (5), 해사법연구 (5), 大韓造船學會 論文集 (4), 大韓遠隔探査學會誌 (4), 과학과 기술 (4), 국제지역연구 (4), 국토지리학회지 (4), 어린이과학동아 (4), 열린시학 (4), 한국항해항만학회지 (4), 해운물류연구 (4), BDI 포커스 (3), 國際商學 (3), 國際法學會論叢 (3), 明知語文學 (3), 服飾文化研究 (3), 道敎文化研究 (3), 계간 해양수산 (3), 고구려발해연구 (3), 대한지리학회 학술대회논문집 (3), 동서연구 (3), 부산발전포럼 (3), 역사문화연구 (3), 월간 CONCEPT (3), Jpi정책포럼 (2), VIP Report (2), 世界憲法研究 (2), 中國文學 (2), 北韓 (2). 大韓獸醫學會誌 (2), 天文學會報 (2), 白山學報 (2), 韓國文化人類學 (2), 韓國港灣經濟學會誌 (2), 국제정치연구 (2), 독도연구 (2), 동아시아고대학 (2), 무역보험연구 (2), 바다 (2), 비교민속학 (2), 시와세계 (2), 에너지기후변화교육 (2), 여성문학연구 (2), 연구보고서 (2), 중소연구 (2), 지구물리 (2), 한국공간정보학회지 (2), 한국대기환경학회 학술대회논문집 (2), 한국미생물·생명공학회지 (2), 한국사연구 (2), 한국지도학회지 (2), 한국지형공간정보학회 학술대회 (2), 한국환경생태학회 학술대회지 (2), 해양국토21 (2), 해양비즈니스 (2), 환경생물 (2), Journal of the Korean Data Analysis Society (1), 中國語文學誌 (1), 僧伽 (1), 哲學 (1), 건강소식 (1), 공연문화연구 (1), 국제법평론 (1), 국제지역학회 춘계학술대회 (1), 디지털콘텐츠 (1), 미디어와 공연예술연구 (1), 석유와 에너지 (1), 스토리&이미지텔링 (1), 안전기술 (1), 언어학연구 (1), 에너지경제연구원 수시연구보고서 (1), 자원환경지질 (1),

III. 국내 북극 관련 연구과제

한국 내 북극 관련 인문사회과학 연구는 앞에서 언급한 것처럼 2000년 중반부터 급상승하는 추이를 보이고 있다. 연구주체의 대부분은 국가기관(6개 부처와 기상청, 각주 3 참조)과 국책연구소가 담당하고 있다. 극지연구소는 수많은 단행본과 'Polar Brief' 잡지 출간 외에도 '북극지식정보센터'를 통해 북극 관련 자료를 체계적으로 수집하면서 정보제공하고 있다. 한국해양수산개발원은 수많은 단행본 이외에도 '해양정책연구', '계간해양수산', 'KMI 수산동향', '독도연구저널', '북극해소식' 등의 잡지를 통해 북극 관련 항로, 물류, 수산업 등 현황과 정책보고서 그리고 한국해양연구원은 'Ocean and Polar Research' 잡지를 통해 북극 관련 논문을 집중적으로 다루고 있다. 외교(통상)부는 '국제법 동향과 실무' 그리고 외교안보원은 '주요국제문제분석' 잡지를 통해 북극이사회와 대북극권 협력과 제도 등의 정책보고서, 대외경제정책연구원은 4권의 단행본[6]과 북극 관련 제도와 정책과 북극해 이슈, 산업연구원은 'KIET 뉴스브리핑'과 'KIET 산업경제' 잡지를 통해 북극 관련 산업 이슈 등을 출간하고 있다.

정신문화연구 (1), 창작과 비평 (1), 한국고대사탐구 (1), 한국공공관리학보 (1), 한국과학사학회지 (1), 한국기후변화학회지 (1), 한국노어노문학회 학술대회 발표집 (1), 한국석유지질학회지 (1), 한국소음진동공학회 논문집 (1), 한국역사연구회회보 (1), 한국중세사연구 (1), 한국항공우주정책·법학회지 (1) 순위였다.

6) 제성훈, 민지영,『러시아의 북극개발 전략과 한-러 협력의 새로운 가능성』(대외경제정책연구원, 2013년 12월), 김석환, 나희승, 박영민,『한국의 북극 거버넌스 구축 및 참여전략』(대외경제정책연구원, 2014년 12월), 문진영, 김윤옥, 서현교,『북극이사회의 정책동향과 시사점』(대외경제정책연구원, 2014년 12월), 한종만, "중국의 대북극 정책과 시사점,"『러시아 · 유라시아』전략지역심층연구 15-15 논문집 II(대외경제정책연구원, 2015년 12월), pp.607~673.

또한 에너지경제연구원도 북극 관련 에너지 단행본[7] 외에도 '세계에너지시장 인사이트' 주간 잡지를 통해 북극 에너지 이슈, 지질자원연구원[8]은 광물자원 등을 집중적으로 취급하고 있다. 2010년부터 이이재, 서병수 등 국회의원을 중심으로 북극 관련 정책세미나 개최는 물론 관련 국책연구소 주관 국내외세미나가 정례적으로 개최되고 있다.

2010년부터 북극항로의 관심이 높아지면서 우리나라 연안 지자체 간 경쟁도 심화되면서 개별 지방발전연구원(부산, 울산, 강원, 경남 등)의 연구경쟁도 가열되는 현상을 보이고 있지만 한국 내 북극 관련 홍보와 연구를 확대하는데 기여하고 있다.[9]

한국의 여러 재단과 학회를 중심으로 북극 관련 세미나 개최는 물론 잡지 출간도 2000년 중반부터 왕성하게 이루어지고 있다(각주 108 참조). 한국과학기술 한림원[10], 한국해사문제연구소(해양한국), 세계평화터널재단(Peace Road Magazine), 한국해양전략연구소(Strategy 21), 서울국제법연구원(서울국제법연구), 극지연구진흥회(미래를 여는 극지인) 등의 기관에서도 북극 관련 이슈를 심도 깊게 다루고 있다. 대학기관으로 배재대학교 한국-시베리아센터 [11](한국시베리아연구), 배재대 북극연구단(북극연구), 한국외국어대학교 러시

---

7) 이성규, 이지영, 최윤미,『북극의 자원개발 현황 및 전망』(의왕 : 에너지경제연구원, 2010년), 김남일,『북극해 항로개발의 자원개발 및 에너지 안보적 시사점』, 에너지경제연구원, 2011.

8) 고상모,『북극권(그린란드) 광물자원 개발전망』, 지질자원연구원, 2013년 2월 15일.

9) 강원발전연구원, 부산발전연구원(북극정책포럼, 동아시아 물류동향), 울산발전연구원 (울산 발전) 홈페이지 참조.

10) 박병권 · 박상범,『북극연구의 국제적 동향과 우리나라 북극연구의 미래전략에 관한 연구』, 한국과학기술한림원, 2011.

11) 한국 - 시베리아센터 편으로 2권의 북극 관련 책 발간.『러시아 북극권의 이해』, 신아사, 2010,『북극, 한국의 성장공간』, 명지출판사, 2014.

아연구소(Russia & Russian Federation), 영산대학교 북극물류연구소(북극물류동향), 연세대학교 동서문제연구소(동서연구) 등의 활동도 두드러지게 나타나고 있다.

한국 내 북극 관련 인문사회 연구주제는 대부분 현황 연구와 정책, 특히 북극항로와 관련된 내용이 주를 이루고 있다. 그러나 북극권 공간의 이해의 초석인 지리와 역사 분야에 관한 단행본은 1권도 존재하지 않으며, 연구논문도 찾아보기 어려운 실정이다. 최근 연구주제는 개별 북극권국가의 정책과 경제[12], 언어와 소수민족[13], 관광[14] 등 다변화되고 있는 것은 고무적이라고 생각된다.

한국 사회에서도 북극의 관심은 2007년부터 급속도로 올라갔으며, 2013년 5월 한국의 북극이사회 영구옵서버 가입 이후 북극 붐(Arctic boom)이 일어나면서 자원개발과 북극항로가 조만간에 활성화될 것처럼 예상했다. 2014년 북동항로의 경유 선박 수는 2013년까지 지속적으로 증가하여 71척을 기록했지만 2014년 55척, 2015년 18척으로 대폭적인 감소를 기록했다.[15] 또한 북극권에서 석유/가스개발은 지연되거나 혹은 유보되고 있다. 비전통적 석유/가스, 예를

---

12) 한러대화 총서,『강대국의 북극 개발 전략과 한국의 북극 개발 참여 방안』(한러대화, 2016), 김효선,『글로벌 북극 : 북극을 통해 들여다 본 세계경제의 지형도』(지식노마드, 2016), Oran R. Young, 김종덕, 김윤형 편,『북극해 시대에 대비한 국가전략수립연구』, 한국해양수산개발원, 2012.

13) 최우익,『북극의 별 네네츠: 툰드라의 순록, 그리고 석유의 땅』, 한국외대출판부, 2012년, 푸쉬카료바, 엘레나, 김민수·김연수 옮김,『축치족 : 신앙』(지식을 만드는 지식, 2012), 푸쉬카료바, 엘레나, 이대우 옮김,『툰드라 네네츠 인들의 민요와 민속』(써네스트, 2013), 스턴, 파메라(Pamela R. Stern), 박병권, 이방용, 윤용직 역,『이누이트의 일상생활』, 한국해양과학기술원, 2013, 배재대 북극연구단,『북극연구』e-Journal 1-5호 참조.

14) 김태환, 이용욱,『북유럽에 반하다』(서울 : 혜지원, 2014), 최명애,『북극여행자, 북위 66.5도에서 시작된 십 년간의 여행』(서울 : 작가정신, 2012).

15) Norhthern Sea Route Information Office, http://www.arctic-lio.com/nsr_transits(검색일 : 2016년 4월 12일).

들면 셰일가스 혁명과 서방의 대러시아 경제제재 조처, 국제유가의 대폭적인 하락, 그리고 쇄빙선 요금과 아이스 파일로트 요금의 폭등 등으로 인해 북극의 석유/가스개발은 중장기 차원에서 가능하다고 볼 수 있다. 그러나 이와 같은 현상을 북극 버블(Arctic bubble)이라고 까지는 말할 수는 없다고 생각된다.[16]

북극공간은 지구상에 남은 마지막 남은 처녀지이며 육해공의 지경학적 잠재력과 자원의 보고지역이며 생태적으로 민감한 지역이다. 또한 북극공간은 자연, 인문, 사회 등 전 학문 연구의 보고지역이며, 과학연구의 실험장 역할을 담당하고 있다. 북극은 우리 세대뿐만 아니라 차세대를 위한 미래공간이다. 북극권의 공간은 한나라의 전유물이 아닐 뿐만 아니라 인류 공동의 유산이며, 평화적 공간이 되어야 하며 또한 다음 세대를 위한 공간이 되어야 한다. 또한 이 공간은 지구 생태계에 민감한 지역이며, 지구촌의 기후변화와 온난화의 연구를 위한 학문 / 과학적 공간이 되어야 한다. 그러므로 북극권의 이용, 개발, 항행은 지속가능한 친환경 개발을 넘어서 '생태계에 기반을 둔 관리(EBM : Ecosystem - Based Management)'[17]가 필요하다고 생각된다.

우리나라의 북극기본계획안에서 나타난 것처럼 6개부서와 기상청 간 그리고 지자체 간 중복업무와 갈등도 배제할 수 없어 북극관련 문제를 책임지는 컨트롤 타워를 조성하거나 혹은 지정할 필요성과 중복업무를 방지할 수 있는 범정부 차원에서의 '조정기구 혹은 위원회'의 설립 역시 필요하다. 최근 미국정부는 수많은 북극 관련 연방부서와 연방기관의 중복과 갈등을 피하기 위해 '조정기구'의 신설과 과학적 기반을 둔 통합관리 시스템은 한국의 북극정책

---

16) 실제로 한국 내 북극연구 건수도 2013년을 정점으로 줄어드는 추이를 보이고 있다.
17) Berkmann, Paul A. and Oran R. Young, "Governance and Environmental Change in the Arctic Ocean", Science, Vol.324 (Apr. 17, 2009), p.340.

에 많은 시사점을 제공하고 있다. 2015년 11월 '일본 북극연구컨소시엄(JCAR : Japan Consortium of Arctic Research)'과 미국북극연구컨소시엄(ARCUS : Arctic Research Consortium of the United States)'과 유사한 극지연구소 내 '한국북극연구컨소시엄(KoARC : Korea Arctic Research Consortium)'의 창설은 매우 바람직하다고 생각된다.[18] 이 컨소시엄은 한국 내 북극연구의 체계화를 위해 정부, 국책연구기관, 대학, 기업 등에서 북극관련 연구를 담당하는 기관을 축으로 북극의 융복합연구 촉진을 독려하면서 과학기술, 산업, 정책분과로 구성되어 있다.

한국의 대북극 연구는 북극권국가와 EU, 중국, 일본에 비해 양과 질 면에서 아직 미천한 상황이다. 미래공간은 현재 우리가 어떻게 준비하느냐에 따라 달라지기 때문에 수동적 자세보다는 능동적으로 준비해야할 것이다. 남극에 2개의 한국기지와 북극 스피츠베르겐의 다산기지의 인적 및 물적 자원의 확대 등이 필요하다. 북극전문 인력의 양성과 연구축적을 위해 극지연구소, 해양수산연구원 등의 국책연구소와 대학 및 민간 연구소를 육성해야 한다. 이를 위해 공학 및 자연과학, 지구과학 등의 이공계 전문가의 육성은 물론 인문사회과학(지리, 역사, 국제법, 심리, 정치, 경제, 경영, 보험, 금융, 물류, 교통, 지역학 등)의 연계작업, 즉 통섭적, 학제간, 융복합적 연구가 이루어져야 한다.

북극의 민감한 생태계 보전과 지속적인 성장을 위해서는 심화된 연구/과학기술의 발전과 대대적인 국내외 투자를 전제하고 있어 북극권국가뿐만 아니라 비북극권 국가의 관민산학연의 협력이 필요하다. 연구기관의 세계화를 통한 국제연구협력[19], 예를 들면 북극이사회의 비정부기구의 영구 옵서버 단체

---

18)   해양수산부 / 극지연구소 주최, 『북극연구 컨소시엄 창립기념 국제세미나 : 북극연구 융복합 협력 강화를 위하여』, 국회도서관 소회의실, 2015년 11월 3일.

19)   한국도 2014년 상하이에 소재한 '중국 - 노르딕북극연구센터' 설립을 벤치마킹할 필

중 하나인 중국의 '북극대학기관(UArctic)'[20]에 가입을 많이 한 것처럼 한국 연구기관, 예를 들면 극지연구소 등 국책연구기관과 대학기관의 가입을 통해 북극관련 연구 축적은 물론 정보의 공유가 기대된다.

지금까지 상대적으로 열악한 연구 환경 내에서 국내의 많은 학자들의 노력은 충분히 존경받아야 한다. 그러나 21세기 북극지역은 자원 에너지와 교통물류 측면의 경제적 가치, 대륙붕 관련 자원개발과 항로 이용에 있어서의 정치적 가치, 생태계 보존과 인류 공생에 관련된 과학 및 생태적 가치와 세계화 시대 관점의 전략적 가치 그리고 인류의 사회 문화적 가치를 지닌 지역으로 인정받고 있다. 이에 걸 맞는 연구 방향성이 정립되어야 할 필요성이 있다고 생각된다. 북극권에 대한 보다 정밀하고 세분화된 연구, 이론적이고 원론적 문제를 초월한 거시적이며 미시적인 연구 접근, 경제적인 측면을 포함한 과학, 정치, 전략 및 사회문화적 측면의 접근, 국가와 인류 공생의 차원에서의 중/장기적인 연구 등과 같은 연구 방향성을 제시해 본다.

동시에 북극 전문 인력의 양성과 연구축적을 위해 극지연구소, 해양수산연구원 등의 국책연구소의 확대, 대학 및 민간 연구소의 역량 강화를 통해 공학 및 자연과학, 지구과학 등의 이공계 전문가의 육성은 물론 인문사회과학(지리, 역사, 국제법, 심리, 정치, 경제, 경영, 보험, 금융, 물류, 교통, 지역학 등)의 연계작업, 즉 통섭적, 학제간, 융복합적 연구도 병행되어져야 한다.

요성이 있다고 판단된다.
20) 비북극권 국가 중 중국의 UArctic 회원수가 10개로 가장 많은 반면에 한국(해양수산개발연구원)과 일본(홋카이도 대학교)은 각각 1개 연구기관이 가입하고 있다. 북극대학기관의 웹사이트 참조. http://www.uarctic.org/(검색일 : 2015년 5월 30일).

북극권에 대한 인문 / 사회과학자들의 관심은 더욱 확대되어야 한다

김정훈

I. 북극, 미래 인류공동체의 공간

자연과학자들은 오랫동안 북극을 특정 연구지역으로 다루어왔으며, 북극 (the Arctic)의 물리적 생물학적 시스템에 대한 우리들의 이해를 넓히고 깊게 해 주려고 애써왔다. 그럼에도 불구하고 북극권은 정책결정자들이나 학자들의 사고에 정치적 사회경제적 문제에 관심이 있는 이들의 주목을 받을만한 가치가 있는 영역으로 부상하는데 오랜 시간이 걸렸다. 이것은 부분적으로 북극에 인구가 적고, 오랜 기간 국제사회의 핵심쟁점들과 거의 관계가 없는 동떨어진 외진 지역으로 그리고 자주 인간 활동의 제약이 극심한 아주 특수한 지역으로 인식되어 왔기 때문이다.

그러나 이제 북극은 정치학이나 정치경제학 뿐 아니라 사회과학을 전공하는 연구자들에게 제공할 것이 아주 많은 지역이 되어 가고 있다. 이러한 사항에 대한 구체적인 예는 아래의 몇몇 사례를 통해 살펴 볼 수 있다. 최근, 북미대륙의 북극권과 유라시아 북극권 지역 또는 지방정부가 중앙정부와의 관계를 재정립하고자함에 따라, 그리고 원주민들이 정치적 법적 시스템 내에서 그들의 독특한 생활방식을 보호받고자 하는 노력은 헌법적, 개인적 그리고 집단적 권리에 대한 새로운 사고의 시험장이 되고 있다. 동시에 선진 산업사회의 귀중한 자연자원의 보고역할을 할 수 있는 북극권은 전통적인 자원 레짐의 효율성을 재점검하고자 하는 이들 뿐만 아니라 다시 한 번 인간과 환경간의 관계의 기초를 좀 더 깊이 있게 고민하는 이들에게 핵심적 사안이 되고 있다. 아울러 북극은 국제적 수준에서 지속적 협력을 성취할 정권과 제도의 역할에 대한 우리들의 이해를 강화시키고자 하는 이들의 상당한 관심의 초점이 되어 가고 있다.

북극권 전체에 흩어져 있는 외진 공동체들의 핵심적 관심사에는 놀라운 유사점들이 발견된다. 예를 들면, 원유수입이 지역정부들에 미치는 영향 등과 같은 국가, 영토, 자치지역과 관련된 쟁점, 북극권의 많은 자원 갈등과 같은 정부간 관계의 문제, 동물보호 운동이 북극권의 사회경제적 정치적 체제에 미치는 영향 등과 같이 북극권 외부의 지역에서 시작된 발전들이 북극 전 지역에 미치는 영향에 대한 국제사회의 관심을 거론할 수 있을 것이다. 이런 쟁점들에 대한 연구에서 비교분석의 가능성은 매우 가치가 있고 미래 인류사회의 공동체를 위해서도 필연적 요소라 할 수 있을 것이다.

인구론적 입장에서 볼 때 북극은 아주 작은 지역이라 할 수 있다. 이 지역에 거주하는 인구는 전 세계 인구의 약 1% 정도에 해당한다. 이들 대부분은 구소련의 북극과 북방영토 대부분을 가로지르는 러시아의 최북단 지역에 살고 있다. 러시아의 무르만스크, 아르한겔, 노릴스크, 아이슬란드의 레이카비크, 알래스카의 앵커리지 등과 같이 50만 명의 주택을 공급하는 몇몇 거점도시들 이외의 북극권은 지구상에서 가장 인구밀도가 낮은 지역들 중 하나인 것은 사실이다. 많은 북방지역에서 인구밀도는 1인/㎢ 이하이고, 5천에서 만 명까지의 공동체들은 수송 허브와 지역 행정중심지로 기능한다.

그러나 북극지역은 많은 원주민 그룹과 그들의 독특한 문화가 살아 숨 쉬고 있는 장소이기도 하다. 이들 원주민들은 이뉴이트, 얄류트, 북미 지역의 인디안, 사미족, 러시아 북극의 "소수민족(small peoples)" 등으로 구성되어 있다. 이들 원주민 그룹들은 최근 북극지역의 귀중한 천연자원을 이용하거나 멸종 위기의 동물들을 보호하려는 측과 다른 한편으로 이 지역의 독특한 인간 문화의 통합성을 유지하려는 측간의 날카로운 대립의 장으로 부상한 것도 놀랄 만한 일은 아닐 것이다.

북극권 지역의 핵심적인 인간 거주지는 상당 부분 러시아 영토 내에 밀집해 있다. 이 때문에 비록 북극지역이 자원이 풍부하고 생태학적으로 민감하며 지정학적 관점에서 강대국들에게 아주 중요하지만, 이 지역이 국제적 전쟁터나 토착적 특성의 격렬한 갈등의 장으로 등장할 수 있는 가능성을 줄여 주고 있는 요소가 될 수 있다는 점으로 인식되어 오기도 했다. 그러나 최근 이 지역은 지구적 환경변화를 걱정하는 사람들의 주요 관심사가 되어 가고 있다. 이는 지역 내부에서 발생한 사건들이 아니라 북극 시스템들의 반응적 특성과 더 관련이 있다. 예를 들면 산업생산과 저 멀리 남쪽의 우림파괴로 야기된 지구 대기상의 이산화탄소의 농도 증가는 북반구 고위도 상에서 중위도 지방의 유사한 기온상승보다 상당히 더 높은 기온상승을 야기할 것으로 예측되고 있다. 이런 온난화는 이번에는, 적극적인 피드백 과정을 촉발하여 북극이 중요한 역할을 수행하게 된다는 점을 의미한다. 해빙이 녹음으로써 북극 지역의 반사되는 태양광선의 양을 낮추고, 영구동토대의 해빙은 툰드라 생태시스템 내에 저장되어 있던 이산화탄소를 방출시키고, 궁극적으로 그린란드의 빙산의 해빙은 전 세계적으로 해수면의 상승을 이끌어 내고 있다.

해양지역에 대한 각국의 관할권 주장이 조심스럽게 대두되고 있는 시대가 도래함에 따라 국가의 주권적 권위는 남극, 대양, 또는 우주공간보다 더 깊숙이 북극에 미치고 있다. 대륙붕, 다양한 군도를 포함하여 각자의 북극권 영역 내의 자신의 역할 증대에 대한 환 북극권 국가들의 주권에 대한 관심은 증폭되고 있다. 빙하의 존재가 육지와 해양간의 경계를 특히 이 지역에 특징적인 것으로 만들고, 이것은 많은 북극권 국가들이 그들의 지리적 관할권 영역을 확장적으로 보게 만들었다. 개별 환북극권 국가들이 북극권 내 쐐기모양의 영역에 위치한 육지와 해양 영토에 대한 관할권을 가정하는 주장이 국제적으로 일치된 지지를 받지 못하고 있지만, 역사적 수역, 폐쇄 또는 반폐쇄 해, 직선기선 등과 같은 개념들로 대표되는 확장적 주장들이 적극적으로 개진되고 있다. 1982년 UN 해양법협약(Convention on the Law of the Sea) 제234조의 얼음으로 덮힌 해양에 관한 규정 등과 같이 최근 국제법의 발전은 해양 오염 문제를 비롯한 다양한 기능적 문제들과 관련하여 북극권 국가들의 관할권 확장을 정당화하는 특별한 조건을 특정해줌으로써 이런 경향을 더욱 강화시켜주고 있다. 따라서 남극조약 시스템(the Arctic Treaty System)이 현존하는 모든 영토(관할권) 주장을 실질적으로 동결시키고 새로운 주장의 출현을 억제하는 남극과는 달리, 북극은 지역적 문제들을 해결할 어떤 노력도 다중적이고 때때로 확장적인 관할권들의 부인할 수 없는 현실을 받아들여야만 하는 지역이 되어 가고 있다.

이에 상충적인 이해갈등이 현존하고 있는 북극은 지역 상주인구의 핵심을 이루고 있는 상당한 규모의 원주민들의 고향이기도 하다. 북극권 내 또는 북극권에서 발생하는 문제는 이들 민족들, 특히 독특한 문화와 생활양식을 보호하고자 하는 이들에게는 생존권이 걸려 있는 아주 중요한 문제이기도 하다. 전략적, 경제적, 생태학적 관점에서, 북극권의 중요성이 커짐에 따라, 이 지역의 미래는 북극권 원주민들의 관심사를 거의 알지 못하거나, 관심사에 민감한 선택을 할 동기 부여가 매우 적은 외부자들의 행위에 점점 더 영향 받고 있다. 이에 따라, 북극의 원주민들은 이제 그들의 독특한 생활방식을 보호하려는 열정을 자극하는 문화적 자각과 그에 따른 적극적 행동의 필요성을 강하게 경험하고 있다. 이런 두 가지 경향간의 충돌이 북극의 인문사회과학과 정치적 역동성의 핵심이다. 이것은 의심할 여지없이 가까운 미래에 북극정치의 어젠다를 결정하는 핵심적 역할을 수행하게 될 것이다.

Ⅱ. 북극, 원주민의 문화적 경험이 필요

현실 정치에서 이 지역의 최대관심사가 관할권 문제임을 감안하면, 북극권 내 인간활동의 증가는 북극권 국가들이 이전에는 무시했던 모호한 관할권 문제를 해결하고자 하는 관심의 증가를 촉발하고 있다. 그로 인해 야기되는 많은 쟁점들은 마주보는 또는 인접한 국가들 간의 관할권 경계의 직접적 문제가 되고 있기도 하다. 그 대표적인 예로, 캐나다 / 미국 간 뷰포트 해 해양경계선 문제, 노르웨이 / 소련 간 바렌츠해 경계선 문제, 덴마크 / 노르웨이 간 그린란드해 해양경계선 문제 등을 거론할 수 있다. 슈발바르드 아치펠라고를 둘러싼 대륙붕 지역의 지위와 북서항로의 해양의 지위 등과 같은 문제들은 많은 국가들의 이해관계가 포함되어 있으며, 이는 초기에 수립된 제도적 정비의 허점이나 통과선박에 대한 주장 등과 같은 법률적 개념의 적용의 어려움 등으로부터 야기되기도 한다. 해빙 이용 권리에 대한 이뉴이트의 주장과 같은 문제점도 여전히 관습적인 국제적 조건 내에서 다루기 어려운 사안으로 남아 있다. 왜냐하면, 그것들은 국제법의 원칙적 주체를 구성하는 국가를 다룸에 있어서, '의존적 민족들(dependent nations)'의 권리와 관련되어 있기 때문이다.

이러한 여러 가지 이유로 인해 북극은 또한 주권국가의 경계를 가로지르거나 초월하는 상호작용으로 점점 더 특징지어지는 그리고 개별정부들 이외의 행위자들이 관련된 지역으로 부상하고 있다. 부분적으로, 이것은 국가적 경계가 문화적 경제적 정치적 의미가 거의 없는 원주민들의 관심을 대표하는 조직(예를 들면, 북극권 이뉴이트 회의 Inuit Circumpolar Conference 또는 노르딕 사미 협의회 Nordic Saami Council)의 커져가는 역할의 문제이기도 하다. 부분적으로 이것은 각국 정부가 추진할 것 같지 않은 공동의 이익을 발견한 하위정부, 예를 들면 주와 지방정부 등 자치지역의 측면에서 초국가적 상호작용의 증가에 기인하기도 한다. 이런 환경 하에서, 가까운 미래에 북극권이 북극포럼을 비롯한 다양한 비국가적 행위자들의 국제적 활동과 관련된 혁신적 발의와 국제사회에서 전통적으로 압도적 우위를 유지한 국가를 앞지르거나 단순하게 우회하는 새로운 형태의 장으로서 상당히 중요한 역할을 수행할 것이다. 이것은 이 지역에 국가적 주권이 체계적으로 정착되기 시작한 1930년대 이전에 북극권에 압도적으로 나타났던 다양하고 오히려 유동적인 상호작용의 패턴을 다시 부활시킬지 모르기 때문이다. 이는 상기한 바와 같은 관할권의 확장과 명확화에 반하는 경향이기도 하다. 따라서 국가주권의 힘과 독자적으로 활동하는 비국가적 행위자들의 증가하는 열망 간의 긴장관계가 가까운 미래에 북극정치의 중요한 주제를 구성할 가능성 역시 매우 높다고 할 수 있을 것이다.

　이러한 관점에서 문화적 다양성의 문제, 특히 전 세계 약 2억 명의 원주민들의 문화 생존에 그것을 적용할 때의 문화적 다양성의 문제를 고려해 보기로 하자. 문화적 다양성을 보호하고자 하는 일반적인 주장은 생물다양성을 보호하려는 경우와 유사한 점이 있다. 급격하게 변화하는 세계에서, 극복하기 어렵고 예측 불가능한 다양한 도전에 직면한 우리는 난감한 일련의 복잡한 문제들을 해결하기 위한 사고와 사회적 관행에 입각한 인간의 문화적 경험을 온전한 형태로 유지함으로써 혜택을 기대할 수 있다. 오늘날 세계에서 원주민 문화의 매력적인 특징은 그들이 지니고 있는 지속가능한 인간과 환경 관계에서 나타나고 있는 풍부한 관행들의 집합이다. 점차 북극권 원주민들은 원주민 문화의 통합성을 보존하기 위한 전략을 고안하려는 노력에 있어 지도적 역할을 장악하고 있다. 원주민들이 보존되고 유지되어야 할 측면에서 설정한 모국어 유지, 생존관행의 보호, 원주민 자결원칙의 강화 등과 같은 우선순위들은 전 세계 원주민들의 경우의 그것들과 매우 유사하다. 따라서 북극권 주민들의 노력으로부터 파생되는 문화적 다양성의 보전과 관련된 통찰력 타 지역 사람들에게 아주 흥미로울 것이며, 타 지역의 생각들은 북극에서 또 다른 응용을 발견할 것이다. 마지막으로, 전체로서 세계인류는 문화적 다양성의 결정요인들과 관련된 북극의 교훈으로부터 혜택을 보게 될 것이다.

북극은 또한 인간과 환경 관계를 관리하는 사회적 제도에, 좀 더 구체적으로 더 친밀한 사유재산과 공유재산의 소유구조 시스템에 대한 대안으로써 인류공동의 자원에 대한 레짐과 같은 제도적 정비의 기원과 활동에 관심이 있는 이들의 관심의 초점이 되어 가고 있다. 전문가들은 공동자산시스템으로써의 북극은 생태계의 생산성을 유지하고, 인간공동체를 계속 유지시켜준다는 관점에서 지속가능한 결과를 낼 수 있다는 사실을 증명하고자 노력하고 있다. 이와 같은 흥미로운 연구의 발전은 전통적인 원주민의 관행과 서구의 과학적 절차를 결합한 자원관리 접근법으로서 공동관리 또는 권한 분산에 대한 생각으로 나타날 수도 있다.

20세기 대부분의 경우, 북극권의 인간정착의 운명은 생산조직과 인간의 필요성 충족에 대한 서로 다른 태도를 반영하는 정부의 손에 달려있었다. 그 양극단의 한쪽에는 알래스카 미 행정부의 자본주의적인 전망과 정책이 있고, 다른 극단에는 러시아 북방지역 전체를 아우르는 소비에트 정부의 사회주의적 관행이 있었으며, 그 사이에 노르딕 국가들과 그린란드에서 펼치고 있는 복지국가 시스템, 캐나다 정부의 유콘과 북서영토에서 펼치는 복지 자본주의가 위치하고 있었다. 의심할 여지없이, 민족정책이나 관행의 이러한 차이들은 북극권의 인간정착과 원주민들의 현재의 삶에 독특한 특징을 남기고 있다.

그럼에도 불구하고, 이들 소규모 동떨어진 공동체들 간의 유사성은 매우 놀라울 정도이다. 이는 그들의 사회경제적 생존능력과 문화적 생명력에 위협을 가하는 현재의 일련의 위협들이 유사성을 가지고 그들이 직면하고 있는 공통의 문제점들을 만들어 내고 있다는 점에서 찾아 볼 수 있을 것 같다. 그들 모두 중심과 주변 또는 도시와 배후지의 관계 하의 종속적인 파트너로서의 지위로부터 고통을 받고 있다.

북극권 원주민 사회의 정치 및 경제적 의존의 시발은 북방 원주민들의 전통적인 생존 생활방식의 급격한 변화로까지 추적할 수 있다. 비록 서구의 경제적 관점에서 원시적일지 모르지만, 이런 생활방식은 외부적 접촉에 전혀 의지하지 않고 기본적 생활 수요를 충족할 수 있었다. 근대에 들어와, 두 가지 놀라운 발전이 하나의 복잡한 사회적 제도로서 원주민 생존에 심오한 영향을 미쳤다. 첫 번째 경우, 모피 무역의 등장을 자극한 유럽 기업가들의 역할을 인정하는 것은 중요하다. 비록 모피 무역이 북극권의 서로 다른 지역에서 서로 다른 시기에 부상했지만, 그 효과는 북극지역 전체를 통해 유사하게 나타났다. 모피무역은 원주민의 생존활동에 대한 관심을 분산시켜 불가피하게 현금경제의 부상을 촉진했다. 모피무역은 무역 거점지의 설치로 이어졌고, 무역거점지는 전형적으로 영구정착의 핵심 요지가 되었으며, 이로 인해 원주민 집단들의 전통적이며 공통의 생활방식인 반유목민적인 생활방식을 파괴해 갔다. 현금 작물 즉, 모피의 수확량을 극대화하기 위한 노력은 자연과의 지속적인 공존의 성향에 대한 가치관의 급속한 변화로 이끌었을 뿐만 아니라 외부인들로부터만 입수 가능한 상품, 예를 들면 총과 서구 의류 등에 대한 체감수요를 자극했다. 무엇보다도, 모피 무역은 일반적으로 아주 변덕스러웠고, 몇몇 대형 무역회사에 의해 좌지우지되었다. 이런 환경 하에서, 일단 북극권 마을주민들이 모피무역에 걸려들면, 그들은 재빨리 때때로 그들의 생사를 좌우할 권력을 가진 외부 행위자에 의존하게 되었다.

21세기 들어 원주민의 사회는 모피를 대체한 자원 및 자본주의 논리에 의한 개발에 의해 크게 영향을 받고 있다. 그들은 현재 전통적인 생존의지와 관행에 근거한 자기충족과 만족성이 더 이상 보장되지 못하는 시대에 문화적 통합성을 유지해야하는 문제에 직면해 있다. 그들은 아노미적이고 종속적인 행태와 개인적 병리의 파괴로부터 야기되는 강박관념에 맞서고 있는 것이다.

Ⅲ. 북극, 생태환경과 원주민 보호를 위한 인문 / 사회과학자들의 지문화적 연구

지문화학은 공간과 사회문화적 요소의 상관관계를 연구대상으로 한다. 주로 인간의 사회문화적 사고가 공간에 투영되면서 나타나는 현상을 다룬다. 또한 지문화학은 인간의 행위를 자극하는 사회문화적 요소가 공간에 투영되면서 나타나는 현상을 다룬다.

북극 개발이 가속화되고 북극항로의 이용량이 많아지면 북극해 오염가능성과 유출사고 발생위험이 증가한다. 이에 대해 효과적인 국제규제방안을 마련하고, 해양안전과 환경보호에 더욱 힘을 쏟을 필요가 있다. 선박에서 배출되는 블랙카본 배출량이 빙하에 미치는 영향, 고래 등 해양 포유류와 선박의 충돌, 선박 등 해상활동으로 인한 소음이 해양 포유류에 미치는 잠재적 효과 등은 모두 심각한 우려대상이다. 북극해의 안전한 이용을 도모함과 동시에 북극주민과 해양환경을 보호하는 것이 21세기의 주요한 도전과제가 될 것이다. 북극이사회(Artic Council)는 북극해운평가를 발표하는 등 이러한 과제들에 이미 대응하고 있으며, 국제해사기구(International Maritime Organization)는 극지방 해역을 지나는 선박이 의무적으로 지켜야 할 안전기준(Polar Code)을 수립하고 있다.

그러나 아직까지 북극해 항로 거버넌스에는 여러 가지 난제가 존재하고 있다. 명확한 안전기준에 대한 국제적 합의에 의한 법제화, 선박의 중유 사용금지, 경유의 불완전 연소로 인해 발생하는 블랙카본과 온실가스 문제, 선박운행으로 인해 발생하는 소음, 선박평형수관리협약, 생태 및 문화적으로 민감한 지역을 보호할 수 있는 조치를 찾고 이를 시행하는 문제, 안전운전을 위한 북극 인프라의 개선 등은 국제사회가 북극 환경과 관련해 반드시 해결해야 될 과제이기도 하다.

북극해 빙하가 녹으면서 이미 일부 지역에는 어업에 유리한 여건이 형성되고 있다. 베링해와 바렌츠해의 세계적 어장은 해운업이 발달한 지역이기도 하다. 이에 따라 북극지역의 수산활동에 대한 국제적 합의를 통한 효과적이고 책임감 있는 관리의 필요성이 제기되고 있다.

북극해의 해양생태계는 플랑크톤, 어족 자원, 해양 포유류에 영향을 미치는 인위적 활동과 대규모 자연변수로부터 자유롭지 않다. 국제 공해상에서 규제없이 이루어지는 어업활동의 영향은 심각한 어족 고갈사태를 야기할 수 있다. 현 시점에 북극해 잠재어장에 대한 해법을 찾지 못하면 어족 남획과 그로 인한 어족 고갈 사태가 발생할 가능성이 크다. 생태계는 고리 하나만 훼손되어도 전체 생태계가 붕괴될 가능성이 매우 높다. 따라서 관련 생태계에 대한 면밀한 연구를 통한 이해가 이루어 질 때까지 상업적 어업을 금지하거나 제한할 필요성이 있으며, 북극해의 중앙 지역의 수산관리에 관한 기구의 설립이나 관련 국제적 협의가 필요하다.

이외에도 선박의 운행과 북극개발로 인한 소음으로 인해 어족자원, 고래 및 다른 해양 포유류 등 북극해 해양동물과 수중생물이 피해를 입을 수도 있다. 소음 때문에 어족자원이 원래의 이동경로를 이탈하거나 서식지를 떠날 수 있기 때문이다. 이러한 북극해 생물자원에 대한 연구는 국제협력을 통해 수행되어야 할 것이다.

이상에서 살펴 본바와 같이 해양안전과 환경보호와 관련, 의무 안전기준의 완성과 이행이 북극 주민과 생태계를 보호하는 데 있어 반드시 필요하다. 북극해를 운항하는 선박의 디자인, 건조, 운항에 대한 국제적이고 조화로우며 법적 구속력이 있는 규범과 규제가 필요한 상황이다. 북극 국가와 주요 비북극 국가 모두를 회원으로 둔 국제해사기구가 안전기준 마련을 위한 적절한 장이 될 수 있다. 북극 국가와 주요 비북극 국가는 함께 노력하여 안전기준을 성공적이고 시의적절하게 마련할 필요가 있다. 이들 국가가 협업하며 해운업계의 모든 부문을 공정하고 공평하게 대우하는 경쟁의 터를 이해당사자에게 제공할 수 있다. 국제해사기구가 활용할 수 있는 다른 수단으로는 특정지역을 특수보호구역으로 설정하는 것이다. 보호구역의 지정과 지정해로 체계는 북극 지역사회와 생태계를 적절히 보호하는데 있어 매우 중요하다. 상기한 내용을 바탕으로 북극권의 환경 및 생태분야와 관련하여 연구되어야 주제를 압축해 정리해 보면, 북극해의 자연지리와 인문지리 연구, 북극의 생물종 다양성, 북극권의 NGO를 비롯한 초국가적 환경정책, 북극해 어장의 상업적 이용과 원주민들의 자급적 어업활동에 대한 분석, 북극해 어장 및 생태환경에 대한 현황 분석 및 보존 방법에 대한 모색, 북극항로의 이용 시 환경과 안전기준에 대한 국제적 합의, 북극해 중앙 지역의 수산관리에 관한 기구의 설립이나 관련 국제적 협의, 북극 생태계와 원주민 보호를 위한 특별보호구역 및 지정해로 설정에 관한 타당성 분석 등을 거론할 수 있을 것이다. 이는 북극 환경과 생태계 연구 및 보호 정책에 있어서의 한국의 참여 방법 모색에 있어서 중요한 토대를 제공해 줄 것이라 생각한다.

　상기한 바와 같이 북극에 대한 이해는 정치, 경제, 사회의 이해에 주력해 왔다. 이러한 접근은 단기적으로 유효하나, 이를 통한 이해는 피상적인 수준에 머물게 되는 것이 보통이다. 이러한 피상적 이해에 깊이를 더해 줄 수 있는 방법이 북극권 민족의 문화를 통한 심층 분석이다. 그중에서도 북극권 소수민족의 언어 연구는 언어 체계에 대한 연구에 그치는 것이 아니라 그 언어에 담긴 의식과 사고 체계를 목표로 한다. 이런 관점에서 소수민족의 언어는 북극권을 심층적으로 이해하는 매우 유익한 프리즘을 제공한다. 이렇듯 언어는 단순히 의사소통의 수단으로서의 기능만을 갖는 것이 아니다. 언어는 문화와 사회를 담고 있는 집단적 의식구조의 결정체이다. 이런 의미에서 21세기 들어와 세계의 주도적 위치를 되찾고 있으며 우리의 이웃 국가로서 정치 경제적으로 아주 중요한 관계를 갖고 있는 러시아 북극 지역을 이해하는 데 언어의 이해는 필수적 요인이다. 러시아 북극지역에는 수많은 소수민족이 자기 고유의 언어를 가지고 있으며, 이중 상당수의 민족은 고유 민족어를 공용어로 러시아어와 이중언어체계를 유지하고 있다. 이들의 언어와 사회문화변화의 변화에 대한 종합적 연구는 앞으로 우리나라가 러시아와의 협력함에 있어 적지 않은 기여를 하게 될 뿐 아니라 위기에 처한 러시아 소수민족 연구에 대한 새로운 학술적인 방향성을 제시하게 될 것으로 기대한다.

오늘날 세계에서 원주민 문화의 특히 매력적인 특징은 그들이 지니고 있는 지속가능한 인간/환경 관계의 성취에 필요한 풍부한 관행들의 집합이다. 점차 북극권 원주민들은 원주민 문화의 통합성을 보존하기 위한 전략을 고안하려는 노력에 있어 지도적 역할을 장악하고 있다. 위에서 언급한 바와 같이 원주민들이 설정한 언어와 생존관행 등과 같은 우선순위의 문제의 해결과정은 북극지역과 인류공동체의 미래에 있어 문화적 다양성과 상대성, 특수성 등을 배워 나가는 매우 중요한 작업이 될 것이다. 즉, 전체로서 세계인류는 생존과 공존에 관련된 결정요인들을 북극의 교훈으로부터 혜택을 보게 될 것으로 생각한다.

북극에 관한 러시아 언론분석 및 한국의 대응전략*

계용택

Ⅰ. 문제제기

북극의 경우 남극과 달리 연안국의 영토와 배타적 경제수역(EEZ)에 대부분 속해 있어 비북극권 국가로서의 한계를 극복하기 위해서는 연안국과의 협력이 무엇보다도 중요하다.

특히 북극의 많은 부분을 차지하고 있는 러시아와의 협력은 북극연구에 있어서 절대적이라 할 수 있다.

현재 한국은 북극양 항로개발에 관심을 두고 있다. 북극양 항로개발은 단기적으로 러시아 북극양 연안의 석유, 천연가스, 원목 등 자원개발과 수송을 위해서 요구되고 있으며, 장기적으로는 유럽과 아시아, 북미 서해안을 연결하는 최단 해운 항로로 활용될 전망으로 한국에 필요한 자원수입 및 수출입화물 운송로로서의 역할이 기대된다.

또한 북극항로는 한국 정부가 추진하는 유라시아 이니셔티브의 주요한 실천항목 가운데 하나이며, 항로 자체는 정치, 경제, 외교적 의미를 넘어서 유라시

* 본 연구는 2014년 한국연구재단의 지원을 받아 수행되었으며(NRF-2014 B0153), 『한국시베리아연구』 제19권 2호(배재대학교 한국 – 시베리아센터, 2015)에 게재되었던 글임을 밝힘.

아 대륙의 중심부인 시베리아가 거대한 잠재력을 발현시키게 될 통로이다.[1]

또한 북극에서 막대한 양의 석유 및 가스를 보유한 러시아와의 자원개발사업 참여에 많은 기대를 가지고 있다. 특히, 러시아가 영유권을 주장하는 로모노소프 해령 인근에는 무려 1,000억 톤에 이르는 석유와 가스가 묻혀 있는 것으로 추정[2]되고 있어 러시아와의 협력이 매우 중요하다.

그밖에 한반도의 기후와 관련되어 러시아령 북극에 대한 연구는 여러 분야에서 그 필요성이 증대되고 있다. 북극은 지구의 기상, 기후, 해류의 순환 등 지구의 환경에 커다란 역할을 하고 있는데 북극의 차가운 대기가 한반도의 기후 변화에 영향을 미칠 뿐 아니라, 북극권에서의 오존 감소, 기온상승에 따른 해빙감소 및 기류변화 역시 한국의 기후변화에 많은 영향을 주고 있다.

이밖에도 북극연구 분야에는 쇄빙선 건조 등의 과학기술 분야, 수산자원 확보 분야, 지도와 해도 제작 등 북극권의 공간 정보 구축분야, 극지운항 선박의 안전항행 기술 및 극지용 해양플랜트 기술 개발 등을 비롯한 다양한 분야에서의 러시아와의 협력이 요구 되고 있다.

최근 한국정부는 비북극권 국가로서의 한계를 극복하고 북극 연구기관 간 전략적 협력을 이끌어 내기 위해 북극연구 컨소시엄을 구성했다. 북극연구 컨소시엄은 해수부, 미래창조과학부, 외교부, 산업통상자원부 등 관계부처 합동으로 수립한 '북극정책 기본계획'에 따라 추진되는 사업으로 북극 관련 30여개의 산·학·연 기관이 참여한다.

한국이 북극 연구 및 개발에 있어 러시아와의 협력을 이루기 위해서는 우선

---

1) 김선래, "북극해 개발과 북극항로: 러시아의 전략적 이익과 한국의 유라시아 이니셔티브," 『한국시베리아연구』 제 19권 1호(2015) p. 37.

2) U.S. Geologial Survey, 2008.

적으로 러시아가 북극에 대해 어떠한 분야에 관심을 가지고 있는 지를 파악해야 한다. 한 국가가 어떠한 주제에 대해 관심을 가지고 있는 정도를 알기 위해서는 대표적으로 그 나라의 언론매체에서 나오는 관련 기사를 분석하여 알아내는 방법이 있다.

다량의 언론매체 기사를 분석하기 위해서는 전산작업을 이용하는 빅데이터 분석 방법이 필요하다. 이와 더불어 키워드 텍스트 분석일 경우 빈도수 분석에 있어서 데이터마이닝 기법등도 요구된다.

본 연구는 지난 1년 3개월간의 러시아에서 발간된 북극관련 기사 1백만 건에서 '북극'이라는 키워드로 기사제목을 검색하여 추출한 기사 가운데 텍스트 빈도수 분석 및 내용분석을 실시하였다.

본 연구에서는 러시아의 언론에 나타난 북극에 대한 러시아의 관심정도를 파악하고 이와 더불어 러시아가 북극관련 어떠한 분야에 중점을 두고 정책을 시행하는지를 고찰한다. 그밖에 한국이 러시아와 협력하여 실질적일 결과물을 도출 할 수 있는 방안도 모색할 것이다.

Ⅱ. 연구의 이론적 배경

1. 언론기사와 빅데이터

빅데이터는 말 그대로 수많은 데이터를 의미한다. 하지만 단순히 양이 많다고 해서 빅데이터가 되는 건 아니다. 위키백과에 따르면 빅 데이터는 '기존 데이터베이스 관리 도구의 데이터 수집, 저장, 관리, 분석의 역량을 넘어서는 대량의 정형 또는 비정형 데이터 세트와 이러한 데이터로부터 가치를 추출하고

결과를 분석하는 기술'이라고 정의하고 있다.[3]

여기서 중요한 것은 비정형 데이터란 부분이다. 비정형이란 정형화되어 있지 않거나, 데이터화되지 않은 모든 원천 데이터를 의미한다. 빅데이터 분석은 바로 이런 비정형 데이터로부터 의미를 뽑아내는 것을 말하며 이를 활용해서 통찰력 있는 정보를 만들어내기도 한다.

빅데이터의 성질을 규정하는 가장 큰 부분인 비정형테이터는 텍스트, 음성, 사진, 동영상 등을 일컫는다. 이들 가운데 텍스트 데이터는 빅테이터에서 큰 비중을 차지하고 있으며 이를 분석하는 텍스트마이닝 또한 빅데이터 분석에서 중요요소라고 할 수 있다.

최근까지 주로 행해져온 텍스트마이닝의 데이터소스는 신문기사, 검색어, 트윗터 등이 있다. 신문데이터를 이용한 언론보도 분석은 언론정보학 분야에서 연구가 풍부하게 진행되었다. 언론보도 분석은 언론에서 해당 이슈에 대한 보도가 어떻게 이루어졌는지 기간을 정해, 기사 데이터베이스에서 해당 기사를 모든 주어진 기준에 의해 기사를 분석하는 과정이다.

기사내용 분석은 이전까지는 기계적인 텍스트마이닝 보다는 주로 일대일로 읽고 내용을 분석하는 연구방법이 주로 행해져 왔다. 최근 들어 데이터마이닝 툴이 발달함에 따라 대용량의 신문기사 및 여론자료를 분석하는 논문들이 발표되기 시작하였다. 그 예로 감미아 · 송민(2012)[4] 를 들 수 있는데, 이 연구에서는 주요 신문사의 논조 비교를 대용량의 데이터 분석을 통해 구현했으며 구

---

3) 정철호, "국내 솔루션 기반 빅데이터 구축전략 및 사례",『정보 속으로』Vol.76 SEP-OCT(2012) pp.31~37.

4) 감미아 · 송민, "텍스트마이닝을 활용한 신문사에 따른 내용 및 논조 차이점 분석,"『지능정보연구』18(3)(서울 : 한국지능정보시스템학회, 2012), pp. 53~77.

체적으로 어떤 단어에 대한 논조의 차이가 존재했는지 검토를 시도하였다.

2. 언론기사의 제목

기사 제목이란 기사 내용을 요약 대표하되, 독립적인 의미와 기능을 갖춘 독특한 표현 양식으로 전체 기사의 요약 및 정확하고 구체적인 단어로 이해하기 쉽게 쓴 완전한 문장으로 볼 수 있다. 제목의 기능으로 기사의 광고 및 색인 기능, 기사의 가치 판단 기능, 내용의 압축·전달 기능 및 지면의 미적 균형 기능 등이 있다.[5]

통상적으로 기사의 본문을 객관적으로 반영하는 것과 관련된 기능(예, 내용의 압축·전달 기능 혹은 본문 요약 기능)을 제목의 본질적 기능으로 본다. 하지만 아무리 사실 위주의 객관적인 기사라 하더라도 아이템 선별에서부터 어떤 사안이 기사가치가 있는지에 대한 주관적 요소가 개입될 수밖에 없다. 또한 어떤 시각으로 어떤 언어를 사용해서 기사 본문과 제목을 작성할 것인가 하는 이후의 과정은 어떻게든 주관적인 선택과 배제를 포함할 수밖에 없다. 이런 점에서 주관성을 완전히 배제 한 기사는 있을 수 없고 기사 제목에도 어느 정도의 주관적인 요소가 반영될 수밖에 없다고 하겠다.

연구자들은 제목을 분류할 때 설득방식의 종류나 기사제목과 본문과의 관계 등 주로 내용상의 기능에 따라 유형화하는 경우가 많지만, 연구자마다 연구목적에 따라 조금씩 다르게 분류하고 있다. 예를 들어 기사 제목이 본문내용을 그대로 서술하는 '본문직역형', 본문의 내용에 대한 주관적인 해석을 반

---

5)   Baskette, F. K., Sissors, J. Z., and Brooks, B.S., The Art of Editing(New York : Macmillan, 1986).

영한 '본문해석형', 본문에 등장하는 취재원의 증언이나 편집자의 해석을 인용부호를 이용해 전달하는 '본문인용형'이 있다.[6]

기사의 제목은 언론사 내부에서 벌어진 게이트 키핑의 결과를 압축적으로 보여준다. 또한 제목은 독자에게 현재 무엇이 중요한 문제인지를 알려주는 의제설정의 기능을 할 뿐만 아니라 그 문제를 특정 시각으로 바라보도록 유도하는 프레이밍의 기능도 한다.

프레이밍이론은 모든 기사에는, 상황이나 메시지의 의미나 한계를 정하는 프레임이 내재되어 있고 그 프레임은 수용자의 인지과정(인지, 해석, 평가, 판단 등)에 영향을 미친다고 주장한다.

또한 기사 제목이 기사 본문을 해석하는 데 스키마로 작용할 수 있다고 주장한다. 이는 기사 제목이 본문의 보조적 역할에 그치는 것이 아니라, '본문을 어떻게 해석할 것인가'에 대한 일종의 틀(프레임)을 제시할 수도 있음을 의미한다.

본 연구에서는 기사제목이 기사의 내용을 완전하게 반영하지 못하고 기사 내용 중 일부를 왜곡할 수 있다는 것을 감안하면서 기사제목이 기사 내용을 요약 대표하는 기본적인 기능에 충실하다는 전제로 검색대상으로 정하였다.

3. 언론 기사의 프레이밍

프레이밍은 언론보도에서 어떤 이슈나 사건의 특정한 면을 선택, 강조하는 것을 의미 한다. 기사를 구성하는 과정에서 미디어는 특정한 관점을 선택하고 이 관점들이 기사 텍스트 안에서 현저성을 띄게 된다는 것인데, 이러한 기사

---

6) 유홍식, "기사제목과 예시가 수용자의 뉴스가치 평가와 이슈지각에 미치는 영향," 『한국언론학보』53(5)(서울 : 한국언론학회, 2009), pp.177~199.

프레이밍 연구가 중요한 이유는 언론 보도가 프레이밍을 통해 구성한 사회적 현실과 의미가, 수용자들의 현실 인식에 영향을 줄 수 있다는 점에 있다. 즉, 프레이밍은 수용자가 인식하지 못한 상태에서 이들이 어떠한 이슈나 사건을 이해하고 해석하는 방식에 영향을 미치는 것이다.[7]

뉴스 프레임은 뉴스를 생산하는 당사자인 미디어가 뉴스를 제시하는 일관된 관점이자 틀이기 때문에 '뉴스 가치'와 같은 기존의 뉴스 보도 관행이나, 미디어 조직의 내부적 특성 및 상업적 이해 등이 뉴스 프레임 구성에 영향을 미칠 수밖에 없다.

이 때문에 이슈에 관계없이 일정한 몇 가지 프레임이 뉴스 전반을 지배하게 되는 경향이 있는데, 예를 들어 인간적 흥미, 갈등, 도덕, 경제, 안보 프레임 등은 다양한 기사의 주제에 지속적으로 나타나는 보편적 프레임들이라고 할 수 있다. 본 연구에서는 러시아의 대중매체가 북극관련 뉴스에 대해 어떠한 프레임(편향성)을 가지고 보도하는지를 고찰한다.

Ⅲ. 연구문제

1) 연구문제-1 러시아의 북극관련 기사는 러시아 전체 기사에서 차지하는

---

7)   Scheufele, D. A., "Agenda–setting, priming, and framing revisited: Another look at cognitive effects of political communication", Mass Communication & Society(3(2&3), 2000), pp.297~316.
Tankard, J. W., "The empirical approach to the study of media framing", In S. D. Reese, O. H. Gandy, Jr., A. E. Grant (Eds.), Framing Public Life: Perspectives on Media and Our Understanding of the Social World(Mahwah, NJ : Lawrence Erlbaum Associates, 2003), pp.95~106.

비중이 어떠한가? (특정주제 관련 기사가 전체 기사에서 차지하는 비중을 보면 그 특정주제에 국민들이 가지는 관심도를 파악할 수 있다)

2) 연구문제-2 러시아의 북극관련 기사에서 나오는 단어들 중 빈도수에서 우위를 차지하는 단어들은 어떠한 것이 있는가? (언론의 기사에 나오는 단어들의 빈도수를 파악하여 특정 주제의 기사들이 어떤 방향으로 초점을 맞추고 있는지를 파악할 수 있다)

3) 연구문제-3 러시아의 북극관련 기사는 어떠한 뉴스 프레임을 가지고 있는가? (기사의 나오는 단어나 내용의 성격을 파악하여 긍정적인지 부정적인지 또는 화합을 이루는지 갈등을 조장하는지를 알 수 있다)

4) 연구문제-4 러시아의 북극관련 기사는 주로 어떤 내용을 포함하는가? 또한 기사에 나오는 주요인물은 누구이며 어떠한 태도를 보이는가? (기사의 주요내용들을 분야별로 정리 및 분석하고, 기사에 나오는 주요 인물들의 행위를 고찰한다)

5) 연구문제-5 러시아의 북극관련 기사에 나타나는 러시아의 주요 관심점이 무엇이고 이에 대응하는 한국의 전략은 무엇인가? (러시아와 학술연구, 과학기술, 정책 협조 등 실용적이고 구체적인 협력방안을 도출 할 수 있는 방안을 모색한다)

Ⅳ. 연구방법

1. 자료수집

본 연구는 2014년 6월부터 2015년 8월까지 약 1년3개월에 걸쳐 수집한, 29개의 러시아 언론매체에서 인터넷으로 공개된 약 1백만 건의 뉴스 중에서 "북극"을 키워드로 기사제목이 검색된 뉴스 1102건을 분석하였다. 연구의 분석대상이 되는 러시아 언론매체에서 러시아의 4개 통신사가 주된 뉴스원의 역할을 하고 있다. 나머지는 언론매체들도 방송, 신문을 비롯하여 영향력 있는 뉴스 매체이며 러시아에서 대표적인 언론매체의 성격을 지나고 있다. 대부분의 국가에서 그렇듯이 러시아의 일반 언론매체들도 대부분의 뉴스소스를 통신사에 의지하기 때문에 러시아 전체규모의 분석일 경우 뉴스선택에서 개별 언론매체의 특성은 중요한 요소가 되지 않는다.

분석대상이 된 기사의 언론매체는 다음과 같다.

* 러시아 통신사(4개사) : 인테르팍스(www.interfax.ru), 이타르타스(www.itar-tass.com), 렌타뉴스(www.lenta.ru), 리아노보스치(www.ria.ru)
* 러시아 인터넷 뉴스(6개사) : 24시간 뉴스(www.24rus.ru), 전러시아 뉴스(www.allrussia.ru), 오늘의 뉴스(www.dni.ru), 프라임 뉴스(www.1prime.ru), 러시아 뉴스(www.newsru.com), 아침 뉴스(www.utro.ru)
* 러시아 방송사(2개사) : 엔테베(www.ntv.ru), 에하모스크비(http://echo.msk.ru)
* 러시아 신문사(6개사) : 러시스카야 가제타(www.rg.ru), 콤소몰스카야 프

라우다(www.kp.ru), 모스코브스키 콤소몰레츠(www.mk.ru), 니자비시마야 가제타(www.ng.ru), 코메르상트(www.kommersant.ru), 베다모스치(www.vedomosti.ru)

* 지역 언론사(5개사) : 사할린 뉴스(www.sakhalin.info), 시베리아 뉴스(www.sia.ru), 우랄 뉴스 (www.uralinform.ru), 블라디보스톡 뉴스 (www.vlc.ru), 졸라토이 로그(극동뉴스) www.zrpress.ru.

* 전문지등 기타언론사(6개사) : 러시아 비즈니스 컨설팅그룹 뉴스 (www.rbcdaily.ru), 러시아 정치뉴스(www.polit.ru), 러시아 금융뉴스(www.finmarket.ru), 전야 뉴스(www.nakanune.ru), 석유가스 뉴스(www.neftegaz.ru), 브즈글라드-상업뉴스(www.vz.ru).

2. 분석 프로세스

본 연구는 빅데이터 기반의 언론기사의 분석과 이에 대응하는 방안 제시라는 방법론으로 4단계의 과정을 거치는 분석 프로세스에 따라 수행하였다.

기사의 전체 단어의 빈도수를 파악하여 빈도수를 중심으로 한 단순빈도수 기법으로 기사 전체의 경향을 분석하였다. 또한 기사를 군사(안보), 지역개발, 영토(외교), 자원, 학술(연구)라는 카테고리로 분류하여 각 카테고리별 기사내용을 분석하였다.

표 1 연구 분석 프로세스

신문기사 수집 및 분석가능한 데이터로 변환	텍스트 데이터마이닝을 이용한 빈도분석 - 구조화 및 시각화	주요이슈 및 현안 도출	도출 이슈에 대한 대응방안 제시
탐색 및 DB구축 ➡	분석 및 시각화 ➡	이슈 도출 ➡	대응방안 모색

V. 분석 결과

1. 러시아 북극관련 기사에서 제목에 포함된 키워드 및 기사 프레임 분석

전체기사중 "북극"이라는 키워드가 포함된 기사건수는 1102건이다. 이는 전체 기사 1백만 건중 0.11퍼센트를 차지하는 아주 적은비율로, 러시아 국민들의 북극에 대한 관심사가 아주 낮다는 것을 보여주고 있다.

전체기사(1102건)의 제목에 포함된 단어의 수는(전치사등 모든 분리된 단어들 포함) 9998개이다.

제목에 포함된 키워드 빈도수는 "러시아" 키워드가 408건으로 가장 많고 다음으로 "군사(적인)"가 117건의 빈도수를 나타내고 있으며 로스네프치-78건, 설치(건설)-75건의 빈도수를 보여주고 있다.

러시아의 언론매체가 북극관련 기사를 다룰 때 영향을 미치는 언론사의 기사 프레임은 기사에 사용되는 단어들의 성격을 분석하면 알 수 있다. 우선 군사안보 관련 단어들로는 군사(117), 국방부(50), 함대(40), 기지(34), 사령부(34), 부대(22), 비행장(20), 훈련(19)등 모두 336건이 사용되었다. 이는 검색된 키워드 전체 단어 2470개중에서 13.6퍼센트를 차지한다.

그에 반해 자원 관련 키워드로 로스네프치(78), 엑슨모빌(53), 석유(47), 시추(43), 채굴(26), 쉘사(23)등 모두 270건이 사용되었다. 이는 검색된 키워드 전체 단어에서 10.9퍼센트를 차지한다. 영토(외교) 키워드로는 대륙붕(75), 신청서(54), 유엔(29), 제재(29), 카나다(26), 덴마크(20), 영토(18), 국경(7)등 모두 258건이 사용되었다.

상기의 데이터들을 종합할 때 러시아의 언론매체들은 '북극'을 군사적인 요소가 있는 안보공간 및 자원 매장지, 그리고 영토 확장의 대상으로 보고 있다

그림 1 키워드별 빈도수 그래프

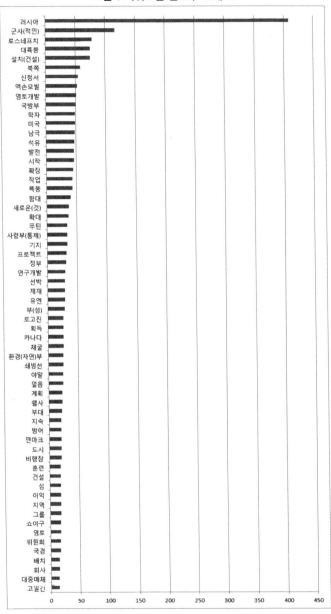

고 판단할 수 있다.

표 2 키워드별 빈도수

키워드	빈도수	키워드	빈도수	키워드	빈도수	키워드	빈도수
러시아	408	확장	45	채굴	26	그룹	19
군사(적인)	117	시추	43	카나다	26	지역	19
로스네프치	78	작업	43	획득	26	이익	19
설치(건설)	75	함대	40	로고진	26	섬	19
대륙붕	75	새로운(것)	37	쇄빙선	25	건설	19
북쪽	58	확대	36	환경(자연)부	25	훈련	19
신청서	54	기지	34	얼음	24	영토	18
엑손모빌	53	사령부(통제)	34	야말	24	쇼이구	18
영토개발	51	푸틴	34	쉘사	23	국경	7
국방부	50	프로젝트	32	계획	23	위원회	17
미국	49	정부	31	부대	22	회사	15
학자	49	연구개발	30	비행장	20	배치	15
남극	48	유엔	29	도시	20	대중매체	14
석유	47	제재	29	덴마크	20	코발킨	14
시작	46	선박	29	보호	20		
발전	46	부(성)	28	지속	20	전체	2470

2. 러시아 북극관련 뉴스의 내용별 분석

북극관련 기사의 내용별로 분류는 공통적으로 연관성 있는 단어의 빈도수를 기준으로 상위 5개 그룹으로 나누었다. 여기에는 군사, 지역개발, 외교(영토), 자원, 학술(연구)등이 있다. 군사관련 기사는 309건으로 가장 많고 북극지역 개발관련 뉴스는 237건으로 2위를 차지한다, 그밖에 북극의 영토 및 외교에 관한 내용는 168건, 북극자원 및 자원개발 관련 뉴스는 85건, 북극에 대한 학술 및 연구 관련 기사는 71건에 달한다.

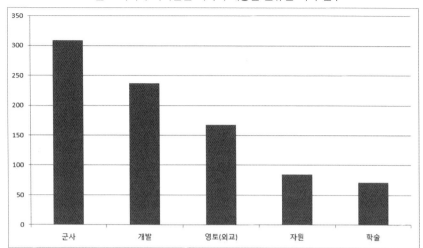

그림 2 러시아 북극관련 기사의 내용별 분류된 기사 건수

1) 러시아의 북극관련 기사 중 군사관련 기사 분석

러시아는 북극을 전략적 군사요지로 설정하고 북극의 군사기지화를 추진하고 있다.

러시아는 '북극성(Полярная звезда)'을 비롯한 북극지역에 6개의 군사도시 건설을 계획하고 있다. 군사도시가 세워진 '브랑겔 섬(Остров Врангеля)' 및 '쉬미드타 곶(갑)(Мыс_Шмидта)' 등에서도 러시아 군인들이 주둔이 시작되었다.

그밖에 러시아는 2017년까지 새로운 북극사령부 설치와 함께 북극 주둔 군대에 2개의 독립기동여단을 추가하기로 하였다. 또한 무르만스크 부터 추코트까지 북극지역에 걸쳐 군대배치를 계획할 것이다.

북극의 물자수송과 군사적인 목적을 위하여 '노바야 지믈랴(Новая Земля)', '지믈랴 알렉산드리(Земля Александры)' 등 북극지역에 13곳의 비행장 건설과 10개의 레이다 기지 설치를 계획하고 '갑주(Панцирь)'라고 불리는 대공방어 시스템과 무인비행기 부대를 창설하였다.

북극에서의 러시아 공군은 공군기의 운행횟수를 늘리는 등 무력과시를 종종 하고 있다.

한 예로 전략미사일 탑재 TU-95МС 폭격기가 수대의 미그-31전투기와 함께 북극상공 비행을 정례화하고 있으며 그밖에 정기적인 전투기 조종사 구조 훈련을 비롯한 항공훈련 및 비행장 건설과 공군기 확대를 계획하고 있다.

러시아 해군은 북극지역 노보시비르 섬에 항구적인 북방함대의 군사기지를 건설하고 새로운 전략사령부를 세워 작전업무에 들어갔다. 한편 북극에서의 러시아 태평함 함대 최초의 기지가 브랑겔 섬에 건설 된다. 이러한 북극에서의 러시아 해군 작전활동에는 쇄빙선이 있어서 가능하게 되었다.

2) 러시아의 북극관련 기사 중 북극지역 개발관련 기사 분석

북극지역 개발은 러시아 정부가 군사적 확장과 더불어 중점적으로 투자하는 분야이다. 북극지역 개발에 대하여 언론에 거론되는 횟수를 기준으로 나누어 보면 다음과 같다. 첫째는 러시아 연방정부 차원에서의 움직임, 둘째는 과학기술 발전 및 장비의 개발, 셋째는 지리적 탐사 활동, 넷째는 관광 등의 지역 경제 활성화 등의 주제로 나눌 수 있다.

* 북극개발에 대한 러시아 연방정부 차원의 움직임

북극발전 위원회를 이끄는 러시아 부수상 드미트리 로고진은 북극개발을 위해 5년 동안 약 2220억 루블을 투입할 것으로 보도됐다. 러시아는 이처럼 연방차원에서 막대한 자금이 들어가는 거대 프로젝트의 실현으로 북극지역 개발을 원하고 있다.

또한 북극지역 개발을 위해 행정부 내에 북극지역 발전부를 조직 하려는 움직임이 있었으며 법률적 지원을 위해 북극에 관한 단일법 제정 움직임도 보여주고 있다.

그동안 러시아 정부의 북극개발의 결과로 '벨리이 섬(остров Белый)'에 '러시아 센터(российский Центр)'가 들어서고 인터넷이 개통되었으며 아르한겔스크 등 북극의 6개 지역에 구조센터 설립계획이 진행되고 있다. 또한 러시아의 해상 북극기지 '북부 플러스-2015(Северный полюс-2015)'가 공식적으로 일을 시작하기도 했다.

러시아 정부는 북극의 인프라 확충의 일환으로 '러시아원자력(Росатом)'을 통하여 2017년 까지 북극에 전력공급을 위한 계획을 마련하고 '로스스뱌지(Россвязь)'를 통해서 북극에서의 통신에 필요한 위성시스템 설치등도 시도하고 있다. 북극의 날씨를 관찰하기 위해 기후센터 건립을 추진 중이며 해상교통과 석유개발 등을 위한 해저지도 등의 제작을 꾀하고 있다.

한편 러시아 환경자원부는 북극에서의 생태관광 발전을 위해 '내셔널지오그래픽'과 '구글' 등과의 협업을 추진 중이며, 북극지역 개발과 원주민들의 전통적인 삶의 모습 보존과의 균형을 유지하려는데 노력을 기울이고 있다.

그밖에 러시아 정부는 북극에 대한 연구를 재개하기 위해 2억5백만 루블을 배당하였으며 페테르부르그에서 북극에서의 교통전략에 대한 심도 있는 논의도 진행되었다.

* 북극개발에 필요한 과학기술의 연구 및 장비의 개발

러시아는 북극지역에 필요한 기술 및 장비개발에 심혈을 기울이고 있다. 최우선적으로 북극통행에 필수적인 '슈퍼원자력 쇄빙선' 개발 프로젝트를 계획하고 있으며 북극지역에서 수송을 담당할 헬기 "Ми-8АМТ Ⅲ"도 개발을 진행 중이다.

또한 북극 및 시베리아의 저온 환경에서 사용할 수 있도록 개발된 특수복이

실제사용 테스트에서도 검증되었다. 그밖에 북극에서 사용가능한 유인 및 무인 수중 구조장비를 비롯하여 북극탐사와 전투를 위한 무한궤도 로봇 개발에도 박차를 가하고 있다.

야말로 – 네네츠끼 자치구는 베를린 식료품 전시회에서 북극지역용 패스트 푸드 및 북방오렌지를 선보이기도 하였다.

* 지리적 탐사 활동 및 관광 등의 지역경제 활성화

야말에 있어서 대규모 북극개발 프로그램인 북극 프로젝트는 전략적으로 중요한 위치를 차지하고 있다. 북극 프로젝트가 이행되면서 야말은 북극개발에 대한 세계적인 중심지가 될 수 있으며 북극에 관한 학문 및 연구의 중심지로 떠오르고 있다.

이밖에 타이미르는 북극개발에 있어 전초기지로 부상하고 있으며 크라스노야르스크의 하천항구들은 북극개발 프로세스에서의 주요 거점으로 두각을 나타내고 있다.

북극지역에 대한 관심의 증가로 야쿠치아는 관광명소로 떠오르고 있으며 야쿠치아 정부는 북극개발에 20억 루블을 배정하였다. 그밖에 코미공화국은 연방정부로부터 북극지역 발전자금으로 1500억 루블을 지원받기도 하였다.

3) 러시아의 북극관련 기사 중 영토(외교)관련 기사 분석

북극지대의 영토에 대한 다툼은 주로 러시아, 캐나다, 덴마크, 그린란드 간에 발생하고 있다. 러시아는 북극 대륙붕 확장으로 120만 평방킬로미터의 영토 확장을 꾀하고 있으며 유엔에 영토 확장에 대한 신청서를 제출한 상태다.

영토 확장에 대한 의지표현으로 러시아는 북극에 대한 탐사도 꾸준히 지속하고 있으며 북극 대륙붕에 대한 연구조사도 완료한 상태다.

캐나다는 북극영토 확장을 위하여 북극에서 원정탐사 및 북극 대륙붕에 대한 연구조사를 하고 있으며, 러시아와의 마찰에 대비해 북극에서 군사훈련을 실시하는 등 군사적으로 대비를 하고 있다. 한편 덴마크와 그린란드는 유엔에 북극에 대한 영토소유권 신청서를 제출하였는데 덴마크는 북극에서의 영토주권을 기존보다 2배 확대를 원하고 있다.

한편 우크라이나 사태에서 시작된 유럽 및 미국의 러시아에 대한 제재로 인해 러시아의 북극 대륙붕 개발을 어렵게 한다는 주장이 나온다. 다른 한편으로 러시아 에너지부는 외부로 부터의 제재는, 북극에서의 러시아 프로젝트 수행에 영향을 주지 않는다고 자신감을 표현하였고 러시아 외무성은 북극이사회 회원국 간의 협력을 지지한다고 보도 되었다.

러시아에 대한 제제로 미국은 러시아가 북극의 석유 및 가스채굴에 필요한 장비공급을 제한할 계획이고 유럽연합은 북극 러시아 영토 내 편암(세일)매장지에서의 석유채굴 관련 연구 활동을 중단하였다.

유럽 및 미국의 제재에 대한 대응으로 러시아는 인도에게 북극 및 시베리아에서의 석유 및 가스의 공동개발을 제안하였으며, 푸틴은 인도를 공식방문 중에 인도에 대한 10년간의 석유공급 계약에 서명하기도 했다. 또한 러시아는 북극에서의 석유 및 가스채굴에서 핀란드의 우호적인 태도를 받아내기도 하였다.

4) 러시아의 북극관련 기사 중 자원관련 기사 분석

러시아는 북극지역에서의 석유-가스 자원 탐사에 많은 노력을 기울이고 있으며 야말은 북극지역 석유가스 채굴의 중심지로 부상하고 있다.

러시아 환경자원부는 서방의 제재에도 불구하고 북극에서의 지질조사는 계속될 것이라고 밝히면서 대규모 석유매장지를 찾고 있다. 이러한 노력의 결과로 2030년까지 러시아는 북극의 채굴 가능한 석유 및 가스의 55%를 획득할 것으로 예상하고 있다.

이러한 러시아의 북극지역에서의 석유자원 개발활동에 반하여 유럽연합은 북극지역에서의 세일석유 및 심해석유 개발에 필요한 장비를 러시아에게 판매하는 것을 금지하였으며, 엑손모빌은 미국의 제재 때문에 북극 대륙붕에서의 시추작업을 중단하고 로스네프치의 북극프로젝트로 부터 이탈하기도 하였다.

한편 러시아의 석유 및 가스 매장지 탐사는 로스네프치, 엑손모빌, 가스프롬 등이 주도하고 있는데 만약 북극에서 석유가 발견되면 로스네프치와 엑손모빌은 2030년 까지 북극에 4천억 달러를 투자하기를 원하고 있다. 또한 로스네프치와 노르웨이 NADL은 수십억 달러에 달하는 북극에서의 굴착작업 계약을 체결하기도 하였다. 이밖에 루코일은 북극 대륙붕에서의 석유개발에 대한 권리획득을 기대하고 있으며 가스프롬네프치는 북극에서 2개의 구역에 대한 개발허가권 획득을 추진하고 있다.

5) 러시아의 북극관련 기사 중 학술(연구)관련 기사 분석

러시아의 북극지역 연구는 다양한 분야에서 활발하게 진행되고 있다.

러시아의 북극탐사 프로젝트 "Кара – зима – 2015"는 세계에서 최근 20년 동안의 가장 큰 대규모의 북극탐사 프로젝트이다. 여기서 학술조사단 참가자들은 북극 석유부존 지역인 대륙붕 등을 연구하며, 이 프로젝트에 러시아의 극동국립대학교와 중국의 상하이대학교 등이 동참할 것으로 보도되고 있다. 이밖에 북극연구 학자들은 야말분화구 관련 수수께끼를 풀고 북극에서의 2개의 고대 대륙의 존재를 입증하는 연구에도 관심을 기울이고 있다.

한편 러시아는 북극과 관련한 포럼을 개최하여 북극에 대한 관심을 유도하고 있다,

페테르부르그에서'북극의 오늘과 내일'이라는 주제의 국제포럼과 더불어

야말주와 러시아 연방정부는 국제 북극법 포럼을 개최하였다.

한편 모스크바에서도 학자들에 의해 북극개발의 전망에 대한 심도 있는 논의가 진행되었으며 야말에서는 북극 컨퍼런스, 타이미르에서는 '젊은 북극'이라는 타이틀로 학생포럼이 열렸다. 그밖에 아르한겔스크에서 열린 국제회의서 야말지역 학자들은 북극지역의 경제 잠재력에 대해 논의하기도 하였다.

북극관련 연구내용을 보면 야말에서의 경우 북극의 사슴사육, 북극지역의 새들의 울음소리를 비롯하여 북극지역에 서식하는 박테리아 등을 연구한다.

러시아 정부는 북극지역 연구에 학술적인 기반을 마련하기 위한 다양한 연구 인프라를 세우고 있다. 여기에는 북극 생태학 센터, 북극지진발생 탐지센터, 북극 우주전파 수신센터 등의 건설 프로젝트를 비롯하여 북극용 인공위성 제작 등이 동시에 준비 되고 있다. 한편 시베리아 학자들은 구글맵의 러시아판을 기반으로 한 북극의 가상모델 제작을 제안하기도 하였다.

6) 러시아의 북극관련 기사 중 푸틴 및 세르게이 쇼이구 관련 기사 분석

러시아 대통령 푸틴은 북극지역을 자원의 보고 및 군사적인 요충지로서의 중요성을 강조하는 것으로 보여 진다. 언론에서 푸틴은 전 인류가 앞으로 북극에 있는 러시아의 자원을 요청할 것으로 판단하고 북극 대륙붕의 개발에 주목하고 있다. 이러한 예로 푸틴은 북극 프로젝트 범위 안에서 로스네프치와 엑슨모빌의 시추를 허용하는 등 석유전문가들에게 북극개발을 요청하고 있다. 그밖에 북극지역 개발을 위해 나리얀 마르 – 우신스크 간의 도로건설에 대해서도 관심을 기울이고 있다.

푸틴은 러시아군에게 북극의 방어를 명령하면서 북극지역에 대한 영토권 확장과 안보강화를 위해 북극사령부 건설을 추진하는 등 러시아가 북극에서의 자신의 위치를 공고히 하는 작업을 계속 수행중이다.

이밖에 푸틴은 북극의 군사기지 때문에 생길 북극곰 등에 대한 피해방지를 위해 연구할 것을 약속하는 등 북극의 생태환경에도 높은 관심을 가지고 있다고 언론들은 전하고 있다. 세르게이 쇼이구 러시아 국방장관은 북극지역에 레이더 탐지기지 설치 및 러시아군 북극전면 배치와 더불어 연말까지 북극 러시아 주둔군에 해군 전투기부대 및 대공미사일 부대를 추가할 것으로 보인다. 쇼이구는 북극에서의 러시아 이익을 위해서 군사적 조치를 용인할 것이라고 보도되고 있다.

한편 푸틴은 서방세계에 대해, 러시아는 국제법 범위 안에서 북극에서의 활동을 유지 할 것이며 북극을 군사적으로 이용하는 것을 고려하지 않을 것이라고 말하는 등 서방세계에 대한 평화적 제스처도 보여주고 있다.

VI. 논의 및 제언

한국은 비북극권 국가이다. 북극에 대한 연구와 투자를 상당한 규모로 진행하여도 북극권 국가와의 협력 없이는 그 결실을 맺기가 힘들다. 특히 많은 부분의 북극지역을 점유하고 있는 러시아와의 협력은 북극연구에 있어서 제일 우선적으로 해결할 문제다.

한국이 러시아와의 협력을 위해서는, 일방적인 요구를 내세울 것이 아니라 러시아가 관심 있는 분야에 도움을 준다면 북극지역 연구와 개발에 있어 상호협력이 상당한 수준으로 이루어질 것으로 보인다.

언론기사에 반영된 러시아의 북극에 대한 주요 관심사로는 본 연구의 결과 북극지역의 안보 및 군사력 강화가 우선순위로 대두되었다. 다음으로는 북극지역의 인프라 건설 등의 지역개발이 주요 관심사가 되었다. 그밖에 북극 대륙붕 영유권 확보가 러시아의 외교 현안으로 부상되었으며 한국의 관심이 집중되는 북극의 석유가스등의 자원개발은 4번째 순위에 머물렀다. 마지막으로 러시아의 북극에 대한 학술 연구 활동이 언론의 관심을 끌고 있다.

이상과 같은 연구 결과에 따라 북극에 대한 한국의 대러시아 정책은 북극 군사안보, 북극 지역개발, 북극 영토문제, 북극 자원개발, 북극 학술 연구 등 5개의 분야로 나누어 정책을 실행하여야 할 것이다.

1) 군사 안보분야 – 러시아는 북극지역을 군사안보 지역으로 상당한 군사적 지원을 확대하여 나가고 있으며 정권적 차원에서도 러시아 대통령 푸틴을 비롯하여 세르게이 쇼이구 국방장관은 북극에서의 안보강화를 매우 강조하고 있는 상황이다.

이러한 러시아의 북극 군사안보 정책에 발맞추어 한국은 러시아의 북극지역에서의 한러 군사부분 협력을 도모할 수 있는데 여기에는 해상기지, 군주둔지, 군비행장, 군항만기지등의 건설 분야가 있으며 군사장비로 극지용 헬리콥터, 무인비행기 등의 공동개발도 추진할 수 있을 것으로 보인다.

2) 북극 지역개발 분야 – 러시아 정부는 자원의 생산과 수송, 주민거주에 필요한 인프라 건설을 추진으로 북극 내륙지역 개발을 꾀하고 있다. 북극 내륙지역개발에 한국은 구조센터 및 원자력발전소, 통신시설 등의 건설과 지도 작성, 원자력 쇄빙선 건조를 비롯하여 극지용 특수복 및 수중 구조장비, 탐사용 무한궤도 로봇 등의 제작에 자본 및 기술 협력을 할 수 있을 것이다. 또한 극지용 패스트푸드 가공 등 식료품 분야에도 기술협력이 가능 할 것으로 보인다.

3) 북극 대륙붕 영유권 분야 – 북극 대륙붕 영유권을 둘러싸고 북극연안국

인 러시아, 캐나다, 덴마크, 그리란드 등이 대립하고 있는 실정이다. 한국은 비북극권 국가로 북극권 국가들 간의 영유권 갈등에 직접적인 이해관계 없더라도 유엔을 비롯하여 북극 관련 국제기구에 참여하여 적극적인 활동을 보여줌으로써 러시아에 대한 외교적인 영향력을 키워나가야 할 것이다.

4) 북극 자원개발 분야 – 북극의 석유 및 가스등의 자원개발 관련하여 한국은 북극 대륙붕 조사에 참가할 필요가 있으며 북극 및 시베리아에서 공동 석유 및 가스개발에도 적극적인 참여가 요구된다. 또한 세일석유 및 심해석유 개발에 필요한 각종 장비의 공동개발에도 적극적인 정부의 노력이 기대된다.

5) 북극 학술연구 분야 – 러시아와의 공동 학술 및 연구 사업은 한국과 러시아의 북극지역에 대한 협력 사업 중에 가장 실현 가능성 높은 것 중의 하나일 것이다. 우선적으로 한국의 민간 및 정부섹터 모두 러시아가 야심차게 내세우는 북극탐사 프로젝트에 적극적인 참가가 필요하다.

또한 북극지질분야, 북극지역 생물분야, 북극지역 생태학 분야에서는 중국의 상하이대학교가 참가하는 것처럼 한국의 대학 및 학술연구기관 등이 참여하여 러시아와 공동연구를 한다면 기초과학 발전에 크나큰 진전을 기대 할 수 있을 것이다.

그밖에 북극지진 센터 및 북극 우주센터 건설, 북극관측용 인공위성 제작과 같은 첨단기술 분야에서 한국의 기술 및 자본 협력이 이루어지면 러시아의 첨단기술을 습득할 수 있는 기회가 될 수 있을 것이다.

참고문헌

감미아 · 송민, "텍스트마이닝을 활용한 신문사에 따른 내용 및 논조 차이점 분석," 『지능정보연구』, (한국지능정보시스템학회, 2012), 18(3).

김선래, "북극해 개발과 북극항로: 러시아의 전략적 이익과 한국의 유라시아 이니셔티브," 『한국시베리아연구』, (한국 - 시베리아센터, 2015), 제 19권 1호.

유홍식, "기사제목과 예시가 수용자의 뉴스가치 평가와 이슈지각에 미치는 영향," 『한국언론학보』, (한국언론학회, 2009), 53(5).

정철호, "국내 솔루션 기반 빅 데이터 구축전략 및 사례," 『정보 속으로』, Vol.76, SEP-OCT, 2012.

Baskette, F. K., Sissors, J. Z., and Brooks, B.S., 『The Art of Editing』, New York: Macmillan, 1986.

Scheufele, D. A., "Agenda-setting, priming, and framing revisited: Another look at cognitive effects of political communication", 『Mass Communication & Society』, 3(2&3), 2000.

Tankard, J. W., "The empirical approach to the study of media framing", In S. D. Reese, O. H. Gandy, Jr., A. E. Grant (Eds.), 『Framing Public Life : Perspectives on Media and Our Understanding of the Social World』, Mahwah, NJ : Lawrence Erlbaum Associates, 2003.

U.S. Geologial Survey, 2008.

24시간 뉴스(www.24rus.ru)

니자비시마야 가제타(www.ng.ru),

러시스카야 가제타(www.rg.ru)

러시아 금융뉴스(www.finmarket.ru)

러시아 뉴스(www.newsru.com)

러시아 비즈니스 컨설팅그룹 뉴스(www.rbcdaily.ru)

러시아 정치뉴스(www.polit.ru)

렌타뉴스(www.lenta.ru)

리아노보스치(www.ria.ru)

모스코브스키 콤소몰레츠(www.mk.ru)

베다모스치(www.vedomosti.ru)

브즈글라드 - 상업뉴스(www.vz.ru).

블라디보스톡 뉴스(www.vlc.ru)

사할린 뉴스(www.sakhalin.info)

석유가스 뉴스(www.neftegaz.ru)

시베리아 뉴스(www.sia.ru)

아침 뉴스(www.utro.ru)

에하모스크비(http://echo.msk.ru)

엔테베(www.ntv.ru)
오늘의 뉴스(www.dni.ru)
우랄 뉴스(www.uralinform.ru)
인테르팍스(www.interfax.ru)
이타르타스(www.itar-tass.com)
전러시아 뉴스(www.allrussia.ru)
전야 뉴스(www.nakanune.ru)
졸라토이 로그(극동뉴스) (www.zrpress.ru)
코메르상트(www.kommersant.ru)
콤소몰스카야 프라우다(www.kp.ru)
프라임 뉴스(www.1prime.ru)

Chapter 3.
북극,
지정학적 공간

북극지역의 지정학적, 지경학적, 지문화적 역동성에 관한 연구*

한종만

I. 서론

북극은 20세기 초까지 소수의 탐험가를 제외하면 지구상에서 거의 알려지지 않은 지역이었다. 이전부터 북극 지역에 원주민이 거주했으며, 그 후 바이킹 족과 러시아인과 앵글로 섹슨 족이 어업활동과 모피 등의 수렵과 광산개발을 강화하면서 북극권 지역을 식민화했다. 냉전 시대 북극은 폐쇄된 공간으로 미국 주도의 NATO와 소련의 첨예한 군사적 대치 공간으로만 작용됐다.

1987년 10월 1일에 러시아 무르만스크의 북극지역 개발 구상은 북극에서 냉전 상황을 종식시키고 북극을 '평화지대'로 선언한 미하일 고르바초프의 '무르만스크 선언'에서 비롯됐다. 이 선언은 북유럽 지대의 핵탄두가 없는 지대의 설립, 북극해에서 해군활동의 제한, 해상교통의 이용과 자원개발과 과학탐사, 북극주민의 문제 해결 등의 초국경적 협력을 포함하고 있다.[1] 소연방 해체 이후 북동항로의 국제적 개방에도 불구하고 1990년대 러시아의 경제난으로 이

---

* "이 논문은 2015년 한국연구재단의 지원을 받아 수행된 연구(2015-B0153)"이며, 2015년 2월 5-6일에 인천 송도 POSCO R&D 센터에서 대한조선학회와 극지기술연구회 주최로 개최된 2015년 극지기술연구회 동계연구발표회에서 발표된 것을 수정 및 보완한 것임.

1)   무르만스크 선언 원문에 대해서는 다음의 글을 참조(Gorbachev 1987, 23-41).

선언은 큰 반응을 얻지 못했다. 그러나 북극에서 발생하는 빠른 기후변화와 지구온난화로 야기되는 해빙현상으로 북극권의 이용 가능성이 높아지면서 북극권 국가뿐만 아니라 글로벌 차원에서 북극의 중요성이 부상됐다.

최근까지 북극권의 활용 가치는 환경적 제약으로 인해 그리 높지 않았다. 세계화와 정보화 그리고 교통과학기술의 발전으로 인해 지구촌은 인류역사상 가장 빠른 속도로 시공간의 벽을 허물어 나가고 있다. 지구 온난화 현상에 의한 북극양 해빙현상은 인류의 생활공간을 북쪽으로 확대시켜 나가는 상황을 제공하고 있다. 북극양의 해빙현상은 북극항로의 국제해상루트로써의 가능성, 북극권의 풍부한 화석연료(세계 매장량의 4분의 1 이상)와 비철금속 등의 자원개발, 수자원과 수산자원의 활용 및 크루즈 관광 등의 문화적 공간 확대 가능성을 제공하고 있다(한종만 2014c, 2-3).

2007년 여름 캐나다 북극해의 빙하가 녹으면서 처음으로 북서항로가 개통되었으며, 2007년 8월 초 러시아의 북극점 인근해역에 티타늄 러시아국기 게양 사건 이후 정치계, 국제기구, 학계, 비정부단체(NGO), 매스미디어에서 북극이 주요 이슈로 부상하고 있다. 실제로 북극권 국가뿐만 아니라 비북극권 국가들도 북극전략을 정립 혹은 재정립하고 있으며, 수많은 북극연구기관의 창설과 확대와 컨퍼런스와 정책보고서와 논문들이 대량생산되고 있다.

북극권은 지정학적 가치의 중요성뿐만 아니라 지경학적 가치로서 육해공의 통합물류시스템의 잠재력뿐만 아니라 지구상에 남은 마지막 처녀지이며, 자원의 보고지역으로 부각되고 있다. 실제로 북극양의 빙하가 녹으면서 북극항로(북동항로, 북서항로, 북극점 경유 항로, 북극 랜드 브리지 항로)의 이용 가능성, 풍부한 연료 및 원료자원, 수산자원, 관광자원의 이용과 채굴이 용이한 상태로 변모하면서 북극권 국가뿐만 아니라 비북극권 국가(EU와 한중일 등)들의 북극에 대한 관심도 고조되고 있다.

북극의 이용과 개발과정에서 여러 형태의 협력과 갈등이 상존하고 있다. 20세기 초까지 북극권은 무주공산 지역이었다. 그러나 북극권의 중요성이 부각되면서 북극권 국가들은 자국의 안보는 물론 경제적 이득을 위해 영해 확장 등을 통해 주권적 관할권과 영유권을 주장하고 있다. 북극권 국가들의 군 활동과 기지화 등이 가시화되면서 북극에서 새로운 냉전 가능성도 대두되고 있다. 그 외에도 남극과는 달리 북극의 거버넌스는 정착되지 않은 상황 하에서 북극권 국가 간 영토문제와 대륙붕 확정 문제와 북극항로의 자유로운 개방과 북극을 '인류공동의 유산'이라는 비북극권 국가들의 주장 등과 관련하여 '뜨거운 감자'로 남아 있는 상황이다.

기후변화와 빙하 융해 과정에서 북극 공간의 높은 경제적 편익 가능성에도 불구하고 여러 형태의 고비용 부담 가능성이 상존하고 있다. 북극의 변화는 불확실성, 비예측성이 여전히 큰 상황이며, 글로벌 차원에서 지구온난화로 인한 기후변화와 해수면의 상승 문제뿐만 아니라 북극 원주민을 포함한 생물종 다양성의 위험성, 지리적 원격성, 취약한 자연조건과 민감하게 반응하는 생태환경, 환경오염, 영구동토층 파괴와 토양 침식 등이 주요문제로 대두되고 있다. 이 문제들을 해결하기 위해 모든 부문에서의 협력 가능성은 매우 높다고 판단된다.

이러한 맥락에서 이 글의 제2장에서는 북극의 지정, 지경, 지문화적 공간의 역동성을 분석한다. 제3장 에서는 북극공간의 역동성의 평가와 우리에게 주는 시사점, 특히 북극공간의 연구 필요성을 강조하고자 한다.

II. 북극 공간의 역동성

북극의 기후변화로 인해 과거 어느 때보다 북극의 접근성이 용이해지면서 북극항로의 이용가능성, 크루즈관광 증가 가능성, 어업 가능성뿐만 아니라 풍부한 석유가스자원과 광물자원 개발 잠재력의 가능성이 부상하고 있다. 그 결과 북극은 급속도로 지전략적 쟁점지대로 부상하고 있다. 그러나 다른 한편으로 북극 공간의 변화는 글로벌 차원에서 기후변화 외에도 원주민을 포함한 북극의 생물종 다양성의 위험 증가요인과 개발과정에서 고비용과 환경문제 등 부정적 요인을 동반하고 있다.[2]

북극 공간의 역동적 변화는 북극권국가 뿐만 아니라 글로벌 차원에서 많은 지정학적, 지경학적, 지문화적 공간의 역동성을 유발시키고 있다. 이 세 공간은 서로 독립적 관계가 아니라 상호 밀접하게 연계되면서 역동적으로 변모될 것으로 예견된다.

1. 지정학적 북극공간의 역동성

냉전 시대 미국 주도의 NATO와 소련의 첨예한 대치 상태에 있었던 북극의 지정학적 공간은 1990년대 국제관계에서 광범위한 국제협력이 이루어지면서 현저한 변화를 수반했다. 그 결과 북극에서 군사적 및 정치적 긴장 상황은 완화되면서 안정과 평화 공간의 가능성이 증대되어 나가고 있다. 북극개발은 북극 주민의 발전과 민주주의의 촉진과 일반적이며 광범위한 정치안보의 기여를

---

2) 북극권의 잠재력, 특히 SWOT(강점, 약점, 기회, 위협) 분석은 다음의 글을 참조(한종만, 2011, 183-216).

위해 초국가적 협력의 중요성이 강조되고 있다. 북극 공간의 지정학적 변화는 정부 간 및 시민단체와 포럼을 바탕으로 국제적 다자간 협력에 기초한 새로운 제도적 경관을 조성하고 있다. 예를 들면 북극지역 의회 컨퍼런스, 북극이사회, 북극대학협회, 북방연구 포럼 등이 결성되고 있다(Heininen 2004, 207).

북극정책의 형성 과정에서 전통적 지정학적 개념에서 중요한 역할을 담당하는 국가 외에도 비정부 행위자의 정책 참여가 현저하게 증가하고 있다. 예를 들면 북극이사회에서 북극원주민의 자치권의 확대와 적극적 정책 참여뿐 아니라 북극 대학, 연구기관, 시민단체의 점증하는 활동 등을 들 수 있다. 이러한 지정학적 북극공간의 변화는 과거 식민시대 혹은 전통적 지정학 시대보다 더욱 복합적이며 다(多)기능적 과정을 반영하고 있다.

북극은 점증적으로 글로벌 차원에서 중요한 지정학적 북극공간으로 변모하고 있다. 북극은 첫 번째 프런트 중 하나이며 기후변화의 파라미터의 역할을 담당하고 있다. 실제로 북극은 여러 전문분야에 걸친 기후변화 연구를 위한 글로벌 '실험장'이다(Heininen 2008, 2-3). 또한 풍부한 천연자원과 정치군사적 이유뿐만 아니라 글로벌 안보와 환경문제, 특히 핵무기체계와 대기 및 해양오염과 기후변화 등으로 인해 북극권은 지전략적 중요성이 부각되고 있다. 북극권 국가뿐만 아니라 국제기구, 특히 UN은 해양법을 통해 북극의 특별 의무를 가지고 있으며, EU도 북극을 최우선 정책과제로 채택하고 있다. 비북극권 국가들, 특히 UK, 독일, 프랑스, 네덜란드, 한국, 중국, 일본 등도 북극연구기지를 운영하면서 북극개발의 참여를 원하고 있다. 북극에 매장된 풍부한 연료 / 원료자원과 북극항로의 이용 가능성의 증대 등으로 초국가기업(TNC : Trans-National Corporation)들도 북극의 상업적 이용에 지대한 관심을 기울이고 있다.

지정학적 북극공간의 국제화와 민관산학연 등 다양한 주체의 국제협력에도 불구하고 북극공간에서 개별 주체 간 경쟁과 갈등 및 분쟁소지는 여전히 상존하고 있다. 그 이유는 남극과는 달리 북극권의 거버넌스는 아직 정립되지 않는데 기인한다.

북극의 이해당사국은 북극연안국 '북극-5'와 북극 비 연안국 3개국(아이슬란드, 스웨덴, 핀란드) 등의 북극권 국가뿐만 아니라 비북극권 국가들이다. 비북극권 국가 중 UK, 독일, 프랑스, 네덜란드, 폴란드, 스페인 북극이사회의 영구옵서버 국 이외에도 2013년 5월 스웨덴 키루나에서 개최된 북극이사회에서 한국, 중국, 일본, 인도, 싱가포르, 이탈리아가 영구옵서버로 가입하면서 총 12개국은 북극 문제에 관여할 소지가 많아졌다. EU의 영구옵서버 지위는 좌절됐지만 향후 가입될 가능성은 매우 높다고 판단된다. 기타 비북극권 국가들도 글로벌 지구온난화 등으로 인해 해수면의 상승과 관련하여 북극의 변화에 지대한 관심을 가지고 있다.

북극공간의 새로운 지정학적 변화는 기타 북극권 국가와는 달리 북극연안국 5개국의 적극적 개입과 비북극권 국가들이 북극권 국가와 다른 방식으로 북극권의 개입이 이루어지고 있다는 것이다(Young 2011, xxii). 북극권에서 육지의 국경문제는 상당부분 해결됐다. 그러나 북극 해양 국경선 문제는 존재하지만 북극권 국가 간 쌍무협정에 의해 해결되어 나가고 있다.

그림 1 북극권의 이해당사국

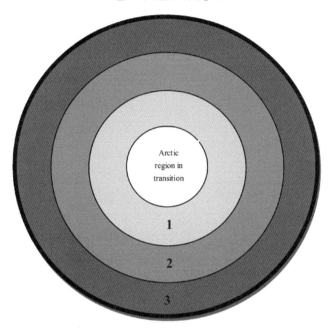

주 : 1 북극-5개국, 2 아이슬란드, 스웨덴, 핀란드, 3 비북극권 국가
자료: Luszczuk 2012, 102.

표 1 북극 5개국의 북극양 해안선 길이

북극권 국가	북극해안선(북극 섬 포함)		북극해안선(북극 섬 포함하지 않음)	
	km	해저마일	km	해저 마일
러시아	43,700	23,570	23,000	12,420
노르웨이(북극대륙)	12,600	6,790	8,300	4,460
노르웨이(슈피츠베르겐 북부지역(1920년 조약 근거)	400	220	400	220
캐나다	74,300	40,070	19,700	10,640
미국	3,200	1,740	3,200	1,740
덴마크(그린란드)	21,700	11,700	16,000	8,670

자료 : Luszczuk 2012, 104.

북극 섬을 포함한 북극 해안선의 길이가 가장 큰 나라는 캐나다로 7만 4,300㎞, 러시아 4만 3,700㎞, 덴마크(그린란드) 2만 1,700㎞ 순이며, 북극 섬을 포함하지 않은 해안선의 길이는 러시아가 2만 3,000㎞로 가장 길며 캐나다 1만 9,700㎞, 덴마크(그린란드) 1만 6,000㎞ 순이다. 그 결과 북극연안 국가 간 해양 국경선 문제가 중요한 이슈로 남아 있다(Luszczuk 2012, 108-109).

1990년에 미국과 러시아(소련)는 베링 해양 국경선의 협정조약을 체결했다. 1991년에 미국은 이 조약을 비준한 반면에 러시아는 지금까지 비준하지 않은 상태이다. 1992년에 양국의 배타적경제수역(EEZ)을 넘은 지역에서 어업협정(대구류 어업 모라토리엄)을 체결했다. 당시 미국은 아메리카와 아시아대륙 간 베링 해로 구분되는 2,575㎞에 이르는 등거리 선을 유리하다고 판단했다.

미국과 캐나다의 보퍼트 해양국경선이 아직 확정되지 않은 상황이다. 캐나다는 서경 141도를 기준으로 자오선에 따른 영역의 분리를 주장하는 반면에 미국은 등거리 원칙에 의거한 해양국경선 확정을 원하고 있다. 그 결과 문제가 발생하는 해양면적은 2만 2,600㎢에 달하고 있다. 그 이외에도 캐나다와 미국은 캐나다 북부 제도의 해양 수역에 관한 지위에도 불일치하고 있다. 캐나다는 이 수역을 캐나다의 독자적 관할권이라고 주장하는 반면에 미국은 국제적 해협으로 간주하고 있다.

1973년에 캐나다와 덴마크(그린란드)는 대륙붕 해양경계선을 체결했다. 이 경계선은 캐나다의 엘즈미어(Ellesmere)섬과 덴마크 자치령 그린란드 사이에 위치한 데이비스 해협(Davis Strait)과 네어스 해협(Nares Strait)으로 구분된다. 이 경계선의 길이는 2,683㎞에 달하고 있으며, 등거리 원칙에 의해 이루어졌다. 그럼에도 불구하고 한스(Hans) 섬(1.3㎢) 영유권 문제 때문에 케네디 채널(Kennedy Channel)에서 문제의 소지가 남아 있다.

1997년에 덴마크(그린란드)와 아이슬란드는 대륙붕 해양경계선과 덴마크

해협에서 어업지대 경계선을 체결했다. 이 경계선은 자오선 원칙에 의거해서 북위 63도 18분부터 북위 69도 35분까지 700㎞에 이르고 있다.

덴마크(그린란드)와 노르웨이는 2개의 해양국경 문제가 있었지만 해결된 상황이다. 그린란드와 1929년 노르웨이에 합병된 얀 마옌(Jan Mayen)섬 사이의 해양 경계선과 1920년 체결된 국제조약에 의거하여 노르웨이 령으로 확정된 스발바르 제도와 그린란드 해양경계선 문제였다. 첫 번째 해양경계선은 1993년 국제사법재판소(International Court of Justice)의 결정에 의거했으며, 두 번째 해양경계선 문제는 1995년 쌍무협정에 의해 해결됐다. 2006년에 그린란드와 스발바르의 해양경계선은 등거리 원칙에 의거해서 결정됐다. 이 경계선은 북위 83도 43분까지 800㎞에 이르고 있다.

노르웨이 얀 마옌 섬은 아이슬란드 북동쪽 290마일이나 떨어진 곳에 위치하고 있다. 얀 마옌 섬의 어업지대와 아이슬란드 EEZ와 상당히 중첩되어 있다. 노르웨이와 아이슬란드는 1980-81년에 2개의 협정을 협상했다. 1980년 협정은 어업관리를 위한 조항이었으며, 1981년 협정은 조정위원회의 권고에 따라 아이슬란드에 완전한 EEZ를 양여했다. 이 협상은 4만 5,000㎢의 해저면(노르웨이 해양경계지역의 3분의 2)에서 탄화수소자원의 공동개발과 4분의 1 기타 지역에서 발생하는 편익의 공유를 전제했다.

지난 40년 동안 문제가 있었던 바렌츠 해에서 러시아와 노르웨이 간 해양경계선이 2010년 9월 15일에 무르만스크 조약으로 해결됐다. 스발바르 제도와 관련된 갈등 요인은 노르웨이 주권이나 혹은 경계선의 확대라기보다는 오히려 1920년 스발바르 조약에서 규정된 동등한 취급과 관련된 지리적 범위의 문제이다. 노르웨이는 스발바르 제도를 중심으로 자국의 EEZ의 행사를 원하고 있다.

북극양은 세계 5대양 중 가장 적은 규모로 세계 대양의 3%에 불과하지만 지질학적 및 유엔 해양법 상에 의거한 대륙붕 연장으로 인해 다른 대양보다 중요한 위치를 차지하고 있다. 북극양의 해저 면과 관련한 법적 지위는 여전히 불분명한 상황이다. 북극양도 국제법상 바다의 지위를 지니고 있으며, UN해양법 기준에 근거하고 있다. 그러나 북극양의 특별 및 지역 규정은 국제해양법협정 안팎으로 존재하지 않는 상태이다. 그 이유는 첫째, 국제해양법과 관련된 협상에 대한 북극권 관심대상국의 수가 적었기 때문이다. 둘째, 미국과 당시 소련은 군사적 요충지(전함, 잠수함, 핵탄두)를 위한 다자간 조약시스템에 종속되는 사항에 대해 낮은 관심을 표명했기 때문이다. 최근 북극 인접국들은 일련의 북극탐사와 대륙붕 장의 조사 등을 행하고 있다.

국제해양법은 연안부터 12마일까지 자국의 영토이며 그리고 200마일까지 배타적경제구역(EEZ)으로 이용할 수 있는 권한을 부여했다. 그러므로 북극 인접국들은 연안 200마일 내에서 어업권과 자원 채취를 가능하게 됐다. 그럼에도 불구하고 대부분의 인접국들은 200마일 배타적 경제지역을 넘어서까지 자원 채취를 요구하고 있다. 그러나 배타적경제구역을 넘는 해역은 절대적으로 국제적으로 이용할 수 있는 지역이다.

연안 국가들이 이러한 점유권을 획득하려면 대륙붕과의 연계성을 증명해야만 한다. UN해양법은 대륙붕을 "육지지역에서의 전체 자연적 돌기부(突起部)를 통해 외부 모서리까지 펼쳐지거나 혹은 육지 끝의 외부 모서리가 적게 떨어진 경우에는 기준선으로부터 200해저마일까지 연안의 해수면과 해저 그리고 해저지하층"으로 정의하고 있다(UN해양법 76 Ⅰ). 해안국들이 200해저 마일 이상을 실효화 하기 위해서는 육지의 끝부터 200해저마일을 넘어서는 지역까지 연결된다는 것을 증명해야만 한다(UN해양법 76 Ⅷ). 증명이 유효할 경우 연안국은 350해저마일까지 대륙붕에서 천연자원의 채취할 수 있는 권한을 가진다(UN해양법 76 Ⅵ, 77 Ⅰ). 이 구역 내 심해저 면

그림 2 영해, EEZ, 공해의 개념

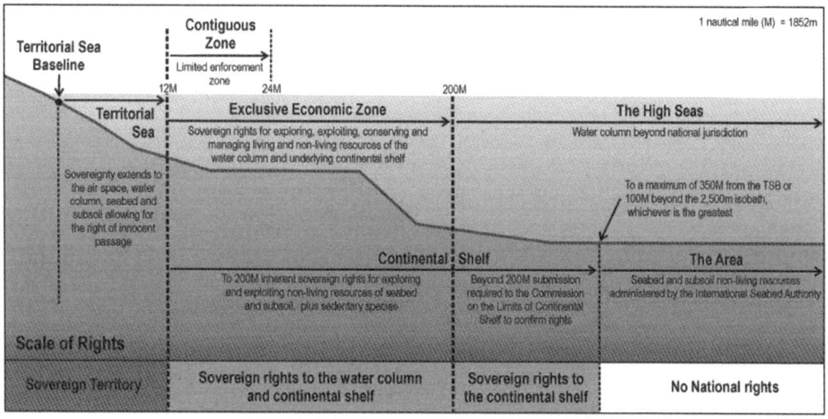

자료 : Pay 2009, 34.

의 생산된 가치의 7%까지를 자메이카 킹스턴에 소재한 UN '국제해저(심해저개발협력)기구(ISA : International Seabed Authority)'에 지불해야만 한다. 이와 같은 대륙붕 면적은 전체 북극면적의 4분의 1로서 500만㎢에 해당한다. 그중 대부분은 러시아와 노르웨이가 차지하게 되며, 캐나다와 미국도 상당한 대륙붕 확장가능성이 높은 편이다.

2007년 7월에 실행된 북극양 해저면의 러시아 국기계양 사건은 국제법적으로 중요성을 담고 있지는 않다. 러시아는 북극양의 로모노소프와 멘델레예프 해령을 근거로 대륙붕 확장을 통해 120만㎢ 해역을 주장하고 있다. 러시아는 북극권 국가 중 최초로 2001년 12월 20일에 'UN 대륙붕한계위원회(CLOS : Commission on the Limits of the Continental Shelf)[3]에 지질학적 제안서를 제

---

3) CLOS는 1997년부터 UN해양법에 근거한 국제기구이며, 소재지는 뉴욕이다. 이 위원회의 구성원은 21개국에서 파견된 전문가로서 임기제로 선출된다. 이 위원회의 의사결정은 3분의 2 찬성을 통해 대륙붕 확장에 관한 문제에 대해 추천서를 배부할 수 있

출했지만 불충분한 자료로 반려됐다. 2009년 4월에 러시아는 UN에 다시금 대륙붕 확장 제안서를 제출했지만 확정되지 않은 상황이다. 러시아는 북극 대륙붕 외연확장을 위해 2010년에 수로학적 및 지물리학적 조사에 15억 루블(3,800만 유로), 2010년 7월에 로모노소프와 멘델레예프 해령의 북극 탐험대 조사에 500만 유로를 지출했다(Keil 2010, 17). 2012년 10월에 러시아는 기존의 연구탐사선 표도로프 호보다 더욱 강력한 쇄빙기능을 갖춘 새로운 과학연구 탐사선 트리오쉬니코프(Tryoshnikov)호의 운항을 개시했다. 이러한 맥락에서 2012년 10월 11일에 메드베데프 총리는 북극전략 1단계에서 추진한 북극해의 일부와 북극점에서 800여㎞ 떨어진 자국 영토 프란츠-이오시파제믈랴 군도(群島) 및 빅토리아 섬을 묶어 60만ha 상당의 '러시아 북극' 국립공원(37번째)에 관한 정부령에 서명했다(Nilsen 2009).

러시아의 확장 대륙붕 지역에는 최대 100억 톤 상당의 화석연료가 매장된 것으로 추정하고 있다. UN 국제해양법에 의하면 대륙붕 확장 요구 건은 '대륙붕한계위원회'의 추천의 근거 하에서만 이루어질 수 있다고 규정하고 있다. 최근 러시아 북극탐사 팀의 결과는 2001년 제출안 요구를 더욱더 확실한 논거의 논거 구축의 근거를 마련하는데 초점을 맞추고 있다. 2006년 11월 27일에 노르웨이도 노르웨이 영토의 4분의 3에 해당하는 23만 5,000㎢ 수역을 '대륙붕한계위원회'에 제안서를 제출했다. 노르웨이의 제안은 2009년 3월 27일에 대륙붕한계위원회에서 채택됐다(Nilsen 2009). 제안서들에서 북극 대륙붕의 확

다. 이 위원회의 추천에 근거하지 않는 대륙붕 확장의 확정은 UN해양법 규정을 위반하는 것을 의미한다. "Commission on the Limits of the Continental Shelf Members of the Commission," http://www.un.org/Depts/los/clcs_new/commission_members.htm (accessed on November 11, 2015).

장의 증명을 위해 로모노소프, 멘델례예프, 알파(Alpha)해령을 제시하고 있다. 이와 같은 지질학적 제안서는 연안국의 연안부터 대륙붕이 계속적으로 이어진다는 것을 증명해야만 한다. 대륙붕한계위원회가 제안서를 수용하면 배타적경제수역(EEZ)이 350해리까지 확장된다. 러시아와 노르웨이의 대륙붕 확장 요구 제안서에 대해 제3국(일본, 덴마크, 미국, 노르웨이, 스페인)들은 항의와 법적 타당성의 문제를 제기했다. 캐나다도 자국의 영토 요구를 위해 서(西)북극의 해저 면을 탐사하고 있다(한종만, 2011, 201-205).

북극 관련 모든 당사국들은 시간적 압박 하에 처해 있다. 그 이유는 국제해양법(부록 II 제4조)에 의거하여 확장 대륙붕 요구 제안서는 각국의 해양법 비준이 통과된 이후 10년 내에 제출되어야 하기 때문이다. 아이슬란드는 2005년으로 기간이 경과된 상황이다. 노르웨이는 2008년, 러시아연방은 2009년, 캐나다는 2013년, 덴마크는 2014년까지 제출해야 하기 때문에 시간적으로 촉박한 상태이다. 미국은 해양법의 비준을 위해 2007년에 상원 청문회가 시작됐지만 아직까지 비준이 이루어지지 않은 상황이다. 미국 국무성은 안보, 주권, 지속성의 장점을 위해 해양법의 비준을 기대하고 있다. 미국은 청문회에서 북서항로와 북극에서 대륙붕의 확장 문제, 특히 러시아의 적극적 공세에 대한 대비 문제 등을 논의하고 있다. 하여튼 미국이 해양법 조약에 비준하면 향후 10년간 시간적 여유를 가질 수 있을 것이다. 덴마크는 2004년에 유엔해양법조약에 가입해서 2014년 말까지 제출 의무를 지니고 있다. 덴마크는 2009년 4월 29일에 페로제도의 대륙붕 외연 확대신청서를 UN 대륙붕한계위원회에 제출해서 2014년 3월 14일 8만 7,792㎢의 대륙붕 확장을 인정받았다(Jordan 2015). 덴마크는 2014년 12월 15일에 그린란드 북부지역 89만 5,000㎢ 상당의 대륙붕 확장 UN에 제출했다. 캐나다는 총 179만㎢ 대륙붕 확장 신청서를 제출했다. 그린란드 북부 해역에 석유 자원과 희토류가 매장된 것으로 추정하고 있다.

2014년 북극석유컨퍼런스에서 북극의 북부지역에 총 450억 배럴, 미 발견된 가스의 약 30%가 매장된 것으로 추산하고 있다(Jordan 2015).

비북극권 국가들은 심해저 면을 '인류공동의 유산(common heritage of mankind)'이라고 강력하게 주장하고 있으며, 가능한 한 다자간 결정이 필요하다는 점을 강조하고 있다. 인류공동의 유산은 19세기에 이미 알려졌으며, 현재 인류공동의 유산이라는 국제관습법의 근본조항은 1927년 아르헨티나 법학자 수아레즈(JoséLeón Suárez)가 국제연맹(League of Nations)의 해양자원의 이용에 관한 국제법 초안에서 제안했다. 또한 1967년 11월 1일 UN 총회에서 학자 출신 몰타 UN 대사 아르비드 파르도(Arvid Pardo)가 제기했다. 파르도는 인류의 공동유산을 개별 국가주권이 미치지 않는 우주와 심해저 면도 관련되어 있으며, 그곳에 존재하는 자원은 매각할 수 없다면서 이 자원은 전 인류에 귀속되어야 한다고 주장했다. 인류의 공동유산은 국제해양법 전문과 136조와 137조에 명백하게 명시되어 있다(한종만, 2011, 206).

또한 북동항로의 대부분은 러시아의 북극해, 그리고 북서항로의 대부분은 캐나다의 북극해로 이어지기 때문에 러시아와 캐나다는 통행허가권 혹은 통행료 징수를 원하고 있다. 미국과 유럽 국가들은 이러한 조처들에 대해 반대 입장을 요구하고 있다. 17세기 중엽에 네덜란드인 유고 그로티우스[4]가 주장한 것처럼 UN 해양법조약 제87조(공해의 자유)를 바탕으로 합리적 방안을 모색해야 할 것이다.

2008년 5월 27-29일에 개최된 그린란드 일루리삿(Ilulisaat) 선언을 통해

---

[4] 유고 그로티우스는 '해양자유론'이란 논문을 통해 네덜란드의 해외진출에 이론적, 법적 근거를 제공했다. 자유항행을 주장한 그로티우스는 1625년 '전쟁과 평화의 법'을 저술하면서 국제법의 이론적 토대를 마련함으로써 '국제법의 아버지'라고 불리고 있다.

북극연안 5개국은 대륙붕 중첩 및 확장 문제는 원칙적으로 유엔해양법과 대륙붕한계위원회의 결정을 준수하는데 합의했다. 북극-5는 북극에서 남극 조약과 같은 새로운 국제법 레짐의 형성을 반대하면서 기타 북극 이해당사 국의 배제를 원하고 있다(유준구, 2010, 9). 북극 연안국(5개국)의 폐쇄적 거 버넌스의 강화에 대해 비연안 북극권 국가(아이슬란드, 핀란드, 스웨덴)들 은 북극이사회의 역할을 축소시키는 결과를 초래할 뿐만 아니라 북극이사 회의 영구 참여그룹(6개 북극원주민 그룹)도 배제하고 있다고 비판하고 있 다. 일루리삿 선언에는 EU, 유럽의회, 북극이사회 영구옵서버, 원주민 조직, NGO에 대한 언급이 없는 상황이다.

북극 연안국(5개국)의 폐쇄적 거버넌스의 강화, 기존의 국제법규(유엔해양 법, 관련 UN산하기관 등)의 해석문제뿐만 아니라 북극이사회 결정의 법적 구 속력의 부재 등으로 인해 전반적인 북극 거버넌스가 확립되지 않고 있는 실정 이다(한종만 2014a, 54). 언급된 북극권 갈등요인들은 쌍무(러시아와 노르웨 이 국경조약 등), 다자간(UN, 북극이사회 등), 지역협력[바렌츠유럽북극위원 회(BEAC: Barents Euro - Arctic Council), 노르딕 이사회(Nordic Council) 등]에 의해 조율될 것으로 예상된다. 북극이사회의 법적 규정들은 구속력을 갖고 있 지는 않지만 향후 북극이사회와 UN이 북극의 생태문제뿐만 아니라 북극문제 해결과 조정에 지대한 역할을 담당할 것으로 예상된다. 2011년 그린란드 누크 (Nuuk) 회담에서 북극이사회는 '수색 / 구조조약(Search and Rescue Treaty)', 2013년 '해양유류오염예방방지' 조약 체결과 상주 비서국(노르웨이 트롬소) 창 설 등이 이루어지면서 북극이사회의 지위는 강화되고 있다.[5]

---

5)   북극이사회는 고위 수준의 정부간협력 포럼으로서 1996년에 설립됐다. '북극이사
    회(Arctic Council)'는 환경 모니터링과 방지를 위해 북극환경보호전략(AEPS : Arctic

2. 지경학적 북극공간의 역동성

북극의 지경학적 잠재력으로는 북극 경유 항공로뿐만 아니라 북극해운로(북동항로, 북서항로, 북극점 경유 항로, 북극 랜드브리지 항로)(Mikkola and Käpylä, 2013, 5), 해저광섬유케이블 설치 가능성뿐만 아니라 북극은 자원의 보고지역으로 풍부한 연료(석유, 가스 등)자원과 광물자원, 수산자원, 임산자원, 관광자원, 수자원, 풍력과 수력 등 재생 가능한 전력, 저온 집약적 산업, 순록 등의 경제활동을 들 수 있다.

알래스카 해양거래소(Marine Exchange) 보고서에 따르면 2008~2010년 동안 북극해에서 상업적 선박 운항이 30% 증가했다고 전하고 있다. 이 거래소의 '자동식별장치(AIS : Automatic Identification System)'로 파악된 수치에 따르면 북극 베링 해로 통과한 상업적 선박의 수는 2011년과 2012년에 각각 300척과 333척으로 전하고 있다.

북동항로의 항해 시즌은 141일로 7월초부터 11월 중순까지 가능하다. 북동항로의 장애요인으로는 바닷물의 물보라와 강풍 등의 자연 지리적 조건, 구조

Environmental Protection Strategy)을 조성했다. 북극이사회는 6개의 전문가 워킹그룹을 가동하고 있다. 6개 그룹으로는 북극 오염방지행동프로그램(ACAO : Arctic Contaminants Action Program), 북극발전의 평가와 감독프로그램(AMAP : Arctic Monitoring and Assessment Program), 북극 동식물 보전프로그램(CAFF : Conservation of Arctic Flora and Fauna), 긴급사고 방지, 준비, 대응 그룹(EPPR : Emergency Prevention, Preparedness and Response), 북극 해양환경보호그룹(PAME : Protection of the Arctic Marine Environment), 지속가능한 발전워킹그룹(SDWG : Sustainable Development Working Group)을 구성했다. 1998년 1번 째 의장국은 캐나다였으며, 그 후 미국, 핀란드, 아이슬란드, 러시아, 노르웨이, 덴마크, 스웨덴, 캐나다 등이 의장국이었다. 현재 미국이 의장국의 지위를 갖고 있으며, 2017년 봄부터 차기 회장국은 핀란드이다. 북극이사회의 발전과정과 역할에 대해서는 다음의 글을 참조(Graczyk and Koivurova 2013, 1-12).

와 긴급 활동을 위한 시설물 부재, 신뢰할만한 기상예보의 부재 등이 있다. 겨울과 봄에는 북동항로의 동부구간은 매우 어려운 상황이다. 여름에도 수많은 빙하와 빙산이 유동적이기 때문에 아이스 클래스 기능을 가진 선박이나 쇄빙선의 호위가 필요하다. 북동항로를 항행하는 선박은 드래프트(흘수)와 선폭 제한에 걸려 있다(한종만, 2012, 216-217).

북동항로를 통과한 선박 수는 2009년 2척, 2010년 4척, 2011년 34척, 2012년 46척, 2013년 70척으로 지속적인 증가를 보이면서 북극 자원개발과 항로, 대규모 크루즈 관광에 대한 낙관론이 지배적이었다. 그러나 2014년에 이 항로의 통과 선박 수는 31척으로 감소했다. 그 이유는 2014년에 더 많은 빙하가 형성됐으며, 예상치보다 빙하의 해빙이 빠르게 녹지 않았다는 데 기인한다. 그 외에도 러시아정부는 경제제재 조처와 저유가가 원인으로 생각하고 있다. 그 반면에 2014년에 쇄빙선의 호위 없이 1대의 상업적 선박(캐나다 북극권의 광물을 중국 운송)이 북서항로를 운항했다.[6]

2012년 기준으로 북동항로의 통과 화물규모는 2011년 82만 789만 톤 대비 53%나 증가한 130만 톤으로 집계됐다. 화물 내역은 석유제품(디젤유, 가스콘덴서, 제트 기름, LNG, 기타 석유제품 등)이 주종을 이루고 있으며, 그 뒤를 이어 철광석과 석탄 순이다.[7] 2020년 경 북동항로의 화물 구조는 석유/가스 70%, 벌크화물 10%, 컨테이너화물 6%, 비철금속 6%, 철광석 4%, 목재 4%로 예상하고 있다(Rosenkranz, 2010, 25).

북극의 석유/가스전과 자원개발의 덕택으로 북동항로는 활성화되고 있다.

---

6) "Number of ships transiting Arctic waters falls in 2014."(Chron 2015년 11월 24일)

7) "46 vessels sailed Northern Sea route this year."(Alaska Dispatch 2012년 11월 24일)

그림 3 2008-2012년 북극해 선박 활동 추이

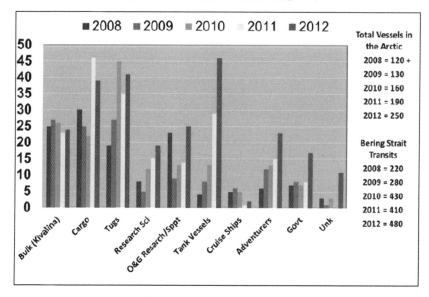

자료 : U.S. Committee on the Marine Transportation System(CMTS) 2013, 20.

향후 러시아 북극 대륙붕의 자원채굴, 바렌츠 해, 카라 해, 야말 반도 석유 / 가
스전 프로젝트가 가동된다면 북동항로의 화물은 급속도로 증가가 예상되지만
북미의 세일 가스 / 석유의 붐과 저유가 상황 그리고 우크라이나 사태 이후 서
방의 대러시아 경제제재 조처로 인해 북극의 석유/가스전 개발은 단기적 측면
에서 지연될 것으로 예상된다.

2040~2059년 경 북극항로 중 북동항로와 북서항로의 대부분 해로는 얼음이
없는 바다로 예상되며, 북극점 경유 항로와 북서항로의 일부 구간 만 쇄빙기
능을 지닌 북극클래스 6급으로 항해가 가능할 것으로 예측하고 있다.

북극항로는 항공, 철도, 도로, 하천교통과의 연계되는 '복합물류(complexed
logistics)' 체계로 발전될 것으로 예상된다. 스칸디나비아 북극권국가들은 북극
항구(무르만스크, 노르웨이 키르케네스항 등)로 이어지는 철도, 도로 건설을

확장/신축하고 있으며, 러시아연방도 TSR과 BAM철도 연계를 위해 북극항구로 이어지는 철도건설과 하천교통의 인프라를 구축하고 있다.

TSR과 BAM철도의 확장으로서 틴다(Tynda)(BAM철도의 수도)부터 야쿠츠크까지 805㎞의 새로운 노선은 2013년에 완공됐다. TSR과 BAM철도의 지선인 아무르-야쿠츠크 노선은 레나 강의 하천교통을 통해 북극양의 랍테프해 틱시(Tiksi)항과 연계되어 북동항로(유럽과 아태지역)의 복합운송물류 시스템과 연결된다는 것을 의미한다. 2014년에 수정된 '2025 극동 / 바이칼 연방복적프로그램'(한종만, 2014d, 411)에서 육해공의 교통 인프라 건설을 위해 연방 항공청에서 37개의 공항(주로 동지역의 북부지역, 예를 들면 사하共, 캄차트카, 추코트카, 마가단 등) 개보수 작업에 357억 루블, 연방 해운청은 17여개의 항만 개보수 작업에 260억 루블, 연방도로청은 227.6㎞의 주요도로 건설과 340.2㎞의 간선도로 건설에 266억 루블을 2015-2016년에 투입할 계획이다(Министерство Российской Федерации по развитию Дальнего Востока 2014). 육해공의 교통인프라 개보수 작업은 복합물류체계(complexed logistics system)를 통해 북극권 개발과 북동항로와 밀접하게 연계되어 있다.

러시아철도전략 2030에 따르면 러시아정부는 2030년까지 야쿠츠크부터 마가단까지 전략적 노선을 완공할 예정이다. 아무르-야쿠츠크 노선과 야쿠츠크-마간단 노선은 향후 우엘렌까지 이어지면서 베링해협 철도건설의 가능성을 높여주고 있다.

북극권의 살레하르트 – 이가르카의 새로운 철도노선의 길이는 1,297㎞로서 과거 죄수, 특히 정치범에 의해 부분적으로 건설됐다. 노비 우렌고이(Novy Urengoy)와 스타리 나딤(Stary Nadym) 노선은 운행 중에 있지만 오비 강의 철교를 포함한 대대적 보수가 필요한 실정이다. 이 노선의 서부구간 라비트난기(Labytnangi)를 연결하여 보르쿠타(Vorkuta)까지 연장한다는 것이다. 2000년 러시아 니켈 및 석유사의 지원으로 이가르카부터 노릴스크까지 200km에 이르는 철도건설도 계획되고 있다. 2010년 3월 19일에 살레하르트 – 나딤 노선의 착공식을 거행했으며, 2014년에 완공을 목표로 하고 있다. 이 노선은 수많은 오비 강과 나딤 강의 철교와 자동차 교량 건설을 병행할 계획이다.[8]

중국정부는 페름부터 아르한겔스크로 이어지는 러시아 북극권 철도 건설 프로젝트에 참여를 원하고 있다. 중국 인프라투자 특화 국영기업은 코미공화국과 벨코무르(Belkomur) 발전을 위한 철도건설 협력 MOU를 체결했다. 이 노선이 개통된다면 북부 시베리아와 우랄지역부터 아르한겔스크 항까지 선적 화물의 최단거리를 확보하는 것이다. 이 노선의 총길이는 1,252km로서 712km의 새로운 철도건설이 필요한 실정이다. 총 건설비용은 6,000억 루블(150억 유로)이 소요될 것으로 예상되며 비용의 80% 이상이 민간 베이스로 이루어질 계획이다(Staalesen 2012).

북극은 물류 잠재력 외에도 자원의 보고지역이다. 2008년 미국지질조사국(USGS: Unites States Geological Survey)에 따르면 북극권에 미발견된 세계 석유자원의 13%(900억 배럴)와 미발견된 가스자원의 30%(1,700조m³)의 천연가

그림 4 북극-5개국의 석유 / 가스자원 추정 매장량 분포도

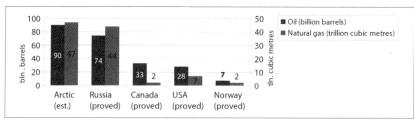

자료 : United States Geological Survey, July 2008.
재인용: "Oil and Gas Resources of the Arctic,"Russian Analytical Digest, No.96, 12 May, 2011. p. 7.

---

8) 러시아 북극권 철도 프로젝트에 대해서는 다음의 글을 참조(한종만 2013, 182-223).

스와 440억 배럴 상당의 액화가스)가 매장된 것으로 추산하고 있다. 석유 / 가스 매장지는 북극 대륙붕 지역에 매장된 것으로 추정하고 있다. 다른 보고서에 의하면 북극 5개국의 석유 / 가스 매장량은 더 많은 것으로 추정되고 있다.

표 2 북극-5개국의 석유 / 가스자원 추정 매장량 분포도

순위	국가	총 석유/가스자원 추청치[석유환산(10억 배럴)]	백분율(%)
1	러시아	215.94	52
2	미국(알라스카)	83.31	20
3	노르웨이	47.46	12
4	덴마크(그린란드)	44.49	11
5	캐나다	22.08	5
총계		413.28	100

자료 : Keil 2013, 7.

표 3 북극권 국가와 북극권 지역별 GDP 비교 (2003년 기준)

북극권 국가	북극권국가 GDP(PPP기준)		북극권 지역 GDP(PPP 기준)		
	1억 달러	1인당 GDP	100만 달러	1인당 GDP	1인당 GDP 평균
캐나다	9,500억 달러	3만 40달러	51억 9,400만	4만 6,567	155%
페로 제도	10억 6,900만 달러	2만 2,738달러	10억 6,900만	2만 2,738	100%
그린란드	11억 800만 달러	1만 9,552달러	11억 800만	1만 9,552	100%
핀란드	1,430억 달러	2만 7,460달러	137억 4,200만	2만 1,296	78%
아이슬란드	88억 3,500만 달러	3만 570달러	88억 3,500만	3만 570	100%
노르웨이	1,730억 달러	3만 7,910달러	98억 8,200만	2만 1,243	56%
러시아연방	1조 2,840억 달러	8,950달러	1,398억 1,500만	1만 9,571	219%
스웨덴	2,390억 달러	2만 6,710달러	134억 1,700만	2만 6,361	99%
미국	10조 9,780억 달러	3만 7,750달러	317억 400만	4만 8,905	130%
총계	13조 7,780,12억 달러	2만 8,409달러	2,247억 6,600만	2만 2,669	80%

자료 : Duhaime and Caron 2006, 18.

2003년에 북극권의 GDP 규모는 인구 7/10만 명의 스위스 규모(2,370억 달러)에 상당하는 2,250억 달러를 기록했다. 북극권의 인구수는 2002년에 990만 여명으로 추정하고 있다. 이 인구수는 세계 총인구의 0.16%이며, 북극권 국가 전체

인구의 약 2%를 점유하고 있다. 북극권 GDP 규모는 세계 총 GDP의 0.44%를 이루고 있다. 북극권 GDP는 재생산이 불가능한 자원 채취 산업에 집중되어 있다.

북극은 연료자원 외에도 풍부한 광물자원 등이 매장되어 있다. 러시아 노릴스크 지역에 세계최대의 니켈, 팔라듐, 구리 광산, 콜라 반도에서는 세계 최대의 인회석 광산, 캐나다 배핀 만 지역과 메리(Mary) 하천 지역에 철광산, 알래스카 베링 해 주변지역에 세계 최대의 아연 광산과 석탄광, 그린란드 지역에서 희토류, 스칸디나비아 북부지역에 철광/석탄이 매장되어 있다. 러시아 북극지역의 석탄자원은 최소 7,800억 톤 매장된 것으로 추정되고 있다. 러시아 북극권에서 인회석 90%, 니켈 85%, 텅스텐 50%, 희토류 95%, 백금속(세계 수요의 70% 충당) 98%, 주석 75%(세계 최대의 매장지), 수은 75%, 금과 은 90%, 다이아몬드 99%, 코발트 90% 등이 매장되어 있으며 채굴되고 있다(Writers 2012). 러시아 북극의 지하자원의 가치는 22조 4,000억 달러 이상이라고 추정되고 있다. 미국의 광물자원 가치는 8조 달러로 추정되고 있다. 러시아 북극권 지역에서 러시아인의 비율은 10% 미만이지만, 국가수입의 20%, GDP의 4분의 1을 기여하고 있다(Pilyavsky, 2011, 1).

광물자원 외에도 북극해의 어업은 글로벌 어획고의 약 5%를 점유하고 있다. 실제로 북극권 주민의 대부분은 어업과 수산가공에 종사하고 있다. 바렌츠 해와 베링 해는 한류성 수산자원의 보고지역으로, 러시아 수산물의 15%를 점유하고 있다. 바렌츠 해(노르웨이와 러시아)의 연간 어획량 규모는 400만 톤으로 그 가치는 500억 달러를 상회한다. 주요 어종은 대구, 대구류, 넙치, 별빙어, 대게, 청어 등이다.[9] 그린란드의 수산물은 총수출의 90%, 아이슬란드 33%, 노

---

9) "Development of the Arctic and the Future of Fisheries."(Radio of Russia 2013년 3월 22일)

르웨이 6%, 미국과 러시아는 각각 1%를 점유하고 있다. 2011년에 노르웨이는 대구 18억 달러, 연어 48억 달러를 수출했다(Emmerson, 2012, 27).

북극권은 풍부한 관광자원을 보유하고 있다. 북극권 크루즈 관광객 수는 100만 여명이며, 알래스카와 캐나다 북극권 관광객 수도 지속적으로 증가하고 있다(U.S. Coast Guard, 2013, 17). 여름철에 북극점까지 여행하는 러시아 쇄빙선 관광 상품이 운행되고 있다. 2011년 무르만스크 항에 11대의 국제 크루즈 선이 방문(5,000명)했는데 여객터미널(길이 250미터, 폭 19.6미터)이 구축되면 노르웨이 키르케네스 항과 무르만스크 항까지 정기 페리서비스뿐만 아니라 UK, 미국, 독일, 핀란드, 덴마크 크루즈 선이 연간 70-100대가 방문하며, 연간 5만 여명의 관광객(72시간 노비자) 유치가 가능할 것으로 예상하고 있다(Gorbunov 2012, 14-15). 여름철에 노르웨이 북극권 피오르드 해안 크루즈 관광선뿐만 아니라 스웨덴과 핀란드 북극권 관광업은 지속적으로 발전하고 있다.

관광투자 프로젝트에 33억 6,100만 유로를 투입할 계획이다. 그 투자 내역은 러시아 아르한겔스크 주 1,000만 유로, 무르만스크 주 1억 유로, 노르웨이 북극권 지역 2억 1,000만 유로, 스웨덴 노르보텐 8억 1,500만 유로, 스웨덴 베스테르보텐 3억 4,000만 유로, 핀란드 카이누 지역 7,100만 유로, 핀란드 오울루 지역 3억 6,400만 유로, 핀란드 라플란드 지역 14억 5,100만 달러 등이다.

북극권 지역은 풍력 잠재력도 높은 편이다. 2014-2025년 유럽 북극권 풍력 투자 프로젝트에 339억 2,400만 유로를 투입할 계획이다. 그 투자 내역은 무르만스크 주 3억 2,000만 유로, 스웨덴 노르보텐 70억 2,000만 유로, 스웨덴 베스테르보텐 37억 500만 유로, 핀란드 카이누 지역 5억 500만 유로, 핀란드 오울루 지역 52억 유로, 핀란드 라플라드 지역 1억 5,300만 유로 등이다.

북극권 지역은 수력 잠재력도 높은 편이다. 2014-2025년 유럽 북극권 수력 투자 프로젝트에 72억 6,000만 유로를 투입할 계획이다. 그 투자 내역은 아르한겔스크 주 2억 유로, 무르만스크 주 10억 1,000만 유로, 노르웨이 북부지역에 39억 2,000만 유로, 스웨덴 노르보텐 15억 유로, 스웨덴 베스테르보텐 1억 6,000만 유로, 핀란드 오울루 지역 3억 3,500만 유로, 핀란드 라플란드 지역 1억 3,500만 유로 등이다.

2014~2025년 유럽 북극권 국가들은 총 1,439억 8,700만 유로를 투자할 계획이다. 가장 큰 투자대상은 풍력 339억 2,400만 유로, 석유 / 가스부문 262억 2,600만 유로, 교통인프라 247억 7,400만 유로, 광산업 205억 4,200만 유로 순이다. 비전통적 가스/석유 혁명과 저유가 그리고 우크라이나 사태 이후 대러시아 경제제재 조처 등으로 석유 / 가스부문의 투자는 지연될 것으로 예측된다(Laaksonen, 2014, 35-36). 현 러시아경제 상황을 고려할 때 러시아의 북극권 투자도 상당한 제한적 범위 내에서 이루어질 것으로 예상된다.

표 4 2014-2025년 유럽 북극권 투자 잠재력(단위 100만 유로)

지역	아르한겔스크 주	무르만스크 주	노르웨이 북부	스웨덴 노르보텐	베스테르보텐	핀란드카이누	핀란드 오울루	핀란드 라플란드	총
산업	1405	310	2310	1200	75	0	968	775	7043
광산업	250	4090	672	5900	1840	320	490	6980	20542
석유/가스	0	800	25426	0	0	0	0	0	26226
수력	200	1010	3920	1500	160	0	335	135	7260
풍력	0	320	15921	7020	3705	505	5200	1253	33924
바이오 에너지	280	0	0	0	0	0	458	220	958
원전	0	6000	0	0	0	0	6000	0	12000
에너지 트랜스퍼네트워크	0	0	1260	200	300	0	120	270	2150
무역	0	0	0	120	0	0	1235	0	1355
관광	10	100	210	815	340	71	364	1451	3361
교통 인프라	7250	4900	3975	3675	480	45	1283	3166	24774
공공투자	40	1335	1780	0	0	0	1239	0	4394
총	9435	18865	55474	20430	6900	941	17692	14250	143987

자료 : Rautajoki 2010, 207.

3. 지문화적 북극공간의 역동성

2004년에 발표된 '북극인간개발보고서(ADHR : Arctic Human Development Report)'에 따르면 북극의 총인구는 400만 명으로 추정하고 있으며, 북극 원주민은 40여개의 상이한 민족그룹을 구성하고 있으며, 전체인구의 10%인 약 40만 여명으로 추산하고 있다. 이 보고서에 따르면 2004년 기준으로 북극권 인구수는 러시아 198만 2,450명, 알래스카 65만 8,818명, 노르웨이 37만 9,641명, 스웨덴 26만 3,735명, 핀란드 20만 677명, 캐나다 13만 275명, 덴마크 그린란드 5만 6,676명, 페로제도 4만 7,704명 순이다.

'북극 아틀라스 대학(University of the Arctic Atlas)'은 광의의 북극권 지역 (circumpolar north)의 인구수를 1,310만 명으로 추정하고 있다. 아이슬란드를 제외한 북극권 7개 국가들은 북극지역에서 원주민이 거주하고 있다(European Policies Research Centre, 2014, 1).

표 5 북극권 국가별 인구수 비교(2003년 기준)

북극권 국가	총인구 수(명)	북극권 지역(인구수)	비율(%)
캐나다	31,600,000	111,546	0.4%
페로 제도	47,000	47,000	100.0%
그린란드	56,000	56,000	100.0%
핀란드	5,200,000	645,272	12.4%
아이슬란드	289,000	289,000	100.0%
노르웨이	4,600,000	465,200	10.1%
러시아연방	143,400,000	7,144,000	5.0%
스웨덴	9,000,000	508,973	5.7%
미국	290,800,000	648,280	0.2%
총계	484,992,000	9,915,271	2.0%

자료 : Duhaime and Caron 2006, 18.

북극권 행정구역별 정의에 따르면 2003년 기준으로 북극권 인구수는 991만 5,271명으로 러시아연방 북극권 인구수가 714만 4,000명으로 대다수를 차지하고 있다. 그 다음으로 미국 알래스카 64만 8,280명, 핀란드 64만 5,272명, 스웨덴 50만 8,973명, 노르웨이 46만 5,200명, 아이슬란드 28만 9,000명, 캐나다 11만 1,546명, 덴마크의 그린란드 5만 6,000명, 페로제도 4만 7,000명 순이다.

표 6 북극권 지역의 주요 사회경제 지표(2006년 기준)

북극권(행정구역)	총인구	원주민 비율	여성 인구 비율	0-14세 인구 비율	평균 수명 (세)	유아 사망 률*	대학 졸업 률	가처분 소득 (**)	종속 률	복합 지수 (***)
알래스카	670053	13.1%	48.5	21.5%	76.7	6.7	24.7	32811	0.6	9
캐나다 래브라도(Labrador)	26464	37.8%	49.3	20.6%	76.1	4.4	9.4	19044	1.3	6
캐나다 북서지역	41465	49.8%	48.8	23.9%	79.1	4.2	19.4	30339	0.7	8
캐나다 누나빅(Nunavik)	10815	89.2%	49.1	36.3%	63.5	17.3	9.6	19532	1.9	4
캐나다 누나부트(Nunavut)	29475	84.5%	48.7	33.9	70.4	10.0	11.9	24495	1.6	5
캐나다 유콘(Yukon)	30375	25.0%	49.7	18.8%	76.4	11.0	23.4	29761	1.0	8
덴마크 페로(Faroe) 제도	48183	0.0%	48.1	22.8%	78.9	4.4	23.0	15275	0.7	7
그린란드	56901	88.6%	47.0	24.8%	68.3	15.4	n.a.	15237	0.9	5
라플란드(Lapland)	184935	0.8%	49.9	16.3%	78.6	5.9	20.7	14000	1.5	7
핀란드 오울루(Oulu)	465018	–	49.7	19.8%	79.0	4.2	22.7	13847	1.4	7
노르웨이 핀마르크(Finnmark)	72937	9.2%	49.2	20.5%	77.6	4.3	21.4	18687	1.1	7
노르웨이 노를란(Nordland)	236257	–	50.0	19.3%	79.4	3.3	19.8	18700	1.2	7
노르웨이 트롬스(Troms)	153585	–	49.6	19.7%	79.0	3.7	25.1	18850	1.0	8
아이슬란드	299891	0.0%	49.6	21.8%	81.2	1.4	23.5	17957	0.8	8
스웨덴 노르보텐(Norrbotten)	251886	3.6%	49.3	15.6%	79.5	5.1	13.6	14721	1.3	6
스웨덴 베스테르보텐 (Vasterbotten)	257581	–	50.0	16.1%	80.4	3.1	19.4	14139	1.2	7
아르한겔스크 주	1280200	0.5%	53.3	16.3%	64.8	10.2	12.1	7465	1.1	3
추코트카 자치구	50500	20.9%	47.9	21.7%	58.9	23.2	14.6	19267	0.3	5
에벤크 자치구	17000	19.3%	50.0	24.2%	59.1	21.3	11.5	9765	0.5	4
카렐리야 공화국	693100	0.0%	54.2	15.5%	63.8	7.6	13.7	6734	1.0	3
한티-만시 자치구	1488300	1.4%	50.8	19.9%	68.8	7.5	15.9	16851	0.7	6

북극권(행정구역)	총인구	원주민 비율	여성 인구 비율	0-14세 인구 비율	평균 수명 (세)	유아 사망률*	대학 졸업률	가처분 소득 (**)	종속률	복합 지수 (***)
코미 공화국	974600	1.0%	52.5	17.5%	64.2	7.0	12.2	10710	1.1	4
코랴크 자치구	22600	34.2%	50.0	22.0%	56.0	33.0	9.9	12389	0.6	3
마가단 주	168500	8.7%	51.6	17.0%	63.4	14.2	15.4	10682	0.8	4
무르만스크 주	857000	0.2%	51.6	15.7%	65.2	10.3	15.5	9853	0.9	5
네네츠 자치구	42000	14.3%	51.2	22.3%	62.2	15.2	9.9	–	0.5	4
사하 공화국	950000	2.4%	51.5	23.6%	65.6	10.6	14.6	10733	1.0	5
타이미르 자치구	38400	19.0%	51.8	22.9%	63.8	7.4	13.3	11641	0.7	5
야말로-네네츠 자치구	532600	5.9%	50.7	21.3%	68.9	13.0	16.8	20447	0.5	6

주 : * 유아 1,000명 당; ** 미국 달러(PPP 기준);
*** 복합지수는 6개 지표(여성인구비율, 유아사망률, 대학졸업률, 가처분소득, 종속률)에서 추출한 것임
자료 : Duhaime and Caron 2008, 11.

2006년 기준으로 러시아 북극권 행정구역에 712만 2,700명이 거주하고 있
다. 러시아 연방주체 중 한티-만시 자치구 148만 8,300명, 아르한겔스크 주 128

그림 5 '북극인간개발보고서(ADHR : Arctic Human Development Report)'의
북극권 주민 분포도

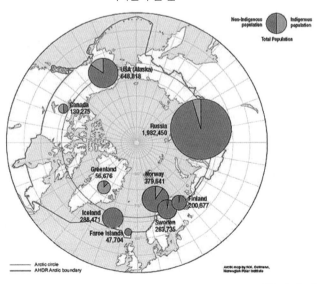

자료 : Stefánsdóttir 2014, 5.

만 200명, 코미 공화국 97만 4,600명, 사하(야쿠티야)공화국 95만 명, 무르만스크 주 85만 7,000명, 카렐리야 공화국 69만 3,100명, 야말로-네네츠 자치구 53만 2,600명, 마간단 주 16만 8,500명, 추코트카(축치)자치구 5만 500명, 네네츠 자치구 4만 2,000명, 타이미르(돌간-네네츠)자치구 3만 8,400명 코랴크 자치구 2만 2,600명, 에벤크 자치구 1만 7,000명 순으로 거주하고 있다.

2006년 기준으로 미국 알래스카 주에 67만 53명이 거주하고 있다. 캐나다 북극권에 13만 8,594명이 거주하고 있다. 그 중 래브라도 2만 6,464명, 북서지역 4만 1,465명, 누나빅 1만 815명, 누나부트 2만 9,475명, 유콘 3만 375명이 거주하고 있다.

덴마크 그린란드와 페로제도에 각각 5만 6,901명과 4만 8,183명이 거주하고 있다. 노르웨이 북극권에 46만 2,7779명이 거주하고 있다. 그 중 핀마르크 7만 2,937명, 노를란 23만 6,257명, 트롬스 15만 3,585명이 거주하고 있다. 아이슬란드의 인구수는 29만 9,891명으로 집계됐다.

그림 6 2012~2030년 북극권 지역의 인구 증감 추이

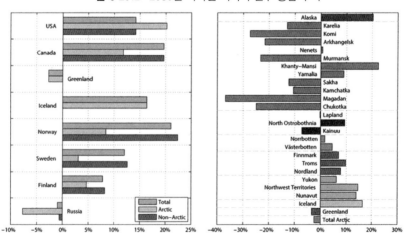

자료 : Andrew 2014, 16.

그림 7 1990~2040년 북극권 주요지역의 인구 추이 변화

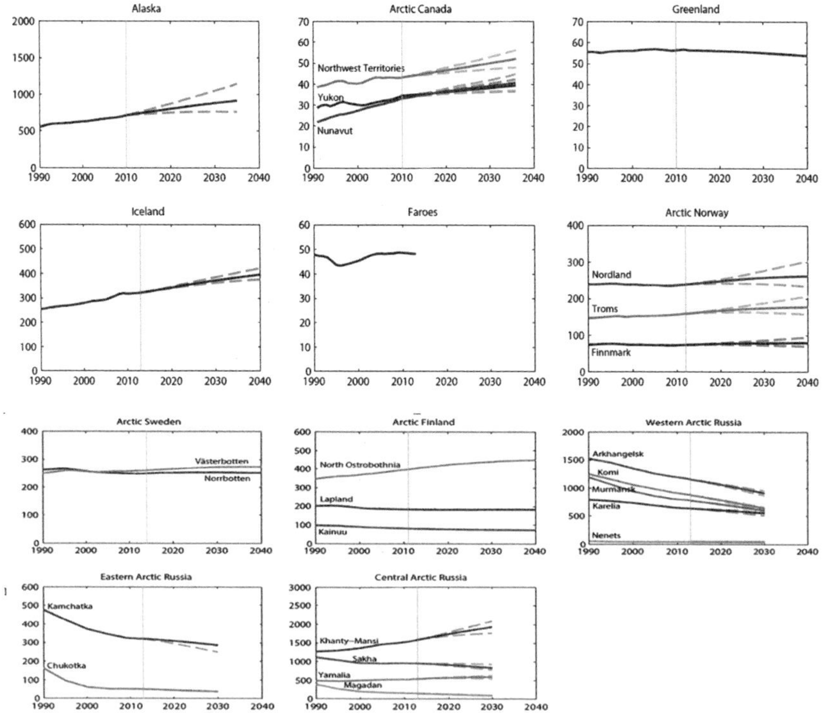

자료 : Andrew, 2014, 16.

핀란드 북극권 인구수는 64만 9,953명으로 그 중 라플란드 18만 4,935명, 오울루 46만 5,018명이다. 스웨덴 북극권의 인구수는 50만 9,467명으로 그중 노르보텐 25만 1,886명, 베스테르보텐 26만 7,581명이다.

2030년까지 핀란드 통계청은 8% 인구 증가를 예측했다. 핀란드 북극권의 인구수는 동기간 5% 증가할 것으로 예측했다. 핀란드 북부지역에 소재하 오스트로보시니아(Ostrobothnia)지역(핀란드에서 가장 높은 출산율 기록)의 인구수는 9% 증가할 것으로 예측했다. 이 지역은 카이누와 라플란드 지역보다 사망률이 적은 편이다. 라플란드 지역의 인구수는 현상유지, 카이누 지역 인구

수는 7% 감소할 것으로 예측했다. 2010~2013년 핀란드 북극권 3개 지역은 순유출인구 구조를 보이고 있다.

2030년까지 러시아 북극권과 그린란드를 제외한 기타 북극권 국가들의 인구수는 증가할 것으로 예측하고 있다. 2012-2030년 캐나다의 북극권 인구수는 12% 증가할 것으로 예측하고 있다. 캐나다 유콘 6%, 북서지역 15%, 누나부트 14% 증가할 것으로 추정하고 있다. 캐나다 북극권 3개 지역의 출산율은 캐나다 평균보다 높으며 1.6배이며, 누나부트의 여성은 3명의 자녀를 출산하고 있다.

2030년까지 알래스카의 인구수는 20%(최대 47%, 최소 7%) 증가할 것으로 예측하고 있다. 동기간 미국의 인구는 14% 증가할 것으로 추정하고 있다.

스웨덴 통계청은 2030년까지 인구수는 12% 증가할 것으로 예측했다. 그러나 스웨덴 북극권 인구는 저성장할 것으로 추정했다. 노르보텐 지역의 인구는 유입인구 덕택으로 동기간 1.7% 증가할 것으로 예측했다. 베스테르보텐 지역의 인구는 4.5% 증가할 것으로 전망했다.

노르웨이 통계청은 2030년까지 인구수는 21% 증가할 것으로 예측했다. 노르웨이 북극권 인구수는 동기간 8% 증가할 것으로 전망했으며, 노를란 10%, 핀마르크 7%, 트롬스 7%의 인구증가를 예측했다. 트롬소 지역의 인구수는 지난 30년 동안 지속적으로 증가한 반면에 노를란과 핀마르크 지역은 인구감소 현상을 보였지만 최근 인구 유입으로 인구수가 증가되고 있다.

페로제도 통계청은 2013년 1월 1일 기준 인구수는 4만 8,197명으로 집계했다. 페로제도의 인구수는 지난 10년 동안 저성장 국면을 보이고 있으며, 2025년까지 현상유지, 2030년에는 2010년 대비 2% 감소한 4만 7,500명, 2050년에 4만 6,000명으로 약간 감소할 것으로 전망했다. 그린란드 통계청은 2030년까지 인구수는 인구유입 덕택으로 약 3% 증가할 것으로 예측했다.

아이슬란드 통계청은 인구수는 2030년까지 16% 증가할 것으로 예측했다.

아이슬란드 출산율은 OECD 평균 1.7보다 높은 2.0으로 아이슬란드 인은 약간 줄어들고 있지만 외국인의 유입이 증가하고 있다.

러시아통계청은 2030년에 총인구는 2012년 대비 1% 감소할 것으로 예측했다. 러시아 북극권 바렌츠 지역(카렐리야 공화국, 코미 공화국, 아르한겔스크 주, 무르만스크 주, 네네츠 자치구) 인구는 현재 350만 명에서 2030년에 280만 명으로 감소될 것으로 예상했다. 러시아 극동지역[캄차트카 변강주(코랴크 자치구 편입), 추코트카 자치귀의 인구수는 2030년까지 12% 감소할 것으로 전망했다. 석유/가스 생산지역인 한티-만시와 야말 반도의 인구수는 동기간 22% 증가할 것으로 예상했다.

표 7 러시아 북극권 주요 도시에서 청년 인구 유출(북극 디아스포라) 현황

유입 도시	북극권 유출 도시									
	노야브르스크		무라블렌코		굽킨스키		노릴스크		마가단	
	%*	전체	%*	전체	%*	전체	%*	전체	%*	전체
상트 페테르부르크	10.1	373	8.5	190	7.4	98	21.6	1155	19.8	846
모스크바	9.7	359	6.1	135	13.1	175	13.7	735	18.5	791

주 : * 전체 청년 유출 인구수 대비 백분율
자료 : Zamyatina 2013, 16.

표 8 러시아 북극권 주요 도시에서 청년 인구 유출(북극 디아스포라)의 목적지
(시베리아, 우랄) 현황

유입 도시	북극권 유출 도시				
	노야브르스크	무라블렌코	굽킨스키	노릴스크	마가단
지역 센터 1	튜멘 18.4	튜멘 13.0	튜멘 16.9	크라스노야르스크 10.3	노보시비르스크 3.8
지역 센터 2	예카테린부르크 7.0	예카테린부르크 6.4	예카테린부르크 5.7	노보시비르스크 3.5	하바로프스크 3.6
지역 센터 3	노보시비르스크 4.8	우파 5.6	우파 4.1	예카테린부르크 1.3	블라니보스토크 2.0

주 : * 전체 청년 유출 인구수 대비 백분율
자료 : Zamyatina 2013, 7.

러시아의 북극권도시는 소련 시대 때 자원채굴과 전략적 이유 등으로 개발 등 인구유입 덕분으로 인구는 증가했지만 소련 붕괴 이후 물가 상승, 시장개혁, 거주비용의 증가하면서 인구유출(북 → 남 이주)이 늘어나면서 인구감소가 현저하게 나타났다. 특히 북극권 도시의 청년층이 러시연방의 남부지역 혹은 모스크바나 혹은 상트 페테르부르크 지역으로 이동(동 → 서 이주)이 가시화되고 있다.[10] 러시아 북극권 석유/가스전과 광산지역에 외부인의 유입이 현저하게 나타나고 있다. 야말 반도지역에 중앙아시아국가 주민과 아제르바이잔 인과 중국인의 노동자 유입이 증가하고 있다. 특히 이슬람 노동자의 북극 유입으로, 예를 들면 노릴스크 '누르드 카말 모스크(Nurd Kamal Mosque)'는 세계에서 가장 북쪽에 위치한 모슬렘 사원이다(Laruelle, 2011, 8-10).

북극에 거주하는 '제4세계 민족'으로 원주민의 수는 약 50만 명으로 그린란드 80%, 캐나다 50%, 알래스카 25%, 북극 노르웨이 15%, 러시아 북극권에 3-4%를 구성하고 있다.[11] 그린란드와 캐나다 북극권 지역은 원주민 비율이 높은 반면에 기타 북극 주민의 대부분은 비원주민이 다수를 이루고 있다. 아이슬란드와 덴마크 페로제도에는 원주민이 없으며, 스칸디나비아 북극권에서도 원주민의 비율은 상대적으로 미미하다. 북극권 원주민의 인구수는 연간 1.5% 증가하는 것으로 추정하고 있다(Bogoyavlenskiy, and Siggner 2004, 14).

스칸디나비아 북극권에 사미 족이 거주하고 있으며, 그린란드와 북부 캐나다와 알래스카지역에서 이누이트 족이 거주하고 있다. 러시아 북극권에 네네

---

10) 러시아 극동 사하(야쿠티야)의 청년층의 이주현상에 대해서는 다음의 글을 참조. Осипова и Маклашова 2014, 6-63.

11) Bruce 2012, 10. '제4세계 민족'은 제1세계 서방선진국, 제2세계 공산권, 제3세계 비동맹국가에 대응하는 개념이다.

츠 족, 축치 족 등 수많은 소수민족이 거주하고 있다. 북극권 소수민족은 다양한 문화와 자체 언어를 사용하고 있으며, 오랫동안 전수했던 전통적 생활방식을 통해 넓은 북극공간에서 수렵과 어업에 종사하고 있다.

1989년 인구센서스 기준으로 러시아의 북방소수민족의 인구수는 19만 9,000명으로 집계됐다. 그 중 네네츠 족 3만 4,000명, 에벤크 족 3만 명, 한티 족 2만 2,000명, 쇼트지안 족 1만 6,000명, 축치 족 1만 5,000명, 나나이 족 1만 2,000명, 코랴크 족 8,900명, 만시 족 8,300명, 돌간 족 6,600명, 니브흐 족 4,600명, 셀쿠프 족 3,200명, 울치 족 3,200명, 이텔멘 족 2,400명, 우데게 족 1,900명, 사미 족 1,800명, 에스키모 족 1,7000명, 텔레우트 족 1,700명, 추반 족 1,400명, 응가산 족 1,300명, 유카기르 족 1,100명, 케트 족 1,100명, 오로치 족 900명, 토파라르 족 700명, 알레우트 족 600명, 네기달츠 족 600명, 엔츠 족 200명, 오로크 족 200명이다. 러시아연방에서 공화국형태를 지닌 북방민족으로 사하(야쿠트)인의 수는 38만 명, 코미 인 33만 6,00명으로 집계됐다(Госкомстат России 1988, 28-29).

알래스카 지역에 알류산도 열도에 알류트 족, 알래스카 북부지역에 북부 알래스카 이누이트 족, 태평양 유피크 족, 중앙 알래스카 유피크 족, 세인트루이스 제도에 섬 유피크 족이 거주하고 있다. 이 원주민의 비율이 13.1%를 점유하고 있다.

캐나다 북극권 지역에 맥킨지 이누이트 족, 쿠퍼 이누이트 족, 카리보 이누이트 족, 이굴리크 이누이트 족, 네츠실리크 이누이트 족, 버핀랜드 이누이트 족, 래브라도 이누이트 족이 거주하고 있다. 캐나다 북극권 북서지역에 거주하는 이누이트 족의 비율은 49.8%, 누나빅 지역에서 89.2%, 누나부트 지역에서 84.5%이다.

그린란드 북서지역에서 북극 이누이트 족, 동북 그린란드 이누이트 족, 서부 그린란드 이누이트 족, 동부 그린란드 이누이트 족이 거주하고 있다. 그린란드에서 이누이트 족의 비율은 88.6%이다.

북극 소수민족의 언어는 다음과 같은 5개의 어족으로 구분된다: 나데네 어족, 인도유럽 어족, 에스키모-알류트 어족, 우랄-유카기르 어족, 알타이 어족. 축치 - 캄차트카 어족. 나데네 어족은 4개의 어군으로 구분된다 : 아타파스카 어군, 이야크 어군, 틸기트 어군, 하이다 어군. 인도유럽 어족은 게르만 어군이며, 에스키모 - 알류트 어족은 에스키모 어군의 이누이트 그룹, 유피크 그룹, 알류트 그룹으로 구분된다. 우랄 - 유카기르 어족은 핀란드 - 헝가리 어군, 사미 어군, 유카기르 어군으로 구분된다. 알타이 어족은 터키 어군, 몽골 어군, 퉁구스-만주 어군으로 구분된다. 축치-캄차트카 어족은 케트 어군, 니브흐 어군, 침시안 어군으로 구분된다.

지구온난화와 빙하가 녹으면서 북극 원주민의 생활공간의 위기를 가속화 시

그림 8 북극 원주민과 언어 전도

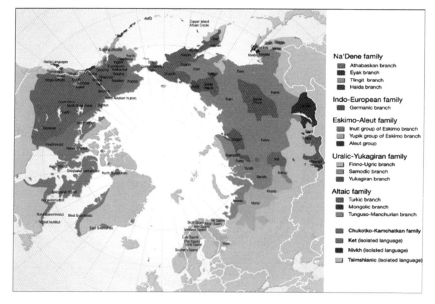

자료 : Muir 2014, 19.

키는 것은 물론 다양한 문화와 언어의 존속을 위협받고 있다. 실제로 북극 원주민의 소멸 가능성, 특히 식량, 교육, 의료부문에서 열악한 환경에 처해 있다. 북극 원주민은 문화와 언어보존 문제뿐만 아니라 자치권과 독립을 원하고 있다.

북극 원주민은 1996년 북극이사회의 창설 초기부터 영구회원(6개 원주민 그룹)으로 가입했다. 6개 원주민 그룹으로는 '북극아타파스카위원회(AAC : Arctic Athabaskan Council)', '알류트국제협회(AIA : Aleut International Association)', '그히힌국제위원회(GCI : Gwich'in Council International)', '이누이트북극권위원회(ICC : Inuit Circumpolar Council)', '러시아북극소수민족협회(RAIPON : Russian Association of Indigenous Peoples of the North)', '사미위원회(SC : Saami Council)'이다. 북극원주민 그룹들은 북극이사회나 중앙 및 지방 정부와의 협상을 통해 그들의 권익보호와 다양한 문화와 언어 보존을 위해 노력하고 있지만 개별 북극권 국가의 정치, 경제적 상황에 따라 상이한 실적을 올리고 있을 뿐이다.

III. 결론

북극권 공간의 정의는 연구자에 따라 다양히게 사용되고 있다. 이 글에서는 자연구분과 정치 / 행정 구분으로 북극공간을 정의했다. 북극권의 공간적 의미는 크게 세 가지로 분류했다. 첫째, 거버넌스와 레짐을 비롯한 안보 및 해양경계의 차원으로서의 지정학적 의미, 둘째, 자원, 에너지, 물류와 개발과 관련된 지경학적 의미, 마지막으로 소수민족, 생태와 환경 등 인류의 미래에 관련된 공간으로서의 지문화적 의미이다. 상기 세 가지 공간적 의미는 상호 밀접하게 연계되어 있기 때문에 북극권에 대한 종합적인 이해는 독립적이고 개별적인 해석이 아니라, 학제간 공동의 복합적 지역 연구로 실현될 수 있다고 생각된다.

우선적으로 북극권의 관심을 고조시키는 변수(기후변화 / 지구온난화, 자원개발, 항로, 해양경계획정, 환경 및 생물종 다양성 보존 및 지속가능한 개발)와 이로 인해 발생하고 있는 북극의 거버넌스와 북극 레짐 및 이와 관련된 북극이사회의 활동을 파악하고 이에 대한 북극관련국의 북극 정책과 전략을 지정학적(북극개발 정책, 지정학적 현안, 국제협력 레짐 등), 지경학적(자원, 항로 및 복합 로지스틱 등), 지문화적(기후와 생태공간의 변화 등) 접근을 통해 북극권을 종합적으로 분석하여 이를 통대로 북극이사회 옵서버 자격을 확보한 한국의 역할과 국제사회의 기여 및 기회와 가능성을 추출하고자 한다. 그뿐 아니라 한국사회의 미래 성장공간으로 북극권을 바라볼 필요성이 증대되고 있다(한종만, 2014b, 6-14).

북극지역의 경우 기후변화, 거버넌스, 자원개발, 물류(북동 / 북서 항로, 베링해협터널 등), 환경 / 생태 등에 있어 국제적 합의가 완전히 도출되지 않은 곳이기는 하지만 국제적 관심은 고조되고 있기 때문에 미래를 준비하기 위한 한국사회 역시 공동개발 및 연구의 가능성 확대를 위해 이 공간에 대한 중장기적 분석과 접근이 필요할 것이다.

최근 북극에 대한 국내외적 관심을 반영하여 국내에서도 북극권에 대한 연구들이 다양하게 이루어지고 있으나, 국내의 북극 또는 북극권에 대한 연구는 아직 초기단계로 주제별로 단편적 형태의 성격을 보이고 있으며, 기후변화, 생태 및 자원과 물류부문의 북극항로에 대한 연구가 주를 이루고 있다. 단편적 성격의 연구는 구체적 사안에 대한 접근을 용이하게 해 주고 종합적인 이해의 토대가 될 수 있는 장점이 있으나, 이전까지의 이러한 단편적 연구경향을 너머 종합적 분석의 근간을 형성할 필요성이 있다.

북극권의 개발은 생태계 변화, 항행이용과 심해시추, 빙하 관리, 안전사고 등으로 야기되는 높은 수준의 불확실성과 비예측성에 직면하고 있는 공간이다. 따라서 북극권의 개발과정은 천문학적 고비용과 기후변화, 심해저면 탐사와 시추(우주탐사처럼 고비용 소요), 생태계 등의 리스크 관리 하에서 안전한 기술을 위한 공동연구와 협력 필요하다. 북극권은 과학분야의 공동연구, NGO협력, 글로벌 이슈(기후협약 등)의 해결 모색 공간의 역할을 수행할 수 있는 공간이다.

다보스포럼 '북극 글로벌 어젠다 이사회'는 최근 북극 항로와 자원개발 등의 장밋빛 청사진을 가지고 있지만 단기 내에 달성되지는 못할 것으로 전망하고 있다. 이 이사회는 북극의 민감한 생태계 보전과 지속적인 성장을 위해서는 심화된 연구 / 과학기술의 발전과 대대적인 국내외 투자가를 전제하고 있어 북극권국가뿐만 아니라 비 북극권국가의 관민산학연의 협력이 필요하다고 강조하고 있다(Global Agenda Councils, 2014, 17-18).

마지막으로, 북극이 우리에게 주는 의미는 2013년 5월 15일 북극이사회는 한국을 영구옵서버로 승인했으며, 이로 인한 한국의 가능성은 북극해 해빙의 가속화로 인한 물류부분의 가능성. 둘째, 북극권의 육지 및 해상의 자원개발 및 인프라 구축의 협력가능성. 셋째, 조선강국으로서 특히 해양플랜트, 쇄빙선 관련 기술은 북극의 새로운 가능성 제공. 끝으로, 과학연구 분야에서 노르웨이의 슈피츠베르겐 섬에 위치한 북극 다산기지를 통한 과학기술분야의 새로운 가능성과 잠재력 실현 등이다. 한국은 대북극권 국가들과의 외교를 강화하고 경협과 비경제부문의 협력 활성화를 포함한 자원 / 물류 / 문화 / 지식산업 발전에 대한 청사진을 북극권과 연계하는 작업 준비와 진행의 필요성이 대두되고 있다.

북극이사회의 상임옵서버가 된 한중일은 북극항로의 허브 경쟁, 북극권 자원 / 물류 진출에서 경쟁적 관계이다. 한국은 북극 비연안국으로서 바렌츠유럽이사회처럼 가칭 '한중일' 혹은 '동아시아북극이사회'(새로 가입한 인도와 싱가포르 포함)를 주도적으로 창설하여 대북극권 협력을 주도하는 것도 바람직하다.

정부 부서별로 중복된 대북극권 업무를 외교부나 또는 해양수산부 혹은 대통령 또는 국무총리 산하에 단일화 창구의 조성도 필요하다. 북극전문 인력의 양성을 위해 해양수산개발연구원과 극지연구소 등의 국책연구소와 대학 및 민간 연구소를 육성해야 한다. 이를 위해 공학 및 자연과학, 지구과학 등의 이공계 전문가의 육성은 물론 인문사회과학(국제법, 지리, 심리, 정치, 경제, 경영, 보험, 금융, 물류, 교통, 지역학 등)의 연계작업, 즉 통섭적, 학제간, 융합적 연구가 이루어져야 한다.

참고문헌

유준구(2010), 북극해 거버넌스 현안과 과제, 주요국제문제분석(국립외교원 외교안보연구소), 10월 12일, 1-18.

한종만(2011), 러시아 북극권의 잠재력 : 가능성과 문제점, 한국과 국제정치, 27(2), 183-216.

한종만(2012), "러시아의 북극해 관련 계획분석 및 추진상황. 한국해양수산개발원 편. 북극해 시대에 대비한 국가전략 수립연구 – 전문자료집(pp.207-240), 서울 : 해양수산개발원.

한종만(2013), 철도의 르네상스와 러시아 TSR의 확산 : 베링해협 프로젝트를 중심으로, 배재대학교 한국 - 시베리아센터 편, TKR(한반도 종단철도)건설 : 북한을 열고 세계를 묶다(pp.182~223). 서울 : 명지출판사.

한종만(2014a), 러시아의 북극전략과 거버넌스. 배재대학교 한국 - 시베리아센터 편. 북극, 한국의 성장공간(pp.24-68), 서울 : 명지출판사.

한종만(2014b), 미래 한국사회 성장동력의 잠재력 공간 : 러시아 시베리아와 북극권. 배재대학교 한국-시베리아센터 편. 북극, 한국의 성장공간(pp.6~14). 서울 : 명지출판사

한종만(2014c), 러시아 북극권 지역에서의 자원 / 물류 전쟁 : 현황과 이슈, 한국시베리아연구, 18(1), 1-32.

한종만 (2014d). 러시아 극동 / 바이칼지역 사회경제 발전 프로그램과 한 / 러 경제협력의 시사점. 러시아연구(서울대 러시아연구소), 24(2), 407-444.

"46 vessels sailed Northern Sea route this year."(2012) (Alaska Dispatch 2012/11/24)

Andrew, Robbie (2014), "Socio-Economic Drivers of Change in the Arctic." AMAP Technical Report. No.9, 1-33.

Bogoyavlenskiy, D. and A. Siggner (2004), "Arctic Demography," in : Emmerson, N., Larsen, J. N., Young, O. R.(Eds.), Arctic Human Development Report, Steffanson Arctic Institute, Akureyri, Iceland.

Brigham, Lawson W.(2014). "Globalization & Economic Interests in the New Maritime Arctic." Workshop on Safe Ship Operation in the Arctic Ocean. IMO, London 28 Feb.

Bruce, Heid(2012), "Arctic Fourth World Nations in a Geopolitical Dance."Fourth World Journal. Summer, pp.5~22.

Chernitsa, Polina(2012), "Russia's strategic tasks in Arctic, global ocean."(The Moscow Times 2012/10/12)

"Commission on the Limits of the Continental Shelf Members of the Commission", http://www.un.org/Depts/los/clcs_new/commission_members.htm(accessed on November 11, 2015).

"Development of the Arctic and the Future of Fisheries."(Radio of Russia 2013/03/22)

Duhaime, Gérard and Andrée Caron(2006), "The Economy of the Circumpolar Arctic," S. Glomsrød and I. Aslaksen(Eds.), The Economy of the North, Oslo, pp.17~23.

Duhaime, Gérard and Andrée Caron(2009), "Economic and Social Conditions of Arctic Regions," S. Glomsrød and I. Aslaksen(Eds.), The Economy of the North 2008, Oslo, pp.11~23.

Emmerson, Charles(2012), Arctic Opening : Opportunity and Risk in the High North. Lloyd's : Chatham House.

European Policies Research Centre(2014), "Discussions Paper - Community Based Cooperation in the Arctic."(2014) Arctic Connections Conference, 10-11 June. http://www.arcticconnections.eu/files/2014/04/COMMUNITY-BASED-COOPERATION-IN-THE-ARCTIC.pdf(accessed on January 9, 2015)

Global Agenda Councils(2014), Demystifying the Arctic, Authored by the Members of the World Economic Forum Global Agenda Council on the Arctic. Davos-Kloster, Switzerland 22-25 January, pp.1~18.

Gorbachev, Michael S.(1987), The Speech in Murmansk at the ceremonial meeting on the occasion of the presentation of the Order of Lenin and the Gold Star Medal to the city of Murmansk, Oct. 1, 1987, Moscow : Novosti Press Agency, pp.23~31.

Gorbunov, Victor B.(2012), Murmansk Region : Potential of Development and Collaboration Murmansk.

Graczyk, Piotr and Timo Koivurova(2013), "A New Era in the Arctic Council's External Relations? Broader Consequences of the Nuuk Observer Rules for Arctic Governance," Polar Record(Cambridge University Press), pp.1~12.

Heininen, Lassi(2004), "Circumpolar International Relations and Geopolitics." AHDR(Arctic Human Development Report) 2004, Akureyri : Stefansson Arctic Institute, Reykjavik, Iceland, pp.207~225.

Heininen, Lassi(2008), "Geopolitics of a Changing North." Position Paper for the 5th NRF Open Assembly, September 24-27, pp.1~9.

Ingimundarson, Valur(2011), "Die Kartierung der Bodenschätze, Großmachtpolitik und multilaterale Governance." Aus Politik und Zeitgeschichte, No.5-6, 31. Jan., pp.14~23.

Jordan, Roger(2015), "Tensions rise over Arctic after Denmark lodges territorial claim," World Socialist Web Site.(2015)(7 January), http://www.wsws.org/en/articles/2015/01/07/arct-j07.html(accessed on January 15, 2015).

Keil, Kathrin(2010), "The EU in the Arctic 'Game' - The Concert of Arctic Actors and the EU's Newcomer Role," Berlin Graduate School for Transnational Studies, Aug. 31.

Keil, Katherin(2013), "The Arctic : A New Region of Conflict? The Case of Oil and Gas," Cooperation and Conflict, Vol.113, pp.1~29.

Laaksonen, Eini(2014), "Concluding remarks on the Special Issue on the future of the Arctic – from researcher's perspective," Baltic Rim Economies, No.5, pp.35-36

Laruelle, Marlene(2011), "The Demographic Challenges of Russia's Arctic," Russian Analytical Digest. No.96, 12 May, pp.8~10.

Luszczuk, Michal(2012), "The Arctic in Transition, Regional Issues and Geopolitics on Thin Ice," Teka Kom. Polito. Stos. Miedzynar. - OL PAN, Vol.7, pp.101~116.

Mikkola, Harri and Juha Käpylä(2013), "Arctic Economic Potential: The need for a comprehensive and Risk-aware understanding of Arctic dynamics," FIIA Briefing Paper, No.127, April, pp.1~10.

Muir, Magdalena A. K.(2014), Future of the Changing Arctic : Economic, Environmental and Legal

Implications, Enter for Climate Change Law, Columbia Climate Center, and Environmental Law Society, February 17.

Nilsen, Thomas(2009), "Limits of Norway's Arctic Seabed Agreed," Barents Observer, April 16.

"Number of ships transiting Arctic waters falls in 2014," Chron January 5, 2015.

Pay, Brian Van(2009), "National Maritime Claims in the Arctic," Change in the Arctic Environment and the Law of the Sea, The 33rd COLP Conference Seward, Alaska(May 21).

Pilyavsky, Valery P.(2011), "The Arctic : Russian Geopolitical and Economic Interests," FES(Friedrich Ebert Stiftung) Briefing Paper, March 2011.

Prime Minister's Office(2013), Finland, Finland's Strategy for the Arctic region 2013, Government resolution on 23 August 2013, Helsinki.

Rautajoki, Timo(2014), Arctic Business Forum Yearbook 2014, Lapland Chamber of Commerce, March.

Rosenkranz, Rolf(2010), "The northern drift of the global economy : the Arctic as an economic area and major traffic route," World Customs Journal. No.1, pp.23~28.

Staalesen, Atle(2012), "China jumps aboard a Russian Arctic-bound train."(Barents Observer 2012/11/27)

Stefánsdóttir, Monika Margrét(2014), Large scale projects in the Arctic : Socio-Economic Impacts of Mining in Greenland. University of Akureyri, School of Humanities and Social Science, Faculty of Law, Master's Program in Polar Law, June.

U.S. Coast Guard(2013), Arctic Strategy. Washington D.C., May 10.

U.S. Committee on the Marine Transportation System(CMTS)(2013), U. S. Arctic Marine Transportation System : Overview and Priorities for Action 2013, CMTS.

Writers, Staff(2012), "Russian Arctic Resources."(Voice of Russia, 2012/08/30)

Wurm, Bernadette(2010), Die EU-Arktispolitik im internationalen Kontext – Eine Analyse der europäischen und kanadischen Positionen, Diplomarbeit, Universität Wien, Mai.

Young, Oran R.(2011), "Foreword – Arctic Futures: The Politics of Transformation," ed. by J. Kraska. Arctic Security in an Age of Climate Change. Cambridge University Press : New York, pp. i-xxii.

Zamyatina, Nadezhda(2013), "Intercity Networks as a Factor Promoting Arctic City Sustainability," Russian Analytical Digest. No.129, 24 June, pp.4~7.

Госкомстат России(1998), Россия в цифрах. Официальное издание 1998. Москва: Госкомстат России.

Министерство Российской Федерации по развитию Дальнего Востока(2014), "Заседание итоговой коллегии «Об итогах деятельности Министерства Российской Федерации по развитию Дальнего Востока в 2013 году и первой половине 2014 года»г. Владивосток, 23 июня 2014 г."(г. Владивосток, 23 июня 2014 г.) http://minvostokrazvitia.ru/upload/kollegiya-DV.(accessed on September 18, 2014)

Осипова, Ольга и Елена Маклашова(2014), "Молодежь Арктки: миграционные намерения и социальные ожидания," Journal of Siberian and Far Eastern Studies, No.10, Spring/Summer, pp.6~44.

북극권 분쟁 및 신냉전, 북극의 지정학적 갈등

양정훈

지난 20세기 냉전 당시 미국과 소련은 군사적인 입장에서 북극해에 접근한 적이 있다. 북극권을 둘러싼 냉전의 화기는 세계 3차 대전을 방불케 할 새로운 전쟁으로 일어날 수도 있었지만 미국과 소련은 서로에게 득이 될게 없다는 결론으로 더 이상 확대하지 않았다.

20세기 말 소련이 붕괴되고 이데올로기 대립은 종식되었다. 북극해 관심 또한 줄어들었다.

21세기가 접어드는 시점 지구에서는 기후 및 생태계 변화가 일기 시작했다. 냉전이 종식되면서 세계는 평화에 돌입하는 가 했지만 다른 한편에서는 또 다른 분화구가 일어나기 시작했던 것이다. 원인은 지구 온난화 현상이다.

지구 온난화 현상이 남극을 시작으로 북극권까지 영향을 미치면서 북극권을 둘러싸고 있는 국가들에 새로운 분쟁의 불씨를 지피기 시작한 것이다. 이유인 즉 미국지질조사국(USGS)의 발표에 의하면 북극권은 지구촌 최후의 자원보고라는 분석이다. 개발하지 않은 전 세계 자원의 22%가 북극지역에 있을 것으로 추정했다. 세계 원유의 13%, 천연가스 30%, 금, 은, 다이아몬드, 아연, 주석 등이 묻혀 있을 것으로 분석하고 있다.

이 시기를 맞춰 1996년 9월 북극해를 둘러싸고 있는 8개 국가(캐나다, 미국, 덴마크, 노르웨이, 러시아, 아이슬란드, 스웨덴, 핀란드 등)들이 오타와에서 북극이사회(Arctic Council)를 선임 및 창설했다. 기후의 변화는 생태계의 변화와 북극 해빙의 변화를 가져오면서 이곳에 새로운 국면을 만들어 낸 것이다. 국제 사회는 북극권에 대한 관심이 뜨거워지기 시작했다. 영유권과 해양관할권에 대한 관심은 더욱 뜨거워졌다. 냉전시대 이후 잠시 수면 아래로 잠식되었던 북극 영유권에 대한 이슈가 또다시 갈등과 분쟁이라는 무거운 짐을 않고 수면위로 떠오르기 시작한 것이다. 이 짐은 영해권과 영유권 분쟁의 새로운 주권 문제를 넘어 국가 안보와도 밀접한 사안으로 '신냉전(New cold war)'을 야기하고 있다.

2008년 5월 그린란드에서 미국, 러시아, 캐나다, 덴마크, 노르웨이 각료급 회담이 열렸다. 당시 북극권을 둘러싸고 있는 5개국 각료들은 국가들 간의 '신냉전'의 기류를 원만하게 풀어나가기 위한 자리였다. 북극권에서 "국제법을 존중하고 환경보호를 배려하는 방식의 개발"을 하기로 합의한 것이다. 그러나 회담은 회담으로 그 칠뿐 이에 대한 구체적인 대응책이라든지 방안을 제시하지 못한 채 진전이 없이 끝났다.

다음 해인 2009년 NATO의 발표에 따르면 북극이사회 국가들이 북극권을 중심으로 군사력을 증강하고 있어 이곳이 새로운 국면으로 치닫고 있다고 한다. 이는 2008년 있었던 북극이사회 각료회담이 아무런 결론을 내지 못한 의미 없는 회담으로 끝났던 것이다. 아무튼 눈앞에 찾아올 보다 더 큰 문제를 어떻게 해결할 것인가가 우선 풀고 넘어가야할 숙제이다. 가장 이슈가 될 수 있는 부분은 정치 · 군사적 갈등 해소이다.

인류사의 마지막 보고 이다보니 북극이사회는 물론 비회원국들까지도 많은 관심을 가지고 있다. 그렇다고 북극해가 녹는다는 사실이 부정적인 측면만 가지고 있는 것은 아니다. 새로운 해로의 개통으로 물류 시장과 유통산업 등 경제 활성회에 근 영향력을 가져다 줄 수 있다는 긍정적인 부분도 야기할 수 있다. 북극해 자원 개발을 두고 있어 인류사에 또 다른 희망으로 볼 수가 있다. 이러한 추세가 계속되면 2030년경에 정기 해로가 열릴 전망이라고 한다.

러시아는 북극에 대한 관심을 오래전부터 가지고 있었다. 본격적으로 북극 영해권에 관심을 보이기 시작한 시점은 고르바초프 정권부터이다. 1987년 10월 고르바초프의 무르만스크 연설에서 북극권 지역에서의 냉전적 군사대립을 완화할 필요성 강조하였다. 북극 지역에서의 비핵화, 소련과 미국의 군사적 활동 제한, 국제사회의 환경보호협력, 북극 자원개발 협력, 북극해 항로 개방 등도 제안하였다. 이러한 분위기를 앞세워 1988년 3월 스웨덴 스톡홀름과 1989년 1월 핀란드에서 본격적으로 북극해 연안국으로서의 직위와 활동 그리고 비연안국으로서의 활동 및 북극권 환경 보호를 위한 논의가 본격화 되었다. 이후 소련이 붕괴 되고 잠시 수면 아래로 내려갔던 북극권 관심이 해빙이 시작되면서 러시아는 또다시 북극 영해권에 대한 관심이 뜨거워졌다.

1996년 북극권 8개 국가들은 서로간의 필요에 의해 북극이사회(Arctic Council)를 창설하였다. 이에 러시아는 1997년 국제해양법협약에 서명하고 북극해에 최초로 추가 영유권 신청을 하였다. 아주 빠른 행보였다. 이는 러시아가 처해 있는 경제적 난관을 북극이 가지고 있는 자원을 통해 풀어나갈 수 있다는 푸틴 정부의 정책 중 하나였다. 지구 온난화 현상과 더불어 찾아온 북극 해빙 현상이 푸틴에게 또 다른 정책 대안이 된 것이다. 러시아 시베리아 지역에 매장되어 있는 에너지 자원만 해도 어마어마하지만 이를 발굴하는데 드는 비용이 더 클 수 있기에 새로운 돌파구를 찾게 되는 것이다.

푸틴 러시아 대통령은 "북극의 안전 보장 및 국가이익 보호를 위해 모든 수단을 필요시 한다"고 했다. 더불어 러시아 군이 관심을 기울이도록 군대에 특별명령을 내려 자국 군대 파병까지도 염두 해 두는 발언이었다. 이러한 발언은 이 지역에 군사력 파견증대와 군사력 강화로 이어졌다. 군비는 약 354억불로 국가 간의 전쟁 가능성은 높아지고 있다. 러시아는 군사 지출 총액에서도 증액을 했을 뿐만 아니라 자국의 북극 군사기지 전체를 재가동하여 강화하는 조치를 취하기도 했다.

2007년 러시아는 북극해가 자국의 영해권이라는 징표로 바다 속에 러시아 국기를 꽂는 영상을 세계에 중계했다. 이 방송을 시청한 북극이사회(캐나다, 노르웨이, 미국 등)는 러시아의 행동에 대해 비판하고 나섰다. 이러한 비난에도 불구하고 러시아는 2009년 전투기와 함대를 동원해 북극해에서 훈련을 강행했다. 이처럼 북극해의 영해 영토가 국가들의 큰 관심을 갖게 된 이유는 인류의 마지막 보고라고 말할 정도로 북극해 지역이 보유하고 있는 자원은 예측만으로도 엄청날 것으로 보고 있기 때문이다.

2012년 러시아 함대는 북극해 동부 노보시비르스키 제도 내 '틱시' '코델리느이' 섬에 도착해 비행장 설치를 했다. 2013년 들어 북극권 역할이 더욱 증대되자 러시아 정부는 '러시아 북해 함대의 전투력을 증강시켜야 한다'는 여론을 업고 같은 해 9월 표트르 벨리키 핵미사일순양함이 동원된 북극 함대가 150명 정도의 중대급 군 인력을 파견해 공항복원 작업에 필요한 기기와 군사 시설을 착수했다. 북극 함대의 잠수함과 측량선, 예인선이 환경 조사를 위해 제믈랴프란차이오시파 제도를 탐사했다. 러시아 국방부장관 아르카디 바힌은 북극항로와 북극 개발을 위한 공군기지를 복구하고 해군을 상주시키는 방침도 내렸다. 이는 러시아가 북극해를 둘러싼 쟁탈전이 벌어졌을 시 손실을 미연에 방지하기 위한 만반의 태세를 갖추고 있는 상황이다.

이에 따라 러시아는 북극권 로모노소프 해령이 자국 동시베리아 추코트카 반도에 연결돼 있다고 주장하고 있다. 이를 자국의 영해로 인정해 달라는 대륙붕 소유권 신청서를 UN 대북봉한계위원회(CLCS)에 과학적 근거를 갖춘 신정서를 제출할 계획이다. 해령은 해저산맥을 가리키는 것으로 로모노소프 해령은 북극해를 횡단하는 해저산맥이다. 러시아의 주장이 인정받을 시에는 막대한 양의 자원을 확보할 수 있을 것이다.

이와 함께 푸틴 대통령은 러시아 해군에 북극지역에서 국익을 보호하는 데 총력을 기울일 것을 명령했고, 특수 여단 기지를 무르만스크와 아르한겔스크에 창설과 북극해를 위한 인공위성 7기를 5년 내 발사할 계획이라고 한다.

캐나다는 전 국토의 40%가 북극지역에 속하기 때문에 어느 국가보다 북극지역에 대한 관심이 높다. 스티븐 하퍼 캐나다 총리는 '북극 자원 개발을 위해 영유권 확보가 중요하다'며 강조하고, 북극권 수호를 국정의 최우선 과제로 설정했다. 2013년에는 레졸루트 만과 배핀 섬에 전투훈련소를 설립해 군사기지를 설치했다. 2014년 8월 존 베르드 캐나다 외무장관은 북극지역을 놓고 러시아와 벌이는 영유권 해양관할권 등 주권 다툼에서 필요한 경우 군사행동까지 감수할 준비가 되어 있다고 성명했다. 캐나다 영해권에 들어있는 북극 자원을 방어하기 위해서 미국과 손잡고 '북극 매'라는 이름의 무인 정찰기 개발 작업을 본격화했다. 2015년에는 북극지역을 감시할 인공위성 2대도 발사할 예정이라고 했다.

노르웨이는 2010년 군사령부를 북상시켜 북극권 바로 안인 북위 67도 15분 지점으로 옮겨 북극지역에 군사령부를 설치한 최초 국가가 되었다. 2009년 북대서양조약기구(NATO) 야프데후프 스헤페르 사무총장이 '북극해 연안국들이 북극에서 군사력을 증강하고 있다'고 경계한 직후의 일이다. 더불어 노르웨이는 미국으로부터 전투기 F-35와 최신형 프리깃함을 투입할 계획을 가지고 있다. 덴마크도 동일한 계획을 가지고 있다고 한다.

2014년 10월 1일 NATO 사무총장으로 취임한 스톨텐베르그 전 노르웨이 총리는 북극이사회가 북극 개발과 영유권 확보를 위해 2020년까지 신속기동군, 쇄빙선단, 상륙부대, 민방위대, 사이버부대, 통시부대로 이루어진 합동 해군을 구성해야 한다고 강조했다. 특히 "노르웨이, 스웨덴, 덴마크, 아이슬란드가 북극에서 다자 군사협력을 강화" 해야 함을 주장했다. 이에 앞서 러시아, 미국,

캐나다가 앞서 군사훈련에 들어가 있는 실정이다.

미국 또한 이 같은 움직임에 상당히 민감한 반응을 보이고 있다. 특히 러시아의 움직임에 민감한 버락 오바마 미국 대통령은 북극을 관할할 미북부사령부(USNORTHCOM)를 지정했고, 북극 함대 창설도 검토 중이다.

미국은 북극 빙하가 녹는 데 대한 준비활동으로 북극이사회 국가들과의 협력을 강화하고 잠재적인 분쟁지역을 찾아내는 게 목적이라고 한다. 그래서 북극에서 수행할 수 있는 군사훈련을 실시했다. 2011년 북극해 군사훈련으로 '아이스텍스(ICEX)'를 실시 실전 같은 훈련이 이루어졌다. 훈련기간 중 작전력을 보유한 시울프급 핵잠수함 '코네티컷 호'와 '뉴햄프셔 호'를 보내 수시로 직간접적인 메시지를 주변 국가들에 보내기도 했다. 이 훈련은 2-3년마다 북극해에서만 하는 특수훈련이다. 알래스카 공군기지에서 각종 군사훈련을 실시함과 2017년까지 대형 쇄빙선 건조 계획이 이루어지고 있다. 미국 또한 해양법에 관한 유엔 협약에 가입할 것을 검토 중이며, 알래스카 북부지역에 대한 조사도 벌이고 있다.

이런 상황에도 불구하고 북극이사회 중 미국이 가장 경쟁력이 떨어진 대응이라는 비판의 목소리가 있다. 미국은 올해 2년 임기의 북극위원회 의장국이 되지만 과연 얼마나 잘 수행할 수 있을지 하는 염려의 목소리도 함께 나오고 있다. 이런 비난의 선봉장은 리사 머코스키 상원의원(알래스카 주)으로 '기본 인프라가 부족할 뿐만 아니라 북극에서 예상되는 활동 수준에 대비한 자금을 마련하는 기초적인 위원회도 부족한 실정'이라고 퍼부었다. 머코스키 의원은 존 케리 국무장관과의 면담에서 미국이 북극해에서 선도적인 역할을 할 수 있으면 좋겠다는 업무조정에 관한 내용들을 주고받았다.

국제외교협의회의 최근 연구에 따르면 북극 지역에서 발견된 60개의 석유 및 천연가스 유전 가운데 대다수가 러시아 영해권에 집중되어 있다고 한다.

러시아는 북극의 많은 부분을 통제하기 위해 적극적인 조치를 위해 왔으며 해저면의 방대한 부분에 대한 소유권 주장에 이르렀다.

이렇듯 막대한 자원으로 인해 북극해 연안 지역에 있는 러시아 캐나다 노르웨이 덴마크 미국 아이슬란드 스웨덴 핀란드 등은 이미 북극해 해저지역에 대한 영유권 및 해양관할권 국제분쟁지대가 된 것이다. 아니 북극을 둘러싼 세계 각국의 분쟁은 군사적 위협까지 이미 시작되었다고 볼 수 있다.

그림 1 북극 대륙붕 영유권 주장 현황

뉴스 1 "달아오르는 북극 영유권 다툼…덴마크도 소유권 분쟁 가세"
2014년 12월 16일 ©뉴스1=류수정 디자이너. http://news.zum.com/articles/18407106
(검색일 : 2015년 2월 20일).

바렌츠해 조약의 국제법적 분석 :
러시아-노르웨이간 해양경계획정 방법을 중심으로*

예병환 / 배규성

Ⅰ. 바렌츠해를 둘러싼
러시아-노르웨이의 해양경계(획정) 분쟁

1. 해양에 대한 법적 권리와 바렌츠해 분쟁

북극을 중심으로 육지에 의해 둘러싸인 거대한 북극해는 거의 대부분 북극연안 5개국, 즉 캐나다, 덴마크(그린란드), 노르웨이, 러시아, 미국의 주권 (sovereignty)하에 있다.[1) 구체적으로 북극(the North Pole)을 둘러싼 해양지역에 대한 소유권 경쟁은 북극 연안국가들의 외측 대륙붕, 즉 200해리 대륙붕 및 배타적 경제수역(EEZ)의 경계 밖으로 150해리까지 연장이 가능한 대륙붕에 대한 영토권 주장과 관련이 있다. 몇몇 국가들의 주장에 따르면, 이 대륙붕은 그들의 연안에서 확장되어 지리적 북극 주변의 바다 밑까지 연결되어 있다.[2)

* 이 글은 독도연구 제20호(2016년 6월)에 게재된 논문으로, 2014년 한국연구재단의 지원을 받아 수행된 연구임(NRF-2014 B0153).

1) 그들의 영토가 66°32'N의 북극권(the Arctic Circle)으로 확장되어 있기 때문에 비록 북극해와 해안을 접하고 있진 않지만, 핀란드, 아이슬란드, 스웨덴 또한 북극권 국가로 인식되고 있다.
2) 러시아로부터 북극점을 거쳐 미국과 그린란드로 이어지는 로마노소프 해령에 대한 러

다른 경쟁 또는 분쟁은 지역국가들 간의 해결되지 않은 쌍무적인 해양경계선 (maritime boundary)과 관련이 있다. 해양법상 각 연안국가들은 그들의 해안 으로부터 200해리까지의 대륙붕에서 자원에 대한 배타적 관할권(jurisdiction) 과 주권적 권리(sovereign rights)을 가진다. 그러나 그 경계를 넘어서면, 바 다는 공해(high seas)가 되고, 모든 국가들에 개방된다. 그러나 대륙붕의 일 부지역, 즉 외측 대륙붕은, 만약 이것이 그들 영토의 '자연적인 연장(natural prolongation)'이라 증명할 수 있다면, 연안국가들에 의해 확장된 대륙붕으로 서 주권이 주장될 수 있다.

캐나다와 덴마크(그린란드) 사이의 작은 무인도, 한스 섬[3]이라는 하나의 작 은 예외를 제외하면, 북극권의 영토에 대한 주권분쟁은 없다. 북극권 국가들 은 그들의 육지영토에 대한 절대적인 주권과 관할권을 누리고 있고, 기후변화 의 영향과 영토내 경제발전의 환경적 영향을 줄이거나 다룰 수 있는 어떤 필 요한 조치도 내릴 수 있다.[4] 그러나 해양지역과 해양자원과 관련된 상황은 좀 복잡하다. 앞서 언급한 바처럼, LOSC는 해양의 분할, 해양자원에 대한 주권적 권리, 해양환경의 보호와 해상활동에 대한 재판관할권 행사 등에 관한 규칙을 제공하고 있다. 그러나 몇몇 경우 어업권(fisheries) 등의 자원은 분할되지만,

---

시아의 주장이 대표적인 경우이다. 러시아는 이 바다속 산맥이 러시아측 대륙붕의 자연 적 연장이라 주장하고 있다. 캐나다와 덴마크 또한 로마노소프 해령이 자국의 대륙붕과 연결되었는지 확인하기 위해 북극 과학탐험에 협력하고 있다.

3)   캐나다와 덴마크는 캐나다의 엘스미어 섬과 그린란드 사이에 있는 사람이 살지 않는 작은 한스 섬(Hans Island, 1.3평방킬로미터)에 대한 주권을 주장하고 있다. 2008년 2월 18일 덴마크는 캐나다에 한스섬 문제를 2008년 9월 UN에 상정하자고 제안했다. 한편 캐나다와 덴마크의 과학자들은 그 지역의 풍량과 조류를 연구하기 위해 한스섬에 연합 기상기지(joint weather station)를 건설하고 있다.

4)   슈발바르 제도의 자원분쟁(resources disputes)은 예외.

해양환경의 보호와 해양생물다양성 보존은 지역적인 협력을 필요로 한다.

해양의 분할은 연안 국가들이 주권적 권리를 가지는 해양지역(maritime zones) 및 해양지역 간 경계(bilateral maritime boundaries with other states between these maritime zones) 그리고 바다로 이어진 대륙붕의 한계(seaward limits of their continental shelves)와 관련되어 있다. 대륙붕의 외측 한계는 국가적 관할권이 있는 해저 지역(seabed areas)과 국제심해저기구(International Seabed Authority)[5]가 감독하는 국제심해저지역 간의 경계를 이룬다.

LOSC하에서, 연안국가들은 그들의 해안에서부터 바다쪽으로 뻗어나간 해양지역에 대해 그들의 권리를 주장할 수 있다. 첫 번째 조치로, 연안국가들은 그들의 해안선을 따라 기선(baselines along their coasts)을 긋고, 거기서부터 해양지역의 거리를 측정한다. 이 기선들은 해안선의 굴곡을 따라 간조점(low water mark)을 연결하거나, 해안이 아주 들쭉날쭉하거나 섬들이 산재해 있는 노르웨이나 캐나다의 아치펠라고 같은 지역에선 해안선의 일반적인 방향을 따라 직선기선을 그린다. 이 기선의 육지쪽 바다는 연안국가들이 절대적인 주권(absolute sovereignty)을 행사하는 "내수(internal waters)"를 이룬다.[6] 외국의 선박들은 연안국가의 허락 없이 이 내수에 들어올 수 없다.

이 기선의 바다쪽으로, 연안국가들은 연안기선으로 부터 12해리까지 영해(territorial sea), 최대 200해리까지 배타적 경제수역(EEZ, Exclusive Economic Zone)을 주장할 수 있다. 연안국가들은 영해에 대해 주권을 가진다. 그러나 외

---

5) 국제적 해저지역 관리레짐은 Part XI of the LOSC와 1994년 7월 28일 채택되고, 1996년 7월 28일 발효된 Part XI of UNCLOS의 이행과 관련된 국제협약에 규정되어 있다. 33 ILM 1309 (1994). 자세한 내용은 ISA의 홈페이지 http://www.isa.org.jm 참조.

6) LOSC의 5, 7, 8조. 내수면의 주권과 관련된 규정은 국제관습법(customary international law)이다.

국의 선박들은 LOSC Part Ⅱ의 규정에 따라 무해통항(innocent passage)의 권리를 가진다. LOSC Part Ⅴ에 따르면, 연안국가들은 배타적 경제수역 내 모든 생물자원과 무생물자원에 대한 주권적 권리를 가지고, 연안기선으로부터 200해리까지 해양환경을 보호하고 과학적 조사연구를 통제할 수 있는 관할권을 가진다.

LOSC 제 6부(Part Ⅵ)에 따르면, 모든 연안국가들은 배타적 경제수역의 200해리까지 육지의 바닷속 연장인 대륙붕의 권리를 주장할 수 있다. 만약 실재 대륙붕이 200해리 이상 계속될 경우, 연안국가들은 LOSC 제 76조의 규칙에 따라 육지의 자연적 연장으로서 이들 대륙붕의 자원에 대한 주권적 권리를 주장할 수 있다. 대륙붕의 자원은 광물자원(주로 석유와 가스)과 정착하는 생물종, 즉 대륙붕에 착생하는(attached to the shelf or cannot move except in constant contact with it) 동물을 포함한다. 외측 대륙붕에 대한 연안국가의 권리가 상층의 바다(superjacent waters)에 대한 지위에 영향을 미치지 못하기 때문에, 이들 바다는 모든 국가들에 개방된 공해(high seas)를 이룬다.

LOSC는 대륙붕의 외측 한계를 결정하는 법적 수단을 제공한다. 연안국가는 외측 대륙붕[7]에 대한 그들의 주장이 제76조의 규정에 적합하다는 사실을 증명할 과학적 정보를 수집해야 한다. 이 정보는 LOSC 제76조와 부속조항(Annex) Ⅱ에 의해 설립된 전문과학집단인 대륙붕위원회(the Limits of the Continental Shelf, CLCS or the Commission)에 제출해야 한다. CLCS는 제출된 자료를 검토하고, 대륙붕의 외측한계 지점에 대한 권고(recommendations)를

---

7) 이 용어는 LOSC에서 사용되지 않았지만, 2006년 Barbados와 Trinidad & Tobago간 해양경계선 획정 이래, 편의상 사용되고 있다. 2006년 4월 11일 the Arbitral Award의 내용은 국제상설중재재판소(the Permanent Court of Arbitration)의 웹사이트 http://www. pca-cpa.org 참조.

내린다. 그러면 연안국가는 권고에 기초하여 대륙붕의 외측 한계를 설정한다. 이러한 절차는 국제적으로 인정되고 법적으로 구속력 있는 대륙붕의 한계를 설정하는 수단을 제공한다. 해저에 심어진 국기는 어떤 법적 효력도 없다.

한편, 외측 대륙붕에 대한 주권 주장과 마찬가지로, 쌍무적인 해양경계선도 아주 중요하다. 왜냐하면 그것이 EEZ와 대륙붕이 중첩되는 지역의 자원에 대한 주권적 권리(sovereign rights)를 행사할 수 있게 해주기 때문이다. 주권적 권리에는 살아있는 어류, 갑각류, 연체동물과 무생물 자원(주로 석유와 가스)을 포함한다.

그러나 북극해에서는 국가 간 해양경계에 대한 다양한 분쟁이 존재했고 또 존재한다. 캐나다와 그린란드 사이의 대륙붕 경계에 대해서는, 한스 섬(Hans Island)과 링컨 해(Lincoln Sea) 주변의 작은 지역을 제외하고,[8] 1973년 쌍무협정에 의해 이미 결정되었다. 그러나 유콘지역(Yukon Territory)과 알라스카(Alaska) 연안의 버포트 해(Beaufort Sea)에서는 캐나다와 미국이 그들 간의 해상경계선을 둘러싸고 여전히 분쟁중이다. 이 문제는 협상이나 LOSC 외부의 판결에 의해 결정될 수 있다.[9] 알래스카의 서쪽부분, 베링해협의 경계선 결정

---

8) 그린란드와 캐나다간 대륙붕의 한계설정에 관한 덴마크와 캐나다간의 협정(17 December 1973)은 http://www.un.org/Depts/los/LEGISLATIONANDTREATIES/PDFFILES/TREATIES/DNK-CAN1973CS.PDF 참조, 북극권의 해상경계선(Arctic boundaries)과 관련된 쟁점들에 대해서는 A.G. Oude Elferink and D. Rothwell(eds.), The Law of the Sea and Polar Maritime Delimitation and Jurisdiction(Hague : Martinus Nijhoff, 2001) 참조.

9) 캐나다가 2003년 11월 7일 인준 선언(declaration on ratification)으로 LOSC의 판결을 거부했기 때문에, 해상경계선에 대한 법적 결정은 상호 동의에 의해서만 영향을 받을 수 있게 되었다. 캐나다의 선언문은 http://www.un.org/Depts/los/convention_agreements/convention_declarations.htm#Canada 참조. 캐나다와 미국은 해상경계선 분쟁을 이미 국제사법재판소(International Court of Justice)에 제소한 상태이다. Delimitation of the Maritime Boundary in the Gulf of Maine Area(Canada / United States

에 대해 미국과 러시아는 1990년 협정을 채결했다.[10] 그러나 그 이래로 러시아의 하원인 국가두마(State Duma)는 인준을 거부하고 있다. 더 서쪽으로 이동하면, 노르웨이와 러시아간 바렌츠 해(Barents Sea)의 해상경계선도 여전히 협상 중에 있다. 2006년 노르웨이가 외측 대륙붕 지역에 대한 자국의 주권을 CLCS에 제소하자, 러시아는 이에 대한 대응으로 위원회가 그 자료를 검토하는 것을 반대하지 않는다는 공식서한을 보냈다. 이것은 외측 대륙붕 한계가 양국간 해상경계선이 결정되기 이전에 결정될 수 있다는 뜻이다. 노르웨이 본토로부터 서쪽으로 어느 정도 거리에 있는 얀 마이엔 섬과 그린란드간의 해상경계선은 1993년 ICJ에서 결정되었다.[11] 덴마크와 그린란드는 노르웨이와 그린란드와 슈발바르 제도간 해상경계선에 대한 협정을 채결했다.[12] 아이슬란드와 그린란드 그리고 얀 마이엔 섬간의 경계선도 확정되었다.[13]

특히, 노르웨이는 주권국가로서 노르웨이 북쪽 북극해의 슈발바르 아치펠라고(Svalbard archipelago) 주변의 자원개발에 대해 아이슬란드 및 러시아와 의견일치를 보지 못하고 있다. 비록 슈발바르 제도에 대한 노르웨이의 주권이

of America), ICJ Reports 1984. 참조.

10) 미국과 소련간 해상경계선에 대한 협정, 29 ILM 941 (1990).

11) Maritime Delimitation in the Area between Greenland and Jan Mayen(Denmark v. Norway), ICJ Reports 1993.

12) 노르웨이와 덴마크 / 그리란드자치정부간 협정(Agreement between the government of the Kingdom of Norway and the Government of the Kingdom of Denmark together with the Home Rule Government of Greenland, 20.Feb.2006), http://www.un.org/Depts/los/LEGISLATIONANDTREATIES/STATEFILES/DNK. 이에 대한 자세한 분석은 A.G. Oude Elferink, "Maritime Delimitation Between Denmark/Greenland and Norway," 38 Ocean Development and International Law, 375–80(2007) 참조.

13) 아이슬랜드와 얀 마이엔(Jan Mayen) 사이의 대륙붕 지역에 대한 아이슬랜드와 노르웨이간의 협정(28 May 1980), 20 ILM 797(1981).

1920년 노르웨이와 주변국들 간의 슈발바르 조약[14]에 의해 인정되었지만, 주변국들은 이 지역에서의 사냥과 어업에 대한 동등한 권리뿐만 아니라 "자유로운 접근(liberty of access)"과 "절대적인 동등함에 기초하여 모든 해상활동과 산업활동, 광업 그리고 상업활동"을 수행할 권리를 부여받았다. 그러나 이러한 조약의 조항(의 의미)에 대해 그 이후 국제법적으로 확정된 확장된 해상지역(배타적 경제수역과 대륙붕)의 관점에서 불일치가 존재한다. 이것은 다른 국가들의 권리가 영토와 영해에만 존재하는가, 아니면 1920년 이후 확정된 새로운 지역들에까지 확장되는가와 관련이 있다.[15]

러시아와 노르웨이의 해양분쟁의 대상이 되는 바렌츠 해는 생물 또는 비생물 자원이 아주 풍부하여 경제적으로 잠재력이 아주 크다.[16]

해양지역을 둘러싼 국가간 해양경계획정 문제 또는 분쟁은 해양법의 발전과 더불어 진전되었다. 바렌츠해의 해양경계 분쟁은 적어도 노르웨이 본토와 소련간의 영해(territorial seas)의 경계에 대한 1957년 바랑게르피요르드 협정(Varangerfjord Agreement)에서 시작된다.[17] 1958년 대륙붕에 관한 UN협약[18]

---

14) 슈피츠베르겐 아치펠라고 조약(Treaty Concerning the Archipelago of Spitsbergen, 1920)은 1925년 2월 효력이 발생했다. 2 L.N.T.S. 7, 조약원문은 the Australian Treaty series에서도 입수 가능. http://www.austlii.edu.au/au/other/dfat/treaties/1925/10.html.

15) 최근의 분석에 대해서는 T. Pedersen, "The Svalbard Continental Shelf Controversy: Legal Disputes and Political Rivalries," (2008) 37 Ocean Development and International Law 339–58. 참조.

16) 구체적인 내용은 예병환, "러시아 - 노르웨이 해양분쟁과 바렌츠해 조약," 『독도연구』 제14호(2013년 6월), 영남대학교 독도연구소 참조.

17) Agreement Concerning the Sea Frontier Between Norway and the USSR in the Varangerfjord, signed in Oslo on 15 February 1957, in force 24 April 1957, 312 U.N.T.S. 322.

18) Convention on the Continental Shelf, signed in Geneva on 29 April 1958, in force on 10 June 1964, 499 U.N.T.S. 311.

의 채택에 따라, 1963년 노르웨이는 자신의 해안에 인접한 해저(seabed) 및 하층토(subsoil)에 대한 주권적 권리(sovereign rights)를 주장했다.[19] 1967년 소련 또한 자신의 해안에서부터 이와 유사한 주장을 했다. 1958년 대륙붕에 관한 협약에 따르면, 바렌츠해의 해저 대부분은 대륙붕(continental shelf)이다. 따라서 노르웨이와 소련 간에 양자 경계의 필요성이 존재했다. 1974년 모스크바에서 공식적 협상이 시작되었고, 뒤이은 비공식 협상은 1970년 이루어졌다. 1977년 바렌츠해 해역에서 노르웨이와 소련 모두 200해리 EEZ를 선포하자, 양국 간 협상은 더욱 확장되었다. 대륙붕 경계에 더해 두 연안국 모두 서로 중첩되는 EEZ 문제도 다루어야 했다. 어업이 가장 긴급한 문제였기 때문에, 양국은 분쟁해역의 어업을 규제하는 잠정협정에 동의했다. 소위 회색지역 협정(Grey Zone Agreement)이라 불리는 이 조약은 1978년 1월 조인되었다.[20] 회색지역 협정은 분쟁해역의 남쪽 해역 대부분과 분쟁이 없는 노르웨이와 소련의 EEZ까지 포함했다. 이 협정 하에서, 양 당사국은 자국국기를 게양한 어업선과 면허를 받고 이 지역에 접근할 수 있는 제3국 국기를 게양한 선박에 대해서만 관할권을 행사할 수 있었다. 이 협정은 이후 1년 동안 확대되어 유지되었다.

　1958년 UN 대륙붕 협정의 제6조에 따라, 대륙붕 경계획정에 대한 양국 간

---

19)　Norway, Royal Decree of 31 May 1963 No.1, Relating to the Sovereignty of Norway over the Sea-bed and Subsoil Outside the Norwegian Coast, available at www.un.org/Depts/los/LEGISLATIONANDTREATIES/PDFFILES/NOR 1963 Decree.pdf(검색일 : 2013년 4월 20일).

20)　Avtale mellom Norge og Sovjetunionen om en midlertidig praktisk ordning for fisket i et tilstøtende omr°ade i Barentshavet med tilhørende protokoll og erklæring (translated to "Agreement Between Norway and the Soviet Union on a Temporary and Practical Arrangement for the Fishery in an Adjacent Area of the Barents Sea") Oslo 11 January 1978, in force 27 April 1978, Overenskomster med fremmede stater (1978), 436.

협상이 시작되었다. 이 조항에 의하면, 양국은 또 다른 경계가 "특별 고려사항 (special circumstances)"에 의해 정당화되지 않는 한, 대륙붕의 경계가 중간선 이라 주장할 수 있는 협약 당사국이었다. 그 후 양국은 1982년 UN 해양법협약 의 당사국이 되어, 협약 규정 제74조와 83조를 적용할 수 있게 되었다.[21] 양 당 사국 모두 이 새로운 규정들이 1958년 대륙붕협약의 제6조의 해석을 지지한 다고 주장했다.[22]

러시아와 노르웨이는 양자 간 협상의 목적이 그들의 해안선으로부터 200해 리 이내의 해역에 있는 EEZ와 대륙붕에 대한 단일의 경계선을 획정하는 것임 에 합의했다. 노르웨이의 입장은 양국에 의해 중첩되게 주장되는 해역에 '특별 고려사항'이 없고, 따라서 양국간 경계는 본토 해안선과 슈발바르(노르웨이), 노바야 제믈랴(러시아), 프란츠 이오시프(러시아) 섬들 사이의 중간선이 되어 야 한다는 것이었다. 소련과 그 계승자인 러시아는 '특별 고려사항'이 존재하 고, 따라서 해양경계는 슈발바르 조약(Svalbard Treaty) 제1조에서 규정된 해역 을 침범하지 않기 위해 슈발바르에서 동쪽으로 조정된 소위 말하는 바랑게르 피요르트로부터 북극점을 향하는 섹터라인(sector line)을 따라야 한다고 주장 했다.[23] 러시아의 섹터라인은 1926년 포고령으로 시작되었다. 이 포고령에 의

---

21) United Nations Convention on the Law of the Sea(hereafter LOS Convention), signed in Montego Bay on 10 December 1982, in force 16 November 1994, 1833 U.N.T.S. 397. The status of ratifications and accessions is available at www.un.org/Depts/los/ convention agreements/convention overview convention.htm(검색일 : 2013년 3월 12일).

22) Alex G. Oude Elferink, "Arctic Maritime Delimitations : The Preponderance of Similarities with Other Regions," in The Law of the Sea and Polar Maritime Delimitation and Jurisdiction, ed. A. G. Oude Elferink and D. Rothwell(The Hague : Martinus Nijhoff, 2001), n.33, 186–187 참조.

23) Treaty Concerning the Archipelago of Spitsbergen, signed in Paris on 9 February 1920, in force 14 August 1925, 2 L.N.T.S. 7.

하면, 지정된 동서 두 중간선 내의 모든 육지 영토는 소련에 속하고, 다만 해양 경계획정은 노르웨이와 논의하도록 되어 있었다. 노르웨이는 줄기차게 양국 간 해양경계로서 러시아의 섹터라인 주장을 반대했다. 해안선의 형태와 해안선의 상대적 길이 간의 불균등(disproportionality) 등과 같은 지리적인 '특별 고려사항'에 더해 소련과 러시아는 러시아의 더 많은 인구, 지질학적인 조건, 경제적 이익, 특수한 환경적 위험, 안보적 이해관계 등을 포함한 몇몇 비지리적인 '특별 고려사항'을 언급하면서 자신의 입장을 주장했다. 이런 환경들은 주로 분쟁지역의 남쪽 해역과 관련하여 주장되었지만, 이런 저런 다른 환경조건들은 중부와 북부 영역에서도 제기되었다. 소련은 슈발바르의 특수한 지위가 경계획정에서 완전한 효과를 가지지 못하는 아치펠라고를 결과했고, 따라서 해양영역(maritime zones)을 형성하는 슈발바르의 능력을 제한했다고 주장했다.[24] 또 다르게 주장할 수 있는 다른 특별한 환경(특별 고려사항)은 도서와 바위섬, 얼음의 상태, 해양생물자원의 불균등한 분포 등이 있다.[25]

2. 해양경계(획정)에 관한 국제법 또는 법적인 틀

본 논문의 목적은 바렌츠해 노르웨이 - 러시아간의 해양경계 분쟁 해결과 관련된 해양경계획정의 국제법과 그 적용에 대해 확인하고 해명하는 것이다. 이 연구의 2 / 3 이상은 해양경계획정의 국제법과 법적 틀에 초점이 맞춰져 있다. LOSC가 효력을 발휘한 이후, 해양경계획정 문제는 일련의 법원의 판결기

---

24)   T. Pedersen and T. Henriksen, "Svalbard's Maritime Zones : The End of Legal Uncertainty?" International Journal of Marine and Coastal Law 24(2009) : 144, n. 11.

25)   Churchill and Ulfstein, supra note 4, at 78—80; Oude Elferink, supra note 15, at 189.

록(jurisprudence)을 통해 중요한 발전이 있었다. 이러한 기초는 LOSC 발효이전에 해양경계를 획정하는 국제법(the law of maritime delimitation)의 개념, 역사, 발전을 통해 놓여졌다. 오랫동안의 경험은 좀 더 높은 수준의 확실성을 가지고 해양경계획정 문제에 대해 결론을 내릴 수 있게 했다. 이런 국제법과 법적 틀을 바렌츠해에서의 러시아와 노르웨이간의 해양경계획정 문제에 적용해석함으로써 우리는 해양경계획정 문제에 대한 국제법과 법적 틀에 대한 좀 더 명확한 시각을 확인할 수 있다.

쌍무적인 해상경계선은 그들의 영해와 EEZ와 대륙붕에 대한 기본적 권리들이 중첩되는 연안국가들의 해상지역을 서로 분리시킨다. LOSC 제 15조, 74조 1항, 83조 1항은 쌍무적인 협상으로 이러한 경계선들을 결정할 수 있는 기본규칙들을 제공하고 있다.

제15조. 대향국간 또는 인접국간의 영해의 경계획정 : 두 국가의 해안이 서로 마주보고 있거나 인접하고 있는 경우, 양국간 달리 합의하지 않는 한 양국의 각각의 영해 기선상의 가장 가까운 점으로부터 같은 거리에 있는 모든 점을 연결한 중간선 밖으로 영해를 확장할 수 없다. 다만, 위의 규정은 역사적 권원이나 그 밖의 특별한 사정에 의하여 이와 다른 방법으로 양국의 영해의 경계를 획정할 필요가 있는 경우에는 적용하지 아니한다.

제74조. 대향국간 또는 인접국간의 배타적경제수역의 경계획정 : 1. 서로 마주보고 있거나 인접한 연안을 가진 국가간의 배타적경제수역 경계획정은 공평한 해결에 이르기 위하여, 국제사법재판소규정 제38조에 언급된 국제법을 기초로 하는 합의에 의하여 이루어진다. 2. 상당한 기간내에 합의에 이르지 못할 경우 관련국은 제15부에 규정된 절차에 회부한다. 3. 제1항에 규정된 합의

에 이르는 동안, 관련국은 이해와 상호협력의 정신으로 실질적인 잠정약정을 체결할 수 있도록 모든 노력을 다하며, 과도적인 기간동안 최종 합의에 이르는 것을 위태롭게 하거나 방해하지 아니한다. 이러한 약정은 최종적인 경계획정에 영향을 미치지 아니한다. 4. 관련국 간에 발효 중인 협정이 있는 경우, 배타적 경제수역의 경계획정에 관련된 사항은 그 협정의 규정에 따라 결정된다.

제83조. 대항국간 또는 인접국간의 대륙붕의 경계획정 : 1. 서로 마주보고 있거나 인접한 연안국간의 대륙붕 경계획정은 공평한 해결에 이르기 위하여, 국제사법재판소규정 제38조에 언급된 국제법을 기초로 하여 합의에 의하여 이루어진다. 2. 상당한 기간내에 합의에 이르지 못할 경우, 관련국은 제15부에 규정된 절차에 회부한다. 3. 제1항에 규정된 합의에 이르는 동안 관련국은, 이해와 상호협력의 정신으로, 실질적인 잠정약정을 체결할 수 있도록 모든 노력을 다하며, 과도적인 기간동안 최종 합의에 이르는 것을 위태롭게 하거나 방해하지 아니한다. 이러한 약정은 최종적 경계획정에 영향을 미치지 아니한다. 4. 관련국간에 발효중인 협정이 있는 경우, 대륙붕의 경계획정에 관련된 문제는 그 협정의 규정에 따라 결정된다.

그러나 만약 양국이 협상에서 합의를 도출시키지 못한다면, LOSC Part XV에 따라 제3자 해결(third party settlement)을 선택할 수 있다. 그들은 논쟁을 국제사법재판소(International Court of Justice)나 국제해양법재판소(ITLOS, International Tribunal for the Law of the Sea) 또는 LOSC Annex VII에 따라 특별중재재판소(ad hoc arbitration)에 가져갈 수 있다.

Ⅱ. 유엔 해양법협약(LOSC)상의 절차적 의무, 해양경계획정의 방법

1. 유엔 해양법협약(LOSC) 제15부 섹션1과 2, 3에 규정된 의무

LOSC 조약당사국으로서 러시아와 노르웨이 모두 해양법 협약 제15부의 분쟁해결을 위한 관할권과 절차에 관한 규칙을 준수해야 한다. 제15부는 해양법협약의 해석과 적용에 관한 당사국들 간의 분쟁 해결에 대한 강제적 시스템이다. 74조(1)와 83조(1)에 따르면, EEZ와 대륙붕의 경계획정은 공평한 해결에 이르기 위하여, 국제사법재판소규정 제38조에 언급된 국제법을 기초로 하는 합의에 의하여 이루어진다. 또한 74조(2), 83조(2)에 따라, 상당한 기간[26] 내에 합의에 이르지 못할 경우, 관련국은 제15부에 규정된 절차에 회부한다.

1) LOSC 제15부 섹션1에 규정된 의무

LOSC 제279조(평화적 수단에 의한 분쟁해결의무)에 따르면, 당사국은 이 협약의 해석이나 적용에 관한 당사국간의 모든 분쟁을 국제연합헌장 제2조 제3항의 규정에 따라 평화적 수단에 의하여 해결하여야 하고, 이를 위하여 헌장 제33조 제1항에 제시된 수단에 의한 해결을 추구해야 한다.

280조(당사자가 선택한 평화적 수단에 의한 분쟁해결)에 따르면, 제15부의 어떠한 규정도 당사국이 언제라도 이 협약의 해석이나 적용에 관한 당사국간의 분쟁을 스스로 선택하는 평화적 수단에 의하여 해결하기로 합의할 수 있는

---

[26]   따라서 만약 바렌츠해 조약이 없었더라면, 러시아와 노르웨이간의 해양경계획정 협상이 거의 40여년이 경과한 시점에선 이미 상당한 기간이 경과한 것으로 볼 수 있었다.

권리를 침해하지 아니한다.

281조(당사자 간 합의가 이루어지지 아니한 경우의 절차)에 따르면, 1. 이 협약의 해석이나 적용에 관한 분쟁의 당사자인 당사국이 스스로 선택한 평화적 수단에 의한 분쟁해결을 추구하기로 합의한 경우, 이 부에 규정된 절차는 그 수단에 의하여 해결이 이루어지지 아니하고 당사자 간의 합의로 그 밖의 다른 절차를 배제하지 아니하는 경우에만 적용된다. 2. 당사자가 기한을 두기로 합의한 경우, 제1항은 그 기한이 만료한 때에 한하여 적용한다.

282조(일반협정·지역협정·양자협정상의 의무)에 따르면, 이 협약의 해석이나 적용에 관한 분쟁의 당사자인 당사국들이 일반협정·지역협정·양자협정을 통하여 또는 다른 방법으로 어느 한 분쟁당사자의 요청에 따라 구속력있는 결정을 초래하는 절차에 그 분쟁을 회부하기로 합의한 경우, 그 분쟁당사자가 달리 합의하지 아니하는 한, 이 부에 규정된 절차 대신 그 절차가 적용된다. 노르웨이는 같은 의무를 수용하는 타국과의 관계에서, 상호성에 기초하여 특별협정 없이 ICJ관할권을 인정했다.[27] 그러나 LOSC와 관련된 모든 분쟁에 대해 노르웨이는 ICJ에 직접 제소, 즉 282조에 의해 제기되었다면, LOSC하의 분쟁해결과 관련된 모든 제한과 예외[28]가 적용될 것이라고 선언했다. 반면 러시아는 ICJ의 강제관할권을 인정하지 않았다. 따라서 노르웨이의 ICJ강제관할권은 이 분쟁에는 적용되지 않았고, 관할권의 인정을 위해서는 양국 모두의 동의가 필요하였다.[29]

---

27) Norwegian declaration of 24 June 1996 in relation to Art,36(2) of the Statue of the Court.

28) Norway's declaration in pursuance to Art. 287, UNTS Vol.1833, No.31363.

29) ICJ 규정 제36조 1항에 따르면, 당사국들은 독립된 하나 또는 다른 종류의 동의에 의해 ICJ관할권을 회부할 수 있다. ICJ관할권은 ICJ조약 당사국 일방에 의해서는 성립될 수 없다.

283조(의견교환의무)에 따르면, 1. 이 협약의 해석이나 적용에 관하여 당사국간 분쟁이 일어나는 경우, 분쟁당사자는 교섭이나 그 밖의 평화적 수단에 의한 분쟁의 해결에 관한 의견을 신속히 교환해야 하고, 2. 당사자는 이러한 분쟁의 해결절차에 의하여 해결에 도달하지 못하였거나 또는 해결에 도달하였으나 해결의 이행방식에 관한 협의를 필요로 하는 상황인 경우, 의견을 신속히 교환해야 한다.

284조(조정)에 따르면, 1. 이 협약의 해석이나 적용에 관한 분쟁당사자인 당사국은 제5부속서 제1절에 규정된 절차나 그 밖의 조정절차에 따라 다른 당사자에게 그 분쟁을 조정에 회부하도록 요청할 수 있다. 2. 이러한 요청이 수락되고 당사자가 적용할 조정절차에 합의한 경우, 어느 당사자라도 그 분쟁을 조정절차에 회부할 수 있다. 3. 이러한 요청이 수락되지 아니하거나 당사자가 조정절차에 합의하지 아니하는 경우, 조정이 종료된 것으로 본다. 4. 당사자가 달리 합의하지 아니하는 한, 분쟁이 조정에 회부된 때에는 조정은 합의된 조정절차에 따라서만 종료될 수 있다.

제15부 섹션1에 규정된 의무를 요약하면, 첫째, 국제법의 관점에서 볼 때, 러시아와 노르웨이간의 분쟁은 국제적 분쟁으로 볼 수 있다. 둘째, 러시아와 노르웨이는 국제법에 따라 분쟁의 균등한 해결책을 찾아야 한다. 셋째, 러시아와 노르웨이는 힘의 사용을 통하지 않는 평화적인 방법으로 분쟁을 해결해야만 한다. 넷째, 러시아와 노르웨이는 UN헌장 제33조의 규정에 의한 수단을 통해 분쟁을 해결해야만 한다. 그러나 그럼에도 불구하고 양국은 UN헌장 제33조와 LOSC 제281조에 규정된 절차를 자유롭게 선택할 수 있다. 마지막으로, 양국은 협상이나 다른 평화적 수단에 의한 분쟁의 해결에 관한 의견을 신속히 교환해야 한다.

2) 제15부 섹션2, 3에 규정된 의무

LOSC 제15부 섹션2는 구속력 있는 결정을 수반하는 강제절차를 다룬다. 제286조(이 섹션에 따른 절차의 적용)에 따르면, 이 협약의 해석이나 적용에 관한 분쟁이 제1절에 따른 방법으로 해결이 이루어지지 아니하는 경우, 섹션3에 따를 것을 조건으로, 어느 한 분쟁당사자의 요청이 있으면 이 섹션에 의하여 관할권을 가지는 재판소에 회부된다. 287조(절차의 선택)에 따르면, 1. 어떠한 국가도 이 협약의 서명, 비준, 가입시 또는 그 이후 언제라도, 서면 선언에 의하여 이 협약의 해석이나 적용에 관한 분쟁의 해결을 위하여 다음 수단중의 어느 하나 또는 그 이상을 자유롭게 선택할 수 있다. (a)제6부속서에 따라 설립된 국제해양법재판소, (b)국제사법재판소, (c)제7부속서에 따라 구성된 중재재판소, (d)제8부속서에 규정된 하나 또는 그 이상의 종류의 분쟁해결을 위하여 그 부속서에 따라 구성된 특별중재재판소. 2. 제1항에 따라 행한 선언은 제11부 제5절에 규정된 범위와 방식에 따라 국제해양법재판소 해저분쟁재판부의 관할권을 수락하여야 하는 당사국의 의무에 영향을 미치지 아니하거나 또는 이로부터 영향을 받지 아니한다. 3. 유효한 선언에 포함되어 있지 아니한 분쟁의 당사자인 당사국은 제7부속서에 따른 중재를 수락한 것으로 본다. 4. 분쟁당사자가 그 분쟁에 관하여 동일한 분쟁해결절차를 수락한 경우, 당사자 간 달리 합의하지 아니하는 한, 그 분쟁은 그 절차에만 회부될 수 있다. 5. 분쟁당사자가 그 분쟁에 관하여 동일한 분쟁해결절차를 수락하지 아니한 경우, 당사자 간 달리 합의하지 아니하는 한, 그 분쟁은 제7부속서에 따른 중재에만 회부될 수 있다. 6. 제1항에 따라 행한 선언은 취소통고가 국제연합사무총장에게 기탁된 후 3개월까지 효력을 가진다. 7. 새로운 선언, 선언의 취소 또는 종료의 통고는 당사자 간 달리 합의하지 아니하는 한, 이 조에 따른 관할권을 가지는 재판소에 계류 중인 소송에 어떠한 영향도 미치지 아니한다. 8. 이 조에 언급된 선언과 통고는 국제연합사무총장에게 기탁되어야 하며, 사무총장은 그 사본을 당사국에 전달한다. 노르웨이는 Article 287에 따르겠다고 선언했다.[30] 반면 러시아는 제7부속서[31]에 따라 구성된 중재재판을 선택할 것이라 선언했다.[32]

그러나 섹션3의 298조(섹션2 적용의 선택적 예외)(1)(a)에 따르면, 1. 국가는 제1절에 의하여 발생하는 의무에 영향을 미침이 없이 이 협약 서명, 비준, 가입시 또는 그 이후 어느 때라도 다음 분쟁의 범주 중 어느 하나 또는 그 이상에 관하여 제2절에 규정된 절차 중 어느 하나 또는 그 이상을 수락하지 아니한다는 것을 서면선언할 수 있다. (a)(i)해양경계획정과 관련된 제15조, 제74조 및 제83조의 해석이나 적용에 관한 분쟁 또는 역사적 만 및 권원과 관련된 분쟁. 다만, 이러한 분쟁이 이 협약 발효후 발생하고 합리적 기간 내에 당사자 간의 교섭에 의하여 합의가 이루어지지 아니하는 경우, 어느 한 당사자의 요청이 있으면 이러한 선언을 행한 국가는 그 사건을 제5부속서 제2절에 따른 조정에 회부할 것을 수락하여야 하나, 육지영토 또는 도서영토에 대한 주권이나 그 밖의 권리에 관한 미해결분쟁이 반드시 함께 검토되어야 하는 분쟁은 이러한 회부로부터 제외된다. (ii) 조정위원회가 보고서(그 근거가 되는 이유 명시)를 제출한 후, 당사자는 이러한 보고서를 기초로 합의에 이르기 위하여 교섭한다. 교섭이 합의에 이르지 못하는 경우, 당사자는, 달리 합의하지 아니하는 한, 상호 동의에 의해 제2절에 규정된 어느 한 절차에 그 문제를 회부한다.

---

30)   UNTS 16 November 1994, No. 31363.
31)   그러나 억류된 선박이나 선원의 즉각적 서방과 관련하여, 러시아는 국제해상법재판소(ITLOS)를 선택한다고 선언했고, 어업, 해양환경의 보전과 보호 및 해양과학조사, 선박으로부터의 오염이나 항해와 관련하여서는 제7부속서에 규정된 특별중재재판소(special arbitral tribunal)를 선택한다고 선언했다.
32)   Ibid.

(iii) 이 호는 당사자 간의 약정에 따라 종국적으로 해결된 해양경계분쟁, 또는 당사자를 구속하는 양자협정이나 다자협정에 따라 해결되어야 하는 어떠한 해양경계분쟁에도 적용되지 아니한다.

러시아는 제298조에 따라 제15부 섹션2에 규정된 절차를 수용하지 않을 것이라 선언했고,[33] 노르웨이는 298조에 언급된 어떤 종류의 분쟁에 대해서도 적용이 가능하다고 규정한 제7부속서의 중재재판을 수용할 수 없다고 선언했다.[34] 따라서 러시아와 노르웨이가 287조에 의한 절차를 수용하지 않았기 때문에, 러시아와 노르웨이간의 분쟁은 제7부속서에 의한 중재재판으로 넘어갈 수 있었다. 그러나 러시아는 노르웨이를 구속력 있는 제3자 분쟁해결절차로 끌어들이기 위해 흔히 ICJ에서 이용되는 포럼(forum)에 대한 견해를 수용할 필요가 있었다.

제15부 섹션2, 3에 규정된 절차를 요약하면, ICJ규정 제36조와 제15부 섹션2,3에 의거한 양국의 선언을 통해 판단해 볼 때, 러시아 노르웨이 모두 상대방이 수용하지 않을 절차를 회피할 수 있는 최선의 방법은 구속력 있는 제3자적 해결방법이었다고 생각했다. 따라서 제15부는 양국의 의견을 수렴시킬 수 없을 것 같았다. 이것은 물론 양국 모두 그들의 해양경계 분쟁이 법정을 통해서가 아니라 협상을 통해서 가장 잘 해결될 것이고 생각하고 있었다는 사실에 비추어 보아야 했다. 노르웨이는 러시아보다 구속력 있는 제3자적 해결을 덜 두려워했다. 따라서 노르웨이는 제7부속서에 따른 중재재판이 아니라, 제15부 섹션2의 구속력 있는 결정을 수반하는 강제절차(compulsory procedure)와 '선택조항(optional clause)'을 수용했다.

---

33)   UNTS 16 November 1994, No. 31363.
34)   Ibid.

2. 해양경계획정의 방법

앞서 언급한 바처럼, LOSC 83조(1), 74조(1)에 따라 EEZ와 대륙붕의 경계를 획정할 때, 이것이 특별한 이유로 특별한 경우에 속하지 않는 한, 현재 '교정적 형평 접근법(corrective / equity approach)'의 사용에 대한 가정이 존재한다. 따라서 다음과 같은 질문이 도출된다. 현재의 분쟁에 다른 해양경계획정 방법을 적용할 특별한 이유가 있는가? 경계가 획정될 대부분의 지역에 양국의 해안선이 서로 마주보고 있다. 이런 경우, 즉 다른 접근법이 적용될 수 있는 가능성을 줄이는 교정적 형평 접근법이 타당하게 보인다. 루마니아 / 우크라이나 사건 (흑해사건)에서 보듯이, "대향적인 해안선이 관련되는 한, 잠정적인 경계획정선은 중간선이 된다."[35] 그러나, 관련된 해안선이 서로 바주 보는 것이 아니라 인접해 있는 남쪽지역에는 또 다른 접근법이 가능하다.

이 지역에서 노르웨이 해안은 인접한 러시아의 일반적인 해안보다 약간 더 바다쪽을 향해 있다. 이것은 자연적으로는 더 러시아에 속하는 지역으로 등거리선이 잠식되는 형태로 양측의 등거리선을 좀 더 동쪽으로 미는 효과가 있다.[36] 이등분선법(the bisector method)은 일반적인 해안선을 90도 각도로 그림으로써 이런 효과를 상쇄시킬 수 있다. 그러나 바랑게르 피요르드의 입구에 있는 노르웨이를 마주보는 리바치 반도(the Rybachiy Peninsula)의 존재는 이런 효과를 더 크게 만든다. 따라서 교정적 형평 접근법 이외의 방법을 사용

---

35) "So far as opposite coasts are concerned, the provisional delimitation line will consist of a median line between the two coasts," Romania / Ukraine case, 2009 ICJ Reports, para. 116.

36) See also Churchill and Ulfstein 1992, p.73.

할 특별한 이유는 없어 보인다. 교정적 형평 접근법에 의한 해양 경계획정은 다음의 과정을 거친다.

1) 잠정적인 등거리선 획정(Drawing the provisional equidistance line)

루마니아 / 우크라이나 사건(흑해사건)에서 보듯이, 등거리선(equidistance line)은, 특히 경계가 정해지는 지역에 가장 가깝게 위치한 돌출된 해안 지점에 주위를 기울이며, 관련 두 국가의 해안 중 가장 적절한 지점으로부터 정해진다.[37] 따라서 정해지는 등거리선은 양국 해안선의 바닷쪽 물리적 지리(physical seaward geography)에 크게 의존한다. 바렌츠해에 이것을 적용하면, 서로 다른 해안 지리에 의해 특징 지워지는 두 개의 섹터가 나타난다. 첫 번째 섹터는 서로 인접해 위치해 있는 해안에 의해 특징 지워지고, 두 번째 섹터는 마주보는 해안에 의해 특징 지워진다. 이들 두 섹터는 다음과 같이 다시 서로 다른 4개의 지역으로 나눠진다.(정확한 원본 자료들이 부족하기 때문에 추정 수치는 개략적이다.)

첫 번째 지역은 바렌츠해의 남쪽에 위치해 있다. 여기는 2007년 바랑게르 피요르드 협정(Varanger Fjord Agreement, 2007)의 해안경계 종점으로부터 200해리 배타적 경제수역(EEZ)의 끝까지 단일의 해안경계선이 필요하다. 이 등거리선의 모양은 노르웨이와 러시아 본토의 인접한 해안선으로부터 영향을 받는다. 노르웨이측에서, 등거리선에 영향을 미치는 해안선의 말단은 키베르그네스 곶(Cape Kibergnes)의 끝과 바르도(Vardø)가 위치해 있는 섬의 북동쪽 끝이다. 러시아측에서, 이 등거리선은 적어도 두 개의 말단, 즉 리바치 반도의

---

37)   Romania / Ukraine case, 2009 ICJ Reports, para. 117.

북동쪽 끝과 북서쪽 끝에 의해 영향을 받는 것 같다. 게다가 등거리선은 더 동쪽에 있는 러시아 본토 해안의 말단에 의해 영향을 받는다.

두 번째 지역은 양국의 해안으로부터 200해리가 넘는 곳에 위치해 있다. 이 부분의 등거리선을 구성하는 대부분의 해안선은 서로 마주보고 있다. 여기서 단일의 해안경계선은 대륙붕의 경계(continental shelf boundary)로 전환된다. 여기서 노바야 제믈랴(Novaya Zemlya)의 해안 끝단과 바랑게르 반도의 바르도(Vardø)의 먼 서쪽 해안 말단은 경계선의 모양에 결정적인 영향을 미치는 것 같다. 그리고 호프섬(Hope Island)의 해안 말단은 더 북쪽에 있는 노바야 제믈랴의 해안을 따라 위치한 해안 말단을 접수한다. 이 지역에서는 양국의 EEZ 너머에 있는 지역에서(소위 말하는 'Loophole')와 마찬가지로 공해 포

그림 1 바렌츠해 분쟁지역

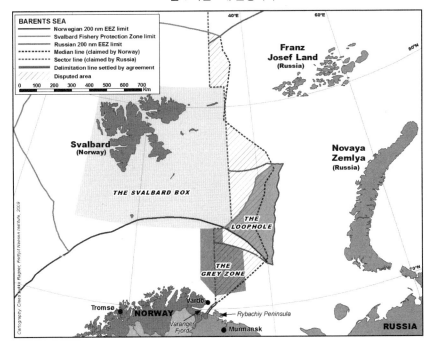

켓(pocket of high seas)이 형성된다.

세 번째 지역은 양국 해안, 즉 노르웨이 측 슈발바르 아치펠라고와 러시아 측 프란츠 이오시프의 200해리 이내에 위치해 있다. 따라서 대륙붕 경계는 다시 단일의 해안경계선으로 전환된다. 노르웨이 측 콩 칼스 랜드(Kong Karls Land)와 크비토야(Kvitøya)의 해안 말단(coastal extremities)과 러시아 측 빅토리아(Viktoria)의 해안 말단은 이 부분에서 등거리선을 구성하는 듯 보인다.

네 번째 지역은 노르웨이 측 슈발바르 아치펠라고와 러시아 측 프란츠 이오시프 해안으로부터 200해리 너머에 위치해 있다. 따라서 단일의 해안경계선은 다시 대륙붕 경계로 바뀐다. 여기서 등거리선은 세 번째 지역의 일부에서와 마찬가지로 노르웨이 측 크비토야와 러시아 측 빅토리아에 의해 영향을 받는다.

이렇게 첫 번째 단계의 해양경계획정 과정을 거치면, 두 번째 단계로 넘어간다. 두 번째 단계는 앞서 논의한 잠정적 등거리선을 조정할만한 특별한 고려사항 또는 특수환경이 있는지를 검토한다.

2) 잠정적인 등거리선을 조정할만한 환경적 요소(Circumstances)

노르웨이는 이 잠정적인 등거리선을 조정할만한 어떤 특별한 고려사항(circumstances)도 존재하지 않는다고 주장한다. 그러나 러시아는 1926년 소비에트령(Soviet Decree)에 명기된 앞서 언급된 섹터라인(sector line)에 따라 경계를 획정해야 할 특별한 고려사항이 있다고 생각하거나 또는 이 령 자체가 해양경계를 이루고 있다고 생각한다.[38]

우선 러시아 측 주장을 검토해보자. 1929년 령에는 자연적으로 해양지역

---

38)   Churchill and Ulfstein 1992, pp.74–75.

에 대한 주권 언급이 없다. 왜냐하면, 해양주권의 개념은 당시 국제법 하에서는 성립되지 않았기 때문이다. 이 법령은 명백하게 '섬(lands)과 본토(inlands)'를 언급하고 있다.[39] 그러나, 이 법령이 발포될 당시 영해(territorial sea)를 제외하고는 해양지역(maritime zones)에 대한 개념이 존재하지 않았기 때문에, 이 령은 국제법(international law)에 의해 해양지역에 대한 유효한 권리주장(rightful claim)으로 인정될 수 없다. 문제는 그 때 이래로 국제법이 이 법령을 개별적인 해양지역에 대한 유효한 권리주장으로 인정했는가 이다. 그러나 인정했다는 자료는 거의 없다.[40] 게다가 섹터라인을 주장하는 이 법령을 묵인(acquiescence), 금반언(estoppel) 또는 어떤 다른 형태의 암묵적 협정(tacit agreement)에 의해 노르웨이가 수용했다는 어떤 증거도 없다. 반대로 노르웨이는 명백하게 그리고 일관적으로 섹터라인을 경계로 사용할 수 없음을 주장했다.[41] 따라서, 소비에트의 섹터 법령이 노르웨이와 러시아간의 해양경계를 성립시켰다는 견해는 어떤 법적인 근거도 없다.

다음 문제는 이 경우 등거리선을 조정할만한 다른 고려사항이 있는가 이다. 러시아는 등거리선을 조정할 일련의 비지리적 고려사항(non-geographical circumstances)을 주장했다. 이것들 중에는 어업자원(fishing resources), 얼음상태(ice conditions), 인구규모(population size), 안보적 이해관계(security interests), 해운(shipping)과 슈발바르 조약(Svalbard Treaty)의 존재 등이 있다. 어업자원과 관련하여, 판례(case law)는 일반적으로는 어업에 종사하는 해안 인구 또는 특별하게 분쟁 해역에 존재하는 어종을 부분적으로 인정했다.

---

39)   See Churchill 2001, p.122; Churchill and Ulfstein 1992, p.75.

40)   Churchill 2001, p.122.

41)   Churchill and Ulfstein, 1992, p.75.

이런 종류의 증거는 그린란드 / 얀 마이엔 사건(Greenland / Jan Mayen case) 과 에리트리아 - 에멘 중재재판(Eritrea - Yemen arbitration)에서 유효했다.[42] 그러나, '관련국 주민의 생활과 경제적 복지에 재앙적인 영향(catastrophic repercussions for the livelihood and economic well-being of the population of the countries concerned)'이 있을 것이라는 사실을 증명해야만 한다.[43] 이것은 강력한 입증책임(burden of proof)을 의미하고, 이 기준이 충족될 가능성은 아 주 낮아 보인다. 만약 이 기준이 역할을 해야 한다면, 양 당사국이 이미 잠정적 인 협정(the 'Grey Zone Agreement')을 맺은 남부 해역에서 가능할 것이다.

이 기준이 완전히 충족되었다고 주장하려면 또 다른 검증이 필요하다. 안보 적 이해관계(Security interests)도 중요한 역할을 했지만, 이 등거리선이 이 선 의 이동을 요구할만큼 어떻게 러시아의 안보에 영향을 미칠 수 있는지를 확 인하기는 어렵다. 반면, 얼음상태(ice conditions)는 중요한 역할을 할 수는 있 다. 왜냐하면, 남부 바렌츠해의 동쪽 부분에서 얼음의 상태가 서쪽 부분보다 훨씬 더 열악하기 때문이다.[44] 그러나, 어업자원과 관련하여, 얼음상태에 근거 하여 등거리선을 조정하려는 시도는, 어쨌든 국제재판소(courts)나 중재재판 소(tribunals)에서 인정되더라도, 그 장벽이 상대적으로 높다. 따라서 바렌츠해 의 얼음의 존재가 등거리선의 조정을 가능하게 할 것 같지 않다. 해양경계획 정 지역과 관련이 없는 해운, 인구규모, 경제적 요인 등에 대한 주장은 국제법

---

42) The Greenland/Jan Mayen case, above n.60, paras. 75–76; Eritrea/Yemen arbitration, Award in the First Stage, 9 October 1998, paras. 126, 527, and Award in the Second Stage, para. 103.

43) The Gulf of Maine case, above n.19, para. 237; Romania / Ukraine case, above n.236, para. 198.

44) See Oude Elferink 200, p.189.

에서 인정되지 않는다. 1920년 슈발바르 조약과 관련하여, 이 조약은 '슈발바르 박스(Svalbard box)' 내에 한정된 슈발바르에 대한 노르웨이의 완전한 주권을 인정했다.[45] 러시아는 이 조약의 '슈발바르 박스'의 경계는 슈발바르의 해양지역에 국한된다고 주장한다. 그러나 이 조약의 경도와 위도는 해양경계로서가 아니라 이 조약이 적용되는 큰 섬(land)과 작은 섬들(islands)을 묘사하기 위한 것이다. 따라서 1926년의 소비에트의 포고령은 등거리선을 조정할만한 관련 고려사항으로 볼 이유가 없다. 게다가 해저지형(geology of the seabed)도 관련성이 떨어진다. 왜냐하면, 특별한 침하도 없이 얕고, 법적 관점에서, 하나의 지속적인 대륙붕을 이루고 있기 때문이다.[46] 오히려, 모든 비지리적 고려사항은 국제재판소(courts)나 중재재판소(tribunals)가 미국과 캐나다의 메인만 사건(Gulf of Maine case)에서 원래 주장되었던 '중립적 기준(neutral criterion)'을 인정함으로서 최소화되었다.[47] 이 기준에 따르면, 등거리선을 조정하기 위해 고려사항은 해저(seabed) 및 상부수역(superjacent waters) 모두에 균등하게 고려되어야만 한다.[48] 따라서 비지리적 고려사항이 종속적인 지역에서는 지리적 고려사항에 우선순위(preference)가 주어진다.

따라서 결국, 등거리선을 조정할만한 고려사항이 없음을 확인하고, 교정적 형평 접근법(corrective / equity approach)의 마지막 세 번째 단계인 비례 테스트로 넘어간다.

---

45)   Treaty concerning the Archipelago of Spitsbergen of 9 February 1920, 2 LNTS 7, Art.1.
46)   See final recommendation adopted by the Commission on the Continental Shelf in respect of areas in the Arctic Ocean, the Barents Sea and the Norwegian Sea.
47)   The Gulf of Maine case, above n. 19, para. 112.
48)   Ibid.

3) 개별국가에 할당된 해양영역과 해안선의 길이간의 비례[49]

이 마지막 세 번째 단계의 목적은 지금까지의 해양경계획정의 과정에서 도출된 결과가 상대적인 해안선의 길이와 생성된 해양지역의 할당(apportionment)간의 심각한 불비례(disproportionality)를 야기하지 않았다는 것을 확인하는 것이다.[50] 이미 살펴본 것처럼, 국제재판소(courts)나 중재재판소(tribunals)는 이 단계에서 완전하게 모양을 바꾸는 문제는 있을 수 없다고 판결했다. 문제는 불비례나 특정 지리적 형태(geographical configurations)에 의해 야기된 불가피한 효과를 개선하는 것이다.[51] 더 나아가, 대륙붕(continental shelf)이나 EEZ 분배가 각각의 해안선의 길이에 맞게 비례적으로 이루어지도록 하는 것이다. 오히려 이것은 새로 형성된 해양경계선의 형평성(equitableness)에 대한 사후소급적용(ex post facto) 검토이다.[52] 관련 해안선의 길이와 해양지역을 계산하는데 사용될 방법에 대해서는 판례로서 수립된 어떤 명백한 요구조건도 없다. 따라서 이 단계는 대개 법정의 자유재량(court's discretion)의 문제이다.[53] 그러나 이 단계까지 획정된 경계선의 조정을 정당화하기 위해서는 명백하게 중요한 불비례가 존재해야 한다. 다른 학자들의 몇몇 추정치는 등거리선을 사용함으로써 바렌츠해의 분할은 전체적으로 약 60 / 40의 비율로 러시아에 유리하다.[54] 그러나, 이 수치가 설사 맞다고 하더라도, 바렌츠해를 전체로서 하나로 보는 것은 맞지 않은 것 같다. 그리고 관련 해안선을 어떻게 계산

---

49) Proportionality between the ratios of the resulting maritime area allocated to each state and relevant coastal lengths.
50) Romania / Ukraine case, above n. 235, para. 210.
51) Ibid.
52) Ibid., paras. 211.
53) Ibid., paras. 212–13.
54) See Tresselt 1998 p.79 and Churchill and Ulfstein 1992, pp.71–72.

할 것인가도 적절한 비교를 위해 결정되어야만 한다. 그러나 60 / 40의 비율은 아마 해양지역의 비율(proportions in the area)을 의미하는 것 같다. 그리고 만약 그것이 맞다면, 이런 불비례가 어떻게 "중대한(significant)" 것이라 불릴 수 있는지를 확인하기는 어려울 것이다. 기억해야 할 것은, 법적으로 말해, 분쟁지역은 176,000 ㎢에 훨씬 미치지 못한다는 것이다. 왜냐하면, 섹터이론(sector principle)은 법적인 구속력이 없기 때문이다. 분쟁지역을 구성하는 것은 서로 마주보든지(opposite), 인접하든지(adjacent), 또는 중첩하든지(overlap), 분쟁당사국의 해양지역 어디에 누구의 법적인 권리(legal entitlement)가 주어지는 가이다.[55] 바렌츠해에서, 이 문제는 200해리 대륙붕과 EEZ가 중첩되는 첫 번째 섹터의 첫 번째 지역(the first segment of the first sector), 그리고 두 번째 섹터의 세 번째와 네 번째 지역(the third and fourth segments of the second sector)과 관련이 있다. 이 쟁점을 좀 더 심층적으로 분석하기 위해서는 지금까지 입수 가능한 자료보다 좀 더 정확한 자료가 요구된다.

결론적으로, 교정적 형평 접근법(corrective / equity approach)의 세 단계 방법은 바렌츠해에서 노르웨이와 러시아간의 해양경계획정에 명백하게 적용가능하다. 러시아가 주장한 특별한 고려사항(special circumstances)이 등거리선의 조정을 어떻게 가능하게 했는지는 알기 어렵지만, 여기서 검토된 판례를 통해서 볼 때 이 등거리선(the equidistance line)은 이 경우 강력한 근거를 가진다고 결론 내릴 수 있다. 그러나 법적으로 말해, 결과적으로 분쟁당사국들에 분배된 해양지역과 개별국가들의 해안선의 길이간의 중대한 불비례 (significant disproportion)가 존재했느냐는 여전히 의문으로 남는다.

---

55)   Romania / Ukraine case, above n.235, para. 77.

Ⅲ. 바렌츠해 조약 / 공동선언의 내용과 평가

1. 내용

2010년 4월 노르웨이 공식방문기간 중, 러시아의 메드베데프 대통령과 노르웨이 수상 슈톨텐베르그(Jens Stoltenberg)는 바렌츠해의 해양경계 및 협력에 대한 협정을 발표했다.[56] 해양경계조약은 2010년 9월 15일 무르만스크에서 조인되어, 양국 간의 40여년의 긴 협상을 끝냈다.[57]

'교정적 형평 접근법(corrective / equity approach)'의 3단계 방식이 바렌츠해의 러시아와 노르웨이간 해양 경계획정 분쟁에 적용이 가능했다. 러시아가 주장한 '특수환경'이 등거리선의 조정을 얼마나 정당화할지 알 수 없기 때문에, 노르웨이는 국제적 판례와 규정에 근거하여 등거리선을 주장했다. 남은 문제는 엄밀한 법적인 관점에서, 양국에 분배된 해양영역의 비율과 양국의 해안선의 길이 간에 얼마나 많은 불비례가 있느냐와 양국이 그것을 어떻게 인식하느냐 였다.

2010년 4월의 공동성명에서, 양국 간 경계선은 "분쟁해역을 대략 같은 크기로 나누는 선"이 될 것임을 권고했다. 러시아와 노르웨이 간 바렌츠해의 분쟁지역은 노르웨이가 주장하는 동쪽 중간선(median line in the east)과 러

---

56) "Joint Statement on Maritime Delimitation and Cooperation in the Barents Sea and the Arctic Ocean," www.regjeringen.no/en/dep/ud/Whats-new/news/2010/statementdelimitation.html?id=601983 (검색일 : 2012년 7월 15일) 부속서1도 참조.

57) 양국 간 40여년의 긴 협상과정에 대해서는 예병환, "러시아-노르웨이 해양분쟁과 바렌츠해 조약",『독도연구』제14호(2013년 6월), 영남대학교 독도연구소 참조. 바렌츠해의 해양경계 및 협력에 대한 협정의 영문판은 www.regjeringen.no/en/dep/ud/campaign/delimitation/treaty.html?id=614006 참조(검색일 : 2013년 4월 12일).

시아가 주장하는 서쪽 섹터 선(sector line in the west) 사이의 대략 175,000 km²였다.[58] 분쟁지역은 세 부분이었다.[59] 첫 번째 지역은 바랑게르피요르드 (Varangerfjord)의 입구에서 시작하여, 노르웨이와 러시아 본토로부터 200해리에 까지 뻗어있는 지역이다. 대륙붕과 200해리 배타적 경제수역의 경계가 필요했다. 두 번째 지역은 200해리 너머에 있는 바렌츠해 중간수역으로, 서로 마주보는 노르웨이 본토와 슈발바르드 제도 및 러시아(노바야 제믈랴)간의 대륙붕 경계가 필요했다. 세 번째 지역은 북부 바렌츠해 지역으로, 대륙붕의 경계와 더불어 서로 바주보는 노르웨이의 슈발바르드 제도와 러시아의 프란츠 이오시프 및 노바야 제믈랴의 외부에 있는 러시아의 EEZ와 슈발바르드 어업보호수역(fisheries protection zone)간의 경계가 필요했다. 2010년 9월 조약의 제1조는 경계선을 획정하는 8개의 좌표를 규정하고 있다. 또한 해설적 지도가 조약에 부속되어 있다(바렌츠해 조약 부속 도해 해도 참조).

---

58)   Robin Churchill and Geir Ulfstein, Marine Management in Disputed Areas : The Case of the Barents Sea (London: Routledge, 1992), p.63–65.
59)   Ibid., p.69.

그림 2 바렌츠해 조약 부속 도해 해도

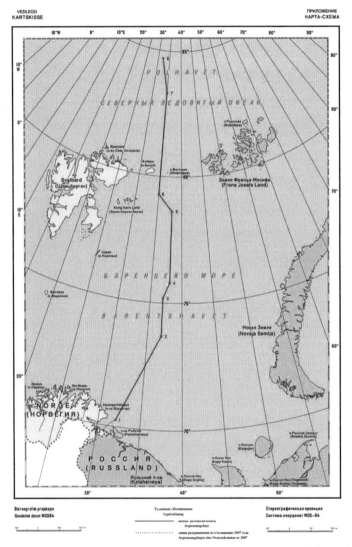

출처 : 노르웨이 외무부

2. 평가[60]

우선 양국간 해양경계 분쟁의 해결에 적용된 국제법에 대해 언급할 필요가 있다. 1958년 UN 대륙붕 협약과 1982년 UN 해양법협약에 따라, 연안국들은 해양경계 분쟁이 어떻게 해결되어야 할지 합의할 수 있었다. 그러나 바렌츠해 분쟁 양 당사국들은 협상과정과 2010년 공동선언에서 그리고 경계획정 조약의 전문에서 국제법을 언급했다.

이미 언급되었듯이, 1970년대 협상의 착수에서 적용 가능한 법은 1958년 UN 대륙붕협약 제6조였다. 이것은 나중에 UN 해양법협약 제74조와 83조로 대체된다. 후자의 두 조항은 이미 앞에서 언급했다.

국제법의 규정과 형평(equity)에 대한 언급은, 카예(Stuart Kaye)가 지적하듯이, 이들 해양영역의 경계획정을 위한 객관적인 기준이 없다는 것을 의미한다.[61] 핵심규칙으로 중간선(median line) / (등거리선, equidistance)을 주장하는 국가들과 경계선은 형평의 원칙(equitable principles)에 의해 획정되어야 한다고 주장하는 국가들 간의 협상에서 다자간 의견불일치가 그 배경이 된다.[62] 사실, 제74조와 83조는 ICJ나 중재재판소가 이 분야의 국제법을 발전시키기 위해 인도했던 것이다.[63] 2006년 바베이도스와 트리니다드 토바

---

60) Tore Henriksen, Geir Ulfstein, "Maritime Delimitation in the Arctic: The Barents Sea Treaty," Ocean Development & International Law, 42:1–21, 2011.

61) Stuart Kaye, "Lessons Learned from the Gulf of Maine Case : The Development of Maritime Boundary Delimitation Jurisprudence since UNCLOS III," Ocean and Coastal Law Journal 14 (2008) : 74.

62) R. R. Churchill and A. V. Lowe, The Law of the Sea, 3rd ed.(Manchester : Manchester University Press, 1999), 191.

63) Kaye(2008), p.74.

고 사건(case between Barbados and Trinidad and Tobago)에서, 중재재판소(arbitral tribunal)는 적용 가능한 법을 열거하면서, 이들 규정에 대해 지난 60여 년 동안 전개되어 온 문제에서 관습법(customary law) 또한 사법적 판단이나 중재 의견과 더불어 경계획정의 어떤 과정에도 적용될 수 있는 고려사항(considerations)을 구성하는 특별한 역할을 가진다고 언급했다.[64]

해양경계획정에서 국제재판소나 중재재판소에 의해 적용된 방법은 최근 세분화되었다. 경계획정은 두 단계를 거친다. 첫째, 잠정적인 등거리선이 관련 해안선에 기초하여 그어진다. 둘째, 조정을 요구하는 관련 환경들이 확인된다. 루마니아 대 우크라이나 사건(Romania v. Ukraine Case)에서 ICJ가 언급한 관련 환경의 기능은 "잠정적인 등거리선이 이 사건의 특정 환경에서 형평에 어긋난다고 인식되는 것을 확인하는 것"이다.[65] 따라서 최근의 판례는 등거리 원칙(status of equidistance)을 강조한다.[66] 바베이도스와 트리니다드 토바고 사건(2006)에서, 중재재판소가 언급했듯이, 관련 환경은 "점차 지리적 고려사항으로 되고"있다.[67] 그 이유는 대륙붕과 EEZ의 단일 경계선 획정에서, 지리적 환경은 지질학적 자원 관련적 환경에 비해 중립적인 것으로 인식되기 때문이다.[68] 국제재판소들과 중재재판소들은 특정사건의 균형적 해결에 대한 전

---

64) Reports of International Arbitral Awards, vol.27, 147–251, para. 223, www.untreaty.un.org/cod/riaa/cases/vol XXVII/147–251.pdf (검색일 : 2013년 3월 10일)

65) Case Concerning Maritime Delimitation in The Black Sea(Romania v. Ukraine), Judgment, 3 February 2009, para. 155, available at www.icj-cij.org/docket/files/132/14987.pdf (June 2010).

66) Kaye(2008), pp.81–82; Malcolm Evans, "The Law of the Sea," in International Law, ed. M. Evans(Oxford : Oxford University Press, 2003), 648–649.

67) 2006 Barbados / Trinidad and Tobago Award, PCA Awards Series, Vol.V(2007). para. 233.

68) Ibid., para. 228.

면적 요구안에서 이러한 환경적 고려사항을 결정하고 비중을 결정할 특정 기준을 가진다.[69] 루마니아 대 우크라이나 사건에 적용된 세 번째 단계는 1단계와 2단계에서 나타난 선이 "각각의 해안선의 길이 비율과 각국의 관련 해양영역의 비율간의 명백한 불비례(marked disproportion)"에 의한 "불균등한 결과(inequitable result)"로 이끄느냐 아니냐를 법원이 평가하는 것이다.[70] 다시 비율계산(proportionality calculation)을 하는 이 단계는 해양경계 획정에서 지리적 기준의 강조를 더욱 강화하는 것 같다.

가능한 관련 환경 또는 특수한 환경은 지리적 비지리적 두 개의 그룹으로 나눌 수 있다. 도서의 존재는 작은 섬들이 고려대상에서 제외되거나 완전한 효과가 배제되어 "경계선에 대해 불균등한 효력(disproportionate effect)"을 가지기 때문에 관련 지리적 환경이 될 수 있다.[71] 관련 해안지형의 침입(encroachment) 또는 차단(cutoff)의 효과를 창조하는 상황은 또 다른 관련 환경이 될 수 있다.[72] 비지리적 관련 환경은 서로 다른 형태의 경제적 요소를 포함한다. 그러나 ICJ는 국가들 간의 부의 불평등을 관련 환경으로 인정하지 않았다.[73] 국제재판소들과 중재재판소들은 분쟁지역 내의 천연자원의 존재와 위치를 관련환경으로 고려하기를 꺼려한다.[74] 여기에 대한 하나의 예외가 ICJ가 케펄린 어장(capelin fishery)에 대한 접근권을 관련 환경으로 고려한 얀 마이엔 사건(Jan Mayen Case)이다.[75] 그러나 2009년 루마니아 대 우크라이나 사건

---

(69)   Ibid., para. 244.

(70)   2009 Romania / Ukraine case, 2009 ICJ Reports, para. 122.

(71)   Ibid., para. 185, Kaye(2008), pp.82~85.

(72)   Kaye(2008), pp.86~88.

(73)   Ibid., pp.90–91.

(74)   Barbados v. Trinidad and Tobago, supra note 66, para. 241; Kaye(2008), pp.92~94.

(75)   Maritime Delimitation in the Area Between Greenland and Jan Mayen, Judgment, [1993]

에서, ICJ는 1984년 메인 만 사건(Gulf of Maine Case)의 부수적 의견(dicta)[76]을 언급하면서, 채택된 중간선(median line)은 "지역주민의 생계와 경제적 복지에 대한 재앙적 반향"을 야기한다는 어떤 증거도 없다고 결론지었다.[77] 관련이 있다고 생각할 수 있는 또 다른 환경은 안보(security)이다.[78] 그러나 이것은 분쟁 지역이 관련 당사국의 해안에서 멀리 떨어져 있는 경우에는 적절하지 않다.[79] 마지막으로, 어떤 불비례도 자격이 있는 것은 아니지만, 지리적 환경은 해안 선의 길이 간의 불비례를 포함한다. 카메룬 대 나이지리아 사건(Cameroon v. Nigeria case)의 경우, ICJ는 "개별 당사국들의 해안선의 길이의 현격한 차이 (substantial difference)"는 관련 환경으로 볼 수 있다고 언급했다.[80]

다음으로, 바렌츠해 조약(The Barents Sea Treaty)의 내용을 검토하고 평가할 필요가 있다. 바렌츠해 조약 하에 러시아와 노르웨이는 그들 해안선으로부터 200해리 내의 지역에 있는 EEZ와 대륙붕의 단일 경계선과 200해리 너머까지 확장된 러시아와 노르웨이 간의 대륙붕 경계선을 수립했다.[81] UN 대륙붕 경계획정위원회(UN Commission on the Limits of the Continental Shelf)는 바렌츠해의 200해리 너머에 있는 해저(seabed)는 CLOS 제 76조에 규정된 대륙붕의 외측 경계 이내에 있다고 결론지었다.[82]

I.C.J. Reports, paras. 72–76, 70–72.

76) Gulf of Maine Case (Canada v. United States), Judgment, [1986] I.C.J. Reports 246.

77) Romania v. Ukraine, supra note 69, para. 198.

78) Kaye(2008), p.98.

79) Continental Shelf (Libyan Arab Jamahiriya/Malta), Judgment, [1985] I.C.J. Reports, para. 51, p.42.

80) Land and Maritime Boundary Between Cameroon and Nigeria (Cameroon v. Nigeria: Equatorial Guinea Intervening), Judgment, [2002] I.C.J. Reports, 446–447, para. 301.

81) Norway-Russia Treaty, supra note 56, art.2.

82) "Recommendations of the Commission to Norway,", www.un.org/Depts/los/clcs

2010년 4월의 공동선언에 의하면, 경계선은 "균등한 해결을 위해 국제법"에 기초하여 이루어졌다.[83] 양 당사국은 계속해서 이런 관점에서 "국제법에 정의된"그리고 확대된 해양경계획정에 관한 판례에 따라 합당하다고 판단되는 "관련 요소들(relevant factors)"[84]을 적용했다고 확인해주었다. 그러나 공동선언은 국제재판소들이나 국제중재재판소들에 의해 발전된 특정 원칙 또는 규범적 선언들을 거의 포함하고 있지 않았다. 언급되어 있는 유일한 관련 요소는 "각각의 해안선 길이의 명확한 불균등의 효과"였다. 공동선언에서 중간선이나 등거리선 또는 섹터 라인에 대한 어떤 언급도 없다는 사실은 특히 언급할 가치가 있다. "관련 환경 또는 특수 환경(special circumstances)"이라는 확립된 개념 대신 "관련 요소(relevant factors)"라는 덜 명확한 단어를 사용한 것은 경계획정의 과정이 최근 3자 중재판결(third party adjudications)에서 사용된 것과는 다르다는 사실을 의미할 수 있다. 국제법에 부가적으로, 양 당사국은 "당사국간의 오랜 협상과정에서 성취된 성과도 고려했다" 이런 형식(formulation)은 비법적인 요소들도 관련될 수 있고, 또한 최종 경계선 획정에서 비중이 실릴 수 있다는 사실을 보여준다.

결국 타결된 바렌츠해 조약의 발표에 이어 진행된 기자회견에서, 노르웨이 수상은 노르웨이가 오랫동안 주장해 온 중간선과 등거리선 입장을 포기했다는 사실을 부인했다.[85] 그는 중간선이 출발점으로 이용되었지만, 러시아의 더 긴 해안선을 수용하기 위해 조정되어야만 했다고 말했다. 그는 계속해서 이것

---

new/submissions files/nor06/nor rec summ.pdf(검색일 : 2013년 4월 12일)
83)   Joint Statement, supra note 55, para. 4.
84)   Ibid.
85)   Aftenposten, 27 April 2010, www.aftenposten.no/nyheter/iriks/article3625442.ece.(검색일 : 2013년 5월 11일)

은 노르웨이가 오랫동안 주장해 온 입장이라고 말했다. 그러나 이것은 양국 간 해양경계획정에서 어떤 관련 환경도 없고, 경계선은 중간선이 되어야 한다는 노르웨이의 이전 주장들과 비교될 수 있다. 2010년 9월 조약 조인식에서 양국간 경계획정 문제의 해결책은 "근대 국제법 원칙에 기초해" 있다는 사실이 노르웨이인들에 의해 강조되었다.[86] 러시아 외무장관은 바렌츠해 조약이 "국제법의 제 원칙과 규범을 완전히 따르고 있다"고 선언했다.[87]

동 조약 제1조 3항에 언급된 경계획정의 사항들을 보여주는 한 방법으로서 바렌츠해 조약에 지도가 부속되어 있다. 이 지도에 근거하면, 중간선에 기초한 경계선이 어느 정도까지 조정되었는지 평가하기 어렵고, 동 조약은 양국간 경계선이 어떤 원칙에 의해 설정되었는지에 대한 정보를 거의 제공하지 않고 있다. 2010년 4월 공동선언은 좀 더 자세하게 중간선과 섹터 라인간의 분쟁해역이 "거의 같은 크기의 두 개의 영역으로"[88] 분할되었다고 밝히고 있다. 이것은 러시아 외무장관에 의해 더 명확하게, "양 당사국 모두에게 약 88,000㎢"[89]로 발표되었다.

---

86)   Press release 15 September 2010, No.118 / 10, "Treaty on Maritime Delimitation and Cooperation in the Barents Sea and the Arctic Ocean Signed Today,"www.regjeringen. no/en/dep/smk/press-center/Press-releases/2010/treaty.html?id=614254 (검색일 : 2013년 3월 22일)

87)   "MFA Information and Press Department Comment in Relation to the Signing of a Russian - Norwegian Treaty on Maritime Delimitation," 1225–16-09–2010, www.mid.ru/ brp 4.nsf/e78a48070f128a7b43256999005bcbb3/f667f47638157ab7c32577a1001cf3e1?Ope nDocument(검색일 : 2013년 3월 24일)

88)   Joint Statement, supra note 55, para. 4.

89)   "Russian MFA Spokesman Andrei Nesterenko Response to Media Question Regarding Russian-Norwegian Agreement on Delimitation in the Barents Sea and the Arctic Ocean," 556–28-04–2010, www.mid.ru/brp 4.nsf/e78a48070f128a7b43256999005bcbb3/28a65082 88dace24c32577140029dbdc?OpenDocument(검색일 : 2013년 4월 15일)

"각각의 해안선 길이의 명확한 불균등의 효과"에 대한 공동선언의 명백한 언급은 가장 중요한 '지리적 관련 환경'의 하나로서 인정된 해안선 길이 간의 불균등을 언급하고 있다. 그러나 판례에 따르면, 모든 해안선이 관련되는 것은 아니다. 2009년 흑해 사건(Black Sea Case)에 따르면,[90] 분쟁지역의 해안선만이 고려된다. 그러면, 불균등 효과를 확인하기 위해 분쟁지역의 전체 해안선이 측정되어야 하는지 또는 인접하는 본토 해안선의 남쪽부분만 측정해야 하는지에 대한 의문이 따른다. 경계획정을 위해 선택된 관련 해안선과 그 길이의 계산에 대한 정보가 부족하기 때문에, 경계획정에 대한 이런 환경의 영향력에 대한 평가가 불가능하다. 조약에 부속된 지도의 경계선은 해안선 길이의 불균등의 효과가 가장 큰 지역이 남부이고, 이것은 아마도 바랑게르 반도(Varanger peninsula)가 러시아의 해양영역에 침투해 들어가는 효과를 감소시키기 위해 조정되었을 것이라는 사실을 보여준다. 200해리 너머에 있는 대륙붕의 양국간 경계가 이루어지는 중간해역에서, 지리적 지질학적 요소들이 적용되었는지 아닌지를 평가하기 어렵다. 슈발바르드 아치펠라고의 해안선이 고려된 해양 영역의 경계획정과 관련하여, 양국간 경계선이 러시아에 의해 주장된 수정된 섹터 라인과 정확하게 일치하는 것은 아니라는 사실도 충분히 밝힐 수 있다.

천연자원에 대한 접근권은 '관련 요소' 또는 '관련 환경'으로 이용된 것 같지는 않다. 공동선언문에서, 노르웨이와 러시아 그리고 그들의 해안공동체들에 대한 해양생물자원의 경제적 중요성과 그것들에 대한 양국 어민들의 역사적 이용(historical exploitation)에 대한 어떤 언급도 없다. 이것은 바렌츠해 조약의 전문에도 반복되어 있다. 양 당사국들은 이 조약은 양국의 어업 기호(가능성)

---

90)   Romania v. Ukraine, supra note 69, paras. 77–78.

에 어떤 부정적인 영향도 미치지 않는다고 합의했다.[91] 동 조약은 또한 석유자원의 분배에 관한 규칙과 절차들에 대한 규정을 포함하고 있다.[92]

초기의 한 연구에 따르면, 첫째, 노르웨이 본토의 바다를 향한 연장된 지세를 고려하고, 둘째, 양국 해안선의 길이와 양국에 속하는 대륙붕의 면적의 합리적인 균형 정도를 반영하며, 셋째, 전체적이든, 부분적이든, 슈발바르드 제도와 프란츠 이오시프 아치펠라고의 흩어져 있는 많은 도서의 효과를 감소시키기 위해 국제법은 수정된 중간선을 수용할 수 있다고 주장했다.[93]

그러나 분쟁지역의 대략적인 균등분할을 이룬 바렌츠해 조약은 양국간 합의된 경계가 노르웨이에 의해 주장된 수정된 중간선에 가까운지 아니면 러시아가 주장한 수정된 섹터 라인에 가까운지 하는 의문을 야기한다.

바렌츠해 조약의 특징은 러시아가 노르웨이로부터 200해리 이내이고 러시아로부터 200해리 밖에 있는 경계선의 동쪽 해역에서 주권적 권리와 배타적 관할권을 행사할 자격을 가지게 되었다는 점이다.[94]

노르웨이 - 러시아 경계획정 조약은 다른 현존하는 또는 미래의 해양경계 분쟁에 명확한 함의를 거의 제공하지 않는다. 그럼에도 불구하고, 이 조약은 북극해 5개 연안국(미국, 캐나다, 러시아, 덴마크, 노르웨이)의 선언을 확인해 준다. 2008년 일루리사트 선언(Ilulissat Declaration)은 북극해와 인접해들은 해양법과 해양법에의 준수를 통해 중첩되는 각국의 영토적 주장들이 질서정연하게 해결되는 종합적인 법적 틀에 종속된다고 선언했다.[95] 노르웨이와 러시

---

91)   Norway - Russia Treaty, supra note 56, art.4, para. 1.

92)   Ibid., art. 5 and Annex II.

93)   Churchill and Ulfstein(1992), p.89.

94)   Norway - Russia Treaty, supra note 56, art.3, para. 1.

95)   Ilulissat Declaration, adopted at the Arctic Ocean Conference, Ilulissat, Greenland,

아는 조약의 조인식에서 이 점을 강조했다.

결국, 노르웨이와 러시아간 바렌츠해의 해양경계에 대한 조약은 거의 40여 년 동안의 과정을 종결지었다. 조약이 북극해에 대한 국제적 관심이 증대되고 있는 시점에 타결되었다는 점은 우연이 아니다. 해빙(sea-ice)의 해빙(解氷) 전망과 북극해의 해양수송 가능성 및 천연자원, 특히 석유자원에 대한 접근 가능성은 그 시점에서 양 당사국이 조약에 합의하도록 영향을 미쳤을 것이다. 두 북극해 연안국들은 이런 새로운 도전에 대응하고, 천연자원에 대한 주권적 권리와 국제수송에 대한 관할권을 확보하기 위해 그들간의 차이점을 제거할 필요가 있었을 것이다.

러시아와 노르웨이의 해양경계를 획정하는 것은 양국 모두의 해양 영역 강화에 기여할 것이다. 노르웨이의 입장과 마찬가지로, 러시아 또한 그간 자신이 주장했던 영역에서 일부는 노르웨이에게 양보한 부분도 있었겠지만, 자신의 주장의 대부분을 성취했다. 그러나 두 당사국은 공식적으로 2010년 9월 조약에 다자간 조약 하의 그들의 권리와 의무가 이 경계에 의해 미리 확정된 것은 아니라는 조항을 포함시킴으로서 그들의 권리를 유보했다.[96] 미래의 초점은 이들 해양영역에 슈발바르드 조약을 어떻게 적용시킬 것인가이다. 북극해 해양경계에 관한 노르웨이 - 러시아 조약의 더 광범위한 영향은 훨씬 더 불확정적이다. 그러나 이 조약이 2008년 일루리사트 선언(Ilulissat Declaration)을 포함해 북극해 지역의 질서정연한 거버넌스에 더해진 것은 분명하다.

27–29 May 2008, www.arctic-council.org/article/2008/6/after the ilulissat-declaration(June 2010)(검색일 : 2013년 4월 21일)

96)   Norway - Russia Treaty, supra note 56, art.6.

참고문헌

Aasen Jakob, 2010, The Law of Maritime Delimitation and the Russian – Norwegian Maritime Boundary Dispute. Fridtjof Nansens Institutt.

Brownlie I., 2003, Principles of Public International Law. 6th ed. Oxford : Oxford University Press.

Cassese A., 2005, International Law. 2nd ed. Oxford : Oxford University Press.

Churchill R. R., 2001, Claims to Maritime Zones in the Arctic(Publications on Ocean Development, 37). The Hague : Kluwer Law International.

Churchill R. R. and Lowe A. V., 1999, The Law of the Sea. 3rd ed. Manchester : Manchester University Press.

Churchill R. and Ulfstein G., 1992, Marine Management in Disputed Areas: the Case of the Barents Sea. London : Routledge.

Dunoff J. L., Ratner S. R. and Wippman D., 2006, International Law, Norms, Actors, Process : A Problem-Oriented Approach. 2nd ed. New York : Aspen.

Henriksen, Tore, Ulfsein, Geir, 2011, "Maritime Delimitation in the Arctic: The Barents Sea Treaty" Ocean Development & International Law, 42:1–21

Murphy S. D., 2006, Principles of International Law(Concise Hornbook Series), St Paul, MN : Thomson/West.

Nordquist M. H., ed., 1985, United Nations Convention on the Law of the Sea, 1982 : A Commentary, Vol. 1. Dordrecht : Martinus Nijhoff.

Nordquist M. H., ed., 1993, United Nations Convention on the Law of the Sea, 1982 : A Commentary, Vol. 2. Dordrecht : Martinus Nijhoff.

Nordquist M. H., ed., 1989, United Nations Convention on the Law of the Sea, 1982 : A Commentary, Vol. 5. Dordrecht : Martinus Nijhoff Publishers.

Oude Elferink A. G., 1994, The Law of Maritime Boundary Delimitation : A Case Study of the Russian Federation(Publications on Ocean Development, 24), Dordrecht : Martinus Nijhoff.

Oude Elferink A. G., and Rothwell D. D., eds., 2001, The Law of the Sea and Polar Maritime Delimitation and Jurisdiction(Publications on Ocean Development, 37). Dordrecht : Kluwer Law International.

Pedersen T., Henriksen T., "Svalbard's Maritime Zones : The End of Legal Uncertainty?" International Journal of Marine and Coastal Law 24 (2009) : 151, n. 11.

Tanaka Y., 2006, Predictability and Flexibility in the Law of Maritime Delimitation(Studies in International Law, Vol. 8), Portland, OR : Hart.

Tresselt P., 1988, 'Norsk-sovjetiske forhandlinger om avgrensning av kontinentalsokler og økonomiske soner,' Internasjonal Politikk, Vol. 46, No.2–3, pp.75~94.

<조약원문과 공동선언>

바렌츠해와 북극해의 해양경계와 협력에 관한 공동선언 Joint Statement on Maritime Delimitation and Cooperation in the Barents Sea and the Arctic Ocean

노르웨이 왕국과 러시아 연방간 바렌츠해와 북극해의 해양경계와 협력에 관한 조약 Treaty Between the Kingdom of Norway and the Russian Federation Concerning Maritime Delimitation and Cooperation in the Barents Sea and the Arctic Ocean

노르웨이 왕국과 러시아 연방간 바렌츠해와 북극해의 어업에서 해양경계와 협력에 관한 조약의 부속서 1 Annex I to the Treaty Between the Kingdom of Norway and the Russian Federation Concerning Maritime Delimitation and Cooperation in the Barents Sea and the Arctic Ocean Fisheries Matters

노르웨이 왕국과 러시아 연방간 바렌츠해와 북극해의 초국경적 탄화수소 매장에서 해양경계와 협력에 관한 조약의 부속서 2 Annex II to the Treaty Between the Kingdom of Norway and the Russian Federation Concerning Maritime Delimitation and Cooperation in the Barents Sea and the Arctic Ocean Transboundary Hydrocarbon Deposits

Chapter 4.
북극,
지경학적 공간

러시아의 북극전략 :
북극항로와 시베리아 거점항만 개발을 중심으로*

예병환 / 배규성

Ⅰ. 북극의 개방과 경쟁

최근 북극이 국제적으로 중요한 지역으로 떠올랐다. 기후변화와 지구온난화로 북극권의 빙하와 해빙이 녹으면서 새로운 항로[1]가 열리고, 연안지역의 풍부한 해저 에너지 및 광물자원[2]의 개발이 용이해짐에 따라 북극권을 둘러싼 국가들 간의 정치적, 군사안보적, 경제적, 생태적, 환경적 이해관계가 충돌

---

* 이 글은 한국 시베리아연구 제20권 1호(2016.05)에 게재된 논문으로, 2013년 정부(교육부)의 재원으로 한국연구재단의 지원을 받아 수행된 연구임.(NRF-2013S1A5B5A07046723)

1) 북극 항로는 시베리아 북극해를 경유하여 동북아시아와 유럽을 연결하는 북동항로(Northern Sea Route)와 베링 해와 캐나다 북극해를 경유하여 북미 동부지역으로 연결하는 북서항로(Northwest Passage) 그리고 북극점을 경유하는 트랜스 북극항로(Cross Pole Route)로 구분된다.
2) 북극은 방대하고 귀중한 천연자원이 풍부하다. 2000년 미 지질조사국(USGS)이 세계 화석연료의 1 / 4이 북극권에 매장되어 있다고 추정한 이후 북극권의 자원개발 경쟁은 더욱 가열되고 있고 또 앞으로 더욱 가열될 전망이다. 북극의 어족자원도 마찬가지이다. 북방 해양지역은 생물학적 생산성의 세계적 규모에서 볼 때, 아주 높은 위치를 차지하고 있다. 예를 들면, 북극권의 어장, 특히 베링 해, 노르웨이 해, 라브라도 해의 어장은 예외적으로 풍부하다. 최근 몇 년 동안 베링 해 대구 어장은 세계 최대의 단일 어종 어장이 되었다. Oran R. Young, Arctic Politics - Conflict and Cooperation in the Circumpolar North, (London : Univ. Press of New England, 1992) pp.4-5.

하게 되고, 북극해는 뜨거운 바다가 되었다. 북극과 관련된 군사적, 경제적, 환경적 이익과 손실의 가능성이 부상하자, 자원 투자 / 확보의 목적으로 또는 상업적 목적으로 북극에 관심을 가진 비북극권 국가들을 포함하여, 모든 북극권 국가들의 이해관계 또한 복잡해졌고, 이들 국가들은 협력할 수 있는 방법을 모색 중이다. 남극의 세종과학기지와 제2 장보고기지처럼 북극 다산기지는 국제적으로 중요한 지역이 된 북극권에 대한 우리의 관심과 이해관계를 반영한다. 극지연구를 통해 축적된 기술력과 북극과 관련된 국제적 현안과 과제에 적극적으로 참여해 온 한국의 노력은 2013년 5월 15일 스웨덴 키루나에서 개최된 북극이사회의 각료회의에서 한국, 중국, 일본, 인도, 이탈리아, 싱가포르 등 6개국을 북극이사회의 정식 옵서버(permanent observer)로 승인하는 결과로 나타났다. 따라서 이제 한국은 북극과 무관한 국가가 더 이상 아니며, 북극은 우리에게 무한한 가능성을 열어 주고 있다.

아이러니컬하게도, 북극권의 경쟁을 촉발한 국가는 북극권[3] 육지면적의 40% 이상과 북극권 해안선의 거의 반을 차지한 바로 러시아였다. 2007년 8월 2일 러시아의 심해 잠수정 미르(Mir)가 핵추진 쇄빙선 로시야(Rossiya)와 해양연구선 아카데믹 표도로프(Akademik Federov)의 지원을 받아 해저 4,300미터

---

[3] 북극에 관심 있는 자연과학자들은 그들의 연구 영역을 경계 지음에 있어 물리적 생물학적 시스템과 관련된 수많은 기준을 제시해왔다. 이러한 것들은 연중 가장 더운 달의 $10°C$ 등온선(isotherm); 타이가(taiga) 생물군계 또는 한대림(boreal forest) 생물군계로부터 툰드라 생물군계(tundra biome)를 분리시키는 수목한계선(treeline); 지속적인 동토대의 남쪽 한계선; 겨울동안의 계절적 해빙한계선 등이 있다. 이런 기준들 각각은 특정 학문분야의 전문가들에게 그것을 권할 만한 특별한 것들을 가지고 있다. 그러나 이것들은 북극 지역의 남쪽 경계선을 아주 다르게 정의하고 있다. 통상 북극권(the Arctic Circle)은 $66°33'N$ 이북을 의미한다. Oran R. Young, Arctic Politics - Conflict and Cooperation in the Circumpolar North(London : Univ. Press of New England, 1992) pp.1-2.

의 북극점(the North Pole)에 티타늄으로 만든 러시아의 국기를 심었다.[4] 이것은 세계 언론의 폭발적 주목을 끌었고, 북극권 경쟁을 도발했다. 러시아가 북극을 탐사하고, 국기를 북극점에 꽂은 의도는 북극의 자원 확보[5]와 해양 영유권 분쟁에서 선점을 위한 것이었다. 즉, 북극점을 지나는 로마노소프 해령이 러시아의 동시베리아해 대륙붕과 연결되어 있다는 과학적 증거를 찾아, 러시아의 대륙붕 경계를 200해리를 넘어 350해리까지 확장하기 위한 노력의 일환이었다. 군사적 임무는 아니었지만, 이 사건은 북극과 관련된 국가간 이해관계에 대한 격렬한 재평가를 야기했다.[6] 그러나 모든 해양관련 쟁점들, 예를 들면 해양의 분할, 해양자원의 주권적 권리(sovereign rights), 해양환경의 보호, 북극해의 해상이나 수중에서의 활동 등은 1982년 UN해양법협약(UN Convention on the Law of the Sea, LOSC)의 규정에 통제를 받기 때문에, 국기를 해저에 심는 것이나 군사적 힘에 의해서도 북극권의 광물자원이나 수산자원에 대한 국가의 주권적 권리를 결정하지 못한다. 최근의 북극에 대한 관심은 전형적으로 기후변화(climatic changes), 천연자원(natural resources), 주권 주장(sovereignty claims), 새로운 항로(new shipping lanes)와 관련되어 있다.[7]

---

4) 2007년 7월 28일 '아카데믹 표도로프호'는 '로시야호'와 무르만스크를 출발했다. 로시야호가 북극해의 얼음을 깨고, 8월 1일 저녁 8시쯤 드디어 북극점에 도착한 표도로프호는 2일 오전 잠수정 미르호를 투하해 북극 해저에 티타늄 러시아 국기를 꽂았다. http://www.ckjorc.org(검색일 : 2010년 8월 13일)

5) 계용택, "북극에 관한 러시아 언론분석 및 한국의 대응전략"『한국시베리아연구』2015년 제19권 2호 (배재대학교 한국 - 시베리아센터, 2015), pp.35~72. 참조.

6) LCDR Anthony Russell, USCG, "Carpe Diem Seizing Strategic Opportunity in the Arctic," Joint Forces Quarterly p.51, 4th quarter 2008; Peter Brookes, "Flashpoint : Polar politics: Arctic security heats up," Armed Forces Journal, November 2008 http://www.armedforcesjournal.com/2008/11/3754021(검색일 : 2010년 5월 25일) 참조

7) 배규성, "북극권 쟁점과 북극해 거버넌스,"『21세기정치학회보』제20집 3호(서울 : 21

북극과 관련하여 한국의 가능성도 예외가 될 수 없다. 우선은, 세계적인 무역 대국으로서 북극해의 얼음이 녹고 대형 화물선과 유조선 등의 항해가 가능해짐에 따라 경제성이 있는 수출 물류부분의 가능성이 있다. 러시아측 북동항로와 캐나다측 북서항로는 기존의 항로와 비교해 더 저렴한 비용으로 러시아와 유럽 및 북미로의 경제적 물류루트를 제공해 준다. 둘째, 북극권의 연안 및 해상의 자원 개발 및 인프라 구축에서 한국의 참여가능성이 있다. 특히 시베리아의 자원개발과 관련하여 한국의 관심이 고조되고 있고, LNG수입의 세계적인 메이저(일본 다음으로 세계 2위의 수입국)로서 북극권의 새로운 가스전 개발과 해상운송의 가능성은 한국의 참여를 더욱 촉진할 것이다. 셋째, 조선강국으로서, 특히 한국이 보유한 쇄빙선 관련 첨단기술은 러시아 북동항로(또는 북방항로 NSR, Northern Sea Route)가 활성화되면 더욱 더 많은 가능성을 열어준다.[8]

본 논문은 북극이사회의 옵서버 국가로서 그리고 새로운 경제발전의 원동력을 모색하고 있는 북극권 이해당사국으로서 한국의 미래에 중요한 영향을 미칠 수 있는 러시아의 북극정책 / 전략을 러시아 북극권[9]의 항로와 항만개발을 중심으로 살펴볼 것이다.

세기정치학회, 2010년 12월) 참조

8) 김선래, "북극해 개발과 북극항로 : 러시아의 전략적 이익과 한국의 유라시아 이니셔티브", 『한국시베리아연구』 2015년 제19권 1호(배재대학교 한국 - 시베리아센터, 2015), pp.35~64 참조.

9) 러시아 북극권은 북위 66.3도 이상에 해당하는 러시아영토로써, 러시아 북서지역인 무르만스크주로부터 북동지역의 추코트카 지역과 북극해의 러시아령 도서지역을 포함한다.

II. 러시아 북극전략의 로드맵

1. 비전설정으로서「러시아연방 국가안보전략 2020」(2009)[10]

러시아는 2008년 이래 국가안보전략(national security strategy)에 북극을 포함했다. 북극에서의 러시아의 최우선 관심사는 상업적 이해관계(commercial interests)였다. 러시아는 북극해 연안국들 중 가장 긴 해안선을 가지고 있고, 이들 해안은 가까운 미래에 연중 더 많은 기간 동안 선박통행(ship traffic)이 가능할 것으로 기대되고 있다.[11] 그리고 지금까지 접근이 불가능했던 연안지역의 개발 가능성이 높은 자원을 이용할 수 있다는 기대가 커지고 있다. 문서화된 러시아의 북극전략은 총 5개의 문건, 즉, 2009년 러시아 국가안보회의의 「러시아연방 국가안보전략 2020」, 같은 해 러시아 국가안보회의의 「러시아연방 북극정책 기초 2020과 장기전망」, 2009년 러시아 연방정부의 「러시아 에너지전략 2030」, 2008년 러시아 교통부의 「러시아 교통전략 2030」, 그리고 「러시아 해운항만 인프라 개발 전략 2030」에 기초해 있다.[12]

일반적인 수준에서, 2009년부터 존재해 온 영향력 있는 러시아 국가안보회

---

10) 「Russian Federation's Strategy for National Security Up to 2020」 Security Council of Russian Federation(2009), 「Стратегии национальной безопасности Российской Федерации до 2020 года」 Совет безопасности Российской Федерации(2009)

11) 러시아는 북극항로의 선박통행 증가에 대해 낙관적이다. 따라서 러시아 교통부(Transport Ministry)는 2012년 모스크바에 북방항로의 해상운송 허가를 책임질 북방항로청(Severny Morskoy Put or Sevmorput) 사무실을 개소했다.

12) Märta Carlsson and Niklas Granholm, "Russia and the Arctic : Analysis and Discussion of Russian Strategies" FOI, (2013), pp.15~25에서는 앞의 4가지 전략을 언급하고 있으나, 마지막 전략 또한 북극과 직접적인 관계가 있다.

의의 전략 「러시아연방 북극정책의 기초 2020과 장기전망」(2009)이 있다. 이것은 장기적인 관점에서 북극개발과 러시아의 국가안보를 연결하고 있다.[13]

러시아의 북극전략은 2009년 러시아 국가안보회의의 「러시아연방 국가안보전략 2020」(2009)의 전반적인 전략적 노선에 연계되어 있다.[14] 이 두 문건은 설정된 목표를 달성하기 위한 구체적인 전략보다 오히려 일반적인 노선과 이해관계를 보여준다.

전반적으로 보면, 러시아의 북극전략의 전략적 명령(strategic imperative)은 에너지 초강대국(energy superpower)으로서의 러시아의 지위를 보장하는 것이다. 따라서 러시아의 북극전략에서 북극에서의 러시아의 궁극적인 정책목표는 러시아의 북극지역을 전략적 자원기지(strategic resource base)로 활용하는 것이라는 점은 명백하다.[15] 북극에서의 러시아의 국가이익은 다음과 같이 정의된다. 첫째, 러시아의 경제개발을 위해 이 지역의 천연자원, 주로 석유와 가스를 활용하는 것, 둘째, 북극을 평화와 협력(peace and cooperation) 지대로 유지하는 것, 셋째, 북극의 독특한 생태학적 시스템을 보존하는 것, 넷째, 북방항로(northern sea route)를 러시아의 국내 수송루트(national transportation route)로 인정받는 것이다.[16]

---

13) The Arctic strategy from Russia'National Security Council: Sovet bezopasnosti Rossiskoi Federatsii (2009), "osnovy gosudarstvennoi politiki Rossiiskoi Federatsii v Arktike na period do 2020 goda i dalsneishuio perspektivu," http://www.scrf.gov.ru/documents/98.html(접속일 : 2014년 1월 16일) 영문본은 http://www.arctis-search.com/Russian+Federation+Policy+for+the+Arctic+to+2020(접속일 : 2014년 11월 4일)

14) Sovet bezopasnosti Rossiskoi Federatsii (2009), "strategiia natsionalnoi bezopanosti Rossiiskoi Federatsii do 2020 goda," Document nos. 11, 42 and 62. http://www.scrf.gov.ru/documents/99.html (접속일 : 2014년 1월 16일)

15) The Arctic strategy (2009), point 4.

16) The Arctic strategy (2009), point 4.

군사안보와 관련하여, 북극전략의 주요 목표들은 북극지역에서 러시아의 국경을 보호하고, 이 지역 군대의 "필요한 전투 잠재력(necessary fighting potential)"을 유지하는 것이다.[17] 이에 더해, UN해양법협약(UNCLOS)의 테두리 내에서 영토의 분할과 관련하여 다른 북극해 연안국들과의 협정을 추진하고, 다른 북극권 국가들과의 우호협력관계를 유지 / 강화하는 것을 포함하고 있다. 따라서 러시아의 북극전략의 단계별 계획은 다음과 같이 나타난다. 2008~2010년 단계에서는, 러시아의 국경획정과 관련된 조사를 진행하고, 2011~2015년 단계에서는, UNCLOS나 북극연안국과의 협정을 통해 러시아 북극권의 국제적 경계획정을 확립하고, 더 나아가 천연자원의 추출을 지원할 수 있도록 러시아 북극권의 경제를 재건한다. 2016~2020년 단계에서는, 러시아 북극권 지역을 "러시아연방의 주도적인 전략적 자원기지(leading strategic resource base)"로 전환한다.[18] 그러나 새로운 유전과 가스전을 발견하는 느린 지질학적 성과들이 있긴 하지만, 러시아의 주장을 지지해줄만한 몇몇 계획의 실행에도 불구하고, 러시아의 단계별 계획, 특히 사회간접자본(infrastructure)은 많이 뒤처져있다.[19] 이러한 점들은 2013년의 새로운 북극전략에 반영되었다.[20] 2013년의 새로운 북극전략은 2008년 시작된 북극전략을 좀 더 현실적인

---

17)   The Arctic strategy (2009), point 6.

18)   The Arctic strategy (2009). Carlsson and Granholm, Russia and the Arctic, p.15.

19)   Carlsson and Granholm, "Russia and the Arctic," p.16.

20)   Alexander Pelyasov, Russian Strategy of the Development of the Arctic Zone and the Provision of National Security until 2020(adopted by the President of the Russian Federation on February 8, 2013, No. Pr-232), http://www.arcticyearbook.com/index.php/commentaries-2013/74-russian-strategy-%20of-thedevelopment-of-the-arctic-zone-and-the-provision-of-national-security-until-2020-adopted-by-the-%20president-ofthe-russian-federation-on-february-8-2013-pr-232.(접속일 : 2014년 1월16일)

관점에서, 무엇이 언제 실행가능한 지를 확인하고 보완했다. 따라서, 대륙붕의 경계를 200해리에서 150해리가 늘어난 350해리까지 확장하기 위해 필요한 사전 자료조사의 기한을 2010년에서 2015년으로 늦췄고, 러시아는 2015년 봄 대륙붕경계획정위원회(CLCS)에 대륙붕경계 확장을 위한 청원서류를 제출했다. UNCLOS와 다른 북극해 연안국들과의 쌍무적 협정을 통한 경계획정 문제도 2015년에서 2020년으로 연기했다. 이 기간 내에, CLCS이 자신의 엄격한 마감 시한을 지킬지, 아니면 러시아가 다른 북극해 연안국들과의 쌍무적 협정을 지속할지는 알 수 없다. 뿐만 아니라, 러시아의 북극전략으로부터 러시아 자체가 북극의 접근하기 어려운 자원을 자체 개발할 기술적 능력이 없다는 사실은 명백하다. 따라서 당연히 외국의 투자와 기술을 유입해야만 한다.[21]

전반적으로, Laruelle과 같은 몇몇 학자들은 "생각을 현실로 옮기는 것은 예상외로 더 복잡하고, 더 오래 시간이 걸리고, 더 비용이 많이 들며, 반드시 성공을 보장하는 것도 아니다"라고 주장한다.[22]

---

21) Lassi Heininen, Aleksander Sergunin and Gleb Yarovoy, "New Russian Arctic Doctrine: From Idealism to Realism?" Valdai Discussion Club (15 July 2013) http://valdaiclub.com/russia_and_the_world/60220.html(접속일 : 2014년 11월 6일)

22) Marlene Laruelle, "Resource, State Reassertion and International Recognition: Locating the Drivers of Russia's Arctic Policy," The Polar Journal, 4/2 (2014), p.254.

2. 구체적 계획과 실행으로서 「러시아 에너지전략 2030」(2009),[23] 「러시아 교통전략 2030」(2008)[24]

더 상세한 북극전략의 계획과 실행은, 여전히 전반적인 수준이지만, 러시아 에너지부(Energy Ministry)의 2009년 「러시아 에너지전략 2030」[25]과 러시아 교통부(Transport Ministry)의 2008년 「러시아 교통전략 2030」[26]에서 발견된다. 에너지(energy)와 수송(transport)이 핵심적 단어이다.

「러시아 에너지전략 2030」도 북극을 미래 에너지 초강대국으로서 러시아의 지위를 확보해줄 지역으로 단언하고 있다. 이 전략은 3단계 발전으로 예정되어 있다. 2015년까지의 1단계에서는, 북극해 대륙붕과 야말반도에서 새로운 유전과 가스전을 발견하기 위한 지질학적 조사를 진행한다. 2015~2022년의 2단계에서는, 이 지역에서 석유와 가스의 추출을 시작하여, 서시베리아지역에서의 석유와 가스의 감산을 보상한다. 2022~2030년의 3단계에서는, 북극해의 동쪽해역에서 가스를 추출한다.

---

23) 「Energy Strategy Of the Russian Federation For The Period Up To 2030」 the Government of the Russian Federation(2009), 「Энергетическая стратегия Российской Федерации на период до 2030 года」 Правительства Российской Федерации(2009).

24) 「Transport Strategy Of the Russian Federation Up to 2030」 The Ministry of Transport of the Russian Federation(2008), 「Транспортная стратегия Российской Федерации на период до 2030 года」 Министерство транспорта Российской Федерации(2008).

25) Ministerstvo energetiki Rossiiskoi Federatsii(2009), "Energeticheskaia strategiia Rossii na period do 2030 goda," http://www.energystrategy. ru/projects/docs/ES-2030_(Eng). pdf(접속일 : 2014년 11월 6일)

26) Ministerstvo transporta Rossiiskoi Federatsii(2008), "ransportnaia strategiia Rossiiskoi Federatsii na period do 2030 godo," http://www.mintrans.ru/upload/iblock/3cc/ts_ proekt_16102008.pdf(접속일 : 2014년 1월 16일)

지금까지 러시아는 야말반도(Yamal Peninsula)와 티만 - 페초라(Timan - Pechora) 유전에서 석유와 가스의 생산에 집중해 왔다. 바렌츠해(Barents Sea)의 슈토크만(Shtokman) 유전과 카라해(Kara Sea)의 쁘리라즐롬노예 (Prirazlomnoye) 유전에서의 석유와 가스의 생산은 러시아의 열망이었다.[27] 그러나 혹독한 기후와 장거리 통신 설비 등의 자연적 기술적 조건 충족과 고위험의 대규모 투자와 추출이 이윤이 생길 가능성이 높은 에너지 가격의 유지 등과 같은 장기간의 투자전망을 요구하는 북극지역에서 가스와 석유를 추출하는 것은 거대한 도전이다. 따라서, Laruelle는 세계에너지기구(International Energy Agency, IEA)를 언급하면서, 국제유가가 배럴당 $120 이하면, 북극권의 대부분의 유전은 이윤이 날 수 없다고 추정한다.[28] 현재의 국제유가를 고려하면, Laruelle의 주장은 더 확고하다. 한편, 러시아의 국내법은 북극해 대륙붕에서의 석유와 가스의 추출은 국영 에너지 기업인 Gazprom(주로 가스)와 Rosneft(주로 석유)에게만 허용한다. 그러나 이들 두 기업은 필요한 자신들의 기술 전문가들 보유하고 있지 못하기 때문에 많은 외국기업들과 파트너십을 맺고 있다.[29]

북극해 대륙붕의 부와 자원 개발의 핵심적 장애물 중 하나는 인프라의 부족이다. 따라서 「러시아 교통전략 2030」은 국제 상업해운(international commercial ship traffic)을 위한 북방항로의 개방, 항구(ports) 및 보급기지 (supply stations)의 개발, 감독(supervision), 수색 및 구조(search and rescue) 능

---

27) Carlsson and Granholm, "Russia and the Arctic," pp.19-20.

28) Laruelle, "Resource, State Reassertion and International Recognition," p.257.

29) 러시아 외교정책 목표 중 하나. 또한 러시아 외교정책 개념(Russia' Foreign Policy Concept), no.34 참조, 「Concept of the Foreign Policy of the Russian Federation」(12. Feb.2013), http://www.mid.ru/ns-osndoc.nsf/1e5f0de28fe77fdcc32575d900298676/869c9 d2b87ad8014c32575d9002b1c38?OpenDocument(접속일 :2014년 9월 22일)

력의 구축, 장기적인 관점에서 항로를 개방된 상태로 유지할 수 있는 쇄빙선, 그 중 4척은 북방항로 전구간에 걸쳐 운행 가능한 아티카급(Arktika class)이지만, 두 척만 현재 운항 중이고, 나머지 두 척은 북방항로의 일부구간만 커버하고 항구와 강까지 선박들을 에스코트하는 타이미르급(Taimyr class)이다. 러시아의 교통전략에 따르면, 1970년대와 1980년대에 건조되어 2020년 퇴역 예정인 아티카급 쇄빙선을 교체할 새로운 세 척의 핵추진 쇄빙선이 건조될 예정이다. 게다가, 알려지지 않은 디젤추진 쇄빙선의 건조도 계획되어 있다. 스톡홀름 FOI(Swedish Defence Research Agency, Totalförsvarets forskningsinstitut)의 Märta Carlsson과 Niklas Granholm에 따르면, 대륙붕의 가스전과 유전에서 운행될 계획인 디젤추진 쇄빙선은 6척이다. 이런 이유로, 러시아 교통부는 세 척의 핵추진 쇄빙선과 세 척의 디젤추진 쇄빙선의 건조를 주문했다. 첫 번째 선박은 2016-2017년에 러시아 북극해 서쪽 해역에 투입될 예정이다. 문제는 6척의 핵추진 쇄빙선과 9척의 디젤추진 쇄빙선이 북방항로의 개방상태를 유지하기에 충분하냐는 것과 과연 러시아의 축소된 조선산업이 납기를 제대로 맞출 것이냐는 것이다.

전체 북방항로를 따라 국경통제와 구조 서비스를 제대로 확립하는 것이 러시아 당국의 최우선 목표 중 하나다. 이 목표를 위해 10년 동안 1,340억 루블이 배정되어 있다.[30] 러시아 교통부(Transport Ministry)와 민방위부(Civil Defence Ministry)는 전체 북방항로를 따라, Murmansk, Arkhangelsk, Naryan-Mar, Vorkuta, Nadym, Dudinka, Tiksi, Pevek, Provideniya Bay, Anadyr Bay에 10개의 구조기지를 구축할 계획을 세웠다. 구조기지(rescue stations)는 항공으

---

30)   Carlsson and Granholm, "Russia and the Arctic", p.23.

로 접근가능하며, 10대의 헬기(Mi-8c과 Ka-27s)와 알려지지 않은 개수의 항공기(Il-76과 An-74s)가 배치된다. 국경수비대가 북극해 해안을 따라 10개의 초소를 추가적으로 설치함에 따라, 국경수비대 또한 구조기지에 배치될 예정이다. 그럼에도 불구하고, 문제는 국경수비대의 단지 몇몇 선박만이 북극해 지역에서 운행하기 적합하다는 점이다.

3. 러시아의 북극전략 : 「러시아연방 북극정책의 기초 2020과 장기전망」[31]

2009년 3월 러시아 국가안보회의는 「국가안보회의의 전략 2009, 러시아연방 북극정책의 기초 2020과 장기전망」을 채택했다. 여기에는 북극해 주권(자원) 확보를 위한 3단계 전략이 포함되어 있다. 1단계(2008~2010)는 광범위한 과학적 탐사와 연구를 통해 북극해의 로모노소프 해령이 러시아의 동시베리아 육지의 연장이라는 사실을 증명한다. 2단계(2011~2015)는 이러한 과학적 증거자료를 통해 확대된 러시아의 외측대륙붕의 경계를 국제법적으로 확정한다. 3단계(2016~2020)는 확보된 외측대륙붕을 포함하여 북극을 러시아의 주요한 전략적 자원기지화 한다는 전략이다.

러시아의 북극권 전략 목표는 첫째, 새로운 수송루트로서 북동항로(North East Passage)의 정기적인 연간 운행을 유지한다. 둘째, 극지의 산업시설을 포함한 북부 시베리아의 니켈광산과 유전을 개발한다. 셋째, 북극해 유입하천

---

31) Russian National Security Council's strategy from 2009, 「Foundation of the State Politics of the Russian Federation on the Arctic for 2020 and in the Longer Perspective」, 「Основы государственнойполитики РоссийскойФедерации в Арктике на период до 2020 года и далснейшую перспективу」 Совет безопасности Российской Федерации(2009).

(오비강, 예니세이강, 레나강)의 항구(노비포트, 이가르카, 틱시)의 대량 수송 망과 노선을 조직한다. 러시아의 북극권에는 70여개의 항만이 있고, 개보수가 필요한 상황이다. 넷째, 선박이나 항공기의 석탄이나 연료 재공급을 위한 독립 적인 기지망을 건설한다.

Ⅲ 러시아 북극전략의 전개

1. 소비에트의 북극전략 : 북극권의 자원개발

러시아는 이미 소비에트 시기부터 북극권의 자원개발[32]을 목적으로 시베리 아 및 북극권에 대한 정부의 관심과 노력으로 북극정책을 수립하여 왔다. 소 비에트 정권이 그 출범 때부터 보여준 북극권에 대한 관심은 크게 3개의 정책 으로 나타났고 있는데 정책의 세부적으로는 ①생산력의 균등한 분배(the even distribution), ②북극권 소수민족들의 재탄생(regeneration), ③국가전체를 위 해 추울 때 따뜻함을 제공하는 원료의 공급지(weather kitchen)로서의 북극의 개발을 내용으로 하고 있다.[33] 결국, 소비에트 정권의 북극권에 대한 관심의 근본에는 부와 천연자원이 있었다.

---

32) 러시아 북극의 지하자원의 가치는 22조 4,000억 달러 이상이라고 추정되고 있으 며, 러시아 북극권지역의 인구수는 10% 미만이지만, 국가수입의 20%, GDP의 4분의 1 을 짐유할 정도로 러시아 경제에 크게 기여하고 있다. Valery P. Pilyavsky, "The Arctic: Russian Geopolitical and Economic Interests," FES(Friedrich Ebert Stiftung) Briefing Paper, March 2011, p.1, http://library.fes.de/pdf-files/id/07925.pdf

33) Krypton, Constantine, The Northern Sea Route and the Economy of the Soviet North(London : Methuen & Co., 1956), p.1.

한편 소비에트 정권의 북극에 대한 관심은 소비에트 / 러시아의 북극권 사령탑인 북방해로관리청(Glavsevmorpufs, Glavnoe Upravlenie Severnovo Morskovo Puti)을 통해서도 확인할 수 있다. 북방해로관리청은 각료회의에 직접 책임지는 독립적인 정부기구로서, 북위 62도 이북의 소련 영토(약 1,000만 ㎢)를 개발할 수 있는 배타적인 특허권을 가지고, 이 지역의 모든 것, 해상, 하천, 공중 수송, 산업, 도시건설, 순록방목, 무선기상서비스, 원주민 교육, 지구 과학 동식물계 연구 등에 대한 관할권을 소유하고, 레닌그라드(현 쌍뜨 뻬쩨르부르그)에 산하 특수 연구소, 북방인민연구소(Institute of the Peoples of the North)와 북극연구소(Arctic Institute)를 두고, 약 4만 명의 정식직원을 둔 거대한 기구였다.

2. 러시아의 북극전략 : 북방항로의 항해 유지와 상업해운 육성

이러한 소비에트의 정책적 전통을 이어받아, 북극의 자원개발을 목표로 러시아는 2000년부터 북극을 러시아의 국가정책 우선과제로 채택하기 시작하였다. 2001년 7월 27일 채택된 「러시아연방 해양전략 2020」에서 북극지역을 러시아연방 국가정책의 기초로 선언하였고, 2004년에는 북극지역 국가안보의 중요성을 강조하여 2005년 북극해의 멘델레에프 해령 탐사, 2007년 5월에 북극국가위원회 설립, 8월에는 북극해 로모노소프 해령에 탐사선 파견하여 북극점 심해저에 티타늄으로 만든 러시아 국기 게양에 성공하는 등 러시아는 북극해에 대한 주권을 강화하는 정책들을 순차적으로 시행하여 왔다.

러시아 정부의 북극에 대한 관심이 구체적인 정책적 기반을 갖추게 된 것은 2008년 9월 메드베데프 대통령이 승인한 「국가안보회의 전략 2009, 러시아

연방 북극정책 기초 2020과 장기전망,(이하 줄여서 '북극정책 2020')[34]이라는 문건이 마련되면서 부터이다. 이 문건은 먼저 북극이 왜 러시아의 국익과 연계되는 지부터 설명하고 있다. 러시아정부는 북극은 ① 사회 · 경제적 문제 해결을 위한 전략적 자원기지(resource base)로 활용이 가능하고, ② (북극을) 평화와 협력의 공간으로 보존하고, ③ (북극의) 그 고유의 생태계를 보호해야 할 필요성이 있으며, ④ 북극 항로가 러시아의 통합 교통 · 통신망으로 이용될 수 있다는 점에서 러시아의 국익과 직결된다고 명시하고 있다.

이러한 국익실현을 위해 '북극정책 2020'에서는 다음과 같은 분야별 목표와 전략적 우선 과제를 제시하고 있다. 분야별 정책 목표로는 ① 사회 · 경제적 개발 분야 - 에너지, 수산자원 등 천연 자원의 수요를 충족할 수 있는 자원 기지의 확충, ② 군사 안보 분야 -군사 시설 유지 등 원활한 군사 작전 여건 제공, ③ 환경 분야 - 점증하는 경제활동과 기후변화에 대응하여 북극환경을 보호, ④ 정보통신 분야 - 북극에서의 통합정보공간(unified information space) 구축, ⑤ 과학 기술 분야 - 북극에서의 군사 안보, 인간의 정주 또는 경제 활동에 필요한 과학적 연구의 보장, ⑥ 국제협력 분야 - 북극권 국가들과의 호혜적 협력 활동 등을 설정하고 있다.

또한 '북극정책 2020'은 전략적 우선 추진과제를 별도로 명시하여 러시아 정부의 우선적 과제를 제시하고 있다. 전략적 우선 추진 과제로는 ① 해양경계의 획정 및 수색구조(S&R) 시스템 구축, ② 북극 연안국 및 관련 국제기구 등과의 협력 확대, ③ 북극항로의 이용 촉진, ④ 북극 원주민의 삶의 질 향상, ⑤ 과학연구 활동의 장려, ⑥ 첨단기술을 활용한 자원기지의 개발, 교통 및 어업

---

34) Основы государственной политики Российской Федерации в Арктике на период до 2020 года и дальнейшую перспективу, 「2020년까지와 그 이후 북극에서의 러시아연방 국가정책의 기초」(2008년 9월 18일).

기반 시설의 개선 등이 있다.

러시아 정부는 북극정책을 2단계로 추진하고 있다. 1단계는 2015년까지, 2단계는 2016년부터 2020년까지, 각 단계별 추진 과제를 다시 한 번 열거하고, 2단계가 완료되는 2020년에는 혁신적(innovative) 방법에 의한 지속가능한 (sustainable) 사회·경제적 북극 개발이 가능할 것으로 전망하고 있다.

그러나 자본부족과 기술적 애로사항 등으로 당초 계획했던 것보다 북극 전략의 이행이 늦어지자, 2013년 2월 푸틴 대통령은 '북극정책 2020'의 구체적 실현을 위해 현실적인 장애요소들을 감안하여 새로운 러시아의 북극정책, 즉 「2020년까지 러시아연방 북극권 개발 및 국가안보 전략(Russian Strategy of the Development of the Arctic Zone and the Provision of National Security until 2020」(이하 '북극권 개발 전략 2020')[35]을 공포하여 '북극정책 2020'을 기반으로 한 분야별 실천 과제 등을 구체적으로 제시함으로써 러시아 정부의 북극정책 추진 체계가 완성된다. '북극권 개발 전략 2020'에서도 여전히 북극을 러시아의 사회경제발전을 위한 전략적 '자원기지화'를 강조하고 있다. 에너지 초강대국으로서 러시아의 안보와 국가이익은 결국 북극의 자원개발에 달려 있는 것이다.

러시아정부는 '북극권 개발 전략 2020'의 구체적 이행을 목적으로 2020년까지 3단계 목표를 설정하고 있다. 제1단계(2008~2010년)는 광범위한 북극해 해저 지질조사와 지도제작 등의 탐사와 연구를 통해 로모노소프 해령과 멘델레예프 해령 등을 러시아 영토로의 편입, 즉 200해리 대륙붕의 경계를 350해리까지 넓히기 위한 법적 토대를 조성하며, 제2단계(2011~2015년)는 러시아 북극해 대

---

35)   Стратегия развития арктической зоны российской федерации и обеспечения национальной безопасности на период до 2020 года, 「2020년까지 러시아연방 북극권 발전 및 국가안보 전략」(2013년 2월 20일).

륙붕의 외연적 확대를 UN 국제해양법(UNCLOS)에 근거하여 확정하고, 동시에 북방항로의 상업적 해운 및 자원개발에서 비교우위를 위한 인프라 발전뿐만 아니라 광물자원 및 생물자원 채굴을 위한 경제의 현대화계획을 수립하고 있다.

'북극권 개발 전략 2020'의 핵심은 러시아의 지정학적 중요성과 함께 자원 개발과 북방항로의 상업적 해운의 활성화에 따른 항행수수료의 징수 등과 같은 주요 국가수입의 원천으로 북극의 지경학적 중요성을 강조하면서, 2020년까지 안보와 천연자원 개발 및 이용의 주요 전략적 기지 조성뿐만 아니라 북극권에서의 주도적인 국가로서 러시아의 지위를 유지하는 것이다.[36] 제3단계(2016~2020년)는 이 지역을 러시아의 주요 전략적 자원기지로 개발하고 쇄빙

그림 1 북극해의 다양한 항로들

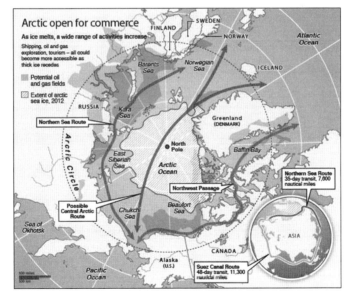

36) Brigadier M. Sannes, "Russian Development in the Barents Sea - Opportunities and Challenges for Norway," Dissertation, Royal Norwegian Air Force, July 2011, pp.2-3.

선 함대를 포함한 공수부대와 지상기지로 구성된 '북극군'을 배치시키겠다는 계획을 수립하고 있다.[37]

러시아의 '북극권 개발 전략 2020'은 생태적 균형하의 새로운 에너지원 개발과 북극권 사회간접자본의 개발, 북극 해당주민들의 문화유산의 보전, 주민의 높은 삶의 질 보장, 사회보상의 접근 등을 포함하고 있으며, 북극주민의 생활수준과 경제 상황의 진전을 위해 지역경제의 활성화를 위해 특별한 위험(예를 들면, 사고, 기름 유출 등) 예방과 방지를 위한 북극의 대규모 프로젝트에 젊은 전문 인력의 참여를 위한 북극 전문인력 양성계획을 준비하고 있다.

비록 북극을 바라보는 러시아의 야망과 달리, 현실적인 측면이 투자자본 부족과 활용가능한 기술력의 부재로 한계를 노정하고 있지만,[38] 러시아가 계속 강조하는 부분은 북방항로(NSR)의 항해 유지와 상업해운 육성이다.

러시아지리학회(Russian Geographical Society)는 2010년과 1011년, 2년 연속으로 국제북극포럼을 개최했다(자세한 내용은 Russia's Arctic website 참조). 2010년 모스크바에서 개최된 회의와 달리 2011년 회의('The Arctic – Territory of Dialogue')는 푸틴이 말한 것처럼, "러시아 북방의 고대 수도이자, 북극 개척자들의 고향인 아르한겔스크"에서 개최되었다. 2011년 9월 23일 아르한겔스크 러시아 북극회의(9월 21~24일)에 참석한 푸틴 총리는 NSR개발과 인프라

---

37)   Gira, Vytautas S. and Zivile Dambrauskaite, "The Arctic in Russia's Foreign Policy and the Baltic States," European Union Foreign Affairs Journal, No.2, 2010, pp.17-18.

38)   기타 조건들 또한 북방항로 / 루트가 오늘날까지 국제적인 수송로로 이용되지 못하게 하고 있다. 이 루트는 여전히 얼음으로 위험하고, 어떤 지역은 얕고, 러시아 당국이 쇄빙 에스코트와 아이스 파일럿(ice pilots)에 대해 고비용을 청구하고, 보험요율이 높고, 대형 방빙 / 쇄빙 선박의 건조가 너무나 비싸기 때문이다. 그럼에도 불구하고, 2007년 러시아 정부는 이 루트를 재개하기로 결정했다. "Russia set to overhaul its Arctic fleet," Russian News and Information Agency, 2007년 9월 4일, http://en.rian.ru/analysis 참조.

구축을 강조했다. 이 회의의 핵심주제는 북극의 인프라 구축과 북극권 운송 네트워크의 개발이었고, 부차적인 주제는 긴급수색구조활동과 환경보호였다.

"우리는 NSR을 세계적인 상업운송루트로 개발할 것입니다. 북극권의 전통 루트와는 서비스와 안전과 질로 경쟁하는 새로운 국제운송 동맥을 우리는 보게 될 것입니다."[39]

표 1 러시아 북극항로 수송관련 국가 및 민영기관

국가기관	북방항로관리청	(Glavsevmorpufs, Glavnoe Upravlenie Severnovo Morskovo Puti, NSRA, Northern Sea Route Administration) NSR 관할청
	러시아 운송부 해양운송국	(Russian Ministry of Transport, Department of Maritime Transport) 북동항로의 개발과 국가전략 등 담당.
민영회사	북동해운 Northeastern Shipping Company	Transit DV company의 자회사로 NSR을 지나는 선박들의 에이전트 역할
	아톰플로트(Atomflot)	세계 유일의 핵추진 쇄빙선단

3. 러시아의 북극전략 : 「러시아 해운항만 인프라 개발 전략 2030」(2010)

북극해는 태평양과는 베링 해협으로 이어지며, 대서양과는 케네디 해협, 배핀만, 데이비스 해협, 덴마크 해협, 노르웨이해로 연결되며, 북극해로 흘러드는 하천은 아시아의 오비강, 예니세이강, 레나강 등과 캐나다의 매켄지강 등이 있

---

39) Mia Bennett, "Putin promotes Northern Sea Route and infrastructure development at Russian conference on the Arctic," 러시아 북극관련 블로그, http://foreignpolicyblogs. com/2011/09/23/putin-promotes-northern-sea-route-and-infrastructure-development-at-russian-conference-on-the-arctic/(검색일 : 2012년 6월 5일)

다. 시베리아를 통해 북극해로 흐르는 예니세이, 오비, 레나강은 세계에서도 손꼽히는 큰 강들로서 지구상에서 바다로 유입되는 모든 강물의 10%를 차지한다.

1930년대 소비에트 정권에 의해 북극으로 흘러드는 시베리아의 많은 강과 항구도시들과 연계되어 개발된 북동항로는 러시아의 경제와 사회에 커다란 역할을 했다. 러시아 정부는 북극해 항로가 러시아 경제회생에 상당한 영향을 줄 수 있다는 점을 인식하고 1991년 무르만스크(Murmansk)에서 베링해협(Bering Strait)까지의 러시아 북동항로를 외국선박에 항로를 개방하고 북극해 연안의 항구시설 사용을 허용하였다. 현재 러시아의 북극해 연안을 따라 무르만스크(Murmansk)항에서부터 베링코프스키(Beringovsky)항에 이르기까지 동서로 약 72개 항만이 있으나 대부분의 항만은 소규모이며, 현재 북극항로 항해 선박을 수용할 만한 시설과 장비를 갖춘 주요 항구는 6개 정도이다.[40]

「러시아 해운항만 인프라 개발 전략 2030」은 2010년 7월 30일 러시아 연방교통부 명령 №167 "러시아 해운항만 개발 전략 실무 그룹의 창설"에 의해 법적 근거를 마련했다.[41]

이 전략의 수행주체로는, 전략개발 책임기관으로 국가특별기업(ФГУП)[42]인 《로스모르포르트》[43]와 개발그룹으로 연방고등직업교육기관(ФБУ ВПО)[44]

40) 홍성원, "북극항로의 상업적 이용 가능성에 관한 연구," 「국제지역연구」, 제13권 제4호(서울 : 한국외국어대학교 국제지역연구센터, 2010), p.567.

41) Приказ Министерства транспорта Российской Федерации от 30 июля 2010 года №167 《О создании рабочей группы по разработке Стратегии развития морских портов Российской Федерации》, http://www.rosmorport.ru/media/File/State-Private_Partnership/strategy_2030.pdf(검색일 : 2016년 4월 15일)

42) ФГУП(Федеральное государственное унитарное предприятие).

43) 《Росморпорт》

44) Федеральное бюджетное учреждение высшего профессионального образования.

인 《러시아 연방 대통령 직속 러시아 국민경제행정 아카데미》[45]와 유한책임회사(OOO)[46]인 《인프라 프로젝트》,[47] 《해운 프로젝트》,[48] 네덜란드의 해상수송비즈니스솔루션(Maritime and Transport Business Solutions), 공개주식회사(OAO)[49]인 《소유즈모르니프로엑트》,[50] 비공개주식회사(ЗАO)[51] 《중앙해양선단연구소》[52]가 있다.

전략실현목표는 다음과 같다. "지역통합 개발에서 국가의 역할에 따라 해상항구의 혁신적인 인프라를 형성하고, 수송거점(교통허브)에 그것을 통합함으로써, 해상 항구나 항구로의 접근에서 화물 환적 및 해상항해 안전보장을 통해 러시아 경제, 대외 무역과 대중의 요구를 충족시킨다."

이런 전략목표의 실현을 위해 4개의 전략실현 과제를 제시하고 있다. 첫째, 항구의 수용능력 증가와 항구 인프라의 효율적인 발전 확보, 둘째, 해운 항구 인프라 및 해상 운송의 안전한 기능수행 보장, 셋째, 러시아 해운항만의 경쟁력 강화 조건 만들기, 넷째, 해운항만 운영 분야에서 국가적 관리능력 향상.

그리고 각 과제별로 정량적 목표지표를 설정하여, 과제의 수행을 점검하고자 했다. 각 과제별 핵심적 목표지표는 다음과 같다.

과제 1(항구의 수용능력 증가와 항구 인프라의 효율적인 발전 확보)을 위해, ① 해상항구의 환적 용량(백만 톤), ② 항구 수용용량(백만 톤), ③ 환적콤

---

45) 《Российская академия народного хозяйства и государственной службы при Президенте Российской Федерации》

46) Óбщество с ограни́ченной отве́тственностью.

47) 《Инфра Проекты》

48) 《Морские транспортные проекты》

49) открытое акционерное общество.

50) 《Союзморниипроект》

51) Закрытое акционерное общество.

52) 《Центральный научно-исследовательский институт морского флота》

플렉스의 효율적 활용(숫자 단위 또는 %로 계산).

과제 2(해운 항구 인프라 및 해상 운송의 안전한 기능수행 보장)을 위해, 좀 더 구체적으로, 해운 항구의 커버리지 범위 및 접근 수준과 관련하여, ① 해안 기반시설을 통한 항해의 안전보장(%), ② 조난구조 준비태세(АСГ)[53]와 석유 및 석유제품의 유출 제거(ЛРН) 준비태세를 통해(%), ③ 폐기물의 수집 및 재활용 수단을 통해(%) 등등.

과제 3(러시아 해운항만의 경쟁력 강화 조건 만들기), ① 해운 항구에 진입하는 선박의 총 톤수(GT), ② 해운 항구의 화물 매출 1톤당 항구 비용의 비율(루블 / 톤), ③ 러시아와 이웃나라의 항구에서 처리되는 총 화물량에 대한 이웃 나라(우크라이나, 발틱국가들)의 항구에서 처리되는 러시아 대외 무역화물의 비율(%), ④ 화물 터미널과 인프라에 투자되는 투자금에서 예산 및 예산외 자금의 비율(%) 등등.

과제 4(해운 항만 운영 분야에서 국가적 관리능력 향상), ① 항구 기반 시설에 대한 공공투자의 예산 효율성(예산배정의 내부 수익률)(%) 등등.

「러시아 해운항만 인프라 개발 전략 2030」의 전략실현 기간은 2012~2030이고, 단기, 중기, 장기의 3단계로 전략실현을 상정하고 있다. 단기(2015년까지) 목표는 해운 항구에서 실현될 특정 프로젝트 목록의 결정이다. 중기(2020년까지) 목표는 항만 처리 용량과 화물 환적의 량적 성장에서 균형적 성장속도 달성이다. 장기(2030년까지) 목표는 러시아 발전의 우선순위 산정에서 지속적인 해운항만 인프라 발전의 전략적 방향 정의이다.

러시아 정부는 「러시아 해운항만 인프라 개발 전략 2030」의 실현의 예상결과

---

53)   АСГ / ЛРН, аварийно- спасательной готовности к ликвидации разливов нефти и нефтепродуктов.

를 다음과 같이 보고 있다. ① 러시아의 항구에서 처리되는 화물환적의 량을 10억 루블까지 달성하고, 항구 인프라의 관점에서 러시아의 선진국 진입, ② 2030년까지 항만 시설용량을 적어도 14억톤 이상 확보하고, 항구 인프라의 효율적인 발전을 확보, ③ 75~80%까지 화물환적 단지의 효율적 활용 향상, ④ 특히, 아시아-태평양 지역으로의 러시아의 화물 통과 잠재력을 보장함에 있어 해운 항구의 역할 강화와 통과 화물트래픽의 증가, ⑤ 우크라이나와 발틱 국가로부터 러시아의 항구로 러시아 대외무역 화물흐름의 일부를 변경하고, 대외무역 화물의 총 환적량에서 인접국의 비중을 5% 이하까지 감소, ⑥ 해운 항구 지역과 그 지역에 접근하는 항해의 통합적인 안전 수준을 향상하고, 해안 기반 시설과 조난구조 준비태세(ACr)와 석유 및 석유제품의 유출 제거(ЛPH) - 준비태세 그리고 폐기물의 수집 및 재활용을 통해, 항해 안전의 수준을 100 % 달성하여 해상 항구의 질적 기능 향상, ⑦ 인접국 항구와 유사한 수준에서, 화물환적 톤당 항구 비용의 크기를 유지하여, 해운 항구의 비용적 매력을 확보, ⑧ 지역의 평균 임금보다 낮지 않고, 업

그림 2 러시아 해운항만 위치도

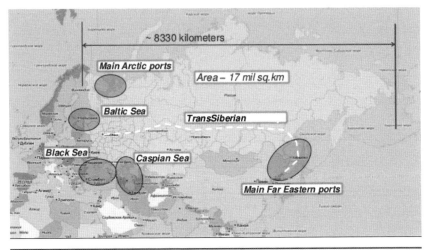

그림 3 러시아 북극해 거점항구 위치도

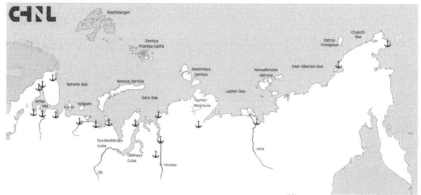

자료 : ФГБУ "АМП Западной Арктики,"[55] 홈페이지 : http://www.mapm.ru/

계 평균 수준의 항구 근로자의 임금수준 보장, ⑨ 분야별 교육과 과학의 역할강화, 보충교육 시스템을 포함, 초기부터 고등교육까지 지속적인 직업교육 과정의 조직, ⑩ 국제적 수준에서의 경쟁처럼 러시아 대외 무역 흐름의 확보라는 관점에서 질적으로 새로운 수준으로 항구 활동 참가자들의 업무조건 향상, 전문적 시스템의 활용 비율 증가, 러시아 수출의 질적 향상, 총 매출에서 가공 제품의 비중 증가, ⑪ 새로운 기술 활용, 자원절약 활동수행, 주변환경에 대한 부정적인 영향감소, 산업 인력 잠재력 강화 등을 통한 해운 항만 활동의 혁신적 향상, ⑫ 해운 항만시설 운영, 산업 입법, 새로운 조직적 장치(항구특별경제구역,[54] 허가, 관리 회사, 기술 플랫폼 및 지역 클러스터)의 적용 등에서 국가적 관리능력의 향상.

---

54) ПОЭЗ(Портовая особая экономическая зона).

55) 러시아연방 국가예산기관 "서북극해 해운항만청."(Федеральное государственное бюджетное учреждение "Администрация морских портов ЗападнойАрктики") 왼쪽 상단에서부터 무르만스크, 칸다락샤, 비찌노, 오네가, 아르한겔스크, 메젠, 나리안마르, 바란데이, 사베타, 두딘카, 이가르카, 투르한스크, 딕손, 카탄가, 틱시, 페벡, 프라비제니야. 이외에도 러시아연방 국가예산기관 "연해주 및 동북극해 해운항만청"(Федеральное государственное бюджетное учреждение "Администрация морских портов Приморского края и Восточной

북방항로 상의 북극권 바다들은 유럽에서부터 태평양까지 발트해, 바렌츠해, 카라해, 랍체프해, 동시베리아해, 축치해, 베링해, 북태평양으로 연결된다. 각 해역 별 주요 항구를 살펴보면, 핀란드만 - 발트해의 얌부르그, 바렌츠해의 무르만스크[56]와 아르한겔스크, 카라해의 암데르마, 카라사베이, 노비 포르

Арктики")" 산하의 블라디보스톡, 나홋트카, 보스토치니, 올가, 포시에트, 자루비노, 틱시, 아난디리, 프로비제니야, 베링곱스끼, 페벡, 에그베키노트 등의 주요 항구가 있다.

56)   무르만스크는 노르웨이, 핀란드와의 국경선 근처의 콜라반도의 북쪽 해안인 바렌츠 해의 러시아 최북단에 위치한 항구이며 러시아연방의 북동항로관리청과 러시아 북극 수송부의 본부(Official website of Murmansk, http://www.citymurmansk.ru 참조)가 위치해 있다. 북동항로의 기점이자, 유럽러시아 함대의 핵심 해군기지가 있다. 따뜻한 북대서양 해류 덕에, 무르만스크는 북극권에 속하지만, 연중 얼음이 없는 반면, 레닌그라드는 연중 몇 달 동안 얼음으로 봉쇄된다. 따라서 어업과 수송의 거점이 된 무르만스크는 또한 세계 유일의 핵추진 쇄빙선단인 아톰플로트(Atomflot)본부가 있는 곳이다. 무르만스크는 북극 가교(Arctic Bridge, Arctic Sea Bridge), 즉 카나다 마니토바의 처칠항으로 연결되는 북동항로의 러시아측 기점이다. 제정 러시아에 의해 건립된 무르만스크는 북극권에 위치한 지리적 위치와 지정학적 중요성으로 중요한 역사적 역할, 특히 군사적 역할을 수행한 도시였다. 1905년 1차 대전의 필요, 즉 연합군의 군수물자 보급을 위해 페트로자보츠크에서 러시아 북극 무르만 해안의 얼음이 얼지 않는 곳으로의 철도건설의 필요성에 의해 더욱 부각된 도시이다. 무르만 역으로 시작된 도시는 곧 항구, 해군기지, 인근의 알렉산드롭스크와 콜라를 능가하는 규모와 인구를 가진 정착지로 발전한다. 1916년 도시로 승격되어 로마노프 - 나-무르마네(Романов - на - Мурмане)라는 도시명을 갖게 되고, 역사적으로 1918-1920년 러시아 내전기 동안 1차 대전의 연합군이었던 서구열강과 백군에 의해 점령되었다. 2차 대전 기간 중 무르만스크는 주로 완제품과 원료가 소련으로 들어오는 러시아와 서구의 군사적 또는 군수조달의 연결점이 되었다. 무르만스크로의 물자수송은 북극에 의해 보호를 받았다. 그러나 1941년 핀란드 주둔 독일군은 작전명 '은색 여우'(Silver Fox)라는 군사적 대공세로 레닌그라드와 스탈린그라드에 버금가는 피해를 입었다. 그러나 영웅적 도시(1985년 5월 6일 공식지정)의 끈질긴 저항과 지리적 이점으로 핵심적인 카렐리안 철도노선(Karelian railway line)과 부동항은 살아남았고, 그 후 소련으로 들어오는 연합군의 군수품의 통과거점이 되었다. 냉전기간 동안 무르만스크는 소비에트의 잠수함과 쇄빙활동의 중심지였고, 소련 붕괴 이후에도 무르만스크와 인근 세베라모르스크(Severomorsk)의 해군기지는 여전히 러시아 북방함대의 본부로 남아있다. 1984년에는 북극권에서 가장 높은 북극호텔이 완공되어, 북극권에서 러시아의 위상에 대한 상징적인 의미를 보여주었다. 무르만스크는 무

트,[57) 딕손,[58) 두딘카,[59) 이가르카,[60) 랍체프해의 노르드빅,[61) 하탕가, 틱시,[62)

르만 철도(Murman Railway)로 쌍뜨 뻬쩨르부르그까지 연결되어 있고, M18 콜라 도로(Kola Motorway)로 러시아의 나머지 지역과 연결되어 있다. 무르만스크 공항은 모스크바나 뻬쩨르부르그 뿐만 아니라 노르웨이의 트롬소 등과도 연결되어 있다. 콜라반도의 끝에서 세 개의 난코스인 핀란드만(Finnish Gulf)와 독일, 덴마크, 영국 사이에 있는 킬 수로(Kiel Canal)와 해협들을 거치지 않고 대서양에 다다를 수 있다. 무르만스크는 무르만 철도(Murman Railway)로 레닌그라드까지 내려가는 철도뿐만 아니라 공급선들에 석탄을 공급하고 있다. 이 석탄들은 노르웨이의 허락 아래 운영되는 슈피츠베르겐 탄광에서 나온다. 무르만스크 항은 특별경제구역(Special Economic Zone)으로 지정되었으며, 특별경제구역 지정에 따라 행정 장벽의 감소 및 세금과 관세 혜택은 무르만스크 항만을 북극해 허브항만으로 발전하는 것을 촉진시킬 것으로 보인다. 연방 경제개발부의 공지에 의하면, 항만구역은 무르만스크시와 콜라지역 영토에 위치한 30,5km²의 면적을 포함한다. 이 지역에 최소 네 개의 기업이 총 1,500억 루블 이상의 투자 의사를 밝혔다. 그 중 Sintez Petroluem사는 새로운 석유 터미널 건설을 계획하고 있다. 또한, 석탄 터미널건설과 어류 보관 및 처리 시설의 재건설이 계획되어 있다. 이 프로젝트의 일환으로 창출될 새로운 일자리의 수는 1,500개를 초과할 것으로 예상된다. 항만구역은 콜라 만(Kola Bay)의 양쪽 외곽 지역으로 확대될 예정이다.

57) 야말로 - 네네츠 자치관구(Yamalo - Nenets Autonomous Okrug)의 항구인 노비 포르트는 러시아의 북극권 카라해에 있는 항구인 딕손과 더불어 옵 강 입구의 수송요지이다. 주요 산업은 생선가공 산업이다. 서시베리아의 풍부한 밀산지이자, 쿠즈네츠크의 석탄과 철의 결합지이며, 투르크 - 시베리아 철도를 통해 중앙아시아 면화단지가 연결되는 옵 강 유역의 수송 중심지이다. 1930년대 노비포르트는 북극항로를 항해하는 선박들에게 석탄을 공급하는 중간보급지의 역할을 했다. 소비에트 당국은 북동항로가 길기 때문에 현지 석탄광(도네츠, 쿠즈네츠크, 미누신스크 등)을 개발하여 항로 구간마다 원료를 제공하고자 했다. 당시 소비에트 북극권의 여러 탄광들로부터 채굴된 석탄들이 여러 항구를 통해 노비포르트로 운반되었고, 노비포르트는 이들을 저장하였다가 북동항로를 항해하는 선박들에게 공급했다(Krypton, Constantine, The Northern Sea Route and the Economy of the Soviet North, London : Methuen & Co., 1956, p.48).

58) 북방항로 상 4개의 주요 항구 중 첫 번째인 딕손항은 카라해의 남동부에 위치하고, 예니세이 만(Yenisey Gulf)의 입구에 인접해 있고, 스베르드룹(Sverdrup) 섬과 아크틱 인스티튜트(Arctic Institute) 섬 및 이즈베스티 칙(Izvestyi TsIK) 섬의 남쪽에 위치해 있다. 이 항구는 쁘레벤 해협(Preven Strait)을 통과하여 이 항구로 진입하는 것이 어떤 기후나 시계(visibility)에서도 안전하기 때문에, 파일롯 서비스를 제공하지 않는다. 항구내 정박소(internal roadstead)는 약 15미터 수심이다. 메인 부두(wharf)는 흘수가 11미터까지인 선박들이 이용할 수 있다. 정박(mooring)은 정박지 예인선에 의해 제공된다. 항구시설 중

사소한 수리를 할 수 있는 정비소가 있다. 여름 항해기간 중 항구 당국은 대개 구조선박과 수중 긴급수리를 수행할 수 있는 긴급수리반을 운영한다. 항구는 무르만스크 해양기선라인(Murmansk Marine Steamship Line)의 관할 하에 있고, 북극해서부지역해양운영본부(headquarters of marine operations of the western sector of the Arctic)가 위치해 있다(R.D. Brubaker, The Russian Arctic Straits(Leiden / Boston : Martinus Nijhoff publishers, 2005, p.15), 크라스노야르스크 변강주의 예니세이강 어귀의 섬인 딕손은 462미터 높이의 라디오 탑과 안테나를 가진 북극해의 핵심 무선기지이자, 모스크바와 블라디보스톡간의 어떤 도시도 접촉이 가능한 북극 라디오 네트워크의 중심지이다. 저장 공간이 풍부한 석탄저장시설과 쇄빙선과 상선을 위한 벙커시설이 있다. 딕손은 러시아 최북단 항구도시이자, 세계 최북단 정착지 중 하나이다. 너무나 북쪽에 위치해 있기 때문에 12월 8일부터 1월 5일까지 완벽한 어둠을 경험할 수 있다. 딕손은 스웨덴의 탐험가, 오스카 딕손 남작(Baron Oscar Dickson)의 이름을 땄다. 딕손 주민들은 소비에트의 인기가요의 제목을 따라 딕손을 "북극의 수도(Capital of the Arctic)"라 비공식적으로 부른다. 항만은 세계 니켈 공급량의 20%를 담당하는 RAO Norilsk Nickel사에 의해 운영되며, 러시아 북극해 최대 선사인 MSCO사의 북극해 서부의 해상운송거점(Marine Operations Headquarter)이다.

59) 듀딘카 항은 강 어귀로부터 약 230해리 떨어진 예니세이강 동쪽 제방에 위치해 있다. 이 항구는 흘수선 11.5 미터까지의 선박들이 이용할 수 있다. 이 항구는 철로에 의해 노릴스크 시와 연결되어 있다. 북방항로 통과 루트로부터 상당한 거리가 떨어져 있기 때문에 외국선 박을 위한 긴급피난항으로 권고될 수 없다(R. D. Brubaker, The Russian Arctic Straits(Leiden / Boston : Martinus Nijhoff publishers, 2005, p.17), 항만은 RAO Norilsk Nickel사에 의해 운 영되면, 연중 노릴스크광산에서 제련된 금속 등을 무르만스크항으로 환적하여 유럽 등지 로 수출하고 있다. 노릴스크광산과는 철도망으로 연결되어 있다. 최근 평균적으로 약 450 만 톤의 화물을 처리하고 있다(이성우, 송주미, 오연선, 『북극항로 개설에 따른 해운항만 여건 변화 및 물동량 전망』(한국해양수산개발원, 2011), p.62). 1667년 겨울 정착지(winter settlement)로 건설된 듀딘카는 예니세이강 하류에 위치하여 북극항해 선박의 접근이 가능 하다. 또한 크라스노야르스크 변강주 타이미르스키 돌가노-네네츠키구의 행정 중심지이다. 타이미르 반도의 서쪽에 위치해 있고, 근처 노릴스크 산맥은 풍부한 석탄, 철, 구리, 니켈을 매장하고 있고, 특히 소량의 매장량만 가지고 있는 몇 안 되는 금속중 하나가 니켈이기 때 문에 특히 중요하다. 듀딘카는 노릴스크 탄광과 야금공상으로 가는 화물을 처리하여 보내 고, 거기서 나오는 비철금속과 석탄을 운송한다. 1969년에는 메소야하 - 듀딘카 - 노릴스크 가스 파이프라인이 놓여졌다. 또한 협궤 철도노선은 예니세이강에 있는 듀딘카와 강 동안 7마일 떨어진 노릴스크사이에 건설되어 광산지역을 북방해로시스템에 직접 연결하고 있 다. 북방항로의 중심인 이곳의 석탄은 북방항로와 예니세이강을 운항하는 선박에 연료를

와 북태평양의 페트로파블롭스크가 있다(표1 참조).

공급하고, 이가르카를 방문하거나 항로 전체를 통과하는 증기선의 화물공간을 확보해준다. 스몰카(H.P Smolka)는 자신의 책, 『북극에 대항한 4만(Forty Thousand Against The Arctic)』(Hesperides Press, 2006)에서 듀딘카를 KGB의 강제노동수용소로 묘사하기도 했다.

(60)   1929년 건설된 크라스노야르스크 변강주의 예니세이강의 상설 항구도시인 이가르카는 외국선박의 요청에 항구적으로 개방된 북방항로의 최초의 항구였다. 바다와 만나는 강 입구로부터 내륙으로 400마일 상류에 있는 영구동토대 툰드라 지역에 위치해 있어, 북극서클로부터 북방 120마일 떨어진 이가르카는 제재소가 있는 시베리아 목재 수출의 중심지이다. 여름철 동안 통나무들은 예니세이강의 물줄기를 따라 하류도 내려 보내고, 겨울철에는 잘라 놓고 8-9월 연속 두 달 동안 부정기화물선에 실려 나간다. 이가르카는 7월에서 10월까지 유럽에서부터 아르한겔스크 또는 무르만스크를 통해 들어오는 선박과 중부 시베리아에서 들어오는 하천선박간의 화물교환에 이용된다. 따라서 노보시비르스크와 이르쿠츠크사이의 지역들에 물품을 공급한다. 이가르카 공항은 예니세이강의 양쪽에 걸쳐 있기 때문에 겨울에 얼음이 얼면 차로 지나갈 수 있고, 여름에는 배를 이용할 수 있지만, 얼음이 부분적으로 녹는 시즌에는 상황이 어렵다. 1949년부터 1953년까지, 이가르카를 러시아의 철도 네트우크와 연결시키는 살레카르트 - 이가르카 프로젝트가 계획되었지만 시행되지 못했다.

(61)   크라스노야르스크 변강주의 항구도시인 노르드빅은 노르드빅 만 서쪽의 우룽 튜머스 반도(Uryung Tumus Peninsula)의 하탕가 강 어귀의 랍체프 해에 위치한 항구도시로 기후가 험해 유배지로 사용되었다. 근처에 북부 시베리아의 거대한 생선가공공장들에 소금(암염)을 공급하는 중심지로 투스 - 탁(Tus - Takh)이 있고, 야쿠티아 쪽 제방에 유전을 가지고 있어 북극 전체를 통해 운행되는 디젤추진 해양선박들과 항공기들에 재급유하고 있다. 이곳 지하에 석유와 가스가 매장되어 있을 것으로 추정되고 있다.

(62)   틱시항은 랍체프해의 틱시만에 위치해 있다. 5미터까지의 흘수를 가진 선박들이 이용할 수 있는 항구까지의 자연적인 채널이 있다. 예정된 대로 채널(수로)의 수심을 늘리고 새로운 부두를 건설하면, 흘수 9-10미터까지의 선박들이 이 항구를 이용할 수 있다. 항구로 진입시, 선박들은 항구의 특별규정에 의해 안내 받아야 된다. 선박의 정박은 정박지 예인선에 의해 제공받아야 한다. 기계작업반에 의해 사소한 수리업무가 제공되고, 항해시즌 동안 구조선박에 의해 긴급 구호 및 수리 서비스가 제공된다. 선박 동체 점검과 수중작업은 다이빙팀에 의해 제공된다. 이 항구는 사하공화국의 법적 관할 하에 있고, 북극해중부지역해양운영본부(headquarters of marine operations of the central sector of the Arctic)가 위치해 있다(R. D. Brubaker, The Russian Arctic Straits, Leiden / Boston : Martinus Nijhoff publishers, 2005, p.15). 틱시는 사하 공화국의 레나(Лена) 강 어귀의 항구로 연중 3달 정도 항해가 가능한 북극 랍테프 해의 유일한 항구이다. 베링해협을 통해 들어오고 바이칼 호나 야쿠티아 지역에서 나오는 생산물의 수송 집산지이다. 특히 이 노선은 지역의 엄청난 금을 수출하는

러시아의 북극해 해운항만 인프라 구축전략의 작성이 다음과 같은 논리적 절차를 거치게 된다고 가정할 때, 앞서 언급한 러시아의 북극해 거점항구들의 중요성은 더욱 커진다. 우선, 어떤 항구에서 인프라를 개발할 것이냐를 결정해야 한다. 즉 기존의 항만이냐 아니면 새로운 항만이냐를 결정해야 한다. 아마 러시아의 경제 및 재정 상황으로 볼 때, 그리고 역사적 전략적 지정학적 관점에서 볼 때, 소비에트의 개발전략을 계승하는 기존의 항만에서 인프라를 개발하는 것이 가장 논리적일 것이다. 다음으로, 기존의 항만에서 현존하는 화물 터미널이냐 아니면 새로운 터미널을 건설해야 하느냐를 결정해야 한다. 위에서 이미 지적했듯이, 아마 기존의 터미널을 활용하는 방향으로 나아가는 것이 논리적으로 타당할 것이다. 셋째, 기존의 터미널을 활용할 때, 이 터미널을 계속 이용할 것이냐 아니면 용도폐기를 해야 할 것이냐를 결정해야 한다. 넷째, 기존의 터미널을 계속 활용할 것이라면, 기존의 처리용량을 축소할 것인가, 유지할 것인가, 아니면 확대할 것인가를 결정해야 한다. 그리고 마지막으로, 확대를 한다면, 량적인 확대를 할 것인가, 아니면 질적인 현대화를 추구할 것인가를 결정해야 한다. 당연히 량적인 처리용량 확대와 질적인 경쟁력 및 경영 능력의 향상이 포함될 것이다.

바렌츠해의 무르만스크는 북방항로(NSR) 서쪽 기점이자 북극 가교(Arctic Bridge, Arctic Sea Bridge)로서 무르만스크는 북방항로의 수송허브로서 핵심을 이룬다. 백해와 북 드비나강과 연결된 아르한겔스크는 전통적인 북방개척의 중심지로 유럽과의 무역 중심지이다.

카라해는 시베리아의 강들과 연결된 내륙에 위치한 항구들을 중심으로 지

안전한 노선을 제공한다. 1933년 북동항로의 거점으로 개발되어, 1932년 건립된 북극 기지 / 관측소(полярная станция)와 1957년 건립된 우주지질물리실험실 <틱시>가 있다.

하자원을 수송하고 보급하는 역할을 담당하는 보비 포트와 두딘카 및 이가르 카를 포함하고 있다.

하탕가 강 및 레나 강과 연결된 랍체프해의 항구들은 유전과 가스전의 가능성이 있는 노르드빅과 광물자원의 집산지로서 틱시를 포함하고 있다.

기타 축치해의 'Cape North'로 알려진 미스 슈미타와 베링해의 NSR 기점인 프로비제니야와 캄차트카의 페트로파블롭스크는 북방항로의 동쪽거점이 되고 있다.

그러나 러시아 북방항로(NSR)의 성공적인 작동뿐만 아니라 지구 온난화로 언제 깨어날지 모르는 거대한 잠재력을 가진 러시아 시베리아 / 북극권의 개발을 위해서도 인프라 구축이 필요하다. 푸틴이 예를 들어 말한 것처럼, 유고르스키 샤르 해협(Yugorsky Shar Strait) 근처의 바란데이(Varandei) 항은 개선될 예정이고, 새로운 LNG 프로젝트를 지원하기 위해 야말반도에 새로운 사베타(Sabetta)항이 개발되어야 한다.

이런 기본적인 해양수송 루트의 개선과 개발에 더해 하천-도로-철도망, 통신망, 항공망의 개발이 필요하다. 그러나 러시아에서 수송 인프라와 관련된 문제 또한 많이 있다. 우선 러시아 정부는 장기적인 청사진에 기초해서가 아니라 눈에 드러난 문제의 해결에만 자금을 쏟아 붓는 경향이 있다. 더군다나 시베리아와 북극권은 지구상의 다른 많은 지역들과는 다른 혹한의 기후와 동토대, 잠재적인 환경오염 등을 포함한 다양한 문제점을 안고 있다.

표 2 러시아 북극권 거점/항구, 배후지역(시베리아), 자원 및 인프라 개발 전략

거점 / 항구	인접 해역	배후지역, 하천 및 철도	자원	역할 및 개발전략
Yamburg (Kingisepp)	핀란드만–발트해	레닌그라드 주, 핀란드만, 루가강	러시아 명칭은 Kingisepp	발트해–북해로의 해상출구
Murmansk	바렌츠해	무르만스크 주, 바렌츠해, 무르만 철도	해군기지, 쇄빙선단 Atomflot 본부	수송 Hub, NSR 서쪽 기점, 북극 가교(Arctic Sea Bridge), 구조 기지(rescue stations) 신설예정
Arkhangelsk	바렌츠해	아르한겔스크 주, 백해, 북드비나 강	전통적인 북방개척 중심지	유럽과의 무역 중심지, 구조기지(rescue stations) 신설예정
Naryan–Mar		아르한겔스크 주 네네츠자치구, 페초라강		구조기지(rescue stations) 신설예정
Vorkuta	내륙지역	코미공화국, 우사강	탄광	구조기지(rescue stations) 신설예정
Nadym	카라해	야말로–네네츠 자치관구, 나딤 강		구조기지(rescue stations) 신설예정
Amderma		야말로–네네츠자치관구,	Fluorite(형석) 산지	해상수송 요지
Kharasavey		야말로–네네츠자치관구,	하천수송 요지	내륙항구
Novyy Port		야말로–네네츠 자치관구, 오비 강	석탄을 공급하는 중간 보급지, 서시베리아 평원과 카라해를 연결	중간 보급지
Dikson		크라스노야르스크 광역주, 오비 강	핵심 무선기지	최북단 항구
Dudinka		크라스노야르스크 광역주, 예니세이강의 항구	근처 노릴스크 산맥은 풍부한 석탄, 철, 구리, 니켈을 매장	내륙항구, 구조기지(rescue stations) 신설예정
Igarka		크라스노야르스크 광역주, 예니세이강의 항구	노릴스크와 남쪽의 크라스노야르스크와 연결	내륙항구
Nordvik	랍체프 해	크라스노야르스크 광역주, 하탕가 강 하류	유전과 가스전 가능성	생선가공공장에 암염 공급 중심지
Khatanga		크라스노야르스크 광역주, 히탕기 강, 타이미르 반도	천연동식물 관광 중심지	랍체프 해의 노르드빅 항과 연결
Tiksy		사하 공화국, 레나 강	레나 강 상류의 각종 광물자원, 야쿠츠크와 연결	광물자원의 집산지, 구조기지(rescue stations) 신설예정
Pevek	동시베리아해	츄코트카자치관구, 차운스키만, 콜리마 강	인근의 주석 탄광, 주변에 많은 굴락들이 있었음, 남쪽의 마가단 (극동의 중심지)	광물수출중심지, 구조기지(rescue stations) 신설예정

거점 / 항구	인접 해역	배후지역, 하천 및 철도	자원	역할 및 개발전략
Mys Shmidta	축치해	츄코트카자치관구,	북동항로의 동쪽 시작점	'Cape North'로 알려짐
Provideniya (Bay)	베링해	츄코트카자치관구, 프라비제니야 만, 아나디르 만, 추코트 반도, 베링해협의 거점츄코트카자치관구, 프라비제니야 만, 아나디르 만, 추코트 반도, 베링해협의 거점	베링해로의 진출 거점	베링해를 거쳐 알래스카로 가는 통로, NSR의 현 기점, 구조기지(rescue stations) 신설예정
Anadyr Bay				베링해를 거쳐 알래스카로 가는 통로, NSR의 현 기점, 구조기지(rescue stations) 신설예정
Petropavlovsk	베링해-북태평양	캄차트카광역주, 아바카만	수산자원, 잠수함 기지, 화산지형	NSR 동쪽 기점의 수송 Hub로 개발 예정.

IV. 맺음말

오늘날까지 북동항로는 여전히 결빙으로 인한 위험성과 러시아 당국이 쇄빙 에스코트와 아이스 파일럿(ice pilots)에 대해 고비용의 청구, 위험성으로 인한 높은 보험요율, 그리고 대형 쇄빙 선박의 건조가 너무나 비싸기 때문 국제 수송로로서의 이용이 제한되고 있었으나, 북극해의 해빙속도가 점점 빨라지고 있어 2030년 정도가 되면 1년에 100일 정도는 항해가 가능하고 2050년쯤이면 쇄빙장비 없이도 1년 내내 북동항로 이용이 가능할 것으로 추정하고 있어 선박의 항해도 급속히 늘어날 것으로 보인다. 이러한 결과는 북방항로에 대한 새로운 관심을 낳게 하였고 러시아 정부는 북방항로의 개척을 주요 북극권 개발전략 목표에 포함하였다.

러시아의 북극정책에는 북극항로 개발과 관련해서는 북극항로와 그것에 연결되는 하상교통, 철도교통, 항공교통 전체를 통합하는 교통 시스템 건설과 해양교통 인프라 구축, 육상·항공 교통 인프라 구축 등 북극항로 개발과 교통 인프라 건설을 통합적으로 바라보고 있다. 북극항로를 포함하는 해양교통 인프라 구축 관련된 주요 과제는 다음과 같다. 첫째, 세계시장으로 러시아 탄화수소 자원을 공급하는 기본 노선을 다변화하기 위해 북극 대륙붕 개발 지역의 교통 인프라를 개선한다. 둘째, 쇄빙선, 구조선, 보조선 건조에 대한 국가 지원을 통해 북극항로의 화물 수송 구조를 개선하고, 물동량을 증대하며, 해안 인프라를 발전시킨다. 셋째, 북극항로 수역 선박운항에 대한 국가 관리 및 안전 확보, 쇄빙선 및 기타 서비스 요금 관리 등과 관련된 법·규정을 개선하며, 의무보험을 비롯한 보험제도를 발전시킨다. 넷째, 해상 및 기타 교통의 발전과 인프라 확보를 포함하는 북극 복합교통 시스템의 발전 등을 통해 러시아 북극지대 선박운항 관리 및 안전 확보 조직구조를 개선한다. 다섯째, 복합적인 북극 선박운항 안전 시스템을 구축·발전시키고, 선박이 집중적으로 이동하는 지역에서 교통 흐름을 관리하며, 종합재난구조센터를 건설한다. 여섯째, 원자력 쇄빙선을 포함하는 국가 쇄빙선 건조 프로그램의 수행 차원에서 최신 기술을 기반으로 쇄빙선단을 발전시킨다. 일곱째, 북극지대의 항구를 현대화하고 새로운 항만생산 콤플렉스를 조성하며, 북극의 주요 하천 간선에서 준설(浚渫) 작업을 수행한다. 여덟째, 러시아 북부지역 물자 수송을 보장하는 운반선 건조를 포함하여 하천과 해양 간 화물수송 및 생산물 반출을 국가가 지원한다.

북극항로의 양쪽 끝에 위치한 무르만스크(Murmansk)와 아르한겔스크(Arkhangelsk), 칸달락샤(Kandalaksha), 오네가(Onega), 메젠(Mezen), 나리안-마르(Naryan-Mar), 이가르카(Igarka)는 외국선박들에 개방되어 있다. 북극해 연안의 일부 항구가 개방되어 있고, 세계 무역량에 비해 아직 수송량은 미미하지만 현재도 러시아의 북극해 연안 항구를 기종점으로 하는 물동량은 지속적으로 증가하는 추세를 나타내고 있음에 따라 러시아 북극해항로청(Northern Sea Route Administration)은 북극해 항로의 활성화를 위해서 북극해 연안 항만의 추가적인 개방을 제안했다. 북극해항로 상의 딕손(Dikson), 틱시(Tiksi), 페벡(Pevek), 두딘카(Dudinka)항 등 4개 항구는 현재 러시아 법령에 의하면, 이들 항구들은 긴급피난의 경우, 가장 가까운 항구 당국에 보고하고 항구당국의 지시를 따라 진입이 가능하도록 되어 있으나, 이들 4개 항구를 북동항로의 활성화를 위해 상시 개방할 것을 제안하였다.

러시아정부의 북극정책에 나타난 북극권 개발전략은 첫째, 새로운 수송루트로서 북동항로(North East Passage)의 정기적인 연간 운행을 유지하며 둘째, 극지의 산업시설을 포함한 북부 시베리아의 니켈광산과 유전을 개발하며 셋째, 북극해 유입하천(옵강, 예니세이강, 레나강)의 항구(노비포트, 이가르카, 틱시)의 대량 수송망과 노선을 조직하고 넷째, 선박이나 항공기의 석탄이나 연료 재공급을 위한 독립적인 기지망의 건설을 목표로 하고 있어 북극권의 항만개발과 인프라구축을 주요 전략목표로 삼고 있다.

이러한 북극전략을 수행하기 위해 2011년 9월 21에서 24일까지 러시아 북방의 고대 수도이자, 북극 개척자들의 고향인 아르한겔스크에서 개최된 국제 북극포럼('The Arctic - Territory of Dialogue')에 참석한 푸틴 총리는 북동항로개발과 항만인프라 구축을 강조했다. 이 북극회의의 핵심주제는 북극의 인프라 구축과 북극권 운송 네트워크의 개발이었으며, 부차적인 주제는 긴급수색 구조활동과 환경보호였다. 이러한 러시아 북극전략의 일환으로 유고르스키 샤르 해협(Yugorsky Shar Strait) 근처의 바란데이(Varandei)항의 개선을 위한 계획과 새로운 LNG 프로젝트를 지원하기 위해 야말반도에 새로운 사베타(Sabetta)항의 개발계획을 수립하게 되었다. 러시아 정부는 북극지역의 항만 정비와 건설을 활발히 진행되고 있다. 현재 이가르카(Igarka), 두딘카(Dudinka), 딕손(Dikson), 페벡(Pevek), 프로비데니야(Provideniya)항 등이 개·보수를 기다리고 있는 상황이며, 최근에는 러시아 정부와 노바테크가 공동으로 야말 LNG 플랜트 인근에 사베타(Sabetta) 항을 건설하고 있다. 연방예산 472억 루블(약 16억 달러)과 민간투자 259억 루블(약 10억 달러)이 투입되며,

연중 내내 운용 가능하고 연 3,000만 톤의 물동량을 처리할 수 있는 항구가 될 전망이다. 소콜로프(Maksim Sokolov) 교통부 장관은 사베타 항 건설이 새로운 러시아 북극해상운송 시대의 출발점이 될 것이라고 언급하였다.[63]

러시아 북극권의 무르만스크와 아르한겔스크, 네네츠 자치지역, 야말로-네네츠 자치관구, 타이미르 자치관구,[64] 카렐리아와 사하지역 등은 상대적으로 항만인프라 구축이 잘 되어 있다. 그럼에도 불구하고 항만시설의 물질적, 기술적 기반과 안전운항을 위한 기술적 수준의 유지와 개선을 위해서는 대규모의 신규투자를 필요로 한다.

'극동바이칼지역 사회경제 발전전략 2025'[65]에 북극권과 북동항로 개발을 위한 계획이 포함되어 있다. 러시아 정부는 지상·바다·하늘의 통합교통망인프라 건설을 위해 연방 항공청에서 37개의 공항(주로 러시아의 북부지역, 예를 들면 사하공화국, 캄차트카, 추코트카, 마가단 등) 개보수 작업에 357억 루블, 연방 해운청은 17여개의 항만 개보수 작업에 260억 루블, 연방도로청은 227.6km의 주요도로 건설과 340.2km의 간선도로 건설에 266억 루블을 2015년-2016년에 집중 투입할 계획을 발표하였다.[66] 러시아 당국의 북극권 수송 인프라 전략에

---

(63)   "In Russian Arctic, a New Major Sea Port," Barents Observer(August 06, 2012).

(64)   러시아 행정구역 개편에 의해 크라스노야르스크 변강주로 편입됨

(65)   2010년 7월 5일 대통령 포고령 №1120-p에 따라 「Strategy for Siberian Socio-Economic Development 2020, 시베리아 사회경제발전전략 2020」도 비준됐다.

(66)   2009년 5월 12일 러시아 연방정부에 의해 채택된 「극동바이칼지역 사회경제 발전전략 2025(Стратегия социально - экномического развития Дальнего Востока, Республики Бурятия, Забайкальского края и Иркутской области на период до 2025 года)」, 한종만, "러시아 극동바이칼지역 사회경제발전프로그램과 한러경제협력의 시사점," 『러시아연구』 제24권 제2호(서울 : 서울대학교 러시아연구소, 2014), p.416 참조.

따르면, NSR의 동쪽 끝에 자리잡은 캄차트카 반도의 페트로파블롭스크항은 향후 북방항로의 활성화에 대비해 NSR의 동쪽 허브 항구로 개발될 예정이다.[67]

천연가스 매장량 1위, 석유 매장량 3위인 러시아는 2030년 경에는 세계 5위의 경제대국으로 부상할 것으로 전망되고 있으며, 세계적으로 에너지 수송 수요가 크게 증가하고 있기 때문에, 이들 자원을 운송하는 해상물류시장의 변화가 예상되고 있다. 지금까지 러시아에서는 연안의 무르만스크, 노릴스크, 살레하르트, 이가르카 등이 그 주요 항구로서의 역할을 수행하여 왔으며, 발틱해 항만, 흑해 항만, 카스피해 항만, 극동항만을 통한 루트 등 4가지 해상수송로를 주로 이용하고 있다. 그러나 지구온난화로 인하여 얼음이 빠르게 녹으면서 연중 항해가 가능한 북극항로가 열릴 경우 북극해가 가지는 물류의 경제적 가치는 상상을 초월하게 될 것이다.

북극항로는 2006년 9월 알래스카와 캐나다 북부의 북극해 연안을 따라 대서양과 태평양을 연결하는 북서항로(Northwest Passage)가 처음 생성되었고 2008년까지 7개의 항로가 개설되었다. 북동항로와 북서항로를 통한 북극해의 북방항로 개설은 러시아 북부의 물자수송뿐만 아니라 유럽과 동아시아를 연계하는 세계무역에서의 물자수송에 중요한 역할을 하게 될 것으로 추측되고 있다. 북극해를 경유하는 북극항로의 개척은 단기적으로 러시아 북극해 연안의 석유, 천연가스, 원목 등 자원개발과 수송을 위해서 요구되고 있고, 장기적으로는 유럽과 아시아, 북미 서해안을 연결하는 최단 해운 항로로 활용될 전망이다.

북극항로의 개척은 북극해의 랍테프 해, 동시베리아 해, 추코트카 해 그리

---

67)   Shipping & Ports, 07, October, 2010.

고 북태평양의 베링 해와 오호츠크 해 주변 항구 개발과 동시에 항구와 내륙 하천(극동시베리아의 여러 하천), 철도, 도로, 전력선, 송유관, 가스관 등과 연계되는 복합적인 운송망의 구축이 전제되어 진다. 러시아 북극권의 수송 인프라는 기본적인 해양수송 루트(NSR)와 하천 수송망, 도로망, 철도망, 통신망, 항공망 등으로 분류할 수 있다.

북극의 자원개발과 북동항로와 북서항로가 국제해상 루트로 이용될 경우 시베리아 북극해와 북태평양의 주요항구 개발은 빠르게 진척될 것이며, 또한 쇄빙선 기능을 갖춘 여러 형태의 선박 수요도 크게 증가할 것으로 보인다. 북극항로의 활성화를 위해서는 쇄빙선의 확보 및 시베리아권의 도로, 항만시설 등 사회 간접자본의 확충이 주요한 과제로 등장하게 될 것이다.

북극해의 개발에 따른 경제적 이점을 선점하기 위해서는 러시아 북극권 연안에 위치한 항만의 개발과 중추적 물류기지로서의 기능을 수행할 수 있는 물류인프라의 구축은 향후 러시아경제를 지속적으로 발전시키는 중요한 요인이 될 것이다. 따라서 러시아 북극권 수송 인프라 중 낙후된 시베리아 지역 및 하천 수송망과 연계된 항구의 인프라 개발을 목표로 하는 러시아의 북극전략은 시베리아의 북쪽 지역의 낙후된 경제를 부흥시키는 핵심과제가 될 것으로 전망된다. 러시아의 북극전략은 북극항로의 상업적 개발과 활용은 인프라 구축에 기반 하기 때문에 북극권의 해운, 하천, 철도, 항공과 연계된 수송물류, 항구개발 등을 포함한 인프라 구축에 초점을 두고 있다.

참고문헌

국문자료

계용택, "북극에 관한 러시아 언론분석 및 한국의 대응전략," 『한국시베리아연구』, 배재대학교 한국 - 시베리아센터, 제19권 2호, 2015.

김선래, "북극해 개발과 북극항로 : 러시아의 전략적 이익과 한국의 유라시아 이니셔티브," 『한국시베리아연구』, 배재대학교 한국 - 시베리아센터, 제19권 1호, 2015.

김자영, 「시베리아 사회경제발전전략 2020」, 『e-Journal 시베리아의 창』, 배재대학교 한국 - 시베리아센터, 6호, 2011.

배규성, "북극권 쟁점과 북극해 거버넌스," 『21세기정치학회보』, 21세기정치학회, 제20집 3호, 2010.

한종만, "러시아 극동바이칼지역 사회경제발전프로그램과 한러경제협력의 시사점," 『러시아연구』, 서울대학교 러시아연구소, 제24권 제2호, 2014.

홍성원, "북극항로의 상업적 이용 가능성에 관한 연구," 『국제지역연구』, 한국외국어대학교 국제지역연구센터, 제13권 제4호, 2010.

영문자료

Brookes, Peter, "Flashpoint : Polar politics: Arctic security heats up," Armed Forces Journal, November 2008.

Carlsson, Märta, Granholm, Niklas, "Russia and the Arctic: Analysis and Discussion of Russian Strategies" FOI(2013).

Gira, Vytautas S. and Zivile Dambrauskaite, "The Arctic in Russia's Foreign Policy and the Baltic States," European Union Foreign Affairs Journal, No.2, 2010.

Heininen, Lassi, Sergunin, Aleksander, and Yarovoy, Gleb, "New Russian Arctic Doctrine : From Idealism to Realism?" Valdai Discussion Club(15 July 2013).

"In Russian Arctic, a New Major Sea Port," Barents Observer(August 6, 2012).

Krypton, Constantine, The Northern Sea Route and the Economy of the Soviet North(London : Methuen & Co., 1956).

Laruelle, Marlene, "Resource, State Reassertion and International Recognition : Locating the Drivers of Russia's Arctic Policy," The Polar Journal, 4/2(2014).

Pilyavsky, Valery P., "The Arctic: Russian Geopolitical and Economic Interests," FES(Friedrich Ebert Stiftung) Briefing Paper, March 2011.

Russell, Anthony, LCDR USCG, "Carpe Diem Seizing Strategic Opportunity in the Arctic," Joint Forces Quarterly p.51, 4th quarter 2008.

"Russia set to overhaul its Arctic fleet," Russian News and Information Agency, 09/04/2007, http://

en.rian.ru/analysis.

Sannes, Brigadier M., "Russian Development in the Barents Sea - Opportunities and Challenges for Norway," Dissertation, Royal Norwegian Air Force, July 2011.

Shipping & Ports(October 7, 2010).

Young, Oran R., Arctic Politics - Conflict and Cooperation in the Circumpolar North(London : Univ. Press of New England, 1992).

러시아의 국가 발전전략 및 프로그램들

「Russian Federation's Strategy for National Security Up to 2020」Security Council of Russian Federation (2009).

「Energy Strategy Of the Russian Federation For The Period Up To 2030」the Government of the Russian Federation(2009).

「Transport Strategy Of the Russian Federation Up to 2030」the Ministry of Transport of the Russian Federation(2008).

「Foundation of the State Politics of the Russian Federation on the Arctic for 2020 and in the Longer Perspective」Security Council of Russian Federation(2009).

「Russian Sea Port Infrastructure Development Strategy 2030」the Ministry of Transport of the Russian Federation(2010).

「Strategy for Socio-ecnomic Development of the Far East, the Republic of Buryatia, Trans-Baikal Territory and the Irkutsk region for the period till 2025」Russian Federal Government(2009).

「Strategy for Siberian Socio-Economic Development 2020」by Presidential Decree №.1120-p(Jul 5, 2010).

러시아의 교통정책과 베링해협터널 프로젝트*

한종만

I. 머리말

세계화와 정보화 그리고 교통과학기술의 발달 덕택으로 세계는 인류역사상 어느 때보다 시간과 공간의 벽을 허물고 있다. 또한 지구온난화와 기후변화로 인해 북극양의 빙하가 녹으면서 인류의 생활공간을 북쪽으로 올라가는 상황으로 몰아가고 있다. 또한 북극양의 해빙은 북동항로(북태평양에서 유럽)와 북서항로(북태평양에서 북미 동부지역)가 국제해상 루트의 가능성을 높여주고 있을 뿐만 아니라 지금까지 개발되지 않았던 북극권의 풍부한 화석연료와 비철금속과 수산자원의 이용 가능성이 부각되고 있다. 이미 지정학적 차원뿐만 아니라 지경학적 차원에서 북극권 자원·물류 전쟁은 시작되고 있다.

19세기 말과 20세기 초에 세계 주요 도시에서 가장 중요한 문제는 마차 사고와 말똥 처리였다. 이를 해결하기 위해 자동차의 발명으로 자동차교통은 급속도로 발전했다. 그러나 자동차교통은 석유자원 고갈의 주원인이며, 대기오염의 주범 역할을 담당하고 있다. 20세기 철도 교통은 자동차교통보다 자유와

* 이 글은 한국철도학회 <철도저널> 18권 3호, 2015년 6월, pp.79~90에 게재된 내용입니다. 이 글은 2014년 12월 18일 우송대학교 솔파인(W-13, 13F 별실)에서 개최된 한국철도학회 철도정책운연분과위원회 동계세미나에서 발표된 내용을 수정 / 보완한 것임.

편이성 그리고 속도 면에서 뒤떨어지면서 크게 발전하지는 못했다. 그러나 철도교통은 서비스의 개선과 자기부상철도와 고속전철 등장의 덕택으로 언급한 단점을 해결할 수 있을 뿐만 아니라 자동차교통보다 대규모 인적·물적 수송의 가능성과 친환경적이며, 교통체증도 거의 없다는 이점을 가지고 있다. 세계는 교통과학혁명의 덕택으로 인해 획기적으로 대량화물을 선적할 수 있는 해상교통(20 TEU 1만여 개 이상을 선적할 수 있는 컨테이너선 등)의 비약적인 발전과 철도의 르네상스 시대를 맞이하고 있다.

러시아는 수많은 국경과 세계 제1의 영토국가에 걸맞게 인적·물적 교류의 랜드 브리지의 역할을 최우선 목표로 정하면서 물류강국을 꿈꾸고 있다. 러시아가 꿈꾸는 물류강국은 또한 러시아의 지속 가능한 에너지·자원강국의 유지 가능성과 상호 밀접히 연계되어 있다.

러시아 지역의 대부분은 영구동토지대로서 그 가치가 높지 않았지만 과학기술의 발달과 지구 온난화 현상 등으로 북극권 자원개발[1] 그리고 북극양의 항로(북동항로와 북서항로)뿐만 아니라 19세기 중반 이후부터 계획했던 러시아 추코트카 반도와 알래스카를 연결하는 베링해협 육로운송 프로젝트가 다시금 활기를 띠고 있다. 러시아정부는 TSR(시베리아횡단철도) 확산의 일환으로써 유라시아 철도네트워크 구축은 물론 BAM(바이칼 - 아무르횡단)철도와의 여러 지선들의 확장, TKR(한국종단철도)과의 연계는 물론 사할린 섬과 극동 본토 그리고 일본 홋카이도와 사할린 섬, 러시아 북동부 지역(사하공화국 - 추코트카 - 베링 해 - 알래스카)과 북미 대륙을 연결하는 베링해협 철도 건설

---

1) 북극권에 세계 화석연료의 4분의 1이 매장된 것으로 추정하고 있습니다. 화석연료 이외에도 북극권에 풍부한 한류성 수산자원과 고부가가치의 광물, 예를 들면 납, 다이아몬드, 금, 구리, 은, 아연 도 매장되어 있는 것으로 추정하고 있다.

과 새로운 북극 해운로와 항구 건설과 에너지 수송로(송유관과 가스관 등)건설 등의 북합운송망(complexed logistics)의 메가 프로젝트를 계획하고 있다.

일반적으로 시베리아는 러시아 아시아지역으로 세계 육지면적의 10분의 1로 지구상에서 마지막 남은 처녀지, 즉 자원과 학문의 보고지역으로 미개척지역이다.

북극 해운로와 베링해협 터널 건설은 시베리아의 북쪽 지역과 북극양의 개발과 운송로의 주춧돌이 될 것으로 예상된다. 해운로와 터널을 통한 육상운송은 일견 경쟁관계이지만 상호 보완, 예를 들면 북극양의 랍테프 해, 동시베리아 해, 추코트카 해 그리고 북태평양의 베링 해와 오호츠크 해 주변 항구 개발도 동시에 이루어지면서 항구와 내륙하천(극동시베리아의 여러 하천), 철도, 도로, 전력선, 송유관, 가스관, 수도관, 광케이블 등과 연계되는 복합연계운송망으로 발전될 것으로 예견된다.

시베리아지역은 유럽과 아시아 그리고 아시아와 아메리카를 연결하는 대륙 간 가교로서 거대한 공간, 희박한 인구밀도, 풍부한 자원, 중국과의 긴 국경선, 자원이 부족한 아태지역과의 인접성 등을 고려할 때 우선순위 부문은 자원 및 교통물류 및 자원 집약적, 방위산업 집약적 그리고 노동절약적 혹은 자본집약적 산업이 주안점이 될 것으로 보인다.

II. 러시아의 시베리아 교통정책[2]

러시아정부는 시베리아와 북극권지역에서 에너지뿐만 아니라 농업(수산업 / 목축업 포함)과 군수산업과 물류산업의 육성은 물론 경제의 다양화 · 현대화 정책을 통해 명실 공히 강대국으로 부상한다는 목표를 세우고 있다. 이를 위해 러시아의 국가전략, 특히 '교통 전략 2030' 그리고 '에너지 전략 2030'과 '사회경제발전전략 2020'과 '극동자바이칼 사회경제발전 연방목적프로그램 2025', '러시아 철도발전전략 2030', '2020년까지 북극지역에서의 국가정책원칙', '통합가스네트워크프로젝트(UGSS)' 등을 통하여 시베리아지역, 특히 극동지역과 북극권은 지정 및 지경학적 측면에서 안보는 물론 자원개발과 운송 등의 물류 중심지로써의 특화를 목표로 하고 있다. 그 이외에도 연방차원에서 2006년에 4개 '국가프로그램'(농업, 의료, 주택, 교육)의 설정과 특별경제구역을 설정하고 있으며, 지방차원에서 지역개발 프로그램이 수백 개가 존재한다.

러시아는 프로젝트를 만드는데 탁월한 식견을 갖고 있지만 그 성과는 기대치만큼 발전하지 못하고 있는 상황이다. 2008년 글로벌 금융위기 이후 이 프로그램들은 수정되거나 축소되는 경향을 보이고 있다. 그러나 상호 연계된 에너지전략과 교통전략과 '철도전략 2030'과 북극권개발은 정책 우선순위로 책정되고 있다. 푸틴은 2004년 5월에 교통 SOC는 러시아 경제과제 중 가장 중요한 부문이며, 경제문제의 해결과 러시아 전체 경제통합을 위한 직접적 효과를 담당할 수 있다고 강조했다. 2007년 1월 다보스 포럼에서 당시 제1부총리였던

---

2) 필자의 글 참조. "철도의 르네상스와 러시아 TSR의 확산," 배재대학교 한국시베리아센터 편, <TKR(한반도 종단철도)건설 : 북한을 열고 세계를 묶다>(서울 : 명지출판사, 2013년), pp.182~204.

드미티리 메데베데프는 베링해협 프로젝트를 통해 러시아경제의 향상화는 물론 유라시아의 에너지와 물류 센터로서 역할을 담당할 것으로 예견했다.

'러시아 교통전략 2030'은 2015년 제1단계까지 교통시스템발전의 현대화를 달성한 후 제2단계 2030년까지 혁신적 하이테크를 바탕으로 모든 부문에서의 교통시스템의 집약적 발전을 목표로 하고 있다. 2단계는 2시기(2016~2020년과 2021~2030년)로 구분되어 있다. 2016~2020년까지 4개의 목표(교통 - 커뮤

표 1 러시아 교통 주요 전략 개요

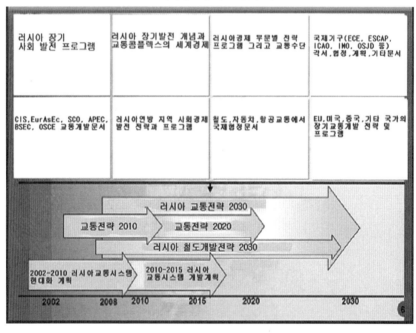

주 : CIS(Commonwealth of Independent States) 독립국가연합, EurAsEc(Eurasian Economic Community) 유라시아경제공동체, SCO(Shanghai Cooperation Organization) 상하이협력기구, APEC(Asia-Pacific Economic Cooperation) 아태경제협력체, BSEC(Black Sea Economic Cooperation) 흑해경제협력체, OSCE(Organization for Security and Cooperation in Europe), ECE(Economic Commission for Europe) 유럽안보협력기구, ESCAP(Economic & Social Commission for Asia & the Pacific), ICAO(International Civil Aviation Organization) 국제민간항공기구, IMO(International Maritime Organization) 국제해사기구, OSJD(Организация Сотрудничества Желзных Дорог; Organization for the Collaboration of Railways) 국제철도기구

자료 : 러시아교통부

니케이션의 통합 균형 시스템의 창설, 교통과정 참여자의 기술적 통합, 교통서비스에서 경쟁시장의 창설, 최저 사회교통스탠더드의 수행)를 달성한다는 것이다. 2021~2030년까지 러시아 전 지역에서 충분한 통합교통네트워크의 창설, 국제적 스탠더드에 부합하는 러시아 교통서비스의 질과 규모의 달성, 국제적 스탠더드에 부합하는 러시아의 생태 스탠더드 달성을 목표로 하고 있다.

2007년 9월 6일에 러시아정부는 '러시아 철도개발전략 2030'을 승인했다. 2007년 4월 10일 '러시아 철도개발전략 2030' 컨퍼런스에서 푸틴은 인구가 적은 지역의 주민들과 공업지역의 발전을 위해 교통접근의 필요성을 강조했다.

이 전략은 철도망의 광범위한 확장, 고속철도망 건설과 로지스틱 네트워크의 창설을 통해 아시아와 유럽의 화물운송을 촉진하는데 목적을 두고 있다. 철도망의 확장은 지역통합은 물론 지역격차의 해소와 러시아 경제발전을 가속화시킬 수 있다. 러시아 철도망의 양적 및 질적 확산은 국제적 운송루트, 특히 유라시아 지역에서 운송 경쟁력 확보를 위해 글로벌 시장에서 러시아 철도망의 역할 강화와 기타 교통수단이나 혹은 기타 철도회사보다 경쟁력의 강화 그리고 안전하고 효율적 교통 시스템을 구축과 연계되어 있다.

이 전략에 따라 BAM(바이칼아무르횡단철도)의 개보수와 확장은 물론 2030년까지 야쿠츠크-마가단 철도노선(1,560km)을 개발할 계획이며, 베링해협 프로젝트와 연계한 야쿠츠크-우엘렌 철도노선을 완공할 예정이며, 또한 동기간 사하공화국 남부지역 레나 강의 지류 지역에서 수력발전소를 건설할 계획이다. 이 전략에서 야쿠츠크-우엘렌 구간을 포함한 베링해협 철도 건설을 전략적, 사회적, 화물수송을 위한 우선 프로젝트로 채택했다.

철도전략의 제1단계(2008~2015년)에서는 러시아철도의 근본적인 현대화 작업이다. 이를 위해 화물과 여객수송 수요의 증가에 부합하기 위해 운송 장애 요인의 제거, 기관차와 차량의 운행 현대화를 위해 장비 대체, 국가 - 민간 파트너십 재원조달 방법의 수행이다. 제2단계(2016~2030년)에서는 철도 서비스의 급진적 향상이 주안점이다. 2030년까지 2만 550km에 달하는 철도를 건설할 계획이며, 그중 극동지역에 6,715km의 노선을 건설하여 TSR과 연계한다는 것이다. 전략적으로 중요한 노선 4,452km, 사회적으로 중요한 노선 1,262km, 화물수송 촉진 노선 4,660km, 일반노선 8,648km, 고속철도 노선 1,528km로 구성되어 있다. 이를 통해 철도 화물수송은 70%, 여객수송은 30% 증가할 것으로 예상했다.[3] 2012년 6월에 러시아철도 회장 야쿠닌은 2030년까지 고속철도 노선을 5,000km까지 확장할 계획이라고 말했다.[4]

러시아 '철도전략 2030'은 2만 3,397대의 새로운 기관차, 99만 6,000대의 화물객차, 2만 9,558대의 여객객차, 2만 4,450대의 전력총괄제어(EMU: Electric Multiple Unit)객차 구입을 계획하고 있다. 이를 위해 러시아철도는 철로 계획 노선의 옵션에 따라 2008-2030년까지 2007년 가격(부가가치세 배제)으로 11조 4,000억~13조 8,000억 루블을 투자할 계획을 수립했다. 총투자 비용은 러시아 연방 기금 2조 6,755억 루블(892억 달러), 지방정부기금 6,370억 루블(212억 달러), 민간부문 10조 4,354억 루블(3,478억 달러)[그중 러시아철도사 5조 9,289억 루블(1976억 달러)]로 구성된다.[5]

3) Boris E. Lukov, "The Transsiberian Rail Corridor: Present Situation and Future Prospects," *PROMIT Seminar : Connecting Europe and Asia with Transsiberian Rail*, 2010, pp.17-18.

4) "Russia - China railways cooperation 'huge potential'," Xinhua, Jun. 2, 2012.

5) Boris E. Lukov, "The Transsiberian Rail, ... op. cit., pp.20-21.

표 2 2008년 러시아와 주요국의
철도길이, 전철 길이, 화물운송, 여객운송, 화물매출, 여객매출

주요국	철도길이	순위	전철길이	순위	화물운송	순위	여객운송	순위	화물매출	순위	여객매출	순위
EU	221.29	1	110.47	1	1283.00	3	7547.00	2	3103.02	1	383.16	3
미국	102.12	2	–	–	1754.00	2	–		2788.23	2	–	–
러시아	86.26	3	43.17	2	1235.42	4	1139.58	5	1665.31	4	153.58	5
중국	78.00	4	25.14	3	2824.00	1	1666.40	4	2512.73	3	769.98	1
인도	63.33	5	17.79	4	794.00	5	6524.00	3	821.47	5	788.12	2
캐나다	57.22	6	–	–	–	–	–	–	358.15	6	–	
일본	20.08	7	12.23	5	–	–	9026.00	1	–	–	255.87	4

주 : 길이 1,000km, 화물운송 100만 톤, 여객운송 100만 명, 화물매출 10억 톤/km, 여객매출 10억 명/km.
자료 : Sergei Stolyarov, "Developing the Eurasian Transportation Network –
Russian Railways Strategic Priorities for International Cooperation", EEF. NGO / 10 / 10, May 24, 2010, p.1,
http://www.osce.org/documents/eea/2010/05/44053_en.pdf (검색일 : 2010년 7월 13일).

2009년에 처음으로 개통된 모스크바 –상트 페테르부르크 고속전철의 덕택으로 과거 5-6시간 혹은 야간열차 8시간보다 빠른 3시간 45분으로 단축됐다. 이 열차(Sapsan)는 최대 시속 250km이며 10개 차량 중 2칸의 1등석, 8칸의 2등석으로 604명 여객을 수용하고 있다. 모스크바-니쥬니 노보고로드 노선도 개통됐다. 러시아철도사 회장 야쿠닌은 옴스크-노보시비르스크 선, 모스크바와 사마라, 쿠르스크, 소치, 아들러, 카잔, 첼라빈스크, 야로슬라블 고속철도 노선뿐만 아니라 우크라이나 키예프와 흑해 크림반도와 벨라루스 민스크로 이어지는 초고속전철 노선을 계획하고 있다고 밝히고 있다.[6]

2014년 소치 동계올림픽과 2018년 월드컵축구 개최를 위해 러시아정부는 여러 형태의 고속전철 프로젝트가 진행되고 있다. 러시아철도 부회장 발렌틴 가파노비치(Valentin Gapanovich)는 시속 350~400km의 초고속 열차(모스크바 -

---

6) Natalia Nrefilova and Rustam Buzanov, "Russian Railways announces plans for new high-speed routes," RIA Novosti, May 15, 2010.

페테르부르크 660km를 2시간 반) 프로젝트와 모스크바와 예카테린부르크 간 초고속 전철프로젝트도 진행되고 있다고 전했다. 이를 통해 연간 1,400만 명의 여객수송을 담당할 것으로 예측했다. 기타 고속전철노선은 시속 250km, 기존 철도를 업그레이드해서 160-200km로 운행할 예정이다(그림 1 참조).[7]

지리적 위치 덕택으로 러시아철도시스템은 유럽과 아시아로 이어지는 동서 연결은 물론 남북(발트 해 - 러시아 - 아제르바이잔 - 이란 - 인도양)으로 연결하는 교량으로서 글로벌 경제시스템에 현저한 역할을 담당할 수 있다. 러시아는 철도수송을 통해 유럽에 1억 8,000만 톤 상당의 화물을 수출하고 500만 톤을 수입하고 있다. 그러므로 러시아의 가장 효율적인 철도루트는 유럽과 아시아를 연계하는 러시아 통과노선으로 국제적 운송코리도어 잠재력이 매우 높은 편이다.

그림 1 2030년까지 러시아의 고속철도 여객수송 시스템 전도

자료 : Michel Audige, "Russian Federation Railway Reform and Development Program," India Railways Strategy Workshop, New Delhi, Mar 25, 2009, p.9.

---

7)　"Russian Railways to commit $32 billion to new high - speed railroad," Modern Russia, July 12, 2010.

한국 혹은 일본 항구에서부터 서유럽 국경까지 철도 화물운송기간은 20일 미만(러시아 통과 11일 소요)인 반면에 해운운송에서 수에즈운하 통과 기간은 약 35일, 아프리카 희망봉 경유 시 소요기간은 60일로 긴 편이다. 또한 수에즈 운하 경유 해운교통은 소말리아 해적과 북아프리카와 중동의 정치 불안 등의 위험 요인이 존재하고 있다.

'교통전략 2030'은 러시아 통과(시베리아) 화물운송을 7일 내에 처리하는 것을 목표로 하고 있다. 20피트 컨테이너 당 물류비용도 1,000달러 이하가 될 것으로 예상하고 있다. 2012년까지 나호드카-크라스노예(Krasnoye)까지 7일 내에 가능하기 위해 철도의 평균속도는 1,400km/day 혹은 58.3km/h로, 2015년

그림 2 글로벌 교통 네트워크 전도

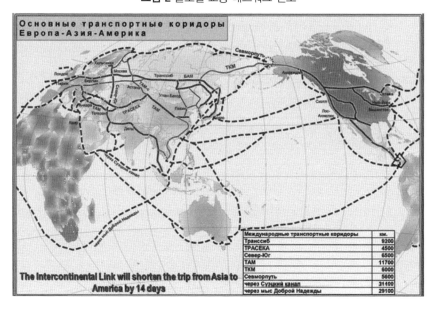

주 : TSR : 9,220km, TRASECA(유럽연합-중앙아시아) : 4,500km, North-South Corridor(인도-이란-러시아)
6,500km, TAM(Trans-Asia Mainline) 11,700km, Intercontinental Link Project(TKM) 6,000km,
북극항로 5,600km, 수에즈 운하 경유 21,500km, 남아연 희망봉 경유 29,100km
자료 : Victor N. Razbegin, "Eurasia-North America Multimodal Transport," EIR, Sep.28, 2007, p.39.

까지 철도의 속도를 1,500km/day로 브레스트(Brest : 벨라루스와 폴란드 국경)까지 7일 내에 가능할 것으로 예상하고 있다.[8]

유라시아 랜드 브리지 구축의 일환으로써 러시아정부는 2011년 우크라이나의 국경지역인 슬로바키아의 코시체(Kosice)부터 브라티슬라바를 경유하여 오스트리아 비인까지 광궤(1,520mm) 건설을 통해 유럽과 CIS와 중국과의 철로연계성의 타당성조사가 진행하고 있다. 400km에 달하는 새로운 광궤 노선은 오스트리아, 슬로바키아, 체코, 헝가리, 독일, 스위스, 이탈리아, 슬로베니아, 세르비아, 크로아티아 등 32개국의 화물수송에 유인효과를 가져올 것으로 기대되고 있다. 이를 통해, 운임, 인도비용, 시간 등을 절약할 수 있으며, 유럽과 아시아의 선적 소요기간이 13-14일(해운선적 : 28~30일)로 단축될 것으로 예상된다. 이 노선의 연간 화물량은 2,400만 톤으로 추정되고 있다. 이 광궤의 건설은 2020년에 착공되어 2024년에 가동될 것으로 예상하고 있다. 러시아철도 회장 야쿠닌은 대륙연결 철도는 1번에 1만 컨테이너 이상을 선적할 수 있는 해운수송과는 경쟁할 수 없지만 시간 면에서 경쟁이 가능하다고 강조했다.[9]

TSR은 블라디보스토크부터 모스크바까지 9,300km이며, 전구간이 복선이며, 100% 전철로 구성되고 있다. TSR은 러시아연방의 20개 연방주체 그리고 5개 연방관구 지역을 통과하고 있다. UN ESCAP(아시아태평양 경제사회위원

---

8) 보스토치니 – 부슬로프스카야(Buslovskaya 핀란드 국경지역) 11.5일, 보스토치니 – 브레스트(벨라루스) 12일, 보스토치니 – 우크라이나 국경지역 초프(Chop)는 14일 정도가 소요된다.

9) Roland Oliphant, "Russians Push 'Land Bridge,' New Line to Vienna," The Moscow Times, June 4, 2012. 폴란드도 카토비체(Katowice) 근처 제련소까지 1970년대에 우크라이나의 철광석을 공급받기 위해 1,520mm의 광궤노선을 가지고 있지만 업그레이드와 저장시설이 필요한 실정이다.

회)의 교통통신위원회는 TSR을 극동, 아시아, 태평양과 유럽을 연결하는 주요한 교통회랑으로 지정하고 있다.

TSR의 컨테이너 수송량은 2007년에 62만 TEU에서 2008년에 71만 TEU로 증가했다. 2007년 기준으로 러중 교역에서 23만 5,000대, 한러 교역에서 20만 6,000대로서 한국과 중국의 수송량이 거의 60%를 점유하고 있다. 같은 기간 러시아와 일본과의 교역은 4만 4,000대였다.[10]

한·러 교역의 증가로 TSR이 활성화 되면서 교통서비스무역도 증가되고 있다. 한국의 TSR 통과화물 규모는 2011년 기준으로 중국(33만 9,798 TEU 전년 대비 53% 증가)에 이어 2위로 전년 대비 28% 증가한 11만 3,485 TEU를 기록하면서 한국과 중국의 TSR 전체 통과화물량의 3분의 2 이상을 점유하고 있다.[11] TSR은 러시아 수출입 화물의 약 50% 점유하고 있으며, 화물수송 용량은 연간 1억 3,000만 톤을 담당하고 있으며, 수출입 컨테이너 화물 규모는 연간 50-60만 대(그중 25-30만 대 환적 컨테이너)이다. TSR과 BAM 철도는 연간 100만 대의 컨테이너를 수송하고 있다.[12]

2010년부터 발효된 러시아, 벨라루스, 카자흐스탄 관세동맹을 통해 새로운

---

10) Boris E. Lukov, "The Transsiberian Rail Corridor : Present Situation and Future Prospects," PROMIT Seminar : Connecting Europe and Asia with Transsiberian Rail, 2010, p.8, and p.16.

11) 일본은 전년대비 34% 증가한 3만 7,383TEU를 기록했다. Coordinating Council on Transsiberian Transportation, "Prospects for Development of West - East Transport routes resulting from the Use of the Northern Sea Route and the Trans-Siberian Railroad, and Possibilities for Norwegian-Russian Cooperation," Ⅲ Norwegian - Russian Business forum : New Realities, New Opportunities, Oct.23-24, 2012, Oslo, p.5.

12) "Der Weg nach Ostasien über die Transsibirische Eisenbahn," http://portal.wko.at/wk/dok_detail_file.wk?DocID=1054065&StID=480686&AngID=1(검색일 : 2010년 4월 30일).

유라시아 로지스틱 회사의 설립을 구체화하고 있다. 또한 러시아철도사는 카프카스의 아제르바이잔과 몽골 철도사와 협력하고 있다. 2011년 10월 소치에서 개최된 제7차 '국제철도 비지니스포럼'의 '1520 전략적 파트너십'에서 국제운송협력을 합의했다. 1520mm의 광궤는 러시아를 포함한 구소련, 핀란드, 발트 3국, 몽골에서 이용되고 있으며, 철로 길이는 22만 6,830km에 이르고 있다.[13]

2011년 9월 12일 제7차 바이칼경제포럼에서 러시아철도사는 마하린(Makhalin)부터 중국의 훈춘까지 이어지는 노선의 복원은 물론 새로운 통과지로서 니쥬네레닌스코예(Nizhneleninskoye)부터 중국의 통지앙(Tongjiang) 노선을 건설할 계획을 세우고 있다. 2010년 극동바이칼 지역의 수출화물 규모는 2009년 대비 20% 이상이나 증가한 9,270만 톤이었다. 2008-2010년 글로벌 금융위기로 전체 철도화물 규모는 감소했지만 중국, 몽골, 극동지역 항구로 향하는 철도화물은 증가하고 있다는 사실이다. 러시아의 대중국 석탄 공급규모는 2015년에 최저 1,500만 톤, 2035년에는 2,000만 톤 이상 증가될 것으로 예견되고 있다. 러시아철도사는 몽골 울란-바토르 철도사의 철도현대화에 적극적 참여계획을 세우고 있다. 수혜 바토르(Sukhe Baator) - 드자민 - 우데(Dzamyn - Ude)노선 현대화를 통해 몽골의 환적화물 규모는 현대 240만 톤에서 2020년에 600만 톤으로 증가할 것으로 예상하고 있다.[14]

북극권의 살레하르트 – 이가르카의 새로운 철도노선의 길이는 1,297km로서 과거 죄수, 특히 정치범에 의해 부분적으로 건설됐다. 노비 우렌고이(Novy Urengoy)와 스타리 나딤(Stary Nadym) 노선은 운행 중에 있지만 오비 강의 철

---

13) "Could a Russia-US rail tunnel be built?," BBC News, 21 October 2011.
14) "Russian Railways Plans to Introduce a New Border Crossings to China," September 12, 2011. http://en.baikalforum.ru/news/71.htm (검색일 : 2012년 3월 8일).

로를 포함한 대대적 보수가 필요한 실정이다. 이 노선의 서부구간 라비트난기 (Labytnangi)를 연결하여 보르쿠타(Vorkuta)까지 연장한다는 것이다. 2000년 러시아 니켈 및 석유사의 지원으로 이가르카부터 노릴스크까지 200km에 이르는 철도건설도 계획되고 있다. 2010년 3월 19일에 살레하르트 – 나딤 노선의 착공식을 거행했으며, 2014년에 완공을 목표로 하고 있다. 이 노선은 수많은 오비 강과 나딤 강의 철교와 자동차 교량 건설을 병행할 계획이다.[15]

중국정부는 페름부터 아르한겔스크로 이어지는 러시아 북극권 철도 건설 프로젝트에 참여를 원하고 있다. 중국 인프라투자 특화 국영기업은 코미 공화국과 벨코무르(Belkomur) 발전을 위한 철도건설 협력 MOU를 체결했다. 이 노선이 개통된다면 북부 시베리아와 우랄지역부터 아르한겔스크 항까지 선적화물의 최단거리를 확보하는 것이다. 이 노선의 총길이는 1,252km로서 712km의 새로운 철도건설이 필요한 실정이다. 총 건설비용은 6,000억 루블(150억 유로)이 소요될 것으로 예상되며 비용의 80% 이상이 민간 베이스로 이루어질 계획이다.[16]

러시아철도사는 극동지역의 환적화물 수송을 위해 라진-하산 선의 복원과 북한 라진 항 터미널 건설 사업을 진행하고 있다. 동해로의 운송망 진출을 위해 발 빠른 중국의 행보로 인해 러시아는 지정 및 지경학적 중요성의 인식은 물론 물류대국(철도, 송유관, 가스관, 전력선, 항만개발 등)의 꿈을 위해 북한과의 협력을 가시화하고 있다. 북한은 나선 경제특구의 발전을 위해 나진항

15) "Salekhard–Igarka Railway," http://en.wikipedia.org/wiki/Salekhard%E2%80%93Igarka_ Railway (검색일 : 2012년 1월 8일).

16) Atle Staalesen, "China jumps aboard a Russian Arctic-bound train," Barents Observer, November 27, 2012.

의 국제항 건설이라는 목표를 위해 중국과 러시아의 투자유치에 적극적 입장을 표명하고 있다. 겨울 4개월간 바다가 동결하는 자루비노 항을 보완하기 위해 러시아는 중국이 라진 항 1호 부두 사용권을 확보하기 1년 전인 2008년에 라진 항 3호 부두를 49년간 장기 임차했으며, 러시아 하산과 북한의 라진을 연결하는 52km의 광괴 철도의 개보수 공사(3,000억 원 규모)를 완료했으며, 현재 시범운행이 이루어졌다. 라진-하산 철도개보수와 라진 항 3호 부두 컨테이너 터미널 건설을 위한 협정 추진을 위해 2008년 8월에 설립된 '라선 콘트렌스' 합영기업에서 북러 간 지분은 각각 3대 7이다. 러시아는 러시아철도(RZD) 지분의 40%를 한국자본이 참여하기를 원하고 있다. 한국은 컨소시엄 루코(코레일, 현대상선, 포스코 참여)를 설립했다. 러시아철도사는 이 프로젝트에 2억 2,000만 달러를 투자했으며, 한국지분은 약 8,400만 달러로 추정되고 있다. 라진 항과 라진-하산 철도는 TSR과 연계되어 아태지역, 특히 한국 화물을 운송하는 것이 가장 큰 목적이다.[17] 그 예로써 최근 11월 말에 서시베리아 유연탄 약 4만 톤이 TSR을 따라 나진항에서 중국선박에 의해 포항으로 운송됐다.

BAM(Baikal - Amur Mainline, 러시아어 Байкало - Амурская магистраль)철도는 1,520mm의 광궤철도로서 이르쿠츠크 주 타이세트에서부터 하바로프스크 변강주 바니노 항과 소비에츠카야 가반까지 이어지는 노선으로 총길이는 4,324km이다. BAM 철도는 냉전시대 때 중국을 겨냥한 TSR의 전략적 대안 노선으로 건설됐다. BAM 철도는 TSR과 최소거리 610km에서 최대거리 770km 간극을 두면서 서동으로 펼쳐져 있다.[18]

---

17) 림금숙,『창지투(長吉圖) 선도구와 북한 나선특별시, 러시아 극동지역 간 경제협력 과제』(서울 : 통일연구원(KINU) 정책연구시리즈 11-02, 2011년 12월), p.56.

18) "Baikal-Amur Mainline," Wikipedia, the free encyclopedia.

러시아 정부는 제2 시베리아횡단철도와 BAM철도와의 여러 지선들을 계획하고 있으며, 사할린과 극동 본토 그리고 일본 홋카이도와 사할린, 러시아 북동부 지역(사하공화국 - 추코트카 - 베링 해 - 알래스카)과 북미 대륙을 연결하는 베링해협 철도 건설을 계획하고 있다.

1990년대 말 일본의 드주르(Dzuro)사는 사할린 섬을 경유해서 일본과 러시아 극동지역 BAM과의 연계철도 프로젝트를 제안했다. 이 프로젝트는 일본의 홋카이도 섬 북부의 소야 해협부터 사할린의 최남단에 위치한 크리론 만까지 42km를 교량 혹은 터널을 이은 다음, 사할린 섬의 서북부에 위치한 포기비로

그림 3 2030년과 2030년 이후 러시아철도 발전전망 전도

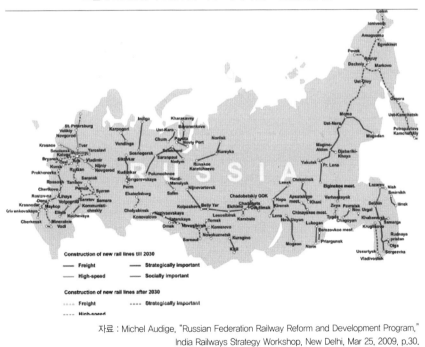

자료 : Michel Audige, "Russian Federation Railway Reform and Development Program," India Railways Strategy Workshop, New Delhi, Mar 25, 2009, p.30.

http://en.wikipedia.org/wiki/Baikal-Amur_Mainline(검색일 : 2012년 1월 8일).

그림 4 러시아 교통인프라 전도
수출화물 순위 : 1. 화석연료, 2. 철광석, 3. 광물비료, 4. 비철금속, 5. 목재,
6. 석탄, 수입화물, 7위 식료품

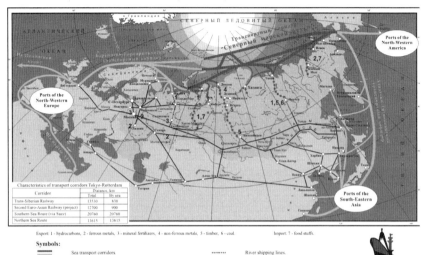

자료 : Northen Sea Route Administration, Summary of the Navigation 2011, p. 2.
http://chnl.no/publish_files/Nikolay_Monko.pdf (검색일 : 2014년 9월 15일)

부터 타타르해협을 거쳐 극동 본토의 라자레프까지 7km의 교량 혹은 터널을
건설하여 철도와 도로 그리고 파이프라인 수송체계를 건설한다는 것이다. 극
동본토의 라자레프부터 BAM 중심지인 콤소몰스크 - 나 - 아무례까지 이어지
는 노선이 필요하다. 이 프로젝트 비용은 약 70조 일본 엔이 소요될 것으로 추
산하고 있다. 사할린 주정부는 포기비로부터 라자레프까지 해저 터널을 선호
하고 있다. 이 터널 공사는 1940년대와 1950년대 시도되었으나 재원부족으로
중단된 상황이다.[19]

---

19)   "Resources Development in Siberia Updated," Santaku, Mar. 1998, pp.14~16(FBIS-
       EAS-98-110), Mar. 20, 1998, No.10, p.6.; 한종만 · 성원용, 『21세기 러시아의 시베리아 ·

2009년 9월말 사할린 주도 유쥬노-사할린스크에서 개최된 러시아-미국태평
양파트너십(RAPOP: Russian-American Pacific Ocean Partnership)포럼에서 야
쿠닌 러시아 철도사 회장과 극동연방관구 대통령 전권대표 빅토르 이샤예프
(Viktor Ishayev)도 사할린 섬과 본토 연결, 특히 BAM 철도의 종착역인 바니노
항과 소비에트 가반 항과의 연결을 지지했다. 또한 이사예프는 사할린 섬과
홋카이도 연결을 지지하고 있다.[20]

러시아정부는 2007년 베링 해 철도건설을 공식적으로 제안하면서 일본과
사할린 - 극동 본토 철도 건설계획도 구체화되고 있다. 이 프로젝트는 대마도
를 통해 부산과의 한일철도 연결 프로젝트와 경쟁관계로 발전할 수 있다고 보
인다. 향후 2개의 프로젝트의 건설은 동시 혹은 순차적으로 이루어질 수 있다
고 생각된다.

TSR과 BAM철도의 확장으로서 틴다(Tynda)(BAM철도의 수도)부터 야쿠츠
크까지 805km의 새로운 노선은 2013년 말에 완공됐다. TSR과 BAM철도의 지
선인 아무르-야쿠츠크 노선이 금년도 완공될 경우 레나 강의 하천교통을 통해
북극양의 랍테프 해 틱시(Tiksi)항과 연계되어 북동항로(유럽과 아태지역)의
복합운송물류 시스템과 연결된다는 것을 의미한다. 이 루트를 통해 풍부한 자
원을 보유하고 있는 사하공화국의 수송물류 체계는 획기적인 발전을 가져올
것으로 예견된다. 중국은 사하공화국으로부터 자원 수입은 물론 대 유럽으로
가는 가장 빠른 이 루트에 지대한 관심을 가지고 있다.

러시아철도전략 2030에 따르면 러시아정부는 2030년까지 야쿠츠크부터 마

극동지역 개발전략에 관한 연구(서울 : 대외경제정책연구원, 2011), p.79.
20)   Rachel Douglas, "Russia Seeks to Develop Far East : Invite U. S. Role," EIR Economics,
Jan. 15, 2010, pp.36-37.

가단까지 전략적 노선을 완공할 예정이다. 아무르-야쿠츠크 노선과 야쿠츠크-마간단 노선은 향후 우엘렌까지 이어지면서 베링해협 철도건설의 가능성을 높여주고 있다

Ⅲ. 베링해협 프로젝트[21]

베링해협 터널 프로젝트는 19세기 중반 이후부터 오랜 역사를 갖고 있다. 러시아 야쿠츠크부터 캐나다 넬손(Nelson) 항까지 베링해협 대륙연결 철도길이는 최대 6,058km이며, 최단거리는 5,863km이다. 러시아 동북부의 야쿠츠크 - 우엘렌(Uelen)노선은 2개의 노선이 논의되고 있다. 북방노선인 야쿠츠크 - 치리안카(Zyryanka) - 우엘렌 노선은 3,850km이며, 남부노선인 야쿠츠크 - 수스만(Susman) - 마르코보(Markovo) - 아니디르(Anadyr) 노선은 4,020km이다. 알래스카의 웨일스(Wales) - 페어뱅크스(Fairbanks) - 넬손 항(캐나다) 노선의 길이는 1,925km이다. 베링해협 터널의 길이는 여러 옵션에 따라 98~113km로 예상된다. 철도 이외에도 도로와 1,500Kv DC, 1만2,000~1만5,000MW 용량을 지닌 전력송전선, 광케이블과 송유관과 가스관 프로젝트도 동시에 추진될 예정이다. 전력송전선의 연결은 에너지시스템과 연계를 통해 연간 200억 달러의 수입이 예상된다. 오호츠크해의 조력발전소 건설, 펜진스카야(Penzhinskaya) 조력발전소는 10.5GW 그리고 투구르스카야(Tugurskya) 조력발전소는 5.3GW이며, 쿠크베이(Cook Bay) 조력발전소 규모는 9.4GW로 예상된다. 또한 야쿠츠크 남쪽에

---

21)　필자의 글을 참조. 한종만 편, "북극권 베링해협 터널 프로젝트의 현황과 이슈," 『러시아 북극권의 이해』(서울 : 신아사, 2010), pp.250~277.

위치한 레나 강의 지류에 수력발전소 건설을 통해 전력은 생산될 것이다.

IBSTRG(Inter - Hemispheric Bering Strait Tunnel and Railroad Group)는 야쿠츠크-우엘렌 노선(러시아)에 95억~115억 달러, 알래스카 웨일스와 캐나다 넬슨 항 노선에 25~35억 달러로 전 구간 철도노선 프로젝트에 120억~150억 달러가 예상되면 베링해협 터널 프로젝트에 100억~120억 달러, 대륙 연결 전력송전망을 포함한 전력산업에 230~250억 달러, 기타(사회간접자본, 광케이블 등)에 100~150억 달러로 총 재원은 550~670억 달러가 소요될 것으로 추정하고 있다. 이 프로젝트의 공사기간은 10~12년 정도 소요될 것으로 예상되며, 투자 내부수익률(IRR: Internal Rate of Return)은 10% 정도로 추정하고 있다. 베링해협 철도의 주요 수입원은 화물 수송이 주이며, 전체 열차 중 여객수송 열차는 10%이며, 전체 수입의 5%를 충당할 것으로 추정하고 있다. 열차 편수는 하루 2020년 혹은 2022년에 15회에서 2050년 160회로 증가될 것으로 예상된다. 베링해협 철도는 세계 연간 철도화물 선적의 3% 이상을 담당할 것으로 예상하고 있다. 터널 통과 화물은 연간 3억-3.5억 톤이며, 연간 통과수입도 80~100억 달러로 추정하고 있다. 수자원은 물론 아메리카 대륙으로부터 중국행 석탄과 미국행 에너지 물동량이 큰 역할을 할 것으로 예상된다.

베링해협 프로젝트의 경제적 및 비경제적 장점에도 불구하고 이 프로젝트는 자연, 기술, 정치, 재정, 생태적 도전에 직면하고 있다. 열악한 자연조건과 기술적 문제는 과학발전을 통해 극복 가능하다고 생각된다. 또한 정치적 문제와 재원적 장애요인도 러시아와 미국의 실천의지만 있다면 가능하다. 생태문제와 관련해서 북극권의 이용과 개발, 항행, 베링해협 터널 프로젝트는 친환경 개발을 넘어서 '생태계에 기반을 둔 관리(EBM : Ecosystem-Based Management)'가 필요하다고 생각된다.

오호츠크 해의 조력발전 잠재력의 극대화, 극동시베리아 주요하천에서의

그림 5 베링해협 철도 물동량

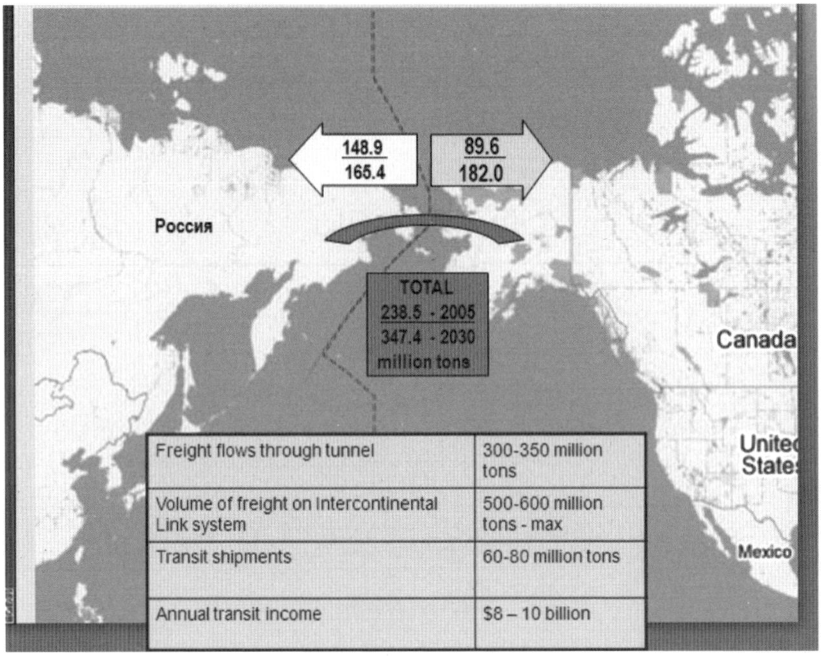
148.9
165.4
89.6
182.0
Россия
TOTAL
238.5 - 2005
347.4 - 2030
million tons
Canada
United States
Mexico
Freight flows through tunnel
300-350 million tons
Volume of freight on Intercontinental Link system
500-600 million tons - max
Transit shipments
60-80 million tons
Annual transit income
$8 – 10 billion

자료 : V. N. Razbegin, "The Intercontinental Eurasia–america Transport Link : Key Element of a World Transport System," http://www.schillerinstitute.org/media/Razbegin–eng.ppt (검색일 : 201년 6월 2일).

수력발전 잠재력의 실현은 물론 사하공화국과 사할린과 캄차트카 지역에서의 석유와 가스 등의 화석연료 채굴은 물론 어업과 광물자원과 삼림자원과 수자원 개발을 통해 자원이 부족한 한중일과 미국과 캐나다 등 아태지역의 경제통합에 지대한 역할을 담당할 것으로 기대된다.

베링해협 터널 프로젝트는 호주 대륙을 제외한 유라시아와 아프리카뿐만 아니라 북미와 중남미와 남미 등 모든 대륙을 육로로 연결시키는 메가 프로젝트라는데 이의가 없을 것이다. 이 프로젝트는 새로운 일자리의 창출은 물론 북극권 통행과 개발의 주춧돌이 될 뿐만 아니라 러시아의 동북부 지역과 미국의 알래스카와 캐나다 서북부 지역개발의 견인차 역할을 담당할 수 있다고 생각된다.

그림 6 유라시아-아메리카 대륙간 철도 연계 지도

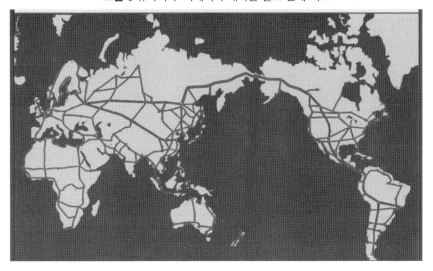

자료 : V. N. Razbegin, "The Intercontinental Eurasia-america Transport Link : Key Element of a World Transport System," http://www.schillerinstitute.org/media/Razbegin-eng.ppt (검색일 : 201년 6월 2일).

베링해협 터널 프로젝트는 '철도의 르네상스'를 자극하는 계기를 조성할 수 있을 뿐만 아니라 글로벌 경제위기를 실제적으로 해결하는 역할도 담당할 수 있다고 생각된다. 러시아와 미국뿐만 아니라 중국과 인도(4강 동맹)의 협력을 이끌어 실제적인 글로벌 물류와 에너지 운송로와 인간의 소통길이 될 것으로 예상된다. 이 프로젝트는 북극권 지역발전과 물류와 에너지 코리도어의 획기적 발전 이외에도 세계평화에 지대한 기여를 할 것으로 예상된다. 지난 세기 냉전의 한 축이었으며, 과거보다 군사력이 약화되었음에도 불구하고 수천 대의 핵탄두와 수소폭탄을 보유하고 있는 군사대국 러시아는 미국과의 갈등 잠재력을 완전히 배제할 수 없는 상황이다. 기능주의 측면에서 베링해협 프로젝트를 통한 러시아와 미국의 교류와 협력 확대는 상호 윈 - 윈 할 수 있는 가능성을 높여주면서, 양국 간 갈등 잠재력의 상당부분이 완화될 것으로 예상된다.

지구온난화와 북극 빙하가 녹으면서 북극권 항로 이용 가능성과 자원개발

이 과거보다는 용이해졌으며, 인간의 생활공간도 더욱 북쪽으로 올라갈 개연성이 더욱 높아지고 있다. 북극항로(북동항로, 북서항로, 북극점 경유 항로, 북극 랜드 브리지 항로)의 이용가능성과 더불어 베링해협 터널 프로젝트가 행복과 축복의 통로가 될 지 국제사회의 관심이 집중되고 있다. 북극항로와 베링해협 터널 프로젝트는 이용과 개발과정에서 환경생태문제, 북극원주민을 포함한 생물종 다양성의 보호 문제, 세계평화에 달려 있다고 생각된다.

IV. 맺음말

중국 시진핑 주석은 2013년 9월 7일 중앙아시아국가를 순방하면서 실크로드 경제벨트의 구축 선언과 같은 해 10월 3일 인도네시아를 방문하면서 21세기 해양실크로드의 구축을 선언했다. 중국의 일대일로(실크로드 경제벨트와 21세기 해양실크로드) 정책의 일환으로서 아시아인프라투자은행(AIIB)과 실크로드 투자은행 설립에 박차를 가하고 있다. 중국의 해양실크로드의 구축은 주로 남방 해양 노선에 주안점을 두고 있지만 향후 북극해 실크로드로 확장을 꾀하고 있다. 중국은 만주지역개발과 동해로의 해상 루트를 확보하기 위해 창지투 프로젝트를 적극적으로 투자하고 있다. 그 예로써 나진 및 청진항의 조차 이외에도 러시아의 자루비노 항 현대화 작업에 투자할 예정이다. 중국은 북한 나진항과 자루비노 항을 향후 북극항로의 관문으로 간주하고 있다.

2008년 9월 한국과 러시아는 '상호 신뢰하는 포괄적 동반자 관계'에서 '전략적 동반자관계'로 발전했지만 여러 형태의 협력 상황을 고려할 때 전략적 동반자관계는 수사학적 측면이 강한 편이다. 2013년 10월 박근혜 대통령이 제안한 '유라시아 이니셔티브'는 한반도와 유라시아의 철도를 연결하는 '실크로드 익스프레스(SRX)사업', 유라시아 에너지네트워크(전력망, 가스관, 송유관 연계) 구축, 유라시아 단일 교통·물류·에너지 인프라 구축을 위한 거대 단일시장 형성의 실행계획을 담고 있다.[22] 박근혜 정부의 한반도 신뢰프로세스와 동북아 평화협력의 구축을 위한 '유라시아 이니셔티브' 정책은 푸틴 정부의 '신동방정책'과 밀접한 교집합을 이루고 있어 한·러 협력의 가속화의 시금석으로 메가톤 급 프로젝트의 실현과 극동·바이칼지역 프로그램에서 공동협력의 가능성은 높다고 판단된다. 대러시아 경제제재 조치에 참가하지 않고 있기 때문에 한국은 대러시아 진출의 호기를 갖고 있다. 러시아의 대중국 경제의존도 심화와 중국의 유라시아 확장으로 인해 러중관계는 장기적 차원에서 우호적인 밀월관계는 한계에 직면할 것으로 예상된다. 특히 러시아의 앞마당이라고 볼 수 있는 중앙아시아 지역으로의 중국 세력의 확장과 시베리아와 북극권의 중국의 적극적인 인적 및 물적 자원의 교류 확대는 러시아 안보와 직간접적인 관계와 연결되어 있다.

　세일가스의 붐과 세계경제의 하락으로 국제유가의 하락과 가스시장이 여전히 구매자 시장(buyer's market)의 유지 등 국제정세의 변화는 한국의 대러시아 경제협력, 특히 자원·물류 프로젝트뿐만 아니라 메가톤 급 프로젝트(전력, 송유/가스관, 철도연결)협상에서 유리한 위치를 점유할 수 있다고 생각된다. 그러나 남북한의 경색국면으로 한국의 유라시아이니셔티브는 진전이 없는 상황이다. 최근 러시아의 대북한 경제협력 강화 배경에는 지금까지 미진했던 메가톤 급 3대 프로젝트의 남북러 3각 협력의 실현과 '2025년 극동·바이칼지역

---

22)　유라시아 이니셔티브 구상에 대한 자세한 내용은 다음의 글을 참조. 이성원, "글로벌 교통협력과 유라시아 이니셔티브 구현," 『유라시아 이니셔티브 구현을 위한 글로벌 교통협력 비전과 과제』, 서울 : 한국교통연구원, 2014, pp.10~32.

사회경제발전 연방목적프로그램'에서 제시된 프로젝트[23)에 한국의 적극적인 투자 참여를 도출하는 데 있다고 생각된다. 아직까지 남·북·러 3각 협력의 성공적 사례는 없었지만 나진 - 하산 물류프로젝트의 간접적 3각 협력 가능성의 주변여건은 양호하다고 판단된다.

---

23) 이 프로젝트에 대해서는 필자의 글을 참조 바람. "러시아 극동·바이칼지역 사회경제발전프로그램과 한·러 경제협력의 시사점," 『러시아연구』(서울대 러시아연구소) 제24권 2호, 2014, pp.407~444.

러시아의 북극해 항로 개발 계획 동향

이재혁

Ⅰ. 러시아 북해항로 현황

러시아 총리 드미트리 메드베데프는 2015년 6월 8일에 "이것은 북미의 서쪽 부분과, 극동, 아시아 태평양 지역과 유럽을 연결하는 최단 경로이다" 라는 연설과 함께 북극해 항로(NSR)의 프로젝트 개발에 서명했다.[1]

북극해 항로는 대서양에서 태평양까지 러시아 북쪽 해안을 따르는 항로이다. 1991년부터 개방되었지만 2009년부터 북극해 해빙으로 인해 외국 선박도 북극해 항로에 관심을 갖게 되었다. 2009년에 선박 2척, 2011년에는 34척, 2013년에는 71척의 선박이 이 항로를 통해서 유럽에서 아시아에 항행했다. 2010년에는 11만 톤의 물량(4척)이 이용하였고, 2011년에 82만톤(34척), 2012년 126만 톤(46척), 2013년에 116만 톤의 화물이 러시아의 북극해 항로를 이용했다. 북극해 항로에는 50개의 항구가 있으며, 현재는 일 년에 2~4개월만 항로를 사용할 수 있다. 북극해 항로를 사용해서 러시아 북부 지역에서 생산하는 석유, 가스, 목재와 니켈의 90%, 구리 생산의 65%를 수송한다. 현재 러시아는 북극지역 가스 생산

---

[1] http://government.ru/info/18405/

을 발전시키기 위해서 특수가스운반선을 건조할 계획이다.[2]

　현재 러시아의 북극해 항로 화물 수송량은 4백 만 톤에 불과하다. 러시아는 새로운 발전 안에 따라 2019년까지 운송물량을 5천만 톤까지 증가시키고, 2030년에는 화물수송량이 현재의 20배 이상(8천만 톤까지) 증가할 것을 예측하고 있다. 이를 위해서 슈퍼 쇄빙선을 조선할 예정이며, 슈퍼 쇄빙선(130 МВт)은 4미터 얼음을 쇄빙할 수 있을 것이다.

　또한 야말 프로젝트(Ямал СПГ)를 위한 쇄빙선(60 МВт) 3대를 2017, 2019, 2020년까지 건조할 예정이며, 그 외에 소형 디젤 기관 쇄빙선(20 МВт) 10대도 건조할 예정이다.[3] 또한 2013년에 현대화된 핵쇄빙화물선 북극항로 (Севморпуть)호를[4] 올해 가을에 첫 출항시킬 예정 이다. 러시아정부는 본 핵쇄빙선을 사용함으로써 북극항로 사용을 본격적으로 추진하려고 한다.[5]

2)　http://minvostokrazvitia.ru/press-center/news_minvostok/?ELEMENT_ID=3064

3)　http://www.vestifinance.ru/articles/58437

4)　1988년 건조된 배수량 6만1880톤급 핵추진 쇄빙선으로 2013년부터 개조되었다. 총길이는 260 미터이고 1,328개의 컨테이너를 운반할 수 있다.

5)　http://tass.ru/transport/2728088(검색일 : 2016년 3월 10일)

그림 1 핵추진 쇄빙화물선 북해항로(세브모르푸트; Севморпуть)호

Ⅱ. 북극해를 통한 복합운송망 구성

러시아는 북극항구로 이어지는 철로망 구축으로 복합적 물류운송망을 형성하려 한다. 아르한겔스크, 사베타, 두딘카, 틱시, 마가단 등 북극항로의 항구들을 내륙과 연결시키기 위해 철도지선을 확장하고, 시베리아횡단철도(TSR)와 바이칼아무르철도(BAM)를 연결하여 북극해로 통하는 교통인프라를 구축하고 있다.

포고찐(Рогозин) 부총리는 북극항로기 24시간 4계절 항로기 될 수 있다고 하며, 북극해와 우랄산맥을 벨코무르(Белкомур)철도로 연결해야 된다고 주장했다. 본 철도 프로젝트는 최초 1930년대 소련에서 설계 시작되었지만 완성 못 했다. 러시아 대통령 푸틴은 지난 9월 중국 북경을 방문했을 때 러시아는

중국과 같이 이 프로젝트를 진행하기로 협의했다.[6]

    하천교통의 연결망 형성으로 북극해로 흐르는 하천을 중심으로 한 화물의 집하지역이 형성 되고 있으며, 주요 수출품은 광물자원을 중심으로 목재와 석유자원이고 공산품이 수입되고 있 다. 북극해의 틱시 항으로 나가는 레나 강의 예로 들면, 사하공화국은 '사하 인프라 및 레나 강 수로 개발'로 2025년까지 교통발전 전략을 실행중이다. 이는 북극해로 나가는 내부 교통 인프라 네트워크를 만들 계획이며, 동 · 서 · 남으로 가는 도로를 건설하고 수리할 예정이고 레나 강 수로, 레나 강 하구 정비, 틱시 개발 정비를 포함하고 있다. 레나 강은 북극해로의 하운(河運)을 통하여 5천 톤 급의 선박이 운항 가능한 것으로 나타난다. 다만, 레나 강 하구에 위치한 틱시 항은 연간 퇴적량이 약 30cm 정도

그림 2 러시아 북극해 항로를 통한 운송망

자료 : http://expert.ru/data/public/281963/281999/expert_734_138.jpg (필자 재구성)

---

6)   http://tass.ru/ekonomika/2504160; http://regnum.ru/news/2029450.html

로 지속적인 준설 정비가 이루어져야 한다.

Ⅲ. 북극해 항로 개발 정책

러시아는 북극해의 항로 개발에 연방정부 차원의 정책적 노력을 기울이고 있다. 다목적 항구를 개발하고 철길을 건설하여 내륙과 북극해를 연결하는 교통망을 구성하는 개발정책을 펼치고 있다. 러시아 북극해 항로는 북극지역 에너지 개발과 물류의 수송에 중요한 통로로서, 러시아는 교통 인프라 확보와 활용으로 에너지 수출 다변화로 새로운 국가 경제적 확보를 추구하고 있다. 또한 러시아는 저개발의 북극지대를 개발하고, 동방정책의 성공과 시베리아 · 극동지역의 발전을 도모하기 위하여 북극개발을 우선순위로 정해 추진하고 있다. 러시아는 다양한 경제발전 프로그램을 계획하여 북극개발과 연계하고 있다. 그 예로 '에너지 전략 2030', '교통전략 2030', '철도발전전략 2030', '러시아연방 사회 - 경제 장기적 발전 구상과 우랄연방 구 2020까지', '극동바이칼지역 사회경제 발전전략 2025', '시베리아 사회경제발전 전략 2020', '야말로 - 네네츠 자치구 사회경제발전 전략 2020' 등은 '북극전략 2020'과의 상호연계의 성격으로 국가 프로젝트가 추진되고 있다.

2014년에 수정된 러시아연방 전략사업의 일환으로 추진된 '극동바이칼지역 사회경제 발전전략 2025'에서 지상·바다·하늘의 통합교통망인프라 건설을 위해 연방 항공청에서 37개의 공항(주로 러시아의 북부지역, 예를 들면 사하공화국, 캄차트카, 추코트카, 마가단 등) 개보수 작업에 357억 루블, 연방 해운청은 17여개의 항만 개보수 작업에 260억 루블, 연방도로청은 227.6km의 주요도로 건설과 340.2km의 간선도로 건설에 266억 루블을 2015~2016년에 집중 투입할 계획이다. 이는 북극권과 북동항로 개발과 밀접하게 연계되어 있다.[7]

2016년 1월에 러시아 연방상원의회에서 북극항로 추진계획안을 검토했다. 무르만스크와 페트로파블롭스크-캄차트카를 주요 기점으로 만들고 두 지역 사이에 컨테이너운반선이 운행할 예정이다. 러시아는 2030년까지 북극항로의 화물수송량을 8천만 톤까지 늘리려고 한다.[8]

Ⅳ. 극동 자유항 제도 도입 목표는 북극항로의 추진

블라디보스톡 자유항은 연해주의 블라디보스토크, 아르쫌, 볼쇼이 카멘, 나홋카, 파르티잔스크, 우수리스크, 스파스크 - 멀리, 나데, 슈코토브스키, 파르티잔스크, 하산, 싱카이, 올긴스키 지역 등 15 지방자치단체가 포함된다. 그 면적은 28,400㎢의 경제영역을 이루며, 이 지역에 거주하는 인구는 1백40만명(연해주 인구의 75%)에 이른다. 러시아 정부는 블라디보스톡을 중심으로 한 연해주의 자유항지역에 더하여, 다른 극동 지방에도 자유항구체제확장법안을 검토했다. 법안에 따른 극동 자유항구의 구성을 보면, 극동 자유항은 14개 지역에 총면적 105만 8천㎢에 이르게 되고, 소속된 인구는 48만 명이 될 것이다. 새로운 극동항구도 자유항감시위원회가 관리할 예정이다.[9]

---

7) 극동바이칼지역 사회경제 발전전략 2025 참조.
8) http://fishnews.ru/news/27928(2016년 1월 29일)
9) http://minvostokrazvitia.ru/press-center/news_minvostok/?ELEMENT_ID=3924

극동자유항에는 캄차카 자유항(Свободный порт Камчатка ; 트로파블롭스크-캄차크스키Петропавловск - Камчатский와 주변 자치구역들), 하바롭스크 자유항(Свободный порт Хабаровск; 바니노Ванино, 솝가바니СовГавань,데 - 카스트리Де - Кастри, 니콜라엡스크 - 나 - 아무르Николаевск - на - Амуре), 사할린 자유항(Свободный порт Сахалин; 코르사코프스크 지역Корсаковский, 네벨스크 지역Невельский, 홀름스크 시Холмский와 홀름스크 항Холмск, 코르사코프항Корсаков), 추코트카 자유항(Свободный порт Чукотка; 아나드르스키 지역Анадырский, 이울찐스크 지역Иультинский, 프로브니덴스크 지역Провиденский, 차운스크 지역Чаунский 등 자치구역과 아나드르 항Анадырь, 베링곱스크 항Беринговский, 페백 항Певек, 프로비데니야 항Провидения, 에그베키노트 항Эгвекинот)이 예정되어 있다.[10]

푸틴 대통령은 '극동 항구 물류량과 인프라를 발전시키기 위한 자유항구제도 확장의 목표는 북극항로 추진'이라고 주장했다. 극동자유항구법안은 1-2월 동안 국가두마에서 심의하고, 극동자유항구법을 2016년에 제정할 예정이다.[11] 첫 번째 단계는 자유항이 국제적인 규모의 경쟁에서 우위의 상태를 제공할 계획이다. 극동의 자유항은 원주민의 대표를 포함한 관리감독위원회가 관리할 것으로 계획되어 있다. 극동지역에는 우데게, 에벤키, 축치 및 니브히를 포함하여 적어도 20곳의 원주민지역이 있다.

---

10)   http://minvostokrazvitia.ru/press-center/news_minvostok/?ELEMENT_ID=3924

11)   http://vestiprim.ru/2016/01/04/spisok-svobodnyh-portov-dalnego-vostoka-budet-opredelen-v-blizhayshie-mesyacy.html(2016년 1월 4일)

우선적으로 사용 가능한 자유항은 항구의 상태에 따라 페트로파블롭스크 - 캄차츠키, 네벨스크, 홀름스크, 코르사코프, 바니노, 소베츠카야 - 가반 등이 국제항으로 이용될 예정이다. 이들 자유항은 블라디보스토크의 자유항과 함께 북극항로에 연장되어 극동지역의 경쟁력을 높일 것이다.

그림 3 극동 자유항 예정지 사할린 코르사코프 항

촬영일 : 2014년 7월

V. 수산물 유럽 공급에 북극해 항로 활용

러시아 정부는 북극해를 통해 극동의 수산물을 유럽에 공급하는데 활용하려고 한다. 북극해항로를 활용할 경우 수산물 운송비의 30%정도를 절약할 수 있고, 운송 기간도 현재 40일에서 20~25일로 줄일 수 있다고 예측한다. 따라서 운송기간 뿐만 아니라 수산물 가격도 하락할 수 있다.

현재로서 러시아 극동지역에서 수산물 2백만 톤이 조업되지만 35%만 러시아의 다른 지역에 공급한다. 그의 주원인은 바로 운송비용이다. 연방정부는 북극해 항로를 이용하여 수산물 1천 톤 정도를 러시아의 유럽지역에 공급할 수 있다.

현재 대러 제재로 인하여 러시아에서 자국 수산물에 대한 관심이 많다. 북극해 항로를 활용 해서 러시아 유럽 부분 소비자들에게 극동지역에서 조업된 수산물을 조속히 공급하려 한다. 북극해 항로 활용의 프로젝트가 이루어지기 위해서 캄차카 반도와 사할린 섬에 대규모 냉동창고를 건설해야 한다.[12]

최근 러시아 무르만스크에서 러시아 북극지방에 대한 토론회가 개최되었다. 포고찐 부총리를 비롯해서 북극지방 주지사, 당국 대표자, 과학계 등 관계자들이 토론회에 참가하고 북극항로 문제도 검토했으며, 북극항로의 컨테이너 운송의 증대를 추진하려고 한다고 밝혔다. 일본의 경우, 북극항로를 통해서 노르웨이나 러시아산 수산물을 수입할 것을 계획하고 있다.[13]

Ⅵ. 북극항로 경제 모델 개발

지난 2월 29일 연방정부는 북극항로 경제 모델 방안을 6월까지 작성할 계획이라고 하였다.[14] 이는 북극항로 개발의 모델을 개발하기 위한 분석에 착수하

---

12)   http://minvostokrazvitia.ru/press-center/news_minvostok/?ELEMENT_ID=3140
13)   http://fishnews.ru/news/28189(2016년 3월); http://ria.ru/economy/20160310/1387754209.html
14)   http://tass.ru/transport/2699513 (2016. 2. 29)

여 2016년 6월에 마칠 것이고 한다. 또한, 알렉산더 갈루쉬카 극동개발부 장관은 북극해 항로의 개발 금융 및 경제 모델을 7월까지 준비하겠다고 발표하였다. 갈루쉬카 장관은 북극해 항로 개발의 모델이 혁신적일 것이라고 하며, 이러한 교통망의 변화는 중국 경제의 성장은 물론, 변화된 글로벌 세계에서 기존의 교통로의 프레임을 바꾸는 일이라는 것이다.

북극항로의 운송 경로로서 러시아 북극해의 주요 항로는 북극해(바렌츠, 카라, 랍테프, 동시베리아, 축치와 베링)의 바다를 거쳐 러시아의 북부 해안을 따라 전개되고, 유럽과 극동 러시아의 항구뿐만 아니라, 시베리아 강 하구를 연결한다. 2020년에는 러시아 북극항로를 따라 6천5백만 톤의 화물이 운송될 것으로 추산하고 있다.

러시아 교통물류 발전전략 : 북극지역을 중심으로*

I. 서론 및 문제제기

지구 온난화로 인한 북극의 해빙현상[1]은 북극권개발 활성화 가능성을 높이고 있다. '2045 유엔미래보고서'는 지구온난화로 인해 2041년까지 평균 2° 상승을 예측했다. 이는 지구온난화 과정의 돌이킬 수 없는 지점이 될 것이며, 만약 2056년 지구 기온이 평균 3° 이상 상승한다면 자연과 인간의 시스템을 영구적으로 붕괴시킬 가능성도 생긴다고 한다.[2] 또한 미국 해양대기청 연구원인 제임스 오버랜드(James E. Overland)와 뮤인 왕(Muyin Wang)은 여름 북극의 바다에

---

* 본 연구는 2014년 한국연구재단의 지원을 받아 수행되었으며(NRF-2014-B0153), 『슬라브학보』 제31권 1호(한국슬라브·유라시아학회, 2016)에 게재되었던 글임을 밝힘.

1) 최근 추세대로 지구 기온이 상승할 경우 2100년쯤에는 티베트 영구 동토층의 81%가 사라지게 될 것이라는 경고가 나왔다. 현재 기온보다 4° 이상 오를 경우 '지구의 지붕'이라고 하는 만년설은 대부분 사라질 것이라는 전망이다. 중국과학원(the Chinese Academy of Sciences, CAS) 산하 티베트고원연구소(the Institute of Tibetan Plateau Research, ITPR)의 보고서를 인용하면 최근 지구 온난화가 초래하는 공통의 위기는 알프스 안데스, 킬리만자로의 빙하가 훨씬 빠르게 녹아내리고 있다는 것이다.[중국 신화뉴스 2015년11월19일 참조] 이는 지구 온난화로 인한 북극의 해빙현상과 무관하지 않음을 알 수 있다.
2) 박영숙·제롬 글렌, "기후 변화는 인류 생존의 문제, 지구를 들끓게 하는 온난화의 심각성," 『유엔미래보고서 2045』(교보문고, 2015), p.204.

북극, 지경학적 공간 275

서 얼음을 볼 수 없게 될 것이라고 말한다.[3] 이렇듯 1,257만㎢의 면적과 1,205m의 평균수심의 북극해, 북위 66° 33′선 이북 북극권의 고위도지방의 해빙은 엄청난 양의 석유와 가스를 동반한 북극권 자원개발과 새로운 블루오션의 가능성을 예고한다. 북극은 자원개발과 함께 북동항로(Northeast Passage)와 북서항로(Northwest Passage)의 개발을 촉진시키며, 전략적 교통 및 수송지로서의 역할로 인해 새로운 물류혁명의 토대를 제공해 줄 것으로 전망되는 지역이다.

북극권 개발의 최대 수혜국인 러시아는 넓은 영토적 이점을 활용한 북극연안의 자원 활용과 이를 수송하기 위한 해양과 육로를 연결한 복합물류 운송망 구축에 더욱 박차를 가할 것으로 예상된다. 또한 북극항로(Arctic Shipping Routes) 개발에 따른 북동 및 북서항로의 상용화 가능성, 특히 북동항로와 러시아 육로로의 연결, 철도연결 시스템 구축 등과 같은 러시아의 북극권 개발은 '강한 러시아'의 핵심적 중추 역할을 하게 될 것이다.

따라서 본 연구를 통해 북극개발에 따른 러시아 북극권 항만개발과 이에 따른 내륙과의 연결고리인 철도 교통시설 확장에 대해 검토하고자 한다. 특히 현재 진행되고 있는 북극권 철도 교통인프라 구축 전략은 향후 다양한 물류 유통 루트의 확보를 통한 러시아 경제발전의 주요 기반이 될 것으로 예상된다. 동시에 북극권 개발 및 발전 가능성을 파악하고, 이에 동반되는 북극권 지하자원의 물류 유통 루트 확보와 관련된 가능성과 문제점을 분석하고자 한다. 러시아 정부의 북극개발은 에너지전략을 토대로 국가경제발전이라는 거시적 계획을 세운바 있다. 특히 상대적으로 경제발전이 늦어지고 있는 지역의 발전을 위한 철도 및 도로교통망 등과 같은 인프라 구축에 전력을 기울이고 있다.

---

3) 위의 책, p.210.

북극에 대한 연구는 국외 뿐 만이 아니라 최근 국내에서도 활발하게 진행되고 있다. '배재대학교 북극연구단'은 북극공간을 자연, 공학, 인문, 사회 등 전학문 연구의 보고지역으로 인식하여 지경학적, 지정학적 및 지문화적 종합적 연구를 수행하고 있으며, 연구저널 '북극연구(The Journal of Arctic)'를 4회에 걸쳐 발행하는 등 북극연구의 기초연구를 이어가고 있다. 또한 극지연구소는 '북극연구컨소시엄'을 구성하여 북극연구를 수행하는 대학연구소, 학회, 국책연구기관과 산업기술단체들이 공동으로 참여하는 연구의 장을 제공하여, 북극에 대한 과학, 정책, 기술의 공동 연구를 통한 정부의 북극 정책노선의 기초를 제공하는 토대를 마련하고 있다.

국내의 연구경향은 주로 북극자원, 북극 거버넌스, 북극항로 등과 같은 주제에 집중되고 있다. 이에 따른 주요 연구 결과물을 살펴보면, 러시아의 북극 개발 전략을 통한 한국과 러시아 협력의 새로운 가능성 모색,[4] 러시아 북극권의 잠재력,[5] 북극 거버넌스 구축과정에 있어서의 한국의 참여전략,[6] 북극이사회의 정책동향,[7] 러시아의 북극 개발정책과 그에 따른 한·러 협력 방안과 한국의 전략, 북극해 항로와 북극해의 자원개발[8] 등이 있다.

위에서 살펴 본 바와 같이 국내외의 주된 연구경향은 자원, 개발, 북극항로

---

4) 제성훈 · 민지영, "러시아의 북극개발 전략과 한·러 협력의 새로운 가능성", 『전략지역심층연구 13-08』(대외경제정책연구원, 2013).

5) 한종만, "러시아 북극권 잠재력 : 가능성과 문제점", 『한국과 국제정치 제27권 제2호』, 2011.

6) 김석환 · 나희승 · 박영민, "한국의 북극 거버넌스 구축 및 참여전략 2014," 『전략지역심층연구 14-11』(대외경제정책연구원, 2013).

7) 문진영 · 김윤옥 · 서현교, "북극이사회의 정책동향과 시사점."(대외경제정책연구원, 연구자료 14-06, 2014)

8) 홍성원, "북극해항로와 북극해 자원 개발: 한·러협력과 한국의 전략," 『국제지역연구』(한국외국어대학교 국제지역연구센터), 제15권 4호, 2012, p.95~124.

및 영유권 분쟁 그리고 거버넌스 등에 집중되어 있다. 북극지역에 대한 왕성한 연구 활동에 비해 러시아를 비롯하여 빠르게 변화하고 있는 북극권 철도 교통시스템에 대한 분석은 아직도 미흡한 수준에 머무르고 있는 점은 다소 아쉬움이 남는 부분이라 할 수 있다. 이에 따라 본 연구를 통해 북극 변화의 가능성과 함께 러시아 북극권 지역에서 변화되고 있는 북극항만과 내륙을 연결시켜 줄 철도 교통물류시스템 등의 러시아북극권지역 교통인프라 개발의 가능성과 문제점 등을 분석하고, 이를 기반으로 북극개발에 따른 한국기업의 참여 가능성 및 북극개발이 향후 우리 경제발전에 미치는 영향과 대처 방안 모색 등을 시도해 보고자 한다.

Ⅱ. 북극의 지정 · 지경학적 가치 : 러시아 북극항로 상용화 및 북극철도 연결사업

큰곰 별자리와 위치가 유사하며 그리스 어로 'Arktikos(곰)'에서 유래된 북극은 최근 들어 전 세계인의 관심을 받으며 정체를 드러내고 있다. 다름 아닌 변화의 가능성을 제공하고 있는 것이다.

북극개발 활성화는 엄청난 양의 석유와 가스 개발을 통해 북극항로 개발을 촉진시키며 북극권이 매우 중요한 전략적 수송로서의 역할을 하게 된다. 이에 따른 북극지역 자원개발의 현실화 가능성이 높아지면서 북극연안 전체의 최대 영토를 확보하고 있는 러시아는 북극지역의 천연자원 개발, 인프라 구축, 에너지 다변화의 새로운 출구확보 등 복합물류 운송망 구축에 더욱 박차를 가할 것이다. 현재 러시아는 미래의 북극항로 개발에 국가적 차원의 실질적 조치를 취하기 시작했으며, 특히 해양을 이용한 다목적 항구를 개발하고 철길을 건설하여 내륙과 해양을 잇는 연결 통로를 개발하는 데 주력하고 있다. 북극지역 에너지 개발, 물류의 조달 및 유통을 효율적으로 처리할 수 있다는 점에서 북극 교통 인프라 구축은 러시아의 선결 과제가 되었다. 이처럼 러시아는 교통 인프라 확보와 활용으로 에너지 수출 다변화로 새로운 국가 경제적 입지를 굳건히 하고 다양한 변화를 모색할 것이 분명하다. 더불어 러시아는 최북단 동토지역과 시베리아·극동지역의 발전을 꾀할 수 있다는 점에서 북극개발을 우선순위로 정해 추진하고 있으며 최근 다양한 경제적 발전 프로그램을 계획하여 에너지를 통한 강대국의 위상을 찾으려 노력하고 있다. 그 예로 '에너지 전략 2030', '교통·전략 2030', '철도발전전략 2030', '러시아연방 사회 - 경제 장기적 발전 구상과 우랄연방 구 2020까지', '극동바이칼지역 사회경제 발전전략 2025', '시베리아 사회경제발전 전략 2020', '야말로-네네츠 자치구 사회경제 발전 전략 2020' 등은 '북극전략 2020'과의 상호연계의 성격인 국가 프로젝트로 추진되고 있으며, 위에서 언급된 프로젝트 모두 시베리아 극동지역 발전과 북극개발을 위한 항만 확보, 철도의 현대화 구축, 전략적 차원의 철도 노선 확충 등에 집중적인 노력을 기울이며 활발하게 진척되고 있는 사업들이다.

북극권 국가 중 러시아는 가장 넓은 영토를 확보하고 있다. 즉 러시아는 서안의 로모노소프 해령과 멘델레프 해령을 포함한 배타적 경제수역 구간이 가장 넓으며, 유럽권의 무르만스크와 태평양 베링해협의 입구인 추코트카 해까지 유럽과 아시아를 아우르는 거대 면적을 가지고 있다.

러시아 에너지전략 연구소의 2012년 보고서에 따르면, 현재 러시아의 북극 영도는 전체 북극권의 20%를 치지히고, 북극권에 살고 있는 러시아 인구는 150만 명, 러시아 전체의 GDP 10%이상, 20%가 넘는 수출(가스, 석유, 수산업, 비철금속)을 담당하고 있고, 북극권 국가들 중 전체 70%의 GDP가 러시아 영토에 속해있다고 한다. 그러면서 러시아는 지금까지 자국의 북극권 천연자원

생산 가능성의 5% 정도만을 개발 및 사용하였다고 한다.[9] 에너지 현황을 살펴보면 북극 전체 70%의 석유·가스 광구, 러시아 북극연안지역 채굴 가능한 탄화수소와 북극해안 지역에만 석유 240억 톤, 57조㎥의 가스, 7억 8천만 톤의 석탄(그 중 6억 톤은 연료화 가능), 1억 3천만 ㎥의 가스와 300억 톤의 석유 채굴이 2030년까지 가능하다고 한다. 하지만 랍테프 해, 동시베리아 해, 추코트카 및 베링 해 연안에는 실질적으로 얼마의 천연자원이 더 있는지는 정확히 파악이 되지 않고 있는 실정이다.[10]

북극권에는 아직도 발견되지 않은 석유 및 가스자원이 각각 13%(900억 배럴)와 30%(1,700조㎥의 천연가스와 440억 배럴 상당의 액화가스)[11]의 세계석유자원이 매장되어 있다고 2008년 미국지질조사국(UGSS: United States Geological Survey)은 발표했다. 이는 세계 전체 추정 매장량에 대한 높은 수치이다.[12]

2014년 4월 대륙붕한계위원회(UN CLCS)는 오호츠크 해 5만 2,000㎢를 러시아 관할로 인정했다. 이에 관련하여 세르게이 돈스코이 러시아 천연자원 및 환경부 장관은 "이번에 인정된 북극해의 러시아 영토에서 발견되는 모든 자원은 전적으로 러시아 법령에 준하여 채굴될 것"이라고 강조하면서, 지질학자들

9)   Алексей Громов. Арктическая зона России : перспективы транспортно-энергетического освоения. Глобализация и устойчивое развитие институт энергетическое стратегии. Новый Уренгой, 2012.

10)   위의 보고서 참조.

11)   http://pubs.usgs.gov/fs/2008/3049/fs2008-3049.pdf(U. S. Geological Survey, Fact Sheet 2008-3049 참조)

12)   영국석유(BP: British Petroleum)사가 작성한 Statistical Review of World Energy 2015 에 따르면, 2014년까지 확인된 원유 매장량은 총 1조 7,000억 배럴로 이중 17.5%인 2,983억 배럴을 보유한 베네수엘라가 가장 많고, 다음으로 2,670억 배럴을 보유한 사우디, 캐나다 순이다. 또한 2011년 미국 중앙정보국(CIA)에서 발표한 수치에 따르면 천연가스 매장량은 186조 8,480억 입방 미터다.

이 평가한 바에 따르면 이곳에서 발견된 탄화수소 연료의 총량은 수십 억 톤이 넘는다고 장관은 덧붙였다.[13]

　북극개발이 가속화 될 경우 러시아는 영토적 범위, 자원개발, 소수민족, 지정 및 지경학적 위치적 우위권을 비롯하여 물류이동 수송관련 등 철로, 육로, 해상, 항공, 내륙수로, 파이프라인(송유관, 가스관) 등 통합교통망에 있어 최고의 수혜국이 될 전망이다. 현재 북극을 가장 탐내고 있는 러시아는 이런 가능성을 염두에 두고 국가경제발전 전략을 위한 북극개발을 준비해 왔다. 특히 러시아는 2008년 세계 글로벌 금융위기 이후 국가전략과 프로그램들이 대폭 수정되거나 축소되는 경향을 보이고 있었지만, 에너지 개발에 따른 북극개발과 전략은 유럽과 아시아로의 연결, 시베리아 및 극동지역 개발에 따른 교통과 철도전략[14]으로 오히려 우선순위로 보충 및 강화하였다.[15]

　경제발전은 물류이동과 직결된다. 신속하고 빠르며 안전한 물류운송수단은 경제 활성화의 버팀목이 되고 국가 산업발전을 촉진시킨다. 즉 글로벌화로 인한 국가 간의 경쟁력은 물류 운송수단의 통합교통망을 통한 국가경제 활성화의 추진과 밀접한 관계가 있다.

　북극해 연안국들의 발전 역시 물류이동과 직접적으로 연결된다고 할 수 있을 것이다. 지구 에너지의 4분의 1이 저장되어 있는 북극권에서 채굴된 에너지를 수송하기 위해서는 다양한 형태의 루트 제공이 필요하다. 이의 실현을

---

13)　http://tass.ru/ekonomika/1047596(최종 검색일 : 2016년 1월 11일)

14)　러시아연방 철도교통 발전전략 2030 참조.

15)　한종만, "철도의 르네상스와 러시아 TSR의 확산 : 베링해협 프로젝트를 중심으로,"배재대학교 한국 – 시베리아센터 편, (배재대학교 한국 – 시베리아센터 PEACE TUNNEL magazine, 외교통상부 유라시아과) 『TKR(한반도 종단철도)건설 : 북한을 열고 세계를 묶다』(서울 : 명지출판사), 2013, p.184.

위해 북극권을 통과하는 북극항로 상용화와 대륙의 길을 열어 줄 철의 실크로드 역할은 매우 중요하다. 북극개발과 발전에 국가적 미래를 담고 있는 러시아로서는 국가전략 발전 전략의 최우선 과제로 북극권 에너지 수출망의 다변화를 위한 항만 및 철도·교통전략을 동시에 추진할 필요성이 있다.

하지만 북극권 개발에 따른 최대의 수혜국으로 전망되는 러시아는 주변의 이해 당사국과의 상이한 의견차로 인한 문제 해결의 과제를 안고 있다. 첫째, 대륙붕을 둘러싼 주변국들과의 영토 획정과 관련된 문제의 해결이다. 이는 위에서 살펴보았듯이 러시아를 비롯하여 북극연안의 대륙붕 영역권의 문제를 놓고 북극이사회(Arctic Council)[16]의 북극연안국 당사국간의 분쟁이 지속되고 있기 때문이다. 둘째, 북극권 활용은 러시아를 비롯한 범세계적 차원의 공간을 전제로 해야 한다. 북극과 북극권의 활용은 러시아라는 특정한 지역적 국가 차원을 초월한 좀 더 넓은 범위의 전 지구적 차원에서 공공개발이 이루어져야 한다. 또한 북극권 국가이외의 중국, 일본, 한국 등의 아시아 경제 강국들에 치중된 공간도 아닌, 전 지구적 차원의 공공 이해지역으로서의 활용 계획이 진행되어야 할 것이다. 셋째, 북극권을 둘러싼 환경적 도전이다. 자국의 북극권 해안의 항만 및 내륙과의 연결에 대한 철도 교통 개발에 적극적인 러시아는 개발과정에서 친환경적 인프라 구축에 힘써야 할 것이다. 특히 북극연안

---

16) 북극이사회(The Arctic Council)는 북극연안의 5국(러시아, 미국, 노르웨이, 덴마크, 캐나다)과 비 연안국 3국(아이슬란드, 스웨덴, 핀란드)이 지난 1996년 9월 캐나다 오타와에서 '오타와 선언'을 통해 포럼 성격의 북극이사회를 발족했다. 현재 북극이사회는 북극권국가뿐만 아니라 비 국권들도 이해당사국들로서, 비 북극권 국가 중 영국, 독일, 프랑스, 네덜란드, 폴란드, 스페인 등이 북극이사회 영구옵서버 국가로 활동하고 있으며, 이외에도 2013년 5월 스웨덴 키루나에서 개최된 북극이사회에서 한국, 중국, 일본, 인도, 싱가포르, 이탈리아가 영구 옵서버로 가입하면서 총 12개 국가로 구성되었다. EU 또한 향후 가입 가능성이 매우 높다.

지역에서의 석유시추와 관련하여 만일에 닥칠지도 모르는 환경적 재앙을 고려해야 할 것이다. 실재로 북극개발에 따른 북극권 항만도시들에는 개발에 사용했던 폐기용품들이 산적해 있다. 이 외에도 북극권 개발에 따른 지경, 지정, 생태, 안보, 원주민 보호 및 그들의 문화와 생활권 보장 등 수많이 문제점들이 상존해 있음을 직시하고 북극개발에 있어 철저하고 정확한 검토를 거친 뒤 개발이 진행되어야 할 것이다.

III. 러시아 북극항로 상용화

기후 변화와 지구 온난화로 인해 북극권 지역에 빙하의 해빙이 진행되면서 새로운 활로를 열어준 북극은 석유와 가스를 비롯한 기타 광물자원의 채굴 가능성을 높여주었다. 이러한 가능성은 북극권 국가들의 경쟁이 가속화되고 자국 연안의 대륙붕 확장을 위한 해양탐사가 더욱더 활발해진 데서 가능해 볼 수 있다. 또한 앞서 언급한 새로운 항로인 북극항로(Arctic Shipping Route)의 개발과도 직결되는 부분으로, 세계화를 이룬 이 시점에서 국가 간 경계가 없어지고 물류이동에 대한 접근성이 수월해지면서 쇄빙선의 에스코트가 필요 없는 연중 항해가 가능한 시대가 도래 할 것으로 예상된다. 특히, 러시아권 북동항로(Northeast Passage)와 캐나다 권 북서항로(Northwest Passage)의 이용 가능성은 세계 경제 흐름에 지대한 영향을 끼칠 것으로 예상된다. 뿐만 아니라 북극 지역은 시베리아 지역 다음으로 지구상에서 마지막 남은 미개척지며 수많은 천연, 지하자원의 보고라 할 수 있다는 점에서 전 지구적 관심을 갖는다.

2008년 8월 북태평양의 베링해협 통과로 태평양과 유럽으로의 관문인 그린란드를 지나 대서양을 연결해주는 북극항로가 정식으로 개통되었다. 즉, 두꺼

그림 1 북극항로(Arctic Shipping Route)

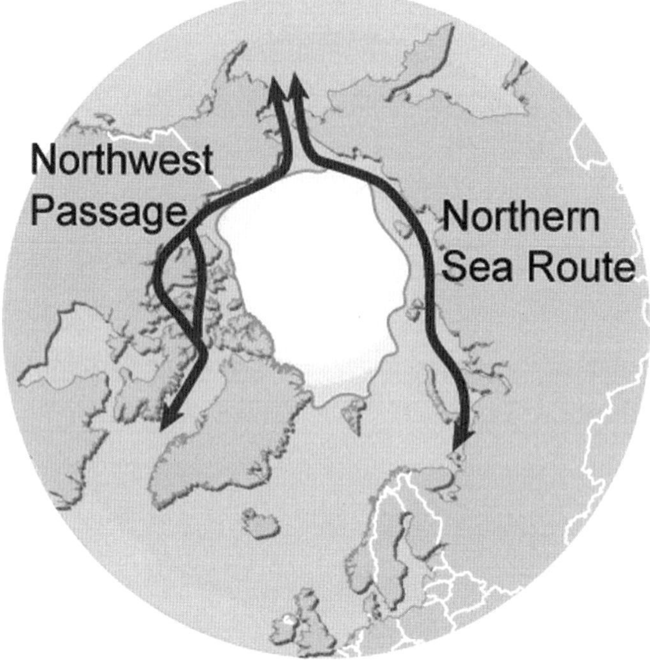

출처 : http://solir.blog.is/img/tncache/700x700/ff/solir/img/arctic_sea_routes_northern.gif (최종 검색일 : 2016년 1월 11일)

운 얼음으로 인해 북극 바다로 접근하는 것 자체가 불가능 했던 북극항로가 열린 것이다. 따라서 현재 연간 4개월 반 정도는 북극권 해양 항로의 항해가 가능하게 되었고 지구온난화가 지속될 경우 항해 가능일수가 늘어날 것으로 예상된다. 이렇듯 북극권 개발과 이동에 따른 교통에 관한 관심은 더욱 커질 것이다.

현재는 북동항로의 항해 시즌을 보통 141일로 보고 7월초부터 11월 중순까지 운항이 가능하다.[17] 겨울과 봄에는 북동항로의 동부구간은 운항이 매우 어

---

17)　한종만, "러시아의 북극전략과 거버넌스," 배재대학교 한국 - 시베리아센터 편『북극, 한국의 성장공간 : 미래 한국사회 성장동력의 잠재공간 시베리아와 북극권』(서울 : 명지

려운 상황이다. 북동항로의 장애요인으로는 거센 파도와 강풍 등의 자연지리적조건, 구조와 긴급 활동을 위한 시설물 부재, 신뢰할만한 기상예보의 부재 등이 지적되고 있다.

하지만 북극항로 중 북동항로와 북서항로의 대부분은 2040~2050년경이 되면 얼음이 없는 바다가 될 것이 예상되며, 북극점 경유 항로와 북서항로의 일부 구간만이 쇄빙기능을 지닌 북극클래스 6급으로 항해가 가능할 것으로 예측하고 있다.

알래스카 해양거래소(Marine Exchange) 보고서에 따르면 2008~2010년 동안 북극해에서 상업적 선박 운항이 30% 증가했다. 이 거래소의 '자동식별장치 (AIS : Automatic Identification System)'로 파악된 수치에 따르면 북극 베링 해로 통과한 상업적 선박의 수는 2011년과 2012년에 각각 300척과 333척이다. 이는 북극의 석유·가스전과 자원개발의 덕택으로 북극항로는 점점 활성화되고 있다는 반증이다. 특히 향후 러시아 북극 대륙붕의 자원채굴, 바렌츠 해, 카라 해, 야말반도 등의 석유·가스전 프로젝트가 본격적으로 가동된다면 북동항로의 화물은 급속도로 증가세를 보일 것이다. 그동안 북동항로를 통과한 선박 수를 살펴보면, 2009년 2척, 2010년 4척, 2011년 34척, 2012년 46척,[18] 2013년 71척으로 지속적인 증가를 보이면서 북극 자원개발과 항로, 대규모 크루즈 관광에 대한 낙관론이 지배적이다. 그러나 2014년에 이 항로의 통과 선박 수는 31척으로 감소했다. 그 이유로 2014년 빙하의 상대적 증가와 완만한 해빙현상,[19] 그리고 북미의 셰일가스 공급 증가, 공급 과잉으로 인한 저유가 상황 및

출판사, 2014), p.34.

18) "46vessels sailed Northern Sea route this year," Alaska Dispatch, November 24, 2012.

19) 한종만, "북극지역의 지정학, 지경학, 지문학적 역동성에 관한 연구(A Study on

우크라이나 사태로 서방의 대러시아 경제제재로 인한 북극권의 석유 · 가스전 개발 지연 등도 주요 요인으로 예측해 볼 수 있을 것이다.

하지만 중국은 2014년 더 많은 빙하가 형성되었음에도 불구하고 캐나다의 북극권 항로인 북서항로를 쇄빙선의 호위 없이 자국의 상업적 선박을 운행하였다. 이는 느린 북극해빙이 북극항로 개척에 그다지 큰 영향을 주지 못한다는 것을 입증하는 사례로 볼 수 있다.

북극권 자원개발과 관련하여, 특히 러시아 북극권 항만 인프라 개발의 중심지인 사베타항은 향후 야말반도의 에너지 수송의 거점이 될 전망이다. 러시아 천연가스 중 80%가 북서 시베리아에 매장되어 있는 점을 감안할 때 시작에 불과하지만 항구건설은 이미 2012년부터 시작이 된 상태다. 사업투자액은 270억 달러로 러시아 기업 노바텍(60%), 프랑스 토탈(20%), 중국CNPC(20%)와 같은 민·관의 투자로 2016년 첫 번째 액화가스 플랜트 건설을 목표로 하고 있다. 2018년도에는 야말액화 천연가스의 전체 판매 가능한 플랜트의 완공이며, 2016년 LNG 5백만 톤과 2년간 LNG 1,600만 톤이 수출될 것으로 예상하고 있다. 특히, 중국은 러시아와 야말 LNG 사업에 7,000억 달러의 투자로 20년간[20] 장기 가스 공급계약을 체결했다. 사베타 항만 사업은 야말 LNG개발 사업의 일부이며 야말반도의 유즈노 - 탐베이스코에 가스매장 지대 개발과 LNG 1,500만 톤, 최대 100만 톤 용량의 가스액화 설비 건설을 목표로 하고 있다. 이는 향후 북동항로를 통하여 유럽, 북아메리카 및 아시아로의 운송망 허브가 될 전망이다. 현재 야말반

Dynamics of Geopolitics, Geoeconomics and Geoculture in Artic)," 『북극저널』(배재대학교 한국북극연구단), No 1, 2015, p.38.

20) 『가스신문』, http://www.gasnews.com/news/articleView.html?idxno=69367(검색일 : 2015년 6월 5일)

그림 2 야말반도 사베타 항의 북동항로 수출 전망도

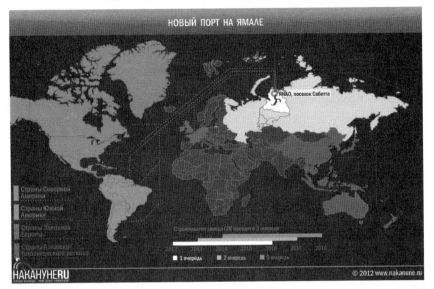

출처 : http://www.media.nakanune.ru (검색일 : 2015년 11월 26일)

도와 인근지역은 북극항로를 따라 2백만 톤의 화물이 운송되고 있는데, 2030년에 6천만 톤이 북극항로를 통할 것으로 예측된다. 또한 사베타-옵스까야의 북극철도를 활용한 운송은 내륙을 통한 유럽과 아시아로의 연결을 의미한다.

더욱이 사베타는 항만건설뿐만이 아니라 항공운행을 위한 개발도 진행 중이다. '야말로 - 네네츠 사회경제 발전프로그램 2020'에 따르면, 이는 지역거점 연결을 위한 공항연결망의 구축인데 나딤, 노브이 우렌고이, 살레하르트, 얌브르그 공항의 현대화의 보수와 야말 거점항인 사베타에도 새로운 공항을 건설할 계획인 것을 알 수 있다.[21]

---

21) 야말로 - 네네츠 사회경제 발전프로그램 2020 참조. http://pandia.ru/text/77/253/54202. php(검색일 : 2015년 5월20일)

북유럽의 북극권국가들은 북극항구로 이어지는 철도와 도로의 건설을 확장하고 있다. 러시아 또한 자원출구의 다변화와 아르한겔스크, 사베타, 두딘카, 틱시, 마가단 등 북극항구를 내륙과의 연결로 이어지는 철도지선 확장, 시베리아횡단철도(TSR)와 바이칼아무르철도(BAM)를 연결하여 북극항로로 통하는 하천교통의 인프라를 구축하고 있다.

2014년에 수정된 러시아연방 전략사업의 일환으로 추진된 '극동바이칼지역 사회경제 발전전략 2025'를 살펴보면 지상·바다·하늘의 통합교통망인프라 건설을 위해 연방 항공청에서 37개의 공항(주로 러시아의 북부지역, 예를 들면 사하공화국, 캄차트카, 추코트카, 마가단 등) 개보수 작업에 357억 루블, 연방 해운청은 17여개의 항만 개보수 작업에 260억 루블, 연방 도로청은 227.6km의 주요도로 건설과 340.2km의 간선도로 건설에 266억 루블을 2015-2016년에 집중 투입할 계획인 것을 알 수 있다. 이는 북극권과 북동항로 개발이 밀접하게 연계되어 있기 때문이다.[22]

또 러시아는 자국의 서쪽 관문인 무르만스크에서 북태평양 관문인 추코트카까지 북극항로의 긴급구조에 대비한 북극거점의 기존 항을 개선 및 확장 할 계획이다. 이 사업은 지난 2012년 추진되기 시작했으며, 첫 번째 북극거점 항인 두딘카를 시작으로, 2013년 무르만스크 항을 비롯한 2015년까지 총 10개의 거점 항이 건설 중에 있다. 항만들이 건설될 경우 총 974명의 전문 일자리 창출 효과를 볼 수 있다.[23] 거점 항 건설에서 북극항로 선박 이용의 상승으로 인한 쇄빙선의 필요, 예측 불가능한 기후로 인한 사고 대비책과 선박 정비를 위한 전체적인 인프라 구축도 포함되어 있다. 또한 북극점에 군대 주둔 계획을 목적으로

---

22)   극동바이칼지역 사회경제 발전전략 2025 참조.

23)   http://www.hibiny.com/news/archive/35495(검색일 : 2015년 5월 29일)

해군함정 배치와 군 기지 건설 등 9억 1,000만 루블이 투입될 계획이다.[24]

지난 3월 핀란드 정부가 북극 개발과 협력을 위해 개최한 '북극 비즈니스 포럼'[25]에서의 화두가 된 북극항로는 북극해를 거쳐 가며 동아시아와 유럽을 잇는 최단 항로이다. 포럼강연자로 나선, 말테 홈퍼트 극지안보 북극연구소장은 "5년 후 중국은 북극항로로 9,000억 달러(약 1,010조원)규모의 무역을 할 것이고, 2030년엔 세계 무역의 4분의 1이 북극항로를 통해 이뤄질 것"이라며 "신 실크로드가 열리고 있다"라고 말했다.[26]

특히 러시아 북단을 항행하는 북동항로는 다른 항로에 비해 상대적으로 거리상의 비교우위를 점유하고 있다. 러시아를 통하는 북극관문 카라해에서 베링해의 프로베제니야 만까지 5,600km다.[27] 북동항로는 주요 항인 무르만스크 - 칸다라크샤 - 벨로모르스크 - 오네가 - 알데르마 - 두딘카 - 이가르카 - 틱시 - 딕슨 - 페백 - 프로비제니야 등의 러시아 북극주요 거점 항을 통과하며 거리 및 시간 단축으로 경쟁력 있는 조건을 제공한다. 북동항로는 무르만스크에서 시베리아권의 두딘카를 지나 딕슨까지의 거리 1,900km, 극동관문인 블라디보스토크까

---

24) 위의 자료.

25) 북유럽 최대 응용기술 연구소 VTT를 비롯해 핀란드에는 대학·기업·연구기관 등에서 북극을 겨냥한 기술 개발이 활발히 진행되고 있다. 이는 지구온난화로 북극해 얼음 면적이 줄면서 북극이사회(AC)의 회원국들이 북극개발에 투자하고 있다는 반증이다. 특히 핀란드는 쇄빙선 추진체로 유명한 ABB사가 헬싱키에 공장이 위치해 있다.

26) 『조선일보』 http://news.chosun.com/site/data/html_dir/2015/03/21/2015032100305.html(검색일 : 2015년 5월 27일)

27) Воробьёв Н.И. Некоторые аспекты международного сотрудничества в области освоения и использования Северного морского пути. Международное сотрудничество в Арктике: проблемы безопасности и развития / под ред. А.В. Загорского, А.И. Никитина. М.: Российская ассоциация политической науки(РАПН); Российская политическая энциклопедия(РОССПЭН), 2013. С.83.

지는 10,500km에 이른다. 반면 파나마 운하를 거치면 25,588km에 이른다.[28] 반면 일례로, 함부르크에서 상하이까지 파나마 운하 경유 북서항로 통과 시 그 길이는 17,000km로서 거의 3분의 1이나 거리 단축을 가능케 하고 있다. 또한 시간을 22일에서 15일로 단축시킬 수 있다.[29] 이 외에도 부산에서 시베리아 북극해를 지나 네덜란드 로테르담으로 향하는 북동항로 길이는 12,700km로서 수에즈 운하의 경우 해운로 21,000km보다 크게 단축된다.[30] 일반적으로 시발점과 도착점에 따라 거리가 달라지긴 하지만, 즉 북동항로를 이용할 경우 수에즈운하를 거치는 기존의 남방 항로보다 거리 40%, 운행시간은 20일 가량 단축이 가능하다. 운항요금 또한 기존에 오고간 대형선박들을 분석한 결과 1일 절감 비용은 중량별로 2-2.5만 톤을 운반할 경우 2.5만 달러, 5~7만 톤 일 경우는 4-5만 달러, 15만 톤 이상일 경우 9만 달러를 절감 할 수 있는 것으로 나타났다.[31]

참고로 러시아 제 2의 경제, 문화의 도시인 상트페테르부르크에서 블라디보스토크까지 북동항로를 통과할 경우 14,280km, 수에즈운하는 23,200km로 큰 차이가 난다.[32] 유럽에서 일본, 중국 및 한국으로 20~25일, 수에즈운하 와 아프리카 지역을 경유할 경우 40-50일 가량이 소요되어 앞의 설명을 지경학적 관점에서 큰 차이가 있음을 확인 할 수 있다. 또한 한국의 부산에서 네덜란드 암스테르담까지 북극항로를 이용할 경우 기존 항로보다 운항거리는 8,000km,

---

28) 러시아 지도 참조.

29) 한종만, "가시에 찔려 100년 동안 잠잔 동화 속의 장미공주처럼 : 북극권의 소생," 배재대학교 한국 - 시베리아센터 『시베리아 / 북극총서 시리즈 3 : 러시아 북극권의 이해』 (신아사, 2010), p.11-12.

30) 위의 책, 12쪽.

31) 예병환, "북극항로의 개발현황과 향후 전망," 『북극저널』(배재대학교 한국북극연구단), No 1, 2015, p.78.

32) http://www.bibliofond.ru/view.aspx?id=562833(검색일 : 2015년 6월 1일)

그림 3 북동항로와 수에즈운하 루트

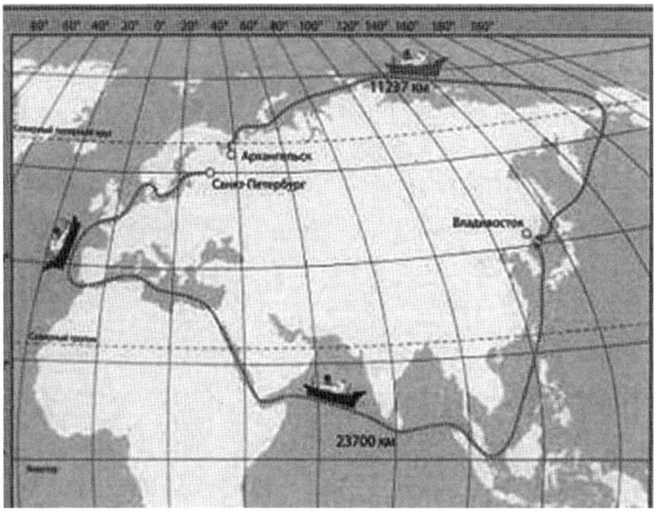

출처 : http://nord-news.ru/img/newsimages/20100525/1_a6bf21402ec2.jpg (검색일 : 2015년 12월 1일)

운항일수 10여 일 가량을 줄일 수 있는 효과를 얻을 수 있다.

　러시아에 이어 중국도 새로운 해양실크로드 개척에 따른 전략으로 북극항로의 진출을 꾀하고 있다. 중국은 유럽까지의 효율적인 진출과 에너지 확보차원의 북극항로 개척에 전념하고 있는데, 2013년, 중국의 해운회사 'COSCO'의 컨테이너 선박인 '용성호'가 1만 9천 톤의 일반화물인 철과 무거운 장비 등을 선적하여 대련에서 암스테르담까지 북극을 경유하여 화물을 운반하는데 성공했다. COSCO는 북극항로를 이용하는 선박 수를 늘려나가는 것을 검토 중인 것으로 최근 밝히기도 했으며, 향후 유럽과의 교역 확대를 위한 '황금 운하'가 될 것으로 믿고 있다.[33] '용성호'는 최초의 컨테이너 선박으로 아시아와 유럽 간 북극항

---

33)　http://view.asiae.co.kr/news/view.htm?idxno=2015102709435859948(검색일 : 2015년 11월 16일).

로를 연결한 선박이다. 최근 중국은 일대일로(一帶一路) 정책을 통해 대형 장기 프로젝트인 유럽까지 진출한다는 전략을 발표하며 전 세계를 떠들썩하게 만들었다. 또 중국은 2012년 쇄빙선으로 북극항로를 성공적으로 항해한 바 있다.

앞서 언급한 북극의 자원 확보와 자원의 복합물류 운송망 이외의 북극의 가치는 노르웨이의 스발바르, 러시아의 무르만스크, 아르한겔스크, 사베타 항의 개발로 인한 관광분야로의 복합적 성장을 예고한다. 북유럽 지역을 비롯한 북극권의 아름다운 자연 환경에 대한 관심이 전 세계인의 시선을 사로잡으면서, 북극 지역에 대한 해외 관광객의 수요를 충족시키기 위해 스칸디나비아 반도의 국가 핀란드 및 노르웨이와 러시아는 지역개발과 발전을 위해 북극관광산업에 적극적이다. 이와 관련하여 2015년 1월, 러시아는 북극해 최북단에 있는 자국의 군도인 제믈랴 프란차 이오시파 제도[34]를 운항하는 여객선을 확대할 계획이라고 밝혔다. 러시아는 올해 2015년 6월 5일, 러시아 최북단 무르만스크에서 핵 크루즈 북극관광프로그램을 시작했다. 최초로 시작한 북극관광은 5일간 러시아 군도 제믈랴 프란차 이오시파 등에서 아름다운 북극자연과 북극 백곰, 바다코끼리를 만난다. '승전 50주년(50 лет Победы)' 러시아 크루즈 호는 170 메가바이트 두 개의 원자로 기관의 핵 쇄빙선이다. 쇄빙선은 7만 5,000마력의 엔진 가동으로 전력을 공급하는데, 이는 20만 명이 거주하는 도시 전체

---

34) 러시아 최북단에 위치한 제믈랴 프란차 이오시파(Земля Франца-Иосифа) 제도는 북극점에 가장 근접해 있으며, 러시아 최북단 국경경비대와 최북단 우체국 그리고 세계 최북단 공항이 위치하고 있으며, 2차 대전 중 최전방 작전지대의 역할을 수행한 섬이기도 하다. 북위 81도 49'로 아르한겔스크 제믈랴프란차이오시파의 루돌프 섬 플리겔리 곶에 있다. 1873년에 탐험연구원 파이에르에 의해 알려졌고 오스트리아 황태자의 이름을 따 루돌프라 명명됐다. 1936년 북극권에 첫 번째 소련공군원정대가 창설되었다. 러시아 북극점과 연결되어 있으며 프리모르스크 지역과 아르한겔스크 주에 속하며, 총 면적 16 134㎢과 192개 섬으로 이루어 졌다.

가 사용할 수 있는 규모다. 이 쇄빙선은 연간 7차례 항해를 했으며 크루즈 관광객은 2만 7천 달러이상의 비용을 지불했다.[35] 러시아 자국민을 비롯하여 일본, 미국, 벨기에 및 중국 등 전 세계 30국 이상에서 북극여행을 했으며 이번을 계시로 북극관광의 청신호가 될 것으로 예상된다. 이 크루즈 호에는 한번에 270명이 탑승 할 수 있다. 또한 2009년 제믈랴 프란차 이오시파 제도의 러시아 국립공원 지정 이후 30여 개국의 관광객들의 발걸음이 이어지고 있다(2011년 865명, 2012년 1005명, 2013년 688명, 2014년 738명 등).[36] 노르웨이도 자국의 스발바르 제도의 광산지를 관광산업 개발로 연결하면서 북극권 국가에 크루즈관광산업 활성화에 가능성을 제공하며 북극관광 산업은 빠른 성장이 예고된다. 또한 북아메리카의 알래스카와 캐나다 권 북극관광의 관광객 수도 100만 이상이 찾는 등 지속적인 증가세를 보이고 있다.[37]

따라서 북극 항로의 개발은 석유·가스 등의 자원개발 뿐만이 아니라 광물자원, 수산업, 임산업, 수자원, 풍력, 수력 등 재생 가능한 전력 및 관광산업으로 다양하고 복합적인 산업형성의 연계망이 될 전망이다.

IV. 러시아 북극권철도 연결 사업

최근 러시아 철도사장 블라디미르 야쿠닌은 러시아 과학아카데미에서 '트

---

35) http://www.vesti.ru/doc.html?id=2626589(검색일 : 2015년 6월 5일)

36) http://www.news29.ru/novosti/obschestvo/Otkryt_novyj_turisticheskij_sezon_na_
     Zemlju_Franca_Iosifa_Arhangelskaja_oblast_/43878
     (최종검색일 : 2016년 1월 30일)

37) U. S. Cost Guard, Arctic strategy. Washington D. C., 2013년 5월10일, p.17.

랜스 유라시아 벨트 개발(TERR)' 계획을 공개하며, 런던에서 뉴욕까지의 철도 연결을 주장했다.[38] 베링 해를 지나 북아메리카의 동쪽관문 알래스카를 연결하는 이 프로젝트가 추진 될 경우 유럽의 섬 국가인 영국과 프랑스 연결의 도버 해협을 지나 광활한 러시아 영토를 통과하여 태평양 북단 북극의 관문을 지나 유럽과 아시아를 연결하는 대규모 프로젝트가 된다. 러시아 정부는 2007년 이래 공식적으로 베링 해 철도연결 문제를 제안하면서 일본과 사할린-극동 본토 철도 건설계획을 구체화 하고 있다.[39] 본 프로젝트가 현실화 될 경우 대규모 일자리 창출과 시베리아 및 극동지역 발전을 위한 새로운 도시의 형성 등으로 러시아로서는 새로운 국가발전 도약의 계기가 될 것이라 예상된다.

러시아는 TSR과 BAM철도의 확장으로 틴다부터 야쿠츠크까지 805km의 새로운 노선을 2013년에 완공했다. 이어 TSR과 BAM철도의 지선인 아무르 – 야쿠츠크 노선이 가까운 시일 내에 완공될 경우 레나 강의 하천교통을 통해 북극 랍테프 해 틱시 항과 연계되어 유럽과 아시아태평양 지역의 북동항로 복합 운송물류 시스템과 연결된다는 것을 의미한다.

현재 러시아는 바이칼-아무르철도(BAM)의 현대화와 야쿠츠크 지선과의 연결로 태평양 및 북극통로인 추코트카까지의 연결을 진행 중이다. '러시아철도 발전전략 2030'에 따르면 러시아정부는 2030년까지 야쿠츠크부터 마가단까지 철도를 연결시키는데 아무르 – 야쿠츠크 노선과 야쿠츠크 – 마가단 노선은 향후 추코트카 반도의 우엘렌까지 이어지면서 베링해협 철도건설의 가능성을

38)   http://investfuture.ru/news/id/56160/(검색일 : 2015년 5월 25일)
39)   한종만, "철도의 르네상스와 러시아 TSR의 확산 : 베링해협 프로젝트를 중심으로,"배재대학교 한국 - 시베리아센터 편, (배재대학교 한국 - 시베리아 센터 PEACE TUNNEL magazine, 외교통상부 유라시아과) TKR(한반도 종단철도)건설 : 북한을 열고 세계를 묶다(서울 : 명지출판사 2013), p.185.

높여주고 있다. 이는 현재 높은 고속철도 기술력과 기존에 진행 되고 있는 러시아 철도의 현대화 사업이 더해지는 것이다.

또한 급격한 경제발전으로 인한 동북아 지역의 에너지 소비가 증가하면서 중국을 비롯한 일본, 한국 등 아시아 경제대국의 북극권 자원개발 및 물류 운송시스템에 대한 관심이 날로 고조되고 있다. 이로 인해 실크로드 익스프레스 구상, 즉 아시아와 유럽 및 아메리카 대륙의 연결 필요성이 제기된다.

베링터널 연결의 구상은 1905년 러시아 차르 니콜라이 2세에 의해 공식적으로 제안 됐으며, 19세기 말 미국의 링컨대통령과 경제고문 헨리 케레이가 철도망 건설을 고안했다. 1세기 이상이 지난 지금 중국 및 아시아국들이 함께 관심을 가지면서 베링터널의 연결이 한층 더 고조될 전망이다. 만약 이 프로젝트가 현실화 될 경우 유럽 및 아시아는 북아메리카와 하나의 경제 통합권으로 형성될 가능성이 높다. 베링 해의 경우 러시아의 추코트카 반도에서 미국의 알래스카까지 103km로 연결을 계획하고 있으며 이는 영국과 유럽내륙과의 연결된 도버해협의 2배의 거리이다. 러시아 철도부는 세계 물동이동량의 3%까지가 베링터널로 통과 할 것이라고 예측했고, 러시아 추코트카 반도의 데쥬네프 곶과 알래스카 웨일스 케이프 프린스 사이에 위치한 85km에 베링해협으로 분리되고 있다. 배링해협은 지구 둘레의 4분의 3에 해당하는 런던에서 뉴욕까지의 연결을 의미한다. 이 타당성 조사에 1억 2,000만 달러가 소요될 것이며, 총 공사비는 650억 달러로 추정된다. 러시아 경제발전부는 베링해협 프로젝트에 500~600억 달러(순수 터널 공사에만 100~120억 달러)가 소요되며 연간 화물 운송량도 7,000만~1억 톤에 이를 것으로 추정하고 있다. 공사기간은 10~15년이 소요될 것으로 예상한다.[40] 푸틴 러시아 대통령은 이와 관련하여 2020년까지 바이칼아무르철도(BAM) 지선을 확보할 것이라고 밝혔다.[41]

러시아철도는 유리한 지리적 위치 덕택으로 유럽과 아시아의 동서 연결은 물론 북극항로부터 발트해를 지나 카프카스, 이란과 인도로 까지 연결된다. 이는 국경 없는 글로벌 경제시스템의 연결을 의미한다.

2008년에 발표된 '러시아철도발전전략 2030'은 전 러시아영토 균형발전을 위한 광범위한 철도망 확장, 고속철도망 구축 및 건설, 로지스틱 네트워크의 창설로 아시아와 유럽의 화물운송의 촉진과 이로 인한 지역발전과 경제발전을 가속화를 목표로 하고 있다. 러시아 철도전략은 특히 유럽과 아시아를 연결하여 국제운송 루트의 경쟁력을 확보하고 물류허브로서의 글로벌 경쟁력을 갖는 데 의의가 있다.

러시아는 전체적으로 중요 북극 지역에 거점 항구를 개발함과 동시에 내륙철도가 바로 연결되도록 하여 내륙운송과 항만운송이 함께 이루어지도록 프로젝트를 추진하고 있다. 그 중 대표적인 철도연결 프로젝트 '2020년까지 러시아 북극권 발전 국가프로젝트 – 벨코무르'(벨코무르 프로젝트)는 아직 미완성된 카르포고리-벤딩가(215㎞), 시크티브카르-가이니-솔리캄스크(590㎞)의 2구역의 철도를 연결시킨다는 계획으로, 이는 러시아 북서쪽 백해로 통하는 인프라 구축을 통해 아르한겔스크 항을 확대 및 개발한다는 것을 의미한다. 이는 물류이동을 백해로 뻗어 바렌츠 해로 목재, 석유, 석탄 등의 손쉬운 운송을 가능케 하기 위한 계획으로 볼 수 있다.

한편 중국은 지난 러시아 승전 70주년 행사에 모스크바를 방문하여 모스크

---

40) 위의 책, p.208-209.

41) http://www.liveinternet.ru/community/norillag/page4.shtml(검색일 : 2015년 6월 1일)

그림 4 BAM철도와 베링철도 연결 구상

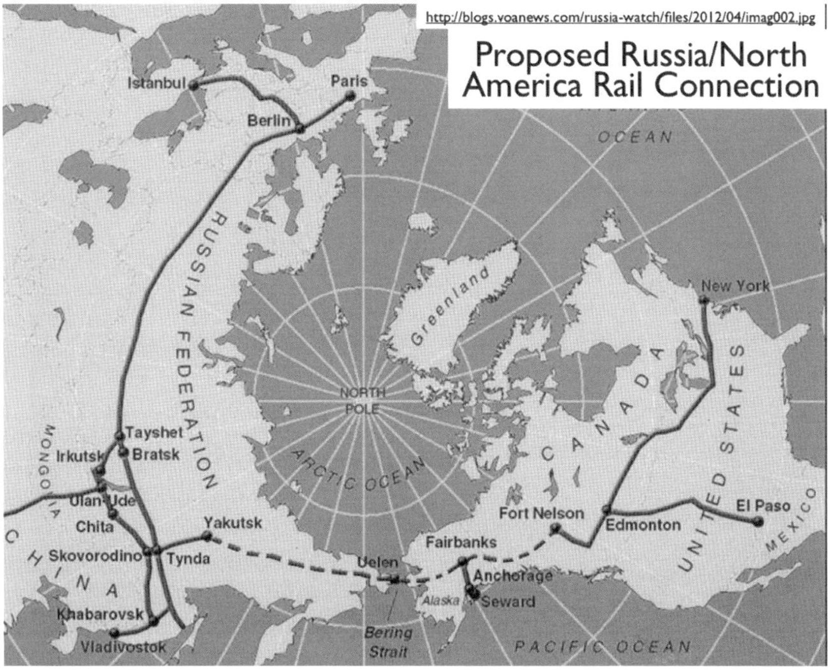

출처 : http://www.liveinternet.ru/community/norillag/page4.shtml(검색일 : 2015년 12월 1일)

바에서 카잔까지의 고속철도건설에 대한 양국 간 상호양해각서를 체결했다. 이에 관련하여 러시아 교통부 장관 막심 소콜로프는 2020년까지 770㎞의 철로를 완성할 것이라고 발표했다. 본 사업에는 총 1천억 루블이 투입될 예정이다.[42] 이에 관련하여 지난 해 2014년 중국과 러시아는 각각 모스크바와 베이징을 잇는 고속철도 건설 계획을 밝힌 바 있다. 이 철도길이 연결되면 향후 시속 440km로 카잔까지 도달할 것이며 이후 첼랴빈스크(러시아 우랄) – 알마티(카자흐스탄) - 우루무치(중국, 신장위구르) - 북경(중국)까지의 연결을 의미한다.

---

42) http://www.ntv.ru/novosti/1405081/(검색일 : 2015년 5월 27일)

이 고속철도 지선의 건설은 향후 러시아 북극권의 벨코무르 프로젝트와의 연계로 이어져 중국은 북극의 자원을 철도를 이용하여 받게 될 것으로 보인다.

러시아 북극 연안지역, 특히 야말반도에는 석유 및 천연가스를 비롯하여 북극연안 지역 중 가장 많은 지하자원이 매장되어 있다. 기존의 건설된 교통 및 철도에 앞으로 건설될 지선이 더해지면 러시아 경제적 실효성과 지역개발의 기회가 만들어 질 가능성이 크다. 그 예로 2012년 7월 20일 러시아 교통부는 북극권의 철도 건설망 프로젝트를 발표하였는데, 이 프로젝트는 야말로 – 네네츠크 자치주의 옵스카야 – 살레하르트 – 나딤 – 판고디 – 노비 우렌고이 – 코로채예보 707㎞를 철도로 연결하고, 야말반도로의 지선인 옵스카야-카르스

그림 5 벨코무르 프로젝트

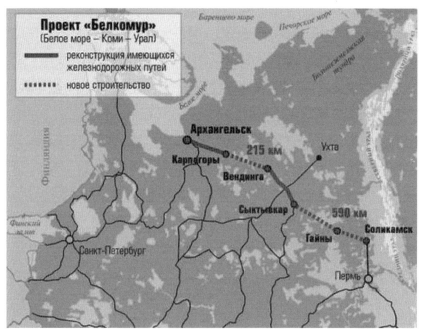

출처 : http://arh.mk.ru/articles/2013/06/13/869202-belkomurkanal.html(검색일 : 2015년 12월 30일)

카야와 노비 우렌고이 – 얌브르그 지선을 연결한다는 것이다.

2003년 야말철도사는 옵스카야 – 코로채예보 러시아 북극철도 연결 프로젝트에 관심을 갖기 시작했다. 하지만 러시아 국영가스사 가스프롬이 경제적 실효성의 적음을 판단하여 실행을 하지 못했다. 이후 2005년 야말로 – 네네츠 자치구와 우랄지역의 공업 및 교통인프라 계획이 자원개발 가능성과 함께 글로벌 과제로 관심을 갖으면서 2006년 우랄 공업사와 우랄북극사의 합작으로 본격화되기 시작하였다.

블라디미르 푸틴 러시아 대통령과 블라디미르 야쿠닌 러시아철도사장이 2009년 살레하르트에 방문하여 야말반도의 가스매장지대의 개발과 이에 대한 '러시아 철도발전전략 2030'을 발표하면서 우랄 북극지역에 총 3,079km의 철로 건설을 발표로 북극철도 건설 사업은 현실화되기 시작했다. 계획에 따르면 2015년까지 폴르노치노예 - 옵스카야 - 살레하르트, 파유타 - 바바넨코바, 살레하르트-나딤을 1,593km로 연결하고, 이후 2016-2030까지 루스코예 - 자폴야르나야, 보르쿠타(할메르 - 유) - 우스찌 카라, 바바넨코버-하라사브에이, 파유타 - 노브이 포르트, 코로차예보 - 루스코예, 루스코예 - 이가르카, 이가르카 - 노릴스크로 총 1,486km로 시베리아 자원매장지인 크라스노야르스크까지 연결한다는 계획이다.

살레하르트와 나딤은 나딤 강과 오비 강을 연결하는 대규모 프로젝트이다. 살레하르트와 나딤 사이에는 총 50여개의 교량 연결로 지난 2012년 8월 느가르카 - 플랴하 강의 수르구트-살레하르드의 건설로 나딤-살레하르드 철도·교통건설 프로젝트가 본격화 되고 있다.[43] 또한 살레하르드와 옵스카야를 철도·교통을 연결하는 오비 강의 2,4km의 교량인 살레하르드와 라브이트난기를

---

43) http://www.sdelanounas.ru/blogs/20765 (검색일 : 2015년 6월 1일)

그림 6 러시아 북극철도 계획안

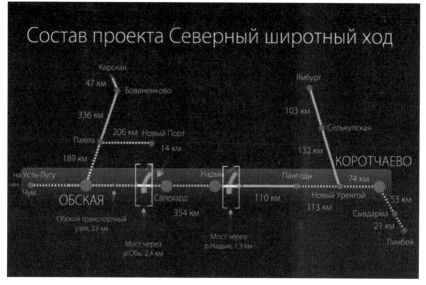

출처 : http://ura.mfcu.ru/content/yamal/20-07-2012/news/1052145445.html (최종 검색일 : 2016년 1월 5일)

2014-2015년 중에 예산을 확보하여 2020년까지 건설한다는 계획이다.[44]

러시아북극철도 건설 프로젝트는 북극항로 수송의 출발점이자 시베리아횡단철도의 종착역인 야말반도의 사베타항에서 우랄 및 러시아 북서의 서시베리아 지역, 크라스노야르스크의 자원매장 지대와 연결되고, 이어 다음 내륙 철도와 연결된다는 데에 큰 의미가 있다. 또한 사베타항을 거쳐 북극항로로 이동한다는 점에서 지경학적 중요성이 매우 크다고 할 수 있다.

앞으로 무르만스크, 아르한겔스크 및 러시아 북극권의 야말로-네네츠 지역을 비롯하여 러시아 북측의 유라시아 대륙 연해의 카라 해, 랍테프 해, 동시베리아 해, 축치 해, 베링 해 등을 육상교통과 해양교통을 연계해 횡축의 철도건

---

44)   http://pravdaurfo.ru/news/mostovoy-perehod-salehard-labytnangi-postroyat-ranshe-za-schet-bankov(검색일 : 2015년 6월 1일)

설 가능성도 고려할 수 있다. 이는 북극항로로 유입되는 주요 하천인 오비, 예니세이, 레나, 콜리마 강등과 연계하여 내륙수로가 철도와 연결되어 복합물류 운송망의 시스템과 연계되는 이유이다.

북극철도는 우선적으로 지역개발의 건설자재 및 공산품의 운송수단뿐만이 아니라 매년 2,000만 톤 이상의 천연가스 및 자원을 최단 경로를 통해 유럽 및 아시아지역의 선진국에 운송할 계획이다. 이것을 고려한다면 자원매장지역에 경제성 있는 교통망을 확보하고, 북방지역의 균형발전을 위해서 시베리아횡단철도와 종축으로 연결되어야 할 것이다. 심지어 러시아 북극권의 천연자원 개발은 이 지역의 개발 및 철도 인프라와 더불어 국가의 전략적 접근이 필요하다.

한편 러시아 외의 북유럽 국가들도 북극해 개발을 위해 북극철도 인프라 개발을 추진하고 있다. 특히 핀란드는 유럽연합과 철도망 연결 측면으로 북극권 지역의 칼로트 지역의 철도망을 광범위하게 연결한다는 계획이다. 핀란드는 서부 라플란드 코랄리에서 동부 라플란드 로바니에미 - 케미야르비 - 살라 라인까지 연결되고 이어 러시아 항만인 무르만스크와 니켈까지의 연결을 계획하고 있다. 또한 러시아의 니켈에서 노르웨이 키르케네스 간 철도 연결을 계획 중이며, 북극철도 노선의 확장은 향후 발트해지역과 북극권을 연결하는 신규철도망으로 총길이 480~550km로 건설될 계획이다.

특히 북극철도는 핀란드의 라플란드 중부 광산지역, 노르웨이 및 러시아의 유전과 가스 생산지역, 그리고 북극항로의 서쪽 끝을 연결할 계획이다. 라플란드 광산 발전 가능성은 매우 크며, 새로운 운송수단인 북극철도에 대한 수요 창출 효과도 지속적으로 증가할 예정이다. 또한 북극철도는 북유럽권의 광산 지역의 소단낄라까지 연결과 광산자원 외에 산림산업의 활성화 등의 화물수요 뿐만 아니라 관광객 등 여객수요도 증가시킬 것으로 예상된다. 하지만 대륙 간 북극해항로 항만개발과 이와 연계된 효율적 육상운송 시스템 환경, 물동량 확보 등의 불확실성으로 많은 문제점도 내재하고 있다.

이에 러시아는 북유럽권의 핀란드 및 노르웨이와의 북극철도건설 교통망 연계를 시작으로 지역의 자원매장 개발과 더불어 항만 연결로 물류·자원이동 통로를 확보할 계획이다. 또한 서쪽관문인 야말로-네네츠 자치구의 사베타 항을 통한 철로는 새로운 북극항로의 개척과 향후 우랄 및 시베리아 지역을 지나 아시아로의 지선 확대를 기대하고 있다. 또한 BAM철도의 지선은 베링해를 통한 북아메리카로의 연결과 한반도와 일본과의 연결을 이룩할 수 있어 러시아가 물류·교통중심국으로 도약할 수 있는 토대를 제공해 줄 수 있을 것이다.

V. 맺음말

북극권 국가들 간에 전략적 긴장이 높아지고 있다. 이모든 것은 30%이상 매장되어 있는 탄화수소의 확보를 위한 경쟁이다. 따라서 북극은 인류사의 새로운 문명 분쟁지역이 될 가능성이 있다. 로렌스 스미스는 '2050의 세계'에서 2050년에 지구온난화로 평균기온이 7° 상승할 것이라 자신의 저서에서 예고했다. 북극권인 무르만스크는 6.6°로, 영상 5.8° 인 현재 모스크바보다 기온이 높고, 야말로-네네츠의 살레하르트는 영상 0.6°로 현재 무르만스크보다 따뜻할 것이라 한다.[45] 북극의 유라시아와 북아메리카 해변은 얼음을 따라 형성되어 있는데, 점차 해빙이 되고 있다. 또한 툰드라는 타이가로 변하고 있다. 따라서 2050년이 되면 기후온난화와 기후변화로 인간의 생활권이 점차 북쪽으로

---

45) Лоуренса Смита 《Мир в 2050 году》, http://ttolk.ru/?p=4133(검색일 : 2015년 5월 25일)

이동하여 북극에서도 따뜻한 생활 거주가 가능하고 러시아와 북유럽 및 북극권 지역은 인간이 살기 좋은 기후 조건을 갖게 될 것이라 예측한다.

미국 국립해양대기청(NOAA) 과학자들 또한 2015년 위성 관측결과 올해의 북극 겨울이 극도로 짧아져 북극 빙하가 기록적으로 줄어들었다고 밝혔다. NOAA 알래스카 수산과학센터 과학자 에드 팔리도 지난 15년간의 조사 결과 북극의 얼음이 해가 갈수록 빠르게 녹으면서 동물성 플랑크톤의 지방 함유량이 대폭 줄었다고 밝혔다.[46] 이는 2040년에 북극 빙하가 완전히 없어질 것이라는 종전의 예측으로서 로렌스 스미스의 주장을 뒷받침해주는 조사 결과이다. 하지만 북극개발과 관련하여 러시아 과학자들은 조심스런 입장의 목소리가 높아지고 있다. 과학혁명으로 인해 21세기의 기술수준이 높아졌다고 하지만 현재의 기술로는 친환경적 북극의 자원개발에 한계에 직면할 수 있어, 북극개발과 활용에 환경적 재해와 문제가 존재한다는 것이다. 따라서 북극의 개발은 지금의 세대보다는 다음 세대의 과제로 남겨두고 북극권 자원개발을 서두루지 말고 철저한 개발검토를 거친 후 시작하자고 말한다.[47]

그 동안 북극 지역은 오랜 기간 인류의 접근이 제한적이었다. 90년대 초 소련의 붕괴와 함께 러시아를 비롯한 북극권 국가들 간의 상호 이해관계가 성립되면서 북극에 대한 연구가 활발히 진행되고 있다. 이와 함께 북극 지역의 대륙붕을 중심으로 북극 연안지역이 천연자원의 보유지로 확인되면서 석유 및 가스를 비롯한 풍부한 에너지 확보와 수송로 및 이에 따른 교통 인프라 구축

---

46) 『세계일보』, http://news.zum.com/zum/view?id=0562015030721788766&v=2&tab=world&p=9&cm=newsbox(검색일 : 2015년 5월 7일)

47) Алексей Громов. Арктическая зона России: перспективы транспортно-энергетического освоения. Глобализация и устойчивое развитие институт энергетическое стратегии. Новый Уренгой, 2012.

및 확보에 관한 관심이 고조되고 있으며 미래 성장 동력의 가능성이 큰 지역으로 전 지구적 차원의 위상을 높이며 주목받고 있다.

이렇듯 북극과 북극항로 및 북극권 철도·교통은 새로운 글로벌 경제구역이자 교통 및 자원개발의 중심지역으로서의 중요성을 갖는다. 그렇기 때문에 지정학적, 지경학적, 지문화적 및 인문학적인 측면을 망라하여 종합적 연구의 중요성이 국제사회에 표면적 과제로 대두되는 이때 우리도 북극에 대한 연구를 통해 대한민국 '미래의 성장 동력'을 전망하고 예측하여 향후 국가발전의 한 측으로 활용해야 할 것이다. 또한 북극지역의 자연생태 및 환경 연구를 비롯한 북극과 관련된 종합 연구는 연구소, 대학은 물론 경제·정치적 및 군사부문과 해상 및 철도교통 연구, 북극지역의 거버넌스 역할을 하고 있는 북극이사회, NGO 활동 등으로 함께 이루어 져야 하며, 북극을 하나의 특정한 지역적 연구를 넘어 종합적 공간으로 인식하면서, 지정, 지경, 지문 및 인문학을 북극지역의 종합적 과제로 생각해야 할 것이다.

북극은 한반도의 생산요소나 산업구조 측면에서 이상적인 형태인 상호보완적 관계를 형성하고 있기 때문에 시베리아 및 극동지역과 연계하여 한반도 통합과정에 있어서도 그 중요성은 매우 크다고 할 수 있다. 북극항로가 개발되면 북극해와 맞닿은 시베리아 지역에 대한 지하자원 개발이 힘을 얻게 되어 시베리아와 북극해 주변에 매장되어 있는 가스, 석유와 같은 에너지 자원뿐 아니라 알루미늄, 니켈, 구리와 같은 광물, 산림자원, 수산물들이 생산, 수송되는 물류의 실크로드가 될 것이다.[48] 실제로 러시아 지역 균형발전과 국가성장 모델 속에 시베리아 지역 및 극동지역 발전 계획과 더불어 북극지역이 연계되면서 지정·

---

48)　김선래, "북극해 개발과 북극항로 : 러시아의 전략적 이익과 한국의 유라시아 이니셔티브," 『한국시베리아연구』 제 19권 1호(2015), p.50.

지경학적 중요성이 더더욱 높아진 것이 현실이다. 이는 시베리아 극동지역과 인적 물적 교류의 활성화로 상호 경제적인 이익뿐만 아니라, 사업추진 과정에서 중국, 일본을 비롯한 한국의 경제적 이익창출에 도움이 될 것으로 기대된다.

북극권에 관심을 갖는 데에는 풍부한 자원을 비롯하여 몇 가지 이유가 있다. 본 논문에서는 물류 수송적 관점에서 볼 수 있다. 아시아에서 유럽으로의 물류수송은 기존의 태평양, 인도양, 수에즈운하를 거쳐 네덜란드 로테르담이었다. 하지만 북극권을 통과하면 이때보다 운항거리를 약40% 정도 줄일 수 있어 시간 비용을 절감할 수 있다는 장점이 있다. 또한 잦은 분쟁으로 인하여 중동지역 정세에 영향을 받지 않고, 아덴만의 해적문제, 수에즈 운하의 혼잡 등도 동시에 해결할 수 있어 경제적·사회적 비용이 대폭 절감된다. 특히 러시아 영토 내륙으로의 연결 고리인 철도교통시스템 인프라구축에 좀 더 많은 관심을 갖아야 할 것이다. 지구 온난화는 북극해 해양루트의 가능성을 제시할 뿐만이 아니라 러시아 대륙을 통하는 내륙루트 시베리아횡단철도로의 가능성 또한 간과할 수 없다. 앞서 살펴보았듯이 러시아 시베리아 및 극동지역의 균형발전과 이에 따른 시베리아 횡단철도를 활용한 북극권의 항만들과의 종횡 철도건설 가능성 또한 예측해 볼 수 있다.

따라서 우리정부는 최근 발표된 "2015년 북극정책 시행계획" 등을 기초로 민·관 차원의 북극개발에 적극 참여해야 할 것이다. 특히 러시아의 북극권 자원·물류 수송망 구축의 일환인 항만 및 교통·철도인프라 개발에 관심을 가지고, 투자와 적극적인 참여 등 북극권 에너지 수송망 다변화 전략에 따른 실무적 행보에 주력해야 한다. 또한 한국도 북극이사회 상시 옵서버로 활동하면서 북극 개발 프로젝트 수행을 위한 재정 후원자, 지역 협력자로 북극 거버넌스 구축 및 산적해 있는 문제에 적극적으로 참여하여 러시아 및 북극을 활용한 미래발전의 구심점으로 삼아야 할 것이다.

참고문헌

김석환 · 나희승 · 박영민, "한국의 북극 거버넌스 구축 및 참여전략 2014," 『전략지역심층연구 14 - 11』(대외경제정책연구원, 2013).

김선래, "북극해 개발과 북극항로 : 러시아의 전략적 이익과 한국의 유라시아 이니셔티브," 『한국시베리아연구』 제 19권 1호(2015), p.50.

문진영 · 김윤옥 · 서현교, "북극이사회의 정책동향과 시사점."(대외경제정책연구원, 연구자료 14 - 06, 2014)

박영숙 · 제롬 글렌, "기후 변화는 인류 생존의 문제, 지구를 들끓게 하는 온난화의 심각성," 『유엔미래보고서 2045』(교보문고, 2015), p.204.

예병환, "북극항로의 개발현황과 향후 전망," 『북극저널』(배재대학교 한국북극연구단) No1, 2015, p.78.

제성훈 · 민지영, "러시아의 북극개발 전략과 한 · 러 협력의 새로운 가능성," 『전략지역심층연구 13 - 08』(대외경제정책연구원, 2013).

한종만, "러시아의 북극전략과 거버넌스," 배재대학교 한국 - 시베리아센터 편 『북극, 한국의 성장공간 : 미래 한국사회 성장동력의 잠재공간 시베리아와 북극권』(서울 : 명지출판사, 2014), p.34.

한종만, "가시에 찔려 100년 동안 잠잔 동화 속의 장미공주처럼 : 북극권의 소생," 배재대학교 한국 - 시베리아센터 『시베리아 / 북극총서 시리즈 3 : 러시아 북극권의 이해』(신아사, 2010), p.11-12.

한종만, "철도의 르네상스와 러시아 TSR의 확산 : 베링해협 프로젝트를 중심으로," 배재대학교 한국 - 시베리아센터 편(배재대학교 한국 - 시베리아센터 PEACE TUNNEL magazine, 외교통상부 유라시아과), 『TKR(한반도 종단철도)건설 : 북한을 열고 세계를 묶다』(서울 : 명지출판사, 2013), p.184-185.

한종만, "북극지역의 지정학, 지경학, 지문학적 역동성에 관한 연구(A Study on Dynamics of Geopolitics, Geoeconomics and Geoculture in Artic)," 『북극저널』(배재대학교 한국북극연구단) No 1, 2015, p.38.

한종만, "러시아 북극권 잠재력 : 가능성과 문제점," 『한국과 국제정치 제27권 제2호』, 2011.

홍성원, "북극해항로와 북극해 자원 개발 : 한 · 러협력과 한국의 전략," 『국제지역연구』(한국외국어대학교 국제지역연구센터), 제15권 4호, 2012, p.95~124.

Воробьев Н.И. Некоторые аспекты международного сотрудничества в области освоения и использования Северного морского пути. Международное сотрудничество в Арктике: проблемы безопасности и развития / под ред. А.В. Загорского, А.И. Никитина. М.: Российская ассоциация политической науки(РАПН); Российская политическая энциклопедия(РОССПЭН), 2013. С. 83.

Громов Алексей. Арктическая зона России: перспективы транспортно-энергетического освоения. Глобализация и устойчивое развитие институт энергетическое стратегии. Новый Уренгой, 2012.

Лоуренса Смита 《Мир в 2050 году》// http://ttolk.ru/?p=4133(검색일 : 2015년 5월 25일)

"46 vessels sailed Northern Sea route this year," Alaska Dispatch, November 24, 2012.

U. S. Cost Guard, Arctic strategy, Washington D. C., 2013년 5월 10일, p.17.

U. S. Geological Survey, Fact Sheet 2008-3049, http://pubs.usgs.gov/fs/2008/3049/fs2008-3049.pdf 참조.

러시아 지도 참조.

영국석유(BP : British Petroleum) 참조.

러시아 북극전략 2020 참조.

러시아연방 철도교통 발전전략 2030 참조.

극동바이칼지역 사회경제 발전전략 2025 참조.

야말로 - 네네츠크 사회경제 발전프로그램 2020 참조.

북극이사회(The Arctic Council) 사이트 참조.

한국북극연구단 북극연구(The Journal of Arctic No 1. 2015 Spring) 참조.

한국북극연구단 북극연구(The Journal of Arctic No 2. 2015 Summer) 참조.

한국북극연구단 북극연구(The Journal of Arctic No 3. 2015 Autumn) 참조.

한국북극연구단 북극연구(The Journal of Arctic No 4. 2015 Winter) 참조.

『세계일보』

http://news.zum.com/zum/view?id=0562015050721788766&v=2&tab=world&p=9&cm=newsbox (검색일 : 2015년 5월 7일)

『가스신문』

http://www.gasnews.com/news/articleView.html?idxno=69367 (검색일 : 2015년 6월 5일)

『조선일보』

http://news.chosun.com/site/data/html_dir/2015/03/21/2015032100305.html (검색일 : 2015년 5월 27일)

http://www.hibiny.com/news/archive/35495 (검색일 : 2015년 5월 29일)

http://www.bibliofond.ru/view.aspx?id=562833 (검색일 : 2015년 6월 1일)

http://www.vesti.ru/doc.html?id=2626589 (검색일 : 2015년 6월 5일)

http://investfuture.ru/news/id/56160/ (검색일 : 2015년 5월 25일)

http://www.liveinternet.ru/community/norillag/page4.shtml (검색일 : 2015년 6월 1일)

http://www.ntv.ru/novosti/1405081/ (검색일 : 2015년 5월 27일)

http://www.sdelanounas.ru/blogs/20765 (검색일 : 2015년 6월 1일)

http://view.asiae.co.kr/news/view.htm?idxno=2015102709435859948 (검색일 : 2015년 11월 16일)

http://pravdaurfo.ru/news/mostovoy-perehod-salehard-labytnangi-postroyat-ranshe-za-schet-bankov (검색일 : 2015년 6월 1일)

http://tass.ru/ekonomika/1047596 (최종 검색일 : 2016년 1월 11일)

http://solir.blog.is/img/tncache/700x700/ff/solir/img/arctic_sea_routes_northern.gif (최종 검색일 : 2016년 1월 11일)

http://www.media.nakanune.ru (검색인 : 2015년 11월 26일)

http://nord-news.ru/img/newsimages/20100525/1_a6bf21402ec2.jpg (검색일 : 2015년 12월 1일)

http://www.liveinternet.ru/community/norillag/page4.shtml (검색일 : 2015년 12월 1일)

http://arh.mk.ru/articles/2013/06/13/869202-belkomurkanal.html (검색일 : 2015년 12월 30일)

http://ura.mfcu.ru/content/yamal/20-07-2012/news/1052145445.html (최종검색일 : 2016년 1월 5일)

http://www.news29.ru/novosti/obschestvo/Otkryt_novyj_turisticheskij_sezon_na_Zemlju_Franca_Iosifa_
Arhangelskaja_oblast_/43878 (최종검색일 : 2016년 1월 30일)

Chapter 5.
북극,
지문화적 공간

북극권 인문지리 : 인구의 역동성을 중심으로

한종만

I. 북극의 부상과 북극권 인구 역동성

지구온난화와 북극해 해빙의 가속화와 과학기술의 발달로 인해 인간과 생물의 생활공간이 북쪽으로 올라가야만 상황으로 바뀌어 가면서 북극권 국가뿐만 아니라 글로벌 차원에서 북극의 중요성이 부상되고 있다. 2007년 여름 캐나다 북극해의 빙하가 녹으면서 처음으로 북서항로가 개통되었으며, 2007년 8월 초 북극점 인근해역에 티타늄 러시아국기 게양 사건, 2007–2008년 제4차 '국제극지의 해,' 2008년 미국지질조사국(US Geological Survey)의 북극의 이산화탄소 자원매장량의 발표,[1] 2009년 처음으로 시베리아 북극해 경유 북동항로의 외국선박 운항허가 이후 해외선박의 이용 증가, 2013년 스웨덴 키루나 회의에서 6개국(한국, 중국, 일본, 인도, 싱가포르, 이탈리아)의 북극이사회 영구 옵서버 지위 부여 등이 이루어지면서 북극은 정치계, 국제기구, 학계, 기업계, 비정부단체(NGO), 매스미디어 등 국제사회에서 주요 이슈로 급부상하고 있다.

---

[1] 북극권 내에 석유 900억 배럴, 천연가스 1,670조 입방피트 그리고 440억 배럴의 액화가스가 부존되어 있을 것으로 발표했다. 이는 세계 미 발견 석유의 13%, 천연가스의 경우 30%, 액화가스의 20%에 해당하는 막대한 양이다. 이 자원의 84%는 북극 대륙붕에 매장된 것으로 추정했다.

북극의 부상은 지구온난화와 기후변화로 북극의 빙하가 녹으면서 과거에 비해 인간의 접근성이 상대적으로 용이해졌다는데 절대적으로 기인된다고 볼 수 있다. 북극은 육해공의 물류잠재력 이외에도 풍부한 화석연료(석유, 가스, 석탄 등)와 희토류를 포함한 희귀금속과 광물자원, 풍부한 풍력잠재력, 수자원과 수산자원과 생태관광자원을 지니고 있는 지구상의 남은 마지막 처녀지로서 자원의 보고지역이다.

이와 같은 지경학적 잠재력에도 불구하고 북극은 지구상에 유일하며 독특한 생태 공간이기도 하다. 그러나 현재 북극권은 다양한 이유로 인해 위협을 받고 있다. 지구온난화와 기후변화로 인해 북극원주민을 포함한 생물다양성이 위협을 받고 있으며, 동시에 북극해 영유권 문제, 여러 루트의 북극항로의 이용 가능성 등 북극 거버넌스 문제 이외에도 북극 개발과 보존과 관련해서 북극 행위자(북극권 / 비북극권 경제주체)의 경쟁과 협력 그리고 갈등 혹은 분쟁 가능성이 공존한 지역이기도 하다.

북극은 1909년 미국의 로버트 피어리가 인류 최초로 북극점을 정복할 때까지 소수의 탐험가를 제외하면 지구상에서 거의 알려지지 않은 무주공산 지역이었으며, 소수의 북극 원주민만이 거주했을 뿐 타지인들이 접근하기는 매우 어려운 곳이었다. 물론 그 이전에도 북극지역에서의 인간활동은 존재했다. 북극권에 인접한 바이킹 족과 러시아인들이 어업활동과 모피 등의 수렵활동과 광산개발을 강화하면서 북극권 지역을 식민화하기도 했다. 북미 북극권은 앵글로 색슨족의 식민화 과정에서 독립한 캐나다, 1867년 러시아로부터 알래스카와 알류산 열도를 720만 달러에 구입하여 알래스카를 49번째 주로 편입하면서 미국도 북극권 국가로서의 자격을 얻게 되었다. 그 결과 현재 북극권국가로는 북극 – 5개국 〈러시아, 미국(알래스카), 캐나다, 덴마크(그린란드, 페로제도), 노르웨이〉와 북극 – 3개국(아이슬란드, 핀란드, 스웨덴)으로 구성되어 있으며, 북극-8개국은 '북극이사회'의 창설회원국의 지위를 가지고 있다. 북극권에 거주하고 있는 6개 원주민단체들도 북극이사회의 영구 참여자 지위를 획득하고 있다. 남극과는 달리 북극은 오래전부터 고유의 언어문화와 전통적 생활방식으로 원주민이 거주해온 지역이라는 차이점을 지니고 있다.

이러한 맥락에서 이 글에서는 한국에서 거의 연구되지 않았던 북극권 인구 추이와 역동성을 알아보고자 한다. 글로벌화 과정에서 북극권 주민의 역동성에 대한 분석은 한국의 대북극권 진출과 교류에 많은 시사점을 제공할 것으로 기대된다.

II. 북극권의 인문지리적 구분

북극권의 정의는 아직까지 통일된 개념은 존재하지 않고 있다. 천문학적(북위 66도 33분부터 북극점), 수목한계선, 기후학적(7월 평균 기온 10도 이하) 측면에서 북극권의 자연 지리적 정의는 기후변화로 북극공간이 점차적으로 북쪽으로 올라가는 등 유동적인 측면뿐만 아니라 북극의 정치, 경제, 사회, 문화적 접근에는 자료수집과 통계상에 한계점을 지니고 있다.

그러므로 북극권 정의는 연구자 혹은 연구기관에 따라 다양하게 사용되고 있다. 앞으로도 북극권 정의는 연구목적에 따라 '모델화(ceteris paribus)'된 개념 정의나 '필요에 따라 수정 가능한(mutatis muntandis)' 구획 분석으로 이루어질 것이다. 분명한 사실은 북극의 남부경계선은 자연현상(기후, 식생 등)과 인문현상(주민의 유출입, 행정재편 등)의 변화로 유동적으로 변화될 수 있다

그림 1 ADHR의 북극정의

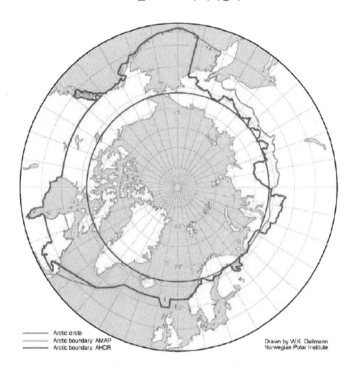

주 : Arctic circle 북극권(천문학적 정의), AMAP(Arctic Monitoring and Assessment Programme) :
북극이사회 실무그룹인 '북극모니터링/평가프로그램)의 북극정의[2]
자료 : Gail Fondahl, "Introduction," Nordic Council of Ministers, Arctic Human Development Report,
Regional Processes and Global Linkages, www.norden.org/en/publications, 2014, p.44.

는 것이다.[3]

2004년에 발표된 '북극인간개발보고서(AHD : Arctic Human Development

---

2) 북극권 정의에 대해서는 필자의 글 참조. "북극 공간의 개념 정의 : 자연구분과 인문구
    분을 중심으로,"『비교경제연구』(한국비교경제학회 제22권 1호, 2015), pp.41~74.
3) AMAP는 "북위 66도 32분부터 북극점까지, 아시아지역에서는 북위 62도부터 북극점,
    북아메리카 지역에서는 북위 60도부터 북극점까지이며, 알래스카 알류산 열도(북위 51
    -55도), 허드슨 만, 북대서양의 일부, 래브라도 해를 포함" 한다고 정의했다.

그림 2 '북극인간개발보고서(ADH : Arctic Human Development Report)'의
북극권 주민 분포도

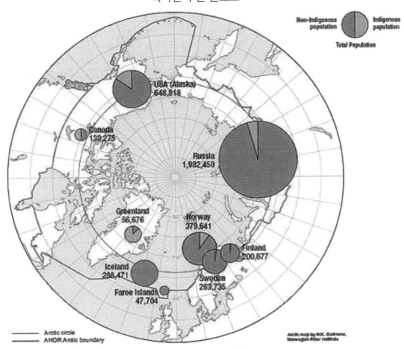

자료 : ADHR, Arctic Human Development Report(Akureyr : Stefannson Arctic Institute, 2004), p.19.

Report)'는 북극을 UNDP에서 개발한 '인간개발지수'에 의거해서 새롭게 정
의하고 있다.[4] AHDR에 의거한 북극 정의는 정치적 및 생태적 과정과 연관
되어 사회경제적 조건들과 문화적 특성에 근거를 두고 있다. 이 정의는 '북
극지역발전의 정치경제(POENO : Political Economy of Northern Regional

Development)' 프로젝트와 비교분석할 수 있으며, 북극 자료 편집과 관련한 실무적 이슈에 역할을 담당할 수 있다.

ADHR의 북극 정의에 따르면 전체 알래스카(알류산 열도 포함)와 덴마크 령 페로제도를 북극 공간으로 간주하고 있다. 아이슬란드를 제외한 모든 북극 경제권은 정치, 경제, 문화적으로 남부지역의 '모경제권'의 일부를 구성하는 지역경제로 구성되어 있다. 대부분의 북극 경제권은 이전소득과 관련해 '모경제권'의 종속된 형태를 지니고 있다.[5]

2004년에 발표된 '북극인간개발보고서(ADH : Arctic Human Development Report)'에 따르면 북극권 총인구는 400만 명으로 추정하고 있다. 북극 원주민은 40여개의 상이한 민족그룹을 구성하고 있으며, 전체인구의 10%인 약 40만 여명으로 추산하고 있다. 이 보고서에 따르면 2004년 기준으로 북극권 인구수는 러시아 198만 2,450명으로 전체 북극주민의 2분의 1이며, 그 뒤를 이어 미국 알래스카 64만 8,818명, 노르웨이 37만 9,641명, 스웨덴 26만 3,735명, 핀란드 20만 677명, 캐나다 13만 275명, 덴마크 그린란드 5만 6,676명, 페로제도 4만 7,704명 순이다.[6]

행정구분상으로 북극권은 29개의 행정지역으로 구성된다. 북극권 행정지역으로는 알래스카, 북부 캐나다(캐나다지역(유콘, 북서, 누나부트, 누나빅, 래브라도), 덴마크 령 그린란드와 페로제도, 아이슬란드, 노르웨이 북부지역[핀마르크, 노를란, 트롬스, 스발바르), 스웨덴(노르보텐, 베스테르보텐), 핀란드(라

---

5)   Gorm Winther, "Introduction to the Project and the First Volume of The Political Economy of Northern Regional Development(POENOR)," Nordic Council, The Political Economy of Northern Regional Development, Nordic Council of Ministers, Copenhagen, 2010, pp.14~16.

6)   '북극 아틀라스 대학(University of the Arctic Atlas)'은 광의의 북극권 지역(circumpolar north)의 인구수를 1,310만 명으로 추정하고 있다. European Policies Research Centre, Discussions Paper - Community Based Cooperation in the Arctic," Arctic Connections Conference, 10–11 June 2014, p.1.

플란드, 오울루), 러시아연방의 북부지역(카렐리야 공화국, 코미공화국, 아르한겔스크 주, 무르만스크 주, 한티 – 만시 자치구, 야말로–네네츠 자치구, 네네츠 자치구, 타이미르(돌가노 – 네네츠) 자치구, 에벤크 자치구, 사하공화국, 추코트카 자치구, 마가단 주, 코랴크 자치귀 등으로 구성되어 있다.[7] 행정재편으로 러시아연방에 속해 있는 북극권 연방주체 중 타이미르(돌가노 – 네네츠) 자치구와 에벤크 자치구는 크라스노야르스크 변강주 그리고 코랴크 자치구도 캄차트카 변강주로 편입됐다.[8] 그 결과 북극권 행정지역은 28개로 축소됐다.

표 1 북극권 행정구역별 주요 사회경제 지표(2006년 기준)

북극권(행정구역)	총인구	원주민 비율	여성 인구 비율	0–14세 인구 비율	평균 수명 (세)	유아 사망 률*	대학 졸업 률	가처분 소득 (**)	종속 률	복합 지수 (***)
알래스카	670053	13.1%	48.5	21.5%	76.7	6.7	24.7	32811	0.6	9
캐나다 래브라도(Labrador)	26464	37.8%	49.3	20.6%	76.1	4.4	9.4	19044	1.3	6
캐나다 북서지역	41465	49.8%	48.8	23.9%	79.1	4.2	19.4	30339	0.7	8
캐나다 누나빅(Nunavik)	10815	89.2%	49.1	36.3%	63.5	17.3	9.6	19532	1.9	4
캐나다 누나부트(Nunavut)	29475	84.5%	48.7	33.9%	70.4	10.0	11.9	24495	1.6	5
캐나다 유콘(Yukon)	30375	25.0%	49.7	18.8%	76.4	11.0	23.4	29761	1.0	8
덴마크 페로(Faroe) 제도	48183	0.0%	48.1	22.8%	78.9	4.4	23.0	15275	0.7	7
그린란드	56901	88.6%	47.0	24.8%	68.3	15.4	n.a.	15237	0.9	5
핀란드 라플란드(Lapland)	184935	0.8%	49.9	16.3%	78.6	5.9	20.7	14000	1.5	7
핀란드 오울루(Oulu)	465018	–	49.7	19.8%	79.0	4.2	22.7	13847	1.4	7

---

7)   Gérard Duhaime and Andrée Caron, "Economic and Social Conditions of Arctic Regions," i : Glomsrød, Aslaksen(Ed.), The Economy of the North 2008, Oslo, 2009, p.11.

8)   2003년 12월 7일 지역주민투표를 통해 타이미르(돌간 – 네네츠)자치구와 에벤크 자치구는 크라스노야르스크 변강주 그리고 코랴크 자치구도 2005년 10월 23일 지역주민투표를 통해 2007년 7월 1일부터 캄차트카 주로 편입되면서 캄차트카 변강주로 변경됐다. 한종만, "러시아연방 83개 연방주체 해부: 9개 변강주를 중심으로," 『러시아지역정보지』 (한국외국어대학교 러시아연구소), No.1, 2010, pp.27.

북극권(행정구역)	총인구	원주민 비율	여성 인구 비율	0-14세 인구 비율	평균 수명 (세)	유아 사망 률*	대학 졸업 률	가처분 소득 (**)	종속 률	복합 지수 (***)
노르웨이 핀마르크 (Finnmark)	72937	9.2%	49.2	20.5%	77.6	4.3	21.4	18687	1.1	7
노르웨이 노를란(Nordland)	236257	–	50.0	19.3%	79.4	3.3	19.8	18700	1.2	7
노르웨이 트롬스(Troms)	153585	–	49.6	19.7%	79.0	3.7	25.1	18850	1.0	8
아이슬란드	299891	0.0%	49.6	21.8%	81.2	1.4	23.5	17957	0.8	8
스웨덴 노르보텐(Norrbotten)	251886	3.6%	49.3	15.6%	79.5	5.1	13.6	14721	1.3	6
스웨덴 베스테르보텐 (Vasterbotten)	257581	–	50.0	16.1%	80.4	3.1	19.4	14139	1.2	7
아르한겔스크 주	1280200	0.5%	53.3	16.3%	64.8	10.2	12.1	7465	1.1	3
추코트카 자치구	50500	20.9%	47.9	21.7%	58.9	23.2	14.6	19267	0.3	5
에벤크 자치구	17000	19.3%	50.0	24.2%	59.1	21.3	11.5	9765	0.5	4
카렐리야 공화국	693100	0.0%	54.2	15.5%	63.8	7.6	13.7	6734	1.0	3
한티-만시 자치구	1488300	1.4%	50.8	19.9%	68.8	7.5	15.9	16851	0.7	6
코미 공화국	974600	1.0%	52.5	17.5%	64.2	7.0	12.2	10710	1.1	4
코랴크 자치구	22600	34.2%	50.0	22.0%	56.0	33.0	9.9	12389	0.6	3
마가단 주	168500	8.7%	51.6	17.0%	63.4	14.2	15.4	10682	0.8	4
무르만스크 주	857000	0.2%	51.6	15.7%	65.2	10.3	15.5	9853	0.9	5
네네츠 자치구	42000	14.3%	51.2	22.3%	62.2	15.2	9.9	–	0.5	4
사하 공화국	950000	2.4%	51.5	23.6%	65.6	10.6	14.6	10733	1.0	5
타이미르 자치구	38400	19.0%	51.8	22.9%	63.8	7.4	13.3	11641	0.7	5
야말로-네네츠 자치구	532600	5.9%	50.7	21.3%	68.9	13.0	16.8	20447	0.5	6

주 : *유아 1,000명 당; **미국 달러(PPP 기준);
***복합지수는 6개 지표(여성인구비율, 유아사망률, 대학졸업률, 가처분소득, 종속률)에서 추출한 것임
자료 : Gérard Duhaime and Andrée Caron, "Economic and Social Conditions of Arctic Regions,"
i : S. Glomsrød and I. Aslaksen(Eds.), The Economy of the North 2008, Oslo, 2009, p.11.

III. 북극권의 인구 구조와 변동의 추이

2006년 기준으로 북극권 행정구역에 996만 여명이 거주하고 있으며, 러시아 북극권역에 712만 2,700명으로 전체 북극주민의 70% 이상을 차지하고 있다. 러시아 연방주체 중 한티-만시 자치구 148만 8,300명, 아르한겔스크 주

128만 200명, 코미 공화국 97만 4,600명, 사하(야쿠티야)공화국 95만 명, 무르만스크 주 85만 7,000명, 카렐리야 공화국 69만 3,100명, 야말로 – 네네츠 자치구 53만 2,600명, 마간단 주 16만 8,500명, 추코트카(축치)자치구 5만 500명, 네네츠 자치구 4만 2,000명, 타이미르(돌간 – 네네츠)자치구 3만 8,400명 코랴크 자치구 2만 2,600명, 에벤크 자치구 1만 7,000명 순으로 거주하고 있다.

미국 알래스카 주에 67만 53명, 캐나다 북극권에 13만 8,594명이 거주하고 있다. 그 중 래브라도 2만 6,464명, 북서지역 4만 1,465명, 누나빅 1만 815명, 누나부트 2만 9,475명, 유콘 3만 375명이 거주하고 있다. 덴마크 그린란드와 페로제도에 각각 5만 6,901명과 4만 8,183명이 거주하고 있다. 노르웨이 북극권에 46만 2,779명이 거주하고 있다. 그 중 핀마르크 7만 2,937명, 노를란 23만 6,257명, 트롬스 15만 3,585명이 거주하고 있다. 아이슬란드의 인구수는 29만 9,891명으로 집계됐다. 핀란드 북극권 인구수는 64만 9,953명으로 그 중 라플란드 18만 4,935명, 오울루 46만 5,018명이다. 스웨덴 북극권의 인구수는 50만 9,467명으로 그중 노르보텐 25만 1,886명, 베스테르보텐 26만 7,581명이다.

2006년 기준으로 북미와 노르딕 북극권 행정구역별 여성인구 비율은 남성보다 적은 반면에 추코트카 자치구를 제외한 러시아 북극권에서는 여성비율이 높게 나타나고 있다. 0~14세 인구비율은 캐나다 누나빅 36.3%, 누나부트 33.9%로 높은 반면에 러시아 카렐리야 공화국 15.5%, 스웨덴 노르보텐 15.6%로 가장 적은 수치를 기록하고 있다. 북극권 주민의 평균수명은 아이슬란드 81.2세, 스웨덴 베스테르보텐 80.4세로 가장 높은 수치로 집계됐다. 캐나다 누나빅(63.5세), 그린란드(68.3세)를 제외한 북미와 노르딕 북극권 주민은 70세 이상이며, 러시아 북극권 주민의 평균수명은 코랴크 자치구 56세, 추코트카 자치구 58.9세, 에벤크 자치구 59.1세로 낮은 반면에 기타 행정주체 주민의 평균수명은 60세 이상으로 집계됐다. 인구 1,000명 당 유아사망률은 코랴크 자치구 33명, 추코트카 자치구 23.2명, 에벤크 자치구 21.3명, 캐나다 누나빅 17.3명, 그린란드 15.4명이며, 아이슬란드 유아사망률은 1.4명의 최저치로 집계됐다. 대학졸업률은 노르웨이 트롬소 25.1%, 알래스카 24.7%, 아이슬란드 23.5%, 캐나다 유콘 23.4%, 덴마크 페로제도 23%, 핀란드 오울루 22.7%, 노르웨이 핀마르크 21.4%, 핀란드 라플란드 20.7%로 높은 반면에 기타 지역의 졸업률은 10% 전후로 집계됐다(표 1 참조).

2010년 기준으로 북극권 행정구역별 평균수명은 페로제도, 아이슬란드, 노르웨이 노를란과 트롬소, 캐나다 북서지역, 핀마르크와 라플란드 지역은 선진국 평균보다 높은 반면에 러시아 네네츠 자치구와 추코트카 자치구 주민의 평균수명은 개발도상국 평균보다 낮은 수준이다. 러시아의 북극권의 높은 유아사망률은 열악한 의료시설과 분유 등 생필품의 부족에 기인된다.

2010년 기준으로 평균수명에서 '여성 – 남성' 나이의 수치는 네네츠 자치구

그림 3 2010년 기준 북극권 행정지역별 평균수명

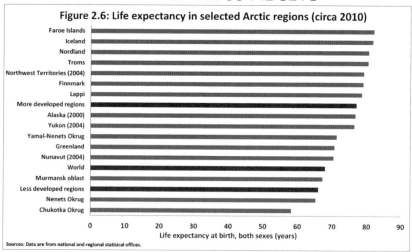

자료 : Timothy Heleniak and Dimitry Bogoyavlensky, "Arctic Populations and Migration," Norden, Arctic Human Development Report, Regional Processes and Global Linkages, Nordic Council of Ministers 2014, p.63.

그림 4 2010년 북극권 행정지역별 남녀 성별 평균수명(여성 - 남성) 편차

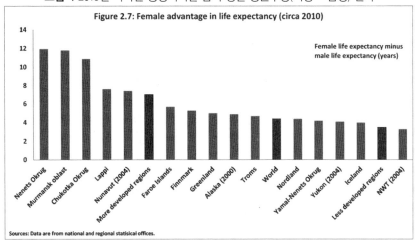

자료 : Timothy Heleniak and Dimitry Bogoyavlensky, Arctic Populations ... op. cit., p.66

와 무르만스크주 12세, 추코트카 자치구 11세로 높은 반면에 캐나다 북서지역과 아이슬란드는 3~4세로 낮은 편이다.

2010~2012년 기준으로 북극권 주민의 여성 100명당 남자 수는 노르딕 지역 중 그린란드 110명 이상을 상회하고 있으며, 그 뒤를 이어 페로 제도, 핀마르크 지역은 개발도상국 평균보다 높은 수준이며 스웨덴의 노르보텐과 노르웨이 트롬소도 세계 평균보다 높은 순위를 기록하고 있다. 아이슬란드, 노르웨이 노를란, 핀란드 라플란드는 남성비율이 균형을 유지하고 있다. 러시아 북극권 대부분의 지역에서는 여성의 비율이 높은 편으로 집계됐다.

2010년 기준으로 북극권 지역의 유아사망률은 세계 평균보다는 높지만 선진국 수준이 아닌 지역으로는 그린란드, 캐나다 누나부트, 추코트카 자치구, 유콘, 타이미르 자치구, 무르만스크 주, 알래스카 순이며 선진국 평균보다 높은 지역은 아이슬란드, 라플란드, 트롬소, 핀마르크, 캐나다 북서지역, 페로제도, 네네츠 자치구, 야말로 - 네네츠 자치구 순이다.

그림 5 2010~2012년 북극권 여성 100명당 남자 수

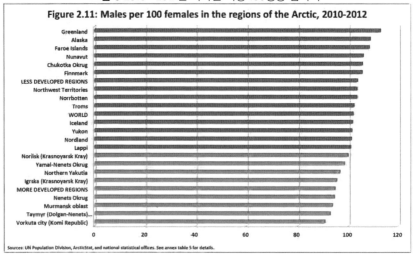

자료 : Timothy Heleniak and Dimitry Bogoyavlensky, Arctic Populations … op. cit., p.74.

그림 6 2010년 북극권 행정지역별 유아사망률(인구 1,000명당)

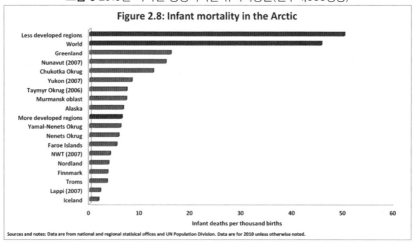

자료 : Timothy Heleniak and Dimitry Bogoyavlensky, Arctic Populations … op. cit., p.67.

2000~2010년 전체 북극권의 인구 추이는 큰 변화를 보이고 있지는 않지만
알래스카, 아이슬란드, 캐나다 북극권은 세계 평균보다 높은 13–14%의 증가를

그림 7 2000~2010년 북극권 인구추이

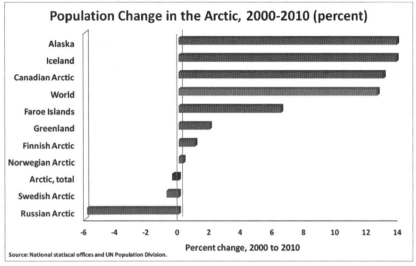

Population Change in the Arctic, 2000-2010 (percent)

Source: National statiscal offices and UN Population Division.

자료 : SDWG, Arctic Human Development Report I :
Regional Processes & Global Linkages, Fact Sheet, January 2013, p.1.

보인 반면에 페로제도와 그린란드, 노르웨이 북극권 인구는 세계 평균보다 작은 인구성장률을 기록하고 있다. 스웨덴 북극권의 인구수는 동기간 약 감소한 반면에 러시아는 무려 6%의 인구 감소율을 보이고 있다.

2030년까지 북극권 주민의 인구 전망 추정치도 2000~2010년 인구증감과 유사한 수치를 보이고 있다. 동기간 러시아 북극권과 그린란드를 제외한 기타 북극권 국가들의 인구수는 증가할 것으로 예측하고 있다. 그 이유는 자연인구감소율 이외에도 인구유출이 높기 때문이다. 2030년까지 북극권 주민의 인구감소가 가장 큰 지역은 러시아 7~8%, 그린란드 2~3%이며, 같은 기간에 인구 증가 지역으로는 알래스카 20%, 아이슬란드 16%, 캐나다 12%로 추정됐다. 2012~2030년 캐나다의 북극권 인구수는 12% 증가할 것으로 예측하고 있다. 캐나다 유콘 6%, 북서지역 15%, 누나부트 14% 증가할 것으로 추정하고 있다. 그 이유는자연인구증가율 이외에도 캐나다 북극권 3개 지역의 출산율은 캐나다 평균보다 1.6배이

그림 8 2010~2030년 북극권 인구 추이 전망

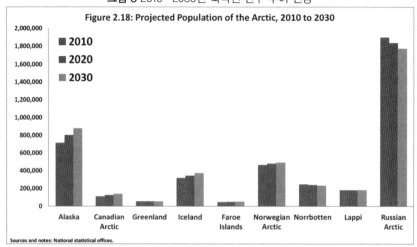

자료 : Timothy Heleniak and Dimitry Bogoyavlensky, Arctic Populations ... op. cit., p.101.

그림 9 2012~2030년 북극권 지역의 인구 증감 추이

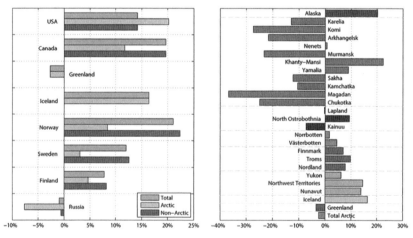

자료 : Robbie Andrew, Socio-Economic Drivers of Change in the Arctic, AMAP Technical Report, No.9, 2014, p.16.

며, 누나부트의 여성은 3명의 자녀를 출산하고 있기 때문이다. 2030년까지 알래
스카의 인구수는 인구 유입 정도에 따라 20%(최대 47%, 최소 7%) 증가할 것으
로 예측하고 있다. 동기간 미국의 인구는 14% 증가할 것으로 추정하고 있다.

2030년까지 핀란드 통계청은 8% 인구 증가를 예측했다. 핀란드 북극권의 인구수는 동기간 5% 증가할 것으로 예측했다. 핀란드 북부지역에 소재한 오스트로보시니아(Ostrobothnia)지역(핀란드에서 가장 높은 출산율 기록)의 인구수는 9% 증가할 것으로 예측했다. 이 지역은 카이누와 라플란드 지역보다 사망률이 적은 편이다. 라플란드 지역의 인구수는 현상유지, 카이누 지역 인구수는 7% 감소할 것으로 예측했다. 2010~2013년 핀란드 북극권 3개 지역은 순 유출인구 구조를 보이고 있다.

스웨덴 통계청은 2030년까지 인구수는 12% 증가할 것으로 예측했다. 그러나 스웨덴 북극권 인구는 저성장할 것으로 추정했다. 노르보텐 지역의 인구는 유입인구 덕택으로 동기간 1.7% 증가할 것으로 예측했다. 베스테르보텐 지역의 인구는 4.5% 증가할 것으로 전망했다.

노르웨이 통계청은 2030년까지 인구수는 21% 증가할 것으로 예측했다. 노르웨이 북극권 인구수는 동기간 8% 증가할 것으로 전망했으며, 노를란 10%, 핀마르크 7%, 트롬스 7%의 인구증가를 예측했다. 트롬스 지역의 인구수는 지난 30년 동안 지속적으로 증가한 반면에 노를란과 핀마르크 지역은 인구감소 현상을 보였지만 최근 인구 유입으로 인구수가 증가되고 있다.

페로제도 통계청은 2013년 1월 1일 기준 인구수는 4만 8,197명으로 집계했다. 페로제도의 인구수는 지난 10년 동안 저성장 국면을 보이고 있으며, 2025년까지 현상유지, 2030년에는 2010년 대비 2% 감소한 4만 7,500명, 2050년에 4만 6,000명으로 약간 감소할 것으로 전망했다. 그린란드 통계청은 2030년까지 인구수는 인구유입 덕택으로 약 3% 증가할 것으로 예측했다.

아이슬란드 통계청은 인구수는 2030년까지 16% 증가할 것으로 예측했다. 아이슬란드 출산율은 OECD 평균 1.7보다 높은 2.0으로 아이슬란드 인은 약간 감소하고 있지만 외국인의 유입이 증가하고 있다.

러시아통계청은 2030년에 총인구는 2012년 대비 1% 감소할 것으로 예측했다. 러시아 북극권 바렌츠 지역(카렐리야 공화국, 코미 공화국, 아르한겔스크주, 무르만스크 주, 네네츠 자치구) 인구는 현재 350만 명에서 2030년에 280만 명으로 감소될 것으로 예상했다. 러시아 극동지역[캄차트카 변강주(코랴크 자치구 편입), 추코트카 자치구]의 인구수는 2030년까지 12% 감소할 것으로 전망했다. 석유 / 가스 생산지역인 한티 – 만시와 야말 반도의 인구수는 동기간 22% 증가할 것으로 예상했다.

그림 10 1990~2040년 북극권 주요지역의 인구 추이 변화

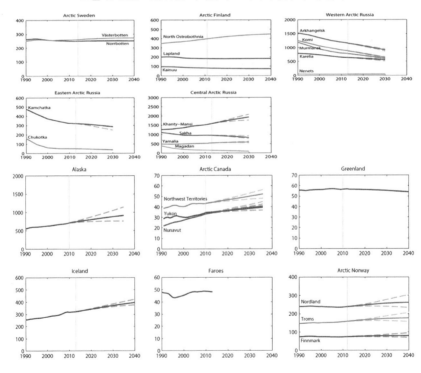

자료 : Robbie Andrew, Socio–Economic ... op. cit., p.16.

V. 북극권 주민의 유출입

　세계적으로 3%만이 출생지가 아닌 지역에서 살아가고 있다. 북극권 주민의 유출입 수치는 세계 평균보다 높게 나타나고 있다. 북극 주민의 높은 유출입은 온난화와 기후변화로 인해 동토층의 파괴나 혹은 해수면의 상승으로 인한 생활공간의 축소와 열악한 자연환경 이외에도 신고전 경제학자들이 주장하는 지역간 소득격차에 기인된다.

그림 11 북극권 주요 지역별 자연증가율과 순 유입(유입-유출) 비율

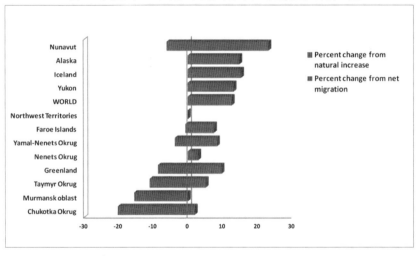

자료 : Timothy Heleniak and Dimitry Bogoyavlensky, Arctic Populations ... op. cit., p.56.

　2000년부터 2013년까지 캐나다 유콘과 북서지역, 알래스카, 아이슬란드, 네네츠 자치구 북극권 인구 순유입은 증가한 반면에 기타 북극권은 순유출이 높은 편으로 집계됐다.

　2010년 기준으로 출생지가 아닌 지역에 거주하는 미국 주민은 41%로 그중 13%는 미국이 아닌 해외에서 태어난 사람들이었다. 알래스카 주민의 61%는 알

그림 12 북극권 주요 지역별 주체에서 출생하지 않은 주민 비율

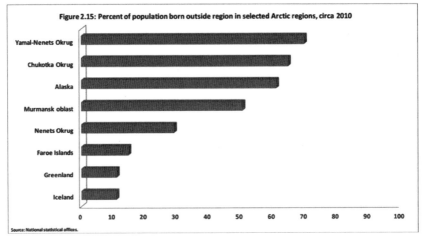

자료 : Timothy Heleniak and Dimitry Bogoyavlensky, Arctic Populations ... op. cit., p.92.

래스카에서 태어나지 않은 사람들이었으며, 그중 7%는 미국이 아닌 해외 출생 자였던 반면에 그린란드 주민의 15%, 아이슬란드와 페로제도의 주민의 11%로 적은 비율로 집계됐다. 2006년 캐나다 인구센서스에 따르면 지난 5년 동안 캐나다 북극권의 3개 지역에서의 인구 유출입은 평균치보다 높은 비율로 집계됐다.

기타 북극권 국가들처럼 러시아 북극주민도 해외에서 태어난 사람들이 많은 편이다. 러시아에서 출생하지 않은 러시아 주민은 1,120만 명이며, 이 수치는 미국에 이어 세계 제2위를 기록하고 있다. 그 이유는 소연방 붕괴 이후 기타 소연방 공화국으로부터 러시아로의 이주자가 급증했기 때문이다. 러시아 북극권 인구 감소 추이에도 불구하고 북극 주민의 상당부분이 이주민으로 구성되고 있다. 특히 우크라이나와 벨로루시 인들이 북극권에서 일하면서 거주하고 있다. 2010년 기준으로 북극권에서 태어나지 않은 주민의 비율은 10.5%로 그중 8%는 해외 출생자였다. 네네츠 자치구에서 출생하지 않은 주민의 비율은 29%이며, 그중 외국인의 비율은 6%이며, 무르만스크 주에서 태어나지 않은 주민의 비율

은 50%이며, 그중 외국인의 비율은 13%, 추코트카 자치구에서 출생하지 않은 주민의 비율은 65%, 그중 외국인의 비율은 15%, 야말로–네네츠 자치구에서 태어나지 않은 주민의 비율은 70%, 그중 외국인의 비율은 4분의 1로 집계됐다.

알래스카는 기타 미국 주와 외부로부터 인구 유입되면서 도시화 비율이 상승되고 있다. 1920년 알래스카 도시화 비율은 6%에 불과했지만 도시 지역과 신도시 지역에서 경제발전이 집중되면서 1970년 57%, 2010년에 3분의 2로 급증했다. 캐나다 북극권 지역 중 유콘 주만이 도시화율은 76%이지만 캐나다 평균(81%)보다는 적은 수치를 보이고 있으며, 북서지역과 누나부트 지역은 각각 46%와 32%를 기록하고 있을 뿐이다. 유콘 주의 주도 화이트호스(Whitehorse)의 전체 유콘 주 전체인구 중 점유 비율은 1970년 71%에서 2013년에 76%로 증가했다. 북서지역 인구 중 엘로나이프(Yellowknife) 비중도 같은 기간 44.3%에서 45.1%로 증가했다. 분산된 일자리 창출 노력과 자연인구증가율로 누나

그림 13 북극권 주요 행정별 도시화 비율

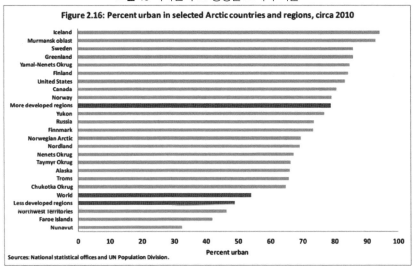

자료 : Timothy Heleniak and Dimitry Bogoyavlensky, Arctic Populations … op. cit., p.94.

바트 지역의 이콰루이트(Iqaluit)시의 인구비중은 2006년 21.1%에서 2013년 20.3%로 감소했다.

덴마크 령 페로제도 주민은 주로 어업에 종사하고 있기 때문에 도시화율은 42%로 적은 편이며, 아이슬란드 주민은 수도 레이캬비크와 몇몇 도시에 집중 거주하고 있어 그 비율은 94%로 가장 높으며, 그린란드와 스웨덴의 비율은 86%로 집계됐다. 그린란드의 수도 누크(Nuuk)는 그린란드 총인구의 비중이 1977년 17.2%, 1990년 22.0%, 2013년 29.2%로 지속적으로 증가하는 추이를 보이고 있다. 아이슬란드 레이캬비크 수도의 인구 비중은 1901년 8.5%에서 2000년까지 지속적으로 증가하여 39.4%로 정점을 기록한 후 광역 수도권 지역개발로 인해 2013년에 약간 감소한 37.2%를 기록했다. 페로제도의 주도 토르샤븐(Torshavn)의 인구 비중은 1990년 27.5%에서 2013년 25.4%로 감소했지만 호이비크(Hoyvik)와 아르기르(Argir)를 포함할 경우 같은 기간 그 비중은 33%에서 37%로 증가했다.

그림 14 1990–2013년 주요 북극권 행정별 주체 총인구 중 주요 도시의 인구 점유 비율 추이

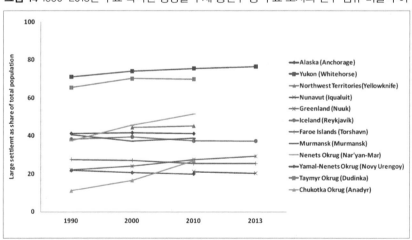

자료 : Timothy Heleniak and Dimitry Bogoyavlensky, Arctic Populations ... op. cit., p.96.

표 3 러시아 북극권 주요 도시에서 청년 인구 유출(북극 디아스포라)의
목적지(유럽러시아) 현황

유입 도시	북극권 유출 도시									
	노야브르스크		무라블렌코		굽킨스키		노릴스크		마가단	
	%*	전체	%*	전체	%*	전체	%*	전체	%*	전체
상트 페테르부르크	10.1	373	8.5	190	7.4	98	21.6	1155	19.8	846
모스크바	9.7	359	6.1	135	13.1	175	13.7	735	18.5	791

주 : *전체 청년 유출 인구수 대비 백분율
자료 : Nadezhda Zamyatina, "Intercity Networks as a Factor Promoting Arctic City Sustainability,"
Russian Analytical Digest, No.129, 24 June, 2013, p.6.

표 4 러시아 북극권 주요 도시에서 청년인구 유출(북극 디아스포라)의
목적지(시베리아, 우랄) 현황

유입 도시	북극권 유출 도시				
	노야브르스크	무라블렌코	굽킨스키	노릴스크	마가단
지역 센터 1	튜멘 18.4	튜멘 13.0	튜멘 16.9	크라스노야르스크 10.3	노보시비르스크 3.8
지역 센터 2	예카테린부르크 7.0	예카테린부르크 6.4	예카테린부르크 5.7	노보시비르스크 3.5	하바로프스크 3.6
지역 센터 3	노보시비르스크 4.8	우파 5.6	우파 4.1	예카테린부르크 1.3	블라디보스토크 2.0

주 : *전체 청년 유출 인구수 대비 백분율
자료 : 자료 : Nadezhda Zamyatina, Intercity Networks ... op. cit., p.7.

러시아의 북극권 도시는 소련 시대 때 자원채굴과 전략적 이유 등으로 개발
등 인구유입 덕분으로 인구는 증가했지만 소련 붕괴 이후 정부보조금 삭감,
높은 물류비용(여객수송과 화물수송)과 물가 상승 등으로 거주비용이 증가하
면서 인구유출(북 → 남 이주)이 늘어나면서 인구감소가 현저하게 나타났다.

추코트카 자치구의 인구수는 1989년 16만 4,000명에서 2011년에 70%나 감
소한 5만 명으로 집계됐다. 이 자치구의 주도 아나디르 시의 인구는 1989년 만
8,000명에서 2012년 만 3,500명으로 감소했지만 이 주도의 인구 점유비율은
11%에서 27%로 증가했다.

특히 북극권 도시의 청년층이 교육과 일자리를 찾아 러시연방의 남부지

역 혹은 모스크바나 혹은 상트 페테르부르크 지역으로 이동(동 → 서 이주 혹은 북 → 남 이주)이 가시화되고 있다.[9] 이와 같은 '북극 디아스포라(Arctic diaspora)' 현상과 더불어 경제적 목적으로 북극으로 향하는 새로운 이주자(New Newcomer) 현상도 심화되고 있다. 동남 아시아인들이 핀란드 북극권으로 이주하면서 야생열매를 채취하는 숫자가 늘고 있으며, 최근 시리아 난민의 노르딕 북극권의 유입이 큰 이슈로 부각되고 있다.

러시아 북극권 석유/가스전과 광산지역에 외부인의 유입이 현저하게 나타나고 있다. 야말 반도지역에 슬라브인(우크라이나, 벨로루스)뿐만 아니라 중앙아시아 주민과 아제르바이잔 인과 중국인의 노동자 유입이 증가하고 있다.[10] 이슬람 노동자의 북극유입으로, 예를 들면 세계에서 가장 북쪽에 위치한 모슬렘 사원인 노릴스크 '누르드 카말 모스크(Nurd Kamal Mosque)'가 개소될 정도이다.[11]

---

9) 러시아 극동 사하(야쿠티아)공화국의 청년층의 이주현상에 대해서는 다음의 글을 참조. Ольга Осипова и Елена Маклашова, "Молодежь Арктк : миграционные намерения и социальные ожидания," Journal of Siberian and Far Eastern Studies. No.10. Spring / Summer, 2014, pp.6~63.

10) 필자와 인터뷰 과정에서 크라스노야르스크 사범대 모스크비치 국제담당 부총장은 중국 내몽골자치주에 거주하는 중국계 에벤크 인(중국어로는 어윙키 인)들이 크라스노야르스크 북쪽 에벤크 자치구 지역으로 역이주하는 현상이 심화되고 있다면서 중국인의 러시아동화에 문제점이 많다고 지적한 사실은 매우 흥미로웠다. 러시아 에벤크 인들은 러시아어와 에벤크 어를 잘 구사하고 있는 반면에 중국계 에벤크 인들의 대부분은 러시아어를 구사하지 못하는 것으로 알려지고 있다. 한종만, "크라스노야르스크 국립사범대 국제교육 포럼 참관기," Russia – Eurasia Focus(한국외대 러시아연구소) 제348호, 2015년 11월 30일.

11) Marlene Laruelle, "The Demographic Challenges of Russia's Arctic," Russian Analytical Digest, No.96, 12 May, pp.8~10.

VI. 맺음말

2015~2017년 기간에 북극이사회 의장국인 미국이 내건 주제는 '하나의 북극 : 공유 기회, 도전, 책임'이다.[12] 그러나 '하나의 북극'이라는 주제는 북극 공간의 다양한 특성을 지닌 거대한 북극 공간의 특성을 반영하지 못하는 한계를 지닌다. 북극은 자연조건과 지하자원 매장량, 역사 발전의 정도 그리고 인문지리적(지역총생산, 가처분소득, 교육수준, 인구구조와 추이, 원주민의 비율 등) 상황이 매우 다양하며 북극권 국가들의 대 북극 대내외 정책 면에서 상이한 가중치를 보이고 있다.

북극은 자연조건과 역사 발전의 정도, 그리고 정치, 경제, 사회적 상황이 매우 다양하며 북극권 국가(러시아, 캐나다, 덴마크 / 그린란드, 미국 / 알래스카, 노르웨이, 아이슬란드, 스웨덴, 핀란드)들의 대(對) 북극에 관련된 대내 및 대외정책 면에서도 상이한 가중치를 보이고 있다. 이러한 상이성에 대해 캐나다 캘거리대학 돌라타 교수는 기후와 지질학적 요인으로 유발된 북극에의 접근성과 인구수에 따라 유럽북극권, 러시아 아시아 북극권, 북아메리카 북극권으로 구분하고 있다.[13] 유럽 노르딕 국가(그린란드 제외)와 러시아 유럽 북극권은 인구가 상대적으로 많으며 인프라시설이 양호하여 접근이 용이한 반면, 미국과 캐나다의 북극권과 시베리아 및 극동 북극권은 희박한 인구밀도와 인프라시설의 미약으로 접근성이 취약한 편이다. 또한 북극권의 상당부분을 차지

---

12) 미국의 북극이사회 의장국 지위는 2017년 봄 알래스카 장관급 회담을 끝으로 종결되며, 차기 의장국은 핀란드가 맡게 된다.

13) Petra Dolata, "Die Arkti : Eine Facettenreiche und sich wandelnde Region," International Politikanalyse, Friedrich Ebert Stiftung, September 2015, pp.4.

하는 러시아와 캐나다는 대내정책에서 북극의 국가정체성을 강조하면서 북극 영유권을 지키기 위한 인프라 구축과 대외정책을 강화하고 있는 반면, 미국과 스웨덴의 북극 국가정체성은 매우 미약한 편이다.

북극권에서 가장 중요한 다양성으로 북극에 거주하는 '제4세계 민족'[14]으로 불리는 원주민의 수는 그린란드 전체주민의 80%, 캐나다 50%, 알래스카 25%, 북극 노르웨이 15%, 러시아 북극권에 3~4%를 구성하고 있다. 그린란드와 캐나다 북극권 지역은 원주민 비율이 높은 반면에 기타 북극 주민의 대부분은 비원주민이 다수를 이루고 있다. 아이슬란드와 덴마크 페로제도에는 원주민이 없으며, 스칸디나비아 북극권에서도 원주민의 비율은 상대적으로 미미하다. 북극권 원주민의 인구는 연간 1.5% 증가하는 것으로 추정하고 있다. 스칸디나비아 북극권에 사미 족이 거주하고 있으며, 그린란드와 북부 캐나다와 알래스카지역에서 이누이트 족이 거주하고 있다. 러시아 북극권에 네네츠 족, 축치 족 등 수많은 소수민족이 거주하고 있다. 북극권 소수민족은 다양한 문화와 자체 언어를 사용하고 있으며, 오랫동안 전수했던 전통적 생활방식을 통해 넓은 북극공간에서 수렵과 어업에 종사하고 있다.

지구온난화와 빙해와 영구동토층이 녹으면서 북극 원주민의 생활공간의 위기를 가속화 시키는 것은 물론 다양한 문화와 언어의 존속을 위협받고 있다. 실제로 북극 원주민의 소멸 가능성, 특히 식량, 교육, 수자원, 에너지, 의료부문에서 열악한 환경에 처해 있다. 북극 원주민은 문화와 언어보존 문제뿐만 아

---

14) '제4세계 민족'은 제1세계 서방선진국, 제2세계 공산권 국가, 제3세계 비동맹국가에 대응하는 개념이다. Heid Bruce, "Arctic Fourth World Nations in a Geopolitical Dance," Fourth World Journal, Summer 2012, p.10. 위키백과는 원주민 혹은 선주민은 "역사적으로 침략자가 원래 침략한 지역에 살던 종족을 부르는 말로, 침략자 입장에서 개척지 또는 이주지 이전부터 살고 있던 사람들"로 정의하고 있다. 이 글에서는 원주민으로 표기한다.

니라 자치권의 확대는 물론 그린란드는 덴마크로부터 독립을 원하고 있다.

북극 원주민은 1996년 창설 초기부터 북극이사회의 영구참여자(6개 원주민 그룹)로 가입했다. 6개 원주민 그룹으로는 '북극아타파스카위원회(AA : Arctic Athabaskan Council)', '알루우트국제협회(AI : Aleut International Association)', '그히힌국제위원회(GC : Gwich'in Council International)', '이누이트북극권위원회(IC : Inuit Circumpolar Council)', '러시아북극소수민족협회(RAIPO : Russian Association of Indigenous Peoples of the North)', '사미위원회(S : Saami Council)'이다.[15] 북극원주민 그룹들은 북극이사회나 중앙 및 지방정부와의 협상을 통해 그들의 권익보호와 다양한 문화와 언어 보존을 위해 노력하고 있지만 개별 북극권 국가의 정치, 경제적 상황에 따라 상이한 실적을 올리고 있을 뿐이다. 북극권 8개국 중 민주화와 자율권이 부재한 러시아 원주민 단체의 권리가 상대적으로 미약한 실정이다. 최근 북극경제이사회가 발족되면서 북극권 원주민단체 기업의 중요성이 부각되고 있어 향후 대북극권 진출 과정에서 개별 북극권 국가차원뿐만 아니라 지방정부와 원주민단체와의 교류와 협력이 필요하다고 생각된다.

---

15) 북극원주민 단체에 대해서는 필자의 글을 참조 바람. "북극이사회의 회원국 / 간체명과 조직현황," 『북극연구』(배재대학교 북극연구단) 제2호, 2015, pp.3~35.

참고문헌

한종만, "북극 공간의 개념 정의 : 자연구분과 인문구분을 중심으로," 『비교경제연구』(한국비교경제학회 제22권 1호, 2015), pp.41~74.

한종만, "북극이사회의 회원국 / 간체명과 조직현황." 『북극연구』(배재대학교 북극연구단) 제2호, 2015, pp.3~35.

한종만, "러시아연방 83개 연방주체 해부 : 9개 변강주를 중심으로," 『러시아지역정보지』(한국외국어대학교 러시아연구소), No.1, 2010.

ADHR, Arctic Human Development Report(Akureyr : Stefannson Arctic Institute, 2004).

Andrew, Robbie, Socio – Economic Drivers of Change in the Arctic, AMAP Technical Report, No.9, 2014.

Bruce, Heid, "Arctic Fourth World Nations in a Geopolitical Dance," Fourth World Journal, Summer 2012.

Dolata, Petra, "Die Arkti : Eine Facettenreiche und sich wandelnde Region," International Politikanalyse, Friedrich Ebert Stiftung, September 2015, pp.3~4.

European Policies Research Centre, Discussions Paper – Community Based Cooperation in the Arctic," Arctic Connections Conference, 10~11 June 2014.

Duhaime, Gérard and Andrée Caron, "Economic and Social Conditions of Arctic Regions," i : S. Glomsrød and I. Aslaksen(Eds.), The Economy of the North 2008, Oslo, 2009

Fondahl, Gail, "Introduction," Nordic Council of Ministers, Arctic Human Development Report, Regional Processes and Global Linkages, 2014.

Heleniak, Timothy and Dimitry Bogoyavlensky, "Arctic Populations and Migration," Norden, Arctic Human Development Report, Regional Processes and Global Linkages, Nordic Council of Ministers 2014.

Laruelle, Marlene, "The Demographic Challenges of Russia's Arctic," Russian Analytical Digest. No.96, 12 May, pp.8~10.

SDWG, Arctic Human Development Report I : Regional Processes & Global Linkages, Fact Sheet, January 2013.

Winther, Gorm, "Introduction to the Project and the First Volume of The Political Economy of Northern Regional Development(POENOR)," Nordic Council, The Political Economy of Northern Regional Development, Nordic Council of Ministers, Copenhagen, 2010.

Zamyatina, Nadezhda, "Intercity Networks as a Factor Promoting Arctic City Sustainability," Russian Analytical Digest. No.129, 24 June, 2013.

Осипова, Ольга и Елена Маклашова, "Молодежь Арктк : миграционные намерения и социальные ожидания," Journal of Siberian and Far Eastern Studies. No.10. Spring / Summer, 2014, pp.6~63.

러시아 북극권 언어인 코미어와 네네츠어의 위기 상황과 보존 대책*

서승현

I. 들어가는 말

미국 UCLA(University of California, Los Angeles) 지리학과의 로런스 스미스 (Laurence C. Smith)교수는 자신의 저서 'The world in 2050 : four forces shaping civilization's northern future'에서 '새로운 북부(New North)'의 미래 모습을 설명 했다. 그는 과거 추운 날씨와 얼어붙은 땅 때문에 홀대받았던 북극권 주변 지역이 앞으로 40년 내 글로벌 경제의 주된 엔진으로 부상할 것이라고 예측했으며, 전망의 토대로 인구 증가와 이민, 천연자원 수요, 세계화, 기후 변화 등 네가지를 거론했다. 스미스교수가 언급한 '새로운 북부'란 북극권을 포함해 북위 45도 이상 지역으로 러시아, 미국의 알래스카, 캐나다, 그린란드(덴마크), 아이슬란드, 노르웨이, 스웨덴, 핀란드 등이 걸쳐 있다. 이 지역이 부각되는 주원인은 지구 온난화에 따른 환경 변화다. 점점 세계 인구는 늘고 자원 수요는 높아지는데 적도 부근은 물 부족과 홍수, 기근 같은 재해에 시달리고 있다. 반면 북극은 온화해지면서 개발하기가 쉬워지고 있다. 이미 이 지역이 부존자원의 잠재적 가치가 확인되면서 국제적 관심사로 떠올랐다. 민간 기업들은 캐나다 북

---

* 본 기고문은 인문과학연구논총 36권 3호에 게재한 논문을 수정, 보완한 글이다.

단 철도와 항구 인수에 경쟁을 벌이고 있다. 근해 시추용 특수 유조선과 플랫폼 개발도 시작됐다. 북극권 인접국 외에 우리나라와 중국도 북극 빙하 지역 주민과 접촉하며 지하자원 개발 사업을 타진하고 있다. 그렇다고 해서 '새로운 북부'를 장밋빛으로만 볼 것은 아니라고 스미스교수는 말한다. 기온이 상승해도 극지의 추위와 긴 겨울은 경제 활동에 제약이 될 것이라고 했다. 결국 이 지역도 19세기 초 개척시대의 미 중서부처럼, 일부지역은 치열한 개발경쟁에 휩싸이고 일부 지역은 미개발 상태에 남을 것이라는 게 그의 예측이다.

북극권 연안의 절반을 넘게 차지하고 있는 러시아는 석유, 다이아몬드, 철, 알루미늄 등 지하자원뿐만 아니라 목재와 같은 산림자원이 풍부한 나라이다. 석유 매장량은 세계 1위이고 생산량은 2위이다. 다이아몬드는 남아프리카를 제치고 세계 1위 생산국이다. 거의 모든 주요 지하자원의 매장량과 생산량이 세계 1위 또는 2위로 기록되어 있다.

러시아는 우리나라와 호환적 산업구조를 가진 나라 중 하나이다. 러시아는 경제의 주 수입원이 지하자원이다. 우리나라는 자원 빈국인 만큼, 공산품 수출에 국가 경제를 의존하고 있다. 현재 러시아에서 한국의 자동차, 전자제품, 보일러와 같은 공산품들은 최고 인기품목이다. 이와 같이 우리나라와 러시아는 산업구조상 호혜 보상적 관계를 가지고 있다. 이러한 의미에서 21세기 에너지 시대에 러시아와의 관계는 더욱더 중요해질 전망이다. 러시아 지역에서의 중국과 일본의 공세는 매우 거세게 진행되고 있다. 우리의 경우 다소 늦은 점이 있기는 하지만 이 지역 진출을 위해 교두보의 확보가 절실한 상태이다. 이에 따라 네네츠어와 코미어를 비롯한 러시아 북극의 소수민족어를 연구하고 각 민족의 문화적 특성을 파악하는 일은 이러한 작업의 시발점으로 반드시 진행되어야 할 과제이기도 하다.

그러나, 불행하게도 네네츠어와 코미어와 같은 북극권의 소수민족어는 매우 심각한 상황에 처해있다. 구체적으로 '유네스코의 위기에 처한 세계 언어 지도(UNESCO Atlas of the World's Languages in Danger)'[1]는 절멸되었거나 절멸이 임박한 세계 언어들에 대한 암울한 지표를 제시하고 있다. 이 언어 지도는 약 2,500개의 위기에 놓인 언어들의 최근 자료를 제시하고 있다. 지구상에 존재하는 약 6,000개의 언어 중에서 지난 3세대를 거쳐 오는 동안에 200개의 언어가 사라졌고, 538개 언어가 절멸 임박 언어이고, 502개가 심각한 절멸 위기에 놓여 있으며, 632개는 절멸 위기에 있으며, 607개는 절멸 가능성이 있다고 보고서는 기록하고 있다. 이 지도는 사라질 위험에 처한 언어들을 보호함으로써 세계의 언어학적이고 문화적인 다양성을 증진하고 보호하기 위하여 155개 국가의 위기에 처한 언어의 상황에 대한 매우 상세한 정보를 제공하기 위하여 유네스코가 내놓은 결과물이다.

또한 각 지방, 국내, 국제적인 조직들 사이에 위기에 처한 언어에 대한 인식을 알리고 전파하여 조직 간의 협력을 활성화하기 위해, 유네스코는 2003년에 위기의 언어에 대처하기 위한 전문가 집단을 조직하였다. 이 집단은 언어의 다양성과 위기 정도를 가늠할 수 있는 6가지 요인을 확정했는데, 그 요인들은 다음과 같다; i) 세대 간 언어 전파 능력, ii) 언어 사용자의 수, iii) 전체 인구 중에서 언어 사용자의 비율, iv) 언어 사용의 변화 정도, v) 새로운 언어 영역에 대한 반응 정도, vi) 언어 교육과 문학을 위한 매체와 자료. 그리고 나중에 3가지 요소가 추가되었다; i) 정부와 교육기관의 언어에 대한 대응 태도와 정책, ii) 공동체 구성원의 자신의 민족어에 대한 태도, iii) 문서화 작업의 유형과 완성도.[2]

---

1) http://www.unesco.org/languages-atlas/index.php?hl=en&page=atlasmap
2) Sengupta, Papia.,"Endangered Language : Some Concerns," Economic and Political Weekly, Vol.44, No.32(2009), p.17.

그러나 지금까지 북극권에 대한 이해는 경제, 정치의 이해에 주력해 왔다. 이러한 접근은 단기적으로 유효하나, 이를 통한 이해는 피상적인 수준에 머물게 되는 것이 보통이다. 이러한 피상적 이해에 깊이를 더해 줄 수 있는 방법이 민족어를 통한 심층 분석이다. 민족어는 단순히 구어로서의 언어에 대한 연구에 그치는 것이 아니라, 언어에 담긴 그 민족의 의식과 사고 체계를 목표로 한다. 이런 관점에서 언어는 북극권을 심층적으로 이해하는 매우 유익한 프리즘을 제공한다.

이들의 언어와 사회문화의 변화에 대한 종합적 연구는 앞으로 우리나라가 러시아를 포함한 여러 북극 주변의 국가들과 협력함에 있어 적지 않은 기여를 하게 될 뿐 아니라 위기에 처한 북극 소수민족 연구에 대한 새로운 학술적인 방향성을 제시하게 될 것으로 기대한다.

사실, 러시아는 1991년 12월 소련이 '공식적으로' 붕괴되면서 국가구조의 재형성이란 큰 과제에 직면했으며 러시아 연방으로의 체제전환 과정은 그 사회가 갖고 있는 다양성으로 인해 다른 국가의 체제변혁과는 다른 양상으로 전개되었다. 러시아 연방은 공식적으로 소련을 계승한 국가이나, 여전히 기존의 소비에트 사회주의가 지녔던 사회구성의 유기체적 관계가 역사 구성적 장애로 말미암아 체제 전환의 정책적 목적인 사회의 민주화와 시장 경제 체제로의 변혁에 많은 진통을 겪고 있다.

이러한 러시아의 역사적 전개과정에 있어 정치, 경제적 측면에서 약세를 보이고 있는 소수민족의 상황, 특히 러시아 북극권에 해당하는 지역에 거주하고 있는 네네츠족이나 코미족과 같은 소수민족들은 더욱 큰 고통을 경험하고 있다. 주류문화를 형성하고 있는 러시아인들은 대체로 평화적인 절차로 이들 지역을 통합하였으며, 러시아와의 통합은 '더 높은 문화'와의 접촉으로 원주민들에게 해로움보다는 더 많은 이득을 주었을 뿐 원주민들을 무자비하게 착취했던 다른 식민체제들과는 전혀 유사성이 없다고 주장한다. 실제로 소비에트 시기의 연구물들은 이처럼 사실을 왜곡하고 묵살하며 '레닌주의 민족정책'이 시베리아 원주민들을 포함한 소수민족 세계를 인도주의와 정의로 이끌었다고 주장했다. 그러나 현실에 있어서는 집단화, 유목 생활 반대, 전통문화와 생업의 파괴 등 소비에트 러시아의 사회 및 정치제도로 강제 동화시키는 정책을 펼쳐 거의 모든 원주민들에게 압제와 고통을 가해왔던 것이다. 1980년대 중반 미하일 고르바쵸프가 표방한 글라스노스트(개방정책)에 의해 이 문제점들이 다소 밝혀지기 시작하였지만 아직도 진실의 대부분이 여전히 어둠 속에 묻혀 있다.[3]

따라서 본 논문은 영토와 자원개발, 생태와 기후문제로 인해 21세기 들어 국제사회에서 지대한 관심을 받고 있는 러시아 북극지역 소수민족의 언어 상황과 보존 정책을 네네츠족과 코미족을 중심으로 분석해 보고자 한다.

II. 러시아 북극권 개발과 네네츠족 / 코미족의 불안한 미래

이미 알려진 바와 같이 북극지역에는 세계 화석연료의 약 4분의 1이 매장되어 있을 뿐 아니라 다량의 수산자원과 고부가가치 광물이 내재하고 있다. 동시에 최근 들어 급속도로 진행되고 있는 빙하의 해빙과 유빙사태는 이들 자원의 개발과 새로운 항로의 개척활동을 더욱 용이하게 만들어 주고 있다.[4] 북극

---

3) 제임스 포사이스 저, 정재겸 역, 『시베리아 원주민의 역사』(서울: 솔, 2009), p.6-7.
4) 2010년 8월 12일 연합뉴스는 1962년 이래 최대의 빙붕(길이 30㎞, 너비 10㎞로 뉴욕 맨헤튼의 내 배에 해당)이 그린란드 2대 빙하 가운데 하나인 페테르만 빙하에서 떨어져 나왔다는 소식을 전했다. 이 빙붕은 약 2년 동안 북극해를 떠다닐 것으로 예상되고 있다(http://www.yonhapnews.co.kr/). 한편 같은 해 6월 26일자 조선일보 인터넷뉴스는 쇄빙선 아라온호의 북극항로 개척 시험운항에 대한 기사를 통해 지구 온난화의 결과로 빙하가 녹아내리면서 예상보다 빨리 북극항로가 동아시아와 유럽을 잇는 새로운 뱃길

지역의 개발은 이 지역에 거주하고 있는 원주민인 소수민족의 생활공간과 양식에 커다란 변화를 주고 있다.

러시아의 서쪽 북단지역에 위치하고 있으며 냉전시대 동안 전략적 요충지로 각광받던 부동항 무르만스크는 냉전시대의 종말과 체제전환 이후의 여러 해에 걸친 불경기로 인해 중앙정부와 국제사회의 관심으로부터 멀어져 갔다. 그러나 최근 들어 다시 한 번 무르만스크 지역에 대한 관심이 증폭됨과 동시에 급격한 발전이 이루어지고 있다. 무르만스크와 가까운 지역에 위치한 바렌츠해의 슈토크만(Shtokman)이라는 엄청난 양의 원유와 가스매장지가 위치하고 있기 때문이다.[5] 이로 인해 무르만스크 시에서는 정기적으로 해마다 석유와 가스관련 국제회의를 개최하고 있다.

이 지역 개발로 인해 직접적인 피해를 입고 있는 소수민족이 무르만스크주에 거주하는 코미인들이다. 그들은 주로 백해 남동쪽의 페초라 강과 비체그다 강 유역에 살고 있는 종족으로 우랄어족의 핀우고르어 계열의 코미어를 사용한다. 코미 공화국에 사는 코미 – 지리안족, 코미 – 페르먀크 자치관구 남쪽에 사는 코미 – 페르먀크족, 코미 – 페르먀크 자치관구 동쪽과 코미 공화국 남부에 사는 코미 – 요디약족 등 3개 집단으로 구성되어있다. 이들의 경제활동은

로 떠오르고 있다는 소식을 전하고 있다. 우리나라의 경우 기존 수에즈항로 대신 북극 항로를 이용할 경우 약 40%의 거리와 시간을 단축할 수 있다고 한다. (http://news.chosun.com/083.html?Dep1=news&Dep2=headline1&Dep3=h1_11).

5) 슈토크만 가스전은 가스 매장량은 러시아 전체 생산량의 5-6년 치에 해당(추정치: 3조 8천억 평방미터)한다. 러시아 북부 해안에서 약 600㎞ 떨어진 이 가스전은 수심 350m 의 북극 심해에 위치하고 있을 뿐 아니라 빙산의 위협에도 상시 노출되어 있어 세계에서 개발이 어려운 가스전 중 하나이다. 러시아 2010년 8월 26일에도 스토크만 가스전 개발과 관련된 SDAG(Shtokman Development AG) 회의가 개최되었다(http://www.shtokman.ru/).

북쪽 지역(북극권의 보르쿠타 지역에 있는 탄광촌을 포함)의 순록사육, 사냥, 어로, 제재업에서부터 남쪽 지역의 농업, 공업, 광업에까지 다양하지만 점점 자신들의 삶의 터전을 잃어 가고 있다.

슈토크만(Shtokman) 가스전은 러시아 국영가스회사인 가즈프롬이 개발을 주관하고 있다. 러시아 유일의 가스 수출사로 대부분의 가스를 북극해로부터 공급을 받고 있는 가즈프롬은 자원 국가주의 성향과 욕구가 강력한 러시아 정치와 경제의 실력자 푸틴대통령의 영향을 크게 받고 있다.[6] 러시아 북극지역에서의 가스와 원유개발로 인한 원주민과 원유회사, 더 나아가 정부와의 싸움은 수년 간 전개되어 오고 있다.

슈토크만에 거주하고 있는 약 5만 명 정도의 네네츠인도 이러한 투쟁과정 속에 놓여있다. 네네츠인(러시아어 : Не́нцы, 가끔은 사모예드족, 유카기르족으로도 불림)들은 오랜 세월동안 툰드라 지역에 거주하며 순록유목을 주업으로 하여 살아 왔다. 네네츠인은 주로 네네츠 자치구에 거주하며 네네츠어는 어족 분류상으로 사모예드어파에 속한다. 상용 언어는 러시아어와 네네츠어를 병행하며, 러시아정교와 샤머니즘이 상존하고 있다. 북극해의 콜라 반도에서 타이미르 반도까지 거주하고 있는 이들은 기원전 1000년에 시베리아남쪽에서 이주를 해 오랜 세월동안 툰드라 지역에 거주하며 순록유목을 주업으로 하여 살아오고 있다. 2002년 조사에 의하면 러시아에 4만1,302명의 네네츠인들이 거주하고 있으며 그중 2만7,000명이 야말로네네츠 자치구에 거주한다.

1877년 노바야제믈랴 섬의 자국 영토 주장을 목적으로 제정러시아는 북극

---

6) 러시아가 자원을 국내에서나 국제적으로 정치, 경제적 목표를 달성하기 위한 도구로 사용하려한 사례는 많다. 유럽의 가스공급에 대한 통제와 2008년 러시아의 그루지야 침입 사건 등을 통해 이를 확인할 수 있다.

지역에 넓게 산재하며 순록을 먹이로 하기 위해 철따라 이동하던 네네츠인을 이 섬에 전략적으로 정착시키기 시작했으며, 결국 소비에트시절 네네츠인들은 소련공산당의 통제 하에 노바야제믈랴 섬을 거점으로 하여 순록목축을 영위해 나갔다. 그러나 노바야제믈랴 섬은 냉전시대의 제물이 되어야만했다. 소비에트연방은 총 224개의 핵폭탄을 이 섬에 투하하였으며, 이에 따라 1955년에는 나르얀 마르지역으로의 네네츠인들의 강제이주가 실행되었다.

섬에서 툰드라지대의 대륙으로 이동한 네네츠인들은 민속공동체를 형성하여 순록을 목축했다. 이후 바렌츠 해에 인접한 네네츠인들의 거주지역에는 다시 한 번 큰 변화가 찾아왔다. 위에 적시한 바와 같이 가스와 원유개발이 주된 요인이 되었다. 그들의 순록 목초지는 가스와 원유개발로 인한 화염으로 광활한 초지가 황폐화 되었다. 원유수송로와 가스 파이프 선이 여기저기 깔리고 원유와 가스를 실은 운반차량이 줄을 이었을 뿐 아니라 거대한 구조물들이 건설되었다. 순록의 이주는 원유채굴작업으로 인해 방해 받았으며, 강과 초지는 원유로 인해 오염되었다.

이곳에 거주하고 있는 네네츠인들에게 가장 큰 피해를 입힌 사건은 1981년의 가스정 폭발사고였다. 폭발로 인한 화재는 1년 넘게 지속되었으며 정부는 화재진압을 위해 핵폭발이라는 극단적 방법을 사용하였으나 불길을 잡을 수 없었다. 이 화재는 또 다른 대형 가스정을 굴착하는 것으로 진압할 수 있었다. 그러나 굴착 과정은 약 4년에 걸쳐 진행되었으며 결국 화재는 총 5년 동안 이어졌던 것이다. 이로 인해 순록목초지는 완전히 파괴되었으며 이 지역은 '자연보호구역'으로 지정되어 외부인들의 출입과 원주민들의 자유로운 이동이 금지되었다. 이후 이 지역의 관리는 러시아정부에게 이월됐다. 더욱 안타까운 점은 네네츠족 자치구의 행정당국은 원유생산과 관련된 이익과 이에 연관된 개발 주도권에 관심을 가지며 지역 내의 네네츠인들의 권익에 대해 소홀하거나

심지어는 네네츠인들의 권익에 반하여 러시아정부 또는 원유개발사의 주장에 동승하는 경우가 빈번하게 발생하였다. 이로 인한 피해는 결국 네네츠인들 자신에게 돌아갔으며, 결국 거주지를 버리고 타 지역으로 이주하는 사례가 증가하였다. 이렇게 이 지역의 네네츠인들의 민속공동체는 와해되어 갔다.

러시아연방공화국에 있어 다민족 구성으로 인한 문제는 단지 어제만의 일이 아니다. 오늘의 일인 동시에 내일의 문제이기도 하다. 제정시대부터 러시아 내에는 수많은 민족이 살아왔으며 오늘과 내일에도 이들은 한 영토 내에서 공존해야만 한다. 제정러시아시기의 대러시아인이라는 애국심과 민족주의가 소비에트시대에도 이어져 왔으며, 결국 소비에트 정부는 다민족 국가를 연결하는 중심매체로 러시아인의 역사와 언어의 역할을 강조해 왔다. 이로 인해 수많은 소수민족의 언어, 종교, 민속문화 등이 변모, 축소 또는 소멸의 과정을 걸을 수밖에 없었다. 그렇다고 소수민족에 대한 중앙정부의 통제와 관리 또는 러시아화가 반드시 부정적이라는 의견에는 반론을 제기할 수도 있을 것이다.

실제로 고르바쵸프 이후 소비에트 시대의 소수민족 합병과정은 그 소수민족에 있어 '최악의 상황'은 아니었다는 주장이 제기되고 있기도 하다. 더 나아가서 '최선의 상황'은 아니지만 일정부분(문명과 경제적인 측면)에 있어서는 분명히 '긍정적' 역할을 수행했다는 주장도 나올 수도 있다. 이질적인 문화나 문명이 접하거나 교차하는 곳에서는 문화의 갈등과 충돌 뿐 아니라, 문화의 보완이나 상호작용 등도 발생할 수 있다. 단지 개개의 한 문화에는 그 문화만의 보편성과 고유성, 즉 문화적 상대성과 특수성이 존재한다는 것을 주장하고자 하는 바이다. 다시 말해 문화는 주류의 것이든 비주류의 것이든 나름대로의 의미를 담고 있으며, 따라서 개별 문화자체는 그 문화의 구성원뿐 아니라 인류전체의 유산이 될 수 있다는 점을 적시하고 싶다.

물론 러시아 북극권의 모든 소수민족에 있어 네네츠와 같은 동일한 과정이

전개되고 있는 것은 아니다. 지역과 민족별로 다양한 형태의 소수민족 문제가 발생하고 있을 것이다. 이에 대한 정확하고 면밀한 연구는 반드시 시행되어야만 할 것이다. 어제와 오늘이라는 시간대의 수직적 영향이 이전의 주된 역사 전개과정이었다면, 현재는 수평적 영향이 세계화 추세를 타고 확산되고 있을 뿐 아니라 미래에는 그 정도가 더욱 심화될 것으로 추정해 볼 수 있을 것이다. 그렇기에 러시아의 사례가 러시아만의 문제로 그치지 않는 다는 점에 유의할 필요가 있다. 이러한 이유로 러시아 북극권의 대표적 소수민족인 네네츠족과 코미족 언어들의 현재 위기상황의 현황과 이 언어들에 대한 보호 정책은 매우 시급하고 절실한 과제라 하겠다.

III. 사라져 가는 러시아 북극권 소수민족어와 네네츠어 / 코미어의 언어학적 연구

러시아에는 약 195개의 다양한 민족[7]이 러시아 연방 전역에 분포되어 거주하고 있는 것으로 보인다. 그러나 자신의 민족성을 정하지 않은 사람들의 수가 약 150만 명이 있기 때문에 이들의 의사결정시 민족 수는 더 늘어날 수도 있는 개연성이 있다. 책상이 10개 있으면 의자도 10개가 있어야 하듯이 러시아에 195

---

[7] 러시아 연방 영토 내에 거주하고 있는 민족의 수는 통계적으로 차이가 있는 듯하다. 일부 자료에서는 160여개의 민족으로 구분하고 있고(http://www.languages-study. com/demography/russia- languages.html), Нерознак(2002)은 약 180여개의 민족이 있는 것으로 보고 있다(Языки народов Росси : Красная книг : Энциклопедический словарь-справочник(под ред. Нерознак В.П.) с. 372-375), 위키피디아 러시아 버전에 제시된 자료를 보면 195개의 민족이 존재하는 것으로 보인다(http://ru.wikipedia.org; Народы и этногруппы России по данным Всероссийской переписи 2002 г).

여개의 민족이 존재한다면 그들이 사용하고 있는 언어역시 195여개가 있어야 하는 것은 당연하겠지만 사실은 그렇지가 않다. 이 민족들이 사용하는 언어는 약 120여 개라고 한다. 민족수와 언어의 수가 비례한다고 오인하기 쉬운데, 실제로 하나의 민족이 여러 종류의 언어를 사용하는 경우나, 역사적인 이유로 인해 이미 절멸되었거나 절멸과정 중에 있어 사용되고 있지 않는 언어들이 있다.

한 지역에서 두 언어가 서로 부딪치게 되면 두 언어 사이에서 일종의 투쟁같은 것이 발생되게 된다. 두 언어가 서로 다투는 과정에서 결국 하나의 언어는 남거나 사라질 수 있고, 어쩌면 두 언어가 서로 평화롭게 타협하여 함께 공존하는 길을 선택할 수도 있다. 사회언어학적 측면에서 고려했을 때 어떤 공동체 사회의 언어가 지속적으로 사용될 수 있게 되면 이를 '언어의 보존'이라고 하고, 그 공동체의 언어를 버리고 다른 언어를 사용하게 되는 현상을 '언어의 전환'이라고 부른다. 그런데 만일 언어의 전환이후 이전에 사용되던 언어가 완전히 사라지게 되었다면 이를 '언어의 절멸'이라고 정의할 수 있다.

언어의 절멸 현상은 인간 언어의 특성으로 설명될 수 있는데, 역사성의 관점에서 언어는 생성, 변화 및 절멸의 과정을 되풀이 한다. 언어 절멸의 원인으로 여러 가지가 있을 수 있는데, 우선 해당 언어를 사용하던 사람들이 사라지는 것이다. 전쟁, 질병 및 자연재해 등으로 인해 해당 언어를 사용하고 있던 사람들이 전멸하게 되어 언어도 함께 사라지는 경우가 이에 해당한다. 또 다른 언어 절멸의 원인은 인구 소멸과는 상관없이 언어가 사라지는 경우(하나의 언어 공동체와 다른 언어 공동체의 수직적 관계에 의한 것)이다. 즉 지배집단과 피지배집단과의 사이에서 점진적으로 피지배집단이 지배집다으로 동화되고 융화되면서 피지배집단이 향유하고 있었던 언어뿐만 아니라 모든 문화적 요소들이 강제적 또는 반강제적으로 사라질 수 있는 개연성이 충분히 있기 때문이다. 그 외에도, 학교, 정부 당국, 법정에서 다른 지배언어를 사용하는 것을

선호하게 되면, 사람들은 점차적으로 자신의 언어를 소홀히 하게 되고, 모국어는 무시당하게 된다.[8)]

1. 네네츠어와 코미어의 개관

기원전 1000년경에 시베리아 남쪽에서 이주를 해 오랜 세월동안 툰드라 지역에 거주하며 순록유목을 주업으로 하여 살아오고 있는 네네츠인들은 산림 툰드라 토착민족으로 인식되고 있다. 이들의 언어인 네네츠어는 핀 – 우그르 어파의 사모예드어군에 속하며 2010년 센서스에 따르면 사용 인구는 북부 시베리아 지역의 약 27,000명 정도이다. 특히, 네네츠어는 네네츠 자치구, 야말로 네네츠 자치구, 크라스노야르스크 지방 북쪽(예전엔 타이미르 자치구), 코미 공화국, 콜라반도의 무르만스크 주 동부에 집중되어 있다. 네네츠어에는 두 개의 방언이 존재하는데, 하나는 툰드라 네네츠어(Tundra Nenets)이고 다른 하나는 삼림 네네츠어(Forest Nenets)이다. 두 방언간의 상호 이해도는 극히 제한적이며 약 95%의 네네츠인들은 툰드라 네네츠어를 사용한다. 네네츠 족들은 원래 자신들의 재산을 표기하기 위하여 탐가(Tamga)라고 불리우는 여러 형태의 그림문자를 사용했다. 그 후 1931년에 라틴어를 기본으로 한 정자법을 도입하였고 끼릴 알파벳을 1937년에 채택하여 사용하고 있다.

두 방언의 지역적 분포는 주요한 방언인 툰드라 네네츠어는 카닌 반도 (Kanin Peninsula)에서 예니세이강(Yenisei River)까지 고루 펼쳐져있는 반면에, 소수를 위한 방언인 삼림 네네츠어는 아간(Agan)강, 푸르(Pur)강, 랴민

---

8)   Swaan, De Abram. "Endangered language, sociolinguistic, and linguistic sentimentalism," European Review, Vol.12, No.4, (2004), p.569.

(Lyamin)강, 나딤(Nadym)강 주변에서 사용되고 있다. 이 두 네네츠 방언은 러시아어의 영향을 많이 받았으며, 툰드라 네네츠어는 많은 정도는 아니지만 코미어와 북부 한티(Northern Khanty)어의 영향을 받았으며 삼림 네네츠어는 동부 한티(Eastern Khanty)어의 영향을 받았다. 툰드라 네네츠어가 소수민족의 원주민 언어라는 사실을 고려해 볼 때, 툰드라 네네츠어는 1930년대부터의 문헌들이 잘 보존된 편이다. 반면에 삼림 네네츠어는 1990년대에 처음으로 문자로 표기되기 시작했으며 문헌도 매우 드물다.

네네츠어와 관련된 최초의 정보는 1787년 《Новые ежемесячные сочинения》 잡지에 소개된 네네츠 고담 《Вада хааво》이다. 이후 1825년 승원관장 베니아민(Вениамин)이 아르한겔스크 주 네네츠인들의 기독교 선교를 위해 네네츠어 공부와 복음서 번역 및 문법체계 작성을 시도되었으나 공표되지 않았다. 1911년에는 파테르(И. С. Фатер)가 네네츠어 문법 작성을 시도가 했다. 이외에도 레뾔힌(И. И. Лепёхин). 빨라스(С. Паллас), 주예프(В. Зуев), 스빠스끼(Г. Спасский) 등이 시베리아와 북유럽을 여행하는 과정에서 개별적으로 네네츠 어휘들을 기록한 자료가 존재한다. 현재 석유가스매장 지역에 거주하고 있는 네네츠족의 생활은 위협을 당하고 있는 상태이지만 툰드라지역에 거주하고 있는 네네츠족은 민족어를 비교적 잘 보존하고 있으며, 뻬쩨르부르크 게르첸 교육대학교에서는 네네츠어 교사 양성 과정이 운행되고 있다.

한편, 우랄어족에 속하는 코미어는 몇 개의 방언을 가지고 있는 단일어로 여겨지기도 하고 핀우고르어파의 피노페르먀크어족에 속해 있는 하나의 언어집단으로 여겨지기도 한다. 또 다른 피노페르먀크어족에 속하는 언어는 코미

어와 매우 가까운 우드무르트(Udmurt)어이다.[9]

코미어는 몇 개의 방언이 있는데 이 중 코미 – 지리안(Komi – Zyrian)어가 가장 널리 알려져 있고 표준어로서 코미 공화국에서 사용되고 있다. 코미 – 페르먀크(Komi – Permyak)어는 페름 지방으로 통합된 코미 – 페르먀크 자치구에서 사용된다. 코미 – 요쥐악(Komi – Yodzyak)어는 페름주의 북서 지방과 코미 공화국의 남부에서 사용되는 소규모의 고립된 방언이다. 전체 코미족의 약 10%만이 코미 공화국외 지역에서 생활하고 있으며 코미 – 페르먀크어를 사용하고 있는 코미 – 페르먀크인들은 페름주 남부지역에서 거주하고 있다. 코미 공화국의 일부가 러시아의 북극권에 포함되어 있으며, 지리적으로 코미 – 지리안어가 러시아 북극권 지역에서 사용되고 있는 언어이다. 1920년대 코미어는 키릴 문자에서 유래된 몰롯초프 알파벳으로 쓰였지만, 1930년대에 잠시 라틴 문자로 바뀌었다가 1940년대부터 일부 독특한 문자(예; I, i and Ö, ö)를 포함한 키릴 문자로 바뀌었다.

코미어에 대한 최초의 연구는 18세기부터로 간주된다.[10] 코미 어휘들이 작가들[11]의 작품들에 등장하기 시작하였고, 학자인 레뾰힌(И. И. Лепёхин)은 코미지방을 여행하면서 코미어에 관련된 자료들을 수집하여 기록하였다. 18세기 초부터 말까지는 본격적인 코미어 연구를 위한 토대가 된 시기였던 것 같다. 18세기에 수집된 코미어 자료를 근거로 19세기부터 코미어 연구가 활발하게 진행되었다. 이 기간에 코미어 사전 편찬 작업과 함께 코미어에 대한 본격적인 학술연구가 시작되었으며, 1808년경에 이미 수기로 만들어진 문법서가

---

9) http://en.wikipedia.org/wiki/Komi_language
10) Е. А. Цыпанов. Коми КЫВ.(1992). ст.24.
11) Г. Ф. Миллер(1705~1783), Ф. И. Страленберг(1676~1747), Д. Г. Мессершмидт(1685~1735)

있었다. 1813년경에는 플료로프(A. Флёров)가 최초의 코미어문법서를 인쇄본으로 편찬했지만 완전한 문법서로서의 기능은 하지 못했던 것으로 보인다.

2. 네네츠어와 코미어의 언어적 상황

네네츠족의 언어 상황에 대하여 말하자면, 20세기 들어와 민족어인 네네츠어의 소멸이 네네츠인들 사이에서 문제가 되고 있다. 1990년도의 인구조사에 따르면 네네츠인들 중에 44%만이 네네츠어를 자신들의 모국어로 여기고 있다. 비록 학교에서 4학년 때까지 네네츠어를 가르치기는 하지만, 네네츠어가 네네츠 자치구에서 공식어는 아니다. 가정에서도 네네츠어를 거의 사용하지 않고 교육용 교재와 선생님도 부족하다. 지방에서는 네네츠어 교사가 나리얀마르(Naryan Mar)에 있는 사범대학에서 교육을 받기도 하고, 뻬쩨르부르크(St. Petersburg)와 살레하르트(Salekhard)에 있는 교육 기관에서 훈련을 받기도 한다. 그러나 문제가 있다; 많은 젊은 네네츠 대학생들은 네네츠어를 가르치기 위하여 그들 자신이 먼저 자신들의 민족어를 배워야한다는 사실이다. 학교의 교과 과정은 러시아어로 되어있고 네네츠 민족에 대한 역사나 문화에 대한 과목은 소수에 지나지 않는다. 단지 나이든 사람들만 일상생활에서 네네츠어를 사용한다. 지방 라디오 방송은 일주일에 30분만 네네츠어로 방송하고 지방 신문은 일주일에 한쪽 정도의 기사를 네네츠어로 쓴다. 소수의 네네츠 작가들이 있지만, 네네츠어로 자신의 작품을 출판하기는 어렵고 거의 러시아어로 출판한다. 1994년 나리얀마르에 네네츠인을 위한 아마추어 극장을 개관한 민족문학센터에서 복원된 네네츠 문화를 볼 수 있다. 지방 마을에 전통 노래나 춤 단체들이 생겨나고 있고 네

네츠인들의 수가 21세기 들어서 차츰 증가하는 추세를 보인다.[12]

한편, 코미족의 언어 상황은 네네츠어와 비슷한 상황이지만 보다 희망적인 면도 보인다. 러시아 연방법에 의하면 코미족은 토착민족으로 인정되지 않는다. 그러나 코미 공화국의 법률에 따르면 토착민의 지위를 가진다. 코미족은 모든 거주 지역에서 소수민족으로 여겨진다. 심지어 코미 공화국에서 코미인의 비율은 전체 인구의 23%에 지나지 않는다. 보르쿠타(Vorkuta)같은 산업 지역은 코미인의 비율이 겨우 1%이다. 네네츠 자치구에서 코미인들은 9.5%의 인구 비율을 차지한다.

코미인들은 바렌츠해 지역의 러시아 영토에 있는 다른 토착민들과 유사한 문제를 가지고 있다; 언어와 문화의 상실. 코미인의 숫자는 21세기에 러시아내에서 증가하고 있으나 그들의 민족어에 대한 지식은 감소하고 있다. 코미인들에게 언어는 매우 중요한 문제이다. 그리고 지난 몇 십년 동안 언어 사용과 문화에 많은 관심을 보여왔다. 오늘날 코미어는 러시아어와 함께 코미 공화국에서 공식어이다. 소비에트 시대동안 코미어를 가르치는 과목은 있었지만 코미어로된 교과 과정은 학교 내에 존재하지 않았다. 그렇지만 이제 상황이 바뀌어 가고 있다. 코미어로 출간된 전국 규모와 지방의 신문과 잡지가 생겨났다. 때때로 코미어로 쓰여진 기사가 러시아 신문에 등장한다. 또한 지방 라디오는 하루에 4시간, 텔레비전은 하루에 2시간 씩 코미어로 방송한다. 순수한 코미어 학교는 없지만 코미어를 학교에서 가르치기도 하고 1학년부터 4학년까지 코미어로 수업하는 몇몇 학교도 있다.

그러나 코미어로 학교 교육을 받는 것이 모든 곳에서 가능한 것은 아니고

---

12)   http://www.barentsinfo.org/Contents/Indigenous-people/Nenets

부모들은 자주 러시아 학교를 선호한다. 코미어로 된 학습 교재도 부족하다. 코민인들이 다수인 마을에서는 유치원에서 민족어를 모국어로 사용하지만 아이들은 러시아어로 진행하는 수업을 들을 수 있다.

코미어로 된 책의 출판이 증가하고 있으며 몇몇의 코미 작가들은 그들의 민족어로 작품을 쓴다. 식티프카르(Syktyvkar)[13]에는 코미어로 공연하는 극장이 있고 코미 민속그룹들이 기타 지역에 있다. 학생들은 식티프카르대학교에서 코미어를 배울 수 있다. 요즈음 지역학에 대한 관심사가 교과 과정에 반영되어 식티프카르대학교는 Finno – Ugric(핀우고르족) 학과를 개설했다.

코미족의 반 이상이 시골에 살고 있다. 그들의 교육 수준은 코미 공화국에 살고 있는 러시아인들 보다 낮다. 코미족들은 1980년대에 정치적 활동을 활발하게 하여 공화국내에서 그들 자신의 조직체를 설립했다. 1991년에 이 조직 단체들이 코미족의 부활을 위하여 첫 번째 의회를 개최하여 위원회를 설립했다. 그 위원회는 공화국내 코미족의 지위 향상을 위하여 적극적으로 일했고 코미족은 공식적 지위를 갖게 되었다. 공화국 밖에 사는 코미족들은 공식적인 토착민 지위를 가지지 못했다. 그러나 그들 자신의 문화에 대한 코미족들의 인식이 증가하기 시작했으며 네네츠 자치구와 로보제로(Lovozero)[14]의 몇 학교들은 코미 아이들을 위한 모국어 교육을 시키고 있다.[15]

---

13) 식티프카르(Сыктывка́р)는 러시아 코미 공화국의 수도이고, 인구는 23만227명(1995)이다. 모스크바로부터는 1200km떨어져 있다.
14) 로보제로(Lovozero)는 무르만스크주 동남쪽에 위치한 행정 중심 도시이다.
15) http://www.barentsinfo.org/Content-by-Category/Indigenous-people/Komi

IV. 네네츠어와 코미어는 절멸위기?

네네츠족은 오랫동안 러시아지역에 살면서 비교적 자신들의 언어를 잘 유지하고 있는 것으로 보인다. 1989년 통계에 의하면 네네츠족은 약 20,000여명뿐이었으나 2002년 통계에서는 약 41,000여명으로 증가했다. 1989년 대비 약 120%의 증가율을 보이고 있었고, 인구는 지속적으로 증가추세에 있는 것으로 보인다. 2010년 기준 네네츠족의 총인구는 약 75,000명[16]이다. 이중 약 31,311명이 네네츠어를 구사할 수 있는 것으로 조사되었다.[17] 이러한 통계적 결과들과 사모예드어족 가운데 비중 있는 언어이기도하고 러시아 북쪽지역 민족 언어들 가운데 가장 많이 사용하는 언어이기때문이기도 하겠지만 축치어, 만시어, 쇼르어나 기타 소수민족어들이 현재 심각한 절멸위기를 겪고 있는 것과 비교했을 때 인구 증가와 늘고 있는 모국어 구사자들의 상황을 봐서는 네네츠어의 지위가 안정적인 것처럼 보인다. 게다가 현재 러시아어가 공식 언어로서 지위를 얻고 있지만 네네츠 자치구에서 공식어를 러시아어가 아닌 네네츠어로 정하려고 하는 움직임[18]까지도 일고 있으니 거의 위기가 없는 것처럼 보일 수도 있다. 그러나 전 세계 언어를 대상으로 하는 '유네스코의 위기에 처한 세계 언어 지도(UNESCO Atlas of the World's Languages in Danger)'에 따르면 얘기는 달라진다.

한편, 코미어의 상황도 그리 낙관적이지는 못하다. 바흐찐(Бахтин 2001)에 따르면 약 30만 명이 사용하는 언어인 코미어는 부랴트어, 야쿠트어와 함께 언어 사용 인구수가 5만~50만으로 집계되는 중수(中數)민족어로 나타나있다.

---

16)   http://www.arctic-info.ru/News/Page/neneckii-azik-mojet-stat_-v-nao-oficial_nim

17)   http://www.gks.ru/PEREPIS

18)   http://www.arctic-info.ru/News/Page/neneckii-azik-mojet-stat_-v-nao-oficial_nim

그러나 Leinonen(2000)에 따르면, 이러한 중수민족어 조차도 '절멸 위기의 언어'로 전락할 가능성이 항상 존재하며 이 언어들의 보존 및 복원을 위한 적극적이고 실질적인 대책이 강구되지 않으면, 이 언어들은 서서히 절멸의 길을 걸을 수밖에 없다.[19]

보다 구체적으로 네네츠어와 코미어의 위기 상황을 파악하기 위하여 지구상에 존재하는 언어들의 생명력 및 지속적인 존속 가능성을 가늠하는 생명도 등급 체계에 대하여 알아 보기로 하자. 어떤 언어의 현재와 미래 상황을 이해하는데 유용한 지표가 되는 언어의 생명도는 민족수, 민족어 사용자수, 사용자의 연령 별 분포, 언어 사용자의 분포 양상(집중적 분포, 분산적 분포), 언어의 사회적 기능도, 민족어와 공용어와의 관계, 민족적 자의식의 수준, 문자의 유·무, 문자의 사용정도 등과 같은 다양한 요인을 고려하여 설정한다. 언어의 생명도를 측정 할 때 반영되어야 하는 요인이 이처럼 다양하다는 것은 이들을 다각도에서 총체적으로 고려하는 것이 그만큼 어렵고, 따라서 연구자들 사이에서 여러 가설적인 등급 체계가 존재할 수밖에 없다는 것을 시사하기도 한다.[20]

본 논문에서는 여러 가지 언어의 생명도 등급 체계 중에서 '유네스코의 위기에 처한 세계 언어 지도(UNESCO Atlas of the World's Languages in Danger)', 바흐찐(Бахтин)의 분류법[21] 그리고 또 다른 유네스코 보고서인 'UNESCO Red Book on Endangered Languages'[22]을 통하여 두 언어의 언어

---

19)   Marja Leinonen, "Komi, An Endangered Language?" Odense Working Papers in Language and Communication(Apr 2000) : p.145.

20)   김용화, "러시아 알타이 지역의 소수민족어 문제 – 과거와 현재 -"『러시아어문학연구논집』(서울 : 2007), 제33집, p.144.

21)   Вахтин, Н.Б., Язык народов Севера в XX веке. Очерки языкового сдвига(Санкт-Петербур : Европейскйи университет в Санкт-Петербурге, 2001), p.161-162.

22)   http://www.helsinki.fi/~tasalmin/nasia_report.html

생명도를 알아 보고자한다.

A. 유네스코의 위기에 처한 세계 언어 지도(UNESCO Atlas of the World's Languages in Danger)의 언어 생명도 등급 체계

'유네스코의 위기에 처한 세계 언어 지도'에 따르면 절멸 위기에 처한 전 세계 언어를 다섯 단계로 구분하여 놓았다;

(i). 불안정한 언어(Vulnerable) : 다수의 사람이 사용하지만 공용어가 아니거나 열세인 언어

(ii). 절멸 위기의 언어(Definitely endangered) : 부분적으로는 신세대인 어린아이들도 사용하지만 그 사용 범위가 점점 줄어드는 언어

(iii). 심각한 절멸 위기의 언어(Severely endangered) : 상당수의 언어 사용자가 있지만 어린이는 사용하지 않는 언어

(iv). 절멸 임박 언어(Critically endangered) : 소수의 노년층만 사용하는 언어

(v). 절멸 언어(Extinct) : 사용자가 존재하지 않는 언어

유네스코 언어 지도는 절멸의 위험도가 비교적 낮은 (i)단계부터 절멸의 위험도가 점점 증가하여 언어의 사용자가 없는 (v)단계까지 분포되어 있다. 유네스코 지도에 따르면 전 세계 언어의 90~95%는 그 생명 유지가 불안한 (i) – (v) 단계 사이에 놓여 있다고 한다. 현존하는 구술 언어의 90%가 금세기 말에는 소멸되거나 거의 소멸될 것이라고 내셔널 지오그래픽의 최신호에서 보도하고 있다.[23] 소수 언어가 약 2주일에 하나씩 사라지고 있다는 것은 더 이상 비밀이

---

23)   김귀배, "유네스코의 문화와 언어다양성 보존 노력," 『새국어생활』(서울 : 2007), 제17권 제4호, p.94.

아니다. 네네츠어와 코미어의 위기 상황을 알아보기 전에 바흐찐의 러시아 소수민족어 등급 체계에 대하여 고찰해보고, 이 세 가지 등급 체계를 기준으로 두 개의 러시아 소수민족어의 상황을 파악해 보기로 하자.

B. 바흐찐의 러시아 소수민족어 등급 체계

바흐찐은 앞에서 언급한 다양한 언어의 생명도 지표들 가운데 언어 사용자의 연령대, 언어의 구사 정도, 연령대 별 민족어 구사자와 비구사자에 대한 비율, 주류어의 구사 정도를 기준으로 하여 언어의 위기 상황 정도를 판단하였다. 이 기준을 근거로 바흐찐은 러시아 소수민족의 언어를 6등급으로 나누었다.

(i). 모든 성인들이 자신의 민족어를 자유롭게 구사할 수 있으며 대다수가 러시아어도 구사할 수 있다 : 네네츠어, 돌간어 등

(ii). 중년과 노년층은 대부분 자신의 민족어를 자유롭게 구사할 수 있지만 청소년과 장년층은 민족어를 알아듣기는 하지만 실제 사용은 드물게 한다. 모두 러시아어를 구사 할 수 있다 : 나나이어, 느가나산어 등

(iii). 중년과 노년층이 민족어를 사용하지만 중년층이 노년층에 비하여 민족어 사용이 떨어진다. 청소년과 장년층은 실제로 민족어를 구사하지 않는다. 모두 러시아어를 구사할 수 있다 : 꼬략어, 에벤어 등

(iv). 노년층은 민족어로 언어 소통을 하지만 중년층은 민족어를 잘 사용하지 않고 다만 알아들을 수는 있다. 청소년과 장년층은 실제로 민족어를 구사하지 않는다 : 만시어, 네기달어 등

(v). 노년층만 민족어로 의사소통 할 수 있다 일부가 장년층만 간단한 민족어를 알아들을 수 있다. 모든 사람이 러시아어를 구사할 수 있다 : 이누이트어, 알류토르어 등

(vi). 모든 연령층이 러시아어를 사용하고 극히 일부의 노인들만 민족어로 의사

소통이 가능하다 : 이텔멘어, 알레우트어 등[24]

　전 세계 언어의 절멸 위기 정도를 분석한 유네스코 지도, 러시아의 알타이 지역 소수민족 만을 대상으로한 바흐찐의 언어 등급체계 그리고 UNESCO Red Book을 상대적으로 비교하기는 매우 어렵고 가변적인 요인들도 많아서 일관성 있는 결과를 이끌어내는데 어려움이 있을 것이다. 그럼에도 불구하고 네네츠어와 코미어를 이 세 개의 언어 생명도 등급에 비추어보아 각 언어의 심각성을 알아보자. 우선 네네츠어의 경우, 바흐찐의 등급체계는 모든 성인들이 자신의 민족어를 자유롭게 구사할 수 있으며 대다수가 러시아어도 구사할 수 있는 안전한 단계로 조사 대상 언어 중에서 최상위 1단계로 분류했으나, 유네스코 지도는 2002년 인구센서스에 따르면 30,000명이 사용하는 툰드라 네네츠(Tundra Nenets)어를 2등급인 절멸 위기의 언어(Definitely endangered)로 분류하였고, 1,500명만이 사용하는 산림 네네츠(Forest Nenets)어는 3등급인 심각한 절멸 위기의 언어(Severely endangered)로 분류하고 있다.

　한편, 'UNESCO Red Book on Endangered Languages'도 또한 툰드라 네네츠어의 현 상황을 '위기 상황(Endangered)'이라고 표현했으며 시베리아의 툰드라 네네츠 아이들 중 많은 수가 네네츠어를 배우고 있으나 상당수가 학창시절 동안에 네네츠어를 사용하지 않게 되고 북극 서부에 거주하는 툰드라 네네츠인들은 민족어를 거의 배우지 못한다. 시베리아 지역의 모든 연령층 사람들은 민족어를 능숙하게 구사하지만, 북극 서부의 젊은 사람들은 언어 구사력이 상대적으로 떨어지며 러시아어를 선호한다. 산림 네네츠어의 경우 UNESCO Red

---

24)　김용화, "러시아 알타이 지역의 소수민족어 문제 – 과거와 현재 -," 『러시아어문학연구논집』(서울 : 2007), 제33집, p.146. 재인용

Book은 현 상황을 '심각한 위기 단계 (Seriously endangered)'로 분류 했으며 소수의 아이들이 민족어를 배우기는 하지만 학창 시절동안에 대부분 아이들이 사용하지 않게 된다. 노년층은 민족어를 잘 구사하지만, 중년층의 일부는 민족어를 구사하는 반면에 다른 일부의 중년층들은 한티어나 러시아어를 더 잘 구사한다. 젊은이들은 민족어 구사력이 훨씬 떨어지며 러시아어를 선호한다.

코미어의 경우, 바흐찐의 등급 체계에는 언급되어 있지 않지만, 유네스코 지도는 2002년 인구 센서스에 따르면 217,316명이 사용하는 코미 – 지리안(Komi – Zyrian)어를 2단계인 '절멸 위기의 언어(Definitely endangered)'로 분류하였고, 동부 페르먀크(Eastern Permyak)에서 사용하는 야즈바 코미(Yazva Komi)어를 3단계인 '심각한 절멸 위기의 언어(Severely endangered)'로 분류하고 있다. 실제로 야즈바 코미어는 인구 센서스에 잡히지는 않았지만 약4,000명의 원주민 가운데 단지 수 백 명만이 소수민족어를 사용하는 것으로 추정된다. UNESCO Red Book은 코미 – 지리안어의 상황을 '위기 상황(Endangered)'이라 했으며 상당히 많은 수의 아이들이 자신의 민족어를 배우기는 하지만 그들 중 극소수만이 적극적으로 사용한다고 보고했다. 그러므로 원주민의 수가 이 두 언어보다 훨씬 적은 소수민족들의 언어(예를 들어 유그어, 오로츠어, 케레크어 등)는 매우 심각한 언어 절멸의 위기에 처해 있음은 쉽게 추측할 수 있다.

네네츠족과 코미족이 안고 있는 언어 위기의 문제는 지역적 특성에도 그 원인이 있다. 최근 자원과 새로운 항로에 대한 뜨거운 쟁탈전을 이끌고 있는 북극지역의 심상치 않은 분위기는 이 지역에 거주하고 있는 네네츠족과 코미족들의 언어, 문화, 생활양식 등 전반적인 부분을 간섭하고 있다. 미국 지질조사국(USGS)에 따르면 북극에는 원유 900억 배럴, 천연가스 1669조㎥, 액화천연가스 440억 배럴이 매장돼 있다. 전 세계 원유 매장량의 4분의1, 전 세계 천연가스 매장량의 45%를 차지한다. 이러한 매력 있는 지역에 대한 세계적인 관심, 특히 지리적으로 북극권에 해당하는 '북극이사회'[25]의 역할과 견제는 당연한 결과라는 것은 누구도 부인할 수 없다. 최근 지리적으로 아무런 관련이 없는 우리나라조차도 '북극이사회' 회원국의 전원 만장일치로 정식 옵서버 자격을 획득한 사실은 그 만큼 북극권과 북극해에 대한 중요성을 보여주고 있다. 정식 옵서버 지위를 획득을 했기 때문에 천연자원의 보고이자 꿈의 항로가 열리는 북극권을 둘러싼 북극이사회 회원국들의 치열한 싸움에 뛰어들 자격을 얻게 되어 우리나라로서는 큰 성과이다. 이러한 막대한 양의 원유와 천연가스를 품고 있는 북극 지역이 바로 네네츠족과 코미족의 거주지인 것이다.

예전 러시아 정부가 핵실험의 이유로 당시 콜라반도에서 거주하고 있던 네네츠족들을 퇴거시킨 것과 같이 지금 북극권 주변 지역은 핵실험이 아닌 21세기 자원과 지정학적 이득을 얻기 위한 이유로 다시 한 번 네네츠족의 퇴거를 요구하고 있는 실정이다. 그래서 현재 석유가스매장 지역에 거주하고 있는 네네츠족들의 생활은 심각한 위협을 당하고 있는 상태이다. 그러나 툰드라지역에 거주하고 있는 네네츠족들에게는 아직까지는 언어와 생활문화가 비교적 잘 보존되고 있는 듯하다.

이렇듯 우리에게 전략적으로 중요한 네네츠어와 코미어의 위기 요인으로는 러시아어 공용어 정책, 선택화되고 있는 네네츠어/코미어 교육 정책, 압도적인 러시아인의 비율, 생활의 편이성을 찾아 도시로 이주하는 네네츠어 / 코미

---

25) 북극이사회는 북극 정책에 대해 유일하게 영향력을 행사하는 정부 간 포럼으로, 의장국인 캐나다를 비롯해 미국, 러시아, 덴마크, 핀란드, 아이슬란드, 노르웨이 등 8개국이 회원국이다. 한국은 2008년 임시 옵서버 지위를 얻었지만 초청 없이는 북극이사회 회의에 참석하지 못하고 발언권도 얻지 못하는 등 활동에 제약을 받아왔다. 따라서 한국은 북극 연구 및 항로 개척을 위한 필수적 요건인 정식 옵서버 자격 획득을 위해 많은 노력을 기울여 왔으며, 2013년 5월 드디어 상임 옵서버 자격을 취득했다. 이를 바탕으로 한 북극 항로와 북극해 개발 참여는 박근혜 정부의 140대 국정과제 가운데 13번째 과제이기도 하다.

어 사용자의 증가, 가족 내 러시아어 사용자 증가, 북극권 개발에 의한 삶의 위협에 따른 생활양식 변화와 네네츠 의회의 소극적 태도 등을 거론할 수 있다.

V. 언어의 절멸이 우리 삶과 무슨 상관이 있는가?

21세기에는 세계 언어의 최소한 절반 정도가 소멸할 가능성이 있다고 한다. 20세기까지 몇몇 서방 유럽 국가의 언어가 시베리아, 아프리카, 오스트레일리아, 아메리카에 살던 수많은 원주민들의 언어를 포식하였다. Skutnabb – Kangas[26]는 이러한 소수의 거대 언어를 살인어('Killer' language)라고 이름 붙이기까지 하였다. 특히, 19세기와 20세기 초에 러시아, 아시아, 아프리카 그리고 아메리카의 많은 국가와 민족, 원주민들은 서구의 열강으로부터 그들이 살아왔던 거주지, 문화 체계와 언어를 일방적으로 약탈당했다. 아프리카의 독립 국가 말리에서는 소수만이 사용하는 공식 언어인 프랑스어가 10여 개의 아프리카 토착민 언어를 지배하고 있다. 북극 시베리아의 경우, 16세기말 러시아인이 침입해오기 이전부터 타타르, 한티, 에벤키, 브랴티야, 추코트, 네네츠, 코미 등 수많은 민족들이 거주하고 있었다. 이들은 아직도 북극 시베리아를 삶의 터전으로 살아가고 있다. 그 당시 이 지역을 점령한 러시아인들은 검은 단비의 모피를 얻기 위해 노력했고 그것이 당시 유럽에서 가장 후진국이었던 러시아 경제를 살찌웠는데 원주민들은 러시아황제 밑에서 강제노역을 해야 했고 스탈린 시대에는 총살되기도 하고 강제노역에 동원되거나 굴락(Gulag; 강제

---

26) Skutnabb - Kangas, Tove. Linguistic Genocide in Education - or Worldwide Diversity and Human Rights?(Mahwah, N : Lawrence Erlbaum Associates, 2000)

노동 수용소)같은 곳으로 보내졌다. 1991년 소련이 붕괴하고 러시아가 새로이 탄생한 오늘에도 이곳에 매장된 자원을 탐내는 다국적기업과 국가들이 북극 시베리아 개발에 나서고 있기 때문에 원주민은 삶의 터전을 잃어가고 있는 실정이다. 현재 100만 명이 넘는 원주민들은 자신의 문화를 잃어 가고 있다.

현재 지구상에서 착취당하고 억압받는 이 원주민들은 문화적 식민주의의 끊임없는 위협을 받고 있다. 오늘날의 식민주의가 일상적으로 휘두르는 가장 큰 무기는 문화라는 이름의 폭탄이라 할 수 있다. 언어 제국주의는 언어의 침탈뿐만 아니라 호명의 수단인 이름, 그들의 역사나 문화유산, 그들의 결속력, 그들의 지적 능력과 그들 자신의 가진 믿음마저도 무력화시킨다. 새로운 형식의 문화적 식민주의 아래, 다양한 전통문화를 가진 소수민족들은 이제 피할 수 없는 분열적 상황에 몰려 있다. 세계적인 언어의 식민지화와 그 이후 산업 자본주의의 발달과 함께 변방의 원주민들의 언어를 포식해 온 언어 침탈의 증거들은 역사를 통해 곳곳에서 발견된다.

지난 2백 년 동안 언어의 절멸을 초래하는 과정이 가속화되고 있는데, 언어의 절멸은 생태계에서의 종 다양성 소멸의 위협과 마찬가지로 인류가 당면한 매우 심각한 문제라고 할 수 있다. 일반적으로 생물 종의 다양성이 감소하는 것은 생태계 위기의 한 징후가 된다고 한다. 생명체의 생존이 안정성을 확보하기 위해서는 종의 다양성이 보장될 때만이 가능한 것이다. 종 다양성은 생물학적 생태의 지속과 상속이 가능해지기 위한 필수적인 요인이다. 이러한 관점에서 생물학적 다양성은 대체 불가능한 천연자원과도 같은 것이다. 마찬가지로, 언어 다양성의 소멸 현상도 인류의 지적 문명의 재앙이자 다가올 불행을 예고하는 신호라고 할 수 있다. 언어의 다양성이 줄어든다는 것은 우리가 언젠가 끌어와 쓸 수 있는 잠재적 지적 기반이 낮아진 다는 것을 의미하며, 이는 결과적으로 인류의 환경 적응력이 현저히 감소되는 위기로 이어질 수 있기 때문이다.

Papia[27]는 언어는 사고하고, 이해하고, 심지어 꿈꾸는 것과 같은 인간의 기초적인 정신적 활동에 매우 중요하다고 강조하며 언어를 보호하고 활성화시키고 언어에 대한 권리를 제공하기 위한 관점에서 언어적 다양성을 보존하기 위한 논의는 정체성의 관점, 공평성의 관점, 다양성의 관점이라는 세 가지 넓은 분야로 분류해서 진행되어야 한다고 주장하고 있다. 첫째, 정체성의 관점에서 볼 때, 언어는 단순한 의사소통을 위한 도구가 아니라 언어를 통하여 모든 인류의 사고가 개념화되고 가치관이 정립되고 인식되기 때문에 인간의 정체성을 확립하는 중심적인 요소이다. 여기에 언어가 보존되어야만 하는 이유가 있다. 사람들은 상배방의 언어로 그 사람의 출신 지역을 판단하고, 언어를 기반으로 같은 공동체의 일원임을 서로 인정하고, 그 공동체가 살아남아서 무한한 미래로 성장해 나아고자 하는 희망을 공유한다.[28] May[29]도 또한 언어는 한 인간의 정체성을 구성하는 중요한 요소이며 언어적 정체성에 관한 집단적인 의식뿐 아니라 개인적인 의식도 언어 사용자에게 제공한다고 말한다. 둘째, 공평성의 관점에서 보자면 언어는 국가 조직체제에 참여 하는 가장 중요한 도구이고 해당 국가의 지배언어(Dominant language)를 구사하지 못하면 개인의 취업, 교육, 여가 생활의 기회에 심각한 불이익을 받는다. 이러한 현상은 차별과 불공평을 야기한다. 평등주의에 입각하여 공식적으로 다언어 사용 정책을 지지하는 Pattern(2001)은 어떤 공동체내에서 하나의 언어만을 사용하는 사람

---

27) Sengupta, Papia. "Endangered Language : Some Concerns" Economic and Political Weekly, Vol. 44, No. 32, (2009), p.17.

28) Pattern, Alan. "Political Theory and Language Policy,"Political Theory, Vol. 29, No. 5, (2001) p.697.

29) May, Stephen. "Misconceiving Minority Language Right : Implications for Liberal Political Theory," Will Kymlicka and Alan Pattern(eds.), Language Rights and Political Theory(Oxford University Press, 2003), p.141.

들을 위한 소중한 교육적인 공간들과 자원들이 다른 언어를 사용하는 사람들도 사용할 수 있도록 해야 한다고 주장한다. 지배언어를 사용할 수 있는가 아니면 그렇지 못한가에 따라서 불평등하게 주어지는 언어 사용의 기회는 사람들 간의 불평등의 원인이 될 수 있고 모든 국민들은 자신이 집단이나 공공에 이익이 된다고 생각하는 언어 구성체나 정책에 지지의사를 표명할 권리를 가져야만 한다.[30] 셋째로, 다양성의 관점에서 보면 다양성은 그 사회 안에서는 아무도 가져보지 못한 인간의 행복한 삶의 방식과 비전(Vision)에 대한 다른 체계를 다른 문화로부터 선택 할 수 있는 대안을 제시한다.[31] 더욱이, 각 언어는 그 언어의 사용과는 관계없이 그 자체가 인간의 창의성을 구현하고 있고, 그 자체로서 인간의 위대한 업적물이며 목표이다.[32] 그러므로 언어의 다양성은 인간의 독특한 문화적, 역사적 지혜를 구현하는 인류 유산에 필수적인 요소이다. 어떤 언어를 잃는 다는 것은 모든 인류에게 돌이킬 수 없는 손실이다.

그러므로 소수민족의 언어는 그 민족들이 구축해온 그들의 영혼의 사원이자 나아가 인류의 작품이라 할 수 있으며, 위기에 처한 툰드라 네네츠(Tundra Nenets)어나 코미 - 지리안(Komi - Zyrian)어, 혹은 이미 절멸의 과정을 밟고 있는 산림 네네츠(Forest Nenets)어나 야즈바 코미(Yazva Komi)어의 언어 위기 상황은 인류 지적 상속의 위기를 초래할 수 있는 요인이 된다.

---

30)   Latin, David and Rob Reich, "A Liberal Democratic Approach to Language Justice" in Will Kymlicka and Alan Pattern(eds.), Language Rights and Political Theory(Oxford University Press, 2003), 103.

31)   Parekh, Bhiknu, "Cultural Pluralism and the limits of Diversity," in Gurpreet Mahajan(ed.), Democracy, Difference and Social Justice(Delh : Oxford University Press, 1995), p.205.

32)   Reaume, Denise. "Official Language Right : Intrinsic Value and the Protection of Difference," in Will Kymlicka and Wayne Norman(ed.), Citizenship in Diverse Societies, (Oxford University Press, 2000), p.250..

더욱이 사고의 이종교배 없는 순혈주의만으로 문화의 진보는 가능할 수 없다. 그럼에도 불구하고 어떤 언어는 우수하고 어떤 언어는 세련되지 않은 원시적이거나 비문명적 언어라고 단정지을 수 있는 근거가 무엇인가? 문법서나 어휘 양의 부족으로 번역이 간단하지 않은 네네츠어나 코미어가 영어나 러시아어보다 우수하지 않다는 편견으로 영어나 러시아어와 같은 소수의 거대 언어만이 이 지구상의 지배 언어로 정착된다면, 인류에게 있어서는 큰 재앙이 될 것이다. 그러나 현재 언어 손실에 대한 우리 정보는 너무나 부족하고 위기에 처한 언어 보존을 위한 국제적 연대의 결속성은 너무 느슨하다. 그러므로 언어 다양성 상실의 결과는 인간의 권리, 윤리, 사회 정의의 관점과 문화적 정체성과 유산을 유지하는 관점에서 논의되어야한다.[33]

VI. 절멸 위기의 언어 보존 정책

Crystal[34]은 정치학자와 언어학자 등 외부의 도움으로 절멸 위기의 언어 사용자들이 언어 보존에 도움이 되는 조건을 창출할 수 있는 6가지 방법을 제안하였다. 만약 어떤 언어 사용자가 지배 사회 내에서 자신의 명성을 증대시키고, 지배 사회에서 그들의 부를 증가시키며, 지배 사회의 견지에서 그들의 합법적인 권력을 증대시키며, 교육 제도 내에서 강력한 존재감을 가지고, 그들의 언어를 기록할 수 있으며, 전자 기술을 사용할 수 있다면 사멸 위기 언어가 진보할 것

---

33) Skutnabb - Kangas, Tove and R. Phillipson. Linguistic Human Right : Overcoming Linguistic Discrimination(Berlin and New York : Mouton de Gruyter, 1994).
34) Crystal, D. Language Death(Cambridg : Cambridge University Press, 2000).

이라고 그는 주장한다. 그러므로 Crystal은 언어 공동체 내에서 읽고 쓰는 능력과 절멸 위기 언어의 표준 문자 체계에서 언어의 생존에 대한 열쇠를 간파한다.

Crystal의 제안들은 한 가지 공통점이 있는데, 언어 사용자들 스스로가 어느 정도는 그들 언어의 운명을 책임질 동기 부여가 있어야 하며, 그들의 언어나 문화의 수명을 지속하기 위하여 국가 정부의 보호 하에서의 재정적 지원이나 법규 같은 외부 지원에만 완전히 의존할 수는 없다는 것이다.

또한, Crystal이 언급한 바와 같이, 세계 언어의 상황에 대한 정보를 수집, 평가, 추적하는 작업을 수행하기 위해서는 잘 개발된 이론적 틀이 필수적이다. 한 언어의 현재 상태와 미래의 운명을 예측하기 위해서 단순히 일정 시기의 언어 사용자의 숫자만 파악하는 것은 충분치 못하다. 장기간에 걸친 언어 사용자 수의 자세한 변화 과정을 파악하고, 이 숫자를 전체 인구 통계와 사회언어학적, 사회정치적, 경제적인 요소들과 연관시키는 것이 필요하다. 이러한 접근 방법은 생물의 현재 상태, 위험도, 변화의 경향 그리고 미래를 결정하는 생물의 다양성이나 생태계의 상태를 평가하는 것과 유사하다. 그러므로 생물의 다양성으로부터 유추해볼 때 언어의 다양성에 관한 전 세계적 경향을 조사하는 것은 현재 상황만을 간단히 나열한 자료나 준비 없는 계획대신에 장기간에 걸친 변화 과정을 파악함으로써 세계 언어들의 생명도와 지속성을 측정할 수 있는 지표를 제공할 수 있다.

그러면 필자는 소수민족어의 절멸을 막기 위해 구체적으로 실천해야 할 과제를 몇 가지 제안하고자 한다. 첫째, 절멸 위기의 언어의 보존을 위해 국제적 협력과 구체적인 행동이 필요하다. 실재로 Olthuis[35]는 자신의 민족어인

---

35) Olthuis, Marja - Liisa, Suvi Kivelä, Tove Skutnabb - Kangas. Revitalising Indigenous Language : How to Recreate a Lost Generation(Bristol, UK ; Tonawanda, N : Multilingual Matters, 2013).

Aanaar Saami어[36]를 보존하기 위하여 18명의 Aanaar Saami어 구사자들과 함께 CASLE(Complementary Aanaar Saami Language Education, 상호보완적인 Aanaar Saami어 교육) 프로젝트를 수행한바 있다. 그녀는 핀란드의 Oulu대학교에서 이 프로젝트를 통하여 Aanaar Saami어의 위기 상황과 인간의 권리로서 가져야할 토착 소수민족어에 대한 보호정책을 지지 할 것을 '국제인지언어학회(International Cognitive Linguistics Associatio : ICLA)'와 유네스코 등에 국내외적으로 알리고 책으로 편찬하였다. 이러한 그녀의 노력이 각국의 정부나 유네스코를 비롯한 국제사회가 위기의 소수민족어에 대한 심각성을 더욱 절실하게 인식하여 보다 적극적인 언어 보호정책을 취하도록 하는데 많은 도움이 되리라고 생각한다.

둘째, 토착 소수민족어 사용자의 법적 지위 향상을 위한 소수 언어의 권리를 선언해야 한다. Nettle과 Romaine[37]은 사멸 위기 언어를 보존하기 위한 노력으로 법적인 보호는 분명 유용할 수 있다고 천명했다. 소수언어 사용자의 권리를 찾기 위한 실례로, '저사용(低使用) 언어 유럽 사무국(European Bureau of Lesser Used Languages)'과 메르카토르 네트워크 같은 유럽 연합의 프로그램은 정부가 그 언어와 문화를 보존하기 위하여 소수의 권리를 보증하고 그들 영토 내에서의 언어적, 문화적 다양성을 인정할 것을 주장하고 유네스코의 언어 권리에 관한 보편적 선언을 지지하였다.

셋째, 절멸 위기의 언어 보존을 위해 교육 언어와 가정 언어를 지속적으로 유지하려는 실천 운동이 필요하다. 소수민족어를 학교에서 가르치는 것은 분명

---

36) 우랄어족에 속하는 언어로서 핀란드 북쪽에 거주는 Saami족이 사용하는 언어이다.
37) Nettle, Daniel and Suzanne Romaine, Vanishing Voice : The Extinction of the World's Languages(New York : Oxford University Press, 2000), p.200.

바람직한 것이지만, 그럼에도 불구하고 교실은 여전히 인위적인 환경이다. 가정에서 책이나 부모를 통하여 자신들의 민족어로 읽고 대화하도록 하는 것도 학교 교육 만큼이나 중요하다. 이를 위하여 부모들은 가정에서 그 언어 사용에 솔선수범해야 하며 자신의 민족어로 아이들을 양육시킬 수 있을 정도의 언어 구사력을 부모들에게 가르치는 프로그램의 개발도 시급하다.[38] 또한, 부모들은 이중 언어가 긍정적이라는 것을 확신해야 한다. 예를 들어 아일랜드 부모들은 자녀들이 가정에서 아일랜드 어를 배운다면 영어에 덜 숙달될 것이라고 두려워 할 수도 있다. 그러한 두려움은 근거 없는 것인데도, 널리 퍼져 있으며 언어 보존에 커다란 장애가 된다. 이중 언어로 인해 자녀와 지역 사회 전체가 얻을 수 있는 긍정적인 효과를 부모들이 알게 만드는 것은 언어학자들의 몫이다.

넷째, 토착어를 구체적으로 기록 문자로 남길 수 있는 표기 방법 개발을 위한 국제적인 협력이 필요하며, 그들 구술 자료의 언어 자료화(Corpus)와 문서화 작업(Documentation)을 후세대를 위한 인류 문화유산의 보존이라는 측면에서 실천해야 한다.[39] Bradley(2010)은 언어학자들은 미래의 후손들을 위하여 언어를 문서화 하는 작업을 도와야한다고 강조한다. 인도네시아와 한국 정부 간의 협력으로 인도네시아의 소수부족 찌아찌아족의 문자로 한글이 점차 자리를 잡아가고 있는 것이 언어학자들이 소수언어의 보존을 위해 할 수 있는 좋은 사례가 된다. 또한 발음, 전통적인 노래, 시, 이야기와 같은 참고용이나 수업용 교재를 위해 정보와 시청각 매체를 제공하는 것과 같은 이러한 문서화

---

38) Sallabank, Julia, Attitudes to Endangered Languages : Identities and Policies(Cambridge ; New York : Cambridge University Press. 2013), p.210.

39) 이상규, "절멸 위기의 언어 보존을 위한 정책,"『새국어생활』국립국어원, 제17권 제4호, 2007, p.109.

작업은 단순히 한 언어의 역사적인 문헌을 보존하는 것 뿐 아니라 언어의 재활성화에 있어서 더 적극적인 역할을 한다. 문서화작업을 할 때 CD나 컴퓨터에 데이터화시켜 정보를 장기적으로 보존 할 수 있도록 해야 하며, 원어민의 발음은 반드시 녹음한 파일로 보관하여야 한다.

다섯째, 언어학자뿐만 아니라 비정부기구(NGO), 영리 / 비영리단체들이 소수민족어 보존을 위하여 실천 방안을 내놓고 실행해야한다. 이러한 노력을 하는 대표적인 단체가 유네스코이다. 언어 다양성 보존을 위한 유네스코의 여러 가지 사업 가운데 대표적인 것이 바벨 계획(Initiative Babel)이다. 바벨 계획은 문화 다양성의 중요한 범주인 언어의 다양성을 보호하기 위해 구체적으로 언어 관련 정책 연구 사업의 수행, 문자 체계 개발 지원 사업, 인터넷상의 다언어주의 보고서 작성, 다양한 언어로 된 문화유산 지식 기반 사업 등으로 구성되어 있다. 유네스코는 이 바벨 계획을 통해서 지식 사회를 건설하고 누구나 정보에 자유롭게 접근할 수 있도록 함으로써 유네스코의 세계 평화라는 이념을 달성하기 위해 노력하고 있다. 이를 위해 유네스코는 3가지 차원의 전략, 즉 소수 언어 보호 정책 수립, 대중들의 인식 재고 그리고 시범 사업의 실시라는 전략을 가지고 있다. 주로 전 지구적 정보 네트워크 속에서 다언어적인 콘텐츠를 양산하고 위험에 처한 언어와 전통지식에 대한 보호를 위한 활동들을 전개하고 있다. 현재 바벨 계획은 유네스코가 채택한 '다언어주의의 육성과 사이버스페이스로의 보편적 접근에 관한 권고문(Recommendation concerning the promotion and use of multilingualism and universal access to cyberspace, 2003)' 같은 국제적으로 채택된 규범을 실제로 적용시킨 좋은 사례로서 평가받고 있다. 이 외에 유네스코는 인류의 살아 있는 유산의 핵심으로 언어를 규정하고 사라져 가는 소수언어와 언어 다양성의 보호를 위해 '위험에 처한 언어 프로그램(UNESCO Endangered Languages Programme)'을 운영해 왔다. 여기에는 언어의 소멸 위기에 대한 인식 재고와 언어 다양성 증진을 위해 UNESCO – UN 파트너십 프로그램, 유네스코 소멸 위기에 처한 세계 언어 지도화 사업이나 지역 역량 강화와 언어 정책 진흥 사업, 소수 언어 보호를 위한 국제회의 개최 등의 사업이 포함되어 있다.[40]

VII. 맺음말

언어는 여느 유산과 달리 끊임없이 생산되고 진화되며 사회 · 문화적 영향과 충격에 민감하다. 언어가 사라지게 되면 언어와 더불어 공동체가 지닌 지식과 사상, 가치 체계의 많은 부분도 사라지거나 축소되어 보다 거대한 문화에 자연스럽게 종속되게 된다. Hale도 "과학적인 언어 연구의 맥락에서가 아니라 문화와 예술의 영역에 속하는 인간 활동과 연관 지어볼 때 언어의 다양성은 인간의 지적인 삶에 중요하다"[41]라고 하며 언어 보존의 중요성을 강조했다. 인간의 기본적인 문법 능숙도에 대한 연구를 진행하기 위하여 기본 언어로서 영어가 유일한 언어라고 가정해보자. 우리는 다른 언어에 투자하는 시간을 절약함으로써 영어만으로도 엄청 많은 것을 배울 수 있다고 말한다. 그러나 우리는 또한 언어의 다양성을 상실함으로써 많은 것을 잃을 수 있다는 것도 알고 있다.

만약 영어가 유일한 언어라면 우리는 영어를 통하여 문법 체계의 기본적인

---

40) 김귀배, "유네스코의 문화와 언어다양성 보존 노력," 『새국어생활』(서울 : 2007) 제17권 제4호, p.94-95

41) Hale, Kenneth, "Language endangerment and the human value of linguistic diversity" Language, Vol.68, No.1, 1992, p.35.

원리를 많이 배울 수도 있지만, 영어가 갖고 있지 않은 다양한 문법 특성들의 개념은 이해할 수 없을 것이다. 그리고 그것은 인간이 언어를 숙달하는데 중요한 개념 요소들을 잃게 할 것이다. 극히 제한적으로 격변화를 하는 영어(대명사에서만 주격, 소유격, 목적격으로 변하는 것을 일컬음) 사용자가 17가지로 격변화하는 명사와 형용사를 가진 코미어의 격(Case) 체계[42]를 어떻게 이해할 수 있겠는가? 수(Number)의 범주에서 영어만 알고 있는 사용자는 car(단수) - cars(복수)와 같은 대비 구조만 생각할 수 있다. 수의 범주에 관한 그들의 관심은 문법이론이 수의 대조를 [±단수]로 정의 하느냐 혹은 [±복수]로 정의 하느냐에 있다. 그러나 수의 개념이 영어의 단수, 복수 [±]값으로만은 해결이 안 되는 언어도 있다. 네네츠어, 슬로베니아어(Slovene),[43] 소르브어(Sorbian),[44] 히브리어, 아랍어는 그들의 품사 범주에 따라서 양수(Dual number)[45]의 영역을 가지고 있다. 심지어 오스트로네시안어족인 톨로마코(Tolomako)어, 리히르(Lihir)어, 만암(Manam)어는 양수 뿐 아니라 삼수(Trial number)를 가지고 있다. 그들의 언어 체계에서 단수는 '하나의 사물'을, 양수는 '두 개의 사물'을, 삼수는 '세 개의 사물'을 나타낸다. 복수를 나타내기 위해서는 적어도 '네 개' 이상은 되어야 한다. 이런 다양한 수의 개념을 영어에만 노출된 사용자에게 어떻게 이해

---

42) Современный коми язык 1. Коми Филиал Академии Наук СССР(Коми книжное издательство : Сыктывкар, 1955).

43) 슬로베니아어는 동유럽의 슬로베니아의 공용어이며 오스트리아, 헝가리, 이탈리아에서도 부분적으로 사용된다. 남부슬라브어군에 속하며 250만 명의 언어 인구가 있다.

44) 소르브어는 서부슬라브어군에 속하는 언어로서, 고지 소르브어와 저지 소르브어로 나뉜다. Wendish 또는 Lusatian이라고도 불렸다. 독일 남동부 슈프레강 상류지역에서 사용하며, 사용인구는 10만 내외로 알려져 있다.

45) 네네츠어, 슬로베니아어(Slovene), 소르브어(Sorbian), 히브리어, 아랍어의 양수는 대표적으로 주어가 두 사람이거나 두 개의 사물일 때에 쓰인다. 그들의 개념 속에 복수는 세 개 이상을 의미한다.

시킬 것인가? 한번도 들어보지도 못했고, 필요성도 느끼지 못하고, 개념도 없고, 이해 할 수도 없다. 왜? 생각해 본적이 없으니까. 영어를 양수의 개념을 가진 네네츠어와 대비하여 생각해보거나, 네네츠어를 공부해보거나, 번역을 시도해 볼 일이 없으니까. 그래서 영어만 존재하는 곳에서는 양수에 관한 질문은 무의미하다. 아니, 질문 자체가 성립되지 않는다.

언어의 다양성이 소중한 자원이라는 생각은 단지 언어학적인 사고에서 유래한 것이 아니다. 언어는 문법체계 그 이상이다. '언어'라는 용어는 넓은 영역의 인간 능숙도와 능력을 포함한다. 그래서 언어를 단일 개체로 생각하는 것이 옳은 것인지 분명치 않다. 언어의 다양성과 관련된 가장 중요한 점은 언어가 그 언어를 사용하는 사람의 지적 풍요로움을 구현한다는 단순한 사실이다. 언어와 그 언어를 사용하는 사람이 만들어낸 지적인 생산품과는 종종 분리하여 생각할 수 없다. 운문, 노래가사, 시 등은 그것이 형성하고 있는 언어의 형태적, 음성학적, 통사적 특성에 상당히 의존하고 있다. 그러한 면에서 예술은 정말로 언어 없이는 존재 할 수 없는 것이다. 의존도가 전자의 것만큼 강하지는 않지만, 지적인 전통들도 사람들의 언어적 민족지학(民族誌學)의 일부가 되어서 사실상 언어와 분리하기는 힘들다.

우리가 언어와 지식, 언어와 문화 사이의 본질과 범위를 더 잘 이해해야할 필요가 있겠지만, 더 중요한 사실은 누군가의 언어 유산을 잃는다는 것은 그 언어가 해석하고 전달하는 지식, 믿음, 가치관을 잃는다는 것을 암시한다.[46]

---

46) Zent S., "Acculturation and Ethnobotanical Knowledge Loss among the Piaroa of Venezuel : Demonstration of a Quantitative Method for the Empirical Study of TEK Change," in Luisa Maffi(ed.), On Biocultural Diversit : Linking Language. Knowledge and the Environment(Washington, D : Smithsonian Institution Press, 2001).

위기의 언어에 대한 정책과 대책방안에 대한 상당한 양의 연구가 지금까지 수행되어 오고 있다. 그러한 연구들은 한편으로는 교육에서의 언어권(Linguistic rights; 言語權)을 포함한 언어에 대한 인간의 권리와 다른 한편으로는 다양한 언어 보호와 활성화 프로그램과 계획 개발이다.[47] 그러나 토착민과 소수민족의 언어 지원 정책에 관한한 러시아는 언어의 다양화를 수용하고 증진시키기 위한 적극적이고 건설적인 역할을 하지 못하고 있다. 오히려, 러시아는 다언어(多言語) 사용이 국가의 통일성을 위협하고 언어 정책의 수립과 실천은 돈이 너무 많이 소요된다는 이치에 맞지 않는 논거를 제시하며 국가어로 단일 러시아어를 주입시키려는 경향이 있다.

따라서 21세기의 언어학자들이 언어 다양성의 위기에 대한 대비책은 두 가지로 정리될 수 있다. 위기의 언어들을 문서화하고 문법서, 사전, 교재들에 그 언어들을 문자로 기록하여 보존하는 일과 인간 삶의 다양성에 중요한 구성요소로서 언어의 다양화를 보존하고 증진시키는 것이다. 또한 네네츠어나 코미어와 같은 북극 소수민족 언어를 보존하기 위한 대책으로 언어학자들은 대중들의 높은 관심과 문제의식을 고취시켜 러시아 정부나 다른 관련 행정기관들이 적절한 언어 정책, 언어 교육 프로그램을 시급히 개발하도록 하여 그 일에 적극적으로 참여하는 일이라 하겠다. 언어와 같은 무형의 인류 유산은 한번 잃으면 돌이킬 수 없다는 사실을 우리는 명심해야한다.

---

47) Maffi, Luisa. "Endangered Languages, Endangered Knowledge," International Social Science Journal, Vol.54, Issue 173, (2002), p.390.

참고문헌

한국어 자료

James Forsyth, 정재겸 옮김, 『시베리아 원주민의 역사』, 솔, 2009.
김귀배, "유네스코의 문화와 언어다양성 보존 노력," 『새국어생활』, 국립국어원, 제17권 제4호, 2007.
김민수, 『러시아연방 소수민족 극동편』, 참글, 2012.
김용화, "러시아 알타이 지역의 소수민족어 문제 – 과거와 현재 –" 『러시아어문학연구논집』 제33집, 2007.
엘레나 푸쉬카료바, 이대우 옮김, 『툰드라 네네츠 인들의 민요와 민속』, 써네스트, 2013.
이상규. "절멸 위기의 언어 보존을 위한 정책," 『새국어생활』, 국립국어원, 제17권 제4호, 2007.
한종만, 김정훈, 김태진, 『러시아 우랄 시베리아 극동지역의 이해』, 배재대학교출판부, 2008.

영어 자료

Bradley D., "Language Endangerment and Resilience Linguistic : Case Studies of Gong and Lisu," Anthropological Linguistics, Vol.52, No.3, 2010.

Crystal D., Language Death. Cambridg : Cambridge University Press, 2000.

Hale, Kenneth, "Language Endangerment and the Human Value of Linguistic Diversity," Language, Vol.68, No.1, 1992.

Latin, David and Rob Reich, "A Liberal Democratic Approach to Language Justice" in Will Kymlicka and Alan Pattern(eds.), Language Rights and Political Theory, Oxford University Press, 2003.

Leinonen, Marja, "Komi, An Endangered Language?" Odense Working Papers in Language and Communication, Apr. 2000.

Maffi, Luisa, "Endangered Languages, Endangered Knowledge," International Social Science Journal. Vol.54, Issue 173, 2002.

May, Stephen, "Misconceiving Minority Language Right : Implications for Liberal Political Theory," Will Kymlicka and Alan Pattern(eds.), Language Rights and Political Theory, Oxford University Press, 2003.

Nettle, Daniel and Suzanne Romaine, Vanishing Voice : The Extinction of the World's Languages. New York : Oxford University Press, 2000.

Olthuis, Marja – Liisa, Suvi Kivelä, Tove Skutnabb–Kangas, Revitalising Indigenous Language : How to Recreate a Lost Generation. Bristol, UK ; Tonawanda, N : Multilingual Matters, 2013.

Sengupta, Papia, "Endangered Language : Some Concerns," Economic and Political Weekly, Vol.44, No.32, 2009.

Parekh, Bhiknu, "Cultural Pluralism and the limits of Diversity," in Gurpreet Mahajan (ed.), Democracy, Difference and Social Justice, Delh : Oxford University Press, 1995.

Pattern, Alan, "Political Theory and Language Policy," Political Theory, Vol.29, No.5, 2001.

Reaume, Denise, "Official Language Right : Intrinsic Value and the Protection of Difference," in Will Kymlicka and Wayne Norman(ed.), Citizenship in Diverse Societies, Oxford University Press, 2000.

Sallabank, Julia, Attitudes to Endangered Languages : Identities and Policies. Cambridge ; New York : Cambridge University Press, 2013.

Sengupta, Papia, "Endangered Language : Some Concerns," Economic and Political Weekly, Vol.44, No.32, 2009.

Skutnabb – Kangas, Tove, Linguistic Genocide in Education – or Worldwide Diversity and Human Rights?, Mahwah, N : Lawrence Erlbaum Associates, 2000.

Skutnabb – Kangas, Tove and R. Phillipson, Linguistic Human Right : Overcoming Linguistic Discrimination, Berlin and New York : Mouton de Gruyter, 1994.

Smith, Laurence C., The world in 2050 : four forces shaping civilization's northern future, New York : Dutton, 2010.

Swaan, De Abram, "Endangered language, sociolinguistic, and linguistic sentimentalism," European Review, Vol.12, No.4, 2004.

Zent, S., "Acculturation and Ethnobotanical Knowledge Loss among the Piaroa of Venezuel : Demonstration of a Quantitative Method for the Empirical Study of TEK Change," in Luisa Maffi(ed.), On Biocultural Diversit : Linking Language. Knowledge and the Environment, Washington, D : Smithsonian Institution Press, 2001.

러시아어 자료

Бубрих, Д. В, Грамматика литературного коми языка. Издательство Государственного Ордена Ленина Университета Имеми А. А. Жданов : Ленинград, 1949.

Вахтин, Н.Б., Язык народов Севера в XX веке. Очерки языкового сдвига. Санкт–Петербур : Европейскйи университет в Санкт–Петербурге, 2001.

Нерознак, Языки народов Росси : Красная книг : Энциклопедический словарь–справочник, под ред. Нерознак В.П., 2002.

Современный коми язык 1. Коми Филиал Академи Наук СССР, Коми книжное издательство : Сыктывкар, 1955.

Цыпанов. Е. А., Коми КЫВ, 1992.

http://www.yonhapnews.co.kr/ (인용- 2014년 12월 13일)
http://www.helsinki.ti/~tasalmin/nasia_report.html (인용- 2015년 6월 25일)
http://www.unesco.org/languages–atlas/index.php?hl=en&page=atlasmap (인용- 2015년 6월 23일)
http://www.unesco.org/new/en/culture/themes/endangered–languages/ (인용- 2015년 6월 25일)
http://www.barentsinfo.org/Contents/Indigenous–people/Nenets (인용- 2015년 6월 23일)
http://www.barentsinfo.org/Content–by–Category/Indigenous–people/Komi (인용- 2015년 6월 23일)

http://en.wikipedia.org/wiki/Komi_language(인용 2015년 2월 4일)

http://news.chosun.com/083.html?Dep1=news&Dep2=headline1&Dep3=h1_11(인용 2014년 12월 13일)

http://www.shtokman.ru/(인용 2014년 12월 13일)

http://www.languages-study.com/demography/russia- languages.html(인용 2014년 12월 13일)

http://ru.wikipedia.org/(인용 2014년 12월 13일)

http://www.arctic-info.ru/News/Page/neneckii-azik-mojet-stat_-v-nao-oficial_nim(인용 2014년 12월 13일)

http://www.gks.ru/PEREPIS (인용 2014년 12월 13일)

http://www.arctic-info.ru/News/Page/neneckii-azik-mojet-stat_-v-nao-oficial_nim (인용 2014년 12월 13일)

북극항로 : 러시아 정복 역사, 경제적 의미*

백영준

북극지역 뿐만 아니라 북극항로 기능 회복에서 필연적으로 돌아오는 러시아의 입장에 대해서 최근 우리는 고위 공직자들로부터 더 자주 의견을 듣는다. 그러나 젊은 세대의 러시아 시민들은 북극항로에 대해서 추상적으로 생각하고 있다.

그림 1 쇄빙선들

---

* 이 글은 전자저널 『LIVEJOURNAL』에 탑재 된 Alexey Sannikov의 글 "Северный морской путь: история освоения, экономическое значение"을 석사급 연구원인 필자가 번역하고 자신의 견해를 피력한 것임.

출처 : http://maximillienr.livejournal.com/33187.html (검색일 : 2015년 12월 15일).

그림 2 북극항로에 위치한 바다이름과 항해로

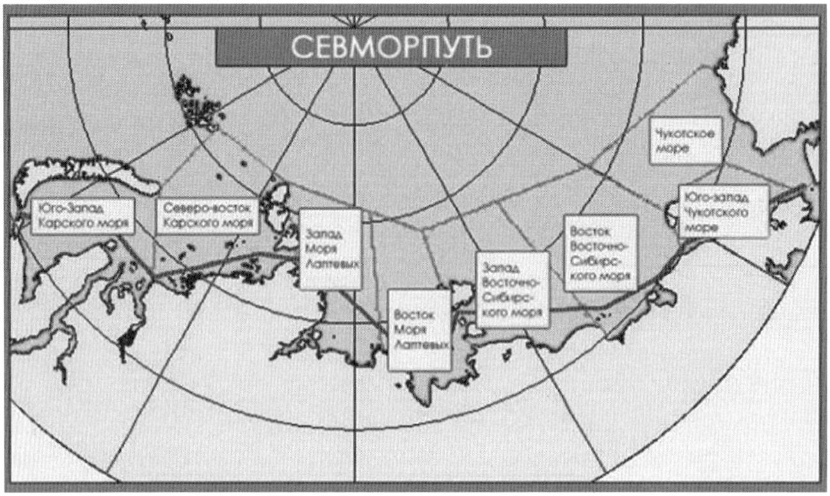

북극항로는 무엇인가? 북극해(카라해, 랍테프해, 북 - 시베리아 해, 추코트카 해)를 통과하는 해양 교통의 주요간선, 통행을 의미한다. 뿐만 아니라 북부 유라시아 해안을 따라 베링해로 연결된다.

북극항로의 역사는 지난 세기와 북극 지역 항해 연구에 밀접한 관계가 있다. 현존하는 가설에 의하면, 백해에 연안에 살고 있는 러시아 사냥꾼들(Поморские охотники)이 북극항로를 처음 항해 하였다. 이들은 섬에서 겨울을 나기 위해 소형 선박으로 베링 해에서 해양 동물을 사냥하였다.

그렇게 12-13세기가 지나, 콜구예프 섬(острова Колгуев)과 바이가치 섬(Вайгач)과 노바야 지믈랴 군도가 발견되었다. 그러나 이 가설의 명백한 증거가 발견되지 않았다. 그렇다. 이러한 항해에 대한 연구는 불가능하다. 문서에 기록된 최초의 북극항로 항해 시도는 16세기이다.

15세기 활발한 원거리 항해기술 발전이 유럽에서 시작되었다. 유럽인들의 주요 목표는 아시아 상품들을 얻는 것이었다. 그런데 육상을 통한 무역 연결은 많은 복잡한 문제가 있었다: 아시아로 가는 길은 적대적인 무슬림의 땅을 통해야 했다. 당시 유럽인들은 무슬림과 끊임없이 투쟁하였고 이것은 육상무역을 불가능하게 했다.

아시아로의 항로 발견의 선구자는 포르투갈 인들로 여겨진다.

포르투갈은 유럽의 서쪽 국가로서 아프리카 대륙을 우회해서, 인도로의 항로를 찾기 위한 위치적인 메리트가 있었다.

그들의 이 활동은 1415년 시작해서 1499년까지 거의 100년 가까이 지속됐다. 1488년 포르투갈의 탐험가 바르톨로메우 디아스(Bartolomeu Dias)는 아프리카의 해안이 최종적으로 북쪽으로 바뀌게 되는 희망봉을 발견했다. 그리고 11년 후에 바스코 다 가마의 탐험은 아프리카를 넘어 인도에 도착했다.

그림 3 바스코 다 가마(1469~1524)

이와 동시에 그들의 이웃인 스페인은 대서양을 통해서 아시아로 도달하는 것에 도전했다. 그런데 그들이 도달한 곳은 명백하게 아시아가 아닌 서쪽 땅 전혀 새로운 대륙이었다.

일설에 의하면 콜롬부스는 그가 새로운 대륙을 찾게 될 것을 알고 있었다라는 주장이 있기는 하지만, 이것은 사실이 아니다. 그의 계산에 의하면 5천 킬로미터 서쪽에는 아조레스 제도(Azores)의 서쪽으로 인도가 위치하고 있었다.

세계 최초의 마르틴 발트뮬러(Martin Waldseemüller)(1507)의 지리지도에서 일목요연하게 그 당시 지도에서 명백하게 '거짓된' 아메리카를 설명하고 있다.

1519년 탐험가 페르디난드 마젤란(Ferdinand Magellan)은 아프리카 주위의 원정과 필리핀 섬이라고 알려진 곳으로 떠났다.

이렇게 16세기 중반에 아시아로 가는 유명한 두 개의 뱃길이 있었다: 희망 봉을 건너는 방법과 마젤란 해협을 통하는 방법이다. 이 두 가지 방법은 한번 떠나면 일 년이 걸릴 정도로 충분하게 멀었다. 그뿐만 아니라, 스페인 인들과 포르투갈 인들은 이 경로들의 독점을 열심히 지켰다. 다른 유럽 국가들은 두 강대국과 바다에서 대결하는 것이 불가능했다라고 이야기 할 수 있다. 그러나 이러한 우세가 다른 국가들에게 좋을 리가 없었다. 그래서 다른 해양 세력들

그림 4 마르틴 발터뮬러의 세계지도

인 영국과 네덜란드는 아시아로 가는 자신들만의 길을 찾았다. 그들의 첫 번째 탐사 방향은 북쪽으로 캐나다까지로 '북 – 서 항로'라 불리게 되었고, 두번째 탐사 방향은 북쪽으로 유라시아까지로 '북 – 동 항로'라 불린다.

이렇게 북극항로 사용 경제적 성질은 당연한 숙명이었고, 동쪽의 부에 도달하는 것이 최고의 목적이었다. 유럽인들은 빙하로 둘러 쌓여 있는 북극 탐험을 지속해 나갔다.

휴 윌로비 경(sir Hugh Willoughby)은 1553년에 북극항로 탐험에서 유럽인 가운데 선구자가 되었다. 그는 계속 도전했지만 더 이상 북쪽으로 나아가는 것이 불가능했고 그는 얼음 위에서 죽음을 맞았다. 이 탐험이 실패하고 반세기 이상 지난 후에 유럽인들은 아메리카로 자신들의 목표를 바꾸었다. 그리고 이 영국인들에 의해 탐험된 북동항로의 가치는 먼 미래에 러시아 선원들의 성공적인 북극항해를 가능하게 만들었다. 영국 탐험가들은 자신들의 여행에 대한 충분하고 상세한 기록을 남겼다. 러시아어로 이 기록들이 발표된 것은 1937년 "16세기 모스크바 공국으로 영국인의 탐험"이라는 책에서이다. 이 책은 1598년에 쓰여진 리처드 헉슬리의 에세이집 "여행기" 복사판이다. 이 책의 내용은 다음과 같다. 첫 번째는, 러시아 선원들은 백해를 통해서 노르웨이와 무르만스크 해안에서 무역을 했다는 사실을 확인할 수 있다. 두 번째 내용은, 1556년 러시아의 북쪽 땅을 탐험한 경험이 있는 영국인 여행가 스테판 바로우(Stephen Barrow)의 회상록이다. 그는 이곳에서 원주민의 오비강 히구에 대한 정보와 바렌츠 해의 관측과 많은 러시아 선박들에 대한 종합적인 정보를 얻었다. 이후 1572년 시베리아를 효과적으로 식민지화하기 위해 중요한 망가제(Мангазее)(타즈강 하구, 오비만 지류의 하구)에 카자크 마을이 만들어졌다.

혹독한 기후조건으로 오랫동안 바다를 통해서 동쪽으로 나아갈 수 없었다. 하천 연안을 이용해서 동진을 하였다. 그러나, 북극해를 통해서 유럽과 아시아를 이동하는 통로의 존재 가설의 진보로 보다 많은 현실가능성이 생겼고, 1648년에 세멘 데쥐녜프(Семен Дежнев) 대장은 축치와 알레스카 사이의 해협을 발견하였다. (베링해협) 그러나 이 방법을 실행하기 위한 어려움 때문에 그는 오랫동안 머물러야 했고, 북동항로로의 다른 도전은 19세기 말에나 이루어질 수 있었다. 최초의 북동항로 통과는 스웨덴 탐험가 아돌프 노르젠 숄드(Adolf Nordenskiold)에 의해 1879년 이루어졌다.

북극항로 개발의 경제적 중요성 이론은 학자 로모노소프(М. В. Ломоносов)와 멘델레프(Д. И. Менделеев) 부터, 북극 탐험가 콜착(Колчак)까지 유능한 많

그림 5 아돌프 노르젠 숄드 (1832–1901)

은 러시아 사람들이 증명했다. 당시 러시아제국 당국은 시베리아와 극동에 걸쳐 존재하는 촌락들의 발전을 위한 북극항로의 가치는 분명했다. 유럽의 일부분으로서의 러시아제국은 인프라 건설을 방치했다. 우랄을 관통하는 활발한 철길 건설의 시작은 20세기 초에 겨우 시작되었다. 많은 시베리아의 강들은 주요 교통수단이고 이것을 묶는

큰 교통수단 시스템이 필요 했었다.

그러나 러시아제국에서 이 구상의 실현은 되지 못했다. 처음으로 북극항로의 법적 지위는 러시아 적백내전 시기에 겨우 결정되었다. 1919년 4월 23일 콜착(Колчак) 정부 내에서 북극항로 위원회가 만들어졌다. 이 위원회의 목적은 다분히 정치적인 성격이었고, 위원회의 업무는 러시아 무역조직들을 포함

했고, 서유럽국가들과 반혁명정부에 의해 관리되었다. 볼쉐비키도 마찬가지로 북극항로 개발의 중요성을 고려했다. 그래서 콜착 정부 전복 후 1920년에 기존의 위원회는 북극항로 위원회(КомСеверПуть)로 개혁되었다. 북극항로의 간선화를 통해서 러시아와 유럽의 지속적인 경제적 연결 그리고 오비강 하구와 예니세이강, 레나 강, 그리고 깔리마 강을 통한 유럽러시아 및 외국과의 상품교환, 화물수송 등에 대해서 위원회는 연구를 시작했다.

새로운 소련 정부는 보다 책임감을 가지고 북극항로의 중요성 연구에 접근했다. 제정

그림 6 슈미트 (1891-1956)

러시아 시대에 북극항로에 산발적인 탐험대를 보냈다면, 볼쉐비키는 20년의 과학적 사전준비를 해서 북극항로를 통과했다: 1932년 탐험의 지휘자인 슈미트(О.Ю. Шмидт)는 최초로 어떤 항구에도 머물지 않고 북극항로를 통과했고 이 성과로 슈미트는 북극항로 관리단이 조직되고 (ГУСМП)의 최고 관리자가 되었다. 그는 수송과 건설과 산업 계획을 시작으로 모피무역 문화거점 창조, 학교와 병원 건설까지 모든 위탁받은 부분을 관리했다.

지금 우리시대의 경제는 직접적으로 통하고 있다.

북극항로의 경제적 중요성의 특징은 시간가는 무관하게 없어지지 않는다는 것이다. 우리나라의 거대한 영역이 영구 동토조건에 위치하고 있고, 이곳에 연중 사용하는 길(육상교통로)을 만들 가능성은 없다. 처음으로 북쪽 지역과 극동지역이다. 이 지역들로의 보급은 공중으로 이루어지는 것이 많다. 이것은 바

다를 통한 보급보다 효과가 적다. 이외에 북극항로는 많은 내륙 수로(강들)를 간선으로 해서 연결된다. 북극항로는 시베리아의 강 길과 분열되어 있는 것들을 하나의 인프라로 통합하는 척추 즉 하나의 교통 시스템이다.

다음으로 중요한 특징은 북극항로는 유용한 광물이 풍부한 지역의 통제를 보장한다.

그리고 이 경우에는 대륙붕에 위치한 유용한 광물에 대한 것뿐만 아니라 야말, 타이미르, 북 야쿠치야와 추코트카 같은 북쪽지역 또한 포함된다. 소련시절 답사 그룹들의 성공 덕택으로 소련의 광업은 북쪽으로 대폭적으로 진행되었다.(니켈, 백은, 구리 – 노릴스크 다이아몬드, 금 – 야쿠티야, 텅스텐 – 추코트카) 대륙붕을 통한 것 또한 잊으면 안된다. 현재 에너지 자원의 채굴은 북쪽으로 진행되고 있으며, 대륙붕에서도 또한 진행되고 있다. 에너지 자원의 원산지는 바이가치(Вайгач) 섬 지역명과 같은 해양플랜트는 2014년에 작동하기 시작했다. 물론 적절한 수송 인프라 없이는 그곳의 석유를 이용하는 것은 불가능하다.

또한 모두의 큰 재산인 북극의 보호도 또한 요구된다. 이것을 위해서 군함들을 통한 북극해의 순찰을 가능하게 했고, 여기에는 필수적으로 강력한 쇄빙선과 항구 시스템이 포함되어야 한다. 부연설명하자면 첫 번째 북극항로를 사용한 것은 대조국전쟁(2차세계대전) 당시 군사 목적이었고, 그 당시 군함은 태평양과 바렌츠 해를 다녔다. 군사 방면의 북극항로 사용은 북극 군사적응 부분에서 긍정적인 결과를 갖고 러시아의 우월함을 나타낸다(см. газета "Суть Времени" – "В Арктике станет жарко," ч.1, ч.2).

세 번째, 아시아–태평양 지역과 유럽과 사이의 최단항로인 북극항로를 주요 수송로로 이용한다. 현재 북극항로 수송은 러시아 없이는 어떠한 나라도

그림 7 북극항로 러시아 수송로 시스템

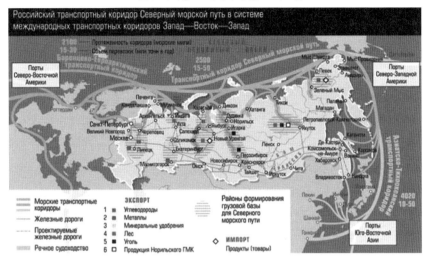

쇄빙선의 부재로 단독으로 어려운 상황이다. 비약적으로 유럽의 나라들과 무역을 확대하고 있는 개발도상국들과 그 선두의 중국, 우리는 북극항로의 특수성을 눈여겨봐야 한다. 북극의 자원으로의 접근성에 중국 또한 관심을 가지고 있다. 그들은 직접적으로 접근 할 수 없기 때문에 그래서 그들은 러시아 개발 프로젝트에 투자하는 것으로 집중을 선택했다. 예를 들자면, 야말–LNG(Ямал – СПГ) 액화천연가스 공장 프로젝트이다. 중국은 1,350억 미국 달러를 투자했다. 북극항로는 근본적으로 지속적인 이익을 가져다 줄 수 있다(중국에서 유럽으로 가는 길은 약 4천 킬로미터이다). 뿐만 아니라 이 길은 안전하다 북극항로에는 해적이 없다, 현재 남쪽 바다를 통한 길 특히 남중국해와 아프리카 근해에서 2013년 한해에 해적행위가 300건에 이르고 있다. 또한 지구 온난화로 북극항로의 접근가능성이 늘어나고, 북극을 덮고 있는 빙하가 단계적으로 물러난다는 전망들이 나오고 있다.

북극항로의 동쪽 부분은 현재 침체되어 있다. 물론 이것은 소련의 붕괴와 북쪽 지역들의 생산저하와 인구유출에 관련이 있고 이 것은 논의되어야 할 필요가 있다. 1989년 북극항로로 운송 량이 연간 800만 톤 이었다면 현재는 4배가 적은 상태이다.

그리고 전문가들은 북극항로의 두 가지의 전망을 주시하고 있다. 러시아연방 경제 개발부(МЭР), 러시아과학아카데미(РАН), 중앙연구소(Центральный научно – исследовательский)와 해군선박 숙련 – 디자인 연구소(опытно – конструкторский институт морского флота) 등은 북극항로 문제(Проблемы северного морского пути)라는 공동연구 논문에서 북극항로 수송 성장 증가 예측을 내놓았다(아래의 표 참조).

표 1 2020년까지의 북극해의 물동량 예측 평가 표

물동량	1 예상치	2 예상치
전체 수출	10,450	16,045
전체 수송 (건조화물)	0	250
전체 수입 (건조화물)	40	55

이것은 객관적인 원인에 기인한다:

– 북극 조건에서 적응을 위한 추가 투자가 필요(아이스 클래스 쇄빙선의 필요성)

– 쇄빙선 서비스에 대한 추가비용 지불

– 해당위치에서 경쟁시키지 않는 상태에서의 인프라 개발의 필요(반복적인 인프라 개발과 쇄빙선의 경험 축척을 통해서) 기타 등등

– 북극항로의 우월성을 강조하고 기상에서 오는 리스크로 예측 불가능한 운송을 어떻게 감소시킬 것인가

– 연중 짧은 항해기간(4개월)

위와 같이 문제가 많은 북극항로의 복구를 우리는 이해하고 있다.

필자의 생각으로는 인프라 시스템으로서 북극항로의 역할의 완전한 회복을 통해서 자우랄의 공업단지의 모든 회복이 가능하다. 그 외에 모든 인프라 시스템에는 많은 비용이 들어간다. 무엇을 만들 것 인지 충분한 논의가 필요하다. 한 대의 핵 추진 쇄빙선을 건조하는 데에만 30~40억 루블이 들어간다. 뿐만 아니라 이것을 위해서는 항구와 선박수리도크와 하천항구와 환승가능한 철도의 북원과 동시에 시베리아의 지역 특히 시베리아의 북부지역의 실재적인 복원이 필요하다.

Chapter 6.
북극,
환경 및
생태공간

북극의 생태환경과 환경변화

이재혁

Ⅰ. 북극해의 지리적 환경과 개발

북극해는 북극점을 중심으로 유라시아 대륙과 북아메리카 대륙에 둘러싸인 해역으로 5대양 가운데 면적이 가장 작은 바다이다. 북극해 면적은 1,400만 ㎢로 지구 표면의 71%를 덮고 있는 해양의 3%를 차지하고 있으며, 평균수심은 972m이고 가장 깊은 곳은 5,502m이다. 해역으로는 러시아 북측의 유라시아 대륙 연해에 카라 해, 랍테프 해, 동시베리아 해, 축치 해, 베링 해 등이 있다. 북미 연해에는 뷰포트 해와 링컨 해가 있고 뱅크스 섬, 퀸엘리자베스 제도, 에레스미어 섬 등이 연안에 근접해 있다. 유라시아 대륙 서쪽에는 스발바르 제도, 제믈랴프란차이오시파(Zemlya Frantsa Yosifa), 노바야제믈랴, 세베르나야제믈라(Severnaya Zemlya), 노본비루스쿠 제도, 랭겔 섬 등이 위치하고 있다. 북극해는 태평양과는 베링 해협으로 이어지며 대서양과는 케네디 해협, 배핀 만, 데이비스 해협, 덴마크 해협과 노르웨이 해로 연결된다. 북극해의 얼음은 1년 내내 얼어있는 영구빙(永久氷, permanent ice)과 계절적인 유빙(遊氷, floating ice)으로 구분된다. 북위 75° 이북지역 대부분은 영구빙 지역이며 떠다니는 유빙은 75~60° 지역에서 흔하다.

최근 지구 온난화의 영향으로 극지방 빙상이 1990년대에 비해 3배 이상 빨리 녹는다는 연구결과가 나왔다. 북극을 덮고 있던 빙하면적은 기존 700만㎢

에서 최대 410만㎢로 크게 감소하면서 해저자원 개발이 용이해진 상태다. 특히 로모노소프 해령(海嶺)을 중심으로 전 세계 매장량의 최대 25%에 이르는 원유와 천연가스를 비롯해 석탄, 철광석, 금, 은, 아연이 풍부한 것으로 알려졌다. 북극해는 세계 석유 매장량의 13%(900억 배럴)를 갖고 있고, 세계 천연가스의 30%(1,670 Tcf, trillion cubic feet)가 매장되어 있는 것으로 알려졌으며(경제적 가치 13.6조 달러), 해양 석유·가스 생산량은 2009년 22.23억 toe[1]에서 2020년에는 29.92억 toe로 34.5% 증가할 것으로 전망된다. 철광석, 니켈, 구리 등 매장 가치는 1.5조~2조 달러에 이르는 것으로 추정된다.

북극해 주변에는 그린란드 남부 연안 및 바렌츠 해, 베링 해, 알래스카 북쪽 연안에 주요 어장이 발달돼 있다. 이들 어장에서는 전 세계 수산물 생산량의 37%가 생산되고 있다. 근래 지구 온난화로 인한 해수면 온도의 상승으로 명태, 대구, 연어 등의 서식지가 북상하면서 북극해 지역의 어업생산이 증가할 것으로 기대된다.

해상운송로서 북극항로의 이용에 가장 우선으로 고려되어야 할 사항은 기술적, 법적안전성 확보이다. 북극항로의 상업적 이용은 적어도 연중 100일 이상은 북극해의 바닷길이 열린다는 전제이며, 2020~2030년 사이에는 북극항로를 상업적으로 이용할 수 있을 것이라고 예측하고 있다.

현재 북극과 인접해 있는 미국, 캐나다, 러시아, 노르웨이, 덴마크 등 북극권 국가들은 더 많은 자원을 확보하기 위해 영유권과 해양관할권분쟁을 벌이고 있다. '유엔해양법 협약'에 따르면 북극해역에 대한 개별 국가의 주권은 인정하지 않고, 인접국들의 200해리(370㎞) 배타적경제수역만 허용하고 있다. 아

---

1) toe(ton of oil equivalent)는 석유의 발열량으로 환산한 석유환산톤.

직 북극해 전체를 포괄하는 법적인 효력을 가지는 국제기구는 없는 상태이다.

그림 1 북극해 개관

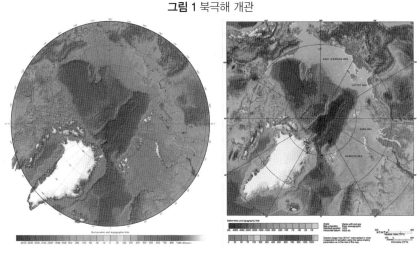

출처 : US National Geophysical Data Center(NGDC),
http://www.ngdc.noaa.gov/mgg/bathymetry/arctic/images/IBCAO_ver1map_letter.jpg(검색일 : 2015년 1월 15일)

II. 북극해의 수산자원과 해양생물

북극해의 어업은 전 세계적으로 중요한 식량자원을 제공하며 이 지역 경제의 중요부분을 차지한다. 북극해 및 주변 어장에서 생산되는 주요 어종으로는 대구, 명태, 청어와 연어과의 곤들매기 등을 들 수 있다. 명태의 주요 어획 수역은 베링 해의 나바린 케이프(Navarin Cape)와 오호츠크해역의 캄차카 서부수역이다. 기후변화와 과잉 어획으로 인해 러시아의 명태 생산량은 지속적인 감소세를 나타 내고 있다. 이에 베링 해를 대상으로 한 국제수산기구인 중부베링해명태자원보존관리협약(CBSPC)에서 명태자원 보전을 위한 조업관리가 진행되고 있다.

한편 바렌츠 해의 경우 러시아와 노르웨이의 협력을 통해 대구, 열빙어, 청어, 고등어 등 수산자원에 대한 쿼터제가 시행되는 등 북극해 주변 어장을 중심으로 수산자원 관리를 위한 국제적인 협력이 진행되고 있다.

북극해는 얼음 때문에 햇빛이 덜 투과되어 식물성 플랑크톤의 생산량이 다른 대양의 10분의 1 정도로 적다. 특히 북극해의 중심부에서는 식물성 플랑크톤과 동물성 플랑크톤이 적어 이들을 먹고 사는 물고기도 적다. 그러나 태평양과 대서양의 따뜻한 물이 북극의 찬물과 섞이는 곳에는 어류가 많다. 어류는 125종을 넘는데 가장 중요한 어종이 북극연어와 북극대구이다. 주요 어장은 스발바르제도에서 노바야제믈랴에 걸친 수역이다. 북극해 주변에는 그린란드 남부 연안 및 바렌츠 해, 베링 해, 알래스카 북쪽 연안에 주요 어장이 발달돼 있다. 북극해 및 주변 어장의 어획고는 전 세계의 42%인 3천 4백만 톤이 생산되고 있다.[2]

근래 기후변화가 일부 지역에 중대한 생태변화를 초래할 가능성이 있는데 생태계에 미치는 부정적인 변화가 아니라면 알맞은 수온 상승과 빙하지역을 축소는 몇몇 주요어류에 대한 생태조건을 향상시킬 수 있다. 먹이의 양이 증가하고 이들의 서식지가 확장되기 때문이다. 해양생물에 미치는 영향을 지구온난화로 인한 해수면 온도의 상승으로 청어, 명태, 대구, 연어 등의 서식지가 북상하면서 북극해 지역의 어업생산이 증가할 것으로 기대되고 북극해에서 새로운 어장을 개척하고 있다.

기후변화의 긍정적인 영향의 대표적인 예는 서부그린란드 대구의 경우이다. 1900년에서 1920년 사이의 한랭기에는 그린란드에 대구가 거의 없었다. 1922년에서 1924년 사이에 대량의 대구가 아이슬란드에서 산란을 했고, 이것이 아이슬란드에서 동부 그린란드, 서부 그린란드로 이동하였고 거기에서 번식하여

---

2) 김학소, "미래 국부창출을 위한 '북극해' 전략," 한국선진화포럼, 한국해양수산개발원 특별토론회 자료집(2013년 11월), 5-41, 19.

1920년대 중반부터 상당한 어획고를 올리게 되었다. 이 대량의 대구가 아이슬란드로 돌아가서 1930년대 초에 산란하고 거기에 서식하게 되었으나, 나머지 대구들은 여전히 서부 그린란드에 남아서 산란을 했고 독립적인 대구어종이 되었다. 20세기 중반에 걸친 온난기 동안 그린란드 대구어종은 다량으로 증식했으며 1951년에서 1970년 사이에 어획량은 연평균 315,000톤에 이르렀다.

지구온난화에 따른 어류의 이동으로 북극해 연안국의 어업생산량이 대폭 늘어날 것이라는 전망이다. 어족자원은 10년 당 40km 속도로 북쪽으로 이동하여, 2050년에는 노르웨이 45%, 그린란드 27%, 미국 25%, 러시아 21%, 아이슬란드 20%, 캐나다 5%의 어업생산량의 증가를 예상하고 있다.[3]

북극해와 연안의 포유류로는 고래류 · 해표류 · 북극곰 · 북극여우 등이 있

그림 2 '북극해와 주변 해역의 주요 어장 분포

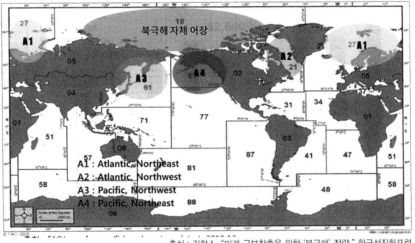

출처 : 김학소, "미래 국부창출을 위한 '북극해' 전략," 한국선진화포럼, 한국해양수산개발원 특별토론회 지료집(2013, 11), 5-41, 19.

3) Fluharty, David, "Artic Marine Living Resources," Young, Oran R., Kim, Jong Deog, Kim, Yoon Hyung(Edit.), 2012, The Arctic in World Affairs; A North Pacific Dialogue on Arctic Marine Issues, Korea Maritime Institute, East - West Center, 168.

다. 고래류에는 수염고래·이빨고래가 많으며, 보리고래·혹등고래·대왕고래
·말향고래·범고래·돌고래·일각고래 등이 있다. 해표류로는 물개·병해표·
수염해표·하프해표·월러스가 있는데, 물개는 남쪽에만 나타난다. 고래와 해
표는 에스키모에게는 주요한 식품과 생활용품이 된다. 북극곰과 북극여우는
북극해가 얼면 해안에서도 상당히 떨어진 해빙에서도 목격된다.

겨울의 북극해는 얼음으로 덮여 있지만 여름에는 떠다니는 얼음이 녹아서
선박이 다닐 수 있다. 온난화의 영향에 따라 북극해 해빙은 매년 7만㎢씩 녹아
지난 50년 동안 북극해 얼음의 3분의 1이 사라지면서 북극해를 가로 지르는

그림 3 북극해의 해양생물

출처 : Robert J. Letcher, Jan Ove Bustnes, Rune Dietz, Bjørn M. Jenssen, Even H. Jørgensen, Christian Sonne,
Jonathan Verreault, Mathilakath M. Vijayan & Geir W. Gabrielsen, 2010, Exposure and effects assessment of
persistent organohalogen contaminants in arctic wildlife and fish, Science of the Total Environment 408, 2995–3043.

북서항로와 자원개발 가능성도 높아졌다.

그림 3에서는 OHC(Organohalogen contaminants) 보고서에 의한 북극 야생 동물과 어류의 종과 개체수를 보여주고 있다.

Ⅲ. 북극해의 개발과 환경변화

지구 온난화의 영향으로 북극을 덮고 있던 빙하면적이 크게 감소하면서 북극해의 광물자원 개발에 대한 관심이 증폭되고 있고, 러시아는 야말(Yamal) 반도에 LNG 플랜트를 건설하여 연간 1,500만~1,600만 톤에 해당하는 가스를 2018년부터 양산에 들어갈 것이라고 하며, 프랑스 토탈그룹, 네덜란드 쉘 그룹 및 인도 국영기업 ONGC 등 일부 에너지 기업들이 이 프로젝트에 관심을 표명한 바 있다. 노르웨이의 스타트오일, 영국의 로열 더치쉘, 미국의 코노코필립스, 러시아의 가즈프롬 등 주요 석유회사들은 향후 몇 년간 북극 유전 개발과 시추에 수십억 달러를 투입할 계획이라고 밝혔다. 그러나 북극해의 석유개발은 대형 해양사고의 위험성을 안고 있다.

북극해에서 자원개발과 새로운 어장을 개척은 북극항로의 개발과 밀접한 관련이 있고, 이는 북극해의 급격한 환경변화에 부정적인 역할을 하게 될 것으로 우려된다. 우선 북극은 환경적으로 매우 중요하고 민감한 지역으로 항해시 발생하게 되는 온실가스의 배출, 급유나 선박충돌로 인한 기름유출, 선박의 오수방출 등으로 인한 생태계 교란 등이 우려된다 북극해 지역이 열악한 환경과 정보의 부족으로 인해 대형 해상사고로 이어져 기름 유출의 가능성이 존재한다. 또한 화물에서 확산되는 오염균과 선박의 오폐수는 북극지역의 해양과 토양을 오염시킬 수도 있고 수중 생물에 매우 위험한 영향을 미치기도 한

다. 이에 대비하기 위하여는 운항정보의 체계화, 친환경 선박의 사용, 해상안
전과 검역시스템의 정비를 위한 국제적 협조체제가 갖추어져야 할 것이다.

북극권의 기온상승은 외쿠메네(인간의 거주가 가능한 지역)가 넓어지고 식

그림 4 북극항로

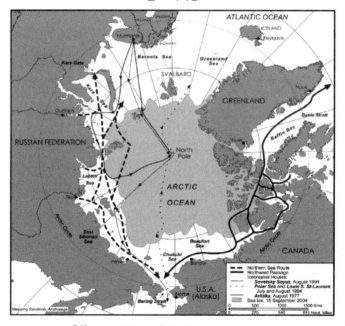

출처 : Lawson Brigham & Ben Ellis, Arctic Marine Transport Workshop, 2004년 9월.

량생산의 토지가 확보되어 그동안 거의 비어있던 북극권이 농업생산의 중심
으로 뿐 아니라 인간 생활권의 중심으로 개발될 수 있는 가능성을 보여주고
있다. 이미 북극해에 유입되는 레나 강 하구의 삼각주지역에서 독일과 러시아
의 연구협력 사업으로 진행되고 있기도 하다.

그러나 북극지역 천연자원의 개발가치에 세계 선진국들이 민감한 선점경쟁
을 벌이고 있고, 새로운 해상 교통로에 대한 통제권을 두고 북극해 연안국들
이 갈등하고 있다. 북극권의 이용과 개발과정에서 발생하는 오존층의 파괴 현

그림 5 시베리아에 설치된 고공 기후관측소(ZOTTO)

사진설명 : 시베리아 타이가지역에 높이 300m의 기후관측탑을 설치하여 지구온난화와 온실가스의 측정자료를 수집한다

상이 생기게 되며, 북극지역의 생태계가 위협을 받고 있으며, 지구온난화는 북극해의 빙산이 녹으면서 해수면이 상승하고 해안 가까운 저지가 침수된다. 북극지역 영구동토층이 녹으면서 온실효과 유발력이 이산화탄소보다 21–23배의 메탄가스(CH_4)가 대기 중으로 흡수되면서 지구온난화가 가속화로 커다란 지구환경의 변화가 발생할 것도 예측된다.

영구동토대가 녹고 북극해를 중심으로 한 북극권의 환경변화는 먼 나라의 이야기가 아니라 우리나라에도 곧바로 영향을 미친다. 세계의 개발관심이 집중되고 있는 북극권에 대한 참여와 함께, 지구환경을 생각하는 우리의 관심과 연구가 필요하다.

참고문헌

버크만, 폴 아서(Berkman, Paul Arthur, 박병권, 권문상 역), 「북극해의 환경안보」(한국해양과학기술원, 2012).

엄선희, "북극해 어업자원의 보존과 이용을 위한 국제 거버넌스 고찰과 정책적 시사점," 「수산정책연구」(한국해양수산개발원), 2010년 10월, pp.34~63.

원학희, 한종만, 공우석, 「러시아의 지리」(대우학술총서 535, 2002).

이재혁, "시베리아의 수산자원과 관련 정책의 지방화," 최태강 엮음, 「러시아의 중앙·지방관계와 시베리아 지방화 탐색」(앰 - 에드, 2013), pp.363~409.

이재혁, "시베리아의 수산자원과 한국 수산업의 진출 방안," 「한국 시베리아연구」 제17권 1호, 2013, pp.97~143.

자이들러, 크리스토프(박미화 역), 「북극해 쟁탈전; 북극해를 차지할 최종 승자는 누구인가」(더숲, 2010)(Seidler, Christoph, 2009, Arktisches Monopoly; Der Kampf um die Rohstoffe der Polarregion, Munchen : Random House GmbH & Hamburg : SPIGEL - Verlag).

한국선진화포럼, 한국해양수산개발원, 「미래 국부창출을 위한 '북극해' 전략」(한국선진화포럼, 한국해양수산개발원 특별토론회 자료집, 2013년 11월).

한종만 외, 「러시아 북극권의 이해」(배재대학교 한국 - 시베리아센터, 2010).

ACIA(Arctic Climate Impact Assessment), Impacts of a Warming Arctic, Cambridge University Press, 2004.

Arctic Council, Arctic Marine Shipping Assessment 2009 Report, April 2009.

FAO, Russia Federation : Review of the Fishery Sector, 2008.

International Arctic Fisheries Symposium - Managing Resources for a Changing Arctic, 19~21 October 2009, (Proceedings Feb. 2010) Anchrage, Alaska(http://www.nprb.org/iafs2009).

Young, Oran R., Kim, Jong Deog, Kim, Yoon Hyung(Edit.), The Arctic in World Affairs; A North Pacific Dialogue on Arctic Marine Issues, Korea Maritime Institute, East-West Center, 2012.

국제 사회의 환경안보 거버넌스

양정훈

제2차 세계대전 이후 냉전체제 하에 미국과 소련을 중심으로 성장한 국가들 사이에서의 안보란 일반적으로 국경 밖으로부터 가해지는 군사적 위협에 대처하는 것을 의미해 왔다. 그러나 20세기말 공산주의 맹주국인 소련의 자발적인 체제 붕괴가 시발점이 되면서 동유럽 사회주의 국가들 체제 붕괴가 도미노현상을 가져오게 된 것이다. 이는 국제사회의 냉전을 종식시키면서 국가안보의 개념을 군사적인 차원에서부터 정치, 경제, 사회, 환경 등 비군사적 차원으로 점차 넓어지게 되었음을 예시하고 있다.

그럼 전통적 안보에서 군사적 환경안보의 거버너스는 어떻게 이루어지고 있나?

Ⅰ. 안보의 역사

안보는 개인안보, 국가안보, 지역안보, 세계안보 등 대상 범위가 달라질 수 있으며 분야별 정치, 경제, 사회, 군사, 환경 등으로 구분될 수 있다. 중요한 사실은 기본적으로 어떤 위험 혹은 위협으로부터 자유로운 상태를 안보라고 말할 수 있다. 이 말에는 물리적 위험뿐만 아니라 정신적 두려움도 포함되는 것으로 본다.

1952년 월퍼스(Wolfers)의 "모호한 상징으로서의 국가안보(National Security as an Ambiguous Symbol)"라는 논문에서 국가안보(National Security)란 정확한 의미가 없으며 '사용하는 사람에 따라 다른 의미를 나타내는 모호한 개념'이라고 지적하고 있다. 좀 더 구체적으로 보면 객관적 의미에서는 취득한 가치에 대한 위협의 부재를, 주관적인 의미에서는 그러한 가치가공격을 받을 것이라는 두려움의 부재를 의미한다는 것이다. 트래거와 시모니(Trager & Simonie)는 국가안보를 현존하거나 잠재적인 적국으로부터 핵심적인 국가가치를 보호하고 확대하는 것이라고 정의하였다.

그러나 안보개념의 확대에 대한 논의가 본격적으로 이루어지기 시작한 것은 90년대 초 탈냉전분위기가 확산되면서부터라고 할 수 있다. 냉전시대는 미 · 소 양극 체제와 군사적 힘의 논리에 의해서 유지되었던 국제질서가 와해되면서 과거와 같이 확실하고 분명한 위협세력을 구분하는 것이 어려워졌다. 특히 군사적 위협이 감소하면서 안보의 개념을 재정립해야 할 필요성이 높아지는 분위기이다. 아울러 냉전의 종식을 예측하기는커녕 기대조차 하지 못하였다는 사실도 대외 군사적 차원으로 제한된 안보개념에 대한 재검토의 필요성을 증가시켰다. 따라서 1990년대에 들어와서는 안보개념의 재정립으로 나아가다 2000년대 들어서면서 그 영역은 더욱 확장에 관한 논의들로 어느 때 보다도 활발히 이루어지고 있다.

냉전 종식[1]이후 전통적 국가안보(national armed security)와 사회, 경제, 환

---

1) 종식은 새로운 질서를 예측하고 준비하도록 강요하는 것이다. 질서란 기대구조 (structure of expectation)이고 예측 가능 한 체계를 의미한다. 국제질서란 주로 국가행

경적 문제들로 인한 지구적 공동위협들(global common threats)을 연계할 수 있는 기회를 갖게 되었다. 많은 나라들은 안보의 다차원적 특성을 논의하는 가운데 핵문제는 물론이고 인권, 환경, 경제 등을 포함하는 것으로 안보를 개념정의하고 있다(Booth 1991, 21).

그럼 전통적 안보와 비전통적 안보의 영역을 나눠 보자. 통상 국가 간 군사적 갈등에 대응하는 것을 '전통 안보(Traditional security)'로 구분한다면, 비전통 안보에는 테러리즘, 마약, 밀매, 유행병, 해적, 불법이민, 환경안보, 경제 재정 안보, 정보안보 등이 포함된다. 그리고 환경 및 생태 문제를 포함한 비전통적 안보는 다음과 같은 특징을 가지고 있다(유동원, 2010).

첫째, 안보위협의 주체가 국가이기보다는 개인, 기업, NGO, 테러 단체 등이다.

둘째, 안보위협의 내용이 군사영역보다는 비군사적 영역이다.

셋째, 안보라는 용어 자체가 가지고 있는 의미로 인해, 비전통적 안보의 일차적 주체는 국가라는 점에서는 전통적 안보와 유사점을 갖는다.

위에 대한 기대구조이다. 그리고 국제질서를 구성하는 요소는 목표가치, 규칙(조약, 관습, 국제여론, 인류 보변석 윤리관), 기구(각종 레짐, 지역기구, 세계적 범위의 보편적 국제기구), 힘(군사력, 경제적 능력, 도덕적 지도력) 등이다. 세계는 가치체계의 변화로 세계질서가 변화하고 있다. 환경문제 및 세계에 대한 새로운 가치체계의 형성으로 국제질서 및 안보질서에 있어서 급격한 변화가 진행된다. 환경안보에 대한 논의도 질서변화와 관련시켜서 진행되어야 할 것으로 사려 된다.

Ⅱ. 군사안보

군사적 수단에 의해 국가안보를 증대시키려는 아주 오랜 전통을 많은 나라들은 아직까지도 최우선으로 가지고 있다. 하지만 전통적 군사적 안보정책은 모든 공동의 지구 위협들을 해결하는데 심각한 장애로 간주될 수 있다. 환경을 위협하는 안보적 시각에 대한 담론도 역시 꽤 오랜 전통을 가지고 있다. 이렇듯 환경적으로 스트레스를 받고 있는 지구로 인해 갈등은 더욱 초래될 수 있다는 것이다.

예로 1970년대 오일파동에 대한 자원과 관련하여 국제적 안보가 미국에서 논의되기 시작했고, 이후 80년대에 들어와서는 핵겨울론(nuclear winter)에 대한 논의가 대두되기도 했다. 핵전쟁의 결과 6주에서 12주 동안 약 20℃의 기온 저하로 핵겨울이 도래할 것이라고 예측했고(손기웅, 1994, 113), 위너는 핵전쟁으로 인한 재에 의해 80% 이상의 태양빛이 가려질 것이고 2주 내에 평균온도를 5~20℃로 하강시키며 질소산화물로 인해 오존층 50%가 파괴될 것이기 때문에 핵무기의 사용문제는 국가안보나 국제안보문제라기 보다는 환경과 인간의 삶에 치명적 위협이 되는 문제라고 주장했다.

세계자원연구소(World Resources Instiute in Washington)의 매튜 소장은 안보개념이 환경 문제와 자원을 포함하는 것이 필요하다고 하는 가운데 포린 어페어스지에 "안보의 재정의"에서 국가주권을 초월하는 새로운 국제기구의 건설을 역설하는 가운데 재생불능자원(석탄, 석유 등)은 경제 원리에 의해 고갈되지 않는 데 반해 삼림 및 대양의 어장은 재생가능 자원은 조정자가 없기 때문에 고갈되었다고 주장했다(Dalby 1994, 27). 포터(Porter)와 브라운 또한 국제적 안보에 대한 주요 위협들은 개별국가로부터가 아니라 전체적인 국제공동체가 공유하는 지구적 문제, 예컨대 핵전쟁, 군사주의와 전쟁에 의한 과중한 경제적 부담, 국가들 내에서, 그리고 국가들 사이의 삶의 수준에 있어서의 불균형, 지구적인 환경파괴로부터 발생한다고 주장한다.

오늘날 많은 나라들은 생존의 법칙에 따라 급격히 보이지 않은 전쟁으로 치닫고 있기 때문에 환경은 군사적 행위의 목표물이 되기도 하고 전쟁무기가 될 것으로 예측된다.

Ⅲ. 환경안보

과거 국제사회는 1970년대까지 주로 자국내 환경문제에 관심을 집중시켰으나, 1980년대 들어서면서 지구적 환경문제로 관심을 돌리기 시작했다. 더구나 선진국은 물론이고 신흥공업국가들 또한 자국내 환경문제에 더 많은 관심을 보이고 있었다. 하지만 이와는 다른 후발개도국들은 환경문제보다는 경제발전을 통한 기본적 삶 수준의 향상에 더 큰 관심을 갖고 있는 것으로 인식된다. 특히 우리나라의 경우도 90년대 들어서면서 지구온난화 문제, WTO 체제 등 일련의 지구적 환경문제와 새로운 국제경제체제에 대한 대응으로 지구적 환경문제에 대한관심이 증대되어 오늘날에는 남국과 북극의 해빙과 맞물려 국제사회는 환경안보에 더욱 중요성과 관심두가 높아지고 있다.

이 바탕에는 과학의 발달과 함께 환경파괴의 위험성에 대한 인식이 증가함에 따라 안보에 대한 새로운 접근으로 환경안보에 대한 관심이 급증하고 있다는 사실이다. 산성비, 오존층 파괴, 황사현상, 온실효과에 의한 기후 변화, 그리고 자원고갈 등과 같은 환경적 위협은 군사적 위협과 마찬가지로 국가의 물질적 기반을 해칠 수 있기 때문이다. 이러한 환경적 위협은 기본적으로 한 국가에 극한 된 문제라기보다는 영토 · 정치적, 경제 · 사회적 혼란을 야기하고 이러한 혼란은 국가 내에서 혹은 국가 간의 갈등과 폭력을 유발할 수 있다는 측면에서 국가안보의 문제로도 인식되고 있다(Shultz, Godson & Greenwood 1993, ch.11).

특히 인류가 겪어보지 못했던 극한 사건이 자주 발생하고 이로 인해 기후 혹은 환경난민이 발생함에 따라 국가 내 및 국가 간에 불안요소의 직접적 발생 그리고 우리 사회를 지탱하는 각종 농산물의 수확감소 그리고 사회기반체계의 교란 등은 다양한 위험으로 작용한다. 새로운 중대 위험요인이 환경안전에 영향을 미침으로써 환경안보의 개념으로 발전하였다. 이에 따라 생태계 환경안보에 대한 관심도 증가하고 있다.

그러므로 환경안보를 보다 튼튼히 하기 위한 국가적 차원의 인식의 전환, 그리고 이를 반영하여 실효가 발생하도록 국가 간의 국토환경정책의 근본적인 수정이 필요하다. 대부분 환경안보는 환경을 이용함으로써 발생하는 분쟁에 초점이 맞추어져 있으며, 생태계 그 자체는 상대적으로 약하게 다루어지고 있다. 또한 환경안보는 주로 사회 · 경제적인 측면이 강조되고 있고, 생태계 그 자체는 기후변화에 의한 영향 및 취약성만이 주로 다루어지고 있다는 것이 또다른 문제를 야기하는 것이다. 다시 말해 환경안보는 국가 간 물 분쟁, 극지역 영토분쟁, 에너지 및 자원분쟁, 식량분쟁 등 다양한 원인으로 발생할 수 있다. 환경안보를 국가 안보 범주에 포함하여 다루어야 한다는 일부 연구가 진행되어 왔으나 그 동안 국가 정책으로 본격적으로 다루어지지는 않았다.

최근에는 지구 온난화 현상과 기후변화로 인한 환경안보가 본격적으로 논의 되려는 분위기는 가지고 있다. 미국의 주요 정보기관 또한 기후변화를 국가안보차원에서 집중검토하면서 환경안보가 매우 중요한 국가정책 현안으로 부각되고 있다. 지구 온난화로 인한 기후변화는 환경안보와 국방태세에 미칠 직접적인 영향뿐만 아니라 간접적인 파장으로 인해 중요한 안보현안으로 연계 될 수 있기 때문이다(심경욱 2013).

Ⅳ. 환경안보의 거버너스

환경안보는 환경 사건 혹은 변화가 인간, 공동체 혹은 국가에 미치는 위협에 안전을 확보하는 것이다. 이는 환경에서 주로 인간 갈등, 국제관계 혹은 월경성 영향에 초점이 맞추어져 있다.

국제미래연구단체인 Futures Group International은 천년사업(Millenium Project)에서 기존의 환경안보 개념을 평가하여 새로운 정의를 내린 바 있는데, 환경안보에 대한 국가적 정의를 한나라는 러시아, CIS, 미국, 아르헨티나, 인도 등이 있으며 유엔이나 세계보건기구는 정식 정의는 아직 없다고 한다. 다만 UNDP(United Nations Development Programme)에서는 1994년 보고서에서 "국가가 직면하는 환경위협은 지역 생태계체계 악화와 전지구체계의 악화의 조합이다. 이것이 환경안보에 위협을 준다" 라고 한경안보를 언급한 바 있다.

결국 환경갈등으로 인한 제반 문제가 인간에게 미치는 것을 포괄하는 용어가 환경안보로 사용되고 있으며 더 나아가 생태계분야에 미치는 영향을 더욱 강조하여 생태계 환경안보를 강조하고 있는 것이다.

오늘날 자연자원을 둘러싼 국가간 지역간 갈등이 심해지면서 수자원, 에너지자원 확보 등에 기후변화 등 전 지구적인 환경문제가 심각하며 생태계 파괴와 보건 위해 등으로 이어지고, 이로 인해 국가마다 환경안보에 더욱 심중한 입장을 표현하고 있다. 인간 중심의 생존에 대한 위협과 국제적/세계적 차원에서의 환경위기에 따른 해결 방안의 모색이 이루어지고, 문제의 심각성을 안보로 표현 할 따름이다. 자연자원의 보호와 방어 개념도 대규모 환경파괴로 인해 지역 국가간 일어날 수 있는 불안정성을 제거하기란 어려울 것으로 보인다.

그러므로 환경안보는 ① 환경자산의 희소성, ② 환경적 위험이나 반환경적 방향으로의 변화, ③ 환경과 관련된 긴장 및 갈등과 같은 위협들을 극복할 수 있는 사회체계들(공동체들)의 보호능력(protection capability) 등을 가지고 있다. 여기서 ①과 ②는 인간과 환경 사이의 갈등을 반영하고 있고 ③은 환경과 관련된 인간들 사이의 갈등을 반영한다(Perelet 1994, 148-149). 이를 바탕으로 새로운 안보 개념은 ① 안보의 목표 ② 안보를 추구하기 우한 수단 ③ 국내문제와 국가안보 사이의 관계 ④ 국제적 지구적 범위의 위협들 특히 지구적 환경위협들을 고려해야 한다.

전통적 안보는 현실주의 패러다임과 매우 밀접한 관계를 갖고 있다. 현실주의는 안보문제를 다루는 데 있어서 국내문제보다는 '무정부적 국제체제' (anarchic international system)를 강조하는 경향이 있다. 신현실주의 역시 무정부적 국제체제 및 구조(양극, 다극구조 등)를 강조하고 있다. 현실주의 신현실주의 패러다임으로 환경안보를 설명하는데는 한계가 있는 것으로 인식된다.

그러나 현실국제체제가 국민국가들의 무정부적 구제체제라는 사실을 무시할 수 없다. 따라서 환경안보의 딜레마를 해결하기 위해서는 '국가들의 협력'이 필요하다.

러시아의 북극항로 안전운항지원정책과 쇄빙선 운항현황

예병환

I. 들어가는 말

북극해 얼음이 예상보다 빠른 속도로 소멸하면서 북극해 지역의 항로 이용 가능성이 높아지고 있다. 북극해를 지나는 북극항로는 수에즈 운하를 경유하는 현재 항로보다 거리가 짧아 항해일수와 물류비를 크게 단축할 수 있다는 장점이 있다. 북극항로는 북미와 유럽을 잇는 캐나다 해역의 북서항로(Northwest Passage)와 아시아와 유럽을 잇는 러시아 해역의 북동항로(Northern Sea Route, NSR)로 나뉜다. 북동항로는 러시아 시베리아 연안과 극동지역을 따라 바렌츠해(Barents Sea), 카라해(Kara Sea), 랍쩨프해(Laptev Sea), 동시베리아해(East Siberian Sea), 축치해(Chukchi Sea) 등 5개의 북극해협을 가로지르는 대서양과 태평양 간의 해상수송로이며 북서항로보다 결빙으로 인한 운항제약이 보다 많은 항로이다.[1]

---

[1] 유럽연합우주국(ESA : European Space Agency)은 2007년 9월 "1978년 위성을 통해 해빙기록을 시작한 이후 북쪽 캐나다를 가로지르는 북서항로의 대부분이 완전히 열렸다"고 발표했다. 반면에 시베리아 연안을 따라가는 북동항로는 "부분적으로 막혀있는 상태"라고 발표했다. http://www.esa.int/Our_Activities/Observing_the_Earth/Envisat/Satellites_witness_lowest_Arctic_ice_coverage_in_history(검색일 : 2015년 11월 20일)

또한 북동항로의 이용에서는 북극지역 항만에서의 작업과정에서 선박들이 적합한 날씨를 기다리는 경우가 많고, 연평균 단지 10일만 정상하역이 이루어지는 등 선박 양·하역이 심각한 문제점으로 대두되고 있다. 사베타항의 보관장소 및 부두면적 부족 등 주요 문제점에 기인한 선박의 항구대기시간이 40일까지 소요되고 있는 실정이다. 이러한 제약에도 불구하고 북동항로를 이용하는 물동량은 2014년도 398.2만톤에 달하며 이는 2013년도 대비 32% 증가하였으며, 이러한 증가추세를 감안하면 2020년에 북극 대륙붕 탄화수소 생산과 관련하여 연간 6500만톤에 이를 것이라고 러시아 교통부 Olersky 차관이 언급하였다.

한편, 북서항로는 현재까지 7개의 항로가 개설되어 있다. 전문가들은 이 항로가 상업적으로 이용되더라도 좁은 해협의 폭과 군소 도서가 밀집되어 있어 교통이 매우 복잡할 것으로 전망하고 있다. 또한 북서항로를 두고 캐나다와 미국은 서로 상이한 주장을 하고 있다.[2]

---

2) 캐나다는 북서항로가 자국의 내수(Internal waters)이므로 이 항로를 이용하는 외국 선박은 자국의 법규와 통제에 따라야 한다고 주장하고 있으며, 미국은 북서항로는 국제해협으로 유엔해양법상의 통과통항권(Right of Transit Passage)이 보장되어야 한다는 입장이다. 두 나라가 북서항로를 두고 다른 입장을 보이는 것은 항로에 대해 연안국이 가지는 권리와 의무 때문이다. 연안국은 내수에 대해서는 육지와 같은 주권을 가지고 있기 때문에 배타적 관할권을 행사하고, 외국 선박의 출입, 항행을 제한하거나 금지할 수 있다. 외국 선박이 내수를 항행하기 위해서는 연안국의 선박 출입항 및 해상교통 관련 규정을 준수해야 한다. 국제해협에서는 모든 국가의 선박(군함 포함)과 항공기(군용기 포함)가 계속적이며 신속하게 통과할권리가 있다. 해협 연안국은 통과통항을 방해할 수 없으며, 자국이 알고 있는 해협 안에 존재하는 위험을 적절히 공시하여야 하며 통과통항을 정지시킬 수 없다. 미국의 주장대로 이 항로가 국제해협으로 인정될 경우 외국 선박은 일정한 조건 하에 자유롭게 이 항로를 이용할 수 있다. 반면 캐나다의 주장처럼 내수로 인정되면 북서항로를 통행하는 선박들에게는 많은 제약요건이 주어지게 된다.

본고는 북극항로의 활성화를 저해하는 여러 환경을 알아보고, 북동항로의 활성화를 위한 러시아의 항해지원시설과 정책 그리고 북동항로 운항지원을 위한 쇄빙선의 현황을 간략하게 살펴보고자 한다.

Ⅱ. 러시아의 북동항로 항해지원시설과 정책 그리고 쇄빙선 현황

1. 러시아의 북동항로 항해지원시설 및 정책

북동항로의 특징은 항로에 얼음이 존재하고 기후변화로 인한 유빙으로 얼음의 움직임이 더욱 가변성을 띠고 있다는 점이다. 극한 기후는 선박 자체의 안전성과 선상에서 근무하는 선원의 작업환경을 악화시키는 요인이다. 또한 현재의 해빙상황으로는 연중 상시 항해가 어렵기 때문에 쇄빙선박이 본격적으로 운항되기까지는 쇄빙선을 활용해야 한다. 따라서 쇄빙 능력을 높이면서 보다 빠른 속도를 낼 수 있는 선박의 개발과 유빙과의 충돌에 대비해 선체의 견고성을 높이기 위한 선체의 문제, 그리고 극한 환경에 견디기 위한 선박 기자재 문제 등이 북동항로의 상업적 이용을 활성화하기 위한 주요 과제가 된다. 북극의 석유 및 가스자원에 대한 탐사 및 시추활동이 활발해지면서 LNG 선박과 해상 플랜트의 수요가 높아지고 있다. 선박의 안전성에 관한 문제는 과학기술의 발전으로 조만간 해결될 가능성이 높다.

북극해 운항을 증진시키기 위한 항만인프라의 정비와 선원의 훈련 등 북동항로의 항해지원에 관한 문제는 러시아를 중심으로 많은 논의가 이루어지고 있다. 러시아는 1950년부터 제한적이지만 상업적으로 북동항로를 운항한 경험이 있기 때문에 많은 노하우를 축적하고 있다. 러시아는 최근 무르만스크를 중심으로 북극해 연안지역의 항만개발을 추진하고 있다. 발틱 해는 우스트 루가(UST LUGA), 프리모스크(PRIMORSK), 뷔소츠크(VYSOTSK) 등 3개 항만이 개발되고 있다. 우스트 루가 항만은 3개의 터미널이 완공됐고 11개 터미널이 건설 중에 있으며, 상트페테르부르크에 인접하고 있어 항만개발이 완성단계에 이르면 모스크바를 연결하는 물류환경의 개선에 그게 기여할 것으로 전망된다. 또한 러시아 정부는 무르만스크 항만개발도 추진하고 있다. 이 지역의 항만개발을 전담하기 위해 '무르만스크 항만관리회사(Murmansk Port Management Company)'를 설립하였으며 북동항로의 허브항구로 육성할 계획을 수립하였다.

또한 러시아 정부는 북극항로를 항해하는 선박들의 안전운항을 지원하기 위해 러시아 남북극연구소(AARI : Arctic and Antarctic Research Instititute)가 중심이 되어 항해정보를 지원하기 위한 항행정보시스템을 구축했다. 이 시스템은 미국의 해양대기청(NOAA : National Oceanic and Atmospheric Administration), 연구조사선, 관측지역으로부터 수집된 정보를 AARI에서 가공·분석하여 인공위성 및 인터넷을 통해 북극해 항로를 통과하는 선박들에게 제공하고 있다. 제공되는 정보는 기상정보, 인공위성 사진, 북극 빙하데이터, 북극 파도예측, 지도정보, 항해정보, 환경지리정보 등이다.

러시아는 북극항로 이용 활성화와 안전운항 지원을 위해 아래와 같이 다각적인 노력을 기울이고 있다.

그림 1 러시아 국립 남북극연구소 항행정보지원 시스템

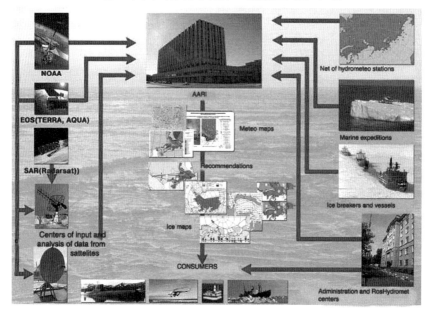

첫째, 다양한 위성통신 시스템 구축이 진행되고 있다. 현재 북극에서 사용할 수 있는 위성통신 시스템으로는 항공기·선박에 통신 서비스를 제공하는 INMARSAT, 휴대전화 등 상용 통신 서비스를 제공하는 IRIDIUM, 그리고 선박의 안전을 위해 선박교통 및 해양운송 정보를 전송하는 VTMIS(Vessel Traffic Management and Information System) 등이 있다. 한편, 러시아는 응급 서비스 등을 제공할 수 있는 새로운 위성통신 시스템도 구축하고자 한다. 북극항로를 본격적으로 상용화하려면 북극의 열악하고 불안정한 환경을 관측하고 사고를 방지하며 선박 추적능력을 가진 내비게이션 시스템이 필요하기 때문이다. 이를 위해 러시아정부는 2007년부터 '아르크티카(Arktika)' 위성 개발을 논의해 왔다. 2010년 4월 페르미노프(Anatoly Perminov) 러시아 우주청(Roscosmos) 국장은 230억 달러를 투입하여 북극 전담용 위성을 설치할 것이라고 언급하

였다.[3] 이와 관련하여 최근 러시아 정부도 '아르크티카'위성 10대를 설치할 예정이며 이것이 실현된다면 향후 북극항로의 항행 안전성은 더욱 높아지게 될 것이다.

둘째, 북극항로의 안전성을 제고하기 위해 구조센터를 건설하고 있다. 2011년 9월 푸틴 당시 총리는 10억 루블(약 3억 달러)을 투입하여 2015년까지 북극지대에 연구 및 구조센터 10곳을 건설할 것이라고 발표한 바 있다.

셋째, 북극지역 항만 정비·건설이 진행되고 있다. 현재 이가르카(Igarka), 두딘카(Dudinka), 디크손(Dikson), 페베크(Pevek), 프로비데니야(Provideniya) 등이 개·보수를 기다리고 있는 상황이며, 최근에는 러시아 정부와 노바테크가 공동으로 야말 LNG 플랜트 인근에 사베타(Sabetta) 항을 건설하고 있다. 연방예산 472억 루블(약 16억 달러)과 민간투자 259억 루블(약 10억 달러)이 투입되며, 연중 내내 운용 가능하고 연 3,000만 톤의 물동량을 처리할 수 있는 항구가 될 전망이다. 소콜로프(Maksim Sokolov) 교통부 장관은 사베타 항 건설이 새로운 러시아 북극해상운송 시대의 출발점이 될 것이라고 언급하였다.[4]

2 북극해 안전운항과 쇄빙선

많은 요인에 의해 북극지역의 기후변화는 다른 지역들 보다 더 강도 있고 빠르게 진행되고 있으며, 최근 10년간 북극지역의 해빙은 13.7%가 감소되었

---

3) "Russia to Build Arctic Satellite Network," Russian Spaceweb(October 29, 2013).
4) "In Russian Arctic, a New Major Sea Port," Barents Observer(August 6, 2012).

다. 북극 얼음이 녹으면서 한편으로는 북동항로를 이용하는 선박의 운항은 더욱 빠른 속도로 증가하겠지만 다른 한편으로는 녹은 빙하와 깨진 부빙은 북극 해항로를 운항하는 선박들의 안전운항을 위협하는 요소가 될 수도 있다.

북동항로 동부구간은 바렌츠해와 카라해를 구분하는 노바야 제믈랴 섬부터 추코트카 반도의 최북단 데쥬네프(Dezhnev) 곶까지 3,000 마일은 얼음으로 덮혀 있기 때문에 쇄빙선의 호위 없이 북극해 구간의 항행은 불가능하다. 두딘카 항은 양호한 해상 조건에서는 쇄빙선 없이 운항이 가능하지만 도선서비스 없이는 전 구간 항행이 불가능하며, 에니세이 만에서는 흘수선이 낮은 원자력쇄빙선이 도선하고 있다. 디젤 쇄빙선은 항해속도를 유지하지 못하기 때문에 도선할 수 없고 원자력쇄빙선 없이는 북동항로의 운항은 불가능하다. 따라서 북동항로를 운항하는 외국선박은 좋은 기상조건에서는 자체 항행이 가능하지만의 동절기에는 러시아의 도선서비스가 안전운항에 매우 중요하며, 필요 시 도움을 요청할 쇄빙선의 존재는 북동항로의 안전운항과 활성화에 매우 중요하다.

북극해의 자원 개발, 과학기술탐사, 선박의 항행을 위해서는 북극해 항해조건에 맞는 선박에 대한 기술 개발이 선행되어야 한다. 일년생 얼음이 대부분인 남극해와 달리 북극해는 다년생 얼음으로 뒤덮여 있어 북극항해가 더욱 제약을 받는 것으로 알려져 있다. 이와 같이 얼음이 존재하는 해역을 항해할 목적으로 만든 선박을 통칭하여 빙해선박이라고 한다. 빙해선박은 얼음 속을 안전하고 효율적으로 항행하기 위해 일반 선박과 다른 특징을 가진 특수한 선박이어야 한다. 이중 쇄빙선(Ice Breaker Vessel)은 빙해역에서 타선의 지원·구원·조사 등의 목적을 위해 적극적으로 빙행을 할 수 있는 구조와 기능을 가지고 있는 선박으로 북극해와 같은 영하 40℃ 이하의 빙해 환경에 맞춰 설계된다. 쇄빙선은 용도에 따라 빙해역에 수로를 만들어 다른 선박의 항행을 유도하는 유도쇄빙선과 단독으로 개별적으로 활동을 추진하는 단독쇄빙선으로 구분되며, 북극해를 항행하는 선박은 이들 쇄빙선과 함께 수척의 빙해선박이 선단을 이루어 해상수송을 담당하고 있다.

내빙선박의 운행은 얼음과의 접촉을 통해 이루어지므로 일반 선박과는 다른 특징을 가지고 있다. 첫째, 얼음으로부터 선박을 보호하기 위해 얼음과 접촉하는 선체의 구조가 튼튼하여야 하며, 둘째, 연속적으로 쇄빙하면서 얼음과의 마찰저항을 이기고 일정한 속도로 항해하기 위해 출력이 큰 추진시스템을 구비하여 하며, 셋째, 빙하를 깨고 깨뜨린 빙판을 선체 좌우측으로 제거하도록 설계되어야 한다. 또한 이와 함께 극한 환경에 견딜 수 있도록 선박 도료와 기자재 등의 내구성이 확보되어야 한다.

1980년대 극지에 대한 관심이 높아지면서 경쟁적으로 쇄빙선이 건조되기 시작했다. 러시아는 1959년 세계 최초로 원자력을 추진력으로 사용하는 쇄빙선 '레닌'을 건조하였고, 이어 2007년에는 핵추진 쇄빙선 '승전 50주년 기념호(50 Let Pobedy)'를 건조했다. 이 쇄빙선은 2만 5,000톤급 규모의 북극해 크루즈선으로 선체길이가 159m, 선폭이 30m로 현재 세계에서 가장 규모가 큰 쇄빙선이다. 현재까지 전 세계적으로 총 200여 척의 쇄빙선이 건조 및 운항되었으며, 우리나라도 2009년 최초의 쇄빙선인 '아라온호(ARAON)'를 건조하여 운항 중이다. 아라온호는 6,950톤급 규모에 선체길이는 111m로 기존의 쇄빙선에 비해 큰 규모는 아니지만 첨단 연구 장비가 장착되어 연구 수행 능력은 세계 최고 수준으로 알려져 있다. 아라온호는 두께 1m 얼음을 깨며 전진할 수 있고, 최고속도는 16노트(시속 약 30km), 1회용품 보급으로 70일간 2만 해리

(약 3.7만km)를 항해할 수 있는 능력을 갖추고 있다.

북극해를 경유하여 동북아시아와 유럽을 연결하는 북동항로는 1932년에
첫 번째 선박이 아르한겔스크부터 베링 해까지 항행한 이후 쇄빙선 함대의 덕
택으로 러시아 북부지역의 화물운송 루트로 집약적으로 이용되어 왔다. 1980
년대 말 북동항로의 화물운송 규모는 670만 톤으로 사상 최고치를 기록한 후

그림 2 한국 최초 쇄빙선 '아라온호'

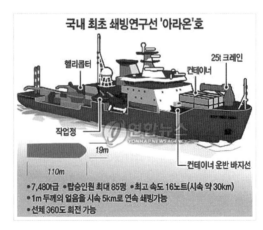

거의 제로 상태로 감소했다. 그러나 2000년부터 북동항로의 통과물동량은 증가하고 있으며, 현재 연간 100만 톤을 상회하고 있다. 바렌츠 옵서버(Barents Observer)에 따르면 북동항로의 통과 선박은 2009년 2척, 2010년 4척, 2011년 34척, 2012년 46척으로 증가했다. 2011년 82만 789톤 대비 2012년 화물규모는 53%나 증가한 130만 톤을 기록하고 있다. 북극개발을 통해 북동항로의 경유 통과화물은 지속적으로 증가될 것으로 예견되고 있다. 러시아 국가안보위원회의장 니콜라이 파트루세프는 북동항로의 화물규모는 2020년 6,400만 톤, 2030년 8,500만 톤을 예상하고 있다.[5]

3. 러시아의 쇄빙선 운항현황

무르만스크 소재 Rosatomflot는 현재 원자력 쇄빙선 5척을 보유하고 있으며, 2020년까지 3척이 단계적으로 추가 건조될 예정이다. 북극해항로상의 쇄빙지원 서비스에는 대부분 Arktika급인 '50 Let Povedy'호와 Yamal호가 투입되고 있으며, Sabetta, Dudinka항 입구 등 draft가 얕은 곳에는 'Taimyr,' 'Vaygach'가 주로 작업에 투입되고 있다. 저흘수 원자력쇄빙선인 'Vaigach'는 두딘카항 방향 에니세이 연안에서 '노릴스크니켈'사 선박의 운항을 위해 서비스를 제공하고 있다. 2014년 Rosatomflot의 쇄빙서비스 작업량은 129척 1,659천톤에 달하며, 동절기엔 항만이 결빙되므로, Dudinka, Sabetta항 등의 통로유지를 위한 쇄빙작업을 수행하고 있다.

---

5)   Andrey Shalyov, "Arctic might help Russia to restore status of Great Power," Barents Observer, August 23, 2012.

Norilsk Nickel사도 쇄빙가능한 Arc7급의 쇄빙선박(19,000dwt) 6척을 보유하고 있으나, 동절기 항만 결빙 시에는 수로 통행을 위해 평균 130만톤의 쇄빙지원 서비스를 Rosatomflot로부터 지원받고 있다. Rosatomflot는 향후 북극 탄화수소자원 개발 프로젝트로 인해 북동항로를 이용하는 화물수송량이 증대될 것이므로 쇄빙 업무도 급증할 것으로 예상하고 있다.

표 1 러시아 자원개발 계획과 북동항로 물동량

프로젝트 / 항만	연간프로젝트 규모	프로젝트 기한
Yamal LNG / Sabetta port	LNG 17.6백만톤	2018–2040
Novoport Oil Deposit(GazpromNeft) / Noviy Port	원유 5.0백만톤	2015–2030
Norilsk Nickel / Dudinka	비철금속 & 귀금속 1.3백만톤	매년 지속
Payaha Oil Deposit / 독립 석유가스회사	원유 3.0백만톤	2018–2030
카라해 지역(Rosneft 라이센스 보유)	대륙붕 매장지 탐사 업무 중	2023년까지

Rosatomflot사는 야말 프로젝트의 원할한 수행을 위해 슈퍼쇄빙선 'Arktika', 'Sibiri', 'Ural'호가 투입될 예정이라고 밝혔다. 향후 이들 쇄빙선은 Yamal 및 Gydan 반도, 카라해 대륙붕에서 대서양 및 태평양 시장으로 탄화수소 운송선박의 도선서비스를 제공하게 되고 향후 건조될 LK–60(프로젝트 22220) 쇄빙선은 Enisei 및 Ob만 지역 연안과 바렌츠해, 페초라해, 카라해에서 작업이 가능하도록 두 개의 흘수를 사용하며 거의 3m의 다년빙도 극복할 수 있도록 특수하게 설계되고 있다. 11억 달러를 들여 세계 최대 원자력 쇄빙선을 건조할 <프로젝트 22220> 또는 쇄빙선 LK–60 시리즈로 불리는 Arctica급 원자력 쇄빙선 건조 프로젝트는 러시아의 상트페테르부르크(St. Petersburg)에 위치한 발틱 조선소에서 진행 중에 있으며 2017년 까지 33,540톤급의 세계 최대 원자력 쇄빙선 3기를 건조하게 된다. 2016년 진수될 세계에서 가장 거대한 원자력 쇄빙선 '아르크티카(Arctic)'호의 건조가 마무리되면 2017년 12월 모든 시험을 마

치고 인계될 예정이며, 최신식 러시아 원자력 쇄빙선은 3m 두께의 얼음을 쇄빙할 수 있는 능력과 함께 10만 톤까지 화물 적재가 가능하다.

표 2 러시아 원자력 쇄빙선 현황

구분	Type Arktika	Type Taimyr	Project 22220(IB60)*
추진력	54MW	35MW	60MW
배수	23,000t	21,000t	35,330 / 25,540t
흘수	11.0m	8.1m	10.5 / 8,5m
쇄빙력	2.25m	1.7m	2.9m
동종 쇄빙선	'Sovetskiy Soyuz' (1989.12.29.) 'Yamal'(1992.10.28.) '50 Let Povedy' (2007.3.23)	'Taimyr'(1989.6.30) 'Vaygach'(1990.7.25)	1# IB60(2017.12.31) 2# IB60(2019.12.31) 3# IB60(2020.12.31)

* Universal Atomic icebreaker ※ 출처 : Rosatomflot, 2015

Ⅲ. 맺음말

최근 북극지방의 자원 개발에 대한 수요 증대와 러시아의 북극해 자원수송의 증가로 내빙선(쇄빙상선)에 대한 기술 개발과 관심도 증가하고 있다. 1992년 이후 쇄빙선 3척, 내빙선 65척, 극지 드릴십 1척 등 총 68척의 극지운항선을 건조해 온 우리나라의 삼성중공업은 2007년 1월 세계 최초 쇄빙유조선인 '바실리 딘코프(Vasily Dinkov)'를 건조하여 러시아 소보콤플로트사에 인도했다. 이 선박은 7만 톤급의 쇄빙유조선으로 두께 1.57m의 얼음을 깨고 시속 3노트(약 5.5㎞)로 항해할 수 있는 능력을 갖추고 있으며, 전후 양방향 쇄빙이 가능하고 가장 까다로운 러시아 Rule을 세계 최초 적용한 사례로 알려져 있다.

향후 북동항로를 이용하는 선박의 증가와 함께 안전운항을 위한 쇄빙선의 운항도 크게 증가할 전망이며, 이는 우리나라의 조선업의 발전에 크게 기여할 것으로 보여 진다.

그림 3 〈국가별 쇄빙선 보유현황〉

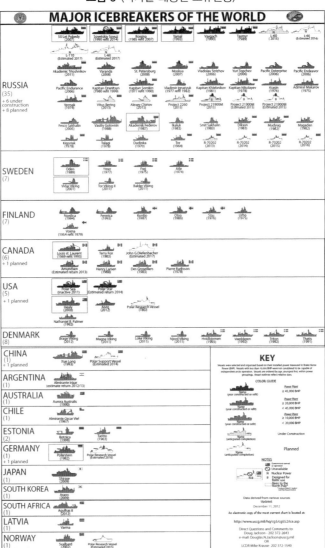

그림 4 〈러시아 쇄빙선 현황〉

ICEBREAKERS TRAFFICABILITY

Nuclear Powered Icebreaker 50 let Pobedu (50 Years of Victory) (2040)

draft - 11 m
ice trafficability - 2,9 m

Nuclear Powered Icebreaker Yamal (Arctica) (2019)

draft - 11,8 m
ice trafficability - 2,8 m

TAIMUR (2012) and VAIGACH (2013)

draft - 8,0 m
ice trafficability - 1,77 m

Nuclear powered Icebreaker LK-60Ya (2014-2015)

draft - 8,5/10,5 m
ice trafficability - 2,9 m

ICEBREAKERS TRAFFICABILITY

container vessel Norilskyi Nikel built in 2006

Icebreaker Y. Topchev, (20 MWT) built in 2007

Tanker V. Dinkov (70 000 t) built in 2007

출처 : http://www.virginia.edu/colp/images/Skarikov-No.Sea-Route.swf

그림 5 〈Arktika급인 러시아 원자력 쇄빙선 Yamal호와 '50 Let Povedy'호〉

그림 6 〈러시아 원자력 쇄빙선별 제원〉

Russia's nuclear icebreaker fleet

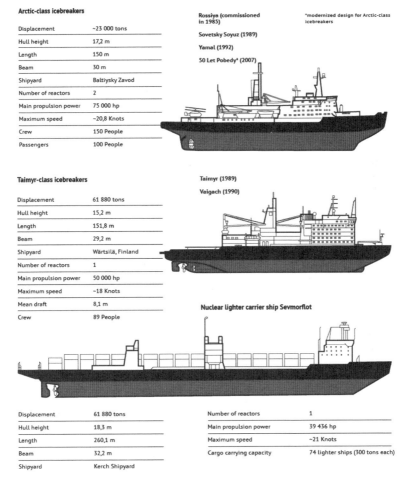

Arctic-class icebreakers

Displacement	~23 000 tons
Hull height	17,2 m
Length	150 m
Beam	30 m
Shipyard	Baltiysky Zavod
Number of reactors	2
Main propulsion power	75 000 hp
Maximum speed	~20,8 Knots
Crew	150 People
Passengers	100 People

Rossiya (commissioned in 1985)

Sovetsky Soyuz (1989)

Yamal (1992)

50 Let Pobedy* (2007)

*modernized design for Arctic-class icebreakers

Taimyr-class icebreakers

Displacement	61 880 tons
Hull height	15,2 m
Length	151,8 m
Beam	29,2 m
Shipyard	Wärtsilä, Finland
Number of reactors	1
Main propulsion power	50 000 hp
Maximum speed	~18 Knots
Mean draft	8,1 m
Crew	89 People

Taimyr (1989)

Vaigach (1990)

Nuclear lighter carrier ship Sevmorflot

Displacement	61 880 tons	Number of reactors	1
Hull height	18,3 m	Main propulsion power	39 436 hp
Length	260,1 m	Maximum speed	~21 Knots
Beam	32,2 m	Cargo carrying capacity	74 lighter ships (300 tons each)
Shipyard	Kerch Shipyard		

자료 : "Russia Starts Building Largest-Ever Nuclear Icebreaker," RIA Novosti (November 5, 2013).

그림 7 〈Murmansk항에 정박하고 있는 세계 최초의 원자력 쇄빙선 Lenin호〉[10]

출처 : https://en.wikipedia.org/wiki/Lenin_(nuclear_icebreaker)

---

6)　1959년 소련이 완성한 세계 최초의 원자력 쇄빙선인 레닌호는 배수량 1만 6000t, 원자로 3기를 갖추고 있다. 두께 2.4m의 빙해(氷海)를 2kn로 항해할 수 있으며, 원자로에서 나오는 열로 부근의 얼음을 녹일 수 있다고 한다.

북극해의 수산자원과 어업

이재혁

Ⅰ. 북극해의 개관

북극권(北極圈, Arctic Circle)은 북위 약 66° 30'에 위치한 북극(北極, Arctic)의 남쪽 한계선으로 하지에는 낮이 24시간, 동지에는 밤이 24시간 계속되는 권역이다. 이 글에서는 지구에서 가장 북쪽으로 자전축의 북쪽 꼭짓점인 북위 90° 지점의 깊이 4,087미터에 위치한 북극점(北極點, North Pole)으로부터 북극권까지를 북극지역(北極地域, Arctic Region)으로 규정하였다.

북극지역 전체 면적 약 3,000만㎢ 가운데 북극해는 약 1,400만㎢를 차지한다. 북극지역의 경계는 냉대침엽수림 또는 타이가(Taiga) 삼림의 북한계선(北限界線, northern limit)과 거의 일치하는데, 이는 가장 따뜻한 달의 평균기온 또는 최난월평균기온 10℃의 등온선을 기준으로 나눈다.

북극해(北極海, Arctic Ocean)는 북극점을 중심으로 유라시아 대륙과 북아메리카 대륙에 둘러싸인 해역으로 북빙양(北氷洋)으로도 불리며, 오대양 가운데 면적이 가장 작은 바다로 평균수심은 972m이고, 가장 깊은 곳은 5,502m이다. 북극해는 전체 면적의 3분의 1이 대륙붕(大陸棚, continental shelf)으로 이루어졌다. 북극해로의 바닷물은 그린란드·스피츠베르겐 제도 사이의 수로와 캐나다 북극권 군도 사이의 여러 해협을 통해서 대서양과 만나고, 베링해협을 통해 태평양으로 이어진다. 북극해로 흘러드는 큰 하천은 러시아의 오브강

그림 1 북극해의 범위

출처 : http://de.wikipedia.org/w/index.php?title=Datei:Arctic.svg&filetimestamp(검색일 : 2010년 10월 22일)

· 예니세이강 · 레나강과 캐나다의 메켄지강 등이 있으며, 바렌츠해 · 백해 · 카라해 · 랍테프해 · 동시베리아해 · 추코트카해 등 많은 부속해가 있다.

Ⅱ. 어장과 어종

북극해의 어업은 전 세계적으로 중요한 식량자원을 제공하며 이 지역 경제의 중요부분을 차지한다. 북극해 및 주변 어장에서 생산되는 주요 어종으로는 대구, 명태, 청어와 연어과의 곤들매기 등을 들 수 있다. 명태의 주요 어획 수역은 베링해의 나바린 케이프(Navarin Cape)와 오호츠크해역의 캄차카 서부수역이다. 기후변화와 과잉 어획으로 인해 러시아의 명태 생산량은 지속적인 감소세를 나타내고 있다. 이에 베링해를 대상으로 한 국제수산기구인 중부베링해명태자원보존관리협약(CBSPC)에서 명태자원 보전을 위한 조업관리가 진행되고 있다.

한편 바렌츠해의 경우 러시아와 노르웨이의 협력을 통해 대구, 열빙어, 청어, 고등어 등 수산자원에 대한 쿼터제가 시행되는 등 북극해 주변 어장을 중심으로 수산자원 관리를 위한 국제적인 협력이 진행되고 있다.

북극해는 얼음 때문에 햇빛이 덜 투과되어 식물성 플랑크톤의 생산량이 다른 대양의 10분의 1 정도로 적다. 특히 북극해의 중심부에서는 식물성 플랑크톤과 동물성 플랑크톤이 적어 이들을 먹고사는 물고기도 적다. 그러나 태평양과 대서양의 따뜻한 물이 북극의 찬물과 섞이는 곳에는 어류가 많다. 어류는 125종을 넘는데 가장 중요한 어종이 북극연어와 북극대구이다. 주요 어장은 스발바르제도에서 노바야젬랴에 걸친 수역이다. 북극해 주변에는 그린란드 남부 연안 및 바렌츠 해, 베링 해, 알래스카 북쪽 연안에 주요 어장이 발달돼 있다. 북극해 및 주변 어장의 어획고는 전 세계의 42%인 3천 4백만 톤이 생산되고 있다.[1]

근래 기후변화가 일부 지역에 중대한 생태변화를 초래할 가능성이 있는데 생태계에 미치는 부정적인 변화가 아니라면 알맞은 수온 상승과 빙하지역의 축소는 몇몇 주요어류에 대한 생태조건을 향상시킬 수 있다. 먹이의 양이 증

---

1) 김학소, "미래 국부창출을 위한 '북극해' 전략," 한국선진화포럼, 한국해양수산개발원 특별토론회 자료집(2013년 11월), pp.5~41, 19.

가하고 이들의 서식지가 확장되기 때문이다. 해양생물에 미치는 영향을 지구온난화로 인한 해수면 온도의 상승으로 청어, 명태, 대구, 연어 등의 서식지가 북상하면서 북극해 지역의 어업생산이 증가할 것으로 기대되고 북극해에서 새로운 어장을 개척하고 있다.

기후변화의 긍정적인 영향의 대표적인 예는 서부 그린란드 대구의 경우이다. 1900년에서 1920년 사이의 한랭기에는 그린란드에 대구가 거의 없었다. 1922년에서 1924년 사이에 대량의 대구가 아이슬란드에서 산란을 했고, 이것이 아이슬란드에서 동부 그린란드, 서부 그린란드로 이동하였고 거기에서 번식하여 1920년대 중반부터 상당한 어획고를 올리게 되었다. 이 대량의 대구가 아이슬란드로 돌아가서 1930년대 초에 산란하고 거기에 서식하게 되었으나, 나머지 대구들은 여전히 서부 그린란드에 남아서 산란을 했고 독립적인 대구어종이 되었다. 20세기 중반에 걸친 온난기동안 그린란드 대구어종은 다량으로 증식했으며 1951년에서 1970년 사이에 어획량은 연평균 315,000톤에 이르렀다.

지구온난화에 따른 어류의 이동으로 북극해 연안국의 어업생산량이 대폭 늘어날 것이라는 전망이다. 어족자원은 10년 당 40km 속도로 북쪽으로 이동하여, 2050년에는 노르웨이 45%, 그린란드 27%, 미국 25%, 러시아 21%, 아이슬란드 20%, 캐나다 5%의 어업생산량의 증가를 예상하고 있다.[2]

---

2) Fluharty, David, "Artic Marine Living Resources," Young, Oran R., Kim, Jong Deog, Kim, Yoon Hyung(Edit.), 2012, The Arctic in World Affairs; A North Pacific Dialogue on Arctic Marine Issues, Korea Maritime Institute, East-West Center, 168.

Ⅲ. 북극해의 기후변화와 어업

기후 변화로 인해 북극 해양 포유동물들과 바다새들은 서식지와 양식지를 잃어버리는 것을 넘어 여러 가지 위협에 처해있다. 따뜻해진 기후로 인해 질병의 위험이 커지고 있고, 높아진 강수량으로 인해 보다 많은 대기오염물질과 강오염물질들이 북쪽으로 넘어옴으로써 오염의 영향이 증가하고 있다.

온순한 생물들이 자신들의 영역을 북쪽으로 확장함으로써 생존경쟁도 점차 치열해지고 있다. 또한 이전에는 접근하기 어려웠던 빙하지역으로 인류의 교통과 개발이 증가함으로써 미치는 악영향도 있다.

북극 해양 어업은 전 세계적으로 중요한 양식 자원을 제공하며, 이 지역 경제의 주요부분을 차지한다. 이 지역 어업은 지역 기후조건, 생태체계, 경영상의 결정(management decisions) 등과 같은 요인에 의해 큰 영향을 받기 때문에 기후 변화가 해양생물에 미치는 영향을 가늠하는 데에는 어려움이 있다.

기후 변화가 일부 지역에 중대한 생태변화를 초래할 가능성은 있는데 이 생태변화는 엄청난 결과와 함께 생물 구성에 급격한 변화를 일으킬 것이다.

그러한 변화가 아니라면 알맞은 수온상승은 대구와 청어와 같은 몇몇 주요 어류에 대한 조건들을 향상시키기가 쉽다. 기온 상승과 빙하지역의 축소로 인해 이들 먹이의 양이 증가되고 이들 서식지가 확장되기 때문이다.

기후의 긍정적인 영향의 대표적인 예는 서부 그린란드 대구의 경우이다. 1900년에서 1920년 사이의 한기에는 그린란드에 대구가 거의 없었다. 1922년에서 1924년 사이 대량의 대구가 아이슬란드해에 산란을 했고 이것이 아이슬란드에서 동부 그린란드, 서부 그린란드로 표류해왔고 거기에서 번식하여 1920년대 중반 의미있는 어업이 시작되었다.

이 대량의 대구가 아이슬란드로 돌아가서 1930년대 초에 산란을 했고 거기에 서식하게 되었다. 그러나 나머지 대구들은 여전히 서부 그린란드에 남아서 산란을 했고 독립적인 대구어종이 되었다.

20세기 중반에 걸친 온기 동안 그린란드 대구어종은 다량으로 증식했으며 1951년에서 1970년 사이에 연평균 315,000톤의 어획량에 달했다.

1965년 이래 시작된 한기에는 대구가 그린란드 해에 산란할 수 없게 되었던 것 같다. 그 때 이래로 유일하게 의미 있는 어업은 그린란드에서 아이슬란드 해로 넘어온, 1973년에서 1983년 사이에 아이슬란드 해에서 태어난 어종들에 기반을 두게 되었다.

기후변화에 의한 어업의 영향은 1977년 베링 해에도 나타났다. 온난화는 생태체계를 변화시켰고 이는 청어 어종에 유리했고 태평양의 대구, 홍어, 넙치류, 비갑각류 연체동물에 대한 생산량을 증가시켰다. 해양 바닥 생물 구성은 지배적이었던 게 종류에서 보다 다양한 어종으로, 즉 불가사리, 해면동물을 비롯한 여러 가지 생물로 변화되었다(해양 바닥 생물 구성은 불가사리, 해명동물을 비롯한 여러 가지 생물로 지배적 어종에서 보다 다양한 어종으로 변화

그림 2 베링 해에서의 어획량 변화

출처 : ACIA(Arctic Climate Impact Assessment), Impacts of a Warming Arctic,
Cambridge University Press, 2004, p.64.

하였다). 태평양 연어의 상업적 어획이 증가했다. 1960년대와 1970년대에는 낮은 수준(2~6백만 톤)이었던 명태의 어획량이 1980년대 이래로 천만 톤 이상의 수준으로 증가하였다.

　북대서양의 경우 북극과 아북극지방 어종에 대한 기후변화의 전체영향은 적어도 다음 2, 30년 동안에는 어업경영의 영향보다는 크지 않을 것으로 보인다. 이는 이 지역에 21세기 초반 동안에는 비교적 미미한 온난화가 예상되기 때문이다. 그러나 베링 해에는 급격한 기후 변화가 이미 명백하게 나타났고 이것으로 인한 영향은 지대하다. 베링 해는 해저 수온이 특히 증가하고 있어 차가운 곳에 서식하는 어종과 포유동물들은 북쪽으로 옮겨가게 되거나 쇠퇴

그림 3 노르웨이 해와 바렌츠 해에서 수온이 1-2℃ 상승했을 때 예상되는 어종의 분포 변화

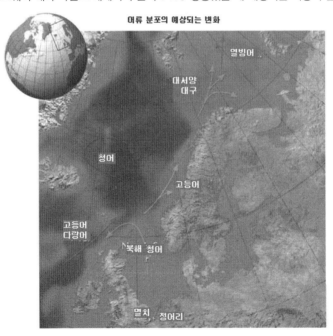

출처 : ACIA(Arctic Climate Impact Assessment), Impacts of a Warming Arctic, Cambridge University Press, 2004, p.65.

하고 있다. 게다가 베링 해 어업의 일차적인 관심은 기후 변화로 인해 계속해서 변화하게 될 생태계를 위해 대처하는 것이 될 것이다.

어업에 미치는 기후변화가 장기간 북극지방에 사회적, 경제적 영향을 미치지 않을 것 같지만 어업에 주로 의지하는 일부 지역은 영향을 받게 될 것이다. 매우 심한 혼란이 가능하며 역사적으로도 일어나왔다. 예를 들어 Labrador / Newfoundland 대구 어업은 과다 어획, 해양조건 변화, 1990년대의 다양한 요인으로 인해 붕괴되었고 많은 대구 어업종사자들이 파산하거나 다른 어종으로 바꾸었고 이 지역 대구어업은 급격하게 쇠퇴했다. 10년이 흘렀지만 이 지역 대구어종은 여전히 회복되지 않고 있다.

Ⅳ. 북극해의 양식업

연어와 송어는 북극지방에서 양대 양식업 어종으로, 최신식 장비의 하이테크로 운영된다. 어업이라기보다는 오히려 돼지 가금류 양식에 가까운 방식으로 운영된다. 노르웨이는 지난 20년간 대규모의 산업을 발전시켜왔으며 현재는 세계에서 가장 큰 연어 양식업을 운영한다. 2000년에 전체 생산량은 16억 달러에 달하며 노르웨이 양식업에서 연어를 경제적 가치 면에서 가장 중요한 유일의 어종으로 만들었다.

미미한 해양 수온의 상승으로 어류 증가율이 높아질 것으로 기대되지만 그 이상의 수온상승은 양식 어종의 온도 인내력을 초과하게 될 것이다. 게다가 수온 상승은 다른 부정적인 영향도 가져올 수 있다. 즉, 질병의 증가와 독성 해조류의 번식과 같은 영향이다. 노르웨이 해안을 따라 북쪽으로 흐르는 대서양 물이 2-3도 수온이 높아지면, 양식업 운영은 막대한 비용을 치르면서 북쪽으로 이동해야 할 것이다.

Newfoundland와 Labrador를 벗어난 해양 양식업은 그들 위도 때문에 어려움이 있다. 해수면 상층 온도가 현재 다량의 양식 어종의 인내력을 넘어 상승하는 것이 흔히 일어난다.

양식업은 자연해역에서 잡히는 야생 물고기의 거대한 공급량에 의존하게 된다. 이것으로 연어와 송어와 같은 양식 어종의 주요 사료재료인 어분과 기름을 제공받는다. 사료공급량이 많이 필요하기 때문에 양식업은 주요 야생 어종의 급격한 변동에 영향을 쉽게 받는다. 이러한 변동은 기후적 요인에 의해 일어날 수 있다. 예를 들어 태평양의 엘니뇨현상은 이미 멸치 어종에 엄청난 영향을 끼침으로써 양식업에 영향을 주었다. 1997년에서 1998년까지 전 세계적인 멸치 어업은 거의 8백만 톤이나 줄었고 이는 주로 엘니뇨현상으로 비롯된 것이다. 게다가 양식어종의 사료로 쓰기 위해 그 밖의 지역에서 잡히는 많은 어종들이 야생 어종들의 양식으로도 상당히 중요하다. 이 야생 어종들은 훨씬 더 큰 상업적 가치가 있으며 현재는 어획과다로 인해 풍부하지 않은 상태이다. 어업종사자들이 이 야생 어종들을 증가시키는 데 성공하자면, 현재 이 주요 먹이 종을 어분과 기름으로 바꾸는 양식업에 있어 사료가 되는 어종의 필요량을 크게 감소시킬 필요가 있다.

연어와 송어는 북극해에서 행해지는 양식업의 주요한 어종이다. 노르웨이는 세계에서 가장 큰 연어양식장을 운영하고 있다. 연어는 2000년에만 16억 US달러를 생산하여 단일 어종으로 노르웨이 수산업의 가장 중요한 어종이었다.[3]

Faroe 섬을 둘러싼 해양은 북유럽 대서양의 연어어종의 가장 중요한 서식지

---

3) ACIA(Arctic Climate Impact Assessment), 2004, Impacts of a Warming Arctic, Cambridge University Press, pp.66-67.

이다. 이 군도의 섬은 듬성듬성 모여 있고 짧은 Fjords와 inlet이 있는데 이는 물고임을 막는 뚜렷한 바닷물 흐름이 일어나는 비교적 개방된 지역을 형성한다. 이는 가장 중요한 양식 어종인 대서양 연어와 무지개송어의 양식업에 유리한 조건을 제공한다.

1980년대 어류양식은 Faroe 섬의 산업이 되었고 1988년에는 연 생산량이 약 8,000톤에 다다랐다. 1990년대 초 중반에 이 산업은 붕괴되었다. 왜냐하면 무수한 작은 어종 양식장이 양식어종인 연어의 시장가 폭락을 이기지 못했기 때문이다. 또한 어류 질병도 이러한 산업도산에 한 몫 하였다. 1990년대 후반 다시 생산량이 증가하게 되었고 2001년 Faroe 섬 어류 양식업은 현재 23곳에서 운영되는 일부 대기업에 합병되었다. 지금은 군도의 적당한 만과 피요르드면 거의 어디든 어류 양식장이 있다.

Faroe 섬은 국제적으로 연어 양식업에 중요한 역할을 하고 있고 연어와 송어를 53,000톤을 생산하며 2003년 그 가치는 약 1억 8천만 달러에 이른다. 약 45,000명의 인구를 감안할 때 이는 1인당 약 1,200kg의 양식 어류를 생산하는 것에 해당한다. 300명 이상이 Faroe 섬 어류양식장에 고용되어 있다. 게다가 1,000명의 인력이 어류를 가공하고 운반하며 어류제품을 생산하는 등 관련 업종에 종사하고 있다. 최근에는 양식업이 다른 나라의 경우보다 Faroe 섬 경제부문에서 보다 큰 중요성을 갖게 되었다. 2001~2003년에 양식어류제품이 수출상품에 벌어들이는 전체 수익의 약 25%를 차지했다. 다른 주요 수출제품으로는 유일하게 야생 어류제품이 포함되었는데 이는 약 전체 수익의 70%를 차지하였다.

그러나 양식업은 문제들이 늘어가고 있다. 연어의 질병과 시장가의 큰 감소로 인해 재정 부담이 증가하고 있다. 일부 치유하기 어려운 질병들은 Faroe 섬에서 빈번하게 나타난다. 이 산업은 최근의 대량생산이 계속되도록 하려면 자본의 유입이 절실하지만 질병 및 낮은 시장가의 문제가 이러한 유입을 어렵게 하고 있다. 따뜻해지는 기후는 긍정적인 영향과 부정적인 영향 둘 다 미치게 된다. 수온상승이 약 5℃를 초과하지 않는다면 어류의 성장률과 성장기의 기간이 증가할 것으로 기대된다. 수온이 그 이상 높아진다면 어류의 온도인내력을 초과하게 될 것이다. 수온상승은 또한 어류 질병발생 범위와 독성조류의 확대를 가져올 것이다.[4]

V. 북극해 관련 수산기구 동향

현재 북극해에 대한 권리는 북극과 인접해 있는 미국, 캐나다, 러시아, 노르웨이, 덴마크 등 5개국을 비롯해 그린란드 등이 뒤엉켜 있지만, 「유엔해양법협약」에 따르면 북극해역에 대한 개별 국가의 주권은 인정하지 않고, 인접국들의 200해리(370㎞) 배타적경제수역만 허용하고 있다. 북극해 수산업 실태를 파악하기 위해서는 이들 연안국간의 수산자원 관리 협정이나 주변 어장의 국제수산기구들의 동향을 분석하는 것이 필요하다. 이에 최근 북극해 수산업을 둘러싼 연안국들의 동향을 보면 바렌츠해를 중심으로 노르웨이의 연안국과의 협력 강화와 보퍼트해역을 중심으로 캐나다와 미국의 북극해 수산관리 정책 변화 등을 들 수 있다.

아직까지 북극해의 수산업과 직접적으로 연관된 국제기구는 마련되어 있지 않은 실정이고 북극해 어장의 범위에 대한 기준이 없어, 북극해 주변 해역을 대상으로 하는 국제수산기구들의 북극해 수산자원 관리기 북극해 수산업

---

4) ACIA(Arctic Climate Impact Assessment), 2004, Impacts of a Warming Arctic, Cambridge University Press.

에 영향을 미칠 것으로 예상된다. 북극해 주변의 주요한 국제수산기구로는 북대서양수산위원회(Northwest Atlantic Fisheries Organization : NAFO), 중부베링해명태자원보존관리협약(Convention on the Conservation and Management of Pollock Resource in the Central Bering Sea : CBSPC), 북동대서양수산위원회(North – East Atlantic Fisheries Commission : NEAFC) 등이 있다. 한국은 NAFO와 CBSPC에 가입하고 있다. 한국은 1993년에 북서대서양수산위원회에 가입하였다. 북서대서양수산위원회는 2012년 9월 제34차 연례회의를 개최하여 2012년도 어종별 쿼터 TAC를 설정하였으며, 한국의 쿼터는 새우 96톤, 오징어 453톤, 적어 169톤으로 결정되었다.[5]

표 1 국제지역수산기구로부터의 한국의 수산물 쿼터량

국제기구	2012년	2013년	증감분
중서부태평양수산위원회(WCPFC)	15,014	14,714	△300감소
대서양참치보존위원회(ICCAT)	77.53	80.53	3
남방참다랑어보존위원회(CCSBT)	911	948	37
전미열대참치위원회(IATTC)	-	500	
북서대서양수산기구(NAFO)	새우 133 오징어 453톤 적어 169톤	새우 96 오징어 453 적어 169	새우△37
	16,757.53	16,960.53	203

출처 : 한국해양수산개발원, 2013 수산전망대회 자료집, p. 136.

---

5) 출처 : 한국해양수산개발원, 2013 수산전망대회 자료집, 120.

표 2 북극해 관련 수산기구 현황

구분	NAFO	CBSPC	NEAFC
설립	1978년 10월 24일	1990년 6월	1982년 11월
소재	캐나다 다트마우스	미국 시애틀	영국 런던
연혁	− 1949년에 설립된 북서대서양 수산기구(ICNAF)가 1978년 캐나다외 8개 국가가 북서대서양 수산업에 있어 다국간 협력에 서명함으로써 NAFO로 대체 − NAFO협약이 1979년 1월 1일 발효함으로써 정부 간 기구로 됨	− 1990년 미·소 정상회담에서 중부베링해 명태자원 보존을 위한 국제기구의 창설 촉구로 시작	− 북동대서양수산업에 대한 다자협정(Convention on Future Multilateral Cooperation in North East Atlantic Fisheries) 준수를 위한 협정당사국(덴마크, 러시아, 노르웨이, EU, 아이슬란드) 대표자 협의회로 시작
설립 목적	− 협약수역 내 수산자원의 최적 이용, 관리 및 보존	− 명태자원의 보존, 관리 및 적정이용을 위한 국제체제의 수립, 최대지속생산량의 회복과 유지 − 해양생물자원에 관한 정보 수집과 검사를 위한 협력 − 다른 해양생물자원에 대한 보존과 관리조치를 위한 협의체 구성	− 바렌츠해 일부를 포함한 북동대서양수산자원 관리 보존
관할 수역	대서양	베링해 연안국의 영해폭이 측정되는 기선으로부터 200해리 바깥의 베링해 공해수역	북동대서양 및 북극해 일부
회원국	한국, 일본, 불가리아, 덴마크, 아이슬랜드, 노르웨이, 폴란드, EC, 루마니아, 러시아, 에스토니아, 아트비아, 리투아니아, 미국, 캐나다, 쿠바 등	베링해 연안국 한국, 미국, 폴란드, 중국, 러시아, 일본 등 6개국	덴마크, 러시아, 노르웨이, EU, 아이슬란드, 벨리즈, 쿠아일랜드, 캐나다, 일본, 뉴질랜드
주요 활동	− 협약 수역내 수산자원의 최적이용과 관리 및 보존을 위해 회원국에 어종별 어획쿼터 실시 − 어획통계자료 수집 및 배포와 과학자문 − 규제수역 내 비회원국 어선의 조업이 협약수역 어족자원에 미치는 문제점을 연구	− 중부베링해 명태자원의 관리 및 적정이용을 위한 국제체제 수립 − 명태자원의 유지관리 도모 − 명태자원양이 167만 톤 또는 그 이상인 경우에 조업재개	− 북동대서양수산자원 현황 자료교환 및 협의회 개최 − 자원의 보존 및 적정 이용 관리정책 채택 − 각국 관할 이원수역 보존 조치 권고 − 규제사항 : 금지어종 : 청어, 고등어 및 대구

출처 : 엄선희, "북극해 수산업을 둘러싼 국제 동향", KMI 수산동향, 2010년 4월, pp.15∼23, 22∼23.

한편, 일본, 뉴질랜드 등 북동대서양 수역의 연안국이 아닌 국가들이 NEAFC의 협력국으로 가입하고 있는데 반해 한국은 미가입 상태이다. 따라서, 우리나라의 북극해 수산업의 진출을 위하여는 이들 국제기구들에 적극적인 참여가 필요하다. 이들 북극해 관련 수산기구들의 개요는 표 2와 같다.

북극관련 국제기구는 북극이사회(Arctic Council)를 중심으로 운영되며, 북극과학위원회(IASC)라는 과학자 간 위원회를 통해 연구자들이 활발하게 교류 활동을 하고 있다. 북극이사회는 북극을 둘러싼 국가들 간의 포럼으로 1996년

9월 19일 서명 및 발효됐다. 설립 목적은 ⅰ) 북극 주변 거주민들의 복지와 북극 원주민 및 지역 커뮤니티 전통 보호, ⅱ) 북극 지역 환경 및 거주민 건강 생태계 보호 등 생물다양성 유지, ⅲ) 북극 자연자원의 지속가능한 이용(남용 방지), ⅳ) 북극지역의 경제 / 사회 발전 및 문화적 복지 실현 등을 포괄하는 지속가능발전 추구 등이다.[6] 회원국은 캐나다, 덴마크, 핀란드, 아이슬란드, 노르웨이, 러시아, 스웨덴, 미국 등 북극해를 둘러싼 주변 8개국이다. 8개 회원국을 제외하고 Arctic Council에서 활동하려면 옵서버자격을 얻어야 한다. 옵서버 참여 가능 국가 및 기구는 비북극권 국가 및 국제정부, 국제의회 조직, NGO 등이 그 대상이다. 기존의 옵서버 국가로 독일, 폴란드, 네덜란드, 영국, 스페인, 프랑스 등이 활동하고 있었으며, 2013년 5월 15일 북극이사회는 스웨덴 키루나에서 각료회의를 열어 한국, 중국, 일본, 인도, 이탈리아, 싱가포르 등 6개국을 새로운 정식 옵서버(permanent observer)로 승인했다.

　해양수산부의 2015년 북극정책 시행계획에 의하면,[7] 올해 상반기 중으로 북태평양수산위원회(NPFC)에 가입하여 총허용 어획량 설정 논의에 적극적으로 참여하는 한편, 연내 북극해 연안국 수산정보 공유 등을 위한 국제컨퍼런스를 개최한다는 계획을 수립하였다.

---

6)　북극이사회 산하에는 6개 워킹그룹이 활동하고 있으며, SAO 회의가 열릴 때마다 워킹그룹회의가 같이 개최된다. 6개 워킹그룹은 ① Arctic Contaminants Action Program (ACAP : 북극 환경오염물질 조치 프로그램), ② Arctic Monitoring and Assessment Programme (AMAP : 북극 모니터링 및 평가 프로그램), ③ Conservation of Arctic Flora and Fauna (CAFF : 북극 동식물 보호), ④ Emergency Prevention, Preparedness and Response (EPPR : 긴급 상황 예방, 준비, 대응), ⑤ Protection of the Arctic Marine Environment (PAME : 북극해양 환경보호 프로그램), ⑥ Sustainable Development Working Group (SDWG : 지속가능개발 워킹 그룹) 등이다.

7)　http://www.korea.kr/policy/pressReleaseView.do?newsId=156044981&call_from=extlink

Ⅵ. 북극해 관련 주요국가의 어업정책

　과도한 어업과 환경 오염으로 바다의 서식 동물이 대부분 죽고 기후변화는 이를 악화시켰다. 미국에서는 2009년 12월부터 북극해의 일부인 뷰포트해와 척지해의 20만 평방마일에 달하는 해역에서 상업적 어로행위를 금지하는 계획이 발효되었다. 이 계획은 북극해 해빙(海氷)이 녹아 없어져 상업적 어로행위가 가능한 해역이 넓어지자 북태평양어업경영위원회(NPFMC, North Pacific Fishery Management Council)가 상황을 관리하기 위한 방안 마련에 착수하면서 시작됐다.[8] NPFMC는 선제적 조치를 취하기로 하고 북극해 환경에 관한 보다 많은 내용들이 조사될 때까지는 상업적 어로행위를 금지하기로 결정했다.[8] 또한 생계유지형과 소규모 상업적 게잡이를 제외하고 알래스카 연안으로부터 555km 이내의 해안에서 모든 종류의 어업행위를 금지하게 되었고, 알래스카 연안의 북극해의 어업행위를 금지하였다. 이 계획은 장기적으로 보았을 때, 베링해의 미국의 독점적인 해역권과 러시아 사이에서 유자망, 저인망 및 일명 도넛홀(doughnut hole)을 사용한 과도한 어획 이후에 일반적으로 따르는 조업 금지 조치와 같은 사례를 향후 지양하기 위한 것이다.

　이는 또한, 생태계의 변화로 멸종 위기에 처한 어종이 피난할 보호 구역을 제공하기 위한 것이기도 하다. 이 계획에 따르면, 북태평양 빙어과(주로 낚시밥으로 사용됨)와 같은 작은 어류부터 연어 및 대구와 같은 상업용 생선까지 모든 어종에 대한 조업이 금지되었다.[9]

---

8)　엄선희, 2010, "북극해 수산업을 둘러싼 국제 동향," KMI 수산동향, 2010년 4월, pp.15~23, 20.

9)　http://rss.sciam.com/~r/sciam/society-and-policy/~3/280047595/article.cfm

전세계적으로 1980년대 후반 또는 1990년대 초반까지 북대서양 및 북태평양에서 점점 더 많은 어류들이 최대 지속가능한 생산량을 넘어 포획되고 있다. 어획은 원주민들을 위한 전통적인 식량자원과 경제적 부의 자원으로서 중요하다. 예를 들어 어류제품들은 아이슬란드의 수출품의 75%를 차지한다. 캐나다 북극지방에서는 그 생계수단으로서의 어획이 이루어지고, 상업적이고 오락용의 어획은 북부 지역 대다수 인구들을 위한 수입과 직업의 작은 부분을 차지할 뿐이다.

어획은 환경과 지속가능성 이슈들을 불러일으킨다. 그것은 바다의 생산 능력을 초과하는 어류 테크놀로지, 목표가 아닌 어종, 새, 바다 포유동물의 포획, POPs의 생물학적 축적을 통한 어류 오염 등을 포함한다.

러시아는 최근 수산물을 유럽으로 공급하기 위해 북극해 항로 활용할 방안을 마련하였다. 지난 2015년 4월 30일 보도에 의하면 러시아 정부의 북극해 항로 발전 그룹은 수산물을 유럽에 공급하기에 활용하려고 한다. 북극해 항로를 활용할 경우 수산물 공급비의 30%정도 절약할 수 있을 것으로 예상하고 있다. 또한 공급 기간도 현재 40일에서 20~25일까지 줄일 수 있다. 따라서 공급기간 뿐만 아니라 수산물 가격도 하락할 수 있다. 현재로서 러시아 극동지역에서 수산물 2백만 톤이 조업되지만 35%만 러시아의 다른 지역에 공급한다. 그의 주 원인은 바로 공급비용이다.[10] 북극해 항로를 사용해서 수산물 1천 톤정도 러시아 유럽 부분에 공급할 수 있다. 현재는 대러시아 제재로 인하여 러시아는 자국 수산물에 대한 관심이 많다. 북극해 항로 활용해서 러시아 유럽 부

---

http://radar.ndsl.kr/radDetail.do?cn=GTB2008050165(검색일 : 2010년 9월 30일)

10)　http://minvostokrazvitia.ru/press-center/news_minvostok/?ELEMENT_ID=3140(검색일 : 2015년 6월 10일)

분 소비자들에게 극동 지역에서 조업된 수산물 공급 과제는 연방 차원에서 조속히 해결해야 한다. 또한 북극해 항로 활용의 프로젝트가 이루어지기 위해서 캄차트카 반도와 사할린 주에 대규모 냉동물류창고를 건축해야 한다는 정책을 내세우고 있다.

참고문헌

김기순, 2010, "북극해의 자원개발과 환경문제," 독도연구저널, 2010 봄, vol 09, pp.81~91.

버크만, 폴 아서(Berkman, Paul Arthur, 박병권, 권문상 역), 『북극해의 환경안보』, 한국해양과학기술원, 2012.

엄선희, "북극해 수산업을 둘러싼 국제 동향," 『KMI 수산동향』, 2010년 4월, pp.15~23.

엄선희, "북극해 어업자원의 보존과 이용을 위한 국제 거버넌스 고찰과 정책적 시사점," 『수산정책연구』, 2010년 10월, 한국해양수산개발원, pp.34~63.

이재혁, "시베리아의 수산자원과 관련 정책의 지방화," 최태강 엮음, 『러시아의 중앙·지방관계와 시베리아 지방화 탐색』, 앰 - 에드, 2013, pp.363~409.

이재혁, "시베리아의 수산자원과 한국 수산업의 진출 방안," 『한국 시베리아연구』, 제17권 1호, 2013, pp.97~143.

자이들러, 크리스토프(박미화 역), 2010, 북극해 쟁탈전; 북극해를 차지할 최종 승자는 누구인가, 더숲 (Seidler, Christoph, 2009, Arktisches Monopoly; Der Kampf um die Rohstoffe der Polarregion, Munchen : Random House GmbH & Hamburg : SPIGEL - Verlag).

한국해양수산개발원, "북극해 수산업을 겨냥한 전략적인 접근방법 모색 필요," 『글로벌 수산포커스』, (Vol.22, 2011년 2월 28일), pp.1-2.

한종만 외, 『러시아 북극권의 이해』(배재대학교 한국 - 시베리아센터), 신아사, 2010.

황진회, 엄선희, 허소영, 『북극해 활용전략 연구』, 한국해양수산개발원, 2010.

ACIA(Arctic Climate Impact Assessment), 2004, Impacts of a Warming Arctic, Cambridge University Press.

Arctic Council, 2009, Arctic Marine Shipping Assessment 2009 Report.

Arctic Marine Shipping Assessment 2009 Report, Arctic Council, April 2009

Conflict of Interest Standards & Regional Fishery Management Councils - An evaluation of the North Pacific Council's voting record on conservation issues, 2008, The Institute of the North; Alaska.

Eurofish International Organization, Fish industry of Russia, 2006.

FAO, Russia Federation : Review of the Fishery Sector, 2008.

International Arctic Fisheries Symposium - Managing Resources for a Changing Arctic, 19-21 October 2009, (Proceedings Feb, 2010)Anchrage, Alaska(http://www.nprb.org/iafs2009).

Young, Oran R., Kim, Jong Deog, Kim, Yoon Hyung(Edit.), 2012, The Arctic in World Affairs; A North Pacific Dialogue on Arctic Marine Issues, Korea Maritime Institute, East-West Center.

북극권 지역으로서의
러시아 사하(야쿠티야) 공화국의 관광자원

이재혁

2012년 WTO 관광통계에 의한 인바운드 기준으로 본 세계10대 관광국은 프랑스, 미국, 중국, 스페인, 이탈리아, 터키, 독일, 영국, 러시아, 말레이시아의 순이다. 러시아는 2010년 13위, 2011년 12위에서 급격히 관광객 수가 증가된 관광대국의 하나로 분류된다.

세계적 관광국의 공통점은 과거 중심 국가의 경험을 가진 나라이었거나 현재 세계 정치경제문화의 중심 국가 역할을 하고 있는 나라로서 세계인의 인지도가 높은 나라이거나, 역사상 문화의 전통이 깊고 풍부하여 세계문화유산 등 볼거리를 많이 갖고 있는 나라, 자연경관이 빼어난 볼거리를 제공하는 나라 등을 들 수 있다.

러시아의 서부지역은 역사적, 문화적인 요소 뿐 아니라 유럽에서의 접근성이 높은 지역으로 세계인의 방문이 많은 곳이다. 그러나 극동지역에 있는 사하공화국은 러시아 내에서 역사적, 문화적 요소가 약한 반면에 자연경관을 포함한 관광자원 요소를 풍부하게 갖추고 있는 지역이다. 또한 대부분의 지역이 북극권에 속해 있는 사하공화국은 미래의 관광산업을 발전시킬 수 있는 잠재력이 풍부한 곳으로 분석된다.

I. 사하공화국의 지역 현황

사하공화국(야쿠티야)은 유라시아 대륙의 북동부에 위치한 러시아연방의 가장 큰 지역으로, 전 세계 국가 중 가장 넓은 면적의 지방자치단위이다. 공화국 내에 세 개의 시간대가 있어, 모스크바 시간의 +6, +7, +8에 해당한다. 총 면적은 약 3백10만㎢로 영토의 40% 이상이 북극권 내에 자리 위치하며, 남북 길이가 2,500km 동서 길이가 2,000km에 이른다. 사하 공화국은 서쪽에 크라스노야르스크 주, 남쪽에 이르쿠츠크 주와 자바이칼 변강주, 아무르 주, 남동부에 하바롭스크 변강주, 동쪽에 마가단 주와 추코트카자치구와 경계를 이루고 있다. 자연경계의 북쪽에는 북극해를 접하고 있어, 랍테프 해와 동시베리아의 바다를 형성한다. 해안선의 총 길이는 4,500km 이상이다. 사하공화국의 극점(極點)은 남서쪽으로 에벤키자치구(105° E), 동쪽으로 추코트카자치구(165° E), 남쪽으로 스타노보이(Stanovoi, 55° 30′ N)이며, 북부 본토의 노르트비크 곶(Cape Noordwijk, 74° N)과 북극해의 섬 겐리에트(Henrietta Island, 77° N)이다.

사하공화국은 지구상에서 가장 추운 지역으로 기록되어 있는 베르호얀스크와 오이미야콘이 속해 있는 지역이다. 1월 평균기후는 해안가 −28° C, 내륙지역에서는 −50° C를 기록하기도 한다. 7월 평균기후는 2° C(해안가)~19° C(중부지역)이다. 연강수량은 200mm(중부 지역)~700 mm(동부 산악 지역)이다.

'사하(Sakha)'는 이 지역의 중심민족인 야쿠트(Yakut)인들의 별칭이다. 이들은 투르크 계통의 민족으로 전통적으로 반유목생활을 해 왔다. 이들의 지역은 1620년대부터 러시아의 지배를 받게 되었다. 러시아 정부가 모피에 대한 세금을 부과하자, 야쿠트인들은 이에 1634년과 1642년에 반란을 일으켰으나 진압당하였다. 이 지역은 극동으로의 우편 체계의 완성, 정치범 수용시설의 건설, 1846년의 금광 발견 등으로 러시아인의 유입이 크게 증가하였고, 1880년대와

1890년대의 시베리아 철도의 건설과 레나(Lena) 강으로의 상선 운영으로 러시아인들의 유입이 더욱 증가하였다. 1851년에 야쿠츠카야 주가 설치되었고, 1922년 4월 27일에 야쿠트 소비에트 사회주의 자치 공화국이란 이름으로 변경되었으며, 1991년 12월 28일에는 잠시 야쿠트 소비에트 사회주의 공화국으로 승격되었다. 그러다가 1992년 4월 27일에 사하 공화국으로 승격되었으며,

그림 1 야쿠츠크 하항(河港)

그림 2 야쿠츠크 시의 주택단지

2000년에 극동연방구에 편입되었다. 사하공화국의 행정구역은 야쿠츠크를 비롯한 도시와 34개 지방지역으로 구분된다.

II. 사하공화국의 인문적 관광자원

관광자원은 크게 인문적 자원과 자연적 자원으로 구분할 수 있다. 인문적 관광자원에는 그 지역의 문화적 관광자원, 산업적 관광자원, 레크레이션 자원 등을 들 수 있다. 사하공화국은 북극권 거주민인 야쿠트인들의 자치공화국으로서 북방민족의 유무형의 문화적 자원이 풍부한 지역이다.

2010년의 민족별 구성을 살펴보면 야쿠트인들이 466,492명으로 전체 인구의 절반정도로(49.9%) 가장 많은 수를 차지하고 러시아인 353,649명(37.8%), 우크라이나인 20,341명(2.2%), 에벤키인 21,080명(2.2%),에벤인 15,071(1.6%), 타타르인 8,122(0.9%) 순으로 나타난다.

그림 3 사하공화국 인구 및 민족구성

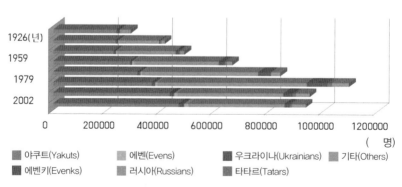

출처 : 'http://www.gks.ru/free_doc/new_site/perepis2010/croc/perepis_itogi1612.htm'와 'http://en.wikipedia.org/wiki/Sakha_Republic'에서 통계 재가공

야쿠트인은 목축업의 문화를 기반으로 다양한 기능의 전통적인 경제와 물질 문화의 유형을 갖고 있다. 이들은 낚시 및 사냥을 하며, 동부 시베리아의 기후에 맞게 자신의 물질문화를 결합시킨 문화를 발전시켜 왔고, 순록목축을 기반으로 북부 야쿠티아의 독특한 문화 유형으로 분포한다. 세대에서 세대로 전달되는 고대 서사시 내레이터는 오론코(olonkho, олонхо)는 유네스코에 의해 세계 무형 문화유산의 목록에 포함되어 있다. 야쿠트인들의 민요인 알려진 코무스(khomus)와 악기 쿨름한(kylyhah, kyryympa)은 독특한 문화적 현상이다.

러시아 제국이 도착하기 전에 지역 주민의 대부분 일반적으로 전통적인 무속(Tengrianism)과 샤머니즘을 종교로 하였다. 그 후 러시아인들의 비중이 커지면서 러시아정교가 자장 큰 비중을 차지하고 있다. 소련 시대에 대부분 또는 무당들이 후계자 없이 사망했고, 야쿠티야의 전통종교는 쇠퇴하고 있다. 2012년 공식 조사에 따르면 사하공화국 인구의 37.8%가 러시아정교를 믿으며, 무속 또는 야쿠트 샤머니즘 13%, 이슬람교 2%, 개신교 1%, 1%는 기타 기

그림 4 야쿠트의 전통의식

출처 : http://ru.wikipedia.org/wiki/%D0%AB%D1%81%D1%8B%D0%B0%D1%85

독교, 0.4% 티베트불교의 순으로 나타난다. 또한, 인구의 17%가 믿음은 있지만 종교가 없고, 26%는 무신론자로 답하였다.

야쿠트인들의 생활경제와 종교의식에 전수되는 유무형의 생활상은 인문적 관광자원의 중요한 요소가 된다.

III. 사하공화국의 자연적 관광자원

자연적 관광자원은 관광자원 가운데 가장 원천적인 것으로서 사람의 손을 거치지 않은 자연현상이 관광효과에 기여할 수 있는 모든 것을 의미한다. 사하공화국은 광대한 공간적인 규모를 바탕으로 인간의 접근성이 제한되는 자연적 장애요소가 많은 지역으로 천연의 자연경관을 보존하고 있다.

2013년 연말 러시아의 로스투어리즘(Rosturism)사는 2014년부터 러시아 북극지역에 외국인 관광 추진하겠다고 밝혔다.[1] 러시아관광청은 2014년부터 외국인을 대상으로 하는 러시아 북극지역 관광 프로그램이 예정되어 있다는 것이다. 북극해와 접해 있는 사하공화국에는 다양한 자연 관광자원이 분포하고 있어 자연경관과 툰드라 문화를 함께 연계할 수 있는 관광산업을 개발할 수 있다.

이미 시베리아지역의 최대 관광지인 바이칼 호와 레나 강 북극해를 연결하는 관광루트를 개발한다면 세계적인 자연 생태관광지의 역할을 할 수 있을 것이다. 주요한 자연 경관 생태관광지로는 북극해 지역의 영구동토대에 위치하며 마지막 빙하시대의 생태환경을 볼 수 있는 홍적세 공원(플라이스토센 공

---

1)　http://www.itar-tass.com/spb-news/813070

원, Плейстоценовый парк)과 레나 강(4,310 km)을 따라 높이 150~300 m의 석회암 기둥들이 열 지어 있는 레나 기둥절벽(Ленские столбы) 등이 유명하다.

그림 5 맘모스의 영구동토층 유적 보존

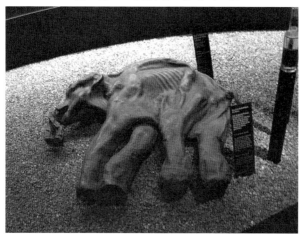

출처 : http://commons.wikimedia.org/wiki/File:Mammuthus_primigenius_baby_Dima_Luzern.JPG?uselang=ru

그림 6 레나 강 절벽지역

출처 : http://commons.wikimedia.org/wiki/File:%D0%94%D0%B5%D0%BC%D1%8C%D1%8F%D0%BD_%D0%B1%D0%B5%D0%B4%D0%BD%D1%8B%D0%B9.jpg?uselang=ru

레나 절벽은 국립공원으로 2012년 세계유산으로 등록되어 있다.

레나 강 하구의 레나 강 – 삼각주(Lena – Delta)는 삼각주 자체 면적 만 30,000㎢로 세계의 가장 큰 삼각주 중 하나이다. 레나 – 삼각주을 포함하여 6만1천㎢ 의 면적이 러시아 가장 큰 야생동물보호구역(Zapovednik, 자연보호구역)으로 지정되어 있다. 이 지역을 북극해의 자연환경과 관광산업의 연계를 통하여 북극해 생태관광지역으로 활용이 가능하다.

생태관광(ecotourism)은 파괴되기 쉽고, 원시 그대로 이며, 보통 외부의 영향을 거의 받지 않은 보호지역 또는 대중 관광의 대체물로서의 소규모 지역을 책임 있게 여행하는 것을 말하며, 세계 각국은 환경의 보전과 관광행위의 적합점으로 생태관광의 지지와 개발을 가속화하고 있다. 지구상에 마지막 남은 환경보전지역의 하나인 북극해 지역은 경제적 개발과 함께 보전이라는 중요한 문제를 내포하고 있다. 러시아의 레나강 – 삼각주 지역은 북극해의 개발 가능성과 함께 지리적으로 용이한 접근성과 생물학적 다양성을 갖는 지역으로 미래의 생태관광지로 주목할 필요가 있다.

그림 7 레나 – 삼각주 위성사진

그림 8 레나 – 삼각주 지형도

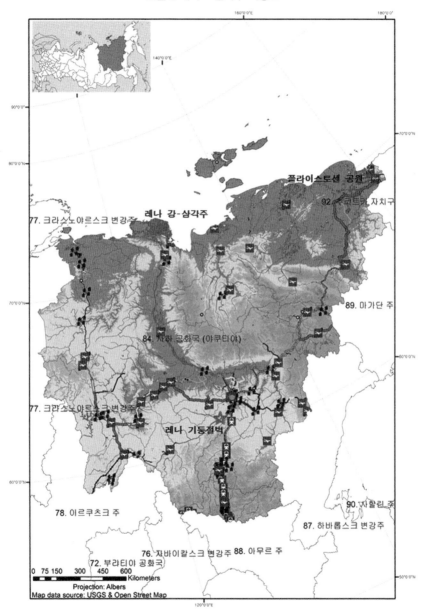

플라이스토센 공원

92. 코트카 자치구

레나 강-삼각주

77. 크라스노야르스크 변강주

89. 마가단 주

84. 사하 공화국 (야쿠티아)

77. 크라스노야르스크 변강주

레나 기둥절벽

90. 사할린 주

78. 이르쿠츠크 주

87. 하바롭스크 변강주

76. 자바이칼스크 변강주 88. 아무르 주

72. 부라티아 공화국

0 75 150   300   450 600
Kilometers
Projection: Albers
Map data source: USGS & Open Street Map

부록

1. 북극이사회의 회원국 / 단체명과 조직 현황

한종만

　1996년에 북극이사회는 고위급 정부 간 협력포럼으로서 북극의 지속가능한 발전과 환경보호를 위해 설립된 북극권국가들의 지역기구이다. 북극권 국가와 원주민 커뮤니티의 상호작용의 조정과 협력을 증진하기 위해 설립된 북극이사회의 창설회원국은 러시아, 캐나다, 노르웨이, 미국(알래스카), 덴마크(그린란드) 북극연안국 5개국과 스웨덴, 핀란드, 아이슬란드 등 8개국이다. 6개의

그림 1 북극이사회의 기능과 역할

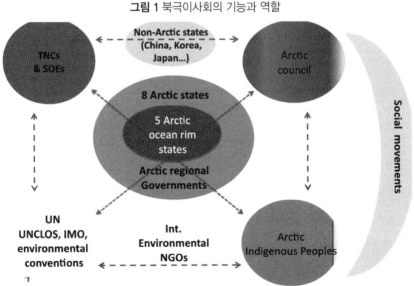

자료 : Andréa Finger-Stich and Matthias Finger, "25 Years of Arctic Environmental Agency : Changing Issues and Power Relations," Heininen, Lassi (ed.), Arctic Yearbook 2012 (Akureyri, Iceland: Northern Research Forum), p.209.

북극원주민단체가 북극이사회의 영구 참여자로서 활동하고 있다.

현재 북극이사회의 영구옵서버국가는 6개국(UK, 독일, 프랑스, 네덜란드, 스페인, 폴란드)에서 2013년 5월 스웨덴 키루나 북극이사회 회의에서 한국을 포함한 중국, 일본, 인도, 싱가포르, 이탈리아가 가입하면서 12개국으로 증가했다. EU는 캐나다의 반대로 가입이 유보된 상황이다. 기타 옵서버로는 9개의 국가 간 및 의회 간 기구와 11개의 비정부기구가 참여하고 있다.

북극이사회는 6개의 전문가 실무그룹과 전문가그룹과 여러 개의 태스크포스 팀이 활동하고 있다. 1998년 1번째 북극이사회의 의장국은 캐나다였으며, 그 후 미국, 핀란드, 아이슬란드, 러시아, 노르웨이, 덴마크, 스웨덴 등이 의장국이었다. 현재 캐나다가 의장국의 지위를 갖고 있으며, 차기 회장국은 미국이다.[1] 20세기 말과 21세기 초까지 북극이사회는 주로 북극환경보호와 원주민의 권리를 조정하는 역할만 담당했다. 그러나 지난 10년 동안 북극의 빙하기 녹으면서 북극이사회의 정치적 중요성이 빠르게 증가하고 있다.

표 1 북극이사회의 조직 구조현황

구분		국가 / 기관명
정회원국 / 단체	북극양 연안국	러시아, 캐나다, 노르웨이, 미국, 덴마크
	북극양 비연안국	스웨덴, 핀란드, 아이슬란드
	6개 북극원주민단체	Aluit International Association(AIA), Arctic Athabaskan(AAC), Gwich'in Council International(GCI), Inuit Circumpolar Conference(ICC), Russian Arctic Indigenous Peoples of the North(RAIPON), Saami Council(SC)

---

1)　북극이사회의 발전과정과 역할에 대해서는 다음의 글들을 참조. Piotr Graczyk and Timo Koivurova, "A New Era in the Arctic Council's External Relations? Broader Consequences of the Nuuk Observer Rules for Arctic Governance," Polar Record(Cambridge University Press) 2013, pp.1~12; 문진영 · 김윤옥 · 서현교,『북극이사회의 정책동향과 시사점』(서울 : 대외경제정책연구원, 2014).

구분	국가 / 기관명
상임 옵서버 국(12개국)	UK, 프랑스, 독일, 네덜란드, 폴란드, 스페인, 한국, 중국, 일본, 인도, 싱가포르 , 이탈리아
정부간 및 의회간 기구(9개)	International Federation of Red Cross and Red Crescent Societies(IFRC), World Conservation Union(IUCN), North Atlantic Marine Mammal Commission(NAMCO), Nordic Environmental Finance Corporation(NEFCO), Nordic Council of Ministers(NCM), Standing Committee of Parliamentarians of the Arctic Region(SCPAR), United Nations Development Programme(UNDP), United Nations Economic Commission for Europe(UN–ECE), United Nations Environment Programme (UNEP) GRID/Arendal
비정부기구(NGO) (11개)	Advisory Committee on Protection of the Seas(ACOPS), Arctic Circumpolar Gateway(ACG), Association of World Reindeer Herders(AWRH), Circumpolar Conservation Union(CCU), International Arctic Science Committee(IASC), International Arctic Social Sciences Association(IASSA), International Union for Circumpolar Health(IUCH), International Work Group for Indigenous Affairs(IWGIA), Northern Forum, University of the Arctic(UArctic), World Wildlife Federation(WWF) Global Arctic Programme
비고	2013년 5월 15일 스웨덴 키루나 회의에서 7개국/7개 단체의 신청에서 한국, 중국, 일본, 이탈리아, 인도, 싱가포르(6개국) 상임 옵서버 확정; EU는 캐나다의 반대로 유보된 상황임; 북극이사회는 임시 옵서버(ad–hoc) 지위 제도 삭제

▶ 6개 북극원주민단체(북극이사회의 영구 참여자)

① '알류트국제협회(AIA : Aluit International Association)' : http://www.aleut-international.org/

AIA는 미국 알래스카 주에 등록[510(c)(3)]된 알래스카 원주민의 비수익성 단체로서 본부는 알래스카 앵커리지에 소재하고 있다(주둔하고 있다). AIA는 1971년 '알래스카 원주민정착요구협정(Alaska Native Settlement Claims Act)'의 결과로 창설된 13개의 지역 비수익성 알래스카원주민협회 중의 하나로 '알류트 / 프리빌로프(Pribilof) 제도협회'와 '러시아연방 캄차트카 반도 북부알류트원주민협회(AIPNADKR)'로 형성됐다. AIA는 의장의 지도히에 4명의 알래스가 알류트인과 4명의 러시아 알류트 인으로 구성된 이사회에 의해 관리되고 있다.

AIA는 새천년을 위한 베링 해의 풍부한 자원과 연계해서 알류트 구성원의 환경 및 문화적 관심사를 강조하기 위해 형성됐다. 러시아와 알래스카 알류트

그림 2 북극이사회 8개국과 북극이사회 12개 영구옵서버 국가의 전도

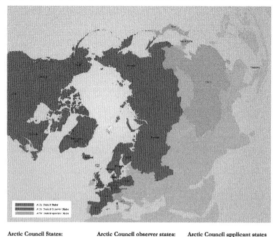

Arctic Council States:	Arctic Council observer states:	Arctic Council applicant states
Canada	United Kingdom	China
Denmark	Poland	Japan
Finland	France	South Korea
Iceland	Germany	Italy
Norway	Netherlands	European Commission
Russia	Spain	Singapore
Sweden		
United States		

주 : 2013년 북극이사회의 영구옵서버 지위신청 7개국 중 EU를 제외한 6개국은 획득함.
자료 : Heather Exner-Pirot, "Non-Arctic States: The Observer Question at the Arctic Council," Heininen, Lassi (ed.), Arctic Yearbook 2012 (Akureyri, Iceland: Northern Research Forum), p. 50.

인들은 거리상으로 뿐만 아니라 국경과 국제날짜선으로 분리되고 있지만 베링 해와 북태평양으로 통합되어 있다. 현재 알류트 커뮤니티는 이 지역의 자원을 공유하고 있지만 환경문제에 직면하고 있다. 글로벌 과정의 이해의 필요성, 예를 들면 초국경적 오염물질 수송, 기후변화 효과, 베링 해 생태계의 상업적 수산업의 효과 등의 문제로 인해 AIA는 알류트 주민의 복지와 환경을 향상시키는 발전된 정책과 프로그램 개발을 위해 정부, 과학자, 가타 기구와의 적극적 협력을 모색하면서 국제포럼의 작업에 박차를 가하고 있다. AIA는 1998

년에 북극이사회의 '영구 참여자'의 지위를 인정받았으며, 2004년에 유엔경제 사회이사회로부터 특별자문지위(Special Consultative Status)를 부여받았다. 추가적으로 AIA는 '유엔기후변화체계협정(UNFCCC: United Nations Framework Convention on Climate Change)'과 '글로벌환경시설(GEF: Global Environment Facility)'과 함께 공인된 비정부기구이다.

② '북극아타파스카이사회(AAC: Arctic Athabaskan Council)' : http://www. arcticathabaskancouncil.com/aac/

본부 : 화이트호스(Whitehorse), 유콘(Yukon), 캐나다;

AAC는 북극이사회 8개국과 기타 국제포럼에서 미국과 캐나다 아타파스카 구성원의 '첫 번째 민족(First Nation)' 정부의 권리방어와 국제적 이해관계 증진을 위해 설립된 국제조약기구이다. AAC는 북극이사회의 '영구 참여자'의 지위를 인정받고 있으며, 북아메리카 북극권의 아타파스카 인의 공유된 유산의 충분한 이해를 촉진시키는데 모색하고 있다.

AAC는 2000년 AAC 조약의 서명 당시 창립 회원은 약 3만 2,000여명의 아타파스카 인을 대표하고 있다. 현재 AAC의 회원은 15개 알래스카의 전통적 마을, 캐나다 유콘의 '유콘 첫 번째 민족이사회(Council of Yukon First Nations)'와 '카스카부족이사회(Kaska Tribal Council), 캐나다 북서지역의 '데네 민족 (Dene Nation)'에 이르는 76개의 커뮤니티로 구성되고 있으며, 대략 4만 5,000 여명의 아타파스카 인을 대표하고 있다.

AAC 회의 기간 중에 이 기구는 알래스카 '눌라토전통이사회(Nulato Traditional Council)'의 국제 의장인 미첼 스틱맨(Michael Stickman)이 정치적으로 주관하고 있다. AAC의 국제 부의장은 캐나다 북서지역(NWT) 옐로나이프(Yellowknife)에 소재한 '데네 민족'의 대표인 빌 에라스무스(Bill Erasmus)가

담당하고 있다. 현재까지 AAC의 사무국의 활동은 AAC의 집행당국(캐나다, 미국)에 의해 주도 및 관리되고 있다.

미국 알래스카와 캐나다 유콘 주와 북서지역의 북극권과 아북극권에 거주하고 있는 아타파스카 인은 전통적으로 300만㎢에 이르는 광범위한 지리적 공간에서 활동하고 있다. 아타파스카 인은 1만년 이래로 아메리카 북극권지역에서 지속적으로 활동했으며, 북아메리카의 거대한 3개의 하천체계(맥킨지 강, 유콘 강, 처칠 강)를 이용하여 살아왔다. 이 지역은 광대한 툰드라(황무지)와 타이가 지대를 포함하고 있을 뿐만 아니라 북아메리카에서 가장 높은 산, 예를 들면 맥킨리(McKinley)산과 로간(Logan)산과 세계에서 가장 거대한 비극지 빙하지대인 세인트 엘리아스(St. Elias)산 등이 있다. 북극 아타파스카 인의 전통적 지역의 남부 경계선은 북부캐나다 지역의 일부분을 포함하고 있다.

현재 아타파스카 인의 조상은 준 유목민이었다. 아타파스카 인의 생활의 주요 식품은 카리부(북미 산 순록), 무스(북미 산 큰 사슴), 비버, 토끼, 생선 등이다. 아타파스카 인은 오늘날까지 전통적 실무와 다이어트를 지속하고 있다.

남부 중앙알래스카[탄아나(Tananna)와 예야크(Eyak)]와 허드슨 맨칩웨얀(Chipweyan)]을 제외한 아타파스카 인의 대부분은 내륙 타이가지대와 툰드라 지역에 주로 거주하고 있다. 집단적으로 북극 아타파스카 인은 23개의 다른 언어를 가지고 있으며, 탄아나(Tanana), 알래스카, 타돌(Tadoule)호수, 북부 마니토바(Manitoba)에 걸쳐 5,400km나 떨어진 지역에서 커뮤니티를 구성하면서 살아가고 있다.

알래스카 아타파스카 원주민의 수는 1만 2,000여명으로 알래스카 전체 인구의 약 2%를 점유하고 있다. 이 원주민의 수는 캐나다 유콘 주의 3분의 1에 해당하는 1만 여명, 북서지역과 북부권 지역에 2만 여명이다. 기타 북극권 비원주민에 비해 아타파스카 원주민은 상대적으로 젊으며 인구도 성장하고 있다.

정치 및 문화단체의 형태는 특정 아타파스카 주민의 거주 장소에 따라 다양한 편이다. 알래스카지역에서 아타파스카 원주민은 정부 활동의 기금을 제공받는 연방 및 정부지위에 부응하는 자발적인 기구를 조직하고 있으며, 예를 들면 '인디언재조직협정(Indian Reorganization Act)'에 의거한 부족 정부, 알래스카원주정착요구협정에 의거한 법인 형태의 마을, 정부에 등록된 다양한 전통적 정치단체 등이 있다. 캐나다에서 아타파스카 원주민은 연방법에 의거하여 스스로 정치단체를 조직하고 있으며, 예를 들면 '인디언 협정 (Indian Act)'하에서 설립된 단체, 정착협정(Settlement Agreements)의 협상을 통해 권한을 가진 자치지배의 기능을 가진 '첫 번째 민족(First Nations)'과 지역산하단체 등이다.

③ '그히힌국제이사회'(GCI : Gwich'in Council International) : http://www.gwichin.org/

GCI는 1999년에 캐나다 NWT(북서지역) 이누비크(Inuvik)에 소재하는 '그흐힌부족이사회(Gwich'in Tribal Council)'에 의해서 설립된 비수익성 단체이다. GCI는 캐나다 북서지역, 유콘과 미국의 알래스카 지역에서 거주하는 그흐힌 민족의 권리를 보장하기 위한 단체이며, 북극이사회의 영구 참여자로서 환북극권과 관련된 정책개발에서 적극적이며 현저한 역할을 담당하고 있다.

GCI의 창설회원은 6개의 그흐힌 커뮤니티, 예를 들면 '북극 마을(Arctic Village)', 찰쿠이치크(Chalkyitsik), 포트 유콘(Port Yukon), 비치(Bitsch), 서클 (Circle), 베네티에(Venetie)를 포함해서 캐나다의 2개 그흐힌 대표기관, 예를 들면 유콘 주의 올드 크로우(Old Crow)에 소재하는 '분투트(Vuntut) 그흐힌'을 대표하는 '분투트 그흐힌 첫 번째 민족'과 캐나다 북서부지역 보퍼트 델타지역에 소재한 4개의 커뮤니티를 대표하는 '그히힌부족이사회' 등이 있다. GCI의 창설회원기관은 약 9,000여명의 그흐힌 원주민을 대표하고 있다. GCI의 사무국은 캐나다 북서지역 이누비크에 소재하는 '그히힌부족이사회'와 캐나다 유콘 주 올드 크로우에 소재하는 '분투트 그흐힌 첫 번째 민족'단체가 번갈하가면서 주관하고 있다.

④ '환북극권이누이트콘퍼런스(ICC : Inuit Circumpolar Conference) : http://www.arctic-council.org/index.php/en/about-us/permanent-participants/inuit-circumpolar-council

ICC 그린란드(덴마크), 소재지 : 누크(Nuuk,) http://www.inuit.org/

ICC 알래스카, 소재지 : 앵커리지 http://www.iccalaska.org/servlet/content/home.html

ICC 캐나다, 소재지 : 오타와 http://www.inuitcircumpolar.com/;

ICC 추코트카, 소재지 : 아나디르; 웹사이트 없음

ICC는 그린란드(덴마크), 캐나다, 미국 알래스카, 러시아 추코트카 지역에 거주하는 이누이트 족을 대표하는 기관이다.

ICC는 1997년에 미국 알래스카 배로우(Barrow)의 이븐 홉손(Even Hopson)에서 창설되면서 알래스카, 캐나다, 러시아 추코트카에서 거주하는 약 15만 여명의 이누이트 족을 대표하는 주요 국제 비정부기구로 성장했다. ICC는 유엔에서 자문 지위(Consultative Status)를 보유하고 있다.

환북극권 고향의 번영을 추구하는 이누이트 족은 그들의 생활방식을 촉진하고 보호를 위해 그들의 에너지와 재능을 결합하는 것은 물론 공동의 관심 이슈에 대한 통합된 목소리를 내야만 된다는 비전을 구현화 하고 있다. 이를 위해 ICC의 주요 목표는 환북극권에서 이누이트 통합 강화, 국제적 수준에서 그들의 이해관계와 권리 촉진, 북극환경의 보호를 위한 장기적 정책의 개발과 촉진, 환북극권의 정치, 경제, 사회개발에서 완전하고 적극적인 파트너십 모색 등이다.

ICC는 북극이사회의 영구 참여기관으로 8개 북극권 국가간 기구인 북극 이사회의 정부들과 다양한 환경 및 지속가능한 발전 이슈에 대해 적극적인 협력을 모색하고 있다. ICC는 북극이사회의 다양한 실무그룹, 예를 들면 '북극모니터링 및 평가프로그램(AMAP : Arctic Monitoring and Assessment Programme)', '북극동식물보존(CAFF : Conservationn of Arctic Flora and Faune)', '북극기후영향평가(ACIA : Arctic Climate Impact Assessment)', '북극 해양환경보호(PAME : Prtoection of Arctic Marine Environment)', '지속가능한 개발실무그룹(SDWG : Sustainable Development Working Group)', '북극해 양선적평가(AMSA : Arctic Marine Shipping Assessment)'에 적극적으로 참여 하고 있다.

ICC는 유엔과 유엔 산하기관 내에서 매우 적극적으로 활동하고 있다. 예를 들면 유엔 경제사회이사회(ECOSOC : UN's Economic and Social Economic and Social Science Council)'가 자문하는 유엔 '원주민이슈영구포럼(UNPFII : UN Permanent Forum on Indigenous Issues)', 유엔 인권위원회(HRC : Human Rights Commission)와 그 산하 '원주민 실무그룹(WGIP : Working Group on Indigenous Populations)' 유엔 기후협약일반협정(UN Framework Convention on Climate Change), 원주민의 언어 보존을 촉진하는 UNESCO 등이다. 지난 수년간 유엔 활동에서 ICC의 핵심 영역은 '원주민 권리에 관한 유엔선언'을 채 택하는 것이다.

2002~20006년에 ICC는 이누이트 언어 촉진, 교역문제, 커뮤니케이션, 환 경, 인권, 지속적인 발전, 지적재산권, 자원이용, 사냥, 고래채취 문제뿐만 아니 라 러시아 원주민의 지원과 청년 지원, 노인 문제 등의 활동을 전개했다. ICC

의 활동은 특히 국제기구와 특별 프로젝트와 포럼을 통해, 예를 들면 북극이사회, 유엔, '지속가능한 개발에 관한 세계정상회의(WSSD : World Summit on Sustainable Development)', '멸종 위기 종 교역에 관한 협정(CTES : Convention on the Trade Species)', '세계지적재산권기구(WIPO : World Intellectual Property Organization)' '아메리카정부기구(OAS : Organization of American States)', '국제포경위원회(IWS : International Whaling Commission)', '생물종다양성협정(CBD : Convention on Biological Diversity)', '세계자연유산(IUCN : International Union for Conservation of nature)' 등에서 이루어지고 있다.

2002~2006년 동안 이누이트 족은 환북극권 고향에서 중요한 결실을 달성했다. 캐나다 이누이트 족은 래브라도(Lavrador)지역에서 누나트시아부트(Nunatsiavut)정부 창설을 승인받으면서 영토정착요구권이 확정됐다. 그린란드 이누이트 족은 1978년 덴마크와 협상에서 더 많은 자치권을 모색하기 위한 그린란드 자치정부위원회를 가동하면서 '홈 규칙체계(Home Rule System)'를 확정했다. 러시아 추코트카 지역에서 유픽사회(Yupik Society)를 재 설립했으며, 추코트카 주정부와 이누이트 족 간 관계에서 더욱 유리한 위치를 차지했다.

⑤ '러시아북극소수민족협회(RAIPON : Russian Arctic Indigenous Peoples of the North; Ассоциация коренных малочисленных народов Севера, Сибири и Дальнего Востока Российской Федерации) : http://raipon.info
본부 : 모스크바;
RAPION은 1990년에 '제1차 소련 북부 원주민 콘그레스'에서 창립됐다. 현재 RAPION은 35개의 지역 및 원주민의 민족 기구를 조직하는 러시아 상부단체이다. RAPION은 러시아 북부, 시베리아와 극동지역 41개의 원주민그룹을

대표하고 있다.

RAPION의 원주민들의 수는 27만 명을 상회하고 있으며, 무르만스크부터 캄차트카에 이르기까지 러시아연방의 전체면적의 60% 지역에서 거주하고 있다.

주요 민족은 다음과 같다: 알루트(Алеуты), 알류토르츠(Алюторцы), 벱시(Вепсы), 돌간(Долганы), 이텔멘(Ительмены), 캄차달(Камчадалы), 케레크(Кереки), 케트(Кеты), 코략크(Коряки), 쿠만디니츠(Кумандинцы), 만시(Манси), 나나이(Нанайцы), 응가산(Нганасаны), 네기달(Негидальцы), 네네츠(Ненцы), 니브흐(Нивхи), 오로크(Ороки), 오로취(Орочи), 사미(Саамы), 셀쿠프(Селькупы), 소이트(Сойоты), 타즈(Тазы), 텔렌기트(Теленгиты), 텔레우트(Телеуты), 토파라르(Тофалары), 투발라르(Тубалары), 투빈츠(Тувинцы), 우데게이(Удэгейцы), 울리치(Ульчи), 한티(Ханты), 첼칸츠(Челканцы), 추반(Чуванцы), 축치(Чукчи), 추림츠(Чулымцы), 쇼르츠(Шорцы), 에벤키(Эвенки), 에벤(Эвены), 엔츠(Энцы), 에스키모(Эскимосы), 유카기르(Юкагиры) 등으로 구성되어 있다.

RAPION의 목적은 원주민 인권의 보호, 법적 이해관계의 방어뿐만 아니라 환경, 경제, 사회, 문화, 교육 이슈의 해결과 지원과 자체 거버넌스 권리의 촉진 등이다. RAPION은 국가두마(하원)와 러시아연방정부와 원주민 이슈에 관련된 입법을 협력하고 있다.

RAPION의 가장 큰 조직은 4년마다 개최되는 러시아연방의 북부, 시베리아, 극동 원주민 콘그레스이다. RAPION의 의장은 러시아연방 국가두마 부의장 그리고리 레드코프(Grigoriy Ledkov)이다. 레드고프는 러시아연방 원주민 권리 보호와 연관된 연방법을 입법화하는 '민족이슈 실무그룹'의 의장이며, 노르딕 국가들의 협력을 위한 의회 간 지역포럼인 '노르딕 이사회'(덴마크, 아이슬란드, 노르웨이 핀란드)의 참여대표직 의장도 겸직하고 있다.

RAPION은 국제기구, 예를 들면 북극이사회의 영구 참여자 지위를 갖고 있으며, 유엔경제사회이사회의 특별 자문지위, 유엔환경계획(UNEP)의 글로벌 장관환경포럼과 거버넌스 이사회의 옵서버 지위를 갖고 있다. 현재 RAPION 이사회의 구성원은 러시아연방 상공회의소, 유엔원주민이슈영구포럼(United Nations Permanent Forum on Indigenous Issues), 유엔원주민권리 전문가 메커니즘(UN Expert Mechanism on indigenous rights), 유엔인권이슈실무그룹(UN Working Group on the issue of human rights), 다국적기업과 기타 기업들로 구성되어 있다.

⑥ '사미이사회(SC : Saami Council)' : http://www.saamicouncil.net/?deptid=1116

본부 : 크라스요크(Krasjok) 노르웨이;

사미위원회는 9개로서 콜라반도 사미협회〈Saami Association of Kola Peninsula [Guoládaga Sámi Searvi (GSS)]〉, 무르만스크지역사미협회〈Saami Association of Murmansk Region [Murmánskka guovllu Sámesearvi (OOSMO)]〉, 노르웨이사미순록협회〈Saami Reindeer Herders' Association of Norway [Norgga Boazosápmelaččaid Riikkasearvi (NBR-NRL)]〉, 노르웨이사미협회〈Norwegian Saami Association [Norgga Sámiid Riikkasearvi (NSR)]〉, 사미란드국가협회〈The National Association of Saamiland [Riikkasearvi Sámi Ätnam (RSÄ)]〉, 사미인민연방〈People's Federation of the Saami [Sámiid Álbmotlihttu (SÁL / SFF)〉], 스웨덴사미협회〈Saami Association of Sweden [Sámiid Riikkasearvi (SR), Boazoeaiggádiid oktavuohta (BEO / RÄF) [Renägarförbundet]〉, 핀란드사미협회〈Saami Association of Finland [Suoma Sámiid Guovddášsearvi (SSG)]〉로 구성되어 있다.

사미이사회는 노르웨이, 스웨덴, 핀란드, 러시아의 사미 회원 조직이 참여하는 자발적 비정부적 기구 이다. 사미이사회는 1956년 설립됐으며, 적극적으로 사미 족의 정책 업무를 수행하고 있다. 사미이사회는 북극이사회의 영구 참여 기관인 6개 원주민 단체 중에서 가장 역사가 오래된 원주민 그룹의 조직이다.

사미이사회의 주요목표는 4개국에 걸쳐 거주하고 있는 사미 족의 권리와 이해관계의 증진은 물론 사미 족의 인척관계의 감정을 공고화 하고 사미 족이 국가로 인정받는 것과 4개국의 입법과정에서 사미 족의 경제, 사회, 문화적 권리를 유지하는 데 주안점을 두고 있다. 이러한 목표는 해당 4개국과 사미 족을 대표하는 기관들과 사미 의회 간 협정의 달성을 지향하고 있다. 사미이사회는 의견을 제공할 뿐만 아니라 사미 족의 권리와 언어와 문화, 특히 4개국에서 사미 관련 이슈에 관해 제안하고 있다.

▶ 북극이사회의 9개 정부간 기구 및 의회간 기구 영구옵서버

① '국제적집자사 및 회교국적집자사연맹(IFRC : International Federation of Red Cross and Red Crescent Societies)' : http://www.ifrc.org/

본부 : 스위스 베른;

IFRC는 제1차 세계대전이 종료한 후 1919년 파리에서 창립됐으며, 세계에서 가장 큰 인본주의 단체이다.

② '세계자연보존연맹(IUCN · World Conservation Union; International Union for Conservation of Nature)' : http://www.iucn.org/contact/

본부 : 스위스 글란드(Gland); 아시아 지부, 방콕; 지중해협력센터, 스페인 말라가(Malaga); 동유럽 및 중앙아시아 지부, 세르비아 베오그라드; 동남 아프

리카 지부, 케냐 나이로비; 유럽 지부, 벨기에 브루셀; 태평양 지부, 피지 수바(Suva); 멕시코, 중앙아메리카, 카리브 지부, 코스타리카 산호세; 남아메리카 지부, 에콰도르 쿠이토(Quito); 서아시아 지부, 요르단 암만; 서부 및 중앙아프리카지부, 부르키나 파소(Faso) 등.

IUCN은 1948년 10월 프랑스 Fontainebleau에 개최된 국제회의에서 창립됐으며, 세계에서 가장 오래되고 가장 큰 환경단체로서 1,200여개의 정부 및 NGO 단체들이 가입하고 있으며, 160국에서 약 1만 1,000여명이 자원봉사 전문가들이 활동하고 있다. IUCN은 1,000명 이상의 직원과 45개의 지부를 보유하고 있다.

③ '북대서양해양포유류위원회(NAMCO : North Atlantic Marine Mammal Commission)' : http://www.nammco.no/

본부 : 노르웨이 트롬쇠;

현재 NAMCO 위원회 의장은 아이슬란드인 아스타 에인아르스도티르(Ásta Einarsdottír)이며, 부의장은 그린란드인 아말리에 젠센(Amalie Jessen)이다. 해양포유류의 보존과 관리를 위한 협력을 위해 1992년 4월 9일에 노르웨이, 아이슬란드, 그린란드, 페로제도의 주관으로 그린란드 수도 누크에서 개최된 NAMCO 협정이 체결됐다. 이 조약은 90일 이후인 1992년 7월 8일에 발효됐다.

④ '노르딕환경재정법인(NEFCO : Nordic Environmental Finance Corporation)' : http://www.nefco.org/

본부: 핀란드 헬싱키; 지부 : 우크라이나 키예프;

NEFCO는 1990년에 덴마크, 핀란드, 아이슬란드, 노르웨이, 스웨덴 정부가 서명하면서 창립됐다. NEFCO의 원래 목적은 노르딕 국가와 국경을 접하고 있는 중앙 및 동유럽국가들과 환경 서비스와 장비 구축을 통해 노르딕 지역에서 환경오염의 감축이다. 2015년 NEFCO 이사회 회장은 덴마크 스벤닝그센(Søren Bukh Svenningsen) 환경보호장관이며, 핀란드 2명, 아이슬란드 2명, 노르웨이 2명, 스웨덴 2명으로 총 9명이며, 옵서버로는 "노르딕 각료회의(Nordic Council of Ministers)' 의장 안닌카 로싱(Annika Rosing), 노르딕 투자은행 회장 쇠렌 모르텐센(Søren Kjær Mortensen)으로 구성되어 있다.

⑤ '노르딕각료회의(NCM : Nordic Council of Ministers)' : http://www.norden.org/en/nordic-council-of-ministers

본부 : 덴마크 코펜하겐;

NCM은 2001년에 창립됐으며, 회원국은 5개국으로 핀란드, 아이슬란드, 노르웨이, 스웨덴, 덴마크와 페로 제도, 그린란드와 알란드(Åland)제도로 구성되어 있다. 1년마다 의장국이 교체되며, 2015년 의장국은 덴마크가 주관하고 있다. NCM의 의장국은 임기 1년 동안 노르딕 총리회담을 주관하며, 외무장관회담과 국방장관회담도 의장국의 장관이 주관한다.

⑥ '북극지역 의회상주위원회(SCPAR : Standing Committee of Parliamentarians of the Arctic Region)' : http://www.arcticparl.org/committee.aspx

북극이사회 8개국의 국가의회(캐나다, 덴마크, 핀란드, 아이슬란드, 노르웨이, 러시아, 스웨덴, 미국)와 유럽의회로 구성된 북극의회컨퍼런스(CPAR: Conference of Arctic Parlamentarians)는 2년마다 개최되며, 제1차 회의는 1993년에 아이슬란드 수도 리키야비키에서 개최됐으며. 이 회의에서 SCPAR 목적의 우선순위는 북극이사회의 설립을 지원하는데 있었다. 제11차 SCPAR 회의는 캐나다 의회가 주관해서 캐나다 화이트호스에서 2014년 9월 9-11일에 개최됐다. 차기회의는 2016년 러시아에서 개최될 예정이다.

⑦ '유엔개발프로그램(UNDP : United Nations Development Programme)' : http://www.undp.org/

본부 : 미국 뉴욕;

UNDP는 1949년에 창설됐으며, 170개국이 가입하고 있다. 빈곤퇴치와 불평등 감소의 달성을 행하는 유엔 산하기구이다. 이 기구는 다음과 3가지 영역에 초점을 맞추고 있다: 지속적 발전, 민주적 거버넌스와 평화구축, 기후 및 재해복구. UNDP는 매연 인간개발보고서(Human Development Report)를 발간하고 있다.

⑧ '유엔유럽경제이사회(UNECE : United Nations Economic Commission for Europe)' : http://www.unece.org/

UNECE는 1947년에 유엔 5개 세계지역이사회 중의 하나로 창설됐다. UNECE의 회원국은 3대륙에 걸쳐 현재 56개국으로 북극이사회의 정회원국 8개국을 포함해서 유럽, 미국, 캐나다, 카프카스, 중앙아시아국가들이 가입하고 있다.

⑨ '유엔환경프로그램(UNEP : United Nations Environment Programme)' GRID Arendal : http://www.grida.no/

본부 : 노르웨이 아렌달;

GRID Arendal은 UNEP의 협력 센터로서 환경 인식의 향상과 의사결정을 지원하는 기능을 담당하고 있다. GRID Arendal은 1987년에 리오 데 자네이로에 개최된 '세계환경개발위원회' 회의의 권고에 부응하여 UNEP와 노르웨이 환경부의 노르웨이재단이 공동으로 1989년에 설립됐다.

▶ 11개 비정부기구(NGO)의 북극이사회 영구옵서버

① '해양보호자문위원회(ACOPS : Advisory Committee on Protection of the Seas)' : http://www.acops.org.uk/

본부 : 영국 캠브리지 Trinity College;

ACOPS는 1952년에 세계에서 첫 번째 환경 NGO로서 캘래한(Callaghan)경의 주도 하에 창립됐다. ACOPS는 과학, 법률, 정책연구와 자문과 공공 인지활동을 통해 해안 및 해양환경과 관련해서 지속적인 글로벌 발전을 위한 전략을 증진하는데 목적을 두고 있다.

② '북아메리카북극연구소(AINA : Arctic Institute of North America)' : http://arctic.ucalgary.ca/about-aina

AINA는 과거 '북극문화관문(ACG: Arctic Cultural Gateway)'의 후신으로 1952년 의회 법률에 의거하여 연구교육기관으로 창설됐다. 처음에는 몬트리올 맥질(McGill)대학에 소재했으나 1976년에 캘거리(Calgary)대학으로 이전됐다. 1979년에 캘거리 대학 연구소로 발전됐다.

③ '세계순록협회(AWRH : Association of World Reindeer Herders)' : 웹사이트 없음;

AWRH는 환북극권 20여개 시상의 북극원주민을 위한 국제적 비정부기구이다. 환북극권에서 순록업에 종사자의 국제협력은 1990년부터 시작됐다. AWRH는 1997년에 설립됐으며 28개 지역, 노르웨이, 스웨덴, 핀란드, 러시아, 몽골, 중국, 미국 알래스카, 캐나다 지역에서 순록에 관한 협력을 도모하고 있다. AWRH는 노르웨이 정부의 기금과 북극이사회에 지원을 받고 있는 '국제순록센터(ICRS : International Centre for Reindeer Husbandry : http://reindeerherding.org/)'와 밀접하게 상호협력하고 있다. ICRS는 2005년에 노르웨이 정부의 후원을 받아 설립됐으며, 그 소재지는 노르웨이 카우토케이노(Kautokeino)에 위치하고 있다.

④ '환북극보존연맹(CCU : Circumpolar Conservation Union)' : http://circumpolar.org/

본부: 샌 프란시스코;

1995년에 CCU는 북극의 생태 및 문화 보존을 위해 비수익성 조직기구로 출범했다. CCU는 북극원주민과 환경단체와 다양한 이해관계그룹과의 이해와 협력의 증진을 통해 북극의 생태 보호와 문화 보존에 주안점을 두고 있다.

⑤ '국제북극과학위원회(IASC : International Arctic Science Committee)' : http://www.iasc.info/

IASC는 비정부기구이며 국제적 과학연구단체로서 1990년에 창립됐으며, 사무국은 과거에 노르웨이와 스웨덴에 있었으나 2009년부터 독일연구재단과 독일 '알프레드 베게너 극지/해양연구원'의 포츠담에 소재하고 있다.

⑥ '국제북극사회과학위원회(IASSA : International Arctic Social Sciences Association)' : http://www.iassa.org/

ASSA는 회비를 납부한 모든 회원으로 구성된 총회와 선출된 8명의 멤버로 구성된 이사회로 운영되고 있다. IASSA의 주관 하에 '북극사회과학국제콘그레스' 동안 총회는 3년마다 개최된다. 3년 동안 IASSA의 총회는 사무국이 관장한다.

1988년에 레닌그라드에서 개최된 '북극연구조정에 관한 컨퍼런스'에서 북극사회과학자를 대표하는 국제협회를 설립하자는 제안에 의거하여 IASSA는 1990년 제7차 '이누이트연구콘퍼런스(Inuit Studies Conference)'가 개최된 알래스카 페어뱅크(Fairbank)에서 창립됐다. 1990~1992년 IASSA의 사무국은 캐나다 몬트리올 맥질(McGill)대학교 지리학과가 주관했다. 1992~1995년 사무국은 핀란드 로바니에미(Lovaniemi)에 소재하는 '라플란드(Lapland)대학교 북극센터', 1995~1998년 사무국은 덴마크 코펜하겐 대학교 '에스키모학부', 1998~2001년 캐나다 퀘벡 라발(Laval)대학교 환북극이누이트연구그룹(GÉTIC : Groupe d'études inuit et circumpolaires), 2001~2004년 알래스카 페어뱅크대학교 인류학부, 2004-2008년 그린란드 누크에 소재하는 그린란드대학교, 2008~2011년 아이슬란드 아쿠레이리에 소재한 '스테판손(Stefansson)북극연구소', 2011~2014년 캐나다 '북부브리티시 콜롬비아대학교', 2014~2017년 스웨덴 우메아(Umeå)대학교 '북극연구센터(ARCUM : Arctic Research Centre at Umeå University)가 관장하고 있다. I

⑦ '환북극국제보건연맹(IUCH : International Union for Circumpolar Health)'
: http://iuch.net/

본부 : 노르웨이 트롬쇠;

IUCH는 1981년 덴마크 코펜하겐에서 개최된 제5차 '환북극권국제보건콘그레스'에서 공식적으로 창립됐다. IUCH는 알래스카 주에 소재하는 비수익성조직기관들과 협력하고 있으며, 환북극권과 글로벌 차원에서 의료 및 공공보건의 과학연구의 증진을 위한 다자간 과학연구연맹의 역할을 담당하고 있다.

⑧ '원주민문제국제실무그룹(IWGIA : International Work Group for Indigenous Affairs)' : http://www.iwgia.org/

본부 : 덴마크 코펜하겐;

IWGIA는 국제 비정부 인권단체로서 인권, 자기결정권, 영토권, 토지 및 자원관리, 문화적 통합, 발전 권리를 위한 원주민의 노력의지를 지원하고 있다. 원주민은 세계 여러 지역, 특히 개도국에서 5,000개 이상의 민족들이 최저 3억 7,000만 명을 구성하고 있다. IWGIA는 1968년에 아마존 지역에서 원주민의 대량학살에 대한 경각심을 환기시키기 위해 인류학자들에 의해 창설됐다.

⑨ '북방포럼(NF : Northern Forum)' : http://www.northernforum.org/en/

NF는 10개국 600명 이상의 참석한 1990년 알래스카 앵커리지에서 개최된 '북방지역콘퍼런스'에서 발전되어 1991년에 창립됐다. NF는 북극권 8개국과 준국가기관으로 구성된 비수익성 민간단체의 국제기구이다. 현재 NF의 사무국은 러시아 야쿠츠크에 소재하고 있다.

⑩ '북극대학기관(UArctic : University of the Arctic)' : http://www.uarctic.org/

UArctic은 북극에 관한 그리고 북극 내에 위치하고 있는 대학교, 대학, 연구소, 기타 기관들이 연구와 교육과 관련한 협력 네트워크 기능을 가진 비수익성 국제적 민간단체이다.

1997년 : 북극이사회는 북극대학에 관한 타당성조사를 위해 '환북극대학협회(CUA: Circumpolar Universities Association)'를 구성했다.

1998년 : CUA 실무그룹은 북극이사회에 보고서를 제출했으며, 알래스카 페어뱅크에서 개최된 첫 번째 회의에서 북극대학의 내부이사회가 구성됐다.

1999년 : UArctic의 환북극조정오피스, 후에 환북극국제사무국이 핀란드 로

바니에미(Rovaniemi)에 설립됐다.

2000년 : 환북극연구, 북극환경학습, 환북극유동성프로그램(후에 north2north로 명명) 학사학위의 프로그램 수행을 위한 상세한 UArctic의 통합 계획을 발표했다.

2001년 : 공식적으로 UArctic이 출범했다.

2002년 : 처음으로 환북극연구 과정의 대학생들이 수강했으며, north2north 프로그램의 파일로트 교환학생이 참여했다. 라르스 쿨레루드(Lars Kullerud)가 UArctic의 의장을 선출됐다.

2003년 : 환북극연구프로그램을 조정하기 위해 UArctic의 학부과정이 캐나다 사스카체안(Saskatchewan)대학교에 설립됐다.

2004년 : UArctic의 north2north의 유동적 오피스가 노르웨이 국립핀마르크(Finnmark)대학(현재는 노르웨이북극대학 UiT에 소속)에 설립됐다.

2005년 : 핵심프로그램 활동으로서 테마 네트워크를 지지하는 2005~2010년 전략계획을 출판했다. 테마조정오피스(Thema Coordination Office)가 핀란드 오울루(Oulu)대학교 툴레(Thule)연구소에 설립됐다. 국제극지의 해(IPY : International Polar Year)회의 참여 계획이 시작됐다.

2006년 : UArctic의 러시아정보센터가 야쿠츠크국립대학교(지금은 북동연방대학교)에 설립됐다. 첫 번째 환북극연구프로그램의 학사학위가 배출됐다.

2007년 : 첫 번째 UArctic의 총장 포럼이 미국 다트마우스(Dartmouse)대학에서 개최됐다. UArctic의 2007-2008년 IPY 회의를 참여했다.

2008년 : UArctic의 연구 카탈로그(education.uarctic.org)를 개발하기 위해 UArctic 카탈로그 오피스를 개설했다.

2009년 : UArctic의 2009-2014년 전략계획을 출간했다. UArctic의 회원인 고등교육기관의 학생충원 노력과 공동마케팅을 위해 '북극으로 가자(Go North)'

프로그램이 설립됐다.

2010년 : 얀 헨리 케스키탈로(Jan Henry Keskitalo) 북극원주민이 첫 번째 UArctic의 부의장으로 선출됐다. UArctic의 연구오피스가 러시아 아르한겔스크 북방(북극)연방대학교에서 설립됐다.

2011년 : 핀란드 라플란드에서 UArctic의 10주년 창립기념식을 거행했다. UArctic의 첫 번째 비 북극권 연구기관이 가입했다. UArctic은 IASC, IASSA와 공동으로 북극연구협력 협정을 체결했다.

2012년 : UArctic은 향후 전략계획의 발전에 앞서 조직과 활동의 외부적 리뷰를 수행했다.

2013년 : UArctic은 환북극권을 향상시키기 위해 회원들의 협력활동을 지원하는 네트워크 조직기관의 기능강화를 위한 '전략계획 2020'을 발간했다.

2014년 : UArctic 연구카탈로그의 주관 하에서 새로운 학생에 주안점을 둔 포털을 포함한 UArctic의 웹사이트 재구축을 수행했다. 그 이외에도 UArctic의 관리구조도 개편했다.

UArctic의 회원은 부록 참조.

⑪ '세계자연보호기금(WWF : World Wide Fund for Nature)'-Global Arctic Program : http://wwf.org/ ; http://wwf.panda.org/what_we_do/where_we_work/arctic/

오피스 : 캐나다 온타리오 주 오타와.

WWF는 세계의 야생동물 및 원시적 생태환경을 보호하기 위한 국제환경단체로서 1961년 4월 29일에 설립됐다. WWF는 세계 최대의 비정부기구의 환경단체로서 90여국에서 500만 여명의 회원을 보유하고 있다.

WWF '글로벌북극프로그램(GAR: Global Arctic Programme)'은 1992년부터

WWF 북극 활동을 조정해오고 있다. 이 기구는 6개국의 사무소를 통해 거버넌스, 기후변화, 선적, 석유 및 가스채굴과 북극곰 보호 등의 환북극 이슈를 담당하고 있다.

2. 북극 연구기관 소개 :

독일 알프레드 베게너 연구소
극지 및 해양 연구를 위한 헬름홀츠-센터

이재혁

I. 연구소 개요

알프레드 베게너 연구소(AWI, Alfred Wegener Institute)는 독일의 16개 헬름홀츠(Helmholtz) 연구 센터 중 하나인 독일에서 가장 큰 과학 단체이다. 이 연구소는 북극에서 남극까지, 해수면에서 심해까지의 해양연구를 25년 이상 수행하고 있으며, 글로벌 기후와 바다와 육지의 특정 생태계 간의 상관관계를 연구하고 있다.

연구소는 대륙이동설을 제창한 독일의 자연과학자 알프레트 베게너(Alfred Wegener)[1] 이름을 따라서 명명되었으며 1980년에 설립되었다. 연구의 중점

---

1) 알프레트 로타르 베게너(독일어 : Alfred Lothar Wegener, 1880년 11월 1일~1930년 11월 2일 또는 11월 3일)는 대륙이동설을 제창한 독일의 기상학자이자 지구물리학자이다. 베를린에서 태어났고, 지리학의 기후학에서 '쾨펜의 기후 구분'을 한 쾨펜의 사위로도 유명하다. 1910년에 남아메리카 대륙의 동해안선과 아프리카 대륙의 서해안선이 매우 비슷한 것을 깨달았다. 이것이 대륙이동의 아이디어의 시초이다. 1915년에 그의 주저《대륙과 해양의 기원》에서 지질, 고생물, 고기후 등의 자료로써 태고의 시대에는 대서양의 양 쪽 대륙이 따로따로 반대 방향으로 표류했다는 '대륙이동설'을 주장하였다. 1915년에는 일찍이 '판게아'라는 거대한 초대륙이 존재하였다가 약 2억 년 전에 분열하여 표류하여 현재의 위치, 형상에 이르렀다는 학설을 공포하였다. 당시의 많은 지질학자가 그의 설에는 과학적 근거가 희박하다고 하여 베게너를 비웃었다. 1930년 11월에 그린란드로 탐사를 떠났다가 조난당해 사망했다. 그의 사후 1950년대에 고지구자기, 해

은 북극과 남극의 빙하지역에 두고 있다. 알프레드 베게너 연구소의 연구의 목표는 부분적으로 사람에 의해 부분적으로 자연 발생하는 지구 환경의 변화 및 지구 시스템을 해독하는 것이다.

해양 연구 작업은 북해 연구 및 공해의 생물학적 모니터링을 포함한다. 해양오염 및 해양 천연 제품 및 기술, 해양 개발에 관한 연구가 포함되어 있다. 또한, 알프레드 베게너 연구소는 해양 연구 협력, 연방 정부의 컨설팅 및 독일의 극지 연구를 위한 과학 및 기술 지원 서비스와 자문을 제공한다. 이 연구소는 극지지역의 작업 선박 및 항공기를 유지한다. 과학 연구 선박은 쇄빙선인 북극성(Polarstern)과 하인케(Heincke), 미야 II 등을 운영하고 있다.

현재 브레머하펜(Bremerhaven)에 본부를 두고 있으며, 900 명 이상의 직원이 소속되어 있다. AWI는 헬고란트 생물학 연구소(BAH)과 쥘트 갯벌해연구기지(Wattenmeerstation Sylt) 및 포츠담에 분원을 두고 있다. 연방정부의 교육 및 연구부에 의해 90%의 자금이 지원되며, 나머지 재정은 브레멘 주와 브란덴부르크 주, 슐레스비히 – 홀슈타인 주에서 지원된다.

이 연구소의 활동은 현대적인 연구를 위한 국제협력과 상호협력, 젊은 인재의 홍보와 인적교류가 필수적인 전제 조건이다. 극지방의 해안 변화와 지구 해양 시스템의 프로그램, 북극 시스템의 연구 등이 중요한 프로그램이다.

역대 연구소장들과 현재 연구소장은 다음과 같다.
– 고트힐프 헴펠(Gotthilf Hempel, 1981~1992)
– 막스 틸저(Max Tilzer, 1992~1997년 10월 31일)

양저 등의 연구에 따라 대륙이동설은 재평가되어, 실제로 맨틀의 대류가 대륙 이동을 하는 것이라는 것이 증명되었다.

그림 1 AWI의 주요 연구시설

AWI 본관(건축가 Oswald Mathias Ungers, 1985)　부속 연구동(건축; Steidle & Partner 2004)

질트 섬 리스트의 갯벌해연구기지　　Roald Amundsen의 동상과 Ny-Ålesund 연구기지

출처 : http://www.awi.de/de(검색일 : 2015년 2월 11일)

- 요른 티데(Jörn Thiede, 1997년 11월 1일~2007년 10월 31일)
- 카린 로흐테(Karin Lochte, 2007년 11월 1일~)

Ⅱ. 주요 연구 분야

　지질 조성 구조 및 분류, 지구의 지구물리학과 지진에 의한 기후 연구, 해양 생물학, 해양지질학 등의 연구의 대상이 되는 극지방을 탐사한다.

1) 지구과학 : 기후의 발달을 형성하는 지구의 프로세스 연구를 위해 바다의 퇴적물 구조, 북극 빙하의 연구, 해양 퇴적물, 영구동토지역의 퇴적 및 에너지 흐름의 분포와 지각의 구조 변화, 북극 얼음 시트를 조사 분석한다.

2) 생명과학 : AWI는 북해의 해안지역과 극지역에서 생물학과, 생태 생리 및 생태적 독극물학 등을 연구한다. 최근 몇 년 동안 냉수대 산호초에 대한 연구뿐만 아니라 열대 산호초 지역에서도 실시되었다. 주요 주제는 인구, 지역 사회와 생태계의 세포, 유기체, 인간의 반응과 지역 사회에서 외부의 영향과 조직과 역학을 포함한다.

3) 대기과학 : 대기환경과학의 부서에서 해양 – 얼음 – 대기의 프로세스에서 물리, 화학적 변화 시스템을 연구한다. 이들은 바다와 대기 사이의 에너지 교환에 구름의 영향과 바다얼음을 포함한 극지방의 수괴의 순환, 자연의 기후 변화에 대한 연구와 북극의 대기 순환의 모델링 등에 대한 연구와 실험이 포함된다.

Ⅲ. AWI의 북극 연구기지

알프레드 베게너 극지해양연구소는 북극과 남극지역에 5개의 연구기지를 건설하여 운영하고 있다.

북극지역에는 AWIPEV 북극–연구기지(Koldewey–Station, 79° N)와 사모이로프 – 기지(Samoylov – Station, 72° N)를 두고 있고 남극지역에는 노이마이어–기지Ⅲ(Neumayer – Station III, 71° S), 코넨 – 기지(Kohnen Station, 75° S), 달만 – 연구실(Dallmann – Labor, 68° S)을 두고 극지 연구 활동을 하고 있다.

북극지역에 있는 두 개의 연구기지는 노르웨이에 속한 스피츠베르겐 섬과 러시아의 시베리아 북극해 지역에 위치한다.

그림 2 알프레드 베게너 극지해양연구소의 극지지역 연구기지 현황

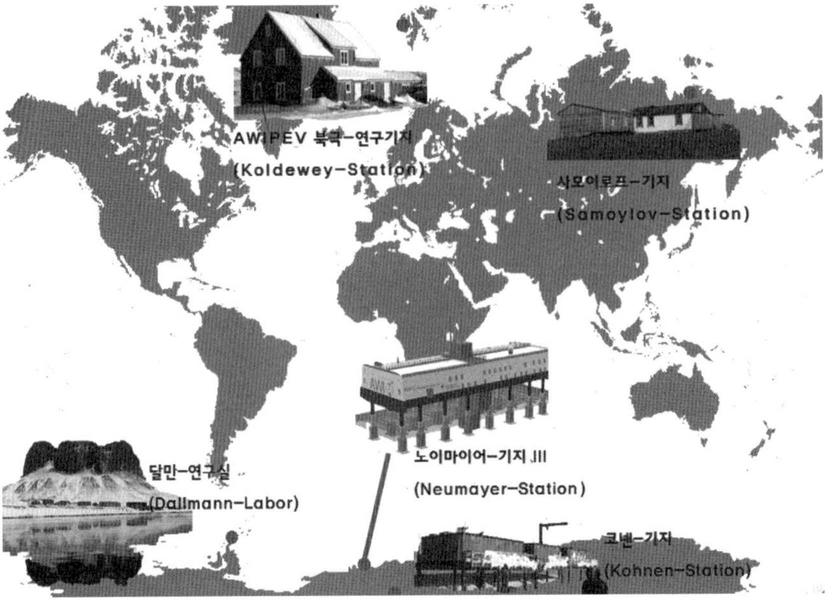

AWIPEV 북극-연구기지
(Koldewey-Station)

사모이로프-기지
(Samoylov-Station)

달만-연구실
(Dallmann-Labor)

노이마이어-기지 III
(Neumayer-Station)

코넨-기지
(Kohnen-Station)

자료 : http://www.awi.de/de/infrastruktur/stationen, 필자 수정.

1. AWIPEV 북극연구기지; Koldewey-Station

스피츠베르겐 콩스피요르드(Kongsfjord)의 뉘 – 올레순(Ny – Ålesund)에 위치한다. 연구본부의 지리적 위치는 북위 78° 55' 24", 동경 11° 55' 15"에 해당한다.

이 연구기지는 북극해의 스발바르 군도의 최북단 섬의 하나인 스피츠베르겐(Spitzbergen) 섬의 서쪽 해안에 입지한 국제 연구 센터이다. 여기에서는 북극 연구의 다양한 분야에 대한 협력 연구 활동을 수행하고 있다.

1868년 독일 최초의 북극 탐험자로 스피츠베르겐 주변의 바다를 탐사했던 칼 콜데바이(Carl Koldewey)의 이름에 따라 1991년 8월에 설립된 독일 연구기지이다. 생물학, 화학, 지질학 및 대기 물리학 등 다양한 분야의 연구 활동을 하고 있다.

그림 3 스피츠베르겐 콜데바이-연구기지

자료 : http://www.awi.de/de/infrastruktur/stationen/awipev_arktis_forschungsbasis(검색일 : 2015년 2월 11일)

2003년 알프레드 베게너 연구소와 프랑스 극지연구소 폴 에밀 빅토르(Paul Emile Victor, IPEV)가 공동으로 연구기지를 활용하도록 하여 AWIPEV 연구기지로 부르고 있다.

돔 전망대의 광측정라이다로 오로라를 연구하는 등 북극 성층권의 대기관측을 수행하며, 적외선 분광계로 대류권과 성층권의 미량 기체의 종류와 양을 측정한다. 연중 태양과 달의 빛을 사용하는 측광, 대기 에어로졸의 광학 심도를 측정한다. 광측정레이더로 대기 중의 오존과 에어로졸의 농도를 검출할 수 있으며, 측정기를 탑재한 관측풍선을 띄워 온도, 습도, 기압 등을 측정한다.

하절기에는 2005년 6월에 새로 만들어진 킹스 베이 - 해양연구실(Kings Bay - Meeresforschungslabor)을 이용하여 해양생물학자와 생태학자, 해양학자, 해양지질학자 및 빙하물리학자들이 활발한 연구 활동을 하고 있다.

2. 사모이로프(Samoylov) 연구기지

레나 강 하구에 위치한 레나 – 삼각주(Lena – Delta)는 세계의 가장 큰 삼각
주이며 자연보존구역으로 북극해 시베리아와 북극권의 연구를 수행할 수 있
는 지역이다. 이 연구기지에서는 북극해의 환경변화와 영구동토대의 융해과
정에서 발생하는 메탄가스의 문제해결 방법 등을 연구하고 있다.

그림 4 레나 삼각주의 사모이로프 연구기지의 위치

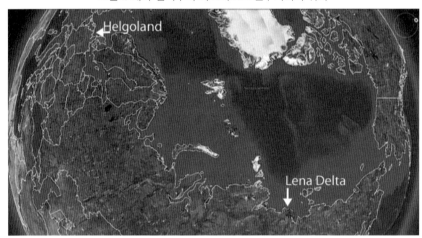

출처 : http://www.awi.de/de/infrastruktur/stationen/samoilov_station(검색일 : 2014년 2월 11일)

이 연구기지는 러시아와 독일의 협력연구로 1998년부터 하절기 위주로 사
용하였으며, 2013년에 새로운 시설을 확충하여 연중 연구 활동과 자료 수집을
할 수 있는 연구기지로 활동하고 있다. 연구기지는 사모이로프 섬의 남쪽 해
안에 위치하고(N 72 ° 22' E 126 ° 29'), 레나 삼각주의 중심 지역에서 헬리콥터
(45분), 전용 모터보트(4시간) 등으로 이동할 수 있고, 동결 시에는 오프로드트
럭으로 8시간에 도달할 수 있다. 이 기지에는 최대 20명의 연구자에게 물류 지
원 및 숙박 시설을 제공할 수 있다.

그림 5 사모이로프 연구기지와 연구활동 모습

자료 : http://www.awi.de/de/infrastruktur/stationen/forschungsstation(검색일 : 2015년 2월 11일)

사모이로프 연구기지에서의 주요 연구주제

동북시베리아의 랍테프 해 해안에 위치한 레나삼각주의 영구동토지역에서 영구동토의 발달과정과 기작을 연구하는 작업을 수행하며 사모이로프 섬과 그 주변지역에서 다음과 같은 연구프로젝트를 진행하고 있다:

- 탄소순환 분석,

- 수생생물학,

- 빙권의 발달,

- 툰드라의 에니지 및 물 균형,

- 지형학,

- 제4기 경관 변화

IV. AWI의 쇄빙연구선 북극성(Polarstern)호

극지를 연구하는 과학자들이 현지에 접근하여 연구 활동을 수행하기 위해서는 내빙과 쇄빙이 가능한 연구선박이 필수적이다. AWI의 극지연구선 '폴라슈테른(Polarstern)'호는 길이 118m의 규모로 극지의 한겨울에도 얼음을 깨뜨려 뱃길을 열면서 연구와 탐사활동을 할 수 있다.

AWI는 30년 이상 폴라슈테른호를 활용하여 극지의 연구 활동을 수행하였고 방대한 양의 데이터를 확보할 수 있었다. 폴라슈테른호는 해저 75m까지 굴착이 가능한 수중 드릴을 장착하여 극지의 정밀한 탐사활동을 수행하고 있다.

이 쇄빙연구선은 1981년에 건조되어 1982년부터 탐사활동을 시작하였다. 이 선박은 길이 약 118미터, 폭 약 25미터의 크기로 디젤엔진 4기의 총 약 2만마력(14.116 kW, 19.192 PS)으로, −50℃의 조건에서도 정상적인 활동을 수행할 수 있고. 1.5m 두께의 얼음을 뚫고 9.3㎞(5 노트)의 시속을 유지할 수 있다. 배수량은 17,300 t, 총순톤수(GT, NRZ) 12,614 BRZ의 선박으로 독일인 가우스가 1901–1903 첫 번째 남극 탐험으로 시작된 독일의 100 년의 전통 극지 연구를 통해 세계에서 가장 현대적인 극지 연구 선박이다. 이 배는 최대 70 명의 과

그림 6 AWI의 극지연구선 '폴라슈테른(Polarstern)'호

자료 : http://www.awi.de/de/infrastruktur(검색일 : 2015년 2월 11일)

학자에게 실험실 및 작업 공간을 제공 할 수 있고, 이미 6,300명 이상의 연구 인력을 싣고 연간 약 320일 운용되어 지구둘레의 67배에 해당하는 260만 ㎞ 이상을 항해하였다.

Ⅴ. 청소년 교육 프로그램

AWI는 청소년들에게 해양에 대한 교육과 함께, 미래의 해양 연구 인력을 양성한다는 목적으로, 브레머하펜 학교당국과 협력하여 2001년부터 과학교육고등학교(HIGHSEA)라는 교육 프로젝트를 수행하고 있다.

인문계 학교(김나지움, Gymnasium)의 고학년 과정(10~12 학년)인 3년 동안 전체 시간 과목을 실험을 통하여 획득하는 혁신적인 교육 프로젝트이며, 이를 통하여 학생들은 대학입학을 준비한다. AWI는 '팀 티칭'의 형태로 과학자들을 지원하며, 생물학, 화학, 물리학, 수학, 영어 교사와 활용적인 교수법 설계 및 연구소에서 진행하는 프로젝트에서 교육과의 긴밀한 연계를 보장한다. 이 프로젝트는 2006년 로베르트 보쉬 재단(Robert Bosch Stiftung)의 NaT – Working 상을 수상했다.

표 1 과학교육고등학교(HIGHSEA) 개요

	학교형태 : 김나지움(Gymnasium, 인문계 중고등학교)
	설립연도 : 2002년
	학생수 : 약 60명
	교사수 : 9명
	Website : HIGHSEA @ AWI

2. 북극 연구기관 소개 :

러시아 극지연구소
'러시아 북극과 남극 연구소'

박종관

I. '북극과 남극 연구소' 개요

그림 1 북극과 남극 연구소 엠블럼

출처 : http://www.akvastandart.com/title04.html(검색일 : 2015년 6월 4일)

러시아 북극지역은 북극권 연안 국가 중 43%의 영토, 전체 북극인구의 40%, 북극연안 전체 70%의 GDP가 러시아 영토에 속하고 있으며 자국의 국가영토 20%, 10%가 넘는 GDP, 가스, 석유, 수산업, 비철금속 등 전체 수출의 30%, 러시아 천연가스 생산의 80%이상을 차지한다. 러시아는 16세기 말 이후 북극권

탐험을 시작으로 지속적인 연구와 개발을 해 왔다. 따라서 러시아는 북극관련 최고의 이해 당사국일 수밖에 없다. 정부 각 부처, 학계 등에서 북극에 대한 탐사와 연구는 북극권 국가 중 가장 활발하고 다양하게 진행되고 있다. 아르한겔스크에 위치해 있는 '로마노소프 북극연방대학교', 상트페테르부르크에 위치해 있는 '북극과학 아카데미', 예카테린부르크에 위치해 있는 '러시아과학아카데미 우랄지부 산하에 있는 아르한겔스크 학술센터' 등이 있는데, 그 중에서도 북극연구를 시작으로 러시아 극지연구의 대표기관인 '북극과 남극연구소'를 소개한다.

러시아 극지연구를 대표하는 '북극과 남극 연구소(Arctic and Antarctic Research Institute; Государственный научный центр "Арктический и антарктический научно–исследовательский институт")'는 러시아 연방의 국가 예산으로 운영된다. 1963년 소련정부의 법령에 따라 현재의 러시아 정부기관인 연방 수문기상학 및 환경모니터링국(Federal Service for Hydrometeorology and Environmental Monitoring of Russia)에 속한 기관이 되었다.

북극과 남극 연구소는 1920년 2월 볼로그다에서 러시아 북극권지역 식량안보 대책 위원회에서 사모일로비치 루돌프[1]의 제안에서 기원한다. 그는 러시

---

1) 　사모일로비치 루돌프 라자레비치는 1881년 9월 1일 아조프 돈의 유럽대표부의 부유한 가정에서 태어났다. 그는 지리학자로 러시아 북극권을 비롯하여 극지연구 활동하다가 1939년 3월 4일 레닌그라드에서 비운의 생을 마감한다. 사모일로비치는 마리우폴스크 김나지움 졸업 후 노보러시아 대학교에 입학하여 물리수학부에서 공부했다. 대학생활 중 혁명모임에 가담하여 비밀경찰의 감시를 받기도 했으며, 이후 아들의 생활을 불안해 한 부모님의 제안을 받아들여 전 세계적으로 유명했던 독일 프레인베륵 산악아카데미에서 학업을 계속했다. 1904년 독일에서 학업을 마친 뒤 고향 아조프에와서 지하혁명 활동을 시작한다. 1906년 첫 번째 러시아 혁명기간 사모일로비치는 로스토프 나 돈 우로와 카자흐, 카자흐의 군인, 철도건설 노동자선동에 가담하여 활동하다가 2년간 감옥 생활을 하기 도 했다. 이후 상트페테르부르크에서 잠시 거주하며 계속되는 혁명 활

아 북극권 광산채굴산업의 발전 가능성을 전망하면서 북극권의 확보를 위한 전문연구 기관의 설립의 필요성을 주장했다. 이후 1920년 3월 4일 러시아 소비에트 사회주의 연방공화국의 국민경제최고위원회의 상임위원회에서 위도 60도 위쪽의 북극과 남극의 학술적, 광산개발 및 자원채굴을 목적으로 극지학술탐사를 승인하면서 설립된 연구소이다. 연구소의 소재지는 러시아 상트페테르부르크이며, 북극과 남극 연구소는 지구의 극지방 자연환경 생태 예측 및 종합적인 연구, 평가를 하는 러시아의 선도적인 학술기관으로 극지방의 해양학, 물리학, 기상학, 해양과 대기의 상호작용, 지리물리학, 해양빙하학, 수중자원, 극지의학, 탐사선의 공학적 구조 등을 연구하고 있다. 또 과학과 응용연구, 수문기상학, 환경모니터링, 환경오염조사, 북극과 남극 탐사, 결빙된 바다의 수역에 대한 조사도 하고 있는 종합 연구기관이다.

북극과 남극 연구소는 1994년부터 현재까지 러시아 정부에서 인정한 국가 학술센터의 자격을 취득하였다.

동과 체포로 아르한겔스크의 감옥에서 투옥하게 된다. 아르한겔스크에서 투옥 중 주거 허락을 받아 자유로와진 사모일로비티는 지질탐험가 루사노프와 만나면서 북극지역 탐험 및 연구를 본격적으로 시작한다. 1912년 동료 루사노프와 쉬피츠베르겐 섬의 지질학 학술탐험을 시작으로 재조직된 북쪽의 학술-채굴 탐험대 지도자(1920~1925), 북쪽의 연구 연구소로 재편성된 연구소 소장(1925~1930), 북극연합연구소 부소장(1932~1938), 상트페테르부르크 극지국가 학과 설립자 및 첫 번째 학과장(1934-1937), 움베르토 라빌레의 조종하에 운항하던 중 북극에 추락했던 이탈리아 비행선"이탈리아"를 구조했던 선박 "크라신"의 구조 탐험대장(1928), "루사노프" 1932년, "세도프" 1934, "사트코" 1936~1938 호들의 학술탐험 대장을 역임했다. 이후 스탈린 대숙청기간인 1938년 투옥되어 이듬해인 1939년 3월 4일 숙청되었다. 동 기간 루돌프의 사위이며 극지연구가 였던 미하일 예르몰례예프 또한 집단수용소로 강제 이주 되었다.

그림 2 북극과 남극 연구소 전경

그림 3 북극과 남극연구소 창립자 루돌프 사모일로비치

Ⅱ. '북극과 남극 연구소'의 주요 업적

2차 세계대전 중에도 연구소의 북극연구는 계속되었는데 연구소의 주요 성과로는 소련의 북극해군 해양수송차량운영을 위해 빙하탐사기가 비행하면서 쇄빙선의 호송을 진행하는 등 과학운영활동을 하였다. 2차 세계대전 이후에도 연구소의 활동은 점차 확대되어 로모노소프 해령 북극해저 중앙을 비행하는 고위도 탐험 비행선 '세베르'를 운행하였고, 북극해 연구기지인 '세베르니 폴류스' 설치, 다양한 극지방 실험 프로그램 실시, 1977년 8월 핵추진 잠수정이 빙하 아래로 처녀항해를 하기도 하였다. 그 외에도 연구소 최초의 북극항해 선박 원자력 쇄빙선 '아르크티카'를 비롯하여 현재도 정기적으로 북극해 항로를 따라 운항을 계속하고 있다.

현재 연구소는 빙하지역을 거침없이 자유자재로 탐사할 수 있는 북극해 탐사선 2대 '아카데믹 표도로프호'와 '아카데믹 트료쉬니코프호'를 보유하고 있다. 2005년 8월 29일 탐사선 '아카데믹 표도로프호'는 북극을 세계 최초로 쇄빙선의 동반 없이 항해했다.

그림 4 아카데믹 표도르프 호와 트료쉬니코프 호

아카데믹 표도로프 호　　　　　아카데믹 트료쉬니코프 호

출처 : http://www.aari.nw.ru/main.php?lg=0(검색일 : 2015년 5월 28일)

Ⅲ. '북극과 남극 연구소'의 학술센터

북극과 남극 연구소는 크게 18개의 학술 센터로 나뉘어져 있고 객체지향적 구조[2]로 잘 짜여 있다. 대표적인 학술센터로는 '세계 결빙된 바다 데이터 센터,' '극지방 지리물리학 센터,' 시험생산과 빙하표류 승강장 체험을 위해 조성된 '극지의학센터,' 첨단 장비를 갖춘 '기후변화와 환경 분석 실험실,' '연구조정 센터《스발바르 제도》' 등이 있다.

Ⅳ. '북극과 남극 연구소' 역대 소장

– R. L. 사모일로비치(1920~1930년, 1932~1938년)

– O. Y. 쉬미트(1930~1932년)

– P. P. 쉬르쇼프(1938~1939년)

– Y. A. 표도로프(1939년)

– Y. S. 리빈(1940~1941년)

– L. L. 발라크쉰(1941~1942년)

– S. V. 슬라빈(1942년)

– V. K. 부이니츠키(1942~1947년)

– V. S. 안토노프(1947~1950년)

– V. V. 프롤로프(1950~1960년)

---

2) 여러 부서가 각자의 임무를 구현하고 연결시키는 일련의 과정을 아주 매끄럽게 진행할 수 있는 구조이다.

– A. T. 트레쉬니코프(1960~1981년)

– B. A. 크루트스키흐(1981~1992년)

– I. E. 프롤로프(1992년~현재)

V. '북극과 남극 연구소' 가 보유한 연구시설

1. 학술연구 정거장 '고리코프스카야'

위치 : 레닌그라드 주, 블보르그스키 지역, 세마쉬코 마을

임무 : 과학과 지리물리학을 연중 내내 연구할 수 있도록 전자장비와 네트워크 설치, 연구자들의 숙소도 마련되어 있음

그림 5 학술연구 정거장 '고리코프스카야'

출처 :http://www.yalta–spb.com/sluzhebno_proizvodstvennyi_korpus_nauchno_issledovatelskoi_stantsii_
gorkovskaia–65.htm(검색일 : 2015년 5월 28일)

2. '라도가' 캠프장

위치 : 레닌그라드 주, 라도가 호수 주변

임무 : 젊은 과학자들을 위한 하계교육프로그램으로 극지방의 수문기상학,

극지방의 중요한 탐험 경험을 세미나와 수업으로 듣고 이를 체험하는 프로그램

     – 수역의 현장 측정 방법

     – 해양 및 기상 연구 방법

     – 수문화학 연구 방법

     – 고지리학 연구 방법 등

그림 6 '라도가' 캠프장의 활동모습

출처 : http://www.aari.ru/news/text/2014/%D0%A8%D0%BA%D0%BE%D0%BB%D0%B0%20%D0%A1%D0%B5%D0%
BC%D0%B8%D0%BD%D0%B0%D1%80.pdf(검색일 : 2015년 5월 28일)

3. 수문기상 관측소

위치 : 사하 공화국 항구로 북극해에 있는 딕시 마을

임무 : 2006년부터 관측이 시작되었고, 국제기후연구 시스템의 주요 관측소
로 등록되어 표준 기상관측부터 영구동토지역의 기후변화 영향, 인간의 건강
에 미치는 영향까지 연구하는 곳

그림 7 수문기상 관측소 전경

출처 : http://www.russia-ic.com/img/news/news-1164884200.jpg(검색일 : 2015년 5월 28일)

4. 얼음베이스캠프장

위치 : 러시아 북극 세베르나야 제믈랴 제도 최남단에 위치한 볼셰비크 섬
임무 : 학술연구

　　- 해양학(빙하와 빙산 연구, 수문기상학, 화학물질 조사 등)

　　- 기후학

　　- 빙하학(빙하의 성분유형과 종류 조사 등)

　　- 지구물리학

　　- 동, 식물군 연구

　　- 극한의 생활조건에서 인간의 삶에 대한 연구

　　- 민물 빙하와 바다 빙하의 물리학적 연구

　　- 고위도 지역의 육지와 해양 생태계의 구조 및 기능 연구

　　- 북극 섬과 군도의 자연환경 모니터링 학술 조사

　　- 빙하와 빙산의 얼음을 깨는 능동적 방법과 수동적 방법 연구

– 바다빙하의 대형유압구조 자연 모델링(건축)

(예를 들면, 북극 대륙붕의 가스, 석유 채굴용 건축술 등)

– 민물과 바다 빙하 및 빙산의 열을 이용한 절단, 시추 작업

– 북극에서 석유 채굴, 운송, 저장 중 발생할 수 있는 오염으로부터 보호

할 수 있는 기술

– 최악의 조건인 북극에서의 기술, 설계

그림 8 얼음베이스캠프장 위치(바라노바 곶 2013–2014 학술탐험)

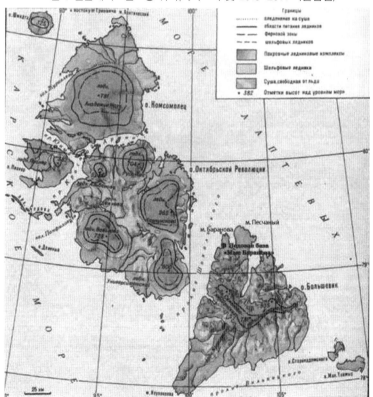

출처 : http://www.aari.nw.ru/news/text/2013/%CB%C1.pdf(검색일 : 2015년 5월 28일)

그림 9 얼음베이스캠프장 전경(1995년 여름)

출처 : http://www.aari.nw.ru/news/text/2013/%CB%C1.pdf(검색일 : 2015년 5월 28일)

그림 10 얼음베이스캠프장에 착륙한 Ан–26 и ИЛ–76 기 (1989년 봄)

출처 : http://www.aari.nw.ru/news/text/2013/%CB%C1.pdf(검색일 : 2015년 5월 28일)

러시아 극지연구소인 '러시아 북극과 남극연구소'에는 현재 프롤로프 이반 소장을 비롯하여 300명의 연구진 및 직원과 20여개의 학술연구 기관 및 세부 부처로 남극 및 북극의 극지연구 활동을 하고 있다.

러시아 북극과 남극 연구소

(Arctic and Antarctic Research Institute; Государственный научный центр "Арктический и антарктический научно-исследовательский институт")

주소 : 199397, 러시아, 상트페테르부르크, 베링거리 38번지

전화번호 : 7 (812)337-3123,

팩스 : 7 (812)337-3241,

대표 이메일 : aaricoop@aari.ru

2. 북극 연구기관 소개 :

노르웨이 FNI 연구소
북극과 러시아 정치 연구

권세빈

Ⅰ. 연구소 개요

프리드쇼프 난센 연구소(FNI, Fridtjof Nansen Institute)는 국제 환경, 에너지 및 자원 관리 정치와 법을 연구하는 독립적 기관이다.

프리드쇼프 난센 연구소의 난센(Fridtjof Nansen)[1]은 1930년에 사망하기

---

1) 1861년 10월 10일 오슬로 근교 스토레프뢴에서 출생하였다. 크리스티아니아대학교(현 오슬로대학교)에서 동물학과 의학을 공부하였다. 1882년 바다표범 사냥 선박인 바이킹 호를 타고 그린란드로 탐험을 나섰으나, 그린란드 빙하에 갇혀 그린란드에 이르지는 못 했다. 돌아와서 베르겐의 자연사박물관에 근무하였다. 1888년 세계 최초로 그린란드를 횡단하였으며, 고트호프에서 월동하는 동안 에스키모의 생활을 연구하여 1890년 《그 린란드의 최초의 횡단》과 《에스키모의 생활》을 썼다. 1893~1896년 프람호(號)로 북극 탐험에 나섰으며, 북위 83°59'까지 표류하다 F. H. 요한센과 함께 배에서 내려 개썰매와 카약을 이용하여 북위 86°14'지점에 도달하였다. 이 지점은 당시까지 인간이 도달할 수 있는 최북방이었다. 이 탐험기록을 《극북(極北)》(1897), 《노르웨이의 북극탐험》(1900~ 1906) 으로 남겼다. 1897년 모교의 동물학 교수, 1906~1908년 노르웨이의 영국 주재 초 대 대사 및 해양학(海洋學) 교수를 역임하였다. 1910~1914년 북대서양·북극해 및 시베 리아의 탐험에도 참가하였다. 1918년에는 국제연맹의 노르웨이 대표였으며, 제1차 세 계대전 후 인도주의적 입장에서 시베리아에 수용되어 있는 포로의 본국 송환·난민 구 제 등에 힘썼으며, 1921~1923년 러시아 적십자 기근 구제사업의 총관리자가 되었다. 이와 같은 평화 사업에 공헌한 업적으로 1922년 노벨평화상을 수상하였고, 1927년에는 국제연맹 군축위원회의 노르웨이 대표가 되었다. 1930년 5월 13일 사망하였다. 주요 저

전까지 1901년도에 완공된 폴호그다(Polhøgda)에서 살았다. 현재 이곳 앞마당에는 그의 묘가 있다. 죽음 후 그의 재산은 '난센의 삶과 활동에 관련된 이익단체'를 위해서 기부되었다. 이곳에서 과학연구는 자연스러운 선택이었으나 Polhøgda 협회가 실현되기까지는 수많은 시간이 소요되었다. Polhøgda는 1948년에 공식적인 법령에 의해서 인정되었다. 그 후 FNI(Fridtjof Nansen Institute)라는 이름이 1983년에 처음으로 사용되었다.

주요 연구분야는 정치학과 국제법이지만 FNI 연구원은 경제, 지리, 역사, 사회 인류학 학위와 러시아, 중국에 있는 특수 언어와 지역 언어적 역량을 가지고 있다. FNI는 현재 25명의 전임 연구원과 3~6명의 학생을 포함하여 약 35명의 직원이 있다. FNI의 활동은 학술 연구, 계약 연구, 조사 및 평가가 있다.

FNI 자금의 출처는 노르웨이 연구위원회, 다양한 노르웨이 공공 단체, 비즈니스 협회와 민간 기업, 유럽위원회와 국제 연구 재단을 포함한다. 연간 거래액은 약 3,000만 노르웨이 크로네(NOK)이다.

FNI는 노르웨이와 해외의 여러 연구 기관과 연구자들과 함께 광범위한 협력 사업을 진행하고 있다. 협력의 내용은 사용자뿐만 아니라 일반사람들에게 보편적으로 전문 지식을 사용할 수 있도록 제공하는 것이며, FNI의 연구 결과물은 국제 학술지와 책으로 출판되고 있다. 연구소는 또한 자체 보고서 시리즈와 연간 뉴스 레터를 발행하고 있다.

서에 《북극해의 해양학》(1902), 《시베리아를 지나서》(1922), 《아르메니아와 근동(近東)》(1928) 등이 있다(출처 : 프리드쇼프 난센[Fridtjof Nansen], 두산백과).

FNI는 난센의 집인 폴호그다의 재산을 유지하고 프리드쇼프 난센의 관심영역의 연구를 수행하기 위해 설립된 폴호그다에서 프리드쇼프 난센 재단의 연구 부문으로써, 재단은 협의회에 의해서 선출된 7명의 의원들에 의해서 관리된다. 위원은 4년 동안 연구소 지도자로 임명권을 행사한다.

그림 1 FNI의 주요 시설

FNI 연구소의 여름

FNI 연구소의 겨울

FNI 연구소의 봄

FNI 연구소의 측면

출처 : http://www.fni.no/index.html

Ⅱ. 주요 연구 분야

(1) 글로벌 환경 통치와 법 : FNI의 연구는 실증적인 연구와 이론적인 연구 모두를 포함한다. 주요 실증적인 연구는 주요 글로벌 합의와 글로벌 거버넌스

에 관련된 유엔의 역할 조사이다. 이론적인 연구는 어떻게 합의가 창조되고 효과적으로 운영되는지를 분석하는데 초점을 맞춘다. 법률과 관련된 연구는 연구소와 그들의 공식적인 능력의 법적근거가 되는 결정과 조약에 중점을 둔다.

(2) 기후 변화 : FNI 연구는 국제연합(UN) 안팎으로 국제기후변화협상에 초점을 맞춘다. 또한 FNI는 유럽 연합(EU), 중국, 미국, 러시아 등과 같은 주요국의 기후 정치와 밀접한 협력관계를 유지하고 있다. 주요 연구는 에너지 정책, 기후와 관련된 사항을 포함한다.

(3) 바다와 해사(海事)의 법칙 : FNI 연구는 해양 오염 및 환경 보호, 해양 안전, 어업 및 포경 분야에서 국제 협력 및 관리에 초점을 맞추고 있다. 지역경쟁력은 바렌츠 해, 노르웨이 해, 북해, 남극해와 지중해, 특히 아드리아 해를 포함한다.

(4) 생물 다양성과 유전자원 : FNI 연구는 유전자원(genetic resources)으로부터 얻은 혜택의 공정한 분배와 생물 다양성의 지속 가능한 이용과 보호를 보장하기 위해 국제적인 노력에 초점을 맞추고 있다. 무역 협정과 지적 재산권과의 상호 작용이 핵심이다. FNI 연구는 야생 유전자원뿐만 아니라 양식과 농업의 유전자원도 연구내용을 다루고 있다.

(5) 북극과 러시아 정치 : FNI의 주요 조점은 환경, 에너지, 수산, 해운, 건강, 보안 및 관할 구역에 주안점'을 두고 있으며, 북극에서 노르웨이와 러시아 관계에 중점을 두고 있다. FNI는 일반적으로 북극 협력뿐만 아니라 러시아와 구소비에트 국가들의 환경 및 자원관리 정책을 연구한다.

(6) 유럽의 에너지 및 환경 : FNI은 유럽연합 안팎으로 에너지 및 환경 정책을 연구한다. 유럽연합(EU)의 기후 정책은 배출권 거래 시스템과 신재생 에너지의 홍보를 포함한 가장 중요한 주제이다. 기타로 에너지 시장 규제 및 회사 전략 등을 포함한다.

(7) 중국 에너지 및 환경 : 중국에서 FNI 연구는, 중국의 환경 및 에너지 문제를 분석하여 환경 관련 체제와 의사 결정업무, 그리고 기후 변화, 기타 환경 및 에너지 문제, 북극에 대한 국제 협력에서 중국의 역할을 분석하는 방법을 이해하려고 시도한다.

Ⅲ. FNI의 북극과 러시아 정치

국제법과 북극에서 정치적인 협력, 그리고 러시아의 북극에서 정치 및 자원 관리에 대한 연구는 프리드쇼프 난센 연구소(FNI)의 오랜 연구주제이다.

북극에서 노르웨이 정책과 노르웨이와 러시아 관계는 현재 환경, 에너지, 수산, 해운, 건강, 보안 및 관할권 문제와 함께 현재 FNI연구의 핵심이다.

러시아에서 FNI의 연구는 연방 러시아 정책, 특히 환경, 에너지, 어업에 대한 연구뿐만 아니라 러시아와 다른 과거 소비에트 국가의 다른 부분의 발전에 관한 주제를 포함한다.

그밖에, FNI는 모든 극지 및 지역 수준에서 북극 관련 프로세스와 협력을 수행하고 있다. 최근에는 아시아 국가의 북극 이익이 중요한 연구 영역이 되고 있다.

Ⅳ. 진행중인 프로젝트

- 러시아에서 개인과 국가(INSTARUSS) : 자기 이미지, 대처 전략, 시민 사회
- 중국과 러시아에서 기후 완화를 다스리는 능력
- 연방 러시아 정치 : 현대화한 북부 경제(FEDRUP)
- 러시아의 정보조작 : 우크라이나 사태 이후 러시아와 노르웨이의 입장
- 북부 해역에서 사회적 보안
- 러시아의 석유 및 가스 : 제도상의 적응 또는 저항
- 러시아의 기후 정책 : 국한 역학 및 국제 파급 효과
- 북극에서 러시아와 노르웨이 국경 간 석유 협력 메커니즘(RUNEC)

1. 러시아에서 개인과 국가(INSTARUSS) : 자기 이미지, 대처 전략, 시민 사회

이 프로젝트는 개인과 비정부기구 (NGO)의 관점에서, 개인과 러시아 정부 사이의 관계를 조사한다.

일반인과 질적 심층 인터뷰뿐만 아니라 카렐리야 공화국, 상트페테르부르그, 무르만스크 주의 NGO 내표자의 인터뷰를 통해, 프로젝드 침여자는 리시아 정부와 그들의 경험 안에서 특히 교육, 건강, 복지 등의 분야의 전략에 대한 시민들의 의견을 추출해내고 조사한다. 또한 러시아인들이 그들과의 상호작용 안에서 시민 사회를 이용하는 방법을 연구한다(예로, 노동조합).

가설은 비공식 관계의 '관리 체제'와 법의 규칙의 '규범적 상태' 사이의 시스템 레벨에서 이중성에 대한 개인 수준에서의 대응이다. 가설은 '규범적 상태'에 달려 있고, '시민 운동' SVOBODA(свобода 자유)의 아이디어를 통합하는 반면, '행정체제'는 평범한 '국민'들이 자신의 'volya(воля 자유)'를 가지기 위해서 투쟁 속에서 자신들의 기구를 떠나기 위해 줄이고 있는 다툼과 충성심에 관한 것이다.

어떻게 개별적으로 평범한 러시아인들은 시민 사회를 통해 국가와의 갈등을 처리할까? 그들은 '규범 상태' 또는 '관리 체제'로 접근하는가? 그들은 '시민' 또는 '신민'인가? 그들이 자유의 개념으로 'SVOBODA' 또는 'volya' 중 어떤 상태를 경험하고 있는가? 어떤 상황에서 일반적으로 비공식적 관계에 의존하는가? 어떤 러시아의 이미지가 이 갈등에서 적용되어 지는가? 그리고 어떤 것이 러시아에서 좋은 통치를 위한 전망에 대해 말하는가? 에 대해서 연구한다. 면접 조사의 기초로서 러시아 법률에서 시민과 시민 단체가 즐길 공식적인 권한의 개요가 제공된다.

2. 중국과 러시아에서 기후 완화를 다스리는 능력

이 프로젝트는 중국과 러시아 기후 정책 구현에 공식 및 비공식 기관을 살피고, 어떤 조건과 어떤 방법에 따라 이들 국가의 낮은 통치 능력이 기후 완화 조치에서 영향을 미치는가에 대해 질문한다. 이 질문은 약한 형식적인 기관과 강력한 비공식적 제도가 완화 정책의 수립 및 구현의 과정에 기여하는 검사로서 접근한다. 계획경제 전통 안에서 이러한 제도적 역학이 완화 정책의 결과에 어떤 영향력 있는 메커니즘을 창조하였는가? 이러한 메커니즘은 어떻게 그들이 완화 정책 프로세스에 영향을 미치는 않는 것이고, 실제로 같은 점은 무엇인가? 그리고 이러한 메커니즘의 결과로서 어떻게 기후정책 과정의 출력이 나타나는 가에 대해 연구한다.

이를 통해 몇 가지 일반적인 교훈을 배울 수 있거나, 중국과 러시아가 제정과 완화 정책 구현의 측면에서 완벽한 분리된 논리를 수행 할 것이 예상될 수 있는가에 대해서 연구한다.

3. 연방 러시아 정치 : 현대화 북부 경제(FEDRUP)

이 프로젝트는 이론적인 범위, 조선과 해양공학(북부 함대의 발전을 포함), 광산업, 야금학(冶金學)뿐만 아니라 어업과 같은 중요 북부 산업 현대화에서 연방 러시아 당국의 이론적 범위와 실제 성과를 연구한다.

이 프로젝트는 광범위하게 북한에 관한 연방 정부의 정책을 연구하고 모스크바와 북서부 연방 주체 사이 관계의 거시 경제 분석을 포함한다.

연구의 주요 강조점은 무르만스크 및 아르한겔스크 주에 있지만, 이러한 연방 정부의 주제에 한정되는 것은 아니다.

출발점은 변화의 필요성 안에서 러시아 산업을 떠난 구조적 특징을 암시하는 소련의 유산이다. '현대화'는 러시아 정치에서 메드베데프 대통령 선전 구호의 일부분이 되었으나, 우리는 러시아 정치 담론과 실천 안에서 '현대화'가 무엇을 의미하는지 조사하고, 용어 분석적으로 접근한다.

네 개의 하위 연구(대개 북극에 관한 연방 정부와 세 가지 선택분야에서 북극에 관한 연방 정부)에서 우리는 정치과학, 역사, 경제, 법률 및 지리적 능력을 결합한다. 우리는 그 분야가 어떻게 전통적으로 지배되어지고, 무엇이 소련의 유산을 추적하는 것인지, 그리고 여전히 가시적인가에 대하여 물어본다. 무엇이 출벌의 법적인 지점이고, 얼마나 의사 결정자의 진술과 공식 문서가 반영되어진 현재 정책인가? 출발의 법적 지점 무엇 이며 어떻게 현재 정책 의사 결정자에 의해 공식 문서와 진술에 반영하는가? 어느 정도는 정책적 특징이다. 즉 지배 하는 법령에 의해 또는 유도 연방 당국에 의해 원하는 대로 행동 하는 기업 규제 및 기타 인센티브를 도입하여 하향식으로 하는 것인가에 대하여 물어본다.

또한, 연구소는 북극지역에서의 경제적 현실을 살펴보고 있다. 어느 정도 연방 정부의 정책을 구현하려는지, 연방 당국에 의해 설립 목적을 달성하고 있는가, 연방 정부의 정치적 행동은 지상에 경제적 현실을 변경하기에 충분한 지, 소련 스타일의 '법령에 의해 규칙'이 아래에서 위로 변화에 박차를 가하고 그 목표로 정치, 경제 자유화를 동반되어 있는지에 대한 어떤 증거가 있는지 에 대하여 연구한다.

4. 러시아의 정보조작 : 우크라이나 사태 이후 러시아와 노르웨이는?

이 프로젝트는 러시아 정보 전략을 분석하는 것과 그것의 내부 논리를 평가 하는 것을 목표로 한다. 먼저, 어떻게 러시아 당국이 크림반도에 그들의 주장 을 정당화 하는지, 무엇이 이 주장들의 기본 전제 인지에 대하여 연구한다.

둘째, 어떻게 노르웨이와 노르웨이 정책이 러시아 언론에 묘사되어있고 러 시아 정책 입안자에 의해 새롭게 지도가 그려지고 변경되고 있다.

마지막으로, 이 프로젝트는 크림반도와 우크라이나의 상황에 비추어 노르웨이-러시아 관계를 평가하고, 노르웨이어-러시아 관계를 위한 우크라이나 위기의 주요 시사점은 무엇인가에 대하여 연구한다.

5. 북부 해역에서 사회적 보안

이 프로젝트는 노르웨이 (노르웨이 해안 경비대)가 신흥 북극 바다에서 사회적 보안 문제로 주어진 기후 변화의 결과로 예상되는 활동에 맞게 준비가 되어 있는가?

위 질문은 이 연구 프로젝트에서 제기하는 무엇보다 가장 중요한 질문이다. 문제점을 발견하는 경우에 이 프로젝트는 사회가 지역의 잠재적인 위기에 대응하는 능력을 최적화하고 개발할 수 있는 방법을 찾을 것이다.

또한, 이 프로젝트는 다음 연구 질문들에 대하여 대답 하는 것이 목표이다:

① 어떻게 노르웨이 SAR(수색 및 구조) 서비스 응답에 역할과 북극 바다에서 증가하고 있는 탐색 및 다른 인간의 활동처럼, 외부 조건의 변화에 적응하고 있는가?

② 어떻게 노르웨이 기름 유출에 대비하고 반응 시스템에서 주요 역할을 하고 북극 바다에서 배송 및 인간의 활동에 증가에 적응 하는가?

6. 러시아의 석유 및 가스 : 제도상의 적응인가 또는 저항인가

러시아어 석유 공업 동향은 경보(警報)에 직면하고 있다. 석유 생산율 유지하기 위한 러시아의 능력은 상류 쪽으로 발견의 크기를 감소시키는 것과 회수율이 하강하는 것들에 이의를 제기한다. 러시아의 가스 부문에 대한 핵심 수출 시장의 구조와 정치는 추가적인 도전을 나타낸다.

국가에 매우 중요한 수익을 확보하기 위해, 러시아는 현재 생산 능력을 대체하는 것과 생산 보다 원가 효율이 높게 만드는 것, 그리고 더욱 가스 수출 전략에 유연하게 하게끔 트리플 도전에 직면한다. 러시아 제도적 틀은, 그러나, 아직 새로운 현실상황에 따라 변경 될 수 있다.

이 프로젝트는 어떻게 러시아의 석유 및 가스 부문이 현재 업 스트림에 응답하고 다운 스트림 도전하는지에 초점을 맞추고 있다. 제도상의 적응 또는 저항이 있을 것인가에 대하여 질문한다.

이 질문은 IOC들과 가스 수출을 위한 비즈니스 환경, 북극 해양 석유, 제도적 변화에 얽매이지 않는 비전통석유에 대해 네 개의 작업 패키지를 통해 다루어진다. 이 프로젝트는 또한 가제와 함께 박사 학위를 포함 할 것이다(가제 : '변화하는 세계에서 러시아 가스 업종 수출 시장과 상류 도전에 Gazprom's 응답').

7. 러시아의 기후 정책 : 국내 역학 및 국제 파급 효과.

이 프로젝트의 주요 목적은 다음과 같다 :
① 내부 제약 조건 및 러시아 기후 정책의 역학을 이해하기 위한 조건으로 형성되어 러시아의 방출 동향 및 국제 기후 관점에서 변경 한다.
② 국제 기후 체제 및 협상 과정의 효과에 대한 러시아의 영향력을 분석한다.

이 프로젝트는 이 주제에 대하여 조사하고 있다 :
① 어떻게 러시아의 기후적 위상은 교토 의정서의 승인 이후 어떻게 바뀌었는가?
② 국내 논설은 기후 정책에 인정될 수 있는가? 이러한 논의는 러시아의 국

제 기후 역할에 어떤 위치에 반영 되는가?

③ 어떤 국내 압력 단체가 러시아의 국제 기후 위치에 영향을 좌우하고 그에 따라서 '거부권 선수'로 간주 될 수 있는가? 이러한 2 단계 게임의 증거가 있는가?

④ 어떤 역학이 러시아의 온실 가스 배출 동향 및 방법에 영향을 미칠 가능성이 있는가?

⑤ 러시아의 국제 기후 위치의 어떤 요소가 협상하고 타협하는가? 그리고 왜 그러는가?

8. 북극에서 러시아와 노르웨이 국경 간 석유 협력 메커니즘 (RUNEC)

석유 탐사 활동으로서 바렌츠 해에서 노르웨이와 러시아의 경계를 따라 시작할 때, 정부와 상업적 주주들은 국경을 넘는 매장층 발견의 가능성에 직면하고 있습니다.

노르웨이와 러시아의 획정 협약은 국경을 넘는 지역들은 국경 양쪽의 라이센스 소지자 사이 협력 안에서 결합되어지고 개발되어 질것을 주장한다. 러시아가 경험의 다른 집합을 가지고 있는 동안, 노르웨이는 영국과의 국경이 겹치는 지역에 메커니즘의 응용 경험을 가지고 있다. 통일 및 라이센스 협력은 다른 법적 체제의 대상이 될 것이다. 그것은 러시아와 노르웨이의 이해 당사자들이 서로 다른 기대와 국경 예금의 관리 방향으로 접근법을 가질 수 있게 한다.

이 프로젝트는 지도와 실제적인 경험 기지뿐만 아니라 국경의 양쪽에 법직 체제를 비교하고 어느 정도 기대에 평가하는 것을 목표로 하고 국경 지역의 발전이 서로 다르다는 것에 접근한다.

V. 과거 실행된 프로젝트

- 러시아와 카스피해 에너지 개발 그리고 노르웨이와 노르웨이 역할 (RUSSCASP)에 대한 이들의 시사점(2008년에서 2013년 사이)
  - 북극의 지정학 : 기후 변화, 에너지 개발, 환경 보호(2008년에서 2013년 사이)
  - 대륙붕의 한계위원회(2009년에서 2013년 사이)
  - Pechenga-Nikel 결합 1934~ 2004년(2004년에서 2013년 사이)
  - 전략적 자원과 북극의 보안 - 노르웨이에 대한 도전(2007년에서 2013년 사이)
  - 국경 러시아 : 정체성, 서술적이고 국제적인 관계(2009년에서 2010년 사이)
  - 기후 변화와 북극에서 새로운 보안 위협(2009년에서 2010년 사이)
  - 북극의 국제 협력(2003년에서 2009년 사이)

1. 러시아와 카스피해 에너지 개발 그리고 노르웨이와 노르웨이 역할 (RUSSCASP)에 대한 이들의 시사점(2008년에서 2013년 사이)

이 연구 프로그램은 노르웨이의 전략 관련성의 세 가지 문제에 대한 장기 전망에 대한 이해를 확장한다 :
  ① 외국 에너지 기업 지역으로 러시아와 카스피해 지역.
  ② 구동력과 러시아와 카스피해 에너지 수출 조건.
  ③ 북극에서 발달하는 에너지.

이러한 문제는 프로그램 전반에 걸쳐 반복적으로 재검토 될 것이다. 그러나 이러한 문제의 개발 예측은 우리가 더 근본적인 경향을 해결하기 위해 필요하다. 이전 연구에서 러시아와 카스피해 정치에 세 가지 재발 에너지 테마를 확인했다.

① 석유 및 가스 산업과 수익 흐름 제어.

② 에너지 균형에 대한 관심사.

③ 에너지와 외교 정책 사이의 관계.

이러한 우려는 그들에 의해서 러시아와 카스피해 국가에 의해 다루어 질 것이다. 그 방법 및 요인과 추진력은 이 프로그램의 중심이다.

이 프로젝트는 주요 파트너로 FNI, NUPI 및 경제학 POYRY와 협력단으로 구성되어있다.

2. 북극의 지정학 : 기후 변화, 에너지 개발, 환경 보호(2008년에서 2013년 사이)

이 FNI 하위 프로젝트는 북극 연구 프로그램의 국제 지정학에서 여러 작업에 기여한다. 그 중 하나의 작업은 기후 변화, 유해 폐기물, 원자력 안전 및 지역 석유 및 가스 개발의 장거리 수송에 관한 환경 문제에 직면하여 북극에서 제도적 구조의 적합성을 검사한다. 북극해의 바다와 해양 거버넌스에 관련된 법제에 대해 설명하는 동안 다른 작업은 북극의 에너지 자원의 지정학적 의미를 살펴본다.

기후 변화 및 환경 보호 작업 패키지 :

글로벌 환경 변화는 특히 심각하게 건강을 위협하는 오염 물질의 온도 변화 및 생물 축적과 관련하여, 특정한 힘으로 북극에 영향을 미친다. '북극 8'은 세계 기후 정치의 두 중요한 국가인 미국과 러시아를 포함한다. 또한, 중국은 최근 북극 이사회 참관인 지위로서, 오늘날 지구 온난화 북극의 결과를 정확히 파악하기위한 주요 기관과 완화에 대한 폭 넓은 정책 논쟁에 대하여 북극 소재지를 생성하고 적용하고 있다.

이 작업은 북극 기관 건축과 환경 문제를 압박하며 처리 수단으로 광범위한 기관과의 상호작용을 검사한다. 이 작업은 이러한 것들을 우려한다.

　ⅰ) 기후 변화

　ⅱ) 유해 폐기물의 장거리 수송

　ⅲ) 지역 석유 및 가스 개발

　ⅳ) 원자력 안전.

평가는 세 가지 특징이 있다:

첫 번째 특징은 정의에 관심 있는 기업과 시민 사회 그룹도 참석하고, 노르웨이, 러시아, 유럽 연합 (EU)과 미국에 중점을 두고, 주요 배우들이 네 가지 문제 영역 내에서 북극 지역에 있는 이익을 검사하는 것이다. 이러한 문제에서 어느 정도는 이러한 패턴을 러시아와 미국 행정부의 최근 및 향후의 변화에 어떤 영향을 미치는가에 대한 공통의 패턴과 경쟁하는 분야는 무엇인가에 대해 질문한다.

두 번째 특징은 북극 지역 기관 전문 활동의 문제 해결 적합성을 평가한다. 현재, 그 기관의 초점은 지식 생성, 소프트 규범의 공포에서 어느 정도 능력 향상에 달려있다.

세 번째 특징은 다른 두 가지를 기반으로 4개의 문제 지역에서 북극 국제기관과 광범위한 조직과 의사결정 장소 사이의 분업을 수정하고, 정치를 위한 공간을 지정하고, 그리고 정의를 명확히 한다. 바다 협약의 문제 중 규칙은 북극 이사회를 선택했다는 것을 소프트 법의 접근 방식을 넘어 특정 지역 기여를 필요로 북극의 지배 구조에 대한 제공여부에 있어서 체제적 문제이다. 연구 전반에 걸쳐 노르웨이의 이익에 대한 영향을 논의한다.

에너지 작업 패키지의 전원에서 이 작업은 볼륨이 다음 수십 년의 과정에서 실질적으로 상승 할 수 있는 곳이 북극이고 그곳에서 석유 추출이 가능할 것으로 보인다. 동시에, 특히 개발 도상국에서, 전 세계적으로 에너지에 대한 수요가 증가하고, 안정성과 에너지의 기존 공급의 보안에 대한 위협은 북극 에너지 자원의 탐사가 중요하게 되었다. 초점이 이곳에 에너지 자원의 지정학적 중요성, 그리고 FNI의 기여가 러시아 석유 회사 전략과 개발에 맞추고 있다.

3. 대륙붕의 한계위원회(2009년에서 2013년 사이)

대륙붕의 한계위원회는 유엔 해양법 협약에 따라 설립 된 기관 중 하나이다. 위원회는 영해의 폭을 측정하는 기준선에서 200 해리를 넘어 연장 대륙붕의 외부 한계를 묘사를 다음과 같이 하였다. '연안국 – 과정에서 핵심 기능을 수행한다. 이러한 범위와 대륙붕 한계를 설정하는 과정은 노르웨이와 다른 북극 연안국을 포함한 WORLWIDE 50개 이상의 연안국에 관련된 문제이다' 이 프로젝트는 법적 기관과 의사 결정에 관한 정당성의 측면으로 위원회에 초점을 맞추고 있다.

4. Pechenga-Nikel 결합 1934~ 2004년(2004년에서 2013년 사이)

FNI 연구 위원 라스 로우의 박사 학위 논문자의 이 프로젝트는 Pechenga라는 인물이 어떻게 Nikel의 역사적 결합하였는가에 대해 설명하고 세 가지 주요 정책 분야에서 해석한다:

ⅰ) 자원 관리

ⅱ) 보안 정책

ⅲ) 환경 정책

니켈은 러시아, 핀란드와 노르웨이 사이의 역사적 분쟁 지역에 위치해있다. 이 지역은 전쟁 후 소련에 포함되기 전에 자체 결합으로 핀란드와 캐나다 협력단에 의해 설립되었으며, 제 2차 세계대전기간 동안 독일 손에 있었다. 역사는 Pechenga – Nikel의 논문과 마찬가지로 세 가지를 언급한 정책 분야에 대한 강조점은 달라질 수 있습니다.

첫 번째 기간은(1934년에서 1939년 사이) 북극의 개척자 산업 설립의 시간이다. 보안 측면이 전쟁에서 점점 중심이 되었다 하더라도 여기에 자원 관리의 동기가 가장 중요하다. 독일의 손에 대부분이 있었지만, 결합 할 두 번째 기간(1939년에서 1944년 사이)의 경우, 보안 정책은 해석의 주요 틀이 되었다. 세 번째 기간(1944년에서 1985년 사이)은 우리가 산업화라고 부르는 기간이다. 이 기간에 소련의 자원 관리 및 보안 정책에 연결된 측면이 검사되었다. 마지막 기간(1985년에서 2004년 사이)은 격변의 시기이다. 소련은 결합에 대한 새로운 현실의 결과로 끝났다. 환경 문제는 러시아보다 노르웨이와 핀란드 이웃나라에 더욱 중요하게 되었다. 이 기간에 주요 초점은 환경 정치에 있었다.

5. 전략적 자원과 북극의 보안 – 노르웨이에 대한 도전(2007년에서 2013년 사이)

이 박사학위 연구는 세계 에너지 부족 상황과 및 전략 (석유) 자원에 대한 경쟁과 관련하여 높은 북극 노르웨이 보안 정책을 검토 한 것이다. 글로벌 자원 상황은 높은 북극에 대한 지역에 어떤 영향을 미칠 것인가에 대하여, 노르웨이의 위치와 역할은 북극의 자원에 대한 지정학적 게임에서 강대국 사이에 상당한 에너지 전력의 상태로 나타난다. 그러나 다른 보안 관점에서 이 문제를 보면 확고한 이유가 있다. 보안에 대한 관점은 "유동화," "환경 보안"과 "인간 안보"와 같은 광범위하고 새로운 정의에 더 고전적이고 지역적인 이해로 이르기까지, 검토 및 논의 될 것이다.

6. 국경 러시아 : 정체성, 서술적이고 국제적인 관계(2009년에서 2010년 사이)

이 프로젝트는 러시아 국경이 된다는 것이 무엇을 의미하는지에 있다. 북극에서 사는 사람, 남쪽출신, 근접한 서양의 이웃을 연구한다.

이 프로젝트는 다음과 같은 현대 사회 과학 질문에 대답한다:
① 정체성 이란 무엇인가?
② 어떻게 주체에 의해서 서술하는가?
③ 정체성은 국제 관계에서 이벤트를 어떻게 설명 할 수 있는가?
④ 국경 근처에 거주하는 사람들에 영향을 미치지 않는 방법이 있으나 그것은 사회 과학의 많은 전문 분야의 '작은'문제의 일부를 어떻게 해결하는가?
⑤ 국경 근처 사람들은 다른 사람들과 다른 이유는 무엇입니까?

무엇보다도, 우리는 특정 지리적 위치에서 정체성에 대한 경험적 실문을 한다 :
① 그것은 러시아어 말로 무엇인가?
② 그것은 북부 지방에서 무엇을 의미 하는가?
③ 어떻게 러시아의 북서쪽 끝에 있는 사람들은 스칸디나비아 이웃과 남부

친척 관계에 자신을 편입 시키는가?

7. 기후 변화와 북극에서 새로운 보안 위협(2009년에서 2010년 사이)

이 프로젝트의 목적은 북극 바다에서 보안 및 군사 작전에 관련하여 가질 수 있는 다양한 영향에 대해 기후 변화를 분석하고 논의하는 것이다.

이러한 해빙은 가장자리와 지구온난화 등 기후 변화의 영향이 북극의 새로운 사회 경제적 환경에 대한 방법을 포장하고 새로운 보안 개념, 정책과 전략을 요구한다. 이 프로젝트는 잠재적인 정책 대응과 미국, 러시아, 덴마크, 캐나다, 노르웨이 군에 대한 인식을 모두 기후 변화와 운영 응답측면에서 영향을 분석한다. 핵심 목표는 새로운 군사 및 보안 환경이 노르웨이에 미치는 영향을 논의하는 것이다.

8. 북극의 국제 협력(2003년에서 2009년 사이)

냉전 시대는 북극 문제에 대한 관심의 급증을 보였다. 새로운 국제 북극 체제는 기능적인 영역의 범위를 포함하고, 세계 및 지역 수준에서 만들어졌다. 환경 파괴, 원자력 안전에 있어서 노르웨이의 관점에서, 천연 자원과 건강은 전략적 문제와 같이 중요하게 되었다. 노르웨이, 특히 서북 러시아에서 안정성을 유지하기위한 국제 협력에 우선순위를 부여하고 있다. 이 프로젝트는 국제 협력 협정에서 주로 환경, 천연 자원과 건강의 분야, 특정 문제 해결에 기여하는 방법을 다양한 논의했다.

이 FNI 프로젝트는 노르웨이의 연구위원회에 의해 재정 전략 연구소 프로그램(SIP)이었다. 프로젝트의 중요한 구성 요소는 에너지 영역과 바렌츠 해 지역에 대한 특별한 강조점과 함께, 노르웨이, 미국과 유럽 연합(EU) 사이의 에너지 관계에 초점을 맞춘 박사 학위 논문이었다. 미국과 유럽 연합(EU) 북극의 에너지 쪽으로 정책뿐만 아니라, 노르웨이의 북극 정책에 대한 영향을 조사 하였다.

2. 북극 연구기관 소개 :

극지연구소

극지연구소 미래전략실장
진동민

그림 1 극지연구소 전경

우리나라 극지연구활동을 총괄하는 극지연구소(KOPRI : Korea Polar Research Institute)는 해양수산부 산하 한국해양과학기술원 부설기관으로 인천 송도경제자유구역에 위치하고 있다. 극지연구소는 극지역에서 기초과학과 첨단응용과학분야의 연구활동을 직접 수행하는 동시에 남·북극의 과학기지 운영과 쇄빙연구선 등 극지역 인프라를 운영하는 역할을 담당하고 있다. 극지연구소는 남극에 세종과학기지, 장보고과학기지를 운영하고 있으며 북극에는 다산과학기지와 관측거점을 운영하고 있다. 또한 남극과 북극지역의 해양

연구활동과 과학기지 지원을 위한 쇄빙연구선 아라온호를 운영하고 있다.

I. 극지연구소 약사

우리나라는 1970년대 남빙양 수산자원에 관심을 갖게 되면서 극지역에 관심을 갖기 시작했다. 1985년 3월 남극해양생물자원보존협약에 가입하고, 다음해 11월 남극조약에 가입하면서 남극에 과학기지건설과 연구활동을 체계적으로 수행하기 위하여 1987년 3월 16일 당시 한국과학기술원 부설 해양연구소에 극지연구실이 설치되었다. 1988년 2월 남극 킹죠지섬에 세종과학기지를 건설하면서 우리나라 남극연구활동이 본격적으로 진행되었다. 2002년 4월 북극 다산과학기지 개소를 계기로 극지활동의 중요성을 인식한 해양수산부가 "극지과학기술개발계획"을 국가과학기술위원회에 보고하였다. 이를 기반으로 2003년 9월 한국해양연구원(현 한국해양과학기술원)은 극지연구본부를 극지연구소로 승격하였다. 2003년 12월 세종과학기지에서 발생한 사고에 대해 조사한 정부합동조사반은 "남극 세종과학기지 운영개선 및 극지연구활성화 대책방안"을 2004년 2월 국정현안정책조정회의에 보고하였다. 동 보고서는 극지활동의 중요성이 증가하고 있음을 고려하여 극지연구지원육성법을 제정하고, 극지연구소를 부설기관으로 확대 개편하며, 쇄빙연구선 건조, 남극 제2기지 건설 추진과 같은 내용을 포함하고 있었다. 2004년 4월 당시 한국해양연구원(현 한국해양과학기술원)이 소속된 공공기술연구회 이사회는 한국해양연구원 부설기관으로 극지연구소를 설치하였다. 예산, 인사, 회계를 독립적으로 운영하는 부설기관으로 출범한 극지연구소는 부족한 연구공간을 해소하기 위하여 2006년 3월 인천 송도테크노파크로 이전하였으며, 2013년 4월에는 현재의 독립된 청사를 확보하여 이전하였다.

Ⅱ. 중점연구분야 및 실적

극지연구소는 "극지연구 글로벌선도기관으로 발전"을 비전으로 설정하고, 글로벌 환경변화 이슈 대응을 위한 극지 기후 및 생태계 변화를 규명하기 위한 연구, 북극환경 및 에너지 광물자원과 극지생물자원 활용 등 새로운 가치 창출을 위한 극지실용화 연구, 남극대륙기반 핵심 원천기술 개발 및 원격 탐사 연구를 3대 중점 연구 영역으로 설정하고 있다. 이들 연구를 효율적으로 추진하기 위하여 극지기후변화연구부, 극지지구시스템연구부, 극지생명과학연구부, 극지해양환경연구부, 북극환경·자원센터 등 5개 연구부서와 미래전략실을 운영하고 있다. 극지연구소는 남극반도 주변에서 막대한 양의 메탄수화물층을 발견한 바 있으며, 동시베리아해에서 제4기 빙하기가 존재했다는 빙상 증거를 발견하고, 북극해빙 감소와 동아시아기후의 상관관계를 규명하는 등의 연구 결과를 세계적 학술지에 지속적으로 게재하고 있다. 남극과 북극에서 연구활동을 바탕으로 정부의 극지정책수립 활동에도 적극적으로 참여하고 있다. 극지연구소는 정부의 제1차 및 제2차 남극연구활동기본계획 수립을 주도하였으며, 연차별 시행계획 수립에 적극 참여한 바 있다. 또한 북극연구활동기본계획 (2013)과 그에 선행되었던 극지정책 선진화 방안(2012) 수립에도 크게 기여하였다. 북극연구활동을 기반으로 정부의 북극이사회 2008년 잠정옵저버 가입, 2013년 영구옵저버 가입, 2012년 스발바르조약 가입을 지원하였다. 극지연구소는 극지역의 자연과학적 연구활동 뿐 아니라 극지활동에 필요한 국제법 연구, 정책연구 등을 통해 우리나라의 극지활동 저변 확대에 기여하고 있다.

Ⅲ. 주요 극지인프라

세종과학기지는 1988년 2월 남극반도 킹조지섬에 건설되었으며 우리나라 남극연구활동의 핵심인프라 역할을 해왔다. 칠레 푼타아레나스에서 약 1,200km 거리에 있으며 주변에 칠레, 중국, 아르헨티나, 브라질 등 8개국의 상주 기지가 있다. 연구동, 생활관동 등 15개동의 건물과 2개 관측소를 갖고 있으며 약 17명의 월동연구대원이 1년간 상주하며 기지 운영과 연구활동을 수행하고 있다. 12월초~익년 2월말까지의 하계기간에는 100여명의 연구자들이 기지를 방문하여 연구를 수행하고 있다. 기후변화, 해양, 대기, 오존층, 고기후, 유용생물자원 등의 연구를 수행하고 있으며, 기지 인근에 위치한 남극특별보호구역의 운영도 담당하고 있다. 또한, 2010년에는 세계기상기구 기후변화감시 관측소로 지정되어 관련 활동도 수행하고 있다.

장보고과학기지는 2014년 2월 동남극 빅토리아랜드 테라노바만에 건설

그림 2 세종과학기지

그림 3 장보고과학기지

된 대륙기지이다. 뉴질랜드에서 약 3,500km 떨어져 있으며 가장 가까운 상
주기지는 약 350km 거리의 뉴질랜드 스콧기지와 미국의 맥머도기지이며, 약
10km 거리에 하계기간에만 운영하는 이태리 마리오주켈리기지가 있다. 본관
동, 우주기상관측동, 대기구성물질관측동 등 16개동의 건물이 있으며, 16명의
월동대원이 근무하며, 하계기간에는 약 80명이 방문하여 연구를 수행하고 있
다. 우주, 천문, 빙하, 운석 등 남극대륙에서 수행할 수 있는 연구와 빙권변화
를 파악하고 예측하는 연구를 수행하고 있다.

  북극다산과학기지는 2002년 노르웨이령 스발바르군도 니알슨에 설치되었
다. 스발바르군도는 스발바르조약에 따라 영유권은 노르웨이에 있지만 조약
가입국이 조약에 따른 개발활동 등을 수행할 수 있는 지역이다. 다산과학기지
는 남극의 과학기지와는 달리 상주연구인력 없이 비상주기지로 운영하고 있
으며, 운영과 관리를 노르웨이 회사인 Kings Bay사에서 담당하고 있다. 연구자
들은 주로 4~9월에 기지를 방문하여 연구를 수행하고 있다. 북극해 해빙, 고층

그림 4 니알슨 과학기지촌과 다산과학기지

< 니알슨 과학기지촌 >   < 북극다산과학기지 >

대기, 지질연구, 해양 및 생태계 모니터링 등의 분야에 집중 연구를 하고 있다.

  2009년 건조된 쇄빙연구선 아라온호는 총 7,487톤으로 전장 111미터, 폭 19미터로 1미터두께의 다년빙을 3노트속도로 연속 쇄빙할 수 있다. 승선인원은 승무원 26명을 포함하여 총 85명으로 최대 운항거리는 2만 마일로 한국에서

그림 5 장보고기지 앞 해빙에 정박중인 아라온호

세종과학기지까지 무보급 항해를 할 수 있다. 아라온호에는 극지역에서 안전 항해를 할 수 있는 각종 운항시스템과 연구활동을 위한 연구장비가 장착되어 있다. 아라온호는 매년 7월~9월에는 북극연구활동에, 10월~익년 3월에는 남극연구활동에 투입되고 있다.

극지연구소는 북극지역에서 관측활동을 위한 공동실험실을 알래스카 놈에 갖고 있으며, 그린란드 자켄버크와 캐나다 캠브리지베이에는 관측거점을 갖고 있다. 또한, 노르웨이 트롬소 프람센터에 공동연구센터와 뉴질랜드 크라이스트처치 뉴질랜드남극연구소 내에 현지사무소를 운영하고 있다.

Ⅳ. 국내의 다양한 극지활동 지원

극지연구소는 직접 극지역에서 연구활동을 수행하고 있지만, 국내의 대학, 기업체, 연구소 등이 남극과 북극에서 활동하는 것을 지원하고 있다. 특히 국내과 연구기관의 연구자들이 극지역에서 연구활동을 수행할 수 있도록 PAP(Polar Academy Program)와 PIP(Polar Industry Program)을 통해 연구비와 연구 인프라를 지원하고 있다. 또한 미래과학자 양성을 위한 청소년 대상 극지현장체험 프로그램으로 중고등학생을 선발하여 북극다산과학기지를 방문하여 연구현장을 체험할 수 있는 기회를 제공하며 국내 언론사의 극지현장 취재를 지원하고 있다.

V. 국제협력활동

극지연구소는 남·북극을 연구하는 과학연구기관으로 남극연구과학위원회(SCAR), 북극과학위원회(IASC), 국제동토위원회(IPA) 등 극지와 관련한 국제연구기관에 정회원으로 활동하고 있으며, 2011년 4월 북극과학위원회를 서울에서 개최한 바 있다. 또한 남극과 북극지역의 연구인프라를 운영하는 국가운영자로 남극연구운영자회의(COMNAP), 북극연구운영자회의(FARO)의 국가대표 역할을 수행하고 있으며, 2013년 7월 남극연구운영자회의를 서울에서 개최하였다. 극지연구소는 남극조약협의당사국회의(ATCM)와 북극이사회(AC) 등 극지와 관련한 정부간회의에 전문가로 참여하여 정부의 국제사회활동을 지원하고 있다. 극지연구소는 미국, 영국, 러시아, 프랑스, 독일, 중국, 일본, 칠레, 뉴질랜드, 호주, 노르웨이, 스웨덴 등 극지역에서 활발한 연구활동을 수행하는 국가의 극지연구 전문기관들과 협력체계를 구축하고 있다.

출처 : 극지연구소 업무현황 자료(2015년 9월)

극지와 인간(장순근 이재학 편저, 극지연구소, 2013년 11월)

극지연구소 홈페이지(www.kopri.re.kr)

북극N 홈페이지(www.arctic.or.kr)

3. 북극 소수민족의 문화 :

시베리아 소수민족들

계용택

수세기 동안 시베리아 민족들은 크지 않은 촌락에서 살았다. 각각의 분리된 촌락에는 단지 자신들의 민족만 거주했다. 시베리아 거주민들은 서로간의 친선을 유지하였으며, 공동 작업을 하면서 친족관계를 유지하게 되었다. 그러나 시베리아 전체 영토 크기를 고려할 때 이들 민족들은 상당한 거리를 사이에 두고 떨어져 살았다. 이로 인해 한 마을의 주민들은 자신들만의 생활 형태를 이루면서 이웃주민이 알아들을 수 없는 언어를 사용하게 된다. 이 과정에서 몇몇의 촌락은 사라지고 몇몇의 촌락들은 좀 더 크게 발전하게 되었다.

최초의 시베리아 주민으로 사모예드 종족을 들 수 있다. 그들은 북부 지방에 정착했으며 주로 순록사육 및 물고기 잡이에 종사했다. 남부 지방에는 만시 종족이 거주했으며 이들은 주로 사냥에 종사했다. 이들은 사냥으로 모피를 생산했으며 자신의 결혼 신부비용 또는 생필품 구입에 모피를 사용하기도 하였다.

오비강 상류에 튜르크 민족이 살았다. 이들은 주로 유목과 대장장이 일에 종사하였다. 바이칼 호수 서부에 부랴트 민족이 살았으며 철제가공 수공업에 명성을 떨쳤다. 에니세이강에서 아호트해에 이르는 방대한 영토에는 퉁그스 민족이 살았다. 퉁그스 민족 대부분은 사냥, 물고기 잡이, 순록사육에 종사하였으며 일부는 수공업에 종사하였다.

추코트해 연안을 따라서는 에스키모 민족이 살았다. 다른 민족들과 비교할 때 에스키모 민족은 가장 느린 사회발전을 보여줬다. 작업 기구들은 돌 또는 나무로 만들어졌다. 또한 이들은 주로 채집이나 사냥에 종사하였다. 시베리아 지방의 초기 주민들은 사냥, 순록유목, 모피획득으로 생활을 꾸려나갔는데 특히 모피는 이 시기에 화폐역할을 하였다. 7세기말까지 가장 발전한 시베리아 지역 민족은 부랴트 민족 및 야쿠트 민족이었다. 타타르 민족은 러시아가 진출하기 이전까지 자신들의 국가를 조직한 유일한 민족이었다.

러시아의 식민지화 이전까지 가장 큰 규모의 민족으로는 이텔멘(캄차트카 원주민), 유카기리(툰드라 지방 거주), 니브히(사할린 거주), 투바(투바공화국 거주), 시베리아 타타르(우랄에서 에니세이강까지 남부 시베리아 거주), 셀쿠프(서부 시베리아 거주) 민족들이 있었다.

그림 1 야쿠트 민족

1. 야쿠트 민족

시베리아 소수민족 가운데 가장 많은 인구수를 유지하고 있나. 야쿠트 민족은 자신들의 공화국을 가지고 있으며, 영토의 크기는 유럽국가들의 평균적인 영토 크기와 비슷하다. 야쿠치아(사하공화국)은 극동연방관구에 위치하고 있으며 야쿠트 민족은 시베리아의 토착민족중의 하나이다. 야쿠트 민족은 자신들의 구비 문학을 가지고 있으며 흥미로운 문화와 전통을 전해내려 오고 있다.

2. 부랴티 민족

부랴티 민족은 자신의 공화국을 가진 시베리아의 소수민족이다. 부랴티아 공화국의 수도 울란 – 우데는 바이칼호수 동쪽에 자리잡고 있다. 시베리아 지역에서 부랴티 민족의 요리는 널리 알려져 있으며, 여러 민족 가운데 가장 우수한 음식문화를 소유하고 있다. 부랴티 민족에게는 풍부한 흥미 있는 역사와 전설 그리고 전통이 있다. 특히 부랴티아 공화국은 러시아 불교의 중심지 중의 하나이다.

그림 2 부랴티 민족

3. 투바 민족

대부분의 투바인 들은 투바공화국에 거주하고 일부는 몽골과 중국에 산다. 민족어인 투바어는 투르크어족에 속한다. 투바 민족은 이주 초기에 주로 농업과 목축업, 수렵 등에 종사하였지만 19세기 들어 지하자원이 개발되면서 광산업과 축산업에 종사하게 되었다. 거주형태는 산지나 농촌에서 볼 수 있는 전통적인 천막형 집인 유르트이다. 투바족의 신앙은 샤머니즘과 17세기 몽골 지

그림 3 투바 민족

배하에 전래된 라마불교로 생활과 관습 속에서 두 종교의 요소가 상당히 혼재되어 있음을 볼 수 있다.

4. 하카스 민족

하카스 민족은 중앙아시아와 중부 시베리아 일대에 자신들의 제국을 6–12세기에 세웠다. 하카스 민족은 전통적으로 유목생활을 하면서 동시에 농사도

그림 4 하카스 민족

짓고 사냥과 어로활동에 종사하였다. 고대 하카스 민족은 자연속의 정령과 하늘 신을 숭배하고 신령들의 모습이 담긴 부적을 사용하기도 하였다.

17세기 러시아제국의 통치하에 들어가게 되어 일부 러시아 정교로 개종하기도 하였지만 샤머니즘과 기독교가 혼합된 신앙생활을 해왔다. 오늘날 까지 하카스 민족은 소수민족으로서 그들 민족의 정체성, 문화, 전통을 유지하며 후대로 전해오고 있다.

5. 알타이 민족

알타이 민족은 알타이 공화국과 알타이 지방에 살고 있다. 알타이 민족은 지금으로부터 약 150만 년전 이곳에 정착하기 시작했으며 유라시아 중심에 위치한 이곳은 오랜 세월을 거쳐 여러 민족과 문화가 융화된 장소가 되었다.

여러 시대에 걸쳐 알타이 민족은 강과 계곡 및 숲에 있다고 믿는 여러 형태의 자연신을 숭배해왔으며 지금까지도 그 전통이 내려오고 있다. 알타이 민족은 산을 숭배 대상으로 여겨 산 정상에 가까울수록 마음을 정화시키고 심신을 정결하게 하는 풍습이 있다. 특히 벨루하 산은 일종의 신전처럼 지역 주민

그림 5 알타이 민족

이 신성시하는 명소로 유명하다. 알타이 민족은 자신들의 독특한 서사시와 선명한 민족적 특성을 가지고 있는데, 이는 시베리아의 다른 민족들과의 구별할 수 있게 하는 요소들이다.

6. 네네쯔 민족

시베리아 소수민족중의 하나로 콜스키 반도에 집중적으로 거주하고 있다. 네네쯔 민족은 순록을 키우는 유목민족으로 사모예드 민족그룹에 속한다. 네네츠 민족은 전통적으로 사냥, 어로, 순록 사육에 종사하며 이동식 천막을 짓고 살았다. 18세기 중반부터 가족 단위로 순록을 기르기 시작해 여러 용도로 사용했다.

네네츠 민족은 순록의 고기, 지방, 피 등을 먹으며 털가죽으로 옷, 신발, 겨울용 천막 덮개와, 가죽으로는 밧줄, 가죽 띠, 여름용 신발 등을 만든다. 네네츠 민족의 95%는 전통 샤머니즘을 신봉하며 일부가 러시아 정교를 믿는다. 네네츠 민족은 정신적으로 하늘·땅·물·불 등에 영혼이 깃들어 있다고 믿는 정령신앙을 가지고 있다. 20세기 들어와 러시아의 소수민족 정책에 힘입어 전통과 문화가 보호되고 있으며 인구가 2배로 증가하였다. 네네쯔 민족은 자신

그림 6 네네쯔 민족

들의 언어와 구비문학을 가지고 있다.

7. 에벤키 민족

주로 사하 공화국에 살고 있다. 이들 민족의 일부는 야쿠치아 공화국에 살고 있다. 전세계 에벤키 민족의 절반은 중국과 몽고에 살고 있다. 에벤키 민족은 만주 민족그룹에 속하며 자신의 언어나 서사문학을 가지고 있지 못하다. 에벤키 민족의 언어는 퉁구스어 그룹에 속하는 것으로 알려졌으며 에벤키 민족은 천성적으로 자연에서의 동물사냥에 뛰어나다.

그림 7 에벤키 민족

8. 한티 민족

시베리아의 원주민으로 우고르 민족그룹에 속한다. 한티 민족의 대부분은 러시아 우랄 연방관구 한티 – 만시 자치관구에 거주하고 있다. 시베리아 연방관구 (야말로 – 네네쯔 자치관구)에 전체 한티민족의 약 35퍼센트가 살고 있다.

한티 민족의 전통적으로 물고기 잡이, 사냥, 순록사육에 종사하였다. 전통적으로 한티 민족은 샤머니즘 문화를 가지고 있었으나 최근에는 많은 한티 민족

그림 8 한티 민족

들이 정교회 신자가 되었다.

9. 에벤 민족

시베리아 북부지역에 사는 에벤키 민족 계열인 에벤 민족은 곰을 인간의 조상
으로 여기고 있다. 에벤 민족은 주로 러시아 마가단 지역과 캄챠카 지역, 사하 공
화국 북서쪽에 살고 있다. 이들은 원래 바이칼 동부지역에 살다가 시베리아 동북

그림 9 에벤 민족

부로 이주한 것으로 알려져 있다. 에벤 민족은 자신들의 고유한 문화와 언어를 가지고 있는데 특히 곰에 관한 설화가 유명하다. 언어는 퉁구스어를 사용하고 있다.

10. 축치 민족

순록사육에 종사하는 유목민족으로 추코트 반도에 거주한다. 많은 인류학자들에 의하면 축치 민족은 북부 극지방의 토착 민족으로 알려졌다. 축치 민족은 주로 순록을 목축으로 사는 토나카이 축치와, 해안에 거주하면서 어로나 바다표범 등의 수렵으로 사는 해안 축치로 나눌 수 있다. 축치 민족의 주요 종교는 애니미즘(정령신앙)이다.

그림 10 축치 민족

11. 쇼르 민족

터키어를 사용하는 민족으로 주로 서시베리아 남동부 케메로프 주 남부에 살고 있다. 쇼르 민족의 주된 종교는 샤머니즘이다. 쇼르 민족의 서사 문학은 그들의 독창성과 고대 풍습을 보여주고 있어 학문적인 관심을 끌고 있다. 이 민족의 역사는 6세기까지 올라간다.

그림 11 쇼르 민족

그림 11 쇼르 민족

　오늘날 쇼르 민족의 전통은 단지 세레게쉬 지역에 남아 있고 대부분의 쇼르 인들은 도시로 이주하여 도시생활에 동화되었다.

12. 만시 민족

　러시아의 시베리아 개척시기 부터 러시아인에게 알려졌다. 이반 그로즈니 가 이 민족에 대항하기 위해 군대를 보낼 정도로 충분히 숫자가 많았고 세력

그림 12 만시 민족

이 강했다. 그들 스스로는 자신을 《보굴리》라고 불렀다. 만시 민족은 핀우고르어파에 속한 언어로 키릴 문자로 기록하는 만시어를 사용하며 풍부한 서사문학을 가지고 있었다. 오늘날 만시 민족은 주로 한티 – 만시 자치관구에 살고 있다. 만시 민족은 18세기에 러시아 정교를 받아들였지만 전해오는 샤머니즘, 정령신앙, 신화등을 간직하고 있다.

그림 13 나나이 민족

13. 나나이 민족

러시아 나나이족들은 아무르 강가, 하바롭스크와 콤소몰스크나아무레에 일부가 살고 있다. 나나이 민족은 바이칼 민족 그룹과 관계가 있으며 극동 및 시베리아 지역 고대 토착 민족중의 하나이다. 나나이 민족은 알타이어족의 만주 퉁구스어군에 속해는 자신의 언어를 가지고 있다. 또한 키릴어 문자를 바탕으로 한 고유 문자체계를 가지고 있다.

고대로부터 나나이인의 주요 산업은 어로, 수렵, 채집이었다. 주로 겨울에는 사냥을 하고 여름에 물고기를 잡았는데 그중 어로작업이 가장 중요한 산업이었다. 나나이 민족은 물고기가 주된 식재료로 사용되어 삶거나 구워서 먹는 것 이외에 생선회처럼 날것으로 먹기도 하였다.

14. 코랴크 민족

캄차카 지방의 토착민족이다. 코랴크 민족은 연안지역 거주 민족과 툰드라 지역 거주 민족과 차이를 보이고 있다. 코랴크 민족은 주로 순록사육 및 물고기 잡이에 종사한다. 코랴크 민족의 언어는 고(古)시베리아어군에 속하며 원래 오호츠크해의 북동부 해안 지대에서 살다가 동쪽으로 확산된 것으로 추정된다.

코랴크 민족 일부는 내륙 지역에서 순록을 치며 살았으며, 나머지는 바다 포유동물을 사냥하거나 고기잡이를 하였다. 코랴크 민족은 수송 수단으로 개 썰매를 이용하고 해변지역에 정착 생활을 했다. 코랴크 민족은 일부일처제와 샤머니즘 신앙을 가지고 있었다. 특히 늑대를 친척으로 생각했고 갈가마귀에 대한 신화를 중요시했다.

그림 14 코랴크 민족

이밖에 시베리아의 소수민족들에는 돌간, 델레우드, 이텔멘, 셀쿠프, 이텔멘, 케티, 추반, 느가나산, 토팔가리, 오로치, 네기달, 알레우티, 출림, 오로키, 타지, 엔, 알류토르, 케레키 민족들이 있다. 이들 소수민족 각각 인구수는 1천 명 이하이며 이들 민족들의 문화나 전통은 이미 실질적으로 남아있지 않다.

3. 북극 소수민족의 문화 :

러시아 북극 지역 연방주체의 문장

서승현

Ⅰ. 문장(紋章)이란?

문장(紋章)은 문양(紋樣)과 기호(記號)가 도안화(圖案化)되어 개인을 상징하는 개인문(個人紋)도 있고 국가 문장, 동족이 합쳐질 때나 특정 집단 구성원의 계보, 권위를 상징하는 장식적인 표식으로서 서양에서 주로 발달된 것이다.

서양 문장의 기원은 종교나 미신과 결부되어 이미 고대국가에서부터 국가나 왕의 상징(Symbol)으로 나타났다. 유명한 가문의 문장이 전투용 방패나 갑옷 등에 묘사된 것은 언제부터인지 정확히 알 수 없지만 11세기에 만들어진 유명한 태피스트리(Tapestry; 여러 가지 색실로 그림을 짜 넣은 직물)인 Bayeux 태피스트리는 윌리엄 왕이 잉글랜드를 정복할 때 프랑스와 노르망디 측 병사 중 몇 명이 'wappen'과 같은 문장을 달고 있는 것을 찾아 볼 수 있다. 이는 아군을 인식하는 징표로 극히 단순하지만 상당한 효과를 얻어내기에 충분했다고 생각 된다.[1)2)]

---

1) 최영옥, "서양문장의 상징성에 관한 연구-중세 서양문장과 복장을 중심으로," 『한국의 류학회지』, 제18집, 1호, 1994. p.141.

2) Варламов А.Н, Традиционные игры и состязания эвенков. - Якутск : Изд - во "Северовед", 1997.

중세 기사의 방패위에 그려진 문양이나 상징도 가문 표시 뿐 아니라 전장에서 아군의 식별을 위해서 필요한 도구였다. 당시 무기는 모두 개인 소유였기에 창, 검, 창기(槍旗) 등 전투에 필요한 장비들은 아버지를 비롯한 선조가 사용한 것을 그 후손들이 상속받는 경우가 많았다. 따라서 가문에서 전래되는 상징적인 이미지나 도안이 문장이 되어 세습되었다는 통설이 전해지고 있다. 이들 문장은 가문과 소유하는 영토를 나타내기도 하였기 때문에, 권력을 상징하는 표시라고 해석되기도 한다.

중세의 십자군 전쟁 시 유수 가문의 기사들은 십자군의 부름에 응하여 전투에 참여했으며, 각지에서 소집된 기사들은 그리스도교를 위한 성전 참여에 가문의 명예를 표출하기 위해 무장위에 문장을 새겨 넣었다. 이는 유럽 내 문장 확산의 중요한 계기가 되었으며, 이후 전시 뿐 아니라 일상사에 있어서도 보편적으로 사용되었다.[3]

II. 문장의 역사

문장 성립의 제일 원칙이 '계승성'으로 간주되는 현대 문장학(Heraldry)의 관점에서 보면 유럽의 근대적 의미의 문장 기원은 12세기경 기사가 얼굴까지 뒤덮는 투구를 착용하면서 시작되었다고 할 수 있다. 투구로 인해 시야가 좁아졌기 때문에 아군과 적군을 구별하는데 표시가 필요 했고 그래서 방패에 문양을 그려 넣었다, 그 때문에 문장은 방패 모양을 하게 되었다. 영어, 독일어,

---

3) 최영옥, "서양문장의 상징성에 관한 연구-중세 서양문장과 복장을 중심으로," 『한국의류학회지』 제18집, 1호, 1994. p.142.

프랑스어, 러시아어의 문장이란 단어(Coat of arms, Wappen, Armoiries, repб)가 모두 무기를 의미하는 단어와 관련이 있는 것을 보더라도 문장과 전투는 밀접한 관계에 있음을 알 수 있다. 이러한 문장은 군기, 갑옷과 투구에 표시 도구로서 그리고 기사의 생명이라고 할 방패 표면에 붙여지게 되었다.

이와 같이 화려한 전사인 기사의 등장과 함께 문장도 세상에 나타나게 되었다. 12세기 초에 이 문장은 급속히 유럽으로 퍼져 귀족이나 기사의 상징이 되어 중세 문장으로 발전하게 되었다. 13세기 초에 이 세습 문장은 일정한 규칙 하에서 정리되고 조직적으로 다루어졌다. 문장은 개인뿐 만 아니라 도시와 집단에서도 존재하고, 15세기 이후에 가문의 문장제도가 없어지고 나서도 이들은 근대까지 계속 이어지고 있다. 즉 유럽의 문장은 12, 13세기 이후에 이루어진 것도 있고, 19세기에 만들어진 것도 있다. 19세기 말에는 미술, 공예의 진흥에 따른 미의식의 향상과 더불어 문장에 대한 관심이 더욱 높아져 문장문화의 전성기를 맞이하게 된다.

20세기가 되면서 실리주의적인 사상이 대두되어 특히 제2차 세계대전 후에는 자치단체, 상공업자의 문장이 급격하게 증가되어 선전, 광고용인 상업문장 시대로 들어가게 되었다. 현대에 와서는 공공건물, 교회, 공문서, 광고물, 의복, 차량, 프로스포츠 구단 심지어 구두약에 까지 사용되고 있다. 이와 같이 문장은 국가, 왕실, 귀족, 기사 등 일부 상류층에서 권위의 상징으로 쓰였던 것이 현대에는 품질보증과 기관 단체를 상징하는 표식 등으로 상징화 되어 일상생활 속에서 널리 사용되고 있다.

Ⅲ. 슬라브족의 문장

서유럽에서 기사들이 문장의 발전에 결정적인 기여를 했다고 인정한다면, 기사가 없었던 슬라브족의 경우에는 서유럽에서 가진 문장의 의미와는 다를 것이다. 러시아의 경우에는 기사의 전통이 없었으며 십자군 원정과 같은(혹은 이와 유사한) 사건도 일어나지 않았기 때문에 문장학은 흔히 '수입품'으로 인식되는 것이 일반적이다.

루시에서 문장 이전에 슬라브 공후 자신들의 권위를 나타내는 시각적 표지는 인장(Печать)이었다. 루시의 공식적인 심볼은 존재하지 않은 것으로 보이지만, 공후들과 교회의 고위 성직자, 관리들은 자신들의 서류에 개인적인 금속도장(булла)을 사용했는데, 이는 비잔틴 전통에 따른 것이다.[4]

이와 같은 필요에 따라 12세기 기사 문화와 더불어 시작된 문장은 독특한 문장문화를 보여주었다. 이러한 문장은 단순한 미적문양에 지나지 않지만, 그 요소 하나하나에 상징적인 의미를 갖고 있다.

그 시각적인 상징은 역사 연구에 있어서도 자료로서 충분한 가치를 지닌다. 20세기 중반까지 문장은 호사가들의 취미의 대상으로밖에 여겨지지 않았다. 그러나 문장을 통해 그 나라 중세 이후의 역사나 사회의 변화를 살펴보면, 국가의 이념, 왕이나 귀족의 가계, 인척 관계를 명확하게 알 수 있을 뿐 아니라 문장과 봉건주의, 절대주의 왕정, 러시아 혁명, 프랑스 혁명 등과 같은 역사적 사건들과 밀접한 정치적, 사회적 관계가 한눈에 들어온다.[5] 우리가 또한 러시아 북극 연방주체의 문장들을 살펴보면 그 지역의 자연환경, 지역사(史), 사회

---

4) 서광진, "러시아 문장학에 대한 소고,"『한국노어노문학회 학술대회 자료집』, 2013. p.82.
5) 김현식. "스페인어권 국가문장(Escudos Nacionales),"『건지인문학』, 제11집, 2014. p.109.

이념 등을 알 수 있다. 따라서 북극 연방주체의 문장은 그 지역의 정치체제 뿐 아니라 그 민족의 자연과 인문지리적 요소를 함축적으로 담아 놓은 역사적 도구이고 이를 연구·분석함은 각 민족의 역사·문화적 상대성과 특수성을 파악할 수 있는 중요한 요소이다.

따라서 북극 연방주체 문장의 상징들에는 한 지방 정치지역의 이상화된 역사, 이념, 사상이 드러나 있을 것이다. 따라서 러시아 북극 지역을 연구하는 데에 있어 문장과 같은 상징물에 대한 고찰은 연구의 기초자료내지는 기본 바탕이 될 것이나, 우리에게는 러시아 북극 연방주체의 상징이 익숙하지도 않고, 지역마다 종류도 다양하다. 동일한 역사를 공유하는 연방주체의 경우에는 문장에서 같은 요소들이 또는 거의 같은 문장들이 쓰이기도 하고, 또 다양한 자기 민족적인 상징이 문장에 들어가 있기도 하다.

러시아, 체코, 폴란드와 같은 슬라브 국가 문장의 주요 문양은 독수리, 사자, 왕관, 창, 방패, 참나무, 국가를 나타내는 상징 및 문자, 국가의 이념을 나타내는 문구들로 되어있다. 그리고 문장의 문양들은 그 기원에 따라 슬라브적인 요소, 로마 및 근대 유럽적 요소, 종교적인 요소, 정치적인 요소들로 나눌 수 있다. 슬라브적인 요소로는 범슬라브색,6) 끼릴 문자 등이 있고 로마 전통의 것으로 보이는 것은 월계수, 풍요의 뿔, 종려, 올리브, 날개 달린 나무바퀴, 로마 집정관의 권표 등이 있다, 한편 종교적인 전통을 나타내는 것은 양, 십자가, 성경적 내용, 순교자(예를 들면, 성 게오르기우스)들이 있다. 정치적인 전통을 강조하는 요소는 사회주의적인 것들이 대부분인데, 낫, 망치, 밀, 구호 등이 그것

---

6) 슬라브 국가의 국기나 지역 기에 쓰이는 빨강, 하양, 파랑의 삼색을 말한다. 러시아 제국의 국기 색에서 유래했다. 19세기 범슬라브 운동 과정에서 러시아 제국의 이 국기색이 슬라브족을 상징하게 되었다.

이다. 러시아 북극 연방 주체의 경우 위에 언급한 문양 외에도 국가수호의지, 지정학적 위치, 자연 환경을 나타내는 것이 있다. 그 예로, 각 지방의 대표적 동물인, 북극곰, 순록, 담비 같은 동물이 문장에 등장하는 특징이 있다.

또한 오늘날의 문장학(Heraldry)은 문장 기호에 대한 연구 뿐 아니라 문장 자체의 디자인에 관심을 두고 있다. 하루가 멀다 하고 잘 만들어진 수준 높고 아름답고 다양한 시각적 조형 정보가 홍수처럼 쏟아져 나오는 이 시대에 "어떻게 하면 오래 살아남아서 끈질긴 생명력으로 상품을 잘 팔 수 있도록 소비자의 마음을 사로잡을까?" 하는 기업들의 질문에 대한 대답을 문장의 도안이나 문양에서 찾기도 한다. 이렇게 인문학적 연구뿐 아니라 산업디자인 이나 시각디자인에 종사하는 학자나 연구원들에게도 좋은 모티프(motif)를 제공할 수 있다. 유명한 이탈리아 자동차 회사인 람보르기니와 페라리의 로고를 한 번 보기만 하여도 중세의 문장에서 유래한 것임을 단번에 알 수 있다.

그림 1 람보르기니와 페라리 로고

이처럼 12세기 하나의 표식체계로 사용된 문장은 국가, 왕실, 귀족, 기사 등 상류층에서 권위의 상징으로 쓰였으며, 또한 중세 유럽인에게는 개성화와 집단화를 추구하는 불가사의한 도구였다. 그러나 21세기 현대에는 많은 기업체들이 로고(Logo)와 기(旗)를 제작하여 일종의 상징 표시(Symbol Mark)로서 상

품의 품질을 보증하고 기관과 단체를 홍보하는 수단으로 삼고 있다. 그리고 개인으로부터 국제적 기업이나 기관에 이르는 이러한 로고나 기는 문장이 지니는 전통적인 심미성과 상징성에 그 뿌리를 두고 있다고 할 수 있다.

이제 러시아 북극 연방주체의 문장들을 각각 살펴보고 문양의 정체성과 상징성에 대하여 알아보도록 하자.

Ⅳ. 러시아 북극 연방주체의 문장

1. 카렐리야 공화국(Респу́блика Каре́лия)

카렐리야 공화국의 수도는 페트로자보츠크이고 인구는 71만 281명(2002년)이다. 면적은 17만 2,400㎢이다. 러시아 북서쪽에 위치해 있으며, 서쪽은 핀란드와 국경을 접하고 있다. 북쪽은 무르만스크 주, 남쪽은 레닌그라드 주와 볼

그림 2 카렐리야 공화국

로그다 주, 동쪽은 아르한겔스크 주에 접해 있다. 남쪽은 라도가 호·오네가 호에, 북·동쪽은 백해에 둘러싸여 있고, 서쪽에는 해발고도 300~400m의 구릉이 있다.

관할 영역의 80%는 소나무·전나무 등의 침엽수림으로 덮여 있고 펄프·목재 등의 임산물 가공업이 발달하였다. 카렐리야 공화국의 주민들은 대부분 러시아인(73.6%)과 카렐리야인(10.0%)이다. 벨라루스인(7.0%), 우크라이나인(3.6%), 핀란드인(2.3%), 라프인, 벱스인

(0.8%)도 거주한다.

카렐리야 공화국의 국가 상징은 아래 부분 1/3 정도가 둥근 직사각형 형태의 방패 모양을 하고 있다. 방패의 바탕은 카렐리야 공화국 국기의 색깔인 빨강, 파랑, 녹색을 하고 있으며 검은 곰이 옆으로 서있는 모습이 들어가 있다. 황금색 방패의 외곽 틀은 좌측의 가문비나무, 우측의 소나무와 함께 형상화된 표현을 하고 있다. 방패의 위쪽에는 황금색으로 된 팔각형 모양의 별이 위치하고 있다.[7]

2. 코미 공화국(Респу́блика Ко́ми)

코미 공화국은 우랄 산맥의 서쪽에 위치해 있고, 남서쪽에 동유럽 평원이 있다. 삼림이 이 공화국의 70%이상을 덮고 있다. 15%를 차지하고 32,800 km²의 면적을 지닌 툰드라가 북부 우랄 산맥에 위치해 있고 코미 원시림은 유네스코에서 문화유산으로 지정해 놓았다. 버진 코미 삼림지대는 러시아와 유럽에서 가장 큰 삼림지역이다.

코미 공화국의 국가 문장은 빨간색 방패에 황금색 새의 이미지를 기반으로 이루어져 있다. 새의 가슴에는 여섯 엘크 머리에 둘러싸인 여자의 얼굴이 있다.

그림 3 코미 공화국

7) https://ru.wikipedia.org/wiki/%D0%93%D0%B5%D1%80%D0%B1_%D0%A0%D0%B5%D1%81%D0%BF%D1%83%D0%B1%D0%BB%D0%B8%D0%BA%D0%B8_%D0%9A%D0%B0%D1%80%D0%B5%D0%BB%D0%B8%D1%8F

날개를 펼친 새의 전통적인 해석은 태양, 권력, 세상 꼭대기의 이미지이다. 새의 가슴에 있는 여자의 얼굴은 세상의 어머니인, 태양의 여신(Золотая Баба) 이미지에 해당한다. 엘크의 이미지는 힘, 고상함, 아름다움과 관련이 있다. 우주론적인 사상에서 이 문장은 세계의 조화로운 구조의 통합을 의미한다.

문양 색상의 기초를 형성하는 황금색과 붉은색의 조합은 코미 민속에서 아침, 봄, 따뜻한 태양, 출산과 출생을 상징한다. 동시에 오늘날의 사회-정치적 해석 면에서 보면 붉은색 배경은 코미 민족과 기관들의 활동성을 나타내며, 방패의 형상은 코미 사람들의 역사적 운명, 다국적 적인 러시아의 상태와 일부분 연관 될 수 있다. 동시에 반(半) 날개를 가진 새의 그림은 영혼과 정부의 상징으로 해석 될 수 있는 십자가의 형태를 취한다.[8]

3. 사하 공화국(Респу́блика Саха́ / Республика Якутия)

그림 4 사하 공화국

극동 연방관구에 속하지만 지리적으로는 러시아 극동이 아닌 시베리아에 속한다. 러시아의 여러 행정 구역 중 가장 넓고, 또한 세계 여러 나라의 행정 구역 중에서도 면적이 가장 넓은 행정 구역이기도 하다. 중심 도시는 야쿠츠크이다.

사하 공화국의 문장은 레나 강 암각화 배너

---

8)   https://ru.wikipedia.org/wiki/%D0%93%D0%B5%D1%80%D0%B1_%D0%A0%D0%B5
     %D1%81%D0%BF%D1%83%D0%B1%D0%BB%D0%B8%D0%BA%D0%B8_%D0%9A%
     D0%BE%D0%BC%D0%B8

와 고대 기사의 이미지가 중앙에 자리 잡고 있는 원형이다. 태양을 배경으로 전통적인 국가 장식인 일곱 개의 마름모꼴 수정체 모양과 "사하 공화국(야쿠티아)"라고 쓰여 있다.

문장의 기사는 그 지역에 살고 있는 민족들의 통일을 상징한다. 그 통일은 하나의 민족, 그 민족의 힘 그리고 국가 체제의 시작을 의미한다. 다이아몬드 모양의 장식은 사하 공화국의 상징으로서 북쪽의 모든 민족들에 공통적인 장식이다. 게다가 일곱 개의 마름모꼴의 수정체는 그 지역에 살고 일곱 민족을 상징 한다: 야쿠트인, 러시아인, 에벤키인, 에벤인, 축치인, 돌가노프인, 유카기르인. 푸른색은 충성, 성실과 신뢰성을, 흰색은 순결함을 상징한다.[9]

4. 튜멘 주(Тюме́нская о́бласть)

우랄 연방구의 튜멘 주는 러시아의 남부에서 북극 지역에 까지 이르는 상당히 광범위한 범위를 차지하고 있다. 튜멘 주의 넓이가 한반도 면적의 약 7.2배에 달한다. 중심지는 튜멘이다. 한티만시 자치구와 야말로–네네츠 자치구가 튜멘 주에 속해 있다. 자치구까지 포함하면 튜멘 주는 면적이 1,598,697 km²이고, 인구는 326만4,800명(2002)이다.

그림 5 튜멘 주

---

9) https://ru.wikipedia.org/wiki/%D0%93%D0%B5%D1%80%D0%B1_%D0%A0%D0%B5
    %D1%81%D0%BF%D1%83%D0%B1%D0%BB%D0%B8%D0%BA%D0%B8_%D0%A1%
    D0%B0%D1%85%D0%B0

튜멘 주 문장의 대표적인 특징은 은색 바탕의 방패이다. 방패 속에는 백색, 청색, 녹색으로 구성된 주의 지도와 그 중앙에 2개의 부분으로 구분된 둥근 원이 그려져 있다. 원의 상단에는 황금빛 광선을 발하며 떠오르는 황금빛 태양이, 하단에는 번영을 의미하는 청색바탕의 원과 풍요를 뜻하는 녹색 줄무늬가 그려져 있다. 방패의 상단 부분에는 주의 북쪽지역의 전통적인 문양으로 만들어진 황금빛 왕관이 자리 잡고 있으며, 하단에는 '튜멘 주'라고 표기된 리본이 있다. 이렇게 형성된 왕관, 지도와 리본을 두 마리의 담비가 양쪽에서 지탱하고 있다.[10]

5. 무르만스크 주(Му́рманская о́бласть)

무르만스크 주의 중심지는 무르만스크이다. 면적은 144,900 km²이고, 인구는 89만 2,534명(2002)이다. 콜라 반도에 위치해 있고, 카렐리야 공화국, 노르

그림 6 무르만스크 주

웨이, 핀란드에 접해 있고 스웨덴의 노르보텐와 매우 가깝다.

무르만스크 주의 문장은 북극광으로 하늘색 빛을 띠고 있으며 양쪽 아래가 둥글고 하단부가 뾰족한 방패모양을 하고 있다. 짙은 붉은색 바탕위에 닻, 곡괭이, 칼이 교차하고 있다.

오로라 광선은 북극 무르만스크 지역의 위치를 나타낸다. 닻은 항해와 어업을, 곡괭이는 광산업을, 칼은 군사적인 노동과 군대의

---

10)   한종만, 김정훈, 김태진, 『러시아 우랄 · 시베리아 · 극동지역의 이해』(대전 : 한국 - 시베리아 센터, 2008), p.106.

영광을 상징한다. 하늘색은 아름다움과 위엄을, 짙은 붉은색은 용기와 힘을, 황금색은 부(富)를. 은색은 순결을 상징한다.[11]

6. 네네츠 자치구 (Ненецкий автономный округ)

네네츠 자치구는 러시아 아르한겔스크 주에 속해 있는 자치구이다. 176,700 km²의 면적을 가지고 있고, 4만 명이 거주한다. 이중 18,000명의 인구가 나리얀마르에 거주한다. 네네츠어가 러시아어와 함께 공용어로 지정되어 있다.

네네츠 자치구의 문장은 은색과 녹색의 바탕에 은색 불꽃이 중앙에 자리 잡고 있는 하늘색의 풍선 모양이다. 풍선 모양의 위쪽은 녹색의 느슨한 서까래와 인접해 있고 아래쪽은 뒤집어진 모양의 은색의 서까래가 자리 잡고 있다. 방패 상단에는 황금색 왕관이 위치하며, 좌우측은 리본으로 둘러싸여 있다. 오른쪽 은색 리본은 민족의 우정을, 왼쪽 붉은색 리본은 노동을 상징한다.[12]

그림 7 네네츠 자치구

11)   https://ru.wikipedia.org/wiki/%D0%93%D0%B5%D1%80%D0%B1_%D0%A2%D1%8E%D0%BC%D0%B5%D0%BD%D1%81%D0%BA%D0%BE%D0%B9_%D0%BE%D0%B1%D0%BB%D0%B0%D1%81%D1%82%D0%B8

12)   https://ru.wikipedia.org/wiki/%D0%93%D0%B5%D1%80%D0%B1_%D0%9D%D0%B5%D0%BD%D0%B5%D1%86%D0%BA%D0%BE%D0%B3%D0%BE_%D0%B0%D0%B2%D1%82%D0%BE%D0%BD%D0%BE%D0%BC%D0%BD%D0%BE%D0%B3%D0%BE_%D0%BE%D0%BA%D1%80%D1%83%D0%B3%D0%B0

7. 야말로-네네츠 자치구(Ямало-Ненецкий автономный округ)

그림 8 야말로-네네츠 자치구

야말로 – 네네츠 자치구는 우랄 연방 관구의 튜멘 주에 속해 있는 자치구이다. 면적은 750,300 km² 이다. 살레하르트 (35,000명)가 중심지이고, 노야브리스크 (100,000명)가 가장 큰 도시이다. 야말로 – 네네츠 자치구의 문장은 왕관이 쓰인 방패를 두 북극곰이 지지하고 있는 형상이다. 문장 방패의 파란색 부분에는 4개의 광선을 발하는 북극성을 상징하는 왕관을 쫓아가고 있는 흰색 순록이 그려져 있다. 방패는 전통 금장식으로 되어 있고, 검은 코와 검은 발톱의 흰색 북극곰은 은색으로 눈 덮인 얼음위에 서 있다. 북극곰의 발밑에는 야말로 – 네네츠 자치구의 기와 같은 문양으로 된 파랑색 – 흰색 – 붉은색이 수평으로 수놓아진 리본이 있다.[13]

8. 크라스노야르스크 변강주(Красноя́рский край)

시베리아 연방구에 속하는 크라스노야르스크 변강주는 면적이 2,339,700

---

13) https://ru.wikipedia.org/wiki/%D0%93%D0%B5%D1%80%D0%B1_%D0%AF%D0%B
C%D0%B0%D0%BB%D0%BE-%D0%9D%D0%B5%D0%BD%D0%B5%D1%86%D0%BA
%D0%BE%D0%B3%D0%BE_%D0%B0%D0%B2%D1%82%D0%BE%D0%BD%D0%BE%
D0%BC%D0%BD%D0%BE%D0%B3%D0%BE_%D0%BE%D0%BA%D1%80%D1%83%D
0%B3%D0%B0

km²으로 러시아 전체 면적의 13%를 차지하고 있다. 중심지는 크라스노야르스크이다. 남

그림 9 크라스노야르스크 변강주

북의 길이는 3,000 km에 달한다. 시베리아에 위치하고 있으며 튜멘 주, 톰스크 주, 이르쿠츠크 주, 케메로보 주, 하카스 공화국, 투바 공화국, 사하 공화국에 접해 있고, 북쪽은 북극해에 접해 있다.

크라스노야르스크 변강주의 문장은 황금 사자가 그려져 있는 방패 모양이다. 짙은 붉은 색 바탕위에 황금사자가 오른발로 황금 삽을 쥐고 있고, 왼쪽 발에는 황금 낫이 들려 있다. 방패는 훈장 리본으로 받쳐져 있고, 황금 참나무 잎과 푸른 리본으로 연결되어 있는 히말라야 삼목 가지로 둘러싸여 있다. 사자는 힘, 용기와 관용을 상징한다. 사자의 발에 있는 노동 도구는 크라스노야르스크 변강주 주민들의 중요한 직업을 나타낸다. 삽은 광물 채취를, 낫은 농업을 상징한다.[14]

9. 캄차카 변강주(Камча́тский край)

캄차카 변강주는 캄차카 주와 코랴크 자치구가 통합되면서 신설된 러시아의 변강주이다. 2005년 10월 23일에 주민투표로 통합이 결정되었고, 2007년 7월 1일에 통합되었다. 주도는 캄차카 주의 주도였던 페트로파블롭스크캄차츠키이다.

---

14) https://ru.wikipedia.org/wiki/%D0%93%D0%B5%D1%80%D0%B1_%D0%9A%D1%80%D0%B0%D1%81%D0%BD%D0%BE%D1%8F%D1%80%D1%81%D0%BA%D0%BE%D0%B3%D0%BE_%D0%BA%D1%80%D0%B0%D1%8F

그림 10 캄차카 변강주

통합 전인 2002년에 캄차카 주의 인구는 33만3,644명(러시아인 : 83.14%)이었고, 코랴크 자치구는 2만5,157명(러시아인 : 50.56%, 코랴크인 : 26.67%)이었다. 통합 당시인 2007년 기준으로 이 지역 인구는 35만8,801명이다.

캄차카 변강주의 문장은 뒤 배경의 붉은색 태양을 제외하고는 캄차카 주 문장과 거의 같다. 캄차카 변강주의 문장은 하단 중앙부가 뾰족하고 하단 모서리는 둥근 사각형의 방패 모양을 하고 있다. 방패의 중앙에는 연기에 둘러싸여 각각의 꼭대기에서 짙은 붉은색의 불꽃이 나가는 검은 색의 세 가지 다른 크기의 화산이 있다. 방패의 상단에 있는 화산 뒤쪽에 주홍색 일출이 보인다. 태양 주위에는 짙은 붉은색과 푸른색의 삼각형으로 이루어진 국가 장식이 있고, 방패의 1 / 3쯤 되는 지점에서 화산과 은색 물결이 분리되어 있다.[15]

10. 축치 자치구(Чуко́тский автоно́мный о́круг)

축치 자치구는 러시아 극동에 위치한 자치구이다. 북동부의 최동단에 위치해 있으며, 베링 해가 위치해 있다. 면적은 737,700 km² 이고 53,000명의 인구

---

15) https://ru.wikipedia.org/wiki/%D0%93%D0%B5%D1%80%D0%B1_%D0%9A%D0%B0%D0%BC%D1%87%D0%B0%D1%82%D1%81%D0%BA%D0%BE%D0%B3%D0%BE_%D0%BA%D1%80%D0%B0%D1%8F

가 거주한다.

그림 11 축치 자치구

　축치 자치구의 문장 형태는 방패 모양으로 지역민의 현명함과 굳은 의지, 그리고 축치 툰드라 지역의 긴 북극 밤을 표현하고 있다. 방패 중앙의 흰 곰은 지역의 전통적인 상징물이다. 노란색은 황금을 상징하는데 이 황금은 축치 사람들의 부의 상징이다. 붉은 별은 북극성의 상징이며, 이 붉은 별에서 발산되고 있는 8개의 빛은 축치 자치구 내의 8개 행정구역을 의미한다.[16]

---

16)　한종만, 김정훈, 김태진, 『러시아 우랄ㆍ시베리아ㆍ극동지역의 이해』(대전 : 한국-시베리아 센터, 2008), p.310.

참고문헌

한국어

김현식, "스페인어권 국가문장(Escudos Nacionales)," 『건지인문학』 제11집, 2014.
서광진, "러시아 문장학에 대한 소고," 『한국노어노문학회 학술대회 자료집』, 2013.
최영옥, "서양문장의 상징성에 관한 연구-중세 서양문장과 복장을 중심으로," 『한국의류학회지』 제18집 1호, 1994.
하마모토 다카시, 박재현 옮김, 『문장으로 보는 유럽사』, 달과소, 2004.
한종만, 김정훈, 김태진, 『러시아 우랄 · 시베리아 · 극동지역의 이해』, 대전 : 한국 - 시베리아센터, 2008.

영어

Alefa, Gustave, "The Adoption of the Muscovite Two - Headed Eagle : A Discordant View" Speculum Vol.41, No.1, Jan., 1966.
American Heritage Dictionary of the English Language(4th ed.), Boston : Houghton Mifflin Company, 2000.
Brooke - Little, John, An Heraldic Alphabet, London : Macdonald, 1973.
Friar, Stephen(Ed.), A Dictionary of Heraldry, New York: Harmony Books, 1987.
Moncreiffe of that Ilk, Iain & Pottinger, Simple Heraldry, Thomas Nelson, 1953.

러시아어

Лакиер, А.Б., Русская геральдика, М. : Книга, 1990.
Лысенко Н.Н., Русская государственная символика, Л., 1990.

인터넷

http://en.wikipedia.org/wiki/Category:Heraldry_by_country(검색일 : 2015년 5월 25일)
http://en.wikipedia.org/wiki/Coat_of_arms(검색일 : 2015년 5월 25일)
http://en.wikipedia.org/wiki/Heraldry(검색일 : 2015년 5월 25일)
http://f-gl.ru/images/gerb/GerbBolgarii.png(검색일 : 2015년 5월 25일)
http://image.search.naver.com/search.naver?where=image&query=%EB%9E%8C%EB%B3%B4%EB%A5%B4%EA%B8%B0%EB%8B%88%20%EB%A1%9C%EA%B3%A0&nso=so%3Ar%2Ca%3Aall%2Cp%3Aall&ie=utf8&sm=tab_nmr(검색일 : 2015년 6월 1일)
http://image.search.naver.com/search.naver?sm=tab_sug.top&where=image&acq=%ED%8E%98%EB%9

D%BC%EB%A6%AC+%EB%A1%9C%EA%B3%A0&acr=1&qdt=0&ie=utf8&query=%ED%8E%98%EB%9
D%BC%EB%A6%AC+%EB%A1%9C%EA%B3%A0(검색일 : 2015년 6월 1일)

http://ko.wikipedia.org/wiki/%EB%9F%AC%EC%8B%9C%EC%95%84(검색일 : 2015년 5월 25일)

http://ko.wikipedia.org/wiki/%EC%B2%B4%EC%BD%94(검색일 : 2015년 5월 25일)

http://ko.wikipedia.org/wiki/%EB%B6%88%EA%B0%80%EB%A6%AC%EC%95%84(검색일 : 2015년
5월 25일)

https://ru.wikipedia.org/wiki/%D0%93%D0%B5%D1%80%D0%B1_%D0%A0%D0%B5%D1%81%D0%B
F%D1%83%D0%B1%D0%BB%D0%B8%D0%BA%D0%B8_%D0%9A%D0%B0%D1%80%D0%B5%D0%
BB%D0%B8%D1%8F(검색일 : 2015년 6월 3일)

https://ru.wikipedia.org/wiki/%D0%93%D0%B5%D1%80%D0%B1_%D0%A0%D0%B5%D1%81%D0
%BF%D1%83%D0%B1%D0%BB%D0%B8%D0%BA%D0%B8_%D0%9A%D0%BE%D0%BC%D0%B8
(검색일 : 2015년 6월 3일)

https://ru.wikipedia.org/wiki/%D0%93%D0%B5%D1%80%D0%B1_%D0%A0%D0%B5%D1%81%D0
%BF%D1%83%D0%B1%D0%BB%D0%B8%D0%BA%D0%B8_%D0%A1%D0%B0%D1%85%D0%B0
(검색일 : 2015년 6월 3일)

https://ru.wikipedia.org/wiki/%D0%93%D0%B5%D1%80%D0%B1_%D0%A2%D1%8E%D0%BC%D0%B
5%D0%BD%D1%81%D0%BA%D0%BE%D0%B9_%D0%BE%D0%B1%D0%BB%D0%B0%D1%81%D1%
82%D0%B8(검색일 : 2015년 6월 3일)

https://ru.wikipedia.org/wiki/%D0%93%D0%B5%D1%80%D0%B1_%D0%A2%D1%8E%D0%BC%D0%B
5%D0%BD%D1%81%D0%BA%D0%BE%D0%B9_%D0%BE%D0%B1%D0%BB%D0%B0%D1%81%D1%
82%D0%B8(검색일 : 2015년 6월 3일)

https://ru.wikipedia.org/wiki/%D0%93%D0%B5%D1%80%D0%B1_%D0%9D%D0%B5%D0%BD%D0%
B5%D1%86%D0%BA%D0%BE%D0%B3%D0%BE_%D0%B0%D0%B2%D1%82%D0%BE%D0%BD%D0
%BE%D0%BC%D0%BD%D0%BE%D0%B3%D0%BE_%D0%BE%D0%BA%D1%80%D1%83%D0%B3%
D0%B0(검색일 : 2015년 6월 3일)

https://ru.wikipedia.org/wiki/%D0%93%D0%B5%D1%80%D0%B1_%D0%AF%D0%BC%D0%B0%D0%B
B%D0%BE-%D0%9D%D0%B5%D0%BD%D0%B5%D1%86%D0%BA%D0%BE%D0%B3%D0%BE_%D0
%B0%D0%B2%D1%82%D0%BE%D0%BD%D0%BE%D0%BC%D0%BD%D0%BE%D0%B3%D0%BE_%
D0%BE%D0%BA%D1%80%D1%83%D0%B3%D0%B0(검색일 : 2015년 6월 3일)

https://ru.wikipedia.org/wiki/%D0%93%D0%B5%D1%80%D0%B1_%D0%9A%D1%80%D0%B0%D1%8
1%D0%BD%D0%BE%D1%8F%D1%80%D1%81%D0%BA%D0%BE%D0%B3%D0%BE_%D0%BA%D1%
80%D0%B0%D1%8F(검색일 : 2015년 6월 3일)

https://ru.wikipedia.org/wiki/%D0%93%D0%B5%D1%80%D0%B1_%D0%9A%D0%B0%D0%BC%D1%8
7%D0%B0%D1%82%D1%81%D0%BA%D0%BE%D0%B3%D0%BE_%D0%BA%D1%80%D0%B0%D1%8
F(검색일 : 2015년 6월 3일)

3. 북극 소수민족의 문화:

러시아 서시베리아 소수민족들의 문양들

계용택

　　러시아 서시베리아 소수민족들은 혹독한 기후조건과 극도로 열악한 거주환경에 의해 실용적인 성격이 강한 전통문화를 쌓아왔다. 문양은 문화를 심볼로 표출된 것으로 민족의 사상을 예술미로 표현하였을 뿐만 아니라 코드화된 사상이 포함된 정보를 지니고 있다.

　　문양의 세계는 매우 넓고 다양한 형태를 가지고 있으며 문양이 가지고 있는 자체 법칙과 생존력에 의해 계속 발전하고 있다. 몇몇의 문양 모티브는 다양한 민족과 다양한 시기에 걸쳐 확산되어 왔다. 무엇보다도 문양에는 다양한 기하학적인 형태 및 식물에 유래된 모티브가 담겨져 있다.

　　식물 모티브에서 따온 문양들은 주로 식물의 잎, 꽃, 열매, 가지 등의 형상을 그렸다. 자연에서 가져오는 문양의 모티브들은 동물이나 사람들과 같은 살아 있는 모든 것의 형상에서 발견할 수 있다. 현재 살고 있는 여러 민족들은 문양 표시가 가지는 상징적 의미에 대해, 비록 이들 문양의 주술적 효용에 대해 아마도 적은 수의 사람들만 믿고 있지만, 문양에 대한 경의를 표하는 정신이 전해 내려져 왔다.

　　몇몇의 문양들은 우리에게 잘 알려졌으며 우리는 그것을 이용하기도 한다. 소수민족들에서 자신의 문화형성에 나타나는 특징들은 그들의 삶이 생겨난 자연적 환경 및 사회적 발전수준에 따라 서로 다른 모습을 보여주고 있다.

　　자연과 융화되어 사는 사람들은 그들을 둘러싸고 있는 자연에서 나오는 형상들과 리듬을 느낄 수가 있다. 문양은 생활 모습에 대한 상징적 표현 제시와 더불어 성숙된 정신을 보존 유지하게 하여, 문양을 지니는 사람들에게 힘과 건강을 준다는 믿음을 주고 있다.

예를 들면, 돌간족은 사냥꾼의 모자에 발톱 또는 귀, 눈 그림이 그려져 있다면 이들 그림은 사냥꾼에게 예민한 청각과 날카로운 시력을 가진 강력한 짐승의 힘을 줄 것이라고 믿었다.

Ⅰ. 만시족

만시족은 러시아의 소수민족으로 한티 – 만시 자치구에 살고 있다. 만시족과 친족관계에 있는 민족으로는 한티족이 있다. 만시족은 만시어를 사용하며 강력한 러시아인으로의 동화정책 여파로 약 60퍼센트의 만시족이 러시아어를 사용하고 있다. 2010년 인구조사에 의하면 약 12,269명의 만시족이 러시아에 살고 있다. 그중 약 200명의 만시족이 러시아 스베르들로프 주 북부지방에 거주한다.

또한 만시족 일부는 프리모르 지방 북서지역의 국가지정 사냥금지지구 '비쉐르스키이'에서 산다. 만시족의 민족예술에는 기본적으로 문양예술이 자리를 차지하고 있는데 이들 문양 대부분의 모티브는 그들의 조상인 한티족 및 셀쿠프족으로 부터 유래되었다.

만시족의 문양은 직물의 무늬에서 자주 나타나는 순록의 뿔 또는 마름모 모양, 파도 모양의 선, 그리스 유형의 만자모양, 지그재그 선등 기하학석 보앙이 대부분을 차지한다. 문양은 일반적으로 직선과 뻗은 가지들 그리고 굴절모양이 매우 드문 거대한 기하하적인 무늬를 형상화한 특성을 지니고 있다.

만시족 문양의 몇몇의 경우에서 문양의 무늬와 배경의 구성상 균형성을 볼

그림 1 만시족의 문양

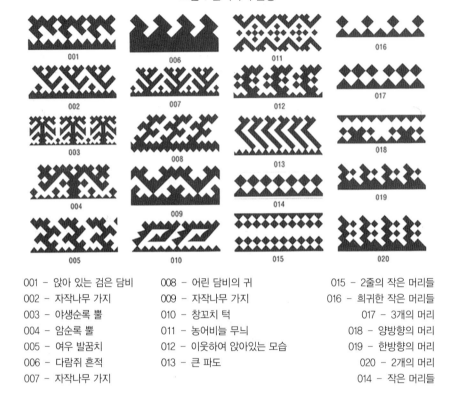

001 – 앉아 있는 검은 담비
002 – 자작나무 가지
003 – 야생순록 뿔
004 – 암순록 뿔
005 – 여우 발꿈치
006 – 다람쥐 흔적
007 – 자작나무 가지

008 – 어린 담비의 귀
009 – 자작나무 가지
010 – 창꼬치 턱
011 – 농어비늘 무늬
012 – 이웃하여 앉아있는 모습
013 – 큰 파도

015 – 2줄의 작은 머리들
016 – 희귀한 작은 머리들
017 – 3개의 머리
018 – 양방향의 머리
019 – 한방향의 머리
020 – 2개의 머리
014 – 작은 머리들

수 있다. 실류엣 문양의 경우 특히 장미꽃 모양의 무늬가 숨겨진 테두리 구역을 볼 수 있다. 문양 무늬의 대부분은 대칭적인 형상을 하고 있으나 아주 드물게 비대칭 형상을 보이기도 한다.

또한 만시족 문양의 특징으로 밝은 것과 어두운 것과의 대비 구성을 들 수 있다. 만시족의 털옷감에는 무색의 문양이 들어가고 모직이나 구슬에는 선명한 색채의 문양이 사용된다.

한티족 동부그룹(수르구츠스키 민족, 바호브스키 민족) 및 나림스키 셀쿠프족의 문양들은 종종 프리오브스키이 유형 문양의 곡선형 윤곽을 보여주고 있

그림 2 만시족의 문양

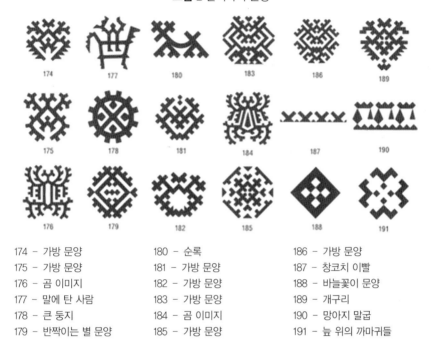

174 – 가방 문양	180 – 순록	186 – 가방 문양
175 – 가방 문양	181 – 가방 문양	187 – 창코치 이빨
176 – 곰 이미지	182 – 가방 문양	188 – 바늘꽂이 문양
177 – 말에 탄 사람	183 – 가방 문양	189 – 개구리
178 – 큰 둥지	184 – 곰 이미지	190 – 망아지 말굽
179 – 반짝이는 별 문양	185 – 가방 문양	191 – 늪 위의 까마귀들

다. 주요한 형상들에는 만자모양, Γ-형상, 뿔의 가지 형상, 대칭 및 비대칭 형상의 머리, 새싹의 수직선, 가지의 지선에서 나온 수직선, 십자가등이 있다.

이러한 형상들은 한티족 및 만시족 뿐만 아니라 유럽 독일민족 및 우랄동편 독일 민족, 타조프스키 및 나림스키 셀쿠프족, 느가나산족, 사모디이스키족, 우고르족, 케트족들의 문양에 확산되었다. 또한 이러한 문양들은 시베리아 경계를 넘어 볼가 거주 민족들, 특히 마리 민족 및 모르드바 민족에게서 유사하거나 좀 더 복잡한 문양으로 발전되었다.

Ⅱ. 한티족

한티족은 북서시베리아에 사는 우고르 그룹에 속하는 소수 원주민으로 예전에는 오스탸족으로 불리웠다. '한티'는 한티족의 자칭으로 '사람'을 의미한다. 2002년도 인구조사에 의하면 러시아 거주 한티의 인구수는 28,678명이다. 이들 중 59.7퍼센트는 한티-만시 관구에 거주하고 그 밖에 야말로-네네츠 관구에 30.5퍼센트, 톰스크 주에는 3.0퍼센트, 코미공화국에는 0.3퍼센트가 거주하고 있다.

그림 3 한티족의 문양

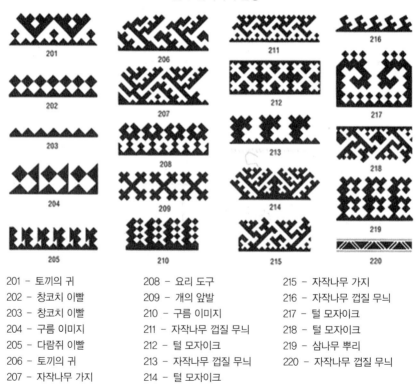

201 – 토끼의 귀	208 – 요리 도구	215 – 자작나무 가지
202 – 창코치 이빨	209 – 개의 앞발	216 – 자작나무 껍질 무늬
203 – 창코치 이빨	210 – 구름 이미지	217 – 털 모자이크
204 – 구름 이미지	211 – 자작나무 껍질 무늬	218 – 털 모자이크
205 – 다람쥐 이빨	212 – 털 모자이크	219 – 삼나무 뿌리
206 – 토끼의 귀	213 – 자작나무 껍질 무늬	220 – 자작나무 껍질 무늬
207 – 자작나무 가지	214 – 털 모자이크	

그림 4 한티족의 문양

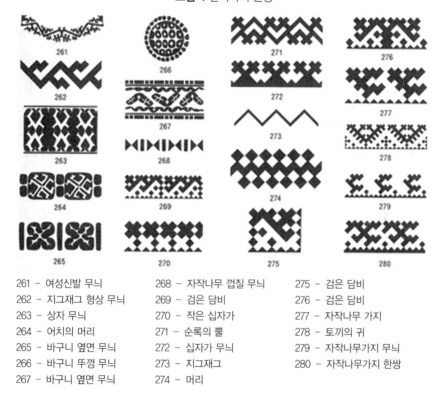

261 - 여성신발 무늬
262 - 지그재그 형상 무늬
263 - 상자 무늬
264 - 어치의 머리
265 - 바구니 옆면 무늬
266 - 바구니 뚜껑 무늬
267 - 바구니 옆면 무늬

268 - 자작나무 껍질 무늬
269 - 검은 담비
270 - 작은 십자가
271 - 순록의 뿔
272 - 십자가 무늬
273 - 지그재그
274 - 머리

275 - 검은 담비
276 - 검은 담비
277 - 자작나무 가지
278 - 토끼의 귀
279 - 자작나무가지 무늬
280 - 자작나무가지 한쌍

　여성들은 순록의 털 및 가죽, 구슬로 수놓은 색상 있는 모직 등으로 옷이나 신발 등을 바느질로 만든다. 한티족은 전통 문양인 '토끼의 귀', '자작나무 가지', '담비의 흔적', '순록의 뿔', '창꼬치의 이빨' 등을 보존하고 있다. 엄격한 대칭에 의한 동물모양을 모티브로 한 문장형성 관습에 의해 동물모양 및 식물모양, 대칭형태 문양들이 만들어 졌다. 형상들은 일반적으로 어두운 윤곽을 포함하고 있다. 그리고 종종 꽃잎 모양과도 조화를 이루었다.

　또한 주로 붉은색과 파란색 2가지 색상으로 된 무늬들이 사용되었다. 형상의 윤곽 안쪽에는 정교한 장식 무늬가 배치되어 있다. 윤곽을 그리는 선들에서는 작은 소용돌이 모양 및 수염모양이 있는데 이는 니쥐니이르티쉬 유형의 문양 형상이다. 문양의 대부분은 기하학적인 무늬가 조밀하게 그려져 있다.

주요 형상들에는 나무를 향해 독립적인 또는 한쌍의 새들, 십자가 모양의 꽃잎들, 8개의 꽃잎 모양, 점진적 모양의 마름모 꼴등이 있다. 20세기 초에 이르티쉬강 주변에 사는 남부 한티족 및 남부 만시족에게 이들 문양들이 널시 알려지게 되었다.

이들 문양들은 1920년대 들어와 시베리아 지역을 넘어 볼가강 주변에 사는 모르드바 민족, 마리 민족, 추바쉬 민족들에게 전파되어 사용되기 시작 되었다.

Ⅲ. 코미 민족

코미 민족은 코미 – 지리야 민족, 코미–모르트 민족들을 포함하며 핀 – 우그로 그룹 구성 민족으로 러시아 코미공화국의 원주민들로 구성되어 있다. 이들 지역에서의 코미 민족 그룹은 20세기 까지 유지 되었다. 러시아 전체에 코미 – 지르얀 민족은 2010년도에 약 22만8천명, 2002년에는 약 29만3천명이 살았다.

코미 – 지르얀 민족은 다른 민족들로 둘러싸인 영토에서 그들과 섞여서 살았으며 주로 러시아연방 내 아르한겔스크 주, 키로프 주, 옴스크 주에서 산다.

이들 문양에는 기하학적인 모티브가 주를 이루는 데 여기에는 교차와 연결을 반복하는 비스듬한 십자가 모양, 단순한 마름모 꼴 모양 등이 주류를 이룬다. 전형적인 기하학적 모티브 외에 사람이나 짐승모양 모티브를 형상화한 것을 볼 수 있으며 그밖에도 식물의 꽃잎, 꽃봉오리, 줄기, 가지 등의 모티브를 가지고 있다.

그림 5 코미 민족의 문양

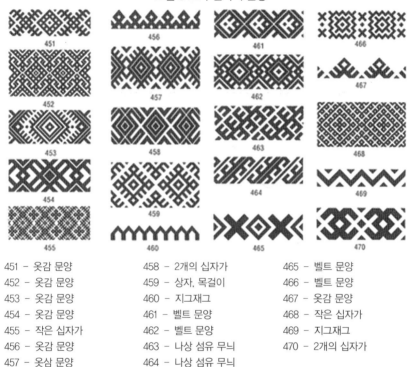

451 – 옷감 문양	458 – 2개의 십자가	465 – 벨트 문양
452 – 옷감 문양	459 – 상자, 목걸이	466 – 벨트 문양
453 – 옷감 문양	460 – 지그재그	467 – 옷감 문양
454 – 옷감 문양	461 – 벨트 문양	468 – 작은 십자가
455 – 작은 십자가	462 – 벨트 문양	469 – 지그재그
456 – 옷감 문양	463 – 나상 섬유 무늬	470 – 2개의 십자가
457 – 옷삼 문양	464 – 나상 섬유 무늬	

그림 6 코미 민족의 문양

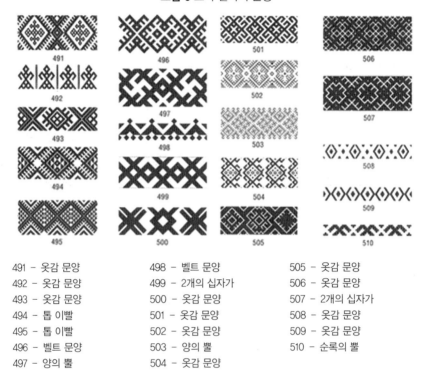

491 - 옷감 문양
492 - 옷감 문양
493 - 옷감 문양
494 - 톱 이빨
495 - 톱 이빨
496 - 벨트 문양
497 - 양의 뿔

498 - 벨트 문양
499 - 2개의 십자가
500 - 옷감 문양
501 - 옷감 문양
502 - 옷감 문양
503 - 양의 뿔
504 - 옷감 문양

505 - 옷감 문양
506 - 옷감 문양
507 - 2개의 십자가
508 - 옷감 문양
509 - 옷감 문양
510 - 순록의 뿔

IV. 네네쯔족

네네쯔족은 '넨츠족', '사모에드', '유라키' 등으로 불려 졌으며 '사모디이스키' 민족그룹에 속하며 콜스키 반도의 북극해 유라시아지역 연안에서 타이미르 반도에 걸쳐 거주한다. 10세기에 남부 시베리아에서 현재의 거주 지역으로 이동 해왔다. 러시아의 북부에 사는 원주민 소수민족 중에 네네쯔족은 가장 인구수가 많았다. 2002년 인구조사에 의하면 러시아에 4만 1302명의 네네쯔족이 살고 있고, 이중 약 2만7천명이 야말로-네네쯔 자치구에 거주한다.

네네쯔족의 문양 무늬는 엄격한 기하학적인 형태의 구성으로 지그재그, 모

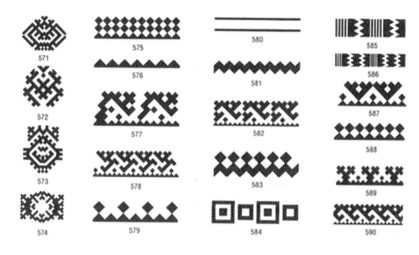

그림 7 네네쯔족의 문양

571 – 바구니 문양
572 – 바구니 문양
573 – 바구니 문양
574 – 바구니 문양
575 – 머리
576 – 원추형 천막
577 – 가장자리 문양

578 – 아름다운 뿔
579 – 머리
580 – 라인(선)
581 – 원추형 천막
582 – 가장자리 문양
583 – 머리
584 – 가장자리 문양

585 – 모자 문양
586 – 모자 문양
587 – 아름다운 뿔
588 – 머리
589 – 곰의 흔적
590 – 달리는 개

서리, 마름모 꼴 등으로 이루어져 있다. 네네쯔족은 이러한 그림 – 모양들을 그들에게 친숙한 북부 자연의 살아있는 화신으로 해석하고 있다. 네네쯔족의 문양은 자연에 대한 직접적인 지각을 바탕으로 하여 이루어 졌다.

이것과 관련하여 그들의 문양들에서는 형상들의 모양에 따라 직접적으로 부르는 명칭이 있는데 예들 들면 '순록의 뿔', '토끼의 귀', '물고기의 꼬리', '소나무 솔방울', '백조' 등이 있다.

네네쯔족들의 문양 모티브에는 사람 및 동물, 식물의 형상에서 부분적으로 나타나는 단면들을 포함하고 있다. 주요 형상들로는 만자모양, Γ – 모양, 가지 많은 뿔 모양, 대칭 및 비대칭 모양, 머리, 가지에서 나온 수직선, 십자가 등이 있다.

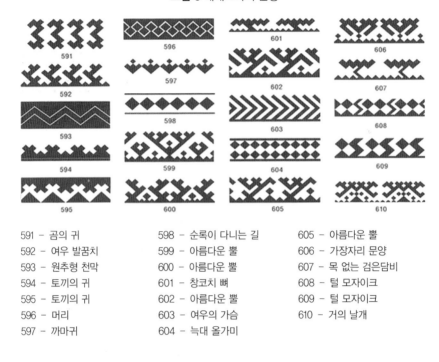

그림 8 네네쯔족의 문양

591 - 곰의 귀
592 - 여우 발꿈치
593 - 원추형 천막
594 - 토끼의 귀
595 - 토끼의 귀
596 - 머리
597 - 까마귀

598 - 순록이 다니는 길
599 - 아름다운 뿔
600 - 아름다운 뿔
601 - 창코치 뼈
602 - 아름다운 뿔
603 - 여우의 가슴
604 - 늑대 올가미

605 - 아름다운 뿔
606 - 가장자리 문양
607 - 목 없는 검은담비
608 - 털 모자이크
609 - 털 모자이크
610 - 거위 날개

V. 돌간족

돌간족은 '티아-키히', '사하' 라고도 불리 우며 러시아에 살고 있는 터어키어 사용 민족이다. 돌간족은 주로 크라스노야르 지방 타이므로 돌간-네네쯔 자치지역에 약 5천5백명, 야쿠치아 공화국에 약 1천9명이 살고 있으며 러시아 정교를 믿는다.

돌간족은 가장 단순한 기하하적 무늬인 줄무늬 문양을 가지고 있으며 이들 문양은 매우 발전된 형태로 볼 수 있다. 돌간족들은 무엇보다도 하얀 털을 꼬아 만든 줄로 가장자리에 무늬를 내고 색깔 있는 구슬로 장식한 색깔 있는 모

570 북극의 눈물과 미소

직물 또는 검은 모피의 조각들을 덧댄 순록의 가죽으로 의복이나 신발 등을 만들었다.

줄무늬의 개수는 하나로부터 시작하여 2개 또는 수십 개의 줄무늬를 사용하기도 하였다. 돌간족은 다른 북부지방의 민족처럼 줄무늬의 폭과 재질, 색상을 다양한 형상으로 만드는 것을 좋아했다. 줄무늬 외에 돌간족의 문양에는 직사각형, 장사각형, 마름모꼴등의 모양으로 구성된 모티브 그룹들을 볼 수 있는데, 이들 모양들 간에 큰 것과 작은 것이 서로 겹치거나 모퉁이에 그려져 있는 형상이 다수를 차지한다.

가끔 정사각형의 모양이 서양 장기판의 순서대로 그려져 있는 경우도 있다.

그림 9 돌간족의 문양

626 – 작은 밤톱	633 – 실로 만든 무늬	640 – 모피 무늬
627 – 늑골 모양	634 – 구슬 무늬	641 – 모피 무늬
628 – 구슬 무늬	635 – 구슬 무늬	642 – 작은 뿔
629 – 구슬 무늬	636 – 구슬 무늬	643 – 가장자리 구슬 무늬
630 – 꽃잎	637 – 구슬 무늬	644 – 가장자리 구슬 무늬
631 – 구슬 무늬	638 – 모피 무늬	645 – 가장자리 구슬 무늬
632 – 구슬 무늬	639 – 모피 무늬	

이러한 모티브와 함께 삼각형, 지그재그, 삼각형에서 나온 지그재그 형태의 2개의 선 및 갈매기 형상 등이 사용되기도 하였다.

이밖에 작은 사이즈로 지그재그 모양 및 정사각형, 짧은 수직선, 원 등이 돌간족의 문양에 사용되었다. 여성의 의복에는 특별한 문양이 장식되었는데, 예를 들면 여자용 털모자의 측면에 원추형 천막의 모양과 비슷한 커다란 무늬가 상식되었는데 이는 여성의 심볼을 의미 하는 것이었다. 돌간족의 문양은 단순하고 엄격한 기하학적 무늬, 직선 등을 사용하였다.

또한 이들 문양은 모양의 크기와 관계없이 색상이 없는 형상들로 구성된 것들도 있다. 곡선의 형상들 중에는 편도 모양의 무늬가 있는데, 가끔 직선 경계선을 교차하기도 한다. 문양들은 주로 지역적으로 분포가 되는데 돌간족의 문양은 사얀 – 알타이 유형에 속한다.

주요한 형상들로는 삼각형, 격자형 삼각형, 작은 삼각형이 내부에 그려진 삼각형, 이웃하여 서로 겹치는 지그재그, 갈매기 모양, 비스듬한 격자, 마름모꼴, 작은 직사각형이 내부에 그려진 직사각형, 대각선으로 교차된 정사각형 또는 직사각형 또는 편도 모양 형상들이 있다.

이들 문양들은 알타이 민족, 쇼르쯔 민족, 출림스키 타타르 민족, 토팔라르 민족, 투바 민족, 야쿠트 민족들에게도 분포되어 있다. 이들 문양의 근원을 살펴 보면 우그로 민족 및 사모디이 그룹 민족, 돌간족, 프리예니세이 에벤키족, 부랴트 민족, 축취족, 코랴족, 유카기르족 등에서 유래되었다고 볼 수 있다. 이들 문양의 부분적인 모티브들은 러시아의 유럽지역에 살고 있는 몇몇의 민족들에게도 알려져 있다.

VI. 셀쿠프족

셀쿠프족은 '수스세 쿰', '추밀 – 쿱' 족으로도 불러졌고 서시베리아의 북부 지역에 산다. 1930년대 까지 '오스탸코 – 사모에드' 라는 명칭이 사용되었다. 2002년 인구조사에 의하면 약 4천250명이 러시아에 살고 있다.

셀쿠프족은 톰스크 주 북부에 1787명, 튜멘주 북부에 1857명, 크라스노야르 지방에 412명이 살고 있다. 셀쿠프족에 있어 거주지 지역적 그룹에 따라 가지고 있는 문양의 형태는 동일하지 않다

타좁스키 셀쿠프족은 네네쯔 민족의 문양을 습득하였으며 바이쉰스키 셀쿠프족은 삼각형 및 지그재그 모양, 정사각형, 횡선들을 수용하였다. 나림스키

그림 10 셀쿠프족의 문양

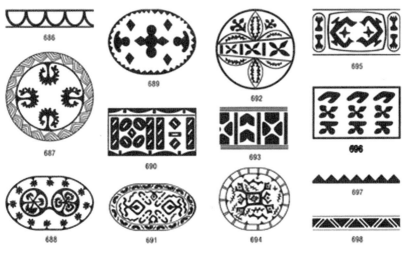

686 – 가장자리 문양	691 – 꽃잎 모양	696 – 가장자리 문양
687 – 꽃잎 모양	692 – 가장자리 문양	697 – 가장자리 문양
688 – 꽃잎 모양	693 – 가장자리 문양	698 – 가장자리 문양
689 – 꽃잎 모양	694 – 꽃잎 모양	
690 – 가장자리 문양	695 – 가장자리 문양	

셀쿠프족의 경우 동부지역의 한티족의 문양들과 흡사하다.

타좁스키 및 바이쉰스키 셀쿠프족은 돌기 끝까지 확장된 직선 및 곡선 모양의 문양을, 나림스키 셀쿠프족은 직선 모양만을 가진 문양을 가지고 있다. 이들 문양들은 주로 의복 및 자작나무로 만든 식기에 장식되었다.

문양들은 직선적인 기하하적 모양으로 각각의 독립된 모양에 분기된 가지와 고리모양을 추가하고 양탄자에서의 무늬 구성 형태와 같이 모든 표면에 가득히 배치하였다. 고립된 규모가 큰 모양은 내부에 마름모꼴이나 정사각형, 선 등으로 채워져 있다. 양탄자 형태의 배치와 함께 이르티쉬-알타이 유형의 문양에서는 구역을 이루는 배치를 볼 수 있다.

주요한 형상들로는 격자형 마름모꼴, 여러 형태로 결합한 고리 모양의 형태 등이 있다. 이들 문양은 한티족 남부그룹(이르티시, 사딤, 콘다) 및 남부 만시족 및 나림스키 셀쿠프족, 북알타이 쇼르쯔 민족 및 쿠만딘 민족에게서 나타나고 있다.

또한 러시아의 유럽지역에 사는 많은 민족들의 문양에서도 이러한 특징이 보여 지고 있다. 거의 모든 시베리아 민족 및 러시아 유럽지역 거주 민족들, 중앙아시아 및 카프카즈에 북아시아 유형의 문양이 나타나고 있다. 또한 유럽 및 아메리카, 아프리카 남아시아(인도)에도 전파되어 졌다.

문양의 형태는 곡선 및 단순성, 엄격한 기하학적인 형태 등이 있으며 문양 표면 대부분에 작은 도형들이 들어차 있음을 볼 수 있다. 이들 문양의 주요 형상에는 점 또는 원, 반원, 원 또는 동심원의 중심에 점이 있는 원 등이 있다. 구역별 점 또는 원이 분포되어 있기도 하고 드물게 복잡한 형상들이 꽃잎모양의 그룹형태로 표현되기도 한다. 이러한 무늬들은 수평선 또는 지그재그선의로 연결되어 있다.

여러 민족들은 전통예술을 기반으로 문양을 형성하고 있으며 민족의 창조성 안에서 점차로 기본적인 원리 및 형태가 확고히 다져지게 된다. 각각의 시기마다, 각각의 민족문화에는 표면을 장식하는 모티브, 형태 등으로 자신의 문양시스템을 발전시켰다.

그러므로 문양들은 시기별 또는 나라별로 다른 예술적인 생산부분으로 정의할 수 있다. 우리들 각자는 우리의 조상들을 둘러싸고 있는 출생의 기억 또는 유전적인 기억을 가지고 있다.

모든 각각의 시대 및 각각의 문화는 자신의 문양 시스템을 개발해 왔다. 각각의 민족 문양들에 있는 무늬는 우연히 나타나는 것이 아니고 많은 시간 동안 심볼로 사용되어 왔다. 인간의 신체적, 정신적, 영혼의 세계에서, 단순하고 충분히 명확한 요소들로부터 서로간의 상호작용에 의해 다차원의 그림의 형성 되었다.

문양은 결코 이야기체가 될 수 없다. 문양은 이야기가 될 수 없으며 정보를 전달하는 것도 아니다. 문양은 사람들에게 결코 무언가를 알려주려고 하지 않는다. 문양은 단지 리듬만 묘사할 뿐이다. 이 리듬은 사람들의 감정이고 행위이고 사상이다.

사람들은 나무를 자르고 또는 그림을 그리고 또는 바이올린을 연주하고 일을 하러 간다. 이러한 모든 움직임은 신체 및 신체의 한부분인 손이나 발이 리드미컬한 조직된 요소들로 표현된다.

이러한 문양들 덕에 사람들은 목표에 도달하고 무질서한 행동을 하지 않는다. 우리의 삶에는 리듬에 따라 기쁨과 슬픔이 교차된다. 우리는 더욱이 특정한 리듬에 대해서도 생각한다, 우리가 고안한 리듬을 우리는 문양에 표현되도록 노력하기도 한다.

3. 북극 소수민족의 문화:

에벤키족의 풍속과 언어, 전통문화와 놀이[1]

계용택

에벤키족은 러시아 북 – 동지역에 사는 소수민족의 하나로, 서쪽으로는 오비강 중류에서 동쪽으로는 아호트해에 이르는 거대한 영토에 흩어져 살고 있다.

에벤키어는 퉁구스 – 만주언어족에 속하며 혈통적으로 가까운 민족으로는 에벤족, 나나이족, 우데게이족, 네기달족, 오로치족, 오로키족 등이 있다. 거대한 영토에서의 분산과 많은 방언의 존재에도 불구하고 여러 그룹의 에벤키족은 그들의 민족어로 소통하였다.

에벤키족의 역사는 고대로부터 이어졌다. 앙가라강 및 아무르강 등 시베리아 지역의 강 유역에 있는 유적들을 발굴한 결과 퉁구스족과 비슷한 옷 및 도구가 발견되었다. 퉁구스 – 만주족이 언급되는 최초의 역사적인 문서는 고대 중국의 연대기며 여기에는 고대 퉁구스 – 만주족의 일부인 모혜, 키다니, 주르취제니 종족 등이 언급되어 있다.

10세기 초에 퉁구스 – 만주족에는 보하이, 랴오, 쯔진 등이 있었다.

에벤키족은 퉁구스 – 만주족의 2번에 걸친 대이동의 결과로 오늘날 거주하는 시베리아 전체지역으로 분산되게 되었다. 에벤키족은 유목생활을 하며 주로 사냥과 순록사육에 종사하였다.

---

1) Варламов А.Н, Традиционные игры и состязания эвенков. - Якутск: Изд - во "Северовед", 1997.

오늘날 에벤키족 거주지역의 산업화로 에벤키족의 사냥터와 순록 사육지가 줄고 있으며 이는 전통적인 생산기반을 무너뜨리고 전통 놀이 등의 정신적인 문화 및 물질문화적 요소를 사라지게 만들었다

예로부터 에벤키족에는 가족 안에서 육체적 교육 시스템이 존재하였는데 여기에는 신체적 운동 및 오락 등이 포함되었으며 이를 통하여 육체 및 정신의 성장을 도모하고 어린아이들을 병으로 부터 보호하려 하였다.

에벤키족의 전통적인 놀이에는 스포츠를 겸한 놀이와 오락을 위한 놀이 등 2개의 그룹으로 나눌 수 있다.

Ⅰ. 스포츠를 겸한 놀이

1.《로블랴 하리우사》놀이

이 놀이에는 어린이 및 남자, 여자가 참여한다.

길이 15~20센티미터의 나무로 깎아 만든 물고기 모양의 조각을 나뭇가지에 수직으로 매달아 둔다. 놀이 참가자들은 순서대로 물고기에 발이 닿도록 발차기를 한다.

물고기 조각의 매단 높이는 초기에는 어린이의 경우 1미터, 어른들의 경우는 1.5미터로 한다. 물고기 조각에 발이 닿지

그림 1《로블랴 하리우사》놀이

않은 참가자는 놀이에서 배제한다. 물고기 조각에 발은 닿은 참가자들은 물고기 조각의 매단 높이를 올리고 놀이를 계속 진행한다. 마지막 최고의 높이에 발이 닿은 참가자가 승자가 된다.

2. 《손가락 힘》 놀이

《손가락 힘》 놀이 참가자는 남자아이 및 성인남자이다.

땅에 선을 긋는다. 2명의 참가자들은 선을 사이에 두고 서로를 향해 마주선 다음 손가락을 서로 낀다. 사전에 어떤 손가락을 사용할 것인지는 합의를 한다.

이 놀이의 승자는 상대방을 자신의 방향으로 팔의 팔뚝부분까지 끌어들이는 참가자가 된다. 이 놀이에서 손가락이 풀린 자는 패자로 간주된다.

그림 2 팔뚝씨름 놀이

3. 팔뚝씨름 놀이

2명의 참가자들은 서로를 바라보면서 옆으로 않는다. 서로 팔뚝을 껴서 자신의 앞으로 잡아당긴다. 승자는 상대방의 팔을 자신의 방향으로 당겨 굽은 팔을 곧게 만든 참가자이다. 그림은 여자들의 팔뚝씨름 놀이 모습이다.

4. 그룹 간 당기기 놀이

2개의 그룹으로 구성된 놀이 참가들은 앞사람을 팔로 껴안고 나란히 땅에 앉는다. 가장 힘

그림 3 그룹 간 당기기 놀이

센 참가자가 맨 앞에 앉아 막대기(봉)를 잡는다. 승리 팀은 상대방으로 하여금 막대기(봉)을 놓게 하는 팀이다. 이 놀이의 다른 변형된 사례는 서서 막대기(봉) 대신 두꺼운 벨트를 끌어당기는 형태이다.

5. 높이뛰기 놀이

나무장대를 지지대로 삼아 마우트라고 불리는 나무사이에 설치된 올가미를 뛰어 넘는 놀이이다. 한 단계 높이의 올가미를 넘으면 점차로 높이를 올려간다. 이 놀이는 성인남자나 남자아이가 참가한다.

6. 올가미 투척 놀이

그림 4 올가미 투척 놀이

던지는 선으로 부터 15미터 전방에 높이 1.5미터의 장대를 설치한다. 참가자들은 순서대로 올가미를 던져 장대위에 올라가도록 한다. 참가자들은 한 번의 테스트 던지기와 세 번의 던지기 시도를 할 수 있다.

참가자들의 올린 점수가 같은 경우 다시

세 번의 기회를 참가자들에게 준다. 이 놀이의 승자는 올가미를 장대에 정확히 올린 횟수가 많은 사람이 된다. 이 놀이는 남자 여자 모두 참여 할 수 있다.

7. 물건 지고 달리기

참가자들은 순록에 싣는 짐 보따리와 같은 무게의 짐을 메고 100미터를 뛰어 간다.

모든 참가자들이 동시에 출발한다. 이 놀이는 성인남자만 참가한다.

그림 5 물건 지고 달리기

8. 사냥용 스키 타고 달리기

순록 정강이 가죽으로 만든 사냥용 스키를 신고 1킬로미터에 달하는 개척지를 달리는 놀이 이다. 참가자들은 동시에 출발한다. 이 놀이에는 성인남자 및 남자아이가 참가한다.

9. 순록 몰이 놀이

예전에는 단지 성인남자만 10킬로미터에 달하는 몰이 놀이에 참가하였다.

참가자들은 개별 또는 동시에 출발한다. 오늘날에는 성인여자들도 5킬로미터 몰이 놀이에 참가한다.

10. 순록 타고 달리기

이 놀이는 주로 어린이들이 한다. 참가자들은 동시에 출발하며 1킬로미터를 경주 한다

그림 6 순록 타고 달리기

Ⅱ. 에벤키족의 오락용 놀이

1.《솔개》놀이

놀이 참가자들은《솔개》와《어머니》를 정한다. 나머지 놀이 참가자들은 아이 역할을 한다. 어머니 등 뒤에 서서 아이 역할 참가자들은 솔개에게 "솔개야, 솔개야, 너는 너의 돈지갑을 잃었지" 라고 부르며 흥분시킨다. 여기에 대한 대

그림 7 《솔개》 놀이

답으로 솔개는 아이들을 추적하기 시작한다.

솔개는 가상의 돈주머니를 빼앗기 위해서 아이들 행렬의 마지막 사람을 잡아야 한다. 이 놀이는 솔개가 어머니를 포함 모든 아이들을 붙잡을 때까지 계속된다. 그 후 새로운 "솔개" 와 "어머니"를 정하고 놀이는 계속된다.

그림 8 물건잡기 놀이

2. 물건잡기 놀이

참가자들은 무릎을 둥글게 접고 원형모양으로 둘러앉는다.

참가자중의 한사람인 술래는 나머지 참가자들이 무릎사이로 돌리는 물건(수건, 나뭇가지 등)을 잡아내야 한다. 술래가 잡아낸 물건(수건, 나뭇가지 등)을 가진 자는 새로운 술래가 된다.

만약 술래가 물건을 가진 참가자를 알아내지 못한다면 그를 앉히고 모자를 씌우고 바보라고 선언한다.

3. 순록과 늑대 놀이

놀이 참가자들은 우선 "늑대" 역할을 하는 자를 정하고 2 그룹의 "순록" 팀으로 나눈다. 각각의 팀들은 땅에 원을 그리고 그 안에 있게 한다.

놀이가 시작되면 각각의 "순록" 팀들의 구성원은 다른 팀의 원안으로 "늑대"를 피해 달아나야 한다. 이때 "늑대"는 달아나는 "순록"을 잡아야 한다. 이 놀이는 "늑대"가 모든 "순록"을 잡을 때까지 계속된다.

그림 9 순록과 늑대 놀이

3. 북극 소수민족의 문화 :

시베리아 원주민들의 전통 놀이들

계용택

인류 역사에서 놀이의 사회적 위치를 살펴보면, 사회 성격과 밀접한 관련이 있음을 알 수 있다. 원시 농경사회에서 놀이는 일과 함께 하나의 구성단위로 이들 간의 엄격한 구분이 사실상 없었다.

놀이문화 중 가장 원시적인 것이라 볼 수 있는 것은 아무런 도구의 사용 없이 몸으로 즐기는 방법일 것이다. 이야기를 통한 즐거움의 획득, 손과 손을 잡고 노는 방법, 몸과 몸을 통한 게임 등 모두는 아무런 도구나 기계의 사용 없이, 아무런 대가를 지불하지 않고도 할 수 있는 놀이의 형태이다.

이러한 방법에서 인간은 점진적으로 도구를 이용한 놀이문화를 발전시켰다. 간단한 돌이나 나무 등을 이용한 놀이문화의 창조는 이를 매개로 하여 인간들 간의 유대를 강화시키고, 단결력을 향상시키는데 기여해 왔다. 창을 이용한 격투기, 밧줄을 이용한 놀이 등 모두는 간단한 도구를 통해 놀이문화를 창조한 예라 볼 수 있다.

시베리아 원주민들의 전통적인 놀이문화는 자연에 순응하고 생활을 모방하는 형태로 발전하게 되었다. 시베리아 원주민 어린이들은 놀이를 즐기면서 성인들의 사냥, 물고기 잡이, 생활관습 등을 배우게 되었다.

이와 더불어 놀이를 통하여 단지 육체적인 체력 강화뿐만 아니라 혹독한 자연환경 속에서 살아가는데 필수적인 용감성 및 인내, 관찰력 등을 기르게 되었다. 학자들의 연구에 의해 시베리아의 목축 민족들의 놀이문화에는 생활에서 행해지는 경제활동이 매우 많이 반영된다는 점이 밝혀졌다.

다음은 시베리아 원주민 어린이들의 대표적인 전통놀이들이다.

1. 재빠른 순록사육자

넓은 공터에서 멀리 떨어지진 자리에 순록 모양의 형상물을 세워 놓는다.

순록 형상물로 부터 3~4미터 떨어진 곳에서 순록사육자 역할자들은 한 줄로 줄을 선다.

순서대로 한명씩 순록에 공을 던져 맞추려고 시도한다.

* 놀이의 규칙

순록을 맞춘 순록사육자 역할자들은 작은 깃발을 얻게 된다.

그림 1 재빠른 순록사육자

순록에 공을 맞춘 횟수가 많은 순록사육자 역할자가 승리자가 된다.

2. 순록과 목동

* 모든 게임 참가자
순록 역할자는 머리에 순록의 뿔을 형상화한 관을 쓴다.

그림 2 순록과 목동

* 2명의 여자아이
목동 역할자는 두꺼운 종이로 만든 고리나 밧줄을 손에 쥐고 놀이장소 반대편에 선다.

순록 역할자는 떼를 지어서 도망 다니는 반면 목동 역할자는 가지고 있는 고리로 순록 역할자의 머리에 있는 뿔에 던져 넣는다. 순록 역할자의 머리에 있는 뿔은 일반적인 아이들이 손에 쥐고 있는 나뭇가지로 대체할 수 있다.

* 놀이의 규칙
순록 역할자는 고리를 피하면서 가볍게 뛰어 도망 다닌다. 목동 역할자는 고리를 단지 순록 역할자의 뿔을 향해서만 던져야 한다.

각각의 목동 역할자는 순간순간 마다 고리를 던질 대상자를 선택해야 한다.

3. 순록사냥

놀이에 참가한자들은 바닥에 원을 그리고 그 안에 들어간다. 3명의 목동 역할자를 선출한다. 그리고 원 안에는 순록 역할자들이 들어간다. "하나, 둘, 셋 – 공격시작" 이라는 신호에 따라 목동 역할자는 순서대로 순록 역할자에게 공을 던진다.

공을 맞은 순록 역할자는 잡힌 것으로 간주되어 순록 역할자 무리로 부터 나온다.

목동 역할자는 5–6번 공격한다. 그 후 목동 역할자는 잡힌 순록 역할자의 숫자를 센다.

* 놀이의 규칙

공은 신호에 따라서 발에 던져 맞춘다. 공을 움직이는 목표에 맞추기 위해 신중하게 조준하여 던진다.

그림 3 순록사냥

4. 늑대와 순록

그림 4 늑대와 순록

놀이 참가자들 중에서 늑대 역할자를 선발하고, 나머지는 순록 역할자가 된다.

놀이터 한쪽 끝에 늑대 역할자를 위한 동그란 원을 그린다.

순록 역할자는 놀이터 다른 쪽 끝에서 풀을 뜯어 먹는 행동을 취한다.

"늑대다" 라는 신호에 따라 늑대 역할자는 잠에서 깨어 굴에서 나와, 큰 걸음으로 무리의 주변을 배회한 후 점차 배회하는 원의 간격을 좁혀간다.

늑대의 "으르릉 거리는 소리"를 신호로 순록 역할자는 여러 방향으로 도망가기 시작하고 늑대 역할자는 그들을 잡을려고(터치하려고) 시도한다.

늑대 역할자는 붙잡힌 순록 역할자를 자신의 집으로 데리고 간다.

* 놀이규칙

그려진 원으로 부터 도망가는 것은 단지 신호에 의해서만 가능하다.

사로잡힌 순록 역할자는 늑대 역할자의 뒤로 가야한다.

5. 용감한 아이들

놀이터(실내)의 크기에 따라 아이들은 2–3열로 줄을 지어 선다.

2–3명의 여자아이를 선택한다. 각각의 여자아이는 순서대로 아이들에게 질문을 하나씩 던진다. 예를 들면 첫째그룹의 첫 번째 아이에게 묻는다(아이들은 대답을 한다).

– 너는 용감한 아이니?

– 그래. 나는 용감해

– 나는 누가 용감한지 볼거야(능청맞으며 유머스럽게). 하나, 둘, 셋 (잠시 중단)

– 누가 용감하니?

– 나야 나! 나야 나!

– 도망가!

첫째 줄의 아이는 맞은편의 굵은 줄이 있는데 까지 달아난다. 놀이 술래자는 달아나는 아이들을 잡으려고 애쓴다. 다음 그룹의 아이들에게도 이와 같은 놀이를 반복한다.

그림 5 용감한 아이들

* 놀이의 규칙

단지 "달려" 라는 소리가 난 후에만 술래자를 피해 도망간다.

술래자는 놀이 참가자가 줄밖으로 도망가면 잡을 수 없다

6. 태양 (헤이로) 놀이

놀이 참가자들은 서로 손을 잡고 둥글게 모여 선다, 그리고 옆걸음으로 원을 그리며 돈다. 이때 손을 같은 간격으로 앞뒤로 흔들며 한걸음 한걸음 마다 '태양(헤이로)'이라고 외친다.

술래자는 태양의 역할을 하며 원의 가운데서 쭈그려 앉는다.

놀이 참가자들은 술래자(태양)가 자리에서 일어나서 똑바로 서면서 팔을 뻗칠 때 도망가기 시작한다.

그림 6 태양놀이

* 놀이의 규칙

모든 놀이 참가자들은 술래자(태양)가 팔을 뻗치며 방향전환 할 때 술래자로 부터 도망가야 한다. "하나, 둘, 셋─ 원으로 뛰어가!" 라는 신호에 따라 술래가 잡지 못한 놀이 참가자들은 서로 손을 잡고 원모양을 구성한다.

색인

표 · 그림 목차

부록

저자소개

한종만

독일 뮌헨대학교 경제학 박사
현) 북극연구단 단장
배재대학교 러시아학과 교수
e-mail: jmhan@pcu.ac.kr
논저: "강대국의 북극개발 전략과 한국의 북극 개발 참여 방안"(2015), "러시아 극동바이칼지역의 사회경제발전프로그램과 한러 경제협력의 시사점 (2014)", "러시아 북극권 지역에서의 자원/물류 전쟁 (2014)",『북극, 한국의 성장공간』(2014) 등

김정훈

러시아 모스크바국립대학교 역사학 박사
현) 배재대학교 러시아학과 교수
e-mail: jhkrm@pcu.ac.kr
저서:『북극, 한국의 성장공간』(2014),『러시아 북극권의 이해』(2010) 등

계용택

러시아 모스크바 국립대학교 역사학 박사
현) 러시아리서치 센터 대표
e-mail: dovri@hanmail.net
논저: "북극에 관한 러시아 언론분석 및 한국의 대응전략"(2015),『러-한 경제용어』(2013),『러-한 화학용어』(2013) 등

박종관

러시아 모스크바국립대학교 정치학 박사
현) 한국교통대학교
e-mail: parkjk7377@naver.com
논저: "러시아와 중앙아시아 국가들간의 지정학적 이해관계(2009)", "중앙아시아 – 세계 지정학 전쟁의 투기장(2011)", "시베리아횡단열차로 살펴본 러시아의 유라시아 커뮤니케이션 시스템: 중요성과 제한(2014)"등

배규성

러시아 모스크바국립대학교 국제정치학 박사
현) 영남대학교 연구교수
e-mail: baeks777@ynu.ac.kr
논저: "러시아의 사유화 과정과 부패현상 – 국유기업을 중심으로(2013)", "악의 삼각 축: 조직범죄`부패`테러리즘 - 러시아 마피아를 중심으로(2011)",『러시아 북극권의 이해』(2010) 등

서승현

미국 Indiana University 슬라브언어학 박사
현) 동덕여자대학교 학술연구교수
e-mail: seoseung5@hanmail.net
논저: "사할린 인구 감소 현상과 그 원인(2014)", "Consonantal Devoicing and Assimilations/Dissimilations Phenomena in Chukchee(2011)", "A Comparative Study of the Korean, German, and Polish Diasporas in the Russian Far East & Central Asia and the Results of Repatriation to Their Homelands(2010)" 등

양정훈

러시아외교아카데미 국제정치학 박사
e-mail: jhyang@suwon.ac.kr
현) 수원대학교 러시아학과 교수
논저: "극동연해주 지역 한국과 러시아의 농업협력(2013)", "한국의 대외정책 및

러시아와의 관계(2013)", "한국의 대외정책 및 러시아와의 관계(2013)"등

예병환

독일 Bamberg 대학교 경제학 박사
현) 대구대학교 강사
e-mail: yaebh@pcu.ac.kr
논저: "Die handelsbeziehungen zwischen Deutschland und Korea nach dem Zweiten Weltkrig, Franz Steiner Verlag, Stuttgart,(1997)". "푸틴시기 러시아의 조직범죄와 부패(2010)", "러시아의 사유화 과정과 부패현상-국유기업을 중심으로(2013)"등

이재혁

독일 키일대학교/경희대학교 지리학박사
현) 한림대학교 러시아연구소 연구교수
e-mail: yijh@hallym.ac.kr
논저: "Koreanische Migration nach Russland(2002)",『러시아 사할린 한인 인구의 형성과 발달』(2010),『북극, 한국의 성장공간』(2014) 등

진동민

한국해양대학교 국제법 박사과정 수료
현)한국해양과학기술원 부설 극지연구소 한칠레남극협력센터 센터장
e-mail: dmjin@kopri.re.kr
논저: "북극의 관리체제와 국제기구: 북극이사회(Arctic Council)를 중심으로(2010)", "Establishing Korean Polar Data Management Policy and its future directions(2014)",『남극을 살다』(2016)

백영준

러시아 크라스노야르스크 아스타피예프 국립사범대학교 경제학과 박사과정
e-mail: kiseling@daum.net

권세빈

현) 배재대학교 러시아학, 경영학 전공
e-mail: soqo12@naver.com